Michael H. Kater
Die mißbrauchte Muse

Aus dem Amerikanischen von Maurus Pacher

Michael H. Kater

Die mißbrauchte Muse

Musiker im Dritten Reich

Europa Verlag München · Wien

Die Deutsche Bibliothek – CIP-Einheitsaufnahme

Kater, Michael H.:
Die mißbrauchte Muse: Musiker im Dritten Reich / Michael H. Kater.
Aus dem Amerikan. von Maurus Pacher. –
München ; Wien : Europa-Verl., 1998
Einheitssacht.: The twisted muse ‹dt.›
ISBN 3-203-79004-1

Originalausgabe:
The Twisted Muse
Oxford University Press, Inc., New York, 1997
© Michael H. Kater c/o Pauli & Montasser Medienagentur

Lektorat: Afra Margaretha

Umschlaggestaltung: Wustmann und Ziegenfeuter, Dortmund

2. Auflage 1999
© Alle deutschsprachigen Rechte
beim Europa Verlag GmbH, München, Wien 1998
Herstellung: Bercker, Kevelaer
Printed in Germany
ISBN 3-203-79004-1

Für Barbara,
die fast so viel gelesen hat wie ich
und die meisten der in diesem Buch
enthaltenen Gedanken kennt,
nicht nur durch unsere vielen Diskussionen
über die Jahre, sondern auch,
weil manche dieser Gedanken
von ihr stammen.

Inhalt

Vorwort

Die Themen dieser Arbeit spiegeln sich in der vorhandenen Literatur nur selten wider. Dieses Buch wurde angesichts von vier früheren geschrieben, die für sich in Anspruch nahmen, die Geschichte der Musik im Dritten Reich zu berichten. Das erste, *Musik im Dritten Reich: Eine Dokumentation* (1963/1966), war eine mit Anmerkungen versehene Dokumentensammlung von Joseph Wulf, die Schlüsselmaterial aus einigen wenigen Archiven (die damals vielen Wissenschaftlern generell verschlossen waren) und Publikationen über Musik aus der Nazizeit vorlegte. So wertvoll dieses Material auch war, es wurde häufig in verstümmelten Auszügen oder anderweitig verzerrt veröffentlicht, und Wulfs laufender Kommentar war keineswegs zuverlässig. 1982 veröffentlichte der deutsche Musikologe Fred K. Prieberg *Musik im NS-Staat*, ein Werk, das damals den Eindruck einer monumentalen und allumfassenden Geschichte der Musik unter der Naziherrschaft machte und bis zum heutigen Tag überraschend präsent geblieben ist. Doch Prieberg hatte sogar noch sparsameren Gebrauch von den Archiven als Wulf gemacht; er neigte zur Schwarzweißzeichnung seiner Porträts; sein Ton war oft schrill und anklägerisch; und auch ihm unterliefen Irrtümer, sowohl in Hinblick auf die Fakten wie auch auf ihre Interpretation. Verglichen mit diesem Werk überging Michael Meyers erweiterte Dissertation *The Politics of Music in the Third Reich*, veröffentlicht 1991, die Forschung der letzten zwanzig

Jahre ohne Not, paraphrasierte massiv aus Priebergs Buch ohne Unterstützung durch Archivquellen von Bedeutung und steuerte nichts bei, das zu diesem Zeitpunkt noch nicht bekannt war. Das vierte aus dem Quartett war *Music in the Third Reich*, eine Studie des britischen Pianisten Erik Levi. Obwohl in lauterer Absicht verfaßt, ist es ebenfalls nur dürftig mit Quellen dokumentiert. Darüber hinaus gewichtet das Buch die Bedeutung der diversen zur Diskussion stehenden Punkte nicht richtig; zum Beispiel widmet Levi dem Stellenwert der Oper die gleiche Aufmerksamkeit wie den Musikverlagen. Es findet sich nicht einmal ein Widerhall von Musik, die Seiten scheinen nicht von realen Menschen bevölkert zu sein. Der Dirigent Herbert von Karajan etwa wird nur ein einziges Mal erwähnt.

Ich begann meine Forschungen vor mehr als zehn Jahren, als ich noch tief in der Arbeit zu meinem Buch über Jazz steckte. Im Gegensatz zu den vier früheren Autoren versuchte ich von Anfang an, Zugang zu so vielen wesentlichen Archiven wie nur möglich zu bekommen, und überraschenderweise hatte ich manchmal auch da Erfolg, wo ich mir nicht die geringste Chance ausgerechnet hatte. Ein typischer Fall dafür ist das Archiv der Familie Strauss in Garmisch, ein anderer die Pfitzner-Sammlung in der Österreichischen Nationalbibliothek in Wien. Andere Fundgruben wie die Rosbaud-Akten in Pullman (Washington), der Schönberg-Nachlaß in Los Angeles, die Hindemith-Korrespondenz in Frankfurt/M. und die Kurt-Weill-Sammlung in New York waren leichter zugänglich, allerdings nur durch die großzügige Hilfe der zuständigen Archivare. Insgesamt habe ich fünfundzwanzig Archive zwischen Los Angeles und Wien besucht und Gewinn daraus gezogen.

Meine zweite Informationsquelle waren die Musikzeitschriften aus der Zeit, vor allem *Die Musik*, *Zeitschrift für Musik* und *Allgemeine Musikzeitung*. Zeitgenössische

Primärliteratur – bei der es sich häufig um widerwärtige Propaganda-Pamphlete handelt – war ebenfalls von Bedeutung. Außerdem hatte ich das Glück, eine Reihe von Zeugen der Nazi-Ära befragen und mit ihnen korrespondieren zu dürfen. Hätte ich nur mit einem Karajan, Schönberg oder Strauss sprechen können! Bezeichnenderweise weigerte sich – aus Gründen, die nur ihr selbst bekannt sind – eine der befähigtsten Künstlerinnen ihrer Zeit, Elisabeth Schwarzkopf, deren Kunst ich sehr bewundere, mich zu empfangen oder auch nur mit mir zu korrespondieren – trotz wiederholter dringender Bitten.

Die Sekundärliteratur über die gesamten Aspekte meines Themas ist nicht nur dünn gesät, sondern auch in ihrer Qualität fragwürdig, wie etwa einige der bekannteren Memoiren; allerdings erwiesen sich spezialisierte kritische Studien aus der Nachkriegszeit als nützlich. Im Gegensatz dazu stellte sich heraus, daß Handbücher wie der vielbändige *New Grove Dictionary of Music and Musicians* oder *Musik in Geschichte und Gegenwart* einigermaßen überholt sind und sich kaum auf Probleme konzentrieren, die für mich von Interesse sind. Dazu kommt noch, daß das letztgenannte Werk das Stigma der Herausgabe durch einen ehemaligen Nazi trägt, der sich – typisch für viele meiner Hauptfiguren – von 1933 bis 1945 kompromittiert hatte, aber nach der Stunde Null ein fabelhaftes Comeback machte.

Mein Dank gilt all den Zeitzeugen, die mir halfen, meine Probleme zu lösen; sie sind in den Anmerkungen einzeln ausgewiesen. Auch den Archivaren und ihren Assistenten in den Vereinigten Staaten, der Bundesrepublik, in Österreich und der Schweiz schulde ich Dank; zu meinem Bedauern sind es zu viele, um sie namentlich zu erwähnen. Einige allerdings verdienen besondere Anerkennung. An erster Stelle danke ich Richard und Gabriele Strauss, daß sie mir ihr Familienarchiv in Garmisch öffneten; ich konnte das Archiv benutzen, das die großväterliche Korrespondenz enthält. Mit großer Zuneigung erinnere ich mich an die vielen Besuche in dem gediegenen Haus in Grünwald und der Villa in Garmisch, wo Frau Gabriele mir eigenhändig Kopien von jedem Dokument machte, um das ich bat. Hans Jörg Jans, der Direktor des Carl-Orff-Zentrums in München, gab sich besondere Mühe, mich sowohl mit dokumentarischem Material als auch mit klugen Ratschlägen zu versorgen. Giselher Schubert vom Paul-Hindemith-Institut in Frankfurt am Main war ebenso großzügig, obwohl ich dort wesentlich weniger Zeit verbrachte. Last but not least ist Daniel Simon zu nennen, der mir in seiner Zeit als Direktor des Berlin Document Center die erhaltenen Akten mit den Protokollen der Reichsmusikkammer öffnete und mich dort frei schalten und walten ließ, ebenso wie sein Nachfolger David Marwell.

Die Hilfe, die ich von Joan Evans erhielt, einer Musikologin an der Wilfrid Laurier University in Waterloo, war von anderer, aber kaum weniger wichtiger Art. Da ich kein ausgebildeter Musik-, sondern Sozialwissenschaftler bin, mit starkem und ständig wachsendem Interesse an vergleichender Kulturgeschichte, brauchte ich eine feste Führung bei der Darstellung vieler meiner Unterthemen, Hilfe beim Verstehen von Musik (außer technischer Analyse, die ich, wie ich hoffe, erfolgreich umgangen habe) und im Gebrauch musikwissenschaftlicher Terminologie. Sie opferte mir nicht nur ihre kostbare Zeit, sondern machte sich mit mir auch Gedanken über stilistische Fragen und ging häufig der Logik einiger meiner Argumente auf den Grund. Außerdem lotste sie mich in das Rosbaud-Archiv in Pullman. Ich bin tief in ihrer Schuld. Falls Fehler stehengeblieben sind (und das ist ohne Zweifel der Fall), ist das natürlich weder ihr noch irgend jemand anderem anzulasten, sondern ausschließlich mir.

Viele andere Freunde und Kollegen halfen mir auf meinem Weg: Hellmuth Auerbach, Tamara Bernstein, Gerhard Botz, Albrecht Dümling, Saul Friedländer, Elke Fröhlich, Hans Otto und Ursula Jung, Lotte Klemperer, Gabriel und Joyce Kolko, Peter Loewenberg, Theresa Muir, Philip Olleson, Albrecht Riethmüller, Gerhard A. und Gisela Ritter, Adelheid von Saldern, Jürg Stenzl, Jill Stephenson, Joe Viera, Nike Wagner, William H. Wiley und Warren Wilson.

Es bleibt mir, wichtigen Institutionen für ihre Subventionen zu danken. Dieses Buch entstand während eines Walter A. Gordon Fellowship der York University, eines Canada Council Senior Killam Research Fellowship aus Ottawa und vor allem dank eines Alexander von Humboldt-Forschungspreises aus Bonn. Diese drei Stipendien befreiten mich von meinen regulären Lehramtsaufgaben und erleichterten auch die notwendigen Aufenthalte für Recherchen in Nordamerika und Europa. Außerdem bin ich dem Social Sciences and Humanities Research Council of Canada in Ottawa verpflichtet, der den Großteil meiner regulären Aufwendungen für Recherchen trug, sowie etlichen Kollegen an der York University, die sowohl Geldmittel wie administrative Unterstützung gewährten.

Schließlich noch ein Wort zu den Hebammen, ohne die kein Buch das Licht der Welt erblicken kann. Mary Lehane, Gladys Fung und Joan McConnell besorgten wie immer schwierig zu beschaffende Bücher und Artikel über die Fernleihe der York University. Ich bin immer wieder aufs neue von ihrem Einfallsreichtum beeindruckt, trotz oder vielleicht wegen der Computer-Apparaturen, zu deren Bedienung ich unfähig wäre. Bei der Oxford University Press erteilten mir Nancy Lane und Thomas LeBien dringend nötige Ratschläge und boten zu einem bestimmten Zeitpunkt, als wirklich Not am Mann war, die erhoffte redaktionelle und moralische Unterstützung.

Einleitung

Einige Zeit nach dem Einmarsch der Nazis in Polen. SS-Truppen, die drohend ihre Maschinenpistolen schwingen, stürmen ein jüdisches Ghetto in einer kleinen polnischen Stadt. Schüsse fallen; Männer, Frauen und Kinder stürzen zu Boden. Zwei Soldaten rennen eine Treppe hinauf. Gegen den Hintergrund des Getöses von Schüssen und Schreien hören sie die Klänge einer Sonate, die irgendwo auf einem Klavier gespielt wird. Sie kommen zu einem Zimmer, leer bis auf ein Piano, an dem ein junger SS-Mann sitzt und herrlich und in völliger Versenkung spielt. Sprachlos stecken seine zwei Kameraden den Kopf durch die offenstehende Tür. »Was ist das, Bach? Ist das Bach?« ruft der eine aus. »Nein, Mozart! Mozart!« erwidert der andere. Aber es ist in der Tat Bach: das Präludium aus der Englischen Suite Nr. 2 in a-Moll, um 1720 komponiert.

Diese unglaubliche Szene aus Steven Spielbergs berühmtem Film *Schindlers Liste* ist einer der verstörendsten Momente im ganzen Film.[1] Sie stellt die Schönheit von Barockmusik neben das chaotische Massaker des Genozids, beide ins Werk gesetzt von einer Nation, die bislang zu den zivilisiertesten der Welt zählte. Das Außergewöhnliche an dieser Szene liegt in ihrer Beschwörung niedrigsten Verbrechertums, der gelassenen Souveränität von Musik und der offensichtlichen Verwirrung zweier SS-Leute über Kultur und in weiterem Sinn über die größere Welt, in der sie leben und handeln. Klassische Musik natürlich. Aber

14

Mozart oder Bach? Sie sind sich nicht sicher. Und spielt es überhaupt eine Rolle? Spielt es insbesondere im Zusammenhang mit dem Niedermähen von Hunderten von Juden eine Rolle?

Im Klartext: Ist klassische Musik in einem Nazi-Kosmos von Totalitarismus, Faschismus, Diktatur von Bedeutung? Wenn die Pogrom-Szene aus Spielbergs Film die größten Extreme, die das Nazi-Regime charakterisierten, *in nuce* erfaßt, dann hat ästhetisch angenehme Musik irgendwo in diesem Kosmos ihren logischen Platz. Aber wo ist dieser Platz? Wo und wie paßt ernste Musik in das Kulturschema im Dritten Reich, und was für eine Art Kultur war das? Am rätselhaftesten: Wer waren die Menschen, die sie produzierten? Waren sie Angehörige der Waffen-SS? Waren sie Heilige?

Zwischen diesen gegensätzlichen Polen manövrierend, versucht dieses Buch, einige der Fragen zu beantworten, indem es ernste oder »klassische« Musik vor allem am Beispiel der Männer und Frauen untersucht, die sie während dieser Periode ausübten. Wenn wir einen Augenblick zu den Bildern in *Schindlers Liste* zurückkehren, wird klar, daß Ästhetik kein Monopol auf Moral hat, aber daß dennoch das eine das andere nicht ausschließt. Zwischen den beiden Prinzipien besteht weder eine negative noch eine positive Wechselbeziehung: Unerhörte Faschisten konnten wunderbare Musik machen und sie genausogut miserabel spielen. Dazwischen gab es eine ganze Palette von Nuancen.

Es gibt weitere Gesichtspunkte, von denen aus man an dieses komplizierte Thema herangehen kann. Einer betrifft die inzwischen jahrzehntealte Dichotomie zwischen »Intentionalismus« und »Funktionalismus« in der Interpretation des Nationalsozialismus.[2] Wenn klassische Musik im Dritten Reich stattfand – und das ist ein Faktum –, in wessen Auftrag gab es sie, und in wessen Interesse lag sie? Diese

Reihe von Fragen würde die Existenz einer omnipotenten Machtquelle voraussetzen, die Musik für bestimmte propagandistische Zwecke nutzte. Und in der Tat läßt vieles in der folgenden Geschichte darauf schließen, daß rational getroffene Entscheidungen der Ursprung für viele Verfahrensweisen waren, mit denen das Spielen und Aufnehmen von Musik und die musikalische Ausbildung zwischen 1933 und 1945 erleichtert wurden. Es ist nicht schwer, sich vorzustellen, daß Joseph Goebbels als Präsident der Reichskulturkammer, die das Schalten und Walten der Reichsmusikkammer kontrollierte, Dirigenten, Komponisten und Musikern diktierte, welche Musik sie zu komponieren und aufzuführen hatten. Man kann sich Adolf Hitler als höchste Führer-Instanz vorstellen, dessen eigener Geschmack in so vielen Fällen darüber bestimmte, welche Art Musik zu fördern sei und welche unterdrückt werden müsse, vielleicht sogar, welche Musiker verfolgt werden sollten. Andere kommen einem ebenfalls in den Sinn: Hermann Göring, Oberster Chef der Preußischen Staatstheater in Berlin; Alfred Rosenberg, der über seinen Kampfbund für deutsche Kultur spätestens 1933 alle Arten von Kunstverständnis weltanschaulich an die Kandare genommen hatte; Robert Ley, der Festmusiken für seine »Kraft durch Freude«-Feiern anordnete.[3]

Insoweit viel Musik, die in Deutschland nach 1933 zu hören war, sich gemäß diesen Richtlinien entfaltete, sind die Befürworter des Intentionalismus bestätigt.[4] Doch weit mehr musikalische Ereignisse fanden fast unter Mißachtung staatlicher Regelungen statt, liefen Hitlers, Rosenbergs, Goebbels' oder Görings persönlichem Geschmack zuwider und führten im Gegensatz zu den neuerdings etablierten ästhetischen Normen kontinuierlich bestimmte Entwicklungen einer früheren Epoche fort, die nun unter den offiziellen Bannstrahl geraten war. Folglich müßten diese Gegenströmungen die Theorie der Strukturalisten erhärten, die behaupten, daß das Verhalten im Dritten Reich auf allen Gebieten kraft dynamischer Radikalisierung, Unterlassungen und Widersprüchen getragen und angetrieben wurde, Kräften, die zu denen, die aus den Kontrolltürmen der Nazis ausstrahlten, im Widerspruch standen – und nicht zuletzt durch puren Zufall.

Noch ein Blickpunkt, von dem aus sich das Thema betrachten läßt, ist der von Kontinuität gegen Diskontinuität. Innerhalb eines breiteren Rahmens haben sich Historiker lange mit der Frage beschäftigt, ob die Weimarer Republik lediglich ein Vorspiel zum Dritten Reich war, oder – umgekehrt – ob das Dritte Reich nur Tendenzen offenbarte und zum deutlichen Relief formte, die sich in der Republik bereits abgezeichnet hatten. Während Politologen nach 1945 längere Zeit dazu neigten, den 30. Januar 1933, den Tag von Hitlers Machtergreifung, als das Ende der demokratischen republikanischen Ära und den Beginn der totalitären faschistischen zu betrachten, wurden in den letzten Jahren wesentlich mehr strukturelle Überschneidungen zwischen den beiden Perioden entdeckt. Wenn zum Beispiel die Politik des Reichskanzlers Heinrich Brüning (1930–32), der mit Notverordnungen des Reichspräsidenten von Hindenburg regierte, als präfaschistisch betrachtet wird, dann wird deutlich, daß Hitlers Diktatur lediglich die logische Weiterführung dieser Situation war. Und doch läßt sich gegen allen Anschein argumentieren, daß Brünings chronische außerparlamentarische Taschenspielertricks speziell in wirtschaftlicher Hinsicht eine mögliche Rettung der Republik zum Ziel hatten.[5] Einer maßgeblichen Studie von Hans Mommsen gelingt es, diese scheinbar unvereinbaren Ansichten zu verschmelzen. Mommsens Charakterisierung der Weimarer Republik als ein »mißlungenes Beispiel politischer Modernisierung« verweist auf den fortschrittlichen politischen Wechsel in Form eines demokratischen Staatswesens (ein nobler Impuls, der zumal in den frühen zwanziger Jahren offenbar wurde), deutet aber gleichzeitig die Niederlage dieser innovativen Kräfte durch antidemokratische autoritäre Tendenzen an, von denen einige in wachsendem Maß faschistoid waren und im kollektiven politischen Bewußtsein in der Niedergangszeit des Weimarer Experiments überwinterten.[6]

In Analogie zur früheren politisch-historischen Interpretation ging man lange davon aus, daß kulturelle Angelegenheiten während der Republik progressiv und demokratisch waren (symbolisiert durch Bewegungen wie Bauhaus oder Neue Sachlichkeit), im Gegensatz zu den konservativen, reaktionären und repressiven Entwicklungen nach dem Januar 1933. Auf dieser Ebene ist Peter Gays grundlegendes Buch *Weimar Culture: The Outsider as Insider* die klassische Interpretation. Im Kontrast dazu hat George L. Mosse, insoweit er sich mit Kultur befaßte, ein deprimierend trostloses Bild des Dritten Reichs gezeichnet.[7] Jüngere Historiker jedoch beginnen nun zu entdecken, daß die Verhältnisse nicht so vorgefertigt waren, sondern daß es in beträchtlichem Maß einen Zusammenfluß dieser beiden kulturellen Strömungen gab – zwischen der Republik auf der einen und dem Dritten Reich auf der anderen Seite. Was den Film betrifft, hat Gerald D. Feldman – ungeachtet wunderbarer surrealistischer Experimente wie *Das Cabinet des Dr. Caligari* – über die antidemokratischen, potentiell demagogischen Aspekte der größten Filmproduktion gesprochen, der Universum Film-Aktiengesellschaft (Ufa), die als bereitwilliges Werkzeug von Propagandaschmieden »ihre Geburt den Initiativen von Deutschlands militärischer Führung« während des Ersten Weltkriegs verdankte und gegen Ende der Republik unter der Kontrolle des Antidemokraten Alfred Hugenberg stand.[8] Wie der Propagandaminister

Goebbels mit Hilfe des Films die öffentliche Meinung manipulierte, kann nun seinen größtenteils veröffentlichten Tagebüchern entnommen werden. Was die Musik anbelangt, schreibt Pamela Potter, waren viele Elemente der Rückständigkeit und Unterdrückung, die angeblich Merkmale der Nazi-Ära waren, ebenso – oder bereits – in der Republik gegenwärtig, und überdies sei es schwer, eine systematische »Musikpolizei« der Nazis nachzuweisen, deren Job es war, einzelne Werke, Musiker oder Komponisten zu billigen oder zu verdammen.[9]

Bei genauer Prüfung können wir im Dritten Reich Elemente finden, die wir in der Wörterbuch-Definition eines totalitären Regimes nicht erwarten würden: das Fehlen von Kontrollmechanismen, kreative Bewegungen, die wie Jazz und Swing Freiheit meinten, den anhaltenden Einfluß jüdischer Kultur und ihrer Verfechter, sogar avantgardistische Versuche in moderner Geistesrichtung, die wohl nicht im Einklang mit den modernistischen Konzepten der frühen Republik standen, aber nichtsdestoweniger neuartig waren und als solche faktisch offiziell begrüßt und sogar subventioniert wurden.[10] Noch ältere Traditionen, die aus der Kaiserzeit stammten, wurden im großen und ganzen ebenfalls weitergeführt, wobei das beste Beispiel Richard Strauss ist. Somit ergab sich schließlich eine Mixtur ästhetischer Stile und Formen, von denen einige bloße Kopien des Erprobten und Wahren waren und obendrein noch schlecht, einige synkretistisch und interessanter und andere kühne neue Schritte in der Welt von Kunst und Kultur unternahmen. Diese Bestrebungen wurden von ihren Schöpfern durch mannigfaltige politische Überzeugungen motiviert und häufig begleitet; sehr oft – und in einer Zeit begreiflich, in der Partei und Staat scharfe Kritik äußerten – setzten sich politischer Opportunismus und Karrieredenken gegen moralische Erwägungen durch. Deshalb sind die Männer und

Frauen, die aus den Seiten dieses Buches ins Auge springen, selten entweder Sünder oder Heilige, schwarz oder weiß. Als gewöhnliche Deutsche in Bedrängnis wollten sie oft nichts anderes, als den drückenden politischen Zwängen ausweichen, so gut sie konnten; andere spielten das neue Spiel geschickter und landeten an der Spitze. Alle ohne Ausnahme – Musiker und Sänger, Komponisten und Dirigenten, die ja ihren Lebensunterhalt zu verdienen hatten – tauchten im Mai 1945 mit einem schweren Makel behaftet auf, ihr professionelles Ethos war beschädigt und ihre Musik oft kompromittiert: graue Gestalten vor grauer Landschaft.

1

Nationalsozialismus, das Dritte Reich und die Musikszene

Musik, wirtschaftliche Kräfte und politischer Opportunismus

Im März 1933 stand der Klarinettist Valentin Grimm vor einem persönlichen Dilemma. Als er von Hitlers Macht-ergreifung Ende Januar erfahren hatte, war er nach vielen Jahren als Berufsmusiker in New York nach Deutschland zurückgekehrt. Da er eingetragenes Parteimitglied war, schaute er sich nach einer sorgenfreien Position in einem von Deutschlands berühmten Orchestern um. Doch nie-mand bot ihm eine Stelle an, denn es gab keine. Grimm war auf Wohlfahrtsunterstützung angewiesen – es sei denn, die Lage würde sich dramatisch ändern. Sie änderte sich nicht. 1936 ergatterte er schließlich eine unsichere Gelegen-heitsbeschäftigung in einem Hamburger Dreispartenthea-ter. Die 185 Mark, die er monatlich bekam, waren zum Leben zu wenig, zum Sterben zu viel. 1938 war Grimm so mittellos, daß er sich nicht einmal den dunklen Anzug für seine Arbeit im Orchester leisten konnte. Grimm erwog ernsthaft, nach New York zurückzukehren.[1]

In Berlin erging es dem Geiger Georg Kirchner nicht viel besser. Er war der Arbeitslosigkeit zum Opfer gefallen, die über die dahinsiechende Weimarer Republik hinwegfegte, und schaffte es auch nicht, sich in den Arbeitsprozeß nach Hitlers Machtergreifung einzugliedern. Nach einigen prekären Jahren, in denen er stempeln ging, gab er alle Hoffnung auf eine musikalische Karriere auf und nahm 1938 Arbeit in einer Maschinenfabrik an. Der Cellist Friedrich Walther war nur geringfügig besser dran. Nachdem er von 1927 bis 1933 im Orchester der Bayreuther Festspiele mitgewirkt hatte, wurde er plötzlich entlassen. Winifred Wagner, Richard Wagners Schwiegertochter und Leiterin der Festspiele, bot ihm zwar an, ihn für eine neue Stellung weiterzuempfehlen, doch beim Vorspielen wurde er immer wieder als nicht ausreichend befähigt beurteilt. Immerhin gelang es ihm, sich Arbeit als Ersatz-Cellist am Deutschen Opernhaus in Berlin zu verschaffen, für lediglich 360 Mark pro Monat und mit nur zweiwöchiger Kündigungsfrist. 1933 wartete der Dirigent Otto Klein in der Reichshauptstadt auf bessere Zeiten und ein geeignetes Angebot. Da sich nichts dergleichen abzeichnete, bat er den Staat um finanzielle Unterstützung. Fünf Jahre später hatte Klein noch immer keine Beschäftigung gefunden. Um sich die Zeit zu vertreiben und nicht einzurosten, komponierte er die Oper *Atlantis*, die sofort der Vergessenheit anheimfiel. Und dann wurden Klein und seine Frau krank und lediglich von Kleins zwei Brüdern unterstützt, die ihnen monatlich 230 Mark zukommen ließen. Hanns Rohr, ein weiterer Dirigent, hatte einen Doktortitel in Musik. Nachdem er sich von 1928 bis 1934 als Gastdirigent durchgeschlagen hatte, begleitete er nun seine Frau, eine Geigerin, am Flügel. Ohne die Almosen freigebiger Musikfreunde und ein gelegentliches Engagement als Gastdirigent wäre das Ehepaar nicht durchgekommen. 1937 bekam Rohr ein Herzleiden; ein Jahr später kam seine geistig verwirrte Frau in eine Nervenheilanstalt.[2]

Während der ersten Jahre des NS-Regimes war das Schicksal dieser Musiker durchaus nicht atypisch; ihre persönlichen Schwierigkeiten waren symptomatisch für das umfassende wirtschaftliche Durcheinander, das die Kulturszene in Deutschland nach den letzten Jahren der Weimarer Republik kennzeichnete. Die Ursache ließ sich bis zum Januar 1933 zurückverfolgen. Das neue Hitler-Regime hatte von der Republik ein stagnierendes Wirtschaftssystem geerbt, gekennzeichnet durch hohe Arbeitslosigkeit und niedrige Löhne. Die Arbeitslosigkeit ging nur allmählich zurück; erst 1936 fiel sie unter die Zahlen von 1928/29, und Vollbeschäftigung wurde erst 1938/39 erreicht. 1933 betrugen die Realeinkommen lediglich 87 Prozent derjenigen von 1925 bis 1929, einer relativ stabilen Phase der Republik, und erst 1938 überstiegen sie die Spitzenmarke der Wohlstandsjahre der Republik.[3]

So schwierig diese Umstände für den durchschnittlichen deutschen Gehaltsempfänger waren, noch beschwerlicher stellten sie sich für die rund hunderttausend Musiker des Landes dar, von denen sich weniger als die Hälfte der klassischen oder »ernsten« Musik widmete. Erst 1938 standen sie endlich wirtschaftlich auf gleicher Stufe mit dem nationalen Standard. Einer der Gründe für diese Verzögerung war, daß in wirtschaftlich rauhen Zeiten kulturelle Dinge gewöhnlich zweitrangig sind. Das war selbst in Deutschland zu spüren, einem Land mit einer Tradition zuverlässiger öffentlicher Förderung seiner kulturellen Institutionen, einschließlich der Opernhäuser und Symphonieorchester. Diese Förderung, die als Folge der Depression in den späten Jahren der Republik schrittweise abgebaut worden war, wurde in den ersten Jahren des Dritten Reichs, als sich die Gesamtbedingungen verbesserten, nur zögernd aufgestockt.[4] So mußten zum Beispiel im Sommer 1933 einige Mitglieder des Berliner Philharmonischen Orchesters, eines von Deutschlands finanziell am besten ausgestatteten »Kulturorchestern« (die sich ausschließlich der »ernsten Musik« widmeten), nach wie vor Gehaltskürzungen von 40 Prozent hinnehmen. 1935 veranstalteten arbeitslose Münchner Musiker kostenlose Konzerte in Pflegeheimen, nur um nicht aus der Übung zu kommen.[5] Auch als die Lage sich besserte, brachten Ende 1936 vier von fünf erwerbstätigen deutschen Musikern weniger als 200 Mark monatlich nach Hause – weniger als ein Arbeiter. Die Arbeitslosenrate hielt sich noch immer über der 20-Prozent-Marke und war damit doppelt so hoch wie der nationale Durchschnitt.[6]

Die Verhältnisse besserten sich zwischen 1936 und 1939 durch den allgemeinen wirtschaftlichen Fortschritt rascher. Konkreter formuliert, wurden Musiker aller Richtungen nach dem Aufbau von Hitlers Wehrmacht und der Ausbreitung verschiedener staatlicher und Parteiorganisationen gebraucht, zumal der SS und des Reichsarbeitsdiensts, die alle darauf erpicht waren, ihre eigenen Musikkapellen zu halten. Außerdem stellte die räumliche Expansion durch die Annexion Österreichs und schließlich des Sudetenlands und des Memelgebiets zusätzliche Anforderungen.[7] Im März 1938 veranlaßte ein drohender Mangel an qualifizierten Musikern[8] den Musikliebhaber Joseph Goebbels, Herr über alle organisierten Musiker im NS-Regime, einen Erlaß über ein Mindestgehalt zu verkünden, das die Attraktivität des Berufs garantierte. In dieser Anordnung wurden »Kulturorchester« gegenüber bloßen Tanz- und Unterhaltungsorchestern bevorzugt. Die Orchester wurden in fünf Kategorien eingeteilt, und die Gehälter und Pensionszahlungen der Musiker wurden durch Gesetz vereinheitlicht.[9]

Diese Entwicklungen spiegelten sich in einer ansteigenden Gehaltskurve wider, die gleichermaßen Orchestermusiker, Solisten und Dirigenten betraf, mit Varianten in jeder Kategorie, die auf Qualifikation, Erfahrung und nationalem Bekanntheitsgrad basierten. Während des Dritten Reichs verdienten die fest angestellten Musiker am untersten Ende der beruflichen Leiter mehr, als ihnen freiberufliche Arbeit einbringen konnte. Am oberen Ende der Leiter hingegen war es einem bedeutenden Künstler möglich, mit häufigen Gastspielen ebensoviel zu verdienen wie mit seiner garantierten Gage. Wenn ein Musiker 1933 das Glück einer sicheren Anstellung hatte, betrugen seine monatlichen Einkünfte als Orchestermitglied bis zu 450 Mark. 1936 konnte dieses Gehalt auf monatlich 350 Mark sinken, aber ebensogut steigen wie bei Hans Ortleb, Erster Geiger am Deutschen Opernhaus in Berlin, der Anfang 1939 über 600 Mark verdiente.[10] Konzertmeister und Solisten durften mit mindestens dem doppelten Betrag rechnen, soweit sich ihnen Gelegenheit zu selbständigen Konzerten bot. Mit diesem Einkommen kamen sie fast an das der Ärzte heran, die noch vor den Zahnärzten und Anwälten die höchstbezahlte selbständige Berufsgruppe der Nazi-Ära waren.[11]

Finanziell standen die Dirigenten wesentlich besser da, mit dem weltberühmten Wilhelm Furtwängler als unbestrittenem Spitzenreiter. 1934 erhielt er 1000 Mark pro Konzert – mit allein in Berlin zweiundzwanzig vertraglich festgelegten Konzerten pro Jahr, wozu noch Tourneen kamen, die jeweils denselben Betrag einbrachten. 1937 bekam Furtwängler bereits 2000 Mark pro Auftritt, und 1938/39 verdoppelte sich diese Summe nochmals. Insgesamt verdiente er 1939 über 200 000 Mark, mehr als das Dreifache der 60 000 Mark (einschließlich 20 000 Mark für Spesen), die sein österreichischer Kollege Clemens Krauss bekam, nachdem er 1937 die Direktion der Bayerischen Staatsoper in München übernommen hatte.[12] Nicht ganz so berühmte Dirigenten waren immer noch recht gut dran. Zum Beispiel verdiente Hans Rosbaud 1934/35 beim Frankfurter Reichssender jährlich 13000 Mark.[13] Andere Dirigenten beim Rundfunk im ganzen Reich oder ihre Assistenten wurden zuweilen so bezahlt wie Konzertmeister in guter Position, weniger qualifizierte hingegen waren auf Gastspiele angewiesen und bekamen nur 200 Mark pro Engagement.[14]

Das Einkommen von Komponisten zu schätzen ist fast unmöglich, da viele außerdem als Dirigenten, Solisten oder Lehrer am Konservatorium tätig waren. Am einen Ende des Spektrums stand Carl Orff, der sich immer verbissen seine Unabhängigkeit zu bewahren suchte. Jahrelang lebte er vom Vorschuß seines Verlegers, den er erst bei Kriegsbeginn ausgleichen konnte, als seine Opern ihn endlich zum wohlhabenden Mann machten.[15] Kein Komponist ernster Musik verdiente so viel wie Richard Strauss, der 1936 (nicht eines seiner glänzendsten Jahre) aus allen Rechten über 80000 Mark einnahm – viel für einen Komponisten, aber in beachtlichem Abstand hinter Furtwängler. Hans Pfitzner, der in der nationalen Bedeutung direkt hinter Strauss rangierte, brachte es auf etwa die Hälfte.[16]

Weil allgemein betrachtet die wirtschaftliche Situation der Musiker bis 1938 so trostlos war, versuchten Partei und Regierungsbehörden nach Kräften zu helfen. Spezielle Symphonie- und Kammerorchester wurden finanziell unterstützt und mit arbeitslosen nationalsozialistischen Musikern besetzt.[17] Als der britische Jazzband-Leader Jack Hylton für 1934/35 eine Tournee durch Deutschland beantragte, bekam er die Genehmigung nur unter der Voraussetzung, daß er ein Viertel seiner Einkünfte arbeitslosen deutschen Kollegen spendete.[18] Das Reich gab Zuschüsse in der Höhe von vielen tausend Mark, um die Arbeitslosen zu unterstützen und die Pensionierung älterer Musiker in

Würde zu ermöglichen. Im Münchner Fasching wurde im Februar 1935 im feudalen Hotel Vier Jahreszeiten ein Musikerball zugunsten verarmter Musiker veranstaltet[19], und 1936 rief Goebbels »Künstlerdank« ins Leben, ein Sozialhilfeprogramm, das Millionen Mark für die andauernd notleidenden und unfreiwillig in den Ruhestand versetzten Musiker und anderen Künstler aufbrachte. Von Herbst 1937 bis Herbst 1938 unterstützte »Künstlerdank« mehr als dreitausend Musiker mit jeweils 300 Mark.[20]

Die Arbeit dieses Programms endete auch nicht, nachdem sich die wirtschaftlichen Bedingungen für Musiker gebessert hatten. Auch während des Zweiten Weltkriegs, als viele Musiker in der Lage waren, ihre Talente zu verwerten, appellierte Goebbels an Musiker, bei der Wehrmachtsbetreuung und verschiedenen kulturellen Projekten zugunsten des Sonderfonds mitzuwirken.[21] Doch die bloße Tatsache, daß »Künstlerdank« ein Produkt des Regimes war, wirft die Frage nach einer möglichen Wechselbeziehung zwischen wirtschaflicher Leistung und politischem Pro-Nazi-Verhalten auf und besonders die Frage des Opportunismus. Das heißt: Motivierte ihre finanzielle Notlage Musiker zwischen 1933 und 1945, der Partei beizutreten? Angesichts ungenügender Beweise bis heute kann die Antwort nur vage sein. Aus einer größtenteils norddeutschen Stichprobe unter Musikern aller Couleur und Befähigung zwischen 1933 und 1938, von denen die meisten 1934 der Partei beitraten, kann geschlossen werden, daß rund ein Fünftel des Berufsstands vor dem Krieg in der NSDAP war. Überdies zeigten die Festengagierten eine stärkere Tendenz, in die Partei einzutreten, als die Unbeschäftigten.[22] Dennoch schließt das Mittellosigkeit als mögliches Motiv für die Parteizugehörigkeit nicht aus. 1934 zum Beispiel hatte, obwohl mehr als ein Drittel aller Musiker arbeitslos war, mehr als die Hälfte der Beschäftigten ein monatliches

Einkommen von 100 Mark oder weniger.[23] Diese könnten
es also gewesen sein, die in den Statistiken als Parteimitglieder auftauchen. Aber warum war andererseits ein
Drittel der Wiener Philharmoniker (die zu den bestbezahl-
ten des Reichs gehörten) beim Anschluß Österreichs 1938
Parteimitglied, und warum stieg dieser Prozentsatz in den
folgenden Jahren, selbst im wirtschaftlichen Aufschwung?[24]
Es ist offensichtlich, daß in diesem Fall andere Faktoren
als rein wirtschaftliche viele Künstler veranlaßten, auf den
Nazizug aufzuspringen.

Sicherlich war die Einmischung des NS-Regimes in das
Leben von Berufsmusikern beträchtlich, und nicht nur in
wirtschaftlicher Hinsicht. Offizielle Weisungen forderten,
daß sich die Musik dem System anpasse, bis zu dem Grad,
daß Kunst sich generell »in den Dienst einer Idee« zu stellen habe, in diesem Fall also der Ideologie des rassistischen
Nationalsozialismus.[25] Mitten im Krieg bezeichnete Wolfgang Stumme, oberster Musikerzieher der Hitlerjugend,
deutsche Musik noch stets als Schutzstoff gegen »artgefähr-
lichen Giftstoff«, das heißt, gegen die Reize der »jüdisch-
materiell-bolschewistischen Umwelt«.[26] Theoretisch durfte
also nur im engsten Sinn definierte »deutsche Musik«
komponiert und zu Gehör gebracht werden. 1938 machte
Hans Pfitzner unter dem Eindruck, daß die schöpferische
Freiheit erstickt werde, gegenüber Göring, dem Chef der
Preußischen Staatstheater, eine sarkastische Bemerkung
zum »heutigen Deutschland, wo das Kritisieren verboten
und abgeschafft ist, also man nicht schreiben darf, daß eine
Soubrette schlecht singt, auch wenn es wirklich so ist«.[27]
Natürlich wußte Pfitzner sehr gut, daß eine solche Politik
lediglich den Idealzustand ausdrückte, wie ihn fanatische
Nazis forderten, und daß sich das nicht konsequent durchsetzen ließ. Goebbels war sich dessen ebenso bewußt, als
er im Februar 1934 erklärte, daß ein Staat, so straff er seine

28

Herrschaft auch ausübe, die Zügel bei künstlerischen und intuitiven Betätigungen locker lassen müsse.[28] Richard Strauss übernahm als Präsident von Goebbels' Reichsmusikkammer (RMK) dieses Stichwort, als er die wünschenswerten Qualitäten eines musikalischen Leiters aufführte: er müsse gute Ohren haben, gut Klavier spielen können, etwas von der Gesangskunst verstehen und die Prinzipien der modernen Oper erfassen (speziell der Werke von Strauss). Bezeichnenderweise versäumte es Strauss, in diesem Katalog der Tugenden irgend etwas über den Nationalsozialismus oder das Hitler-Regime zu erwähnen.[29]

Diese zwei widersprüchlichen Glaubenslehren, Zensur und Duldung, erwiesen sich als die Richtlinien für musikalische Kreativität und behördliche Handhabung im Dritten Reich, wobei keine dieser entgegengesetzten Intentionen in ihrer puren und unverfälschten Form das musikalische Leben der Nation beherrschte. Sie stellten einen typischen wechselseitigen Kompromiß dar, schwächten einander ab und garantierten, daß ein gewisses Maß an künstlerischer Freiheit immer erhalten blieb. Ein solches Gleichgewichtssystem war, wie wir heute wissen, charakteristisch für die gesamte politische Struktur im Dritten Reich und hielt es damit in Gang.[30]

Was die Frage nach politischem Opportunismus betrifft oder die ausgeklügelte Vermischung von Kunst und Politik in den ersten Jahren des Regimes, so fand das Prinzip des Kompromisses seine konkrete Form in einem Drei-Stufen-Prozeß politischer Praxis: wenn zum ersten ein Musiker künstlerisches Talent und Loyalität gegenüber dem Regime in mehr oder weniger gleichem Maß unter Beweis stellte, konnte beruflicher Erfolg so gut wie garantiert werden; wenn zweitens ein Mangel an musikalischer Befähigung peinlich offensichtlich war, dann konnte auch die äußerste politische Hingabe sein künstlerisches Überleben nicht garantieren; wenn drittens die Bindung eines Musikers an das Regime minimal oder nicht existent war, konnte er immer noch an einer eindrucksvollen Karriere arbeiten, außer er gab sich besondere Mühe, das Regime zu schmähen. Die dritte Stufe erklärt den entsprechenden Erfolg von Dirigenten wie Rosbaud und Furtwängler, Komponisten wie Strauss und Sängern wie Hans Hotter.

Offiziell wurde also wie in vielen Berufen im Dritten Reich die Angliederung an das System auf die eine oder andere Weise als Voraussetzung für die Förderung einer Karriere im Bereich der ernsten Musik betrachtet, und vorausblickende Arbeitgeber übten oft Druck auf einzelne Musiker aus, der Partei beizutreten.[31] Das veranlaßte viele Künstler mit solider, aber nicht außergewöhnlicher Begabung, sich mit bereits vorhandenen oder neuerdings erworbenen Nazi-Attributen nach Arbeit umzuschauen oder ihre Situation zu verbessern. Der Dirigent Gerhart Stiebler hatte keine Arbeit mehr und galt als lediglich tüchtiger Musiker, aber weil er der NSDAP 1932 beigetreten und als Parteisprecher sehr aktiv gewesen war, wurde er im Juni 1933 als Erster Kapellmeister an das Stadttheater in Görlitz engagiert. Regierungsfunktionäre in hoher Position wie Bernhard Rust, der Preußische Minister für Wissenschaft, Kunst und Volksbildung, hatten es für angebracht gehalten, zu seinen Gunsten zu intervenieren.[32] 1936 gab es zwar keine Meinungsverschiedenheit darüber, daß Wilhelmine Holzinger, eine freiberufliche Pianistin auf ständiger Suche nach Arbeit, lediglich eine mittelmäßige Musikerin sei. Doch hatte sie sich mit dem Nürnberger Gauleiter Julius Streicher und anderen Parteiführern angefreundet und wurde schließlich weiterer Unterstützung für würdig erachtet, was zu einer Anstellung beim Reichssender Nürnberg führte.[33] Im Berlin von 1936 war Walter Lutze Repertoiredirigent am Deutschen Opernhaus, das nicht in Görings, sondern Goebbels' Zuständigkeitsbereich fiel. Lutze war ebenfalls tüchtig, aber nicht brillant und wie Stiebler 1932 in die Partei eingetreten. Außerdem war er ein alter Freund von Heinrich Hoffmann, Hitlers Leibphotograph, und Schwiegervater des Reichsjugendführers Baldur von Schirach. Als Lutze aus künstlerischen Gründen gekündigt wurde, intervenierte Goebbels persönlich und verhinderte seine Entlassung; und als der Dirigent im Krieg, als Musiker knapp waren, abermals für die Entlassung vorgeschlagen wurde, schützte ihn der Propagandaminister weiter bis zum Ende des Regimes.[34]

Die gesamte Familie von Schirach ist ein Musterbeispiel für die Schirmherrschaft der Nazis über die Künste. Baldurs Vater Karl von Schirach, schon lange als Generalintendant des Deutschen Nationaltheaters in Weimar pensioniert, aber ein alter Anhänger Hitlers seit den zwanziger Jahren, wurde 1933 zum Generalintendanten des Deutschen Theaters in Wiesbaden ernannt.[35] Rosalind, Karls Tochter, war eine Feld-Wald-und-Wiesen-Sopranistin am Deutschen Opernhaus in Berlin. Zusammen mit ihrem Geliebten Gerhard Hüsch, dem berühmten Bariton, rief sie eine mächtige Nazi-Zelle ins Leben, die großen Einfluß ausübte. Eine Fachzeitschrift bejubelte sie als »eine Idealerscheinung des nordisch-arischen Sängerinnentyps«.[36]

Baldur selbst schrieb melodramatische Gedichte, von denen viele den Führer verherrlichten und vertont wurden, etwa in den zeitgemäßen und in der Aussage überaus passenden Kantaten des keineswegs berauschenden Hans Ferdinand Schaub.[37] Tatsächlich konnte die thematische Anpassung einer Komposition an den Zeitgeist ihrem Schöpfer reichen Lohn bringen; Schaub wurde durch den Hamburger Gauleiter in die Position eines »Staatskomponisten« befördert und bekam eine Pfründe gewährt, an die keine Bedingungen geknüpft waren.[38] Friedrich Leiboldt aus Naumburg komponierte seinen *Horst-Wessel-Zyklus* zum Teil auf Verse von Baldur von Schirach; die Erstaufführung mit gemischtem Chor war für 1934 vorgesehen. Rudolf Bockelmann, ein weiterer berühmter Bariton, war der Sänger des Liedes »Für den Führer«, geschrieben von dem kaum bekannten Hans Gansser und von der Electrola 1935 auf den Markt gebracht. Paul Winter, der möglicherweise verdientermaßen im Zweiten Weltkrieg in den Rang eines Generals aufstieg, bastelte eine Hymnen-Fanfare und ließ sie von Radio Wien im April 1938 aufführen, nachdem Hitler mit seinen Truppen in Österreich einmarschiert war; sie war von seiner tiefen Freude über die »großartige Vollendung der Vereinigung des Großdeutschen Reichs« inspiriert.[39] Häufig wurden solche politisch inspirierten Kompositionen erzeugt, weil eitle Regimeführer – Göring, Goebbels oder Alfred Rosenberg – sie in Auftrag gegeben hatten.[40]

Doch obwohl in den zwölf Jahren unter Hitlers Herrschaft rund zwanzigtausend Kompositionen für politische Zwecke produziert wurden, fand die überwiegende Mehrheit – von krassen Dilettanten mit zweifelsfreier Partei-Reputation verfaßt – keinerlei Anerkennung.[41] Hitler selbst, obwohl von nur begrenztem musikalischem Geschmack, war wenigstens schlau genug, die aufdringlichsten Fälle von Opportunismus zu durchschauen. Deshalb fand er »keinen Gefallen an der neu komponierten Parteitagsmusik« und verbot ab 1935 die inflationäre Praxis persönlicher Widmungen an den Führer.[42]

Nicht nur karrierebewußte Komponisten, auch Instrumentalisten und Dirigenten, die es aus Mangel an Talent vor der nationalsozialistischen Ära zu nichts gebracht hatten, versuchten nun, mit Parteiabzeichen oder anderem Regime-Krimskrams ihr Ziel zu verfolgen. Sie scheiterten trotzdem an ihrer Inkompetenz. Doris Kaehler, mit achtunddreißig nicht die jüngste Altistin im Beruf, fuhr von

Berlin nach Berchtesgaden, wo sie Hitler auf seinem Berghof belagerte – in der Hoffnung, daß die Gelegenheit, für ihn zu singen, zu einer Anstellung beim Reichsrundfunk führen würde. Frau Kaehler gehörte zu den »Alten Kämpfern« – zu denen, die der Partei vor Januar 1933 beigetreten waren – und war die Tochter eines kleinen Parteifunktionärs, doch ihre künstlerische Beglaubigung ließ zu wünschen übrig.[43] Paul de Nève, der im »marxistisch-jüdischen Reich« musikalische Ereignisse für die Partei umsonst dirigiert hatte, hoffte auf Erkenntlichkeit; doch er blieb lediglich ein »Künstlerdank«-Kandidat, denn 1938 war er bereits siebenundfünfzig und hatte keine besonderen künstlerischen Verdienste aufzuweisen.[44] Parteigenosse Otto Wartisch, ein Dirigent, scheiterte 1936 mit dem Versuch, bei den Münchner Philharmonikern eine Vertragsstelle zu ergattern, ebenso wie Parteigenosse Fritz Müller-Rehrmann, der 1937 auf einen Posten als Dirigent, Komponist oder Musiklehrer irgendwo in Deutschland hoffte.[45] Typischerweise überschätzten Musiker wie Wartisch und Müller-Rehrmann ihre Chancen und strebten aufgrund ihres nazistischen »Stammbaums« Positionen an, denen sie nicht gerecht werden konnten, selbst wenn es wohlgesinnten Diktatoren so gefiel, wie Goebbels Ende 1936 richtig bemerkte. Der Komponist Paul Hindemith erklärte zu Beginn des NS-Regimes, daß »schlechte Werke nicht unbegrenzt gefördert werden können und daß die Leute, die nun ausgegraben werden, ohne Ausnahme alle kleine Geister sind«.[46]

NS-Behörden und Musikverwaltung

Die Gründe, warum es überhaupt zu einem Kompromiß zwischen Unterdrückung und Duldung kommen konnte, waren das relative Unvermögen der Dienststellen, die zur Verwaltung der Musik im Regime eingerichtet wurden, und die fehlende Zusammenarbeit. Die erste dieser Organisationen war der Kampfbund für deutsche Kultur (KfdK), vom dem Partei-Ideologen Alfred Rosenberg im Februar 1929 gegründet. Der KfdK war ein politischer Interessenverband zum Zweck der Rettung der deutschen Kultur vor dem, was die Nationalsozialisten als Pornographie, Bolschewismus, Internationales Judentum und »Asphaltpresse« betrachteten – symbolisiert durch die Bauhaus-Kunst, kritische Artikel in der linken *Weltbühne* und durch neutönerische (oder »atonale«) Musik.[47] Er richtete sich während Hitlers Aufstieg zur Macht an Deutschlands Bildungselite – in einer Zeit, als Hitler besonders darauf erpicht war, die gesellschaftliche Oberschicht zu hofieren. Bis zum Januar 1933 waren konservative, nationalistische und rassenbewußte Deutsche (die meisten aus akademischen Kreisen, doch auch ausübende Künstler) den verschiedenen regionalen Zellen des KfdK beigetreten. In ihrem Reich der Musik veranstalteten die regionalen Kampfbund-Führer Solovorträge und Konzerte, häufig mit Hilfe arbeitsloser Musiker wie dem Kampfbund-Chor. Die Besucher, Nazi-Sympathisanten mit Interesse an gehobener Kultur, spendeten nicht nur Applaus, sondern auch Geld.[48]

Zu verwaltungstechnischen Zwecken schuf die Kampfbund-Führung ein ganzes System von Unterabteilungen, die Sektionen für E- und U-Musik, Oper, Instrumental- und Vokalmusik, Komposition und nicht zuletzt Musikerziehung einschlossen.[49] Nach dem Januar 1933 wuchs der Ehrgeiz des Kampfbunds, die Regelung der Musik im Dritten Reich in Alleinregie zu übernehmen, angetrieben von

Rosenbergs Sendungsbewußtsein als offizieller Partei-Ideologe und Wächter über alles kulturelle Geschehen. Als die
Arbeitsbeschaffungsprogramme immer mehr Bedeutung
gewannen, hatten lokale musikalische Darbietungen, die
arbeitslose oder unterbeschäftigte Instrumentalisten, Sänger und sogar ganze Orchester und Chöre herausstellten, in
allen deutschen Ländern den Vorrang, wie etwa in Halle,
wo im März ein Abend mit Brahms-Sonaten und Wagners
Wesendonck-Liedern organisiert wurde. Die Einbeziehung
von Wagner signalisierte das oberste Ziel des Kampfbunds:
daß nämlich »der letzte jüdische Unrat schnell und gründlich aus unserem deutschen Hause ausgefegt« werde.[50]
Diese militante Organisation verschaffte sich einen gewissen offiziellen Kurswert, als sie zu Hitlers Geburtstag am
20. April 1933 in Berlin eine Feier aufzog, bei der Rosalind
von Schirachs Liebhaber Gerhard Hüsch Lieder von Bach
und Schubert zu Gehör brachte. Entsprechend unverfälschte deutsche Kost wurde einen Monat später in Leipzig
geboten, als die Kampfbund-Organisatoren den Saal des
berühmten Gewandhausorchesters in Beschlag nahmen,
um Werke von Brahms aufzuführen – angeblich zu Ehren
des hundertsten Geburtstags von Brahms. Im Frühsommer
bot ein spezielles Kunstfest Gustav Havemanns nationalem
Kampfbund-Orchester Gelegenheit, Ausschnitte aus Wagners *Tristan und Isolde* und dem *Fliegenden Holländer*
aufzuführen.[51] Um die Unterstützung durch die Partei
zu unterstreichen, wirkte bei einem Kampfbund-Fest im
Herbst in Stettin die Pianistin Annemarie Heyne mit, eine
Nichte des »Stellvertreters des Führers« Rudolf Heß, und
in Plauen Heinrich Bienert, der sowohl Rezitator von Gedichten wie Standartenführer der SA war.[52]
   Der Kampfbund stand jedoch auf tönernen Füßen, und
seine Vorherrschaft über die deutsche Musik war aus zwei
Gründen nur kurzlebig. Erstens handelte es sich um eine

inoffizielle, nicht autorisierte Parteiorganisation, gegründet auf Anstoß eines einzigen Naziführers, der den Ehrgeiz hatte, die Gesamtkontrolle über die Kultur an sich zu reißen, und das ohne Hitlers ausdrückliches Gutheißen. Solange er bestand, hatte der KfdK seine organisatorische und finanzielle Grundlage nur in der Partei und war nie in der Regierung verankert. Bald nachdem sich das Regime eingerichtet hatte, wurde sein Machtanspruch von Goebbels, Göring und dem späteren Reichsminister für Wissenschaft, Kunst und Volksbildung Bernhard Rust, der für Musikerziehung zuständig war, in Frage gestellt. Zweitens hatte der Kampfbund trotz Rosenbergs historischer Rolle als Gründer und geistige Galionsfigur niemals eine starke zentrale Führung, weder in Berlin, noch in München, dem Sitz der Parteizentrale. Vielmehr wurde er lokal und regional von Parteibonzen der mittleren Kader geleitet, von denen nicht alle Musiker und die wahrscheinlich durch gegenseitige Fehden ausgelastet waren. Jedes Provinznest scheint einen Kampfbund-Diktator gehabt zu haben, »der nach eigenem Ermessen Richtlinien gibt«, wie Hindemiths frustrierter Verleger ihm im April 1933 schrieb.[53] Und so wurde – als Folge der nicht genügend gestützten Anfänge des Kampfbunds und des Mangels an Autorität – Rosenberg schließlich von stärkeren Kämpfern um kulturelle Kontrolle aus dem Sattel gehoben, als deren hartnäckigster sich Goebbels erwies.

Von 1933 bis Anfang 1934 versuchte der Kampfbund, seinen Einfluß mit Hilfe lokaler Vertreter zu festigen, die Schlüsselpositionen in kommunalen Musikkreisen innehatten. In Krefeld war das der Dirigent Walther Meyer-Giesow, der sich als Herr über das Städtische Orchester, ein Collegium musicum und einen Madrigalchor aufspielte und das ganze Jahr 1933 hindurch so gut wie alle musikalischen Aktivitäten in der Stadt plante.[54] In München usur-

pierte der Kampfbund-Diktator Paul Ehlers die Macht im
traditionsreichen Bach-Verein und dessen Chor und Orchester in einem solchen Maß, daß Carl Orff, der vor dem
Dritten Reich darin eine Schlüsselrolle gespielt hatte,
sich Anfang 1934 zurückzog.[55] Und in Marburg gebrauchte
der KfdK-Leiter seine Macht, um so viele musikalische
Ereignisse wie möglich für die größte Anzahl treuer Parteigenossen und zu Vorzugspreisen zu organisieren.[56]

Der Untergang von Rosenbergs kämpferischer Organisation begann bereits im Frühjahr 1933, denn sie nahm sich
in Musikpolitik und -verwaltung Freiheiten heraus, für die
sie kein Mandat hatte, und irritierte damit nicht nur staatliche Behörden, sondern auch Parteifunktionäre. Im April
bot eine rheinische Kampfbundzelle, angeblich mit Rosenbergs Ermächtigung, dem Münchner Komponisten und
Dirigenten Hans Pfitzner die Leitung des Düsseldorfer
Opernhauses an. Doch als Pfitzner sich mit dem Düsseldorfer Oberbürgermeister in Verbindung setzte, der in letzter Instanz zuständig war, war von einer Berufung keine
Rede. Der Kampfbund erklärte darauf, daß er lediglich auf
einen Vorschlag Rosenbergs hin tätig geworden sei, aber
daß Pfitzner natürlich selbst mit dem Oberbürgermeister
verhandeln müsse. Der Kampfbund hatte das Gesicht verloren, und Pfitzner war verärgert.[57]

In Schwerin war inzwischen der Konzertmeister Karl
Krämer vom Mecklenburger Staatstheater fristlos entlassen
worden, weil er sich mit einem seiner Vorgesetzten angelegt hatte. Der Kampfbund verwendete sich zwar beim
Gauleiter für Krämer, doch da er über keinerlei Autorität
verfügte, war die Intervention vergeblich.[58] In Hamburg
brachte der Kapellmeister und Kampfbündler Willi Hammer eine Definition von Kunst als generelle Richtlinie für
das Reich zu Papier, doch kaum verteilt, geriet sie schon
wieder in Vergessenheit.[59] Ein Berliner Kampfbund-Funk-

tionär versuchte, den renommierten Musikkritiker Hans Heinz Stuckenschmidt in Mißkredit zu bringen, indem er über ihn Lügen verbreitete, wurde jedoch nach Stuckenschmidts energischem Protest gezwungen, sich zu entschuldigen.[60]

Zu diesem Zeitpunkt hatte Goebbels, der nicht nur für die Parteipropaganda zuständig war, sondern seit März 1933 auch ein Ministeramt innehatte, das ihn zur Überwachung kultureller Angelegenheiten auf praktisch allen Gebieten ermächtigte, seine Reichsmusikkammer (RMK) fest etabliert, die nun starken Druck auf Rosenbergs geringgeschätzte Kampfbund-Zellen ausübte. Obwohl Rosenberg 1934 »Beauftragter des Führers für die Überwachung der gesamten geistigen und weltanschaulichen Schulung und Erziehung der NSDAP« wurde, handelte es sich dabei im Vergleich zu Goebbels' Doppelfunktion in der Partei und in der Regierung nur um eine unbedeutende Dienststelle. Innerhalb seines neuen Amtes schuf Rosenberg jedoch ein weiteres Kontrollorgan über die Musik. In der Hoffnung, seinem glanzlosen Kampfbund kraft der Legitimierung durch die Partei neue Geltung zu verschaffen, koppelte er den ohnmächtigen KfdK mit der »Kraft durch Freude«-Organisation (KdF) von Robert Ley. Diese neue Kontrollstelle wurde als »Hauptstelle Musik« Herbert Gerigk übergeben, einem ehrgeizigen Musikologen und Musikkritiker mit eindrucksvollem nationalsozialistischem Leumund.[61] Inzwischen wurde der Kampfbund für deutsche Kultur in seiner neuen Verkleidung in »NS-Kulturgemeinde« (NSKG) umgetauft, die von nun an lediglich als Musik- (und Theater-) Interessenverband auftrat und billige Kartenkontingente für ihre vielen, nun völlig passiven Mitglieder im ganzen Reich kaufte. Außerdem organisierte sie selbst Konzerte.[62] Die NS-Kulturgemeinde wurde 1937 völlig von »Kraft durch Freude« absorbiert, und damit war einem von

Rosenbergs kulturellen Podien das Ende beschieden.[63] Zumal während des Krieges organisierte die KdF Massenveranstaltungen zugunsten der Rüstungsproduktion und der Wehrmachtsbetreuung; in ihrem Dienst traten deutsche Musiker sowohl vor BMW-Arbeitern, vor der Waffen-SS wie vor den Zivilisten an der Heimatfront auf. Hier hatte sich die neue Aufgabe der Musik als Instrument von Politik und Krieg voll und ganz verwirklicht.[64]

Bereits im Frühjahr 1933 hatte es eine beachtliche Anzahl Überläufer aus dem Kampfbund gegeben, als vier führende Funktionäre die Organisation verließen, um in Berlin unter dem Geiger Gustav Havemann ihr eigenes Nazi-Kartell zu gründen.[65] Dieses Reichskartell der Deutschen Musikerschaft wurde nach dem Modell des Korporativismus organisiert, das den Staat auf der Grundlage berufsständiger Körperschaften zu erneuern suchte. Es war zum Teil dem Faschismus in Italien entlehnt, galt als ideal, um den kollektiven Interessen einer Berufsgruppe zu dienen, und war lange vor Hitler bereits bei anderen Berufsgruppen wie Anwälten und Ärzten im Schwang gewesen.[66] Im Herbst bildete dieses Reichskartell den Kern für die Reichsmusikkammer.[67]

Im März 1933 gab Goebbels noch immer seine Unterstützung für Rosenbergs Kampfbund zu erkennen, doch war es inzwischen bereits klar, daß er die Absicht hatte, das Heft selbst in die Hand zu nehmen, was die Kultur im Dritten Reich betraf.[68] Goebbels verwirklichte diesen Anspruch voll und ganz, als er Ende Juni offiziell bevollmächtigt wurde, ein Räderwerk für eine derartige Kontrolle aufzubauen, dabei sein neues Reichsministerium für Volksaufklärung und Propaganda (Promi) nutzte und damit Rosenbergs bereits vorhandene Parteieinrichtungen insgesamt gefährdete.[69] Frühere Speichellecker Rosenbergs wie Havemann begannen in Goebbels' Lager abzudriften, und

Hans Hinkel, einst ein Kampfbund-Sekretär, stand bereits in seinem Dienst.[70]

Die Gründung der RMK wurde formell am 1. November 1933 als Abteilung einer Dachorganisation verkündet, der Reichskulturkammer (RKK), deren Präsident Goebbels war. Es gab entsprechende Unterkammern für bildende Künste, Theater, Literatur, Journalismus, Rundfunk und später auch Film. Die Mitgliedschaft in der RMK war wie in den anderen Kammern für alle Berufsausübenden in ihren jeweiligen Kategorien obligatorisch.[71] Havemann und andere Kumpane aus dem Kampfbund – wie Heinz Ihlert, ein Berliner Geschäftsmann, Gelegenheitspianist und seit 1927 alter Nazi-Kämpfer – begannen, die verschiedenen Sektionen zu besetzen. Havemann übernahm nach der Fusion seines Reichskartells selbst die Leitung über die Musiker, und Ihlert wurde geschäftsführender Sekretär. Hans Hinkel wurde 1935 für die RMK verantwortlich, als er zum Generalsekretär der Reichskulturkammer ernannt wurde. Diese wesentlich größere Kulturkammer war am 15. November 1933 feierlich inauguriert worden, wobei Richard Strauss sein *Festliches Präludium* dirigierte. Das war kein Zufall, denn auf Goebbels' Geheiß hatte sich Strauss als Präsident der untergeordneten RMK zur Verfügung gestellt.[72]

Seit 1945 und auch schon vorher gab es viele Spekulationen, warum der weltberühmte Komponist sich bereit erklärte, dieses – gelinde gesagt – fragwürdige Amt zu übernehmen. Strauss hatte das gewiß nicht aus finanziellen Gründen nötig, denn er war ein wohlhabender Mann; er brauchte auch keine zusätzliche Publicity; und 1933 stand er noch nicht unter irgendwelchem politischen Druck. Die Antwort ist nicht, wie ein deutscher Musikologe behauptete[73], daß er ein machthungriger eingefleischter Nationalsozialist war, sondern daß er in Hitlers Diktatur ein praktisches, wenn auch etwas widerwärtiges Werkzeug sah, um

Ziele zu verwirklichen, die ihm bereits Jahrzehnte vor-
schwebten. Zugegebenermaßen kein Freund der Weimarer
Republik[74], glaubte Strauss, daß eine Diktatur endlich den
Umschwung zu einem Korporativismus herbeiführen könne, der dem Berufsstand der deutschen Musiker nützte und
insbesondere den Komponisten, für deren Interessen er
sich seit Anfang des Jahrhunderts unermüdlich eingesetzt
hatte. Seit kurzem verfügbare Dokumente aus dem Strauss-
schen Familienarchiv in Garmisch enthüllen, daß er vor
allem drei Ziele vor Augen hatte. Erstens wollte er die
Musikkultur im Lande aufwerten, indem er überall das
höchste Niveau von Unterricht und Aufführungspraxis in
die Wege leitete. Zweitens wollte er die Gewinnbeteiligung
der Komponisten ernster Musik gegenüber den Unter-
haltungskomponisten erhöhen, von denen er am meisten
die Schöpfer von Operetten wie Franz Lehár verabscheute,
der ein ständiges Objekt seiner Verunglimpfungen war.
Drittens hatte er vor, die Urheberrechtsfrist für ernste
Kompositionen zum Wohl der Komponisten und ihrer
Erben zu verlängern.[75]
    Er hatte eine spezielle Agenda, genau zugeschnitten auf
sich und seinesgleichen. Bezeichnenderweise entschied
Strauss sich, die RMK-Sektion Komponisten persönlich zu
leiten. Es ist die Frage, ob Goebbels dieses Konfliktpoten-
tial erkannte, als er den Meister berief – einen Konflikt, der
sich im Lauf der Zeit vertiefte. Doch vorläufig, im Herbst
1933, wollte er lediglich Strauss' enormes Prestige national
und vor allem international ausbeuten, denn Hitlers Regime buhlte um Anerkennung im Ausland, so wie Strauss
vorhatte, die Macht der Diktatur für seine Zwecke zu nutzen.[76] Sein berufliches Eigeninteresse an der RMK und sein
Widerwille, das behagliche Leben eines Komponisten in
Garmisch gegen die Präsenz eines Funktionärs in Berlin
einzutauschen, führten auf jeden Fall dazu, daß er die mei-

sten RMK-Angelegenheiten an Untergeordnete delegierte,
vor allem an seinen Geschäftsführer Ihlert, und sich persönlich nur in Fällen engagierte, die ihm am Herzen lagen.
Strauss' Briefe an die wenigen Männer in Berlin, denen er
vertraute und mit denen er regelmäßig korrespondierte,
namentlich Ihlert, Hugo Rasch und Julius Kopsch, demonstrieren Verachtung für ihre tägliche Routine, die er für
weit unter seiner Würde hielt.[77]

Eine unmittelbare Folge der Abwesenheit ihres Präsidenten war eine Führungsschwäche in den oberen Rängen der
Berliner RMK, die Durcheinander, Korruption und interne
Machtkämpfe mit sich brachte. In der Berliner Zentrale
befehdeten sich Ihlert und besonders Havemann bald mit
ihren Kollegen; Ihlert selbst wurde Protektionismus und
Unfähigkeit vorgeworfen, sie wurden der Trägheit und
sexueller Verfehlungen bezichtigt.[78] Eine zweite Folge war
ein auffälliger Mangel an entschlossener Kontrolle durch
die RMK im ganzen Reich, wie sie sich üblicherweise in
scharfer Kritik der Nazis und Repressionen äußerte, die auf
anderen Gebieten bereits damals die NS-Politik kennzeich-
neten.

Es trifft zu, daß unter dem Präsidenten Strauss, der sich
alles vom Leibe hielt, die RMK bereits mit Verfahrensweisen
begann, die bald verbindlich wurden, wie die zwangsweise
Mitgliedschaft der Berufsmusiker und der Einzug monatli-
cher Mitgliedsbeiträge. Die RMK richtete auch Befähigungs-
prüfungen für Musiker ein, um Amateure und Betrüger
auszusieben und dadurch zu einem beruflichen Kodex zu
kommen – alles im Geiste des Korporativismus, der für die
Epoche das Ei des Kolumbus war. Ferner gewährte – und
verweigerte – die RMK Musikern die Erlaubnis, ins Ausland
zu reisen und einen festgelegten Betrag an Devisen auszu-
geben. Und um die Programme für Arbeitsbeschaffung fortzusetzen, die in wesentlich kleinerem Maßstab bereits vom

Kampfbund begonnen worden waren, begrenzte sie die Zulassungsrate ausländischer Instrumentalisten, die den Einheimischen einen Arbeitsplatz wegschnappen konnten.[79]

Inzwischen übte Goebbels, um die Bedenken der Musiker zu beschwichtigen und im Sinne seines erklärten Prinzips relativer künstlerischer Freiheit, in dieser frühen Phase des Regimes ziemliche Zurückhaltung bei der Durchsetzung seiner kulturellen Ziele. Daher war Strauss in der Lage, Kontrolle und Zensur auf einem absoluten Minimum zu halten – eines der wenigen Gebiete in der Politik der RMK, die ihn noch interessierten und über die er sich die Entscheidung vorbehalten wollte, wenn er es denn erreichen konnte, darüber informiert zu werden. Das war nicht nur im Hinblick auf die Ächtung jüdischer Kollegen offensichtlich, die er abzuwiegeln versuchte, sondern auch, was die Art von Musik betraf, die zur Aufführung gelangen sollte. Als zum Beispiel im März 1934 der fanatische Nazi Fritz Stege, Kritiker und Mitglied des Präsidiums der RMK, einen Konzertpianisten mit einer Vorliebe für moderne Werke zensieren wollte, widersetzte sich ihm das Präsidium mit der Begründung, daß »die Reichsmusikkammer grundsätzlich Werke mit atonalem Charakter nicht verbieten könne, vielmehr über derartige Komponisten das Publikum die Entscheidung fällen müsse«.[80]

Die unmittelbaren Umstände von Strauss' Entlassung aus seinem Amt durch Goebbels im Juli 1935 sind allgemein bekannt: 1932 hatte er den österreichischen jüdischen Schriftsteller Stefan Zweig als Librettisten für seine Oper *Die schweigsame Frau* gewonnen, und das wurde als Affront gegen das nationalsozialistische Regime betrachtet. Als Zweig, der seine Situation als zunehmend unangenehm, wenn nicht ausgesprochen gefährlich empfand, überdies versuchte, sich aus der laufenden Arbeitsbeziehung zu lösen, schrieb ihm Strauss am 17. Juni 1935 und erklärte, daß er den Präsidenten der RMK lediglich mime, um das Schlimmste zu verhüten. Die Gestapo, die Strauss schon lange mißtraute, fing den Brief ab, und ein empörter Goebbels zwang ihn, sein Amt niederzulegen. Offiziell wurde dieser Schritt mit Strauss' »vorgeschrittenem Alter« und seiner in letzter Zeit »stark angegriffenen Gesundheit« begründet.[81]

Obwohl das in der Nachkriegsliteratur die Standard-Erklärung für Strauss' Bruch mit der RMK wurde[82], waren die tieferen und entscheidenderen Gründe strukturell bedingt. Bei Strauss' Entnazifizierungs-Verhandlung 1947 kam zur Sprache, daß die Entlassung »eine völlige Veränderung des Systems« symbolisiere, der Befehlskette zwischen Goebbels als kulturellem Oberaufseher und seinen Kammervorsitzenden und der gesamten Politik, die von einer Kammer einzuhalten war.[83] Tatsache war, daß Strauss – obwohl renommiert – einfach zu zielstrebig und in egozentrischer Weise unabhängig war, um den Nazis auf Dauer wirklich von Nutzen zu sein. Sein Fernbleiben von Berlin und sein genereller Mangel an Interesse für den täglichen Verwaltungskram der RMK hatte bereits zu einer Erosion geführt; und seine skeptische Haltung gegenüber der »jüdischen Frage« machte deutlich, daß er – obwohl autoritär – keineswegs rücksichtslos genug war, um die Zensur und andere Kontrollen durchzuführen, die Goebbels im gesamten Bereich der RMK auferlegt haben wollte. Das war als Problem während der Hindemith-Affäre 1934/35 offenbar geworden, als Strauss sein Präsidium anwies, den Komponisten nicht aus dem Verband der RMK auszuschließen.[84] Hindemiths bisher nicht aufgeführte Oper *Mathis der Maler* war bis zu diesem Zeitpunkt das einzige zeitgenössische Werk der ernsten Musik gewesen, das für unerwünscht erklärt wurde, nicht wegen neuer ästhetisch-ideologischer Kriterien, sondern aus politischen Gründen, was nicht zuletzt mit Hitlers bereits lange bestehender Abneigung gegen diesen Komponisten mit seinem neutönerischen Ruf zu tun hatte. Es war nicht Strauss, der ihn vors Tribunal brachte, sondern die obersten Regimeführer selbst.[85]

Strauss wurde durch Peter Raabe ersetzt, den pensionierten Aachener Generalmusikdirektor und emeritierten Professor an der dortigen Technischen Universität. Er war unauffällig genug, um Goebbels als ideale Marionette zu dienen. 1872 geboren, hatte er eine respektable, wenn auch nicht spektakuläre Karriere als Dirigent gemacht und einen Doktortitel mit einer Dissertation über Franz Liszt erworben. Er war gerade in den Ruhestand getreten, als ihn der Ruf des Ministers erreichte. Raabe hatte ein persönliches Motiv, dieses Amt anzunehmen, denn sein Renommee als Dirigent begann angesichts des kometenhaften Aufstiegs von Herbert von Karajan zu verblassen, der ihn – obwohl erst einige Monate in Aachen tätig – insbesonders als Dirigent an der Städtischen Oper in den Schatten gestellt hatte.[86] Obwohl Raabe die Parteimitgliedschaft erst 1937 beantragte, war er ein fanatischer Anhänger Hitlers und nach allem, was man über ihn weiß, zutiefst in der NS-Kulturpolitik engagiert.[87] Im Gegensatz zu Strauss und möglicherweise durch sein Idol Liszt beeinflußt, dessen harmonische Innovationen Arnold Schönbergs Atonalität vorausahnten, hatte Raabe allerdings eine Vorliebe für modernere Komponisten, eine Schwäche, über die Goebbels sich gerne lustig machte und die Raabe zu noch weicherem Wachs in den Händen des Ministers werden ließ.[88]

Raabes wesentlich untergeordnetere Position als Präsident der RMK wurde in vielerlei Hinsicht deutlich. Anders als Strauss ließ man Raabe in Goebbels' Ministerium antichambrieren, wenn er zum Rapport vor dessen Stellvertretern beordert wurde, und Raabes Protest blieb unbeachtet.[89] Entschlossen, seine Politik öffentlicher Kontrolle etwas zu verschärfen, während er nach wie vor Überredung und Bekehrung vor unumwundener Restriktion bevorzugte, stieß Goebbels bei Raabe auf keinerlei Einwände, als er eine stärkere Überwachung der Konzertprogrammierung in die Wege leitete. Im September 1935 wurde eine nicht allzu umfangreiche Schwarze Liste von Werken jüdischer und ausländischer Komponisten herausgegeben, ein Vorgehen, dem Strauss mit aller Sicherheit niemals zugestimmt hätte.[90] 1936 mußte sich Raabe trotz seines Protests schließlich mit Goebbels' Entscheidung abfinden, den Allgemeinen Deuschen Musikverein in der RMK aufgehen zu lassen, Liszts Schöpfung von 1859, in dem Raabe eine führende Rolle spielte und dessen Unabhängigkeit er erhalten wollte. (Bei den jährlichen Feierlichkeiten des ADMV war die Beobachtung gemacht worden, daß Raabe »Neutönerei« fördere.) Der ADMV wurde 1937 ordnungsgemäß liquidiert.[91] Im Fall von Hindemiths Ächtung unterzeichnete Raabe auf Goebbels' Drängen hin im Oktober 1936 eine Anordnung, die die öffentliche Aufführung aller Werke von Hindemith untersagte, etwas, was Strauss ebenfalls niemals zuzumuten gewesen wäre.[92]

Zu diesem Zeitpunkt war Raabe allerdings nicht mehr der einzige Generalbevollmächtigte des Ministers, was die Musikkultur im Reich betraf, denn Ende 1936 hatte Goebbels Heinz Drewes, Generalmusikdirektor in Altenburg, als Leiter eines Musik-Ressorts im Propagandaminsterium berufen.[93] Die Gründe für diesen Schritt sind nicht völlig klar, aber vermutlich wollte Goebbels eine gewisse Garantie dafür haben, daß Raabe in Schach gehalten werde, um eine Wiederholung der extremen Schwierigkeiten zu vermeiden, die Strauss ihm bereitet hatte. In völliger Übereinstimmung mit der Praktik der Nationalsozialisten wollte er eine »fragmentierte Verwaltung« aufbauen, mit doppelten und dreifachen Ebenen der Jurisdiktion, doppelter Verantwortlichkeit und gekreuzten Befehlsketten. Letztlich zogen die oberen Führer ihren Nutzen aus einem solchen institutionalisierten Chaos, da nur sie als Schiedsrichter in scheinbar endlosen Disputen auftreten konnten oder in Fällen, in denen die Effizienz der Machtausübung ernstlich auf dem Spiel stand. Ausnahmslos festigte das ihre Position. Das war übrigens der Hauptgrund, warum Hitler nicht selbst in die anfänglichen Rivalitäten zwischen Rosenberg und Goebbels eingriff, denn letzten Endes war er es, der dabei als oberste Instanz hervorging.[94]

Goebbels sorgte dafür, daß er immer das letzte Wort hatte, indem er schlau die Zuständigkeitsbereiche von Raabe und Drewes verfilzte. Sein System war ziemlich gerissen: Raabe stand als Präsident der RMK unter Goebbels als Präsident der Reichskulturkammer, der die RMK untergeordnet war. Die RKK war natürlich in Goebbels' Promi verankert. Drewes, obwohl Beamter im Promi, bekam keine Kompetenz über Raabe, dessen formeller Vorgesetzter Goebbels war. Im Gegenteil, um Drewes in Schranken zu halten, war er in einer Überkreuz-Konstruktion gleichzeitig Mitglied des Präsidiums der RMK und damit nominell Raabe unterstellt.[95] Wie vorauszusehen, lagen Drewes und Raabe einander über die »Führung der Musik« ständig in den Haaren, was Goebbels freute, denn er konnte jedem immer mit der Intrigen-Munition des anderen drohen.[96]

Theoretisch war Drewes' Ressort für die politischen Vorgaben zuständig und Raabes Geschäftsstelle für ihre Durchsetzung.[97] Doch in der Praxis stand Goebbels hoch über beiden und gab seine Wünsche entweder persönlich oder über einen Staatssekretär seines Ministeriums bekannt. So lange sie bestand, bedeutete diese Konstruktion, daß Raabe weiterhin Verantwortung in praktischen Angelegenheiten trug – wie bei Neuaufnahmen und der Regelung der Mitgliedschaft in der RMK und im Ersinnen fachlicher

Verfügungen.[98] Was ideologische und inhaltliche Kontrollen betraf, scheint Raabe jedoch vergleichsweise benachteiligt gewesen zu sein oder Winke aus Drewes' Ressort empfangen zu haben, wenn nicht – wie im Fall von Hindemiths Ächtung 1936 – von Goebbels direkt. Das wird aus den Details des langen Kampfes ersichtlich, den Raabe gegen den Jazz führte, einen Kampf, den er bis zum Ende nicht gewinnen konnte, nicht zuletzt, weil Goebbels ahnte, daß Jazz für bestimmte Propaganda-Funktionen gut war, zumal während des Kriegs.[99] Im Bereich der ernsten Musik wurde Raabes untergeordnete Rolle im Sommer 1937 offenkundig, als Carl Orff, den Rosenbergs Kampfbund seit 1932 bekämpft hatte, sein szenisches Oratorium *Carmina Burana* zur Uraufführung brachte. Drewes faßte eine spontane Abneigung gegen Orff, kritisierte zwar nie die bestehenden und kommenden Werke des Komponisten gerade heraus, schüchterte ihn jedoch erfolgreich ein und ließ ihn bis in den Krieg im ungewissen. Raabes Amt fungierte lediglich als Echo auf Drewes' Amtsgewalt.[100] Mit an Sicherheit grenzender Wahrscheinlichkeit war es ebenfalls Drewes, nicht ausgesprochen ein Verfechter moderner Musik, der Goebbels bewogen hatte, den ADMV gegen Raabes Wunsch aufzulösen; das jedenfalls zementierte die ewige Feindschaft zwischen den beiden Funktionären.[101]

Unter der Präsidentschaft von Peter Raabe erlebte die Reichsmusikkammer verschiedene personelle Veränderungen. Die wichtigsten waren die Berufung des Komponisten Paul Graener als Vorsitzender der Sektion Komponisten, die Strauss bis zum Sommer 1935 selbst geleitet hatte, und sechs Jahre später Graeners Substitution durch Werner Egk, einen ehemaligen Schüler und Freund von Carl Orff und wie Orff zur Komposition modernerer Musik tendierend.[102] Wie wir sehen werden, geschah dieser Wechsel aufgrund von Differenzen über den Platz der Unterhaltungsmusik und weil Goebbels in der Hoffnung, einen einheitlichen NS-Musikstil zu etablieren, es für unbedingt erforderlich gehalten hatte, den progressiveren unter Deutschlands Komponisten einen gewissen Spielraum zu gewähren. Der Traditionalist Graener, den der Minister bereits 1936 abfällig als »Weihnachtsmann« bezeichnet hatte, konnte keine solchen Garantien geben.[103] Auf jeden Fall beschnitt Egks Berufung auf einer nominell untergeordneten, aber in Wahrheit außerordentlich einflußreichen Ebene nach dem Juli 1941 die Macht von Drewes (der zeitweise an die Front versetzt wurde) wie die von Raabe, der seine Aufgaben ziemlich oberflächlich erfüllte, Reden hielt und im ganzen Reich Konzerte dirigierte.[104] Hin und wieder erwog Goebbels, sowohl Drewes wie Raabe zu ersetzen, denn es ließ sich nicht sagen, wer von beiden der schwerfälligere war. Gerüchtweise war Furtwängler am Amt in der RMK interessiert.[105] Schließlich erwiesen sich beide Männer als unentbehrlich für die praktischen »Hausarbeiten«, die in einer Periode der Knappheit an neuen Talenten zu ihrer täglichen Routine geworden waren. Gegen Ende 1943 wurde es Drewes von Goebbels hoch angerechnet, daß er die musikalische Szene in Berlin nach einem Jahr schwerer britischer Luftangiffe wiederbelebt habe. Doch auch Raabe mußte seine Pläne zurückstellen, sich endlich ins Privatleben zurückzuziehen, um »noch ein paar Bücher (zu) schreiben«. Ironischerweise war eine seiner letzten Aufgaben im Spätsommer 1944 die Verfügung der Auflösung aller bedeutenden Kulturorchester im Reich, bis auf einige wenige glückliche wie die Berliner Philharmoniker, die nach wie vor gebraucht wurden, um die Moral der Zivilbevölkerung und der Wehrmacht aufrechtzuerhalten.[106]

Nazi-Karrieren

Das Beispiel von zwei aufeinanderfolgenden RMK-Präsidenten, Richard Strauss und Peter Raabe, könnte den Eindruck erwecken, daß im Dritten Reich hervorragende Musiker allgemein dazu neigten, den Nationalsozialismus verächtlich abzulehnen, während es erklärte Nazis an musikalischem Können fehlen ließen. Aber das war nicht zwingend der Fall: Es gab keine konsequente Wechselbeziehung zwischen politischer Überzeugung und musikalischer Begabung. Im Dritten Reich konnten vorzügliche Musiker auch fanatische Nazis sein und umgekehrt mittelmäßige Musiker glühende Verfechter der Demokratie und der unveräußerlichen Menschenrechte. Es gab natürlich diverse Schattierungen zwischen diesen beiden Extremen, bei denen sich das Verhältnis zwischen musikalischer Begabung und Politik nicht einfach definieren läßt.

Ob der Geiger Gustav Havemann nach 1932 tatsächlich ein echter Nazi war, mag von manchen bezweifelt werden, denn er hatte bis zu seinem plötzlichen Eintritt in die NS-Bewegung in jenem Frühjahr, der viele seiner Kollegen überraschte, als Linker gegolten.[107] Havemann konnte bereits auf eine eindrucksvolle Karriere zurückblicken. Als ehemaliger Schüler des legendären jüdischen Geigers Joseph Joachim war er 1921 mit neununddreißig Jahren als Professor an die Berliner Hochschule für Musik berufen worden, und 1932 wurde ihm von der Universität Greifswald das Ehrendoktorat verliehen.[108] In der Republik leitete er eines der hervorragendsten Streichquartette, das sich auf moderne Musik einschließlich der Werke von Schönberg und Hindemith spezialisierte.[109] Es ist jedoch nicht unwahrscheinlich, daß Havemann Anfang 1932 eine echte Bekehrung zu Hitlers Bewegung erlebte (falls das der Fall war, wäre er unter Deutschlands Künstlern nicht der einzige gewesen), obwohl es später natürlich einfach war, ihn des

Opportunismus zu bezichtigen.[110] In der Tat versuchte er, seinen neuen Herren gut zu dienen, hauptsächlich als Dirigent
des Kampfbund-Symphonieorchesters arbeitsloser Musiker,
das ab Januar 1933 in Berlin jeden Sonntag auftrat.[111]

Als erklärter Nazi stellte Havemann bald fest, daß seine
einst gewaltige Reputation als Geiger nicht nur unter seiner
Dirigiertätigkeit litt, ein Metier, das er in seiner großtueri-
schen Art nur schlecht beherrschte, sondern auch darunter,
daß er sich unablässig in die Politik einmischte. Über seine
Pultqualitäten wurde gesagt, er spiele »vor absolut leeren
Häusern«, und das Ganze sei »nur eine lächerliche Angelegenheit, die künstlich von gähnenden Braunhemden
gefüllt« werde.[112] Er verstimmte Rosenberg, als er sich und
andere Musiker dem Kampfbund entzog, aber auch andere
Nazifiguren wie Robert Ley, dessen Deutsche Arbeitsfront
(DAF) ihr eigenes Orchester mit armen Nazi-Musikern
unterhielt. Havemann ging sogar so weit, daß er sich beim
Stellvertreter des Führers Rudolf Heß einschmeichelte und
einen Platz in dessen Hierarchie beanspruchte. Noch dazu
wurde Havemann ständig beschuldigt, nicht nur ein alter
Marxist und Judenfreund zu sein, sondern auch ein Geld-
verschwender, Zechbruder und zwanghafter Schürzenjäger.
Auch als er als Leiter der Reichsmusikerschaft in der RMK
ein Zuhause gefunden hatte, das nach Dauer aussah, warfen ihm böse Zungen vor, daß er die Geigerin Maria Neuss
protegiere, die uneheliche Tochter aus seiner früheren
Beziehung mit einer Jüdin. Die ganze Zeit über stärkte
Goebbels Havemann den Rücken, zweifellos, weil er nach
wie vor fähige Verbündete in seinem Kampf gegen Rosenberg und andere Regimeführer brauchte.[113]

Schließlich stolperte Havemann, noch immer im ungewissen über seinen Platz in der Hackordnung, aber um
Anerkennung als gläubiger Nazi buhlend, in die Hindemith-Affäre, die ein Testfall für so viele Musiker und Ver-

waltungsbeamte in den ersten Jahren des Dritten Reichs wurde. Gegenüber Hindemith, seinem Kollegen an der Hochschule in Berlin, empfand Havemann echte Loyalität; einst hatte er seine innovative Musik gefördert.[14] Darum schrieb er im Dezember 1933 an Heß, daß Hindemith, der bereits verdächtig war, nicht von derselben Sorte sei wie »die Juden Schönberg und Weill«.[15] Havemann wollte sich dabei mit Furtwängler verbinden, damals Hindemiths Hauptverteidiger, ungeachtet der Tatsache, daß er den Dirigenten, ebenso wie Strauss, angeprangert hatte, als beide während des Abspielens des von den Braunhemden so geliebten Horst-Wessel-Lieds den Hitlergruß unterließen.[16] Am 16. November 1934 hielt Havemann in seiner Eigenschaft als Fachschaftsleiter der RMK eine vielzitierte Rede bei der Jahresversammlung der preußischen RMK, in der er Hindemith auf dieselbe Stufe mit den nationalen Heroen Strauss und Pfitzner stellte. Er verlangte »den Schutz des wirklichen Genies« und wandte sich »gegen kleinlichen Streit und Hader«. Doch einige Tage später schloß sich Goebbels, wahrscheinlich unter dem Druck Hitlers, unentrinnbar Rosenbergs seit langem bestehender Ansicht an, daß Hindemith nicht länger tragbar sei, und das bedeutete Schwierigkeiten für seine Fürsprecher.[17] Als Hindemith Anfang 1935 in Ungnade fiel, fielen Furtwängler und Havemann mit ihm, wenn auch nicht so tief und so hart. Havemann tat alles, um den Komponisten zu stützen, nachdem Hindemith von der Hochschule für Musik vorläufig beurlaubt worden war und im Auftrag des Deutschen Reichs als Musikerzieher in der Türkei tätig wurde. Aber im Juli, während des Strauss-Debakels, verlor auch Havemann seinen Geschäftsbereich in der RMK, allerdings nicht seine Berliner Professur.[18]

Es läßt sich sagen, daß es den zersetzenden Kräften des Dritten Reichs gelang, einen begabten, aber dennoch schwachen Charakter wie Havemann zu korrumpieren und ihn zu ihrem Lakaien zu machen, während der Geiger sich in einer wahren Demokratie – nur auf seine Verdienste gestützt – durchaus hätte hervortun können. Nachdem er 1937 dem Ausschluß aus der Partei nur knapp entgangen war, mußte er sich ohne politische Unterstützung auf das besinnen, was von seinen musikalischen Fähigkeiten übriggeblieben war.[19] Er gab sein Nazi-Orchester auf, das sich bald in hoffnungsloser Konkurrenz mit ähnlichen Gruppen befand, und versuchte noch einmal sein Glück als Konzertgeiger, der allerdings besonders gerne seine eigenen trivialen Kompositionen zu Gehör brachte. Kein Wunder, daß er sogar von der gleichgeschalteten Presse nicht mehr als höflichen Beifall erntete.[20] Spätestens im Krieg, als ein wieder ins Leben gerufenes Havemann-Quartett mit unbedeutenden Streichern für die Wehrmacht spielte, war Havemann jedenfalls national von seinen wesentlich jüngeren Kollegen Max Strub und Wolfgang Schneiderhan in den Schatten gestellt worden, ganz zu schweigen vom internationalen Niveau seiner nun im Exil lebenden jüdischen Kollegen Carl Flesch und der bereits aufgegangenen Sterne wie Jascha Heifetz, Yehudi Menuhin und Isaac Stern.[21]

Der zehn Jahre ältere Komponist Paul Graener war womöglich eine noch tragischere Gestalt als Gustav Havemann. Dieser Epigone von Brahms und weitgehende Autodidakt – »Sie müssen noch viel lernen«, hatte der alternde Meister ihm in seinen Anfängen gesagt – erlebte in den Jahrzehnten vor dem Dritten Reich eine wechselvolle Karriere als Dirigent und Komponist.[22] In der Republik war er im Gegensatz zu Havemann alles andere als der Liebling des gebildeten Musikpublikums gewesen. Graener, der immer im Schatten von Strauss und Pfitzner und erst recht der Neutöner gestanden hatte, gab die Schuld daran den Juden und Marxisten. Es widerfuhr ihm das außerordentliche Mißgeschick, daß seine (bis dahin) bedeutendste Komposition *Hanneles Himmelfahrt* 1927 uraufgeführt wurde, dem Jahr des Triumphes für Ernst Kreneks sensationelle Jazzoper *Jonny spielt auf.* Graeners rührselige, religiös-mystische Oper, die auf Gerhart Hauptmanns gleichnamigem, aber wesentlich radikalerem sozialkritischen Stück basierte, verblaßte im Vergleich zu Kreneks bilderstürmerischer Partitur und Handlung.[123] In der Tat komponierte Graener in einem tödlich ernsten synkretistischen Stil, der manchmal an Bruckner und Reger erinnerte, dann wieder an Strauss oder Graeners Idol Brahms. Als eingefleischter Gegner modernistischer Trends gestaltete er seine Opern nach konventionellen und abgedroschenen literarischen und historischen Themen (*Don Juans letztes Abenteuer*, *Friedemann Bach*).[124] Als ehemaliger Direktor des Salzburger Mozarteums leitete er von 1930 bis 1934 das Sternsche Konservatorium in Berlin; als früher Kampfbund-Funktionär trat er der NSDAP im März 1933 bei und brachte es im November dieses Jahres bis in das Präsidium der RMK. Strauss reagierte sarkastisch, als er 1935 erfuhr, daß Graener sein Amt als Vorsitzender der Reichsfachschaft Komponisten übernehmen werde.[125]

Warum entschied sich Goebbels für Graener, der außerhalb Deutschlands praktisch unbekannt war, in dieser Sparte als Nachfolger des berühmten Richard Strauss? Die plausibelste Antwort ist, daß – nachdem Hindemith für die Nachfolge nicht mehr in Frage kam – nach den Maßstäben der Epoche Graener hinter Strauss und Pfitzner auf dem dritten Platz in der Hierarchie der deutschen Komponisten rangierte und der Minister nach wie vor ein glaubwürdiges Aushängeschild wünschte. Da Pfitzner berüchtigt schwierig und es nicht wahrscheinlich war, daß er mit den Nazis kulturpolitisch kooperieren würde, schien Graener die logische Wahl, denn wie Raabe war er zu unbedeutend, um ernstliche Schwierigkeiten zu bereiten, und das gewisse nationale Prestige, das er als Komponist genoß, ließ sich für das Regime mühelos nutzen.

Graeners Funktion bestand hauptsächlich darin, politische Entscheidungen bekanntzugeben, die über seinen Kopf hinweg von Goebbels, Hinkel, Raabe und Drewes getroffen worden waren. Die erhalten gebliebene Korrespondenz enthüllt, daß er sein Amt sehr bald nur widerwillig ausübte. Sogar die Tatsache, daß er gleichzeitig einer der Vizepräsidenten der RMK war, änderte daran nichts. Allerdings hatten diese Positionen *einen* Vorteil: Er konnte nun seine notorisch vernachlässigten Werke aufführen lassen, sowohl im Konzertsaal wie im Rundfunk. Als der engagierteste Nazi-Anhänger unter den drei führenden deutschen Komponisten hatte Graener nach Hitlers Aufstieg bereits eine eindrucksvolle neue Blüte seiner Werke erlebt, und sein eigener Rang im Kampfbund für deutsche Kultur war ein Segen gewesen.[126] Doch obwohl es Graener 1934 gelang, den begehrten staatlichen Beethoven-Preis zu erhalten[127], war die Kritik nicht insgesamt mit ihm glücklich. Karl Holl in Frankfurt etwa zeigte sich wenig begeistert, als er im Februar jenes Jahres anmerkte, daß Graener in seinem *Friedemann Bach* trotz aller integren Bemühungen nicht den geringsten Tiefgang erreicht habe. Was seine spätere Oper *Prinz von Homburg* betraf, war Richard Strauss – wie zu erwarten – noch vernichtender. Und auch Goebbels billigte Graener lediglich einen beiläufigen Rang zu.[128]

Getreu seiner Behauptung, das deutsche Volk wolle »wieder Romantik«, wurden sogar noch mehr Werke dieses Hitler-Anhängers nach seiner Beförderung in das hohe Amt im Sommer 1935 aufgeführt; was darauf hinauslief, daß nun Regierungsstellen nach seiner Musik verlangten.[129] Doch er hatte zwei Schwächen. Eine war seine Unfähigkeit, mit Geld umzugehen. 1936 hatten ihn finanzielle Unregelmäßigkeiten tief in Schulden gestürzt. Kraft seines Amtes übte Graener in einem Versuch, mehr Tantiemen zu bekommen, offensichtlich Druck auf verschiedene Reichssender aus, seine Werke häufiger anzusetzen.[150] Die andere Schwäche war sein Unvermögen, Goebbels in internen Diskussionen hinsichtlich des Stellenwerts der ernsten gegenüber der Unterhaltungsmusik in seiner Eigenschaft als Leiter des Berufstandes der deutschen Komponisten die Stirn zu bieten. Als Präsident der RKK befürwortete Goebbels selbst eine Schwerpunktverlagerung von der E-Musik auf die U-Musik. Der Minister, der über einen elitären Geschmack verfügte und die Massen zweifellos verachtete, war nichtsdestoweniger durch und durch Politiker. Es bestand für ihn kein Zweifel, daß diese Massen umworben werden mußten, um sie für die Ziele des Regimes zu gewinnen, und daß dies nur mit Hilfe von populärer Kultur zu erreichen sei und nicht mit Bach oder Beethoven. Daher entschied Goebbels sich, was die Quoten für Tantiemen und dergleichen betraf, die Komponisten der U-Musik gegenüber denen der E-Musik zu favorisieren. Dieser Konflikt war nicht erst unter Raabe und Graener entstanden, sondern bereits unter Strauss, und hatte zu den Spannungen beigetragen, die schließlich zur Entlassung von Richard Strauss führten.[151]

Graeners Unentschlossenheit in dieser Angelegenheit sowie sein anstößiges Finanzgebaren waren Goebbels und seinen Vasallen peinlich. Obwohl Graeners mäßiges Prestige nach wie vor gebraucht wurde, um eine Einheitsfront der deutschen Komponisten aufrechtzuerhalten – eine Front, für die er bei den jährlichen Tagungen der Komponisten und ähnlichen Kongressen eine nützliche Galionsfigur war –, wurde er innerhalb des Regimes als »Papa Graener« abgetan, und es fehlte auch nicht an Intrigen, um seine Position zu schwächen. Im Promi wurde das im April 1937 erreicht, als seine Leitung der Reichsfachschaft Komponisten auf eine nur noch nominelle Rolle reduziert wurde, was hieß, daß er nach außen weiterhin als »Leiter des Berufsstandes deutscher Komponisten« gehandelt wurde.[152]

Zur selben Zeit wurden Maßnahmen eingeleitet, um seine Finanzen zu sanieren. Schließlich stand Goebbels selbst für einen Kredit in Höhe von 30000 Mark gerade, für jene Zeit eine exorbitante Summe.[153] Hans Hinkel, der Sekretär der Reichskulturkammer, übte überdies Druck auf die deutschen Opernhäuser aus (mit Ausnahme der Berliner Staatsoper, die Göring unterstand), mehr Opern von Graener aufzuführen. Diese Politik scheint funktioniert zu haben, denn eine wachsende Anzahl von Graeners Werken kam auf die Spielpläne und wurde von höflichem Lob der Kritik begleitet.[154] Plötzlich gab es »Graener-Morgenfeiern für die Hitlerjugend« und »Paul-Graener-Feste«, die zeitgenössischen deutschen Komponisten gewidmet waren.[155] Und sehr bald brachten auch die Reichssender regelmäßig Graener-Zyklen.[156] Im Januar 1942 wurde Graeners siebzigster Geburtstag im ganzen Reich mit großem Tamtam begangen, und später erhielt er von der RMK eine einmalige Komponisten-Prämie von 6000 Mark wie auch Strauss und Pfitzner.[157]

Das war ein offizieller Wink, daß Graener bei feierlichen Anlässen noch immer einen hohen Rang als politisch anerkannter Komponist des Dritten Reichs innehatte. Doch als Verwalter der propagierten Kultur blieb er weiterhin ein Versager. Mit seiner großen Liebe für die Musik des 19. Jahrhunderts hatte Graener schließlich nicht die Bedingungen geschaffen, die der Herausbildung eines authentischen NS-Musikstils förderlich waren. Und während es einerseits der ernsten Musik an einer entschiedenen Politik fehlte, versagte er andererseits der leichten Musik weiterhin seine Unterstützung. Deshalb erzwang Goebbels während einer

Grundsatzbesprechung in seinem Ministerium Anfang 1941 eine endgültige Auseinandersetzung zwischen E- und U-Musik. Das geschah zu einer Zeit, in der Millionen Soldaten mit Durchschnittsgeschmack in den Schützengräben lagen und Hunderttausende Arbeiter an der Heimatfront für den Endsieg schufteten. Diesmal nahm Graener, gestützt durch das Kollegium der RMK, einen entschlosseneren Standpunkt in puncto E-Musik ein und unterstützte die Forderung nach höheren Tantiemen für die Komponisten dieser Kategorie. Als Goebbels ablehnte, gab Graener nun auch formell seine Funktion als Leiter der Sektion auf, auf die er praktisch bereits 1937 verzichtet hatte, und der wesentlich flexiblere und jüngere Werner Egk trat an seine Stelle.[158]

Graeners Ende war erniedrigend. Geplagt von Krankheit und aus seinem Haus in Berlin ausgebombt, fanden er und seine Frau – sie hatten bereits ihre drei Kinder verloren – in Metz und darauf in Salzburg vorübergehenden Unterschlupf, finanziell von Goebbels' Handlangern unterstützt. Er sah sich um Ruhm und Vermögen betrogen und hoffte noch immer auf ein eigenes Haus in den Außenbezirken der Reichshauptstadt. Seine letzte Komposition war die *Deutsche Hymne*, die er während seines Aufenthalts in Metz hatte aufführen lassen. Doch gelang es ihm nicht, sie seinen mächtigen Freunden im Promi für die nationale Verbreitung im Rundfunk schmackhaft zu machen. Verbittert starb er im November 1944 in Salzburg, weder von seinen Kollegen betrauert, noch von einem Regime in Ehren begraben, das bereits selbst kulturell und politisch Bankrott erlitten hatte.[159]

Andere Musiker waren im Dritten Reich durch eine Kombination aus beachtlicher Begabung und nachweislicher nationalsozialistischer Überzeugung erfolgreich. Graener nicht unähnlich, hatte sich der Berliner Komponist Max

Trapp, 1933 bereits in mittlerem Alter, gründlich in die Tradition der Spätromantik vertieft, und seine Werke zeugten
vom Einfluß von Brahms und besonders Strauss. Seine
beruflichen Anfänge nach dem Ersten Weltkrieg waren
recht vielversprechend gewesen. 1920 war er Professor an
der Akademie der Künste in Berlin, und die Uraufführung
seiner Zweiten Symphonie einige Jahre später gab zu großen Hoffnungen Anlaß.[140] Doch wie Graener und andere,
die sich im Schatten der Neutöner abmühten, konnte er
beim kritisch urteilenden Publikum nicht viel Terrain gewinnen, obwohl etablierte Traditionalisten wie Furtwängler
und die namhafte Pianistin Elly Ney zu ihm standen.[141]
Es ist anzunehmen, daß Trapps geringer Erfolg beim
Publikum mit seinem Übertritt zur NS-Bewegung zu tun
hatte, und zwar in den letzten Jahren der Republik, als die
Hitler-Anhänger an Boden gewannen. Er wurde Parteimitglied und schloß sich Rosenbergs Kampfbund für deutsche
Kultur für die Dauer von dessen Bestehen an und wurde
für die Belange der Komponisten ernster Musik eingesetzt.
Darauf konnte festgestellt werden, daß seine Musik »sich
gerade nach 1933 nachhaltig durchgesetzt« habe.[142] Und in
der Tat brachte ihm das Dritte Reich eine Serie offizieller
Erfolge, außerordentliche Ehrungen und die höflich unver-
bindlichen Kritiken der NS-Kunstbetrachter. Als Komponist
zählte Trapp zu den privilegierten Mitgliedern der alten
Garde der Spätromantiker hinter Pfitzner und Graener.[143]
Unter anderem schrieb er ein Klavier- und ein Cellokonzert, ein Divertimento und Symphonische Suiten, und
berühmte Persönlichkeiten wie Furtwängler, Herbert von
Karajan und Karl Böhm dirigierten sie. Im Rundfunk und
im Konzertsaal galt er als Beispiel zeitgenössischen Musik-
schaffens und erhielt ordnungsgemäß den Kompositions-
preis von 1940.[144] Doch obwohl die Besprechungen in der
Überzahl äußerst positiv waren, wagten sich ab und zu

mutigere Kritiker an den unüberhörbaren Befund, daß Trapps Werke bei allem handwerklichen Können kaum originell und von Genialität weit entfernt seien.[145]

Es gab Ähnlichkeiten zwischen Max Trapp und Georg Vollerthun, einem Lieder- und Opernkomponisten, der, ebenfalls von Strauss beeinflußt, vom Publikum der Weimarer Zeit abgelehnt worden war und dem Kampfbund 1932 beitrat, wo er für den Bereich der Oper zuständig war. Mit Trapp und Graener teilte er die zweifelhafte Auszeichnung, Wochen vor Hitlers Machtergreifung durch den Kritiker Stuckenschmidt als »eine Auswahl der Mittelmäßigkeit« namhaft gemacht zu werden.[146] Wie Graener litt Vollerthun unter dem revolutionären Einfluß neutönerischer Komponisten wie Krenek und Weill auf die deutsche Oper und begriff es als seine Mission, der traditionellen musikalischen Sprache in Oper und Liedgesang wieder zu ihrem Recht zu verhelfen. In einer Programmnotiz schrieb er: »Als einen Auftrag empfinde ich es, eine Musik zu schreiben, die von allen Volksgenossen, wenn nicht verstanden, doch geliebt und vor allem auch gesungen werden kann. So hoffe ich, meinen Beitrag zum Musikschaffen unserer Zeit zu leisten.«[147]

Früh im Dritten Reich heimste er mit einer »nationalen« Oper mit dem Titel *Der Freikorporal* einige Ehre ein; sie spielte im 17. Jahrhundert am Hof Augusts des Starken, und für die Aufführung an Goebbels' Deutschem Opernhaus erhielt Vollerthun die Genehmigung, als Statisten besonders lange Kerle aus Hitlers Leibstandarte einzusetzen.[148] Die Kritiken waren höflich, doch in Kreisen, die wirklich zählten, war die Reaktion allenfalls durchwachsen. Goebbels wußte die gute Absicht zu schätzen, fand jedoch, daß die Oper unmelodiös und insgesamt »zu dünn« sei, während Strauss in gespieltem Erstaunen fragte, ob diese Art Oper »das neue Deutschland« repräsentiere.[149]

Trotzdem schleppte sich Vollerthun durch das ganze Dritte Reich, meist mit neuen Vokalkompositionen, deren Interpreten er häufig selbst am Flügel begleitete. Wie nicht anders zu erwarten, heimste er eine stattliche Anzahl von Preisen und Auszeichnungen ein, bis seine Karriere 1936 durch einen Sittenskandal beinahe ihr jähes Ende fand. Der sechzigjährige Künstler, seit 1912 mit der Tochter eines Generals verheiratet und Vater von vier Kindern, war mit einem Kutscher im Bett erwischt worden.[50]

Doch weil Vollerthun in seinen Liedern und Bühnenwerken mit nationalsozialistischem Nachdruck immer seine »nordische Sendung« hochgehalten hatte – und das in einer akzeptablen Mischung aus ideologischer Überzeugung und kompositorischer Kompetenz –, erwies es sich als schwierig, ihn loszuwerden. Zu Beginn des Regimes war er als politisch wertvoller Künstler gepriesen worden. »In seinem Schaffen erleben wir nationalsozialistische Musik«, schrieb ein einschlägiger Kritiker anerkennend. Und so blieb er wie Trapp und einige andere ein Inventarstück der NS-Kultur und ging erst mit dem Fall des Dritten Reichs unter.[51]

Verdientermaßen widerfuhr das gleiche Schicksal zwei anderen, die – obwohl anfänglich nicht ohne künstlerische Verdienste – die nationalsozialistische Herrschaft rücksichtslos im Interesse ihrer Karriere benutzten, wenn auch mit wechselndem Erfolg. Wilhelm Rode, in den zwanziger Jahren ein bedeutender Wagner-Bariton, war im Frühjahr 1933 mit sechsundvierzig Jahren in die Partei eingetreten. Möglicherweise, weil Hitler ihn als Sänger schätzte und der SA-Führer Ernst Röhm ebenfalls große Stücke auf ihn hielt, wurde er 1934 zum Intendanten des Deutschen Opernhauses (der früheren Städtischen Oper) in Berlin ernannt, und diese Position behielt er mit Goebbels' Billigung trotz vieler Kontroversen bis 1945.[52]

Rodes Unbeliebtheit innerhalb des Deutschen Opernhauses stand in merkwürdigem Gegensatz zu seiner früheren Berühmtheit als Sänger. Im Lauf der Jahre gelang es
ihm, sich seine früheren Kollegen mehr und mehr zu ent-
fremden. Um sich bei dem homosexuellen Röhm lieb Kind
zu machen, schlug er einmal vor, seine Orchestermusiker
bei einem Sonderkonzert für die Führer der Braunhemden
im Fummel auftreten zu lassen. Als Intendant war er unzuverlässig und brachte die Künstler ständig mit Prahlereien
über seine Freundschaft mit dem Führer, den er sklavisch
bewunderte, in Verlegenheit. Verglichen mit dem Repertoire an Görings Staatsoper unter dem Generalintendanten
Heinz Tietjen war Rodes Haus strenggenommen zweitklas-
sig, ein Faktum, das Goebbels nicht entgehen konnte. Bis
weit in den Krieg unterhielt die Gestapo eine Akte über
Rode. Schließlich übernahm ein Dirigent, der ihm nominell unterstellt war, die täglichen Geschäfte, doch nach
außen konnte Rode nach wie vor auf Hitlers Wohlwollen
zählen.[63]
In welchem Maß Judenhaß eine Rolle in Rodes Begeisterung für den Nationalsozialismus gespielt hatte, ist nicht
bekannt. Dieser Faktor trug jedoch wesentlich dazu bei,
daß der Dirigent Leopold Reichwein ein Nazi-Anhänger
wurde. Geboren in Breslau 1878 und Dirigent der renommierten Wiener Hofoper vor dem Ersten Weltkrieg, war er
Anfang der zwanziger Jahre aus dem Verband der nunmehrigen Staatsoper entlassen worden, höchstwahrscheinlich
aus Qualitätsgründen, wenn auch in seiner eigenen Erinnerung die Juden daran schuld waren. Er wechselte zum
Orchester der Gesellschaft der Musikfreunde über, einem
beachtlichen Symphonieorchester, aber nicht dem ersten
der Stadt, und hegte seine Ressentiments gegen die Juden,
bis er in Rosenbergs *Völkischem Beobachter* einen bösartigen Artikel veröffentlichte, in dem er behauptete, daß

Juden einschließlich Felix Mendelssohn-Bartholdys und vieler anderer sich mit der Musik nur eingelassen hätten, um Geschäfte zu machen. Reichwein war rechtzeitig vorher in Deutschland in die Partei eingetreten und der Wiener Anführer von Rosenbergs Kampfbund geworden.[154] Also kann Reichwein ungeachtet seines gemischt deutsch-österreichischen Werdegangs nach der Formulierung Michael Tanners als der Prototyp des »Nazi-Dirigenten« betrachtet werden.[155]

Er war jedoch nicht allzusehr vom Glück begünstigt. Sein sehnlicher Wunsch, dem aggressiv nationalistischen Klima im klerikal-faschistischen Österreich zu entkommen, das bis zum März 1938 zunehmend antinazistisch wurde, ging nicht in Erfüllung. Reichwein bewarb sich in verschiedenen deutschen Städten um eine Dauerstellung. Daß er jedesmal abgelehnt wurde, könnte mit seinem Ruf unter Fachleuten zu tun haben: Strauss hielt ihn für durchschnittlich, für einen bloßen »Schuster« auf musikalischem Gebiet; der Wiener Musikkritiker Victor Junk, selbst ein glühender Nationalsozialist, hielt ihn als Orchesterleiter für zu wenig flexibel.[156] Nach dem Anschluß Österreichs 1938 war es für Reichwein nicht schwierig, nach Deutschland zurückzukehren, allerdings lediglich für Gastdirigate; sein Stützpunkt blieb Wien, wo er an seinem Ruf als Interpret von Bruckner, Wagner und Pfitzner feilte.[157] Reichweins Leben endete 1945 durch Selbstmord, zeitgleich mit dem Ende des Dritten Reichs, dem er so bereitwillig hatte dienen wollen.

Dieser Querschnitt von Nazi-Musikern wäre unvollständig, ohne auf die Erörterung von zwei Frauen, Li Stadelmann und Elly Ney, einzugehen. Beide spielten Tasteninstrumente (wie die meisten deutschen Instrumentalsolistinnen) und verfügten – entsprechend dem Charakter des Regimes als männlich dominierter Gesellschaft – über keine Partei-, Staats- oder andere institutionelle Funktion. Dennoch waren sie überzeugte Nationalsozialistinnen und hatten starken Einfluß auf das musikalische Leben der Nation.

In beiden Fällen beruhte ihre nationalsozialistische Überzeugung auf einem echten Antisemitismus, der von bitteren Erfahrungen herrührte, die sie nach ihrer Auffassung in den Zeiten vor dem Dritten Reich gemacht hatten. Die in München ansässige Li Stadelmann war Cembalistin und Expertin für Barockmusik, vor allem für Bach. Bereits in den zwanziger Jahren war sie so tüchtig, daß sie zu Konzerten im Ausland eingeladen wurde. 1929 hatte sie während einer Tournee durch Westpreußen (das damals zu Polen gehörte) mit dem jüdischen Geiger Andreas Weisgerber konzertiert. Stadelmann reagierte verärgert, als Weisgerbers sensible Interpretation der deutschen Klassiker vom Publikum enthusiastisch aufgenommen wurde. 1933 begrüßte sie die Ankunft Hitlers und jubelte, »daß nun unsere deutschen Meister deutsche Ausdeuter finden werden«.[158] Sie trat sofort in die Partei ein und anschließend noch in drei weitere Nazi-Organisationen. Nachdem der Münchner Bach-Verein vom Kampfbund usurpiert worden war, um ihn vom »jüdischen Einflusse« zu säubern, war Stadelmann bei Kirchenmusikkonzerten so gut wie unentbehrlich. Die Cembalistin setzte ihre Karriere als eine der gesuchtesten Kammermusikerinnen der Nazi-Ära fort.[159]

Elly Neys Fall ist wesentlich signifikanter, denn sie war sowohl eine größere Künstlerin als auch eine fanatischere Nationalsozialistin. Geboren 1882 in Düsseldorf als Tochter eines Feldwebels im aktiven Dienst und einer Musiklehrerin, war sie ein Wunderkind, gab bereits als Heranwachsende öffentliche Konzerte und unternahm ab 1921 ausgedehnte Tourneen durch die Vereinigten Staaten. Bis 1930 war sie als Pianistin in allen größeren Städten der USA und in vielen anderen Ländern aufgetreten.[160] Höchstwahrscheinlich leitete sich ihr ausgeprägter Nationalismus aus der Engstirnigkeit ihres kleinbürgerlichen, militärisch geprägten Elternhauses her, in dem sie offenbar völlig xenophob erzogen wurde. Als sie mit zehn am Kölner Konservatorium Schülerin des jüdischen Klavierlehrers Isidor Seiss wurde, stieß sie »das Artfremde« ab, und sie faßte auf Anhieb eine Abneigung gegen ihn. Wie sie sich später erinnerte, machte sie diese unerfreuliche Erfahrung damit wett, daß sie mehr Zeit im Chor des Konservatoriumsdirektors Franz Wüllner verbrachte, eines Nichtjuden. Bei ihren Konzerttourneen im Ausland fühlte sie sich berufen, deutsche Werte zu propagieren, glaubte, in den Vereinigten Staaten »für geistige Ideale und für *deutsche* Musik« kämpfen zu müssen und ließ in der Schweiz vor ihren Konzerten deutsche Gedichte rezitieren. Bezeichnenderweise war sie neueren Komponisten wie Schönberg und Ernst Toch gegenüber skeptisch, schätzte dagegen den im Deutschtum verwurzelten Pfitzner zutiefst, mit dem sie einen generellen Argwohn gegen die Juden teilte.[161]

Schon vor 1933 hatte Elly Ney einen persönlichen Idealismus entwickelt, der nicht ohne überspannte Züge war. Wie Hitler war sie inbrünstige Vegetarierin; sie hatte eine Vorliebe für spezielle Kräuter und Säfte und beschäftigte sich mit der Untersuchung der geistigen Energien von Hydrotherapie.[162] Sie war Anhängerin einer humanitären Ethik, die ihre Bewunderer heute als universell interpretieren, doch bei näherer Untersuchung stellt sich heraus, daß diese Ethik nur für die rassereinen und patriotischen Deutschen galt – mit einem Wort, für Mit-Nazis.[163] In der Tat war sie während des Dritten Reichs altruistisch bis zur Selbstaufopferung und spielte praktisch gratis vor jungen deutschen Zuhörern; doch mehr oder weniger handelte es sich um Mitglieder der Hitlerjugend. Wenn sie vor Arbeitern auftrat, dann war es für Robert Leys Deutsche Arbeitsfront; und wenn sie vor Soldaten konzertierte, war darunter häufig die Waffen-SS. [164] Ihr erwähltes Medium war Beethoven, dessen Kompositionen sie eindrucksvoll interpretierte und dem sie auch in der äußeren Erscheinung nachstrebte, sowohl im heroischen Gesichtsausdruck wie mit der wohlbekannten ungebändigten Mähne. Beethoven war im Dritten Reich en vogue; er stand für den heroischen Geist, mit dem sich Hitler selbst identifizierte. Ney genoß es, von Musikkritikern als Hohepriesterin der Musik bezeichnet zu werden, denn die Aura des Quasi-göttlichen war sehr nach ihrem Geschmack. Auch die Übertragung dieses Begriffs aus einem ursprünglich christlichen Kontext in einen neuheidnisch germanischen scheint sie nicht gestört zu haben. [165]

Mit ihrem überreichen Talent und ihrem grundsoliden beruflichen Werdegang hätte Ney in jedem politischen System prosperiert; und in der Tat war das ausgezeichnete Trio, das sie mit dem Cellisten Ludwig Hoelscher und dem Geiger Wilhelm Stross (später Max Strub) leitete, in der Endphase der Weimarer Republik gegründet worden. Doch ihren persönlichen und politischen Vorlieben entsprechend war sie im Dritten Reich besonders gut aufgehoben, so daß viele sie als die prototypische NS-Musikerin betrachteten. Zu ihrem eigenen finanziellen Vorteil beutete sie die nationale Beethoven-Manie exzessiv aus, worin diese auch bestehen mochte, spielte die Werke des Meisters immer wieder in Konzerten und machte viele Schallplattenaufnahmen. [166] Und obwohl mindestens ein kenntnisreicher ausländischer Beobachter ihre Interpretation unsensibel fand, wurde sie auch eine Art Mozart-Spezialistin, wobei ein Lehrauftrag am berühmten Salzburger Mozarteum hilfreich war. [167]

Doch Neys Ehrgeiz ging über die Musik, die ihr Leben war, hinaus. Sie war bestrebt, möglichst viele NS-Führer als Freunde zu gewinnen, denn sie betrachtete sie als

Deutschlands wahre Retter vor allem Übel, insbesondere dem Judentum. Neys unverbrüchlicher Antisemitismus ist unter den herausragenden deutschen Musikern der Zeit wohl einmalig. Sie war von der Judenfeindschaft so besessen wie vom Glauben an die heilenden Kräfte von Kräutern. In den Anfängen des Regimes behauptete sie, es sei ihr klargeworden, wie heimtückisch die Juden, ohne äußeren Druck anzuwenden, die Nichtjuden geknechtet hätten. Später, nachdem sie Richard Wagners Abhandlungen über die sogenannte Jüdische Frage gelesen hatte, war sie davon noch mehr überzeugt. Allmählich übernahm sie alle bösartigen Vorurteile, die im Nazi-Deutschland schnell um sich griffen: daß die unerfreuliche Interpretation einer Bruckner-Symphonie das Ergebnis jüdischer Manipulation gewesen sei; daß die Werke von Stefan Zweig, Strauss' Librettist, »häßlich jüdisch dämonisch« seien; und so weiter. Sie betrachtete auch die Kunst des Jazz als rassisch entartet und »gefährlich, weil es technisch virtuos so gekonnt ist«. Es kam also nicht von ungefähr, daß diese Ansichten ihre beruflichen Entscheidungen beeinflußten. Schon als sie im Frühjahr 1933 gebeten wurde, in Hamburg anstelle des jungen jüdischen Pianisten Rudolf Serkin aufzutreten (der damals in der Schweiz lebte und bereits mit Auftrittsverbot belegt worden war), betrachtete sie das als Beleidigung. In einem Brief nahm sie für sich in Anspruch, daß ihr der Gedanke, für einen Juden einzuspringen, zuwider sei und daß sie das nur ertragen könne, indem sie an »das Werk allein« denke.[68]

Für Ney war Adolf Hitler das Allheilmittel, das Deutschland von seiner angeblichen Krankheit befreien konnte. Sie begrüßte seine ersten Ansätze, Juden aus einflußreichen Positionen zu entfernen. »Er geht langsam, aber radikal vor«, bemerkte sie. Natürlich war sie sich bewußt, daß sie selbst eine der Nutznießerinnen solcher Maßnahmen war.

Als sie Schuberts *Forellenquintett* für die Electrola aufnahm, äußerte sie sich mit großer Genugtuung über das Fehlen von »Judenplatten«. Gleichermaßen war sie befriedigt, daß ausländische jüdische Solisten vom Format eines Carl Flesch, Jascha Heifetz und Vladimir Horowitz »alle ausgespielt« hätten.[169]

Neys unermüdlicher öffentlicher Einsatz zugunsten aller nur denkbaren Parteiorganisationen, zumal der Hitlerjugend, fand seine natürliche Ergänzung in ihrer unbeirrten Werbung um die Gunst von NS-Führern. Zu Goebbels, dem Präsidenten der Reichskulturkammer, der ihrer Kunst offenbar gleichgültig gegenüberstand, scheint sie kein bemerkenswert gutes Verhältnis gehabt zu haben.[170] Allerdings war sie in allererster Linie am Führer interessiert. Fasziniert von Hitlers frühen Rundfunkreden, war sie fest entschlossen, privat für ihn zu spielen, und außer sich vor Neid, als sie erfuhr, daß das ihrem Kollegen Wilhelm Backhaus bereits im Mai 1933 gelungen war.[171] Im Sommer 1936 konnte die Pianistin, die in ihren öffentlichen Äußerungen nie versäumte, Hitler zu rühmen, ihm endlich nicht nur im Geiste nahe sein, da sie bei den Bayreuther Festspielen in unmittelbarer Nähe seiner Loge saß.[172] Ein knappes Jahr später verlieh Hitler der Künstlerin, die pflichteifrig Mitglied einer Reihe von Parteiorganisationen war, den Professorentitel honoris causa. Schließlich begegnete sie ihm im Sommer 1938 bei einem offiziellen Essen, wo er ihr warm die Hand schüttelte. Derart ermutigt bat sie ohne Umschweife um die Erlaubnis, für ihn zu spielen, doch diese Hoffnung wurde abermals zunichte gemacht. Als im Herbst 1939 der Krieg ausgebrochen war, mußte Ney sich mit der Auskunft »Der Führer ist beschäftigt« abfinden.[173] All die anderen Parteigrößen, mit denen sie verkehrte – Hinkel, Frick, Heß, Rust, von Schirach –, konnten diese Enttäuschung nie völlig wettmachen.[174]

68

In welchem Grad die Berufsmusik im Dritten Reich vom Nazismus geprägt wurde, demonstrieren am deutlichsten zwei einzigartige Institutionen, in denen die Künstler sowohl die Leistungsfähigkeit wie die Grenzen der kulturellen Koordination der Nazis widerspiegelten. Obwohl zwischen ihnen ein beträchtlicher Qualitätsunterschied bestand, wurden sie beide letztlich Werkzeuge der NS-Indoktrination durch Musik, die sich speziellen Zielgruppen anpaßte und sich auf sie ausrichtete. Die erste Institution war das Nationalsozialistische Symphonieorchester, die zweite die Wagner-Festspiele in Bayreuth.

Das Nazi-Orchester wurde um 1931 in München von Franz Adam gegründet, der dafür offenbar von Hitler selbst ermächtigt worden war – vermutlich, weil Adam wie in Berlin Havemann die Absicht hatte, ausschließlich arbeitslose Parteigenossen zu beschäftigen. Einige Jahre früher hatte er bei Radio München eine Pionierrolle gespielt, 1928 jedoch trotzdem seinen Posten verloren – anscheinend wegen Inkompetenz. Damals monierte ein renommierter Münchner Musikpädagoge bei Adam »Unausgeglichenheiten der musikalischen Vorbildung«, »Unsicherheit des Geschmacks« und »Mittelmäßigkeit«. Dennoch scharten sich in den letzten Monaten der Weimarer Republik rund siebzig Musiker um Adam und wurden von ihm bei diversen Gastspielen in der bayrischen Provinz eingesetzt.[75] Nach Aussage eines frühen Gefolgsmanns, den Adam später feuerte, waren diese Konzerte sowohl organisatorisch wie künstlerisch ein Fiasko. Nach einem Konzert in irgendeinem Provinznest pflegte der Schatzmeister des Orchesters die mageren Einnahmen des Abends zu zählen, was angeblich Stunden in Anspruch nahm, in denen die Orchestermitglieder sich ihre Zeit in einem Wirtshaus vertreiben mußten, bis sie endlich ein paar Mark ausbezahlt bekamen. Musikalisch beschränkte sich das Repertoire auf ein paar Standardwerke wie Bruckners Vierte Symphonie und Beethovens bekannteste Version der *Leonoren-Ouvertüre*; diese Werke wurden so schlecht gespielt, daß der allgemeine Standard dem Vernehmen nach beträchtlich unter dem von Havemanns Berliner Kampfbund-Orchester lag.[76]

Adam diente anfänglich auch Rosenbergs Kampfbund, doch ließ er sich andere Möglichkeiten offen, bis sein reisendes Orchester 1935 das offizielle Symphonieorchester von Leys Deutscher Arbeitsfront wurde und hauptsächlich im Rahmen ihres »Kraft durch Freude«-Programms konzertierte. Vom Regime finanziert, spezialisierte es sich auf regionale Konzert-Serien für Parteikader aller Art – von der Hitlerjugend bis zur Belegschaft des Reichsarbeitsdienstes. Das Nationalsozialistische Symphonieorchester wurde zu einer Art NS-Boston Pops. Da es Adams Ziel war, so viele ungebildete Menschen wie möglich zu erreichen (und damit wachsende Beliebtheit bei den Massen zu gewinnen), blieb das Repertoire weitgehend traditionell: viel frühe und deshalb relativ unkomplizierte Musik von Wagner; die romantischen deutschen Meister Bruckner, Brahms und Reger; als Hauptstütze Beethoven; und später auch Adams eigene bescheidene Schöpfungen. Es ist für die Qualität des Orchesters bezeichnend, daß keiner von Deutschlands angesehenen Solisten jemals darin mitwirkte und daß Adam (oder später sein Stellvertreter Erich Kloss) keinen Dirigenten von Rang zu Gast hatte. Doch es tauchte regelmäßig bei spektakulären NS-Feiern wie beim jährlichen Reichsparteitag in Nürnberg auf, und als im Herbst 1939 die deutsche Invasion in Polen begann, reiste es in der Nachhut mit.[77] 1940 trat das Orchester vor einer Kraftfahrstaffel der SA in der Nähe des Konzentrationslagers Esterwege auf und musizierte in den folgenden Jahren vor Arbeitern der Rüstungsbetriebe und – immer häufiger in besetzten Gebieten – vor Einheiten der SS und der Wehr-

macht. Hoffnungslos in der Konventionalität steckenge-
blieben, so daß selbst Nazi-Kritiker über den Mangel an
Risikofreudigkeit spotteten, erreichte es im Dezember 1941
die stattliche Marke von rund 1500 Konzerten. Nach Goebbels' Ausrufung des totalen Kriegs im Frühherbst 1944
stellte das Orchester seine Tätigkeit ein.[78]

Waren Adams Programme auf herkömmliche klassische
Kost für den Geschmack von Otto Normalverbraucher ausgerichtet, so repräsentierten die Spektakel auf dem Grünen
Hügel in Bayreuth Hochkultur, die zumindest anfänglich
der Erbauung und kontinuierlichen ideologischen Beeinflussung einer gesellschaftlichen Elite dienen sollte. In den
Jahrzehnten seit dem Zusammenbruch von 1945 haben Verteidiger Wagners und der Bayreuther Festspiele versucht,
die Reputation des Komponisten und seines Werks einer
Mohrenwäsche zu unterziehen, indem sie den Nachdruck
auf die ästhetische Integrität legten, für die Bayreuth immer
eingetreten sei, und die Unterschiede zwischen dem ursprünglichen Phänomen und allem, was irgendwie den Beigeschmack von Nationalsozialismus hatte, betonten. Mithin
wurde behauptet, daß Wagners Judenhaß, wenn man ihn
einer sorgfältigen Prüfung unterziehe, an Bösartigkeit ver-
liere.[79] Der Hypernationalismus, mit dem Bayreuth in der
chauvinistischen Ära vor dem Ersten Weltkrieg gleichgesetzt wurde, nahm – so wird zu verstehen gegeben – seinen
Ausgang erst nach Wagners Tod und war das Produkt
gewissenloser Manipulatoren am Erbe des Meisters. Laut
dieser sorgfältig konstruierten Legende waren es die Nazis
und besonders Hitler selbst, die die Übel des Faschismus,
des extremen Nationalismus und Antisemitismus dem
Wagner-Bayreuth-Vermächtnis aufpfropften. Ergo seien diese
wunden Punkte nicht auf Wagner selbst zurückzuführen,
sondern den Nationalsozialisten, ihrer unrichtigen historischen Sicht und ihrem manipulativen Mißbrauch anzu-

lasten. Überdies wurden Wagners Erben – namentlich sein Sohn Siegfried und Siegfrieds aus England gebürtige Frau Winifred – als von Grund auf unschuldige und noble Wesen dargestellt. Siegfried, obgleich in vieler Hinsicht ein schwacher Charakter, wird als weltoffener Mann gesehen, der nicht am deutschen Faschismus und seinen Ursachen interessiert war; und Winifred als altruistische Festspielleiterin, die eine rein private Freundschaft mit Hitler entwickelte. Der Führer erscheint, wenn überhaupt, als ein Mensch, der persönlich von Wagner und Bayreuth besessen war, während seine Kumpane – vor allem Rosenberg und Goebbels – von manchen Apologeten als unzugänglich gegenüber den Lockungen des Grünen Hügels geschildert werden, ja Bayreuth und alles, was es verkörperte, angeblich sogar verabscheuten.[80]

Die Reduzierung der Beziehung zwischen Bayreuth und dem Dritten Reich auf die Ebene einer persönlichen Freundschaft zwischen ihren beiden Hauptfiguren verfolgt die Absicht, jedes offizielle Bindeglied und damit jeden prägenden Effekt des Wagnerkults auf Hitler und das NS-Regime zu leugnen. Außerdem soll damit die politische Prostitution Bayreuths verdunkelt werden, die bis zu einem gewissen Grad bereits zu Wagners Zeit begonnen hatte, sich durch die Gegenwart der Nazi-Führer jedoch beschleunigte und 1944 ihren Zenit erreichte. Beide Faktoren spielen in der vorliegenden Analyse eine Rolle, da praktisch nichts die potentiellen Konsequenzen einer Ehe zwischen Kunst und faschistischer Politik derart plastisch illustriert hat wie die symbiotische Verbindung zwischen Bayreuth und der Nazi-Hierarchie.

Laut seinem Enkel Wolfgang Wagner glaubte Richard Wagner, »er habe mit ›Bayreuth‹ den Deutschen eine eigenständige nationale Kunst geschaffen.«[81] Doch die »nationale Kunst«, die seinem »Gesamtkunstwerk« innewohnte, war –

wie ihm bewußt sein mußte – bereits zu seinen Lebzeiten
politischer Manipulation ausgesetzt, als das vereinigte
Deutsche Reich schrittweise, aber unbeirrbar in nationalistische Megalomanie verfiel.[182] Wagner seinerseits war
zumal in seinen letzten Jahren weniger Deutschnationaler
als Antisemit. Sein Haß gegen die Juden überbrückte die
Trennlinie zwischen Gestern und Morgen, da er alle Varianten von einem sozialen und ästhetischen bis zu einem
rassistischen und religiösen Antisemitismus an den Tag
legte und faktisch ein Pionier der Bewegung des späten
19. Jahrhunderts war. Obwohl es möglich ist, daß Rivalitäts-
denken und frühe Eifersucht auf seine Zeitgenossen Mendelssohn und vor allem Meyerbeer ihn in diese Richtung
steuerten, war es nicht ihr Jüdischsein an sich, das Wagner
1850 zur Veröffentlichung seines ersten antisemitischen
Traktats *Das Judentum in der Musik* inspirierte. Doch
wurde die Schmähschrift 1869 in wesentlich bösartigerer
Form neu aufgelegt, zu einer Zeit, als die deutschen Juden
von der größeren Emanzipation nach Bismarcks frühen
Kämpfen um die Reichseinigung profitiert hatten. Diese
Tatsache wie auch Wagners fast tägliche antijüdische Schmä-
hungen, die er gegenüber seiner Gefährtin Cosima äußerte,
lassen auf die wachsende Stärke seines Antisemitismus als
persönliches Credo schließen, das sich selbst in den künstlerischen Werken des Komponisten widerspiegelte. In der
Tat interpretiert zumindest ein gegenwärtiger Kritiker von
Wagners Opern den Erlösungsbegriff in *Parsifal* als Symbol
für einen nichtjüdischen Christus: »Im *Parsifal* manifestiert
sich am genauesten die neue Wagner-Religion, deren Basis
der Bayreuther Antisemitismus ist.«[183]

In jedem Fall war der junge Hitler, der um die Jahrhundertwende in Linz und Wien aufwuchs, von Wagners
Musik und Bühnenwirkung ebenso beeindruckt wie von
der darin enthaltenen Philosophie. Hitler tauchte in Wag-

ners mythische Welt einer heiligen germanischen Vergangenheit ein. Wagner setzte als Künstler und Mensch für Hitler bald den Maßstab. »Für ihn zählte nichts außer deutscher Art, deutschem Fühlen und deutschem Denken«, wie sich der österreichische Musikstudent August Kubizek, ein Freund Hitlers aus Linzer und Wiener Zeiten, später erinnerte.[84]

Als bayerischer Soldat im Ersten Weltkrieg führte er im Tornister den Klavierauszug von *Tristan* mit wie andere ihren Nietzsche. Nach dem Krieg, als Hitler in München seine politische Karriere begann, war es sein Mentor, der stets alkoholisierte und widerwärtig antisemitische Dietrich Eckart, einst Kritiker in Bayreuth, der weiter die Flamme seiner Begeisterung für Wagner anfachte. Ernst (»Putzi«) Hanfstaengl erinnert sich, daß Hitler in jenen berauschenden Tagen des frühen Wachstums der NSDAP seine Reden nach dem dynamischen Aufbau des *Meistersinger*-Vorspiels gestaltete, um den größtmöglichen Effekt zu erzielen. Neben Wagners Germanozentrismus machte sich Hitler auch dessen Vorstellung von Kampf zu eigen – einem Kampf, der im wesentlichen gegen die Juden gerichtet war, wie es manche von Wagners Anhängern und später auch Hitler selbst interpretierten. Hitler schrieb über seine frühe völlige Hingabe an Wagner in seiner vorausschauenden Autobiographie, die er während seiner Haft in Landsberg 1924/25 zu schreiben begann und *Mein Kampf* nannte, nicht zufällig nach Richard Wagners *Mein Leben*.[85]

Es ist keine Frage, daß sich Hitler auf seinem Marsch zur Macht von der Mitte bis zum Ende der zwanziger Jahre als Wagners direkten Nachfolger sah, als genialen Menschen und Heros, der auf dem Weg war, das deutsche Volk zu retten, das seinerseits durch die Reinheit des Bluts definiert und verbunden war.[86] Während dieser Periode festigten sich Hitlers Bande an die Wagner-Familie in Bayreuth.

Hitler hatte Wahnfried, den Wagner-Reliquienschrein, im Oktober 1923 besucht und war sowohl von Wagners Grab wie dem seiner Meinung nach besonderen Wohlwollen und Charme von Siegfried und Winifred Wagner tief bewegt. Das Paar hielt sich zufällig kurz vor Hitlers und Erich Ludendorffs Putschversuch Anfang November 1923 in München auf. Allerdings standen die beiden nicht im Zentrum des spätestens zu diesem Zeitpunkt voll entwickelten Wagner-Kults, der sich auf Bayreuth konzentrierte. Das besorgten andere selbstgesalbte Intellektuelle und Propheten wie Hans von Wolzogen und Wagners Schwiegersohn Houston Stewart Chamberlain, den Hitler 1923 ebenfalls besucht hatte und der ihm später nach Landsberg schrieb.[87]

Bis 1933 vertiefte sich Hitlers Beziehung zu Bayreuth hauptsächlich durch die persönliche Freundschaft mit Winifred Wagner, die seine pangermanischen Ansichten teilte und der NSDAP 1926 beitrat, und ihrem Mann Siegfried, der – obwohl entschiedener Gegner der Weimarer Republik und deshalb auf der rechten Seite des politischen Spektrums – an der Tagespolitik weniger interessiert und schon gar nicht darin verstrickt war. Viel später glaubte Hitler, er sei wohl in der Hand der Juden gewesen. Der Naziführer, der aus taktischen Gründen nur die Festspiele von 1925 besucht hatte, machte auf seinen Fahrten von München nach Berlin in Bayreuth gerne Zwischenstation. Er faßte zu den vier Kindern des Ehepaars eine besondere Zuneigung, doch ist es unwahrscheinlich, daß er – obwohl Junggeselle, aber mit einer erklärten Passion für seine Halbnichte Geli Raubal – den Erstgeborenen Wieland sexuell mißbraucht haben soll, wie kürzlich behauptet wurde. Ebenso unwahrscheinlich ist es, daß er jemals ein heimliches Verhältnis mit Winifred hatte, deren Gatten, der 1930 starb, ein früher Ruf als promiskuitiver Homosexueller nachhing. Für Onkel Wolf, wie ihn die Wagner-Kinder

nannten, war Bayreuth 1932 eine Art zweites Zuhause
und die Wagner-Familie eine Ersatzfamilie. Für Hitler war
Richard Wagner Prophet und ein archetypisches Universal-
genie, sowohl Künstler wie politische Führerfigur.[88]

Maßgebliche Mitglieder der weitverzeigten Wagner-
Familie haben ausdrücklich und nachdrücklich betont,
daß – abgesehen von Hitler – führende Figuren der NS-
Bewegung an Wagner und Bayreuth nicht nur nicht interessiert waren, sondern unermüdlich gegen beide opponier-
ten.[89] Das ist offenkundiger Unsinn. In *Der Mythus des
zwanzigsten Jahrhunderts* (1930) bezieht sich Rosenberg
wiederholt zustimmend auf Wagner, seine Ideen und seine
musikalischen Schöpfungen. Er schreibt: »Das Kulturwerk
Bayreuths steht für ewig außer Frage.«[90] 1929 hatte Rosenbergs Kampfbund für deutsche Kultur bereits solchen Eindruck auf Winifred Wagner gemacht, daß sie eine seiner
ersten offenen Anhängerinnen wurde und »mit großer
Freude« drei Jahre später die Ehrenmitgliedschaft des
Kampfbunds annahm.[91] Solange er bestand, organisierte
der Kampfbund regionale Wagnerfeiern und warb in seinen
Zeitschriften für die Werke des Komponisten. Rosenberg
selbst bezog sich 1935 beim Jahrestreffen der NS-Kulturgemeinde in Düsseldorf auf Wagners Genius.[92]

Rosenbergs mächtiger Rivale Joseph Goebbels bildete
keine Ausnahme. Der zukünftige Propagandaminister hatte
Chamberlain 1926 in Bayreuth getroffen und war von ihm
sehr beeindruckt gewesen. Und laut seinem geschwätzigen
Tagebuch genoß er Wagners Musik, nicht nur bei den Festspielen, sondern auch bei anderen Gelegenheiten. Nachdem Hitler 1933 eine offizielle Unterstützung Bayreuths in
die Wege geleitet hatte, wurde Goebbels' Ministerium integraler Bestandteil dieser Aktivitäten. Im Juli 1936 stellte
Goebbels kategorisch fest: »Richard Wagners Musik er-
oberte die Welt, weil sie bewußt deutsch war und nichts

anderes sein wollte.«[93] Zwei Jahre später belegte er die
antisemitischen Maßnahmen der RMK mit Formulierungen,
die er Wagners Judenhaß entlehnt hatte.[94] Wagners Musik
wurde großtuerisch auch von anderen Nazi-Führern bewundert – etwa vom fränkischen Gauleiter Hans Schemm
(in dessen Bereich Bayreuth lag und der seinen NS-Lehrer-
bund mit einbezog), dem Münchner Gauleiter Adolf
Wagner und dem von der Partei ernannten Münchner
Oberbürgermeister Karl Fiehler. Schemm, Wagner und
Fiehler unterzeichneten ein Protestschreiben, in dem sie
Richard Wagner vor Thomas Mann in Schutz nahmen und
das im April 1933 veröffentlicht wurde.[95] Der westfälische
Gauleiter Alfred Meyer und Winifred Wagner übernahmen
gemeinsam die Schirmherrschaft über ein Richard-Wagner-
Fest in Detmold, das ab 1935 jährlich stattfand. Weitere
notorische Gralshüter der Wagner-Kultur waren von Schi-
rachs Hitlerjugend und Röhms SA-Braunhemden.[96]

Wolfgang Wagner hält nach wie vor daran fest, daß selbst
im Dritten Reich die Beziehung seiner Mutter zu Hitler in
erster Linie die einer »Privatperson« war, die mit dem Führer gut auskam und dem gegenüber sie eine Art Lehnstreue
empfand. Er wiederholt auch die frühere Erklärung seiner
Mutter, daß Bayreuth, statt seine frühere Unabhängigkeit
zu verlieren, sie eher verstärken konnte.[97] Es muß zugege-
ben werden, daß unter dem offiziellen Geflecht zwischen
Berlin und Bayreuth ein altes, warmherziges Freundschafts-
gefühl zwischen dem Reichskanzler und der Familie Wagner bestand, das Mitte der zwanziger Jahre erblüht war.
Winifred Wagner hatte einen direkten Draht zu Hitler; sie
wurde eingeladen, in München und Berlin offizielle Funktionen zu übernehmen, vor allem, wenn internationale
Gäste, vor allem englische, anwesend waren. Hitler betrachtete Winifred (die in diesen Jahren angeblich mit
Heinz Tietjen, Berliner Generalintendant und ihre rechte

Hand in Bayreuth, ein Verhältnis hatte) als eine der Damen, mit denen er in der Öffentlichkeit renommieren konnte – neben Leni Riefenstahl und ein oder zwei anderen.[198] Sein persönliches Interesse an den Wagner-Kindern blieb bestehen, besonders an Wieland, dem Ältesten, der vom Militärdienst freigestellt wurde.[199] Der Schutz des Führers erstreckte sich sogar darauf, den verstorbenen Siegfried Wagner vor Geringschätzung zu bewahren: als eine von Siegfrieds kuriosen Opern in Berlin aufgeführt wurde, ging an die Presse die Weisung, daß dieses Ereignis »nicht nebensächlich behandelt« werden dürfe.[200]

In Anbetracht des Ausmaßes, in dem Hitler nicht nur Richard Wagners Ideen, sondern auch die Bayreuther Festspiele für die Zwecke von Partei und Staat benutzte, wurde Winifred Wagner auf die Rolle einer bloßen Handlangerin in fast allen, auch im engsten Sinn künstlerischen Bereichen reduziert. Im Juni 1935 schrieb sie an Strauss: »Sie wissen, daß in Bayreuth nichts geschieht, was nicht der Initiative des Führers oder seiner ausdrücklichen Zustimmung entspricht.«[201] Auf Hitlers Initiative fanden die Bayreuther Festspiele ab 1936 nicht mehr alle zwei Jahre, sondern jährlich statt. Ab 1933 wurden sie vom Regime finanziell unterstützt; einer Menge junger Leute aus der Hitlerjugend und der Studentenschaft wurde der kostenlose Besuch ermöglicht.[202] Hitler brauchte die Festspiele als ständige Verherrlichung des Nationalsozialismus und des Dritten Reichs. Seine eigenen Auftritte bei den Festspielen ab 1933 wurden nationale Spektakel allerersten Ranges und von den kontrollierten Medien auch als solche behandelt. Wie der Führergeburtstag am 20. April oder die Gedenkfeier des Novemberputsches am 9. November war das eine weitere Gelegenheit für Hitler, sein Regime in der Öffentlichkeit demonstrativ zur Schau zu stellen. Deshalb wurden der Wagnerkult und die nationalsozialistische Symbolik jährlich für ein paar Sommertage untrennbar miteinander verflochten. Im August 1933 schrieb der Kritiker des *Manchester Guardian*: »Für einen unbefangenen Besucher Bayreuths wäre es ein verzeihlicher Irrtum gewesen, wenn er die diesjährigen Wagner-Festspiele für Hitler-Festspiele gehalten hätte ... In diesem Jahr quellen die Porzellangeschäfte von Hitlerplaketten über. *Mein Kampf* hat *Mein Leben* verdrängt. Von jedem Fahnenmast und fast aus jedem Fenster weht das Hakenkreuz. Braunhemden sind schon fast ›de rigueur‹. « Drei Jahre später wiederholte eine eingesessene Bayreutherin diesen Eindruck: »Hakenkreuzfahnen, wohin das Auge reicht ... Blumen, Girlanden, Willkommenstransparente. Und viele braune Uniformen ... «[203] Nach 1939 wurden die Festspiele für den Kriegseinsatz umgemodelt. Zehntausende von Soldaten, SS-Leuten und Rüstungsarbeitern wurden mit Hilfe von Leys Arbeitsfront in Sonderzügen nach Bayreuth gebracht, um in ihrer Entschlossenheit, weiterhin zu kämpfen und Panzer zu bauen, von heroischen Wagnertenören bestärkt zu werden.[204]

Es gab daneben auch zusätzliche Veranstaltungen, die die Illusion einer perfekten Ehe zwischen Kunst und Politik, zwischen Wagnerkult und Hitlerkult vermittelten. Bereits im Frühjahr 1933, um die Zeit von Hitlers vierundvierzigstem Geburtstag und dem fünfzigsten Todestag Wagners, kamen deutsche Opernhäuser dem Führer mit Aufführungen von Wagners Werken entgegen; alle nationalen Rundfunkstationen spielten Siegfrieds *Schmiedelied*. Eine gesonderte Wagnerfeier in Hohenschwangau bei Füssen bot dem neuen Reichskanzler darüber hinaus die Möglichkeit, selbst als Inszenator aufzutreten. Ein Jahr später legte Hitler vor einer breiten Öffentlichkeit den Grundstein für ein nationales Wagnerdenkmal in Leipzig. Dieses Jahr brachte auch eine Serie im Rundfunk, die Wagner und H. S. Chamberlain gewidmet war, kommentiert von Leuten wie Hans Schemm, Leopold Reichwein und Baldur von Schirach. 1938 erklärte Hitler, daß eine neue Richard-Wagner-Gedächtnisstätte errichtet und fortan zu Führers Geburtstag das eine oder andere deutsche Opernhaus ein spezielles Wagnerprogramm ansetzen würde.[205]

Da es sich um eine Beziehung auf Gegenseitigkeit handelte, zogen beide Seiten ihren Vorteil daraus. Das Phänomen Grüner Hügel nahm ein faschistisches Ambiente an, doch es gewann auch an Bekanntheit, was nicht zuletzt aus wirtschaftlichen Gründen wichtig und praktisch eine Garantie gegen Insolvenz war. Die Unterlagen zeigen, daß – obwohl Aufführungen von Wagneropern im ganzen Reich lange vor Beginn des Dritten Reichs rückläufig waren, und noch deutlicher nach 1933 – diese Aufführungen in absoluten Zahlen bis 1942/43 an erster Stelle der Statistik rangierten und Werke von Komponisten wie Verdi, Puccini und Strauss weit hinter sich ließen.[206]

Für das NS-Regime waren die Vorteile vielschichtiger und weitreichender. Wenn Wagners Persönlichkeit auf den jungen Hitler einen unauslöschlichen Eindruck gemacht hatte, so konnte der Bayreuth-Kult die Weltanschauung des gereiften Politikers steigern und stützen. Im Dezember 1933 wurden Hitlers Anhänger einmal mehr an die langjährige Überzeugung des Führers erinnert, »daß in den Werken Wagners der Nationalsozialismus verankert liege«.[207] In der Tat ließ sich Wagners Konzeption der Oper als »Gesamtkunstwerk« vorsätzlich als stark totalitäre Vorstellung mißdeuten, die mit Hitlers Aufassung von totalitärer Politik im Einklang war. Es trifft zu, daß viel von Wagners Irrationalismus sich in Hitler widerspiegelte und daß sein Antisemitismus dem Hitlers gleichkam und ihn verstärkte – im gleichen Maß, wie die neuheidnische Mythologie des Komponisten Hitlers Ideen über einen neuen deutschen Säkularstaat stützte. Und schließlich hatte, was besonders entscheidend ist, Wagner durch sein eigenes Beispiel der Welt gezeigt, wie Kunst sich mit Politik vermischen und faktisch in hohem Maß politisieren ließ. In dieser Hinsicht hatte sich Hitler als gläubiger Schüler seines Meisters erwiesen, denn Bayreuth konnte als Exempel dafür dienen, wie Musik und Musiker sich in einer faschistischen Ära politisieren ließen. Dennoch war die Feststellung eines deutschen Musikkritikers reichlich übertrieben, als er in der Frühzeit des Dritten Reichs über die *Meistersinger* schrieb: »Das Verhältnis von Politik und Kunst, das darin zum Ausdruck kommt, ist bezeichnend und hochaktuell für die Stellung der Kunst im neuen Staate Deutschland.«[208] Denn Bayreuth blieb trotz seines hohen Grades an Indoktrination eine Ausnahme. Daß die Politisierung von Musik letzten Endes nicht vollständig gelang, war wohl weniger Hitlers und Goebbels' Politik zuzuschreiben als der Tatsache, daß wirkliche Kunst kraft ihrer wahren Natur unverletzlich bleibt.

2

Musikalischer Professionalismus und politischer Kompromiß

Hitlers Vorurteil: Knappertsbusch und seine Nemesis Krauss

Der Dirigent Hans Knappertsbusch war ein blonder, blauäugiger Riese, ein wahres Bild von einem Nazi, wie es im Buche stand. Er war so chauvinistisch, daß er sich nach dem Ersten Weltkrieg weigerte, in Paris aufzutreten, weil Frankreich zu den Siegermächten gehörte. Später behauptete er, er sei ständig von Marxisten angegriffen worden und habe sich, keiner Partei zugehörig, »ausschließlich in nationalen Gesellschaftskreisen« bewegt.[1] Argwöhnisch gegenüber Juden und anderen angeblich zersetzenden Elementen im kulturellen Leben der Republik, wurde er bereits Jahre, bevor Hitler an die Macht kam, von den Nationalsozialisten als einer der ihren reklamiert. 1933, als verschiedene seiner Kollegen aus politischen oder rassischen Gründen emigrierten, soll er gesagt haben, er würde eher in einem Steinbruch schuften, als Deutschland verlassen.[2] Doch statt als einer von Deutschlands prominentesten Dirigenten auch im Dritten Reich zu glänzen, verlor er im

Verlauf des NS-Regimes mehr und mehr an Bedeutung. Der Hauptgrund war, daß Hitler ihn nie leiden konnte.

Möglicherweise rührte Knappertsbuschs übersteigerter Nationalismus aus der Zeit vor dem Ersten Weltkrieg her, als er mit Anfang zwanzig Assistent bei den Bayreuther Festspielen war und mit dem Kreis um Wolzogen und Chamberlain in Berührung kam. 1922 wurde er Nachfolger von Bruno Walter als Generalmusikdirektor an der Bayerischen Staatsoper in München. Dort erfreute er sich beim kulturinteressierten Publikum außerordentlicher Beliebtheit und wurde familiär »Kna« genannt. Der gebürtige Elberfelder trug sein Herz auf der Zunge, und sein Witz zeichnete sich nicht gerade durch Subtilität aus. Als Dirigent war er weniger an Details interessiert als am Gesamtaufbau eines Werkes. Eines seiner Markenzeichen war seine Abneigung gegen Proben; das kam bei trägeren Orchestermusikern gut an, erregte jedoch bei Puristen und Perfektionisten Mißtrauen.[3]

Viele Münchner Nazis nahmen in den zwanziger Jahren Knappertsbusch umgehend als einen der ihren in Anspruch, besonders weil er die Stelle von Bruno Walter besetzt hatte, eines Juden, der eigentlich Schlesinger hieß. Sie erinnerten sich – wie auch Knappertsbusch – genau, daß Walter während seiner Amtszeit von 1913 bis 1922 schwer unter dem lokalen Antisemitismus zu leiden gehabt hatte und daß der Schriftsteller Thomas Mann eine der wenigen prominenten Persönlichkeiten gewesen war, die ihn verteidigten; es hieß, daß Walter als Jude einfach nicht dafür qualifiziert sei, Wagner zu dirigieren. Knappertsbusch wurde für fähig gehalten, dieses Defizit auszugleichen, und selbst war er davon noch überzeugter als alle anderen.[4] Anfang 1929 manövrierten Alfred Rosenberg und seine Statthalter Knappertsbusch für ihre eigenen krummen Zwecke in den Mittelpunkt einer Auseinandersetzung um einen anderen Juden, einen Ressortleiter der einflußreichen *Münchener Neuesten Nachrichten.* Dieser Literat war Paul Nikolaus Cossmann, zum Katholizismus konvertiert, ehemaliger Pangermanist und schriller Nationalist und enger Freund von Hans Pfitzner. Der Skandal brach aus, als die Zeitung eine Aufführung von Beethovens Neunter unter Knappertsbusch verrissen hatte, worauf der Dirigent die Herausgeber engstirniger Parteilichkeit bezichtigte. Die Rosenberg-Clique machte Knappertsbuschs Causa zu ihrer eigenen und spielte sie zu einer jüdischen Verschwörung hoch, was sich als einfach erwies, da Cossmann früher mit Bruno Walter befreundet gewesen war. Verschiedene tendenziöse Artikel in Rosenbergs *Völkischem Beobachter,* die vorgeblich für den blonden Maestro Partei ergriffen, wurden von Knappertsbusch zwar nicht ermutigt, aber er unternahm auch nichts gegen sie und protestierte nicht einmal. Eine weitere bösartige Attacke gegen die Juden wurde im Juni 1929 von dem NS-Abgeordneten Rudolf Buttmann im Bayerischen Landtag lanciert, und auch diesmal mischte Rosenbergs Kampfbund für deutsche Kultur mit. Ob es seine Absicht gewesen war oder nicht, Knappertsbusch hatte sich nun unwiderruflich in die Position eines Kandidaten der extremen Rechten manövriert.[5] Der Dirigent wurde selbst Teil dieser Kampagne, als die Nationalsozialisten im Januar 1933 die Macht ergriffen. Er löste eine Kette von Ereignissen in Münchens höchsten kulturellen Kreisen aus, deren vollständige Details erst heute deutlich werden und deren letzte Konsequenz der endgültige Abschied des Nobelpreisträgers Thomas Mann von Deutschland war.

Dieser Affäre lagen drei miteinander in Beziehung stehende Konstellationen zugrunde: die historische Feindschaft zwischen Walter und Knappertsbusch; die problematische Freundschaft zwischen Knappertsbusch und Pfitzner; und Pfitzners langjährige und komplizierte Beziehung zu

Thomas Mann. In seiner nationalistischen Phase bis in die ersten Jahre der Weimarer Republik war Mann ein uneingeschränkter Bewunderer Pfitzners und seiner Musik gewesen. Doch die beiden Männer entfremdeten sich, als Mann sich für die Republik einzusetzen begann, während Pfitzner unnachgiebige Opposition betrieb. Beide waren nach wie vor enge Freunde von Bruno Walter; bereits 1917 hatte Mann sich für Walter eingesetzt (im selben Jahr hatte Walter im Münchner Prinzregententheater Pfitzners *Palestrina* aus der Taufe gehoben), und noch im September 1932 hatte Pfitzner den Dirigenten mit der Uraufführung einer neuen Symphonie betrauen wollen.[6]

Knappertsbusch verdroß, daß Mann und Pfitzner Bruno Walter, der Anfang 1933 Leiter des Leipziger Gewandhauses war, nach wie vor favorisierten. Außerdem war Knappertsbuschs musikalische Beziehung zu Pfitzner durch die Affäre Cossmann und Pfitzners Eigenarten als regelmäßiger, aber nachlässiger Gastdirigent an der Münchner Oper getrübt.[7] Vielleicht um seinen Ehrgeiz zu legitimieren, eine intellektuelle Führerrolle im neugebildeten rechten Flügel der bayerischen Hauptstadt zu spielen (dessen Interessen nicht völlig dem Steinzeitmenschen Rosenberg überlassen bleiben konnten), beschloß Knappertsbusch, eine Attacke gegen Mann zu reiten. Zu diesem Zeitpunkt war der berühmte Autor auf einer Vortragsreise im Ausland, deren Thema Knappertsbuschs Heros Richard Wagner war. Nach der Berechnung des Dirigenten konnte ein solcher Angriff ihn mit Pfitzner aussöhnen und gleichzeitig Walter bloßstellen, indem der Charakter von Walters Freund Mann in Mißkredit gebracht wurde.

Der Schriftsteller hatte immer kenntnisreiches Interesse für die Musik gehegt und war seit Jahrzehnten ein begeisterter Bewunderer und oft kritischer Analytiker Wagners.[8] Als unerschrockener Verteidiger der Republik hatte er jedoch auch die Nazis öffentlich angegriffen, die ihn ihrerseits auf ihre Schwarze Liste setzten. 1929 war Mann die Zielscheibe von Rosenbergs neugegründetem Kampfbund gewesen und hatte ein Jahr später eine abfällige Bemerkung in Rosenbergs Pamphlet *Der Mythus des zwanzigsten Jahrhunderts* eingeheimst. Als Mann im Oktober 1930 in Berlin einen öffentlichen Vortrag gegen die Nazis hielt, rettete ihn Walter in seinem Auto vor den Attacken der Braunhemden. Am nächsten Tag stempelte die Nazi-Presse Mann zu einem Verräter an Deutschland.[9]

Manns Vortrag über Wagner war ein Auftrag der Münchner Goethe-Gesellschaft zum 13. Februar 1933, dem fünfzigsten Todestag des Komponisten. Er wurde erstmals am 10. Februar in der Münchner Universität gehalten und anschließend unter dem Titel »Leiden und Größe Richard Wagners« in einer namhaften Berliner Zeitschrift veröffentlicht. Der Vortrag sollte vor »der Aneignung Wagners durch die Nazis zum Zweck einer unheiligen Allianz von Macht und Kultur« warnen.[10] Ende Februar wurde diese Rede auf einer Vortragsreise Manns in Amsterdam, Brüssel und Paris wiederholt.[11]

Mann sagte größtenteils Positives über Wagner, doch für einen fanatischen Wagnerianer konnten einige seiner Bemerkungen empörend klingen, und sogar seine sorgfältig formulierte Kritik wurde als anstößig empfunden. Er beschrieb Wagner als einen Vorläufer von Sigmund Freud, der sich – indem er alle Formen der Liebe auf einen sexuellen Ursprung zurückführte – eine der Psychologie verwandte Methode zu eigen gemacht hatte. Er tadelte den älteren Wagner dafür, daß er in den reaktionären *Bayreuther Blättern* »gar vieles Schöne« abgetan habe, einschließlich der Musik von Mendelssohn. Manns Rede ließ die Interpretation zu, daß Wagners Genie sich »aus lauter Dilettantismen« zusammensetze. Er griff den Hang des Bayreuther

Kreises zum Kitsch an und verglich Wagners Kunst mit dem »Makartbukett (mit Pfauenfedern), das die gesteppten und vergoldeten Salons der Bourgeoisie schmückte«. Und er versetzte den Nationalisten einen heftigen Stich, indem er den Mißbrauch Wagners verurteilte, »um eine patriotische Nebenwirkung damit zu erzielen«, und setzte dagegen »die vollendete Geistigkeit und Politikfremdheit des Wagnerischen Nationalismus«. In der Tat sei das Zoon politikon Wagner »mehr Sozialist und Kulturutopist« gewesen, »denn Patriot im Sinne des Machtstaates«. Mann endete mit einer eher universalen als chauvinistischen Bemerkung: »Begnügen wir uns, Wagners Werk zu verehren als ein gewaltiges und vieldeutiges Phänomen deutschen und abendländischen Lebens, von dem tiefste Reize ausgehen werden allezeit auf Kunst und Erkenntnis.«[12]

Zu jener Zeit und noch viele Jahrzehnte später bestand bei Kritikern und Wissenschaftlern – einschließlich Manns selbst – lediglich der Verdacht, daß Knappertsbusch die treibende Kraft hinter dem massiven Protest war, der in den *Münchener Neuesten Nachrichten* vom 16. April 1933 gestartet wurde.[13] Pfitzners Privatkorrespondenz, die in der Österreichischen Nationalbibliothek aufbewahrt wird, hat diese Vermutung zur Gewißheit gemacht. Knappertsbusch war erfolgreich an die Säulen der konservativen Münchner Gesellschaft herangetreten, darunter Richard Strauss (der ihn in der Cossmann-Affäre unterstützt hatte),[14] den Präsidenten der Akademie der Tonkunst Siegmund von Hausegger, den Generalkonservator Friedrich Dörnhöffer, den Generalintendanten Baron Clemens von Franckenstein und den berühmten Zeichner und Maler Olaf Gulbransson. Doch auch ranghohe Nazis mit Interesse an Wagner waren angesprochen worden, wie der Bayerische Kultusminister Hans Schemm, der Münchner Gauleiter Adolf Wagner und der Münchner Oberbürgermeister Karl Fiehler. Wilhelm

Matthes, ein Musikkritiker und glühender Nazi, der in der Weimarer Republik den Jazz und die Neutöner ätzend attackiert hatte und von allen musikalischen Reaktionären gefeiert wurde, schloß sich der vielversprechenden Sache an. Mann habe »ein deutsches Genie« verleumdet, schrieb Knappertsbusch. Da er, was München betraf, der Sachwalter von Wagners Vermächtnis war, war es ihm eine Ehrenschuld, den Komponisten zu verteidigen. »Wer es deshalb wagt, den Mann, der deutsche Geistesmacht wie ganz wenige der Welt dargetan hat, öffentlich zu verkleinern«, drohte er, »soll seine blauen, hier weiß-blauen Wunder erleben!«[15]

Der Dirigent hatte sich an Pfitzner als ersten gewandt, der den geplanten Protest voll und ganz unterstützte, allerdings fand, daß Knappertsbusch allzu schroff sei. Er drängte deshalb den Dirigenten, verschiedene Passagen und den Schlußsatz zu streichen, in dem Knappertsbusch nach seiner Art nicht mit dem Florett, sondern mit einem schweren Säbel vorging. Er lautete: »Wer ist Richard Wagner, und wer ist ›Herr‹ Thomas Mann?«[16] Der veröffentlichte Protest begann mit einem Verweis auf »die nationale Erhebung Deutschlands«, feierte Wagner »als musikalisch-dramatischen Ausdruck tiefsten deutschen Gefühls« und kanzelte schließlich Mann wegen seiner »kosmopolitisch-demokratischen Auffassung« ab. Jemand wie Mann, der sich seit Jahren als unzuverlässig und in seinen Werken als unbeholfen erwiesen habe, habe nicht das Recht »auf Kritik wertbeständiger deutscher Geistesriesen«.[17]

Es wird noch immer gemeinhin angenommen, daß Hans Knappertsbusch bald nach diesen Vorfällen das Opfer einer Intrige wurde, die dazu führte, daß die Machthaber Ende 1935 seinen Münchner Vertrag vorzeitig annullierten. Nach 1945 behauptete Knappertsbusch selbst, er sei auf dem Altar der faschistischen Politik und des Rassismus geopfert worden.[18] All das ist weit von der Wahrheit entfernt. Knappertsbusch verlor seine Position Anfang 1936 durch eine Reihe von Faktoren, von denen nur einer vielleicht auf einen Vorfall zurückzuführen ist, der einer Opposition gegen das Dritte Reich ähnelte (während eines Aufenthalts in Den Haag hatte er offensichtlich eine ungeschminkte Bemerkung über die Nazis gemacht, die allerdings vermutlich weniger durch die politischen Überzeugungen des Dirigenten motiviert war, die unerschütterlich rechts waren, als durch seinen bekannten Hang zu impulsiven Seitenhieben).[19] In der Tat diente Knappertsbusch nach Hitlers Machtergreifung den Nazis auch weiterhin nach Kräften, stellte sich dem Kampfbund zur Verfügung und leitete politiklastige Wagner-Festlichkeiten in und um München.[20]

Die zwei Hauptgründe, warum Knappertsbusch entlassen wurde, waren seine ziemlich saumselige Erledigung der Staatsoperngeschäfte über eine Reihe von Jahren und Hitlers persönliche Abneigung gegen seine Kunst, die der Führer für unzureichend erachtete, um seine seit langem bestehenden Pläne zur Verschönerung seines geliebten München, der »Hauptstadt der Bewegung«, voranzutreiben.

Es wurde behauptet, daß Generalmusikdirektor Knappertsbusch seit 1927 für Unregelmäßigkeiten in der Führung der Oper verantwortlich gewesen sei, und seine Probleme mit dem Gastdirigenten Pfitzner – die natürlich nach der Mann-Affäre anhielten – waren nur eines von verschiedenen aufschlußreichen Symptomen.[21] Es tauchten Beschuldigungen auf, daß Knappertsbusch die Einstellung von Orchestermitgliedern vernachlässigt habe, mit Künstlerverträgen schlampig umgegangen sei und Opernproduktionen genehmigt habe, die in Zeiten finanzieller Einschränkungen viel zu üppig waren. Viele dieser Fehler hatte er gemeinsam mit dem Generalintendanten Baron von Franckenstein begangen, dessen Pensionierung im Herbst

1934 fällig war.[22] Knappertsbusch war auch zu unvorsichtig im Annehmen zahlreicher Gastdirigate außerhalb Münchens gewesen.[23] In der Tat hatte es objektive Beschwerden über die letzten Jahre der Knappertsbusch-Ära gegeben; nach Auffassung des Musikverlegers Willy Strecker von Schott's Söhne in Mainz zum Beispiel hatte der Dirigent nichts unternommen, um das Münchner Publikum an progressivere Werke heranzuführen.[24]

Franckensteins Nachfolger als Generalintendant war Oskar Walleck, ein SS-Mitglied aus dem niedersächsischen Braunschweig. Aller Wahrscheinlichkeit nach schürte er die Intrige gegen Knappertsbusch, obwohl eindeutige Beweise immer noch fehlen. Doch nach dem Herbst 1934 stieß er Absprachen über Operninszenierungen um, die er vorher mit Knappertsbusch getroffen hatte; der Dirigent selbst beklagte sich über eine ständige »Nadelstich-Politik«.[25]

Im November 1935 verhielt sich Knappertsbusch allerdings nach wie vor besonders loyal gegenüber Hitler, der »in München die Stadt der deutschen Kunst wissen will«.[26] Dennoch wurde Knappertsbusch mit Wirkung vom 1. Januar 1936 vom Staat Bayern in Pension geschickt – nicht wegen politischer Unzuverlässigkeit, wie in Paragraph 4 des NS-Gesetzes vom 7. April 1933 zur Wiederherstellung des Berufsbeamtentums festgelegt (was allerdings seine Verteidiger danach andeuteten), sondern zum Zweck der Vereinfachung der Verwaltung (laut Paragraph 6).[27] Diese Pille war für den siebenundvierzigjährigen Dirigenten um so bitterer, als Legionen von Münchner Verehrern ihn nur sehr ungern ziehen ließen; seine Pension wurde bewußt niedrig gehalten, und jede weitere berufliche Betätigung in Bayern wurde ihm untersagt.[28]

Knappertsbusch zog sich nach Wien zurück, das ironischerweise nun auch gelegentlich Zuflucht seines Erzrivalen Bruno Walter war, und übernahm dort die Position eines ständigen Gastdirigenten an der Wiener Staatsoper. Obwohl er erst kürzlich bei einem Gastdirigat an diesem Haus eine gute Presse bekommen hatte, klagte er angeblich vor seinem Abschied von Bayern, daß er in Kurt von Schuschniggs Österreich abermals »dem Judengesindel preisgegeben sein würde«, ein Schicksal, das er nach seiner Behauptung bereits früher in München erlitten hatte.[29]

Falls der Generalintendant Walleck aktiv hinter einer dieser Machenschaften stand, dann geschah das unter dem Druck von Goebbels, der ihn Ende Dezember 1935 in Berlin empfing.[30] Goebbels seinerseits war aller Wahrscheinlichkeit nach von Hitler instruiert worden, der Knappertsbusch als Operndirigenten schlichtweg verabscheute. Es ist möglich, daß Hitler den Dirigenten während seiner »Kampfzeit« im Nachkriegs-München hatte ertragen müssen und daß er, was ihm selbst nicht hinlänglich bewußt war, in seinem Urteil von Freunden mit ausgesuchtem musikalischem Geschmack wie Putzi Hanfstaengl beeinflußt worden war. In jedem Fall sagte Hitler zum Zeitpunkt von Wallecks Berufung im Herbst 1934, Knappertsbusch sei »nicht der geeignete Dirigent für die Münchner Oper«, und fand, »er eigne sich mehr für Konzerte«. Ende 1935, als Knappertsbuschs Entlassung unmittelbar bevorstand, flog Hildegarde Ranczak, eine mitfühlende Münchner Sängerin, nach Berlin, um mit dem Führer selbst zu sprechen, doch sie konnte nichts ausrichten. »Der Militärkapellmeister muß weg!« wurde ihr mitgeteilt. Und noch 1942 sagte Hitler, es sei eine Strafe, sich eine Opernaufführung Knappertsbuschs anzuhören. Aber es ist möglich, daß Hitler auch damals nicht wußte, worüber er sprach.[31]

Obwohl genaugenommen kein Nazi, aber auch kein Demokrat, diente Knappertsbusch trotz der beruflichen und persönlichen Kränkung weiterhin dem Dritten Reich über ein normales Pflichtgefühl hinaus. München blieb ihm fast bis zum Ende verschlossen, doch leitete er die Wiener Staatsoper bis zum Beginn von Karl Böhms Amtszeit im Januar 1943.[32] Der Anschluß Österreichs im Frühjahr 1938 scheint ihn in keinerlei Hinsicht in Mitleidenschaft gezogen zu haben, und im Sommer desselben Jahres dirigierte er bei den Salzburger Festspielen den *Tannhäuser* seines Heros Wagner.[33] Außerdem war er im gesamten Deutschen Reich und später in den besetzten Ländern häufiger Gastdirigent bei den allerersten Orchestern einschließlich der Berliner Philharmoniker.[34]

Dieser Musiker, der ohne Zweifel gern ein guter Nationalsozialist gewesen wäre, wenn ihn die Bande nur gelassen hätte, biederte sich dem Regime weiter an, während Hitlers Krieg sich in die Länge zog. Im Februar 1940 dirigierte er die Wiener Philharmoniker in einem Konzert im Auftrag der NSDAP. Einige Monate später leitete er dieses Orchester bei einem Wagner-Konzert zum Gedenken der Alten Kämpfer, die beim Novemberputsch 1923 gefallen waren. Im September 1941 nahm er eine Einladung von Hans Frank an, dem musikliebenden, aber nichtsdestoweniger brutalen Generalgouverneur des besetzten Polen, die Berliner Philharmoniker in Krakau wenige Kilometer von Auschwitz entfernt zu dirigieren.[35] Und wie sehr Hitler bei seinen Tischgesprächen auch über Knappertsbusch spotten mochte, gestattete er dem Dirigenten doch, mit den Berlinern anläßlich seines Geburtstags im April 1943 aufzutreten. Der Führer konnte Knappertsbusch nie ganz fallenlassen, weil seine Geliebte Eva Braun mädchenhaft für »das männliche Aussehen« des Dirigenten schwärmte. Zur gegebenen Zeit erhielt Knappertsbusch das Kriegsverdienstkreuz (gemeinsam mit der Ur-Nazisse Elly Ney) und kam so in den Genuß, auch im folgenden Jahr zu Führers Geburtstag aufzuspielen, obwohl Hitler weiterhin darauf beharrte, daß Knappertsbusch als Operndirigent nichts tauge. Einer der letzten Routinedienste des servilen Knappertsbusch war im März 1943 die Erbauung der in Wien stationierten Einheiten der Waffen-SS (der auch Dr. Josef Mengele während seiner Zeit in Auschwitz angehörte).[36] Wenige Monate vor dem Zusammenbruch des Regimes beurteilte der SS-Sicherheitsdienst Knappertsbusch als einen Mann, »der sich sowohl in charakterlicher wie in politischer Hinsicht durchaus anständig verhält«: »K. ist nicht als aktiver Nationalsozialist anzusehen, hat aber immer eine gute deutsche Gesinnung bewiesen.«[37]

Praktisch scheint Knappertsbusch rehabilitiert worden zu sein, als der neue Münchner Gauleiter Paul Giesler ihn einlud, die Münchner Philharmoniker im Sommer 1944 zu dirigieren. Doch der blonde und blauäugige Recke hatte seinen Stolz. Nach neun langen Jahren breche Gieslers großzügiges Angebot zwar das Eis, konterte er, aber wäre nicht sein altes Orchester an der Münchner Oper beleidigt, wenn er es nicht dirigieren dürfe? In diesem Punkt konnte ihm nicht einmal der entgegenkommende Giesler helfen, denn das Orchester der Bayerischen Staatsoper unter Clemens Krauss war zu diesem Zeitpunkt »off limits«, und qualitativ gehörte es in eine völlig andere Kategorie.[38]

Rund sechs Monate, nachdem Hitler im Herbst 1934 seine Meinung über Knappertsbusch zum Ausdruck gebracht hatte, teilte er Oskar Walleck mit, daß Krauss der richtige Dirigent für die Bayerische Staatsoper sei.[39] Wenn in der Rückschau Knappertsbusch als Künstler mit engherzigen nationalistischen und rassistischen Neigungen erscheint, der 1933 vorherbestimmt war, der nationalsozialistische Musiker schlechthin zu werden, doch auf der Strecke entgleiste, so erscheint Clemens Krauss eher als willenloses Werkzeug. Von seinem Werdegang und seiner Einstellung her war er Kosmopolit, als Dirigent ursprünglich breitgefächert interessiert, auch was die Moderne

betraf, ein Mann mit ungemein kultiviertem Universal-
geschmack – kurz, alles andere als ein engstirniger Chauvi-
nist. Und doch scheint Krauss beinahe gegen seinen Willen
in den Nationalsozialismus und das Dritte Reich gelockt
worden zu sein. Anfangs war er der Günstling des Führers,
doch spätestens 1944 war er Hitlers Gefangener geworden.
Die Frage ist, wie weit Krauss dem Nazismus erlag und
in welcher Weise diese Kapitulation seine Kunst kompromittiert hat.

Krauss war der Exot neben der deutschen Eiche Knappertsbusch. Es ging das Gerücht, daß er das uneheliche
Kind einer bildschönen Wiener Tänzerin und – wie seine
Physiognomie verriet – des Erzherzogs Eugen von Habsburg
sei.[40] Er hatte das Auftreten eines spanischen Konquistadors
und den Charme eines venezianischen Gondolieres. Sowohl am Pult wie privat konnte er hochnäsig und gleichzeitig entwaffnend gewinnend sein. Sein Sinn für theatralische
Effekte auf und außerhalb der Bühne war sprichwörtlich.
Wie Hans Heinz Stuckenschmidt einmal in den späten
Weimarer Jahren schrieb: »Noch sein Abgang ist wohl-
studierte Attitüde. Der brave Mann denkt an sich. Selbst
zuletzt.« Er war hochgebildet und literarisch so beschlagen,
daß er in der Lage war, ein Libretto für Richard Strauss zu
schreiben, der gewiß der anspruchsvollste der zeitgenössischen Opernkomponisten war.[41]

Dieser kultivierte Musiker wurde nach der üblichen
Gesellenzeit 1924 mit zweiunddreißig Jahren Direktor der
Frankfurter Oper und 1929 zum Direktor der Wiener Staatsoper sowie ein Jahr später als ständiger Dirigent der
Wiener philharmonischen Konzerte berufen. Im Januar
1935 folgte er Furtwängler als Direktor an der Berliner
Staatsoper nach, die Göring unterstand, und im Januar 1937
wurde er der neue Operndirektor in München. Nachdem
er 1938 von Oskar Walleck den Titel Intendant übernom-

men hatte, wurde er einer der einflußreichsten Musiker des Dritten Reichs.[42]

Man kann Krauss' berufliche Biographie von 1929 bis 1944 als die eines Mannes interpretieren, der Kunst um der Kunst willen machte und trotz offizieller Elogen nie vom Gift des Faschismus infiziert wurde. In der Tat versuchte Krauss in Wien offensichtlich, gegen den Strom von Konvention und Reaktion anzuschwimmen, die nach dem Aufstieg von Engelbert Dollfuß zum Bundeskanzler im Herbst 1932 immer mehr Markenzeichen des Austrofaschismus wurden. Er war autokratisch und verließ sich in der musikalischen und szenischen Leitung auf sein unfehlbares Urteil. Also führte er Hindemith, Strawinsky und Alban Berg auf und zeigte Interesse an neuen Partituren von Krenek und Weill. Seine langjährige und intensive Freundschaft mit Strauss, dessen jeweils neuestes Werk er immer als erster aufführen wollte, war nicht eine Facette seiner Modernität, sondern zeigte sein Gespür für Tradition – eine Tradition, die er als etwas Selbstverständliches beherrschte. Es war Strauss, dessen Modernität mit der Komposition von *Elektra* 1909 ihren Höhepunkt erreicht hatte, der hinter seinem Wechsel von Frankfurt nach Wien 1929 stand, zu einem Zeitpunkt, als Krauss stolz auf dem Reformkurs war, den er an der Frankfurter Oper gesteuert hatte.[43]

Ende 1934 nahm Krauss eine wesentlich besser bezahlte Position an der Berliner Staatsoper an, die ihm Göring (als direkte Folge der Hindemith-Affäre) anbot – nicht zuletzt, weil seine Ein-Mann-Herrschaft in Wien einflußreiche Mitglieder des Opern-Ensembles verdrossen gemacht hatte, von denen einige auf du und du mit den zunehmend autoritären Austrofaschisten waren. Außerdem hatte das Wiener Kultusministerium Krauss bezüglich der Verlängerung seines Vertrags ständig im unklaren gelassen.[44] Als Krauss Wien verließ, war er so klug, einige prominente Sänger

96

mitzunehmen, auf die er besonderen Wert legte. An erster Stelle stand seine Frau Viorica Ursuleac, eine gebürtige Rumänin, mit der Krauss bereits in den Frankfurter Jahren zusammengearbeitet hatte. (Der Baroneß Gerta Louise von Einem, einer Jugendfreundin von Göring und seinen Schwestern, die den preußischen Ministerpräsidenten gegen Ende 1934 in seinem luxuriösen Büro besuchte, teilte Göring in triumphierendem Ton über seinen nächsten Gast mit: »Da ist die Ursuleac, die bringt mir gerade die Wiener Staatsoper.«[45]) Weitere berühmte Sänger, die Krauss folgten, waren Josef von Manowarda, Franz Völker und Erich Zimmermann.

Göring mochte Krauss gleichgültig gegenüberstehen, doch sein absolutes Vertrauen in den Generalintendanten Heinz Tietjen konnte seine neutralen Gefühle schon beeinflussen. Als der österreichische Dirigent nach Berlin ging, war er der Freundschaft eines alten Förderers zwar versichert, handelte sich allerdings auch gleich zwei neue Feinde ein, die ihm das Leben in der Reichshauptstadt umgehend sauer machten. Der vertraute Freund war Strauss, damals noch Präsident der RMK, der froh war, mit Hilfe eines früheren Protegés seinen musikalischen Einfluß gegenüber seinem alten Widerpart Furtwängler zu stärken. Strauss wußte, wie gerne Krauss seine Musik aufführte. Tietjen teilte dem Komponisten im Februar 1935 mit, er könne sich darauf verlassen, »daß die Strauss-Renaissance bei Clemens Krauss in den besten Händen ist«.[46]

Doch der Meister war weit vom Schuß in Garmisch, und das ließ den zwei neuen Feinden von Krauss, Tietjen und Furtwängler, freies Spiel. Jeder von ihnen hatte dafür einen anderen eigennützigen Grund. Tietjen erkannte bald Krauss' unzweifelhaftes organisatorisches und dramaturgisches Genie und sah deshalb seine eigene Position in Gefahr. Er befürchtete auch die dauernde Einmischung durch den mißtrauischen Strauss.[47] Furtwängler wiederum war das unmittelbare Opfer des Hindemith-Skandals im Dezember 1934 gewesen, als dessen direkte Konsequenz Krauss ihm als erster Staatskapellmeister und Direktor der Berliner Staatsoper nachfolgte, in einer Stellung, die er seit September 1933 innegehabt hatte. Furtwängler, Vorgänger des Österreichers in verschiedenen wichtigen Positionen, bekannte sich zu einer beleidigend niedrigen Meinung über Krauss' musikalische Fähigkeiten. Sein Brief an Strauss im Frühjahr 1936, als Krauss in Berlin bereits unbeliebt wurde, ist ein Muster persönlicher Diffamierung. Furtwängler schrieb, daß Krauss' Vorstellungen sogar in Wien »nur auf einem bescheidenen Niveau« gewesen seien und daß er in Berlin nicht in der Lage gewesen sei, dem kultivierten Geschmack des Opernpublikums gerecht zu werden. In London und Paris habe er als Gastdirigent ebenfalls keinen Erfolg gehabt: »Er hat außer einer gewissen kühlen Eleganz und einer für Fachleute nicht uninteressanten Technik nichts, aber auch gar nichts zu geben, es fehlt ihm jede Spur von Kraft und Wärme.« In der Terminologie der Nazis war es in Furtwänglers Augen das Schlimmste, »daß er keinerlei innere Beziehung zur großen deutschen Musik hat« und deshalb Beethoven, Wagner und die Frühklassik nicht dirigieren könne. »Man kann Krauss seiner Eigenart nach überhaupt nicht als einen eigentlichen deutschen Künstler bezeichnen«, war Furtwänglers Urteil über einen Mann, den er zu Recht oder Unrecht als potentiellen Nachfolger in ganz Deutschland sah.[48]

Es wurde bereits darauf hingewiesen, daß Krauss, ein Mann von mediterranem Temperament, mit seiner Clique von Österreichern und seinen prometheischen künstlerischen Ambitionen mit derart schlechten Karten in seiner Berliner Amtszeit nicht erfolgreich sein konnte, selbst wenn er alles darangesetzt hätte. Er mußte sich unbehaglich fühlen, als Furtwängler auf relativ dauerhafter Basis in den folgenden Monaten wieder als Gastdirigent zu den Berliner Philharmonikern und an die Staatsoper zurückkehren durfte.[49] Folglich gab sich Krauss keine allzu große Mühe; in der Tat hatten sich bereits früh im Jahr 1935 Kräfte jenseits seiner Kontrolle – und auch der von Furtwängler, Strauss und Tietjen – verschworen, ihn aus Berlin zu entfernen und an eine weniger exponierte Stelle im Reich zu versetzen. Diese Kräfte waren niemand anders als Goebbels und Hitler.

Man wird sich erinnern, daß Hitler bereits im Frühjahr 1935 – zu einem Zeitpunkt, als Krauss bereits in Berlin dirigierte – davon überzeugt war, daß Krauss, dessen österreichischen Stil er offensichtlich schätzen gelernt hatte, der richtige Nachfolger für den bereits schwankenden Knappertsbusch sei.[50] Es gibt keinen Anlaß zu der Annahme, daß Hitler oder irgend jemand anderer in Deutschland – und zuallerletzt Göring – Krauss nach Berlin berufen hätte, um ihn dort für die Nachfolge Knappertsbuschs in München aufzubauen.[51] Als die Gelegenheit kam, versuchten Hitler und Goebbels einfach, zwei von einander unabhängige Probleme mit einem Streich zu lösen. Daß Krauss sich aktiv um einen Wechsel von Berlin nach München bemüht haben sollte, ist angesichts seines ziemlich begrenzten Zugangs zu den Mächtigen in Berlin ebenfalls unwahrscheinlich. Allerdings hat zumindest ein Historiker plausibel argumentiert, daß er, sobald er von dem bevorstehenden Wechsel wußte, dieser Entwicklung auch nichts in den Weg legte.[52]

Hitler bedeutete Goebbels offenbar, die bestehenden Spannungen in der Berliner Musikszene zu dem Zweck zu benutzen, Krauss als Knappertsbuschs Nachfolger in München einzusetzen. Dafür mußte der Propagandaminister mit dem neuen Münchner Generalintendanten Walleck verhandeln, der sich seinerseits mit Krauss in Verbindung setzte; Knappertsbusch und Krauss scheinen jedoch die Angelegenheit nie erörtert zu haben. Im Herbst 1935 entschieden sich Hitler und Goebbels offensichtlich zugunsten von Krauss, obwohl zumindest ein Dokument auch Furtwängler als möglichen Kandidaten benennt – ein weiterer Grund für die ewigen Reibereien zwischen den beiden Musikern.[53] Während der Verhandlungen zwischen Walleck und Krauss, die im Dezember 1935 begannen und sich über mehrere Monate hinzogen, gab sich der Dirigent – augenscheinlich auf Goebbels' Drängen hin – schließlich mit demselben Gehalt zufrieden, das er in Berlin erhalten hatte, während er für seine Künstler deutlich höhere Gehälter forderte.[54]

Krauss' Debüt in der bayerischen Hauptstadt fand im Januar 1937 statt, und entprechend den hochgesteckten Zielen Hitlers für München wurden seine Vorstellungen mit Werken von Wagner, Mozart, Verdi und Strauss von den höchsten Regierungs- und Parteigrößen besucht, einschließlich des Führerstellvertreters Rudolf Heß und des inzwischen zum bayerischen Staatsminister für Unterricht und Kultus avancierten Münchner Gauleiters Adolf Wagner.[55] Krauss' Start war in einem solchen offiziellen Klima vielversprechend. Er nahm Hitlers Mandat, München aufzuwerten, zum Vorwand, um seine eigene Machtbefugnis als Operndirektor auszuweiten. So forderte er für sich die Position des Intendanten, die Walleck begreiflicherweise nur widerwillig aufgeben wollte. Doch fühlte sich Krauss nicht zuletzt durch den in der Nähe wohnenden Strauss gestärkt.[56] Der Vertrag zwischen dem Bayerischen Innenministerium und Krauss, der schließlich Anfang September 1936 von beiden Parteien unterzeichnet wurde, erwähnte ausdrücklich, daß Krauss zum »künftigen künstlerischen Leiter des neuen großen Opernhauses in München, dessen

100

Bau beschlossen ist«, bestimmt sei. Der Vertrag designierte Krauss also bereits für höhere Aufgaben, und schon zu diesem Zeitpunkt war Walleck praktisch neutralisiert.[57] Diese phantastische Vereinbarung stellte in der neueren deutschen Operngeschichte eine Neuheit dar.

Ohne Zweifel meinte es Hitler mit der Aufwertung Münchens ernst und auch mit der Rolle, die er Clemens Krauss in diesem Prozeß zudachte. Krauss bekam nicht weniger als 400 000 RM jährlich als Betriebskapital für diese bedeutsame Aufgabe, über die großzügigen Gehälter für ihn und die betroffenen Künstler hinaus.[58] Seiner gefestigten Position voll bewußt, begann Krauss, unterstützt von seinem loyalen Ensemble, auf der Stelle mit einer fortschrittlichen Theaterpolitik. Auf sein Betreiben hin wurde das Münchner Staatsopernorchester in eine höhere Gehaltsklasse eingestuft, die es in die Nähe von Berlin und Wien brachte, und ebenso setzte er sich immer für seine Sänger ein. Doch genoß er auch eindeutige Unterstützung durch Strauss, dessen Werke er natürlich bevorzugte und in denen Viorica Ursuleac stets eine Hauptpartie übernahm – was der Komponist mit uneingeschränkter Bewunderung quittierte.[59] Einer von Krauss' Coups war es, Deutschlands vielversprechendsten Baßbariton, den großartigen Hans Hotter, von Hamburg wegzuengagieren, der sofort Strauss' Favorit wurde.[60] Die vergleichsweise Langweiligkeit der Münchner Opernszene wich einer Brillanz, mit der es nur Berlin aufnehmen konnte. Die Sängerin Hildegarde Ranczak, einst Verteidigerin von Knappertsbusch, erinnert sich, daß es nicht lange dauerte, bis »der Glanz der Inszenierungen kaum mehr zu überbieten war«.[61]

Unmittelbar bevor er im Frühjahr 1938 einen neuen Vertrag mit München unterzeichnete, kam Krauss auf seine Verpflichtung zurück, im Auftrag des Führers in der bayerischen Hauptstadt eine neue Reichsoper zu errichten. Das bedeutete kontinuierliche Reformierung des bestehenden Theaterapparats bis zu dem Punkt, an dem dieses Haus den ihm zugedachten »ersten Rang« einnehmen konnte.[62] In einem bedeutsamen Schachzug wurde Walleck, mit dem Reibereien nicht zu vermeiden waren, nun entfernt und nach Prag geschickt, und Krauss übernahm auch die Funktionen des Intendanten; es gab zu dieser Zeit keinen mächtigeren Mann in Deutschlands Opernhäusern.[63] Im März 1939 war Gertrud Hindemith nur begrenzt sarkastisch, als sie ihrem Ehemann Paul aus der Schweiz nach Amerika schrieb, daß Krauss mit seinen häufigen Gastauftritten im ganzen Reich die einzige »Attraktion« in der deutschen Musikszene zu sein scheine.[64]

Und doch war Krauss nicht wirklich zufrieden. Trotz aller Schwierigkeiten, die er dort gehabt hatte, war Wien seine erste Liebe gewesen, und er wollte dorthin zurückkehren. Berlin hatte ihm Probleme bereitet, und sogar im südlichen München – das seinem österreichischen Temperament mehr entgegenkam – war die öffentliche Abneigung gegen ihn so stark, daß bösartiger Klatsch hartnäckig behauptete, er sei »Halbjude«.[65] Andere wie Elly Ney warfen ihm ständig seine Freundschaft mit Richard Strauss vor.[66] Eine solche Opposition machte Krauss noch entschlossener, den Schwerpunkt seiner Tätigkeit von München wieder an die Wiener Staatsoper zu verlegen. Er wußte, daß er München nicht ganz verlassen konnte – Hitlers Vertrauen in ihn erforderte fortdauernde Hingabe an das Bemühen, München kulturell aufzuwerten –, doch im April 1938 schien der Anschluß Österreichs Krauss neue Möglichkeiten zu eröffnen, vielleicht in Form einer Doppeldirektion in München und Wien. Deshalb schlug er sich am 25. April in einem persönlichen Brief an Hitler als den gesuchten Retter der Wiener Staatsoper vor, da »im Interesse einer ruhigen Entwicklung des Münchener und des

Wiener Institutes eine betonte gegenseitige Konkurrenzierung sehr ungünstig und daher eine gemeinsame künstlerische Oberleitung künstlerisch und wirtschaftlich zweifellos das Zweckmäßigste wäre«. Krauss legte keine falsche Bescheidenheit an den Tag, als er erklärte, daß er die natürliche Wahl für eine solche Doppelverantwortung sei.[67] Doch Hitler ließ sich nicht überreden. Er hielt Krauss als seinen Vorkämpfer für München nach wie vor für unersetzbar, und er verabscheute Wien; Krauss sollte nicht in einer Metropole vergeudet werden, die während seiner eigenen jämmerlichen Jahre dort bereits »nahe an die zweihunderttausend Juden« unter ihren zwei Millionen Menschen gezählt hatte.[68] 1940, nachdem der umgängliche und kulturbewußte Baldur von Schirach Gauleiter von Wien geworden war, versuchte es Krauss ein zweites Mal und wurde abermals schroff abgewiesen.[69] Er wurde kaum durch die Tatsache beschwichtigt, daß erstens Strauss nun häufiger seine Anwesenheit in Garmisch für die Arbeit am Libretto von *Capriccio* verlangte und daß zweitens Salzburg – immerhin bereits ein Drittel des Weges von München nach Wien – ihm das Amt des Präsidenten an seinem berühmten Mozarteum offerierte.[70]

Alles wies darauf hin, daß Hitler seine Pläne für München aktiv verfolgte. Charakteristisch für ihn, war er von einem gigantischen Neubau der Bayerischen Staatsoper besessen, beauftragte immer mehr technische Experten mit dem Entwurf der Gebäude und stellte für das Projekt immer höhere Beträge zur Verfügung.[71] Unter keinen Umständen durfte Krauss München verlassen. Er war ordnungsgemäß mit Wallecks ehemaliger Position als Intendant betraut worden; sein Vertrag sah für die Erneuerung eine beträchtliche Gehaltserhöhung vor, und das Personal der Münchner Oper wurde schließlich auf dieselbe Gehaltsstufe wie Berlin und Wien gestellt.[72]

Im Kontrast dazu stand die ständige Verschlechterung der bestehenden lokalen Opernkultur als Folge der Zerstörungen durch den Krieg. Krauss, dazu ausersehen, der allgewaltige Opernzar im Nazi-Deutschland zu werden, sah sich mit täglichen Kämpfen um die Bewahrung von Kostümen und Requisiten konfrontiert, mußte nach weiteren Bombardements um die Bühnenbilder bangen und schließlich um die Sänger, die Musiker und den technischen Stab, als die Rüstungsbetriebe und die Front sie einzufordern begannen.[73] Angetrieben durch die Kombination zweier Faktoren – seinen langjährigen Wunsch, München gegen Wien einzutauschen, und seine Erkenntnis, daß »Oper in München«, so wie er sie sich vorgestellt hatte, eine Unmöglichkeit geworden war – versuchte Krauss einerseits, sein Ensemble vor der akuten Gefahr durch Bombardierungen zu schützen, und andererseits dem größenwahnsinnigen Hitler entgegenzukommen, während er die ganze Zeit nichts sehnlicher wünschte, als sich in südöstliche Richtung abzusetzen. Hitler bestand jedoch darauf, daß Krauss an der Bayerischen Staatsoper blieb, statt sich etwa nach Salzburg zu begeben, und ordnete die Bespielung kleinerer Münchner Bühnen an, falls das Nationaltheater den Bomben zum Opfer fallen sollte.[74] Drei Tage nach diesem Erlaß ging das Opernhaus in der Nacht vom 2. zum 3. Oktober 1943 tatsächlich in Flammen auf; doch statt seine Tätigkeit in eine akzeptable alternative Spielstätte zu verlegen, veranstaltete Krauss, der nur noch auf den richtigen Zeitpunkt für den Absprung aus München wartete, improvisierte Konzerte in irgendwelchen Sälen, die gerade frei waren.[75] Im Juli 1944, nachdem Strauss' Oper *Die Liebe der Danae* von Krauss' Ensemble für die Uraufführung bei den Salzburger Festspielen geprobt worden war, verbot Goebbels das Ereignis. An diesem Punkt begann der verdrossene Krauss seine Unterschrift unter die Verlängerung seines Münchner Vertrags hinauszuzögern, obwohl er nun 80 000 RM jährlich erhalten sollte, doppelt so viel wie bei seinem Amtsantritt Anfang 1937. Hitler, zum Wiederaufbau der Bayerischen Staatsoper entschlossen, hoffte ihn so in sein kulturelles Wiederaufbauprogramm bis zum Sommer 1949 einzubinden.[76]

Krauss wußte im September 1944, daß seine Karriere an einem Endpunkt angelangt war, als er sich nach seinem Versuch, den größten Teil seines Personals vor der Rekrutierung für den Kriegsdienst zu bewahren, gezwungen sah, Hitler zu schreiben: »Was meine Person selbst betrifft, so stehe ich der Tatsache gegenüber, daß für mich in nächster Zeit in München die Möglichkeit einer künstlerischen Betätigung nicht gegeben ist. Auch dieses Ihnen mitzuteilen, halte ich für meine Pflicht.«[77] Doch zu diesem Zeitpunkt, als alliierte Truppen sich anschickten, den Rhein zu überqueren, hatte sich Hitler mit ernsteren Problemen zu befassen, als seine schimärischen kulturellen Pläne weiterzuverfolgen oder seinen schwankenden Diener zur Ordnung zu rufen. Am Rande der totalen Zerstörung beklagte Strauss die Bombardierung »meines lieben alten ›Hoftheaters‹, in dem … zuletzt die Freude meines Alters, die vorbildlichen Aufführungen meiner Werke unter Clemens Krauss für mich wenigstens auf immer in Schutt und Asche gesunken sind.« (Strauss sprach über die Zerstörung von nicht weniger als achtundzwanzig neuen Produktionen.) Da half auch nichts, daß Martin Bormann als Echo des sprunghaften Hitler kurz und bündig verkündete, daß »das Staatsopernorchester auf seiner künstlerischen Höhe erhalten wird«. Wozu er quasi als Fußnote erneut betonte, »daß der Führer Herrn Clemens Krauss außerordentlich schätzt«.[78]

War – in der Rückschau – Krauss wirklich ein Nazi? Von einem strikt formalen Standpunkt aus kann mit Sicherheit gesagt werden, daß er keiner war. Sicher gab es frühe

Geschichten, daß er und seine Frau in Wien Nazi-Ansichten gehegt hätten und daß er sich regionalen NS-Führern wie Alfred Eduard Frauenfeld angeschlossen habe.[79] Im April 1933 berichtete ein Wiener, der zum harten Kern der Nazis gehörte, daß Krauss sich um die Parteimitgliedschaft beworben habe, aber als offensichtlicher Opportunist abgelehnt worden sei, doch dies mag nicht mehr als ein Gerücht gewesen sein.[80] Krauss dürfte jedoch eine taktische Allianz mit bestimmten österreichischen Nazis geschlossen haben – als eine Art Opposition gegen Vertreter des autoritären österreichischen Regimes, die seine Entwicklung behinderten; vor dem Anschluß wurde eine solche Allianz als eine der effektivsten Methoden erachtet, sich dem Dollfuß-Schuschnigg-Regime zu widersetzen.[81]

Es gibt nicht den geringsten eindeutigen Beweis, daß Krauss – vor und nach 1935 – nominell, geschweige denn aus Überzeugung Nazi war. Im Gegenteil, drei Zeitzeugen, die Krauss als verhältnismäßig junge Männer gut kannten, haben die Meinung vertreten, daß er gegenüber der NS-Ideologie gleichgültig war und sich der Parteimitgliedschaft entzog. Einer ist ein österreichischer Landsmann, der Komponist Gottfried von Einem, der ihn gegen Kriegsende in Abständen sah und beharrlich behauptete: »Clemens Krauss war kein Nazi.« Ein zweiter ist der Baßbariton Hans Hotter, selbst über jeden Zweifel erhaben, der ihn beruflich in der Münchner Ära gut kannte und dieselbe Meinung vertritt. Der dritte ist Erich Maschat, Krauss' künstlerischer Betriebsdirektor in München, der behauptet, daß sein Prinzipal völlig über allem stand, was mit dem Nationalsozialismus zu tun hatte, die Parteimitgliedschaft für sich ablehnte und Parteiinteressen im Umgang mit anderen Künstlern nicht die geringste Beachtung schenkte.[82] Urteile aus Parteikreisen über Krauss auf dem Höhepunkt des Krieges waren stets negativ oder bestenfalls neutral; es findet sich darin auch nichts über ein mögliches Engagement für die Nazis in der Wiener Zeit. Alfred Rosenbergs Dienststelle »für die Überwachung der gesamten geistigen und weltanschaulichen Schulung und Erziehung der NSDAP« kritisierte zum Beispiel, daß sich bei dem Dirigenten »weltanschauliche Unzuverlässigkeiten an immer neuen Beispielen feststellen« ließen.[83] Es kann nicht überraschen, daß der Kosmopolit Krauss sich in der Gesellschaft großer NS-Tiere unbehaglich fühlte und sich ihren Einladungen entzog; sein elitäres Sozialbewußtsein und sein ausgesuchter Geschmack waren den kleinkarierten Gauleitern und anderen Nazi-Größen verhaßt, die sich bei ihren wüsten Festen sinnlos zu besaufen pflegten.[84]

Doch für einen Künstler im Dritten Reich, auch für den besten, beruhte sein politischer Ruf nicht nur auf der Parteimitgliedschaft und geistiger oder physischer Nähe zu den Regimeführern. Wie Knappertsbusch kompromittierte Krauss sein Künstlertum im Dritten Reich zumindest teilweise, allerdings auf subtilere Weise als sein gröber geschnitzter Vorgänger. Vor sich das Ziel grenzenlosen künstlerischen Einflusses im Reich, jedenfalls was die Oper betraf, brachte er der faschistischen Politik sowohl moralische wie ästhetische Opfer dar. Die ästhetischen Kompromisse waren nicht gravierend, aber dennoch bezeichnend. Der Dirigent, der die Uraufführung von Ernst Kreneks neuer atonaler Oper *Karl V.* geplant und Wien aus Protest verlassen hatte, als sich die österreichischen Kulturbehörden querlegten, galt im Dritten Reich sehr bald als Befürworter des älteren traditionelleren Opernstils. Natürlich können Krauss' Entscheidungen rein taktischer Natur gewesen sein, ein Mittel, um sich besser zu tarnen. Einige Monate nach seiner Ankunft in München erklärte er, daß seine erste Priorität die Neuinszenierung klassischer Werke sei und daß die zur Verfügung stehenden Mittel »sonst möglichst nur für die

Aufführung ganz besonders hervorstechender neuerer Werke« verwendet würden. Einst der Verfechter Alban Bergs, prangerte Krauss nun die »Irrwege des Atonalen« an und betonte seine ablehnende Haltung gegenüber dem »fruchtlosen musikalischen Experimentieren der Neutöner«.[85] Solche Worte nützten ihm, waren aber ebenso Wasser auf die Mühlen der reaktionären Nazis.

Im Oktober 1941 beklagte sich Werner Egk, selbst ein gemäßigter Moderner, der gerade zum Leiter der Komponisten-Sektion in der RMK ernannt worden war, bei seinem Chef Joseph Goebbels (dem Verfechter einer strikt deutschen Form der Modernität), daß Krauss seit Beginn seiner Amtszeit in München die Werke dreier älterer zeitgenössischen Komponisten aufgeführt habe, aber nur einen der jüngeren Generation. Die drei älteren waren Strauss, Pfitzner und Ermanno Wolf-Ferrari; es ist unklar, wen Egk mit dem jüngeren meinte, denn tatsächlich hatte Krauss die Werke von mindestens drei jungen Komponisten aufgeführt – neben Norbert Schultzes *Schwarzer Peter* und Carl Orffs *Mond* im März 1937 auch Egks *Zaubergeige*. Dennoch gab Egk deutlich zu verstehen, daß es Krauss an Engagement gegenüber jüngeren moderneren Komponisten fehle.[86]

Am Beispiel von Orffs Oper kann demonstriert werden, daß Egk mit seiner Beschwerde nicht weit danebenlag. Obwohl ein NS-Handbuch seine Leser etwas schmeichelhaft darüber in Kenntnis setzte, daß Krauss' Uraufführung der Märchenoper am 5. Februar 1939 »das eigentlich Fortschrittliche« in Krauss' Repertoire begründet habe, hielt Orff, der sein Werk ebenfalls als modern betrachtete, Krauss' Produktion für einen Mißerfolg, was weniger an einem Mangel an Verständnis für die Art des Werkes gelegen habe, sondern vielmehr Krauss' Widerwillen zuzuschreiben sei, sich mit der Ästhetik der Modernen zu identifizieren. Ende

1942, als Orffs für die Zeit progressives Werk *Carmina Burana* bereits viele erfolgreiche Vorstellungen in Deutschland erlebt hatte, war Krauss denn auch strikt gegen eine Aufführung bei den Salzburger Festspielen.[87]

Krauss' politische Hauptsünde war, daß er bewußt die Vorliebe des Führers für seine Kunst in einem Maß ausbeutete, mit dem er sich den Rest der Nazi-Hierarchie entfremdete; das jedoch läßt sich keineswegs als eine Form von moralischem Widerstand bewerten. Um Hitlers Freigebigkeit willen war Krauss bereit, sich mit allen anderen Feinden anzulegen, selbst mit den führenden Nationalsozialisten. Während seine zwei Jahre in Berlin zwar unerfreulich, aber doch erträglich gewesen waren, brachen gegen 1937 Kontroversen um Krauss aus. Der Dirigent begab sich in Teufels Küche, als er sich in seinem Brief an Hitler im April 1938 zur »einheitlichen Leitung zweier großer Opernhäuser« in Wien und München bereit erklärte, die beide »die führenden Städte des nunmehr vereinigten südlichen Kulturkreises des Reiches« seien.[88] Angesehene Kollegen wie Hans Pfitzner begannen zu erkennen, was er im Schilde führte, und ließen sich keine Gelegenheit entgehen, um den Österreicher scharf zu kritisieren, was zu weiterer Negativwerbung zu einem Zeitpunkt führte, zu dem er sie am wenigsten brauchen konnte.[89]

Krauss' rücksichtloser Gebrauch seines direkten Drahts zu Hitler verärgerte erst den Münchner Gauleiter Wagner und dann Goebbels, der als Präsident der Reichskulturkammer immerhin sein Vorgesetzter war. 1943 strebte Krauss nicht weniger als eine Generalvollmacht an, ähnlich der Position Görings gegenüber seinen Preußischen Staatstheatern, was im Fall München die Machtbefugnisse von Goebbels, Drewes und Raabe überstiegen hätte.[90] Doch obwohl die wachsende Animosität zwischen dem Dirigenten und Hitlers unmittelbaren Vasallen sich nicht zu einem Akt politischer Herausforderung seitens Krauss' auswuchs, führte sie doch dazu, sein Selbstverständnis als der allmächtige kulturelle Makler im Land zu stärken, und das war – mit allen möglichen Konsequenzen des Mißbrauchs bis zur persönlichen Bereicherung – ein gefährliches Zeichen der Verantwortungslosigkeit in einer diktatorischen Umwelt. (Die Bereicherung war nebenbei bemerkt bei Krauss selbst, der immer gutsituiert war, weit weniger offensichtlich als im Fall seiner Frau, für die er jeden möglichen vertraglichen Vorteil forderte, wann immer sich dafür Gelegenheit bot.)[91]

Gewiß gab Krauss spätestens in den letzten Jahren des Dritten Reichs, während er sich in formaler Hinsicht sein hohes Niveau musikalischer Professionalität bewahrte, dem Nationalsozialismus ebensoviel, wie er davon profitierte – vielleicht in etwas unauffälligerer Art als sein weniger tüchtiger Vorgänger Knappertsbusch, aber dennoch in moralischer und politischer Hinsicht ebenso unehrenhaft. Er gab Konzerte für Robert Leys »Kraft durch Freude«-Organisation und den Gauleiter von Salzburg.[92] Im Frühjahr 1940 war er in Drewes' Dienststelle im Promi für die Kontrolle und Überarbeitung anstößiger Musik hinzugezogen worden, wobei neben anderen Aufgaben ältere Texte durch die Änderung der geographischen und politischen Schauplätze »arisiert« wurden. Bereits im Juni machte Goebbels selbst vollen Gebrauch von seinen Fähigkeiten.[93] Ebenfalls 1940 dirigierte Krauss ein Konzert für die Waffen-SS und ging wiederholt nach Krakau, um Hans Frank zu unterhalten, den Schlächter von Polen und Juden und Liebhaber deutscher Kultur.[94] 1942 gastierte Krauss mit den Berliner Philharmonikern einige Wochen im faschistischen Spanien und Portugal und im Vichy-Frankreich, doch in Marseille und Lyon wurde gegen ihn opponiert – offenbar von Mitgliedern der Résistance. Rief das sein Gewissen wach?[95]

Krauss dirigierte Rundfunkprogramme zu Ehren des Geburtstags seines Schirmherrn Hitler und erwies sogar dem
Münchner Gauleiter Adolf Wagner, einem Mann, den er
im übrigen verachtet hatte, bei dessen Tod im April 1944
musikalisch die letzte Ehre.[96] Also beendete er – Knappertsbusch nicht unähnlich – seine Karriere im Dritten Reich im
Mai 1945 zwar ohne Einbuße seiner beruflichen Fähigkeiten, aber nach so langer Zeit in Hitlers politischer Einflußsphäre mit einem unauslöschlichen Makel auf seinem
künstlerischen Ethos.

Politische Loyalität und Karriere

Als die Nationalsozialisten in Deutschland an die Macht
kamen, genossen sowohl Knappertsbusch als auch Krauss
einen internationalen Ruf, den sie sich Jahre zuvor geschaffen hatten. Obwohl sie aus unterschiedlichen Gründen
und mit wechselndem Erfolg Arbeitsbündnisse mit Hitlers
Regime eingingen, waren sie nicht von irgendwelchen
formalen Bindungen an den NS-Staat abhängig, um sich
ihre berufliche Zukunft zu sichern. Bezeichnenderweise
war keiner von beiden Mitglied der Partei oder einer der
ihr angeschlossenen Organisationen.

Doch es gab zwei andere Gruppen von Musikern im
Dritten Reich, die sich eine solche relative Unabhängigkeit
nicht leisten konnten und – oft in vertraglicher Form – eine
Verbindung mit dem Regime suchen mußten, um in ihrer
Karriere weiterzukommen oder sie aufrechtzuerhalten. Die
erste Gruppe bestand aus jüngeren Musikern, deren Talent
dem der beiden Dirigenten vielleicht vergleichbar war,
doch die an der untersten Sprosse der Karriereleiter standen und deshalb sozusagen eine Art politischer Versiche-

rung abschließen mußten, um an die Spitze zu gelangen. Zu dieser Gruppe gehörten Musiker wie der junge Dirigent Herbert von Karajan und die vielversprechende Koloratursopranistin Elisabeth Schwarzkopf. Eine zweite Gruppe umfaßte ältere Musiker, von denen einige ebenfalls internationales Ansehen genossen, die es jedoch mit der Bandbreite der Fähigkeiten eines Furtwängler, Knappertsbusch oder Krauss nicht aufnehmen konnten und Gefahr liefen, daß ihnen – wenn sie nicht auf der Hut waren – etwa auf Betreiben eines neidischen Kollegen politisch ein Bein gestellt wurde. Dabei fällt einem der Pianist Wilhelm Backhaus ein, den die Nazi-Virtuosin Elly Ney mit heftiger Eifersucht verfolgte.

Wir beginnen mit Herbert von Karajan. Seine Karriere im Dritten Reich wurde von drei Schwerpunkten bestimmt, die bis zu einem gewissen Grad miteinander zusammenhängen: erstens die Entfaltung eines außerordentlichen musikalischen Talents; zweitens eine Reihe formeller politischer Verpflichtungen; und drittens eigentlich private, doch nach NS-Maßstäben politische Regelwidrigkeiten, die seinen beruflichen Fortschritt gefährden konnten.

Karajan wurde 1908 in Salzburg als Sohn eines begüterten Arztes von teilweise griechisch-mazedonischer Abstammung geboren, dessen Vorfahren im Dienst der sächsischen Könige geadelt worden waren. Am Klavier ein Wunderkind, studierte der junge Herbert Dirigieren. 1928 wurde er Chordirektor und – bis 1934 – Kapellmeister am Stadttheater in Ulm. Als er 1929 am Mozarteum in Salzburg Werke von Tschaikowsky und Richard Strauss dirigierte, rühmte die örtliche Presse seine »suggestive Kraft« und musikalische »Intuitivität«, die später die wesentlichen Merkmale seiner legendären Magie wurden. Karajans Opernrepertoire in Ulm war herkömmlich, nicht modern, geeignet für einen jungen Musiker, der hoffte, sich in der tonangebenden Musikwelt einen Namen zu machen. Er arbeitete extrem hart und brachte in etwas mehr als dreiunddreißig Monaten nicht weniger als 125 Einstudierungen heraus.

Trotzdem lief sein Vertrag 1934 ab. Als er sich in Berlin nach neuen Möglichkeiten umschaute, begegnete er dem neuen Aachener Intendanten, der einen Operndirigenten für die kleine Grenzstadt suchte, die – wiewohl in vieler Hinsicht provinziell – für ihre bewährte musikalische Tradition berühmt war. Nach einem komplizierten Probedirigieren und einjähriger Probezeit wurde Karajan im April 1935 fester Dirigent am Stadttheater Aachen. Mit siebenundzwanzig Jahren war er nun der jüngste Generalmusikdirektor in Deutschland. Einige Monate später übernahm er, als Peter Raabe von seinem Posten zurücktrat und anschließend als Strauss' Nachfolger in die RMK in Berlin berufen wurde, auch das Aachener Symphonieorchester.

In den nächsten Jahren machte Karajan seine Sache in Aachen so gut, daß Generalintendant Heinz Tietjen in Berlin auf ihn aufmerksam wurde. Nach einigen verwickelten Überlegungen und mehreren äußerst erfolgreichen Auftritten als Gastdirigent wurde der Österreicher im April 1939 als Kapellmeister an der Berliner Staatsoper angestellt, die Clemens Krauss mehr als zwei Jahre vorher verlassen hatte. Er behielt seine Position in Aachen noch eine Zeitlang bei und pendelte hin und her, bis er sie 1941 schließlich aufgab, um sich ausschließlich seinen anspruchsvollen Aufgaben in der Reichshauptstadt zu widmen.[97]

Ohne Frage wurde Karajan zwischen 1939 und 1945 der interessanteste und zugkräftigste Name einer ganzen Generation junger Dirigenten im Reich, zu denen Eugen Jochum, Hans Rosbaud und Karl Böhm zählten. Sein Erfolg beruhte nicht nur auf seiner persönlichen Anziehungskraft, sondern auch auf seinem Dirigierstil und allmählich auch auf sei-

nem Interesse an zeitgenössischeren Werken. Er war dafür
berühmt, daß er Partituren sehr schnell auswendig lernen
konnte und deshalb immer aus dem Gedächtnis dirigierte.
Das verblüffte das Publikum und unterstrich – verdientermaßen oder nicht – seinen Ruf, ein Genie zu sein.[98] Was
sein Interesse an zeitgenössischer Musik betraf, war er für
seine frische Interpretation der Werke von Strauss bekannt
und die Verve, mit der er kühner angelegte moderne Kompositionen wie die von Orff anging. Tietjen fühlte sich an
den jungen Hans von Bülow erinnert, als er Karajan im
Frühjahr 1940 Strauss' *Elektra* dirigieren sah. Nach einer
Aufführung von Strauss' *Also sprach Zarathustra* im Oktober desselben Jahres berichtete Tietjen dem Meister, der
junge Dirigent habe dem Werk eine so grandiose Deutung
gegeben, »daß das Publikum vor Begeisterung tobte«. Entzückt von dieser guten Nachricht, stand Strauss nicht an,
vom »vortrefflichen Karajan« zu sprechen.[99]

Anfang 1941 dirigierte Karajan eine aufsehenerregende
konzertante Aufführung von Orffs *Carmina Burana*, die –
1937 in Frankfurt uraufgeführt – durch Böhms Dresdener
Premiere im Oktober 1940 ihren nationalen Durchbruch
erlebt hatten. Im Dezember 1941 dirigierte Karajan eine sze-
nische Aufführung in der Krolloper, dem Ausweichquartier
der Berliner Staatsoper. Werner Oehlmann, einer der
glaubwürdigeren Kritiker, die noch tätig waren, schrieb in
Das Reich, daß bei einem Werk von so »primitiven Energien« Karajans Sorge »neben der gebändigten Dynamik«
vor allem »den Zartheiten der Partitur« gegolten habe. Der
Komponist selbst war noch mehr beeindruckt. »Das Orchester unter Karajan klingt phantastisch«, schwärmte Orff aus
München, nachdem er den überwältigenden Erfolg seines
Werks konstatiert hatte.[100]

Doch gab es in Karajans Vita noch ein dunkleres, politisch
bestimmtes Thema. Um den anrüchigsten Aspekt vorweg-

zunehmen: Lange nach dem Krieg, als Karajan mit den unanfechtbaren Beweisen konfrontiert wurde, daß er der Partei zweimal beigetreten sei – am 8. April 1933 in Salzburg, als er bereits eine Stellung im Dritten Reich innehatte, und drei Wochen später in Ulm –, tat er sie als Lügen und Fälschungen ab. Er gab lediglich zu, daß er der NSDAP in Aachen beigetreten sei, weil die örtlichen Behörden das zur Bedingung für seine feste Anstellung gemacht hätten.[101] Hier tischte er abermals seine Geschichte auf, mit der er im März 1946 bei den österreichischen Behörden durchgekommen war.[102] Wahr daran ist lediglich, daß Karajans Ulmer Parteimitgliedschaft auch für die Zwecke der Aachener NSDAP als gültig anerkannt wurde und seine Reichsmitgliedschaft (wie später in Berlin) unter derselben Parteinummer registriert wurde.[103]

Ein Schlüssel zu Karajans politischem Opportunismus lag zweifellos in seiner Persönlichkeit. Er war ein von Ehrgeiz besessener Mensch, der in allem, was er tat, der Erste sein mußte. In dieser Hinsicht erinnert er an einen anderen berüchtigten NS-Karrieristen, den SS-General Reinhard Heydrich, einen vorzüglichen Geiger, Meisterfechter, Flugzeugpiloten und vollendeten Schürzenjäger. In Karajans Fall begann die Liste seiner Fähigkeiten mit dem Dirigieren, umfaßte jedoch später auch seine Leistungen als Geschäftsmann (er vermarktete sich schließlich multimedial selbst und war ein Pionier auf dem Gebiet der Compact disc), als Skifahrer, Flugzeugpilot und Liebhaber schneller Autos.[104] Nach zeitgenössischen musikalischen Begriffen manifestierte sich sein Ehrgeiz sichtbar als perfektes Pendant zum Nazi-Ideal – Vitalismus im Mantel des Dämonischen –, exakt der mephistophelische Zug, der Karajans Image als Dirigent charakterisierte.[105]

Karajans beträchtlicher Hang zu Opportunismus führte nach dem Krieg sogar zu dem Verdacht, daß er so weit gegangen sei, sich zur Beschleunigung seiner Ziele mit Heydrichs Sicherheitsdienst der SS einzulassen.[106] Doch wenn der Dirigent auch Rudolf Vedder als Agent hatte, SS-Mitglied und Vertreter vieler hochrangiger Künstler im Reich, gab es keine weiteren Kontakte zur SS. Seine angebliche Kollaboration wurde nach dem Krieg von den alliierten Entnazifizierungsbehörden nicht nur niemals bewiesen, sondern wird heute im Licht von Karajans musikalischen Aktivitäten für ziemlich unwahrscheinlich erachtet.[107]

Angesichts der vorhandenen Beweise ist es sinnvoll, die Umstände von Karajans doppeltem Parteibeitritt im April und Mai 1933 und seinen Wechsel nach Aachen näher ins Auge zu fassen. Es wurde festgestellt, daß Karajan in Salzburg an jenem 8. April 1933 in die NSDAP eintrat, als jenseits der Grenze Juden in öffentlichen Positionen einschließlich der städtischen Orchester über ihre bevorstehende Entlassung durch das Deutsche Reich in Kenntnis gesetzt wurden. Karajan muß wie viele seiner »arischen« Kollegen gewußt haben, daß sich seine Chancen auf künftigen beruflichen Erfolg verdoppeln konnten, falls er als echtes Parteimitglied direkt von den Folgen dieser Verordnung profitieren könnte. In der Tat war ihm selbst Anfang 1933 in Ulm gekündigt worden, eine Maßnahme, die vorübergehend ausgesetzt wurde und ein Jahr später in Kraft trat. Zur selben Zeit waren gleichwohl seine Konzerte in Ulm von der Nazi-Presse gut aufgenommen worden. Auf jeden Fall war die Sache so: Nachdem er der Partei erst in seiner Vaterstadt Salzburg beigetreten war, die österreichische NSDAP jedoch mit einem Verbot durch das autoritäre Dollfuß-Regime zu rechnen hatte (das schließlich Mitte Juni erlassen wurde), wiederholte Karajan die Prozedur wenige Wochen später an seiner Arbeitsstätte Ulm. Dort hatte er einen jüdischen Kollegen namens Otto Schulmann, der zugleich ein potentieller Rivale war. Schulmann wurde bald entlassen und emigrierte nach Amerika. Doch sowohl Karajan wie Schulmann behaupteten später, sie seien die besten Freunde gewesen, und Schulmanns jüdische Herkunft und Karajans Parteimitgliedschaft hätten ihre Beziehung nie getrübt. Dennoch liegt der Verdacht nahe, daß der inzwischen zum Multimillionär gewordene Karajan Schulmann abgefunden hat, um ihn für immer zum Schweigen über die damaligen Umstände zu bewegen.[108]

Karajans Parteimitgliedschaft dürfte ihm gut zustatten gekommen sein, als er von Ulm via Berlin nach Aachen ging. Edgar Gross, der neue Intendant, der Karajan in Berlin genau beobachtet hatte, war wie der Aachener Stadtrat und Kulturwart Albert Hoff bei der Partei. Diese Männer gaben schließlich den Ausschlag, als die Entscheidung zugunsten des ehrgeizigen Österreichers fiel.[109]

Karajans späterer Wechsel von Aachen nach Berlin muß ebenfalls innerhalb eines politischen Rahmens bewertet werden, wiewohl nicht aus der engen Sicht der Parteizugehörigkeit (es trifft zu, daß Karajan nie mit seiner Mitgliedschaft protzte und auch kein Parteiabzeichen trug).[110] In diesen Jahren profitierte Karajan fast ohne sein Zutun von der politischen Rivalität zwischen Goebbels und Göring, die sich in diesem Fall in fortwährenden Reibereien zwischen Goebbels' (und Hitlers) Favoriten Wilhelm Furtwängler und Görings Vertrautem Heinz Tietjen äußerte. Nachdem Furtwängler seine Spitzenposition an der Berliner Staatsoper Ende 1934 aufgegeben hatte (obwohl er bald als Gastdirigent zurückkehrte und die Leitung der Konzerte der Berliner Philharmoniker übernahm) und Tietjen zwei Jahre später Clemens Krauss verlor, hielt der Generalintendant nach einem Ersatz an der Lindenoper Ausschau. Mit Görings Unterstützung führte das schließlich dazu, daß Karajan in der Reichshauptstadt häufiger als Gastdirigent auftrat und von der regimetreuen Presse enthusiastisch gefeiert wurde. (Angeblich soll auch der Sänger Rudolf Bockelmann, einer von Görings Vasallen, bei Karajans Ruf nach Berlin seine Hand im Spiel gehabt haben.[111]) Doch was schließlich Karajans Verpflichtung als Kapellmeister an der Berliner Staatsoper entschied, war eine sensationelle Kritik mit der Überschrift »Das Wunder Karajan« von Edwin von der Nüll, einem von Berlins einfühlsameren Kritikern, die 1938 in der *Berliner Zeitung* erschien. Sie bescheinigte Karajan nach einem Dirigat von *Tristan und Isolde*, daß von ihm auch fünfzigjährige Dirigenten lernen könnten – ein massiver Affront gegen Furtwängler. Es gibt zwingende Anzeichen, daß dieser Artikel auf Drängen von Göring geschrieben und von seinen Lakaien in dieser weitverbreiteten Berliner Tageszeitung veröffentlicht wurde – und zwar zum ausdrücklichen Zweck, den politisch neutralen Furtwängler bloßzustellen. Das viel jüngere Parteimitglied Karajan aufzuwerten, war dabei ein Nebeneffekt.[112]

Ironischerweise konnten offenbar nicht einmal im Dritten Reich mit all seinen Versäumnissen, Kompromissen und Widersprüchen zwei derartige Genies wie Furtwängler und Karajan nebeneinander bestehen. Doch es ist ein Faktum, daß in Metropolen wie Berlin (oder, wie wir gesehen haben, München) Kunst im Interesse des faschistischen Regimes so politisiert war, daß ein natürlicher Wettbewerb, der sonst der allgemeinen Kreativität förderlich ist, darunter litt. Persönliche Rivalität und kleinkarierte Politik hatten bereits die Beziehung zwischen Tietjen und Krauss vergiftet (ganz zu schweigen von dem Verhältnis zwischen Furtwängler und Krauss, den Karajan bewunderte)[113]. Und nun kamen diese Spannungen noch einmal aufs Tapet, nicht unbedingt zum Nutzen der oftmals verwirrten Musikkenner. Während Furtwängler und Karajan weiterhin Beleidigungen austauschten und musikalisch die Bastionen des anderen angriffen – mit Billigung und sicher zum Vergnügen ihrer jeweiligen Herren[14] –, wußte das Publikum nicht, wessen Partei es ergreifen und ob es sich überhaupt auf eine Seite schlagen sollte. »Später ging ich in die Oper, um Karajan zu hören«, schrieb die im Exil lebende russische Prinzessin Marie Wassiltschikoff im Dezember 1940 in ihr Tagebuch. »Er ist sehr in Mode, und manche Leute neigen dazu, ihn über Furtwängler zu stellen, was Unsinn ist. Er besitzt zweifellos Genie und viel Feuer, ist allerdings nicht wenig eingebildet.«[15] Um 1942 brachen für Karajan harte Zeiten an, als es Furtwängler gelang, seine Position in Berlin zu stärken – nicht nur, weil ihm sein traditioneller Schirmherr Goebbels starke Sympathie entgegenbrachte, sondern auch, weil Tietjen, der Meister der Intrige (der in dieser Hinsicht sogar den mephistophelischen Karajan ausstach), sich – neidisch auf den Erfolg des Österreichers – schlau beim Propagandaminister einschmeichelte. »Furtwängler sah Karajan geradezu als Satan und nahm jede Gelegenheit wahr, sich gegen ihn zu äußern«, erinnert sich ein Theatermann.[16] Auf jeden Fall war deutlich, daß Furtwängler noch einmal die Zahl seiner unregelmäßig stattfindenden Gastabende an der Berliner Staatsoper erhöhte, während Karajan aus dem Blick der Öffentlichkeit geriet.[17]

In seiner berechnenden Art diente Karajan dem NS-System nicht anders als Knappertsbusch oder Krauss, ob es sich um Dirigate bei Parteifeiern handelte, um Gastspiele im besetzten Paris oder ein Konzert zu Hitlers Geburtstag.[18] Doch neben den Tücken von Kollegen wie Furtwängler und Tietjen war seine Karriere auch anderen Risiken ausgesetzt, obwohl es zu weit ginge, das auf rein politische Gründe zurückzuführen. Karajan wurde einmal mit einem musikalischen Problem konfrontiert, das seine Beziehung zu Hitler und Goebbels noch mehr komplizierte, die seinem Rivalen Furtwängler ohnehin den Vorzug gaben. Trotz seiner eigenen Schwierigkeiten mit dem Regime hatte Furtwängler aufgrund seines direkten Zugangs zum Propagandaminister und zum Führer, die ihn beide besonders gerne im Konzert hörten, immer die Oberhand.[19] 1940 dirigierte Karajan in Berlin *Die Meistersinger*, in denen Bockelmann den Hans Sachs sang. Wie gewöhnlich dirigierte Karajan ohne Partitur. Unglücklicherweise schmiß Bockelmann einen Einsatz, offensichtlich, weil er betrunken war. Geschickt rettete Karajan den Abend durch energisches Einschreiten, aber der Schmiß war auffällig genug gewesen. Das war ein Mißgeschick, das jedem Dirigenten ohne ernste Konsequenzen widerfahren kann, doch an jenem Abend saß Hitler zufällig in seiner »Führerloge«. Er war wütend. In Karajans eigenen Worten: »Jemand hat dem Hitler zugeflüstert, das komme davon, weil der Karajan auswendig dirigieren müsse! Da hat dann, ich glaube, der Minister Goebbels gesagt, man solle mir bestellen, daß ich von jetzt an mit einer Partitur dirigiere. Dann lag das nächste Mal eine Partitur da. Ich hab sie umgedreht und weiterdirigiert.« Im Kreis seiner Entourage hielt sich Hitler mit seiner Kritik nicht zurück, und das scheint dazu beigetragen zu haben, daß letztendlich Karajans Versuch scheiterte, Ende 1942 Nachfolger von Karl Böhm in Dresden zu werden. Hier wurde er von Karl Elmendorff ausmanövriert, einem der ständigen Dirigenten in Bayreuth, Staatskapellmeister an der Berliner Staatsoper und Generalmusikdirektor in Wiesbaden, der siebzehn Jahre älter war und mit Hilfe seiner Bekannten Gerdy Troost, der Witwe von Hitlers Architekt Paul Ludwig Troost und ihrerseits eine enge Freundin Hitlers, darauf hingearbeitet hatte, die Position zu bekommen.[20]

Karajans Stern sank noch weiter, als er im Oktober 1942 nach der Scheidung von seiner ersten Frau, einer Operettensängerin in Aachen, die reiche Textilerbin Anita Gütermann heiratete, die allerdings einen jüdischen Großvater hatte und deshalb nach den Nürnberger Rassengesetzen von 1935 ein »Mischling zweiten Grades« war. Karajans Behauptung nach dem Krieg, daß er wegen dieser anstößigen Heirat vor ein Parteigericht zitiert worden sei, worauf er auf seine Parteimitgliedschaft verzichtet habe, ist mit aller Sicherheit falsch. Seine Parteipapiere in den Archiven sind vollständig, und es gibt keinen Vermerk über einen Austritt, einen Schritt, der jeden bei dem bloßen Versuch in größte Gefahr gebracht hätte und deshalb während des gesamten Dritten Reichs und zumal im Krieg äußerst selten war. Die Entnazifizierungsbehörden glaubten ihm jedoch, und einmal mehr half Karajan seine opportunistische Tour, den Boden für seine spektakuläre Karriere nach dem Zweiten Weltkrieg vorzubereiten.[121]

Eine, die seinen baldigen Siegeszug häufig begleitete, war die sieben Jahre jüngere Koloratursopranistin Elisabeth Schwarzkopf. Sie wurde in Jarotschin bei Posen (Poznan) als Tochter eines sozialdemokratischen Gymnasiallehrers geboren, der als Gegner der Nazis galt. 1953 heiratete sie den englischen Plattenproduzenten Walter Legge, wurde britische Staatsbürgerin und ließ sich schließlich an der Peripherie von Zürich nieder. Laut ihrem offiziellen Briefkopf firmiert sie nun als »Kammersängerin Prof. Dr. Elisabeth Legge-Schwarzkopf, Dame of the Britisch Empire«.[122]

Anläßlich ihres achtzigsten Geburtstags im Dezember 1995 konnte beobachtet werden, daß sie noch immer von »dunklen Geschichten« verfolgt wurde, »die geklärt und, wenn sie sich als unwahr erwiesen, endlich ad acta gelegt werden sollten«. Wie Karajan wollte auch sie nach dem Krieg alle Nazi-Beziehungen vertuschen, die sie während des Dritten Reichs unterhalten hatte. Deshalb spielte sie alle unterstellten NS-Verbindungen herunter und präsentierte sich praktisch als unschuldige Gefangene des Regimes.[123] Als ich sie 1992 bat, mir bei der Klärung dieses

Teils ihrer Biographie zu helfen, ließ sie mich erst zwei Jahre warten und erklärte dann plötzlich, daß sie keine Zeit habe, über mein Ersuchen nachzudenken, da ihr Leben so rasch verfließe und so viele andere Angelegenheiten wie die Meisterklassen für junge Sänger sie voll in Beschlag nähmen. Später deutete ihr Anwalt an, daß sie eventuell zu einer Zusammenarbeit bereit sei; doch nachdem ich ihm, wie gebeten, eine Liste mit Fragen geschickt hatte, hörte ich von beiden nichts mehr.[24]

Schwarzkopfs Credo war und ist: »Ich habe nichts klarzustellen. Ich bin nicht verantwortlich – in keiner Hinsicht.« Bereits Anfang 1983 leugnete Schwarzkopf wiederholt gegenüber Journalisten der *New York Times*, daß sie jemals der Partei beigetreten sei; erst als die Reporter aufgrund von Beweisen, die ihnen vorlagen, darauf beharrten, gab sie es zu. Doch war ihre Erklärung, »daß jeder am Deutschen Opernhaus in die Partei eintreten« mußte, offenkundig falsch.[25] Der Parteibeitritt war keine Routinesache; wie Karajan sorgte Schwarzkopf mit diesem Schritt früh in ihrem Leben dafür, daß zu einem Zeitpunkt, an dem sie bereits als eine vielversprechende junge Sängerin in der deutschen Musikwelt aufgefallen war, dieser Erfolg sich auch fortsetzte. Bereits 1935 war sie mit zwei Kommilitoninnen von ihrem Lehrer Vollerthun an der Berliner Hochschule für Musik als exzeptionelle Studentin ausgewählt worden, und drei Jahre später qualifizierte sie sich bei einer staatlichen Prüfung der Reichstheaterkammer (RTK) auf dem Gebiet des Operngesangs »mit Auszeichnung«.[26] Trotz ihrer offensichtlichen Begabung wollte Schwarzkopf sich politisch absichern; 1935 schloß sie sich an der Berliner Hochschule eine Zeitlang dem Nationalsozialistischen Deutschen Studentenbund an und wurde Führerin im weiblichen Flügel, eine Position von außerordentlichem Einfluß auf die nationale Studentenschaft.[27]

Nachdem sie den Behörden ihren makellos »arischen« Stammbaum vorgelegt hatte (was eine Routineangelegenheit war), verschaffte sich Schwarzkopf im Mai 1938 ihren ersten Vertrag als »Sängerin (Anfängerin)« unter dem Intendanten Wilhelm Rode an Goebbels' Deutschem Opernhaus in Berlin zu dem bescheidenen Gehalt von 2400 Mark jährlich.[128] Rode interessierte sich sofort für den künstlerischen Fortschritt der jungen Sopranistin, die dann auch privaten Unterricht bei Maria Ivogün nahm, einer berühmten Koloratursopranistin im Ruhestand.[129] Bereits im April 1939 begann Schwarzkopf, kaum vierundzwanzig, ein kapriziöses Verhalten an den Tag zu legen. Das brachte bald ihrem Vorgesetzten Wilhelm Rode Probleme, der sich persönlich für ihre Leistungen am Opernhaus verantwortlich fühlte und die Früchte ihrer vorzüglichen Arbeit zu ernten hoffte. Ihre erste Übertretung war, daß sie zu spät zu einer Vorstellung von Eugen d'Alberts populärer Oper *Tiefland* kam und eine Strafe von 20 Mark bezahlen mußte. Einige Wochen später kam sie zu einer Dialogprobe der *Fledermaus* zu spät, weil sie angeblich nach Dreharbeiten in Babelsberg den ganzen Weg gelaufen war und sich die Füße hatte verbinden lassen müssen. Möglicherweise wurde diese bereits besonders fähige Sängerin durch Proben gelangweilt; sie erkundigte sich immer häufiger, ob sie bei der betreffenden Probe wirklich »benötigt« würde. Anfang Juni wurde ihr mitgeteilt, daß die Fortsetzung eines solchen Verhaltens zur fristlosen Entlassung führen könne, was ihre Karriere ernstlich behindern würde. Schwarzkopf änderte ihre Haltung jedoch nicht und trat in einer Vorstellung von *Tannhäuser* Ende Oktober als Hirtenknabe ohne Schuhe auf.[130]

Die rationale Begründung der Sängerin nach dem Krieg, daß diese Eskapaden ihre Art gewesen seien, sich dem Nationalsozialismus und besonders Goebbels zu widersetzen, entbehrt jeder Grundlage, und zwar aus drei Gründen. Erstens wäre es selbst von den Talentiertesten unter Deutschlands jungen und hoffnungsvollen Künstlern dumm gewesen, ihre Zukunft aus Mangel an Selbstdisziplin in Gefahr zu bringen, zumal in einer Diktatur. Zweitens schrieb Schwarzkopf unterwürfige Briefe an Rode, in denen sie Zerknirschung vorspiegelte. Drittens und am entscheidendsten: Das waren nicht Akte symbolischen Widerstands eines potentiellen Opfers des NS-Regimes, sondern Aktionen einer Frau, die in ihrer Hochschulzeit beim Nationalsozialistischen Deutschen Studentenbund eine führende Rolle innegehabt hatte und bereitwillig weitere Zeichen ihrer politischen Willfährigkeit zeigte, wie etwa ihren Eintritt in die Partei (1. März 1940) und in die Nationalsozialistische Volkswohlfahrt (NSV).[152]

Der wirkliche Grund für Schwarzkopfs Verhalten war, daß sie, um voranzukommen, immer wieder Neues im Schilde führen mußte. Ihre rebellische Ausgelassenheit ereignete sich am Deutschen Opernhaus, welches Goebbels unterstellt war, der die dort stattfindenden Produktionen selbst »etwas spießbürgerlich« fand.[153] Mit einigem Recht mag sie sich als ein, zwei Klassen besser als ihre dortigen Kolleginnen betrachtet haben, und ihre Kapriolen zielten offenbar darauf hin, ihre Arbeitsbedingungen zu verbessern oder in eine vielversprechendere Umgebung wie Görings Staatsoper versetzt zu werden. Ihre Demonstration unerschütterlicher politischer Loyalität war ebenfalls eine opportunistische Masche, denn es wäre für jeden schwierig gewesen, einer Sängerin im Weg zu stehen, die nicht nur auf dem Gebiet der Oper und bald auch des Liedgesangs neue Wege bahnte, sondern erwiesenermaßen gleichzeitig Nazi war. Schließlich wußte Schwarzkopf, daß sie hochgestellte Freunde hatte, die ihr helfen würden, der Einflußsphäre ungehobelter Männer wie Rode zu entschlüpfen, dessen Protektion sie lediglich ertragen hatte, um zum Zug zu kommen. Unter ihnen war Hans Erich Schrade, der Sekretär der RTK in Berlin. Ein anderer war der Pianist Michael Raucheisen, der Mann von Maria Ivogün, ein zuverlässiger Nazi und persönlicher Freund von Goebbels, der oft mit Schwarzkopf arbeitete. Ein dritter war Hans Hinkel, der mächtige Sekretär der übergreifenden Reichskulturkammer, dem sie sich – wie viele andere Künstler – anbiederte, indem sie in Wehrmachtskonzerten in sicherem Abstand von der Front auftrat.[154]

Während des Krieges verbesserte Schwarzkopf ständig ihre Arbeitsbedingungen und bekam Gehaltserhöhungen, bis sie 1942 so viele Gastengagements annahm, daß Rode ernstlich befürchtete, sie zu verlieren.[155] Ende 1942 beschloß Schwarzkopf, sich ganz von Berlin zu lösen und einen Vertrag mit Karl Böhm zu unterschreiben, der sich anschickte, die Wiener Staatsoper zu übernehmen. Künstlerisch hätte sie das auf den Zenit ihrer Karriere gebracht, doch nach zwei Gastspielen auf Engagement im Oktober und November 1942 war das Goebbels, der die Proteste der Funktionäre des Deutschen Opernhauses wohlwollend entgegennahm, zu bunt, und er pfiff Böhm und Schwarzkopf vorläufig zurück.[156]

Die Sängerin, von der Kritik bereits weithin gefeiert, zog sich Tuberkulose zu und war von Mai 1943 bis März 1944 zur Untätigkeit gezwungen, verabsäumte jedoch nach wie vor nicht, ihre Beziehungen zum Regime zu kultivieren.[157] Während einer »Musikwoche«, die aus politischen Gründen von den Besatzern Polens zusammen mit der von der SS geführten »Reichsuniversität Posen« im September 1942 veranstaltet wurde, sang Schwarzkopf unter der Leitung von Pfitzner in der Universität nicht weit von ihrem Geburtsort. Gauleiter Arthur Greiser, dessen Frau Konzertpianistin war und der 1946 von den Polen als Kriegsverbrecher hingerichtet wurde, sprach über die grandiosen Pläne für die nationalsozialistische Musikerziehung als Korrektur von zwanzig Jahren polnischer »Fremdherrschaft« auf ursprünglich deutschem Boden nach dem Ersten Weltkrieg. Schwarzkopf dankte Pfitzner später persönlich dafür, daß er sie eingeladen hatte, seine Kompositionen zu interpretieren.[158] Im Dezember 1942 nahm die Sopranistin abermals an Hinkels Unterhaltungsprogrammen für die Truppen teil und gab bei zwei verschiedenen Anlässen Soloabende für die Waffen-SS.[159] Als sie im April 1944 mit dem Blondchen als Antrittsrolle endlich als Ensemblemitglied an der Wiener Staatsoper auftreten konnte, fehlte es ihr nicht an Unterstützung. Laut Ernst Lothar, dem Theater- und Musik-Offizier in der amerikanischen Besatzungszone Österreichs im Jahr 1946, hatte sich zwischen ihr und dem theaterbegeisterten SS-Obergruppenführer Hugo Jury, dem Gauleiter von Niederösterreich, eine persönliche Freundschaft entwickelt.[140]

In den Fällen von Knappertsbusch, Krauss, Karajan und Schwarzkopf läßt sich eine Bilanz mit Aktiva und Passiva aufstellen. Wenn man diese Bereiche zusammen betrachtet, lassen sich viele Grautöne und keine Schwarzweißzeichnung erkennen, ein Muster, das für die Mehrheit der Musiker im Dritten Reich typisch gewesen zu sein scheint. In den Biographien zweier anderer aus Österreich gebürtiger Künstler finden wir ebenfalls widersprüchliche Elemente von Widerstand, Anpassung und Diensten für das Regime, so daß sie letzlich weder eindeutig als Nazis noch als Nazi-Gegner geschildert werden können. Es handelt sich um die Dirigenten Karl Böhm und Hans Rosbaud, 1894 respektive 1895 geboren und Klassenkameraden aus Graz. Beide erfreuten sich normaler Karrieren, sowohl in der Zeit vor der Machtübernahme durch die Nazis wie nach 1945. In dieser Hinsicht erinnern sie an Knappertsbusch und

Krauss, die auf Unterstützung durch die Nazis nicht angewiesen waren, aber sie weisen auch Parallelen zu Karajan
und Schwarzkopf auf, weil sie sich in Anbetracht ihrer
Jugend noch nicht so gut etabliert hatten, daß sie ohne
Rücksicht auf die Politik weitermachen konnten.

Natürlich wiesen die Karrieren beider Grautöne auf. Zu
Karl Böhms Verdiensten zählte seine ästhetisch einwand-
freie und manchmal politisch gewagte Repertoirewahl.
Böhm hatte seinen Ruf vor dem Dritten Reich als Kapell-
meister unter Bruno Walter in München und als General-
musikdirektor in Darmstadt aufgebaut; dann ging er nach
Hamburg und wurde 1934 in Dresden Nachfolger von Fritz
Busch. Er war Experte auf dem gesamten Gebiet der E-
Musik, doch spezialisierte er sich zunehmend auf Mozart
und Richard Strauss.[141] Böhms Nähe zu Strauss, die später
eine persönliche Freundschaft einschloß, fast so eng wie
Strauss' Beziehung zu Krauss, war derart offensichtlich, daß
Strauss' musikalische Gegner wie Hans Pfitzner auch die
seinen wurden.[142] Böhm war wagemutiger als Krauss und
dirigierte gerne Werke, die so modern waren, wie es die
Zeiten erlaubten: etwa Rudolf Wagner-Régenys *Günstling*
(uraufgeführt 1935), Strawinskys Ballett *Jeu de cartes*
(europäische Erstaufführung 1937) oder die umstrittenen
Carmina Burana, die 1940 ein Riesenerfolg waren.[143] Böhm
riskierte sogar den Verweis des Regimes, als er im Februar
1938 Richard Mohaupts *Die Wirtin von Pinsk* uraufführte,
denn Mohaupt war mit einer russisch-jüdischen Geigerin
verheiratet und hatte enge Bindungen an die verhaßte Jazz-
kultur.[144] Außerdem arbeitete Böhm mit dem progressiven
Regisseur (und Nazi-Gegner) Oskar Fritz Schuh und dem
Bühnenbildner Caspar Neher und unterstützte den Komponisten Boris Blacher, der kein reiner »Arier« war, als
Blacher 1938 eine Kompositionsklasse am Dresdener Konservatorium übernahm.[145] Als Böhm Schwarzkopf für die

Spielzeit 1942/43 an die Wiener Staatsoper engagierte und sich mit Goebbels anlegte, drohte Hinkel, die rechte Hand des Ministers, daß »entsprechende Maßnahmen gegen die Wiener Oper und ihren Generalmusikdirektor« ergriffen würden. Eine dieser Maßnahmen war offenbar, daß Böhm zumindest für einige Monate auf der Schwarzen Liste von Goebbels' Großdeutschem Rundfunk stand. Zu jenem Zeitpunkt konnte Böhms Haltung von Gegnern des NS-Regimes als mutiger Versuch interpretiert werden, das Prinzip der künstlerischen Freiheit zu bewahren.[146] Böhm behauptete später, er habe seinen Sohn Karlheinz in die Schweiz geschickt, in Erwartung seiner eigenen Flucht aus dem Dritten Reich, und versucht, seine Wiener Künstler – auf ähnliche Art wie Clemens Krauss in München – vor der Einziehung zum Kriegsdienst in all seinen Formen zu bewahren.[147]

Doch Böhm hatte eine Achillesferse. Die zwei entscheidenden Schritte in seiner Karriere – aus Hamburg nach Dresden Anfang 1934 und von dort nach Wien Anfang 1943 – fanden unter politischen Vorzeichen statt, die seinen Ruf nach 1945 zu beflecken drohten. Indem er nach Fritz Buschs politisch motivierter Entlassung, die Böhm später selbst als »unschönen Weggang« bezeichnete, die musikalische Leitung der Dresdener Oper übernahm, zeigte er nicht nur Mangel an Takt und Mitgefühl, sondern ebenso extremen Karriere-Opportunismus auf Kosten des persönlichen Ethos. Tatsächlich hatte Hitler für den Wechsel von Hamburg nach Dresden die Schwierigkeiten aus dem Weg geräumt, indem er eine frühere als die gesetzlich vorgesehene Freigabe aus dem Vertrag ermöglichte. Bezeichnenderweise schrieb Böhm später in seinen Memoiren, daß er »nach der Entscheidung des Führers« Dresden nicht verfrüht verlassen konnte, in diesem Fall in Richtung Berlin.[148]

Sobald er in Dresden war, ließ Böhm seine Verherrlichung des NS-Regimes und seiner kulturellen Ziele erklingen. Als im Sommer 1935 die Aktien der Nazis in seiner
österreichischen Heimat zu sinken begannen, ausgelöst
durch eine wachsende Pro-Habsburg-Einstellung, die vom
Vizekanzler Ernst Rüdiger Starhemberg und möglicherweise von Mussolini unterstützt wurde, schrieb Böhm an
das Promi, daß er in Wien viele Anhänger habe, besonders
im nationalsozialistischen Lager, und daß von ihm geleitete
Konzerte propagandistisch von größtem Vorteil für Deutschland sein könnten.[149] Einige Monate später pries er »das
tiefe Verständnis des Führers für künstlerische Fragen« und
noch etwas später verkündete er, der Weg der zeitgenössischen Musik, was die Symphonik betreffe, sei »gebahnt
und vorgezeichnet durch die Welt des Nationalsozialismus«.[150]

Wiederholt dirigierte Böhm Wagners *Meistersinger* bei
den Eröffnungsfeierlichkeiten der Nürnberger Parteitage.[151]
Er beriet sich auch mit Goebbels, der bis zum Ende anscheinend große Stücke auf ihn gehalten hat. Im Gegensatz
zu Böhms Behauptung stand Hitler seinem Wechsel von
Dresden nach Wien nicht durchweg ablehnend gegenüber,
seit die Frage 1941 zum ersten Mal angeschnitten worden
war (laut Goebbels' Tagebüchern war Böhm in Dresden
spätestens seit 1937 ziemlich unglücklich, obwohl er sich die
Schwierigkeiten bis zu einem gewissen Grad selbst zuzuschreiben hatte).[152] Der Propagandaminister war mit dem
Wechsel auf jeden Fall einverstanden, doch im März 1942
stimmten Goebbels und Hitler darin überein, daß Böhm
seine vertraglichen Verpflichtungen gegenüber Dresden
nicht verletzen solle. Spätestens ab Juli 1942 wollte Hitler
Böhm in Wien, und so nahm der Maestro seine Tätigkeit
als Direktor der Wiener Staatsoper am 1. Januar 1943 auf,
und am 30. Januar verlieh ihm der Führer aus Anlaß der

zehnjährigen NS-Herrschaft in Deutschland das Kriegsverdienstkreuz.[153] Wie Knappertsbusch revanchierte sich Böhm, indem er bei den örtlichen Feiern zu Ehren von Hitlers Geburtstag im April 1944 als Dirigent fungierte.[154]

Hans Rosbaud war ein noch größerer Verfechter moderner Musik als Karl Böhm, sowohl in der Weimarer Republik als auch – soweit das durchführbar war – während des Dritten Reichs. Gleichaltrig mit Hindemith war Rosbaud zwischen 1912 und 1918 dessen Kommilitone am Hochschen Konservatorium in Frankfurt am Main, wo sie Komposition bei dem jüdischen Komponisten Bernhard Sekles studierten. Die beiden waren befreundet, was in der Folge 1938 zu Rosbauds Besuch in Zürich führte, wo er als einziger deutscher Dirigent der Uraufführung von Hindemiths Oper *Mathis der Maler* beiwohnte.[155] Rosbaud verehrte Arnold Schönberg und war in Deutschland der anerkannte Dirigent von Schönbergs Werken bis zu seinem Tod 1962.[156] Nachdem er 1929 seine erste bedeutende Position als musikalischer Leiter bei Radio Frankfurt übernommen hatte, verstärkte Rosbaud sein Engagement für die Sache der modernen Musik und benutzte seine Stellung beim Rundfunk, um Strawinskys Bemühung zu unterstützen, im Dritten Reich gespielt zu werden – obgleich ohne Erfolg.[157] Andere Favoriten waren Orff (er dirigierte als Generalmusikdirektor in Münster dessen *Carmina Burana* mit großer Begeisterung in der Spielzeit 1939/40) ebenso wie Prokofjew, Debussy und Ravel.[158]

Rosbaud machte es sich mit seinem Standpunkt gegenüber der Musik bestimmt nicht leicht. Bereits 1935 hatte er aus der neutralen Schweiz an Béla Bartók, dessen Musik in Deutschland etwas verdächtig war, über die Schwierigkeiten der regelmäßigen Aufführung seiner Werke geschrieben. Er erinnerte den Komponisten daran, daß er zwar in der Vergangenheit einige seine Werke aufgeführt habe, aber daß die meisten deutschen Dirigenten und Sendeleiter Angst hätten, sie anzufassen. Was ihn selbst betreffe, wisse er, daß ihm die Aufführung nichtdeutscher Musik stets zum Vorwurf gemacht werden könne und daß er darauf gefaßt sein müsse, sich vor den »heftigsten Angriffen« zu schützen.[159] 1937 schrieb er an Schönberg, abermals außerhalb des Deutschen Reichs: »Ich möchte Ihnen gerne häufiger schreiben, aber es ist nicht immer ganz einfach; Sie verstehen.«[160] Im Gegensatz zu Böhm, der behauptete, er hätte nicht die Gelegenheit gehabt, Deutschland zu verlassen, gibt es Anhaltspunkte, daß Rosbaud zwischen 1934 und 1937 mit Freuden in die Vereinigten Staaten emigriert wäre, wenn er nur eine konsequentere Unterstützung von seinem New Yorker Konzertagenten Arthur Judson und dem Dirigenten Arturo Toscanini erfahren hätte, die sich anfangs wohlwollend zeigten.[161]

Dennoch qualifizieren Rosbaud seine Vorliebe und sein Einsatz für eine Art Musik, die von den Nazis verunglimpft wurde, und sein wachsendes Unbehagen im Dritten Reich nicht automatisch zu einem Nazi-Gegner oder sogar zu einem Künstler, der sich mit den Nazis nicht einließ. Wie Kollegen vor und nach ihm arrangierte er sich mit einem totalitären Regime, das ihm einen gewissen künstlerischen Spielraum und ein geregeltes Einkommen garantierte, wofür er seinerseits als Gegenleistung bestimmte Konzessionen machte. Die Aufzeichnungen zeigen, daß sich Rosbaud um einer kontinuierlichen Karriere in Deutschland willen von einem Schritt zum nächsten manövrierte, dem Kaiser gab, was des Kaisers war, soweit er das vertreten zu können glaubte, und ohne Zweifel hoffte, daß er aus diesen unruhigen Zeiten unbeschädigt hervorgehen könne. Er scheint ein sehr vorsichtiger und zurückhaltender Mensch mit einem kalkulierten Gefühl für Großzügigkeit gewesen zu sein. Kurz vor der Machtübernahme durch die Nazis machte der ungarische Jude Matyas Seiber, der bei Sekles am ·Hochschen Konservatorium eine Jazzklasse geleitet hatte, die scheinbar paradoxe Bemerkung, Rosbaud sei »kühl und unnahbar ... (trotzdem sehr freundlich)«.[162]

Rosbaud hatte mit seiner Bemerkung über die »heftigsten Attacken« in seinem Brief an Bartók durchaus recht, denn er wurde in Frankfurt regelrecht belagert. Nach 1933 wurde am Sender als Folge der NS-Herrschaft ernste Musik zunehmend vernachlässigt, speziell die moderner Komponisten.[163] Jedoch trug Rosbaud auch seinen eigenen Anteil zum Klima kultureller Unterdrückung bei, von der er sich in seinem Brief an Bartók und später so sorgfältig distanzierte. Als im Herbst 1935 Jazz auf die Verbotsliste der Reichssender gesetzt wurde, verfaßten die NS-Rundfunkadministratoren eine Polemik, die von der Frankfurter Station am 9. Dezember 1935 gesendet wurde; darin kam neben anderen Lastern »die erotisch-perverse Seite des Jazz« zur Sprache. Rosbaud half bei dieser Unternehmung, indem er geeignete Musikbeispiele auswählte, die »den Gegensatz von Niggerjazz und deutschem Wesen belegten«.[164]

Obwohl Rosbaud zu jener Zeit von manchen als ein Mann angesehen wurde, dessen Herrschaft am Frankfurter Sender so gut wie »uneingeschränkt« war,[165] hatte er einen Feind, dem sein Hang zu den Neutönern verhaßt war und der versuchte, ihn aus dem Sattel zu heben, indem er ihn bezichtigte, Jude zu sein. Dieser Mann war ein Rosbaud unterstellter Dirigent, ein Alter Kämpfer von bescheidenen Gaben und geringem Einfluß, der 1936 nicht zuletzt aus beruflichem Neid eine Intrige in Gang setzte und dem Anschein nach zeitweilig die Unterstützung der örtlichen Gestapo genoß. Doch Rosbaud protestierte entschieden gegen diese Verunglimpfung seines Rufs und wurde schließlich rehabilitiert.[166] Bereits 1933 hatte es reichlich Gerüchte über Rosbauds jüdische Abstammung gegeben, als Reaktion auf seine neutönerischen Neigungen, den leicht jüdisch klingenden Namen und seine österreichische Herkunft. Damals war Rosbaud von seinem Freund und früheren Gönner Prinz Alexander Friedrich von Hessen in Schutz genommen worden, einem unbedeutenden Komponisten, der sich in seinem Briefwechsel mit dem Dirigenten als ausgemachter Antisemit erweist. Zugunsten Rosbauds versicherte der Prinz im April 1933, »daß ihm unter keinen Umständen der Vorwurf des Judentums oder undeutscher Gesinnung gemacht werden kann«.[167]

Nachdem Rosbaud im Herbst 1937 nach Münster gegangen war, deutete nichts darauf hin, daß der Prinz sich geirrt haben könnte. Nicht ganz ungerechtfertigt behauptete Rosbaud später, er habe diesen Schritt getan, weil er größere künstlerische Freiheit als in Frankfurt erwarten konnte.[168] Aller Wahrscheinlichkeit nach spielte auch Geld eine Rolle, denn in Münster sollte er 18000 Mark pro Jahr bekommen, mehr als ein musikalischer Leiter beim Rundfunk verdienen konnte.[169] Doch in Münster erwies sich Rosbaud auch der Nazi-Hierarchie gefällig, indem er Konzerte für die örtliche Parteiorganisation einschließlich einer »Führerehrung« im April 1939 dirigierte.[70]

»Auch die deutsche Kunst hat ihre großen Kriegsaufgaben«, sagte Alfred Meyer, der Gauleiter von Münster, während der »Gaukulturwoche« im Mai 1940, die mit dem *Meistersinger*-Vorspiel unter Hans Rosbauds Leitung eröffnet wurde.[71] Das war ein politisches Programm, das einen Maßstab setzte, der noch strenger in Straßburg angelegt wurde, wo Rosbaud 1941 Generalmusikdirektor am Stadttheater wurde. 1940 war das Elsaß mit seiner Hauptstadt Straßburg den Franzosen von den Deutschen abgenommen und zusammen mit der Schwesterprovinz Lothringen dem Reich einverleibt worden – in eindeutiger Zuwiderhandlung gegen den für Paris ohnehin schon erniedrigenden

Waffenstillstand im Juni desselben Jahres.[72] Das Ziel war,
im Elsaß alles auszurotten, was irgendwie den Beigeschmack von französischem Einfluß hatte, und es in allem
durch Deutschtum zu ersetzen; spätestens im Sommer 1943
konnte das nur mit einer ungeheuren Anzahl von Todesur-
teilen erreicht werden. Im Kulturbereich war für die neugegründete »Reichsuniversität Straßburg«, eine politisierte
NS-Variante der alten französisch geführten Institution,
eine bedeutende Rolle vorgesehen – ähnlich der neuen SS-
Universität in Posen im vormaligen Polen.[73] Dieselbe Politik
der Germanisierung galt für die Musik. Auf diesem Sektor
hatte der Hypernationalist Hans Pfitzner in Straßburg vor
dem Ersten Weltkrieg gearbeitet, also konnten die neu ein-
geführten deutschen Praktiken mit dieser »Tradition« in
Zusammenhang gebracht werden.[74] In diesem hoch politi-
sierten Klima mußte ein Generalmusikdirektor, der von
den deutschen Behörden in Straßburg eingesetzt wurde,
nicht nur über hervorragende künstlerische Qualitäten verfügen, sondern auch politisch außerordentlich zuverlässig
sein. Beides traf für Rosbaud zu. Die NS-Behörden, die
seiner Berufung zustimmten, hielten ihn für befähigt, »die
deutsche Kultur weiter emporblühen« zu lassen, indem er
eine Arbeit leistete, »die auf das ganze Elsaß und den vor-
geschobenen Westen des Reiches ausstrahlen wird«.[75] Die
imperialistische Funktion seiner neuen Position ließ den
Dirigenten nicht unberührt. Im Sommer 1943 bemerkte er:
»Die Bedeutung und Stellung der Straßburger Oper beruht
in der Hauptsache darauf, daß sie in dem wiedergewon-
nenen Elsaß mit starker Ausstrahlung nach dem Westen
ein außerordentlich wichtiger Kulturträger für deutsches
Wesen und deutsche Kunst ist.«[76]
    Daher überrascht es nicht, daß Rosbaud seine Schwierig-
keiten hatte, nach 1945 dieses »politikbeladene« Amt rational zu erklären,[77] besonders deshalb, weil ihm bekannt sein

mußte, daß verschiedene Musiker des Dritten Reichs einschließlich Furtwänglers sich richtiger- oder unrichtigerweise damit brüsteten, daß sie sich geweigert hätten, in irgendeinem der kürzlich besetzten Gebiete als Vertreter der deutschen Regierung aufzutreten.[78] Rosbauds diesbezügliche Rechtfertigung stützte sich auf drei Punkte: Daß er den armen Menschen im besetzten Elsaß Freude gebracht habe; daß er seine eigene Sicherheit aufs Spiel gesetzt habe, indem er einigen von ihnen aus diversen politischen Schwierigkeiten half; und daß er darauf bestanden habe, französischstämmige Elsässer, mit denen er vorzugsweise Französisch sprach, in seinem Orchester zu behalten, und ihnen damit ersparte, in die Wehrmacht eingezogen und durch Deutsche ersetzt zu werden.[79]

Was den ersten Punkt betrifft, wäre es recht anmaßend zu behaupten, daß die Menschen im Elsaß, nachdem ihre eigenen Dirigenten verbannt worden waren, mit reiner Freude auf eine von den Nazis kontrollierte Musikszene reagierten, auch wenn französische Komponisten (die Rosbaud vor dem Krieg bevorzugt hatte) gespielt worden wären – von einem Orchester, das bereits vor 1940 zunehmend nazifreundlich und antisemitisch gewesen war. Doch dies traf nicht einmal zu; Rosbaud stellte im Gegenteil die Werke von Nazikomponisten vor wie Cesar Bresgen, dem Leiter der Musikschule Jugend und Volk am Salzburger Mozarteum, oder von Zeitgenossen, die wie Rosbaud selbst ihren Frieden mit dem NS-Regime gemacht hatten: Johann Nepomuk David, Kurt Hessenberg, Hermann Reutter und Winfried Zillig. Solche »Elsässer« Komponisten, deren Werke Rosbaud aufführte, trugen deutsche und nicht französische Namen, und bisher gibt es keinen Beweis, daß sie nicht mit der Sache der Nazis sympathisierten. Der Rest des Programms war traditionell deutsch mit einem Schwerpunkt auf Pfitzner, eine Liste ohne das geringste Risiko, sich die Behörden zum Feind zu machen. In der Tat gab sich Rosbaud im Frühjahr 1944 besondere Mühe, den deutschen Machthabern gefällig zu sein, indem er an der Universität, deren hochpolitische Funktion ihm nicht entgangen sein konnte, über die Musik Friedrich des Großen sprach. Dieser preußische König, der in der Mitte des 18. Jahrhunderts sein Land in Angriffskriegen gegen das Habsburger Reich Maria Theresias vergrößert hatte, war eine Nazi-Ikone, und deshalb paßte der Vortrag gut zur offiziellen Propaganda.[180]

Was den zweiten Punkt betrifft, daß er einzelnen Elsässern geholfen habe, müssen wir uns an Rosbauds eigene Erklärung nach 1945 halten und an Aussagen von Dritten, die die Behauptung des Dirigenten bestätigen. Doch bis heute gibt es keine stichhaltigen Beweise, die aus der Zeit des Dritten Reichs stammen.[181] Bleibt die Behauptung, daß er Musiker vor dem Kriegsdienst bewahrt habe. Als sich der Krieg in die Länge zog, wurden Orchestern im ganzen Reich (deutsche) Musiker entzogen, die an der Front gebraucht wurden. Bereits im März 1942 beklagte die RMK einen Mangel an guten deutschen Musikern.[182] Deshalb wurden in vielen musikalischen Organisationen, speziell in der Unterhaltungsindustrie, Ausländer angeworben. Es ist deshalb äußerst unwahrscheinlich, daß auf Rosbaud Druck ausgeübt wurde, in seinem Straßburger Opernorchester nur deutsche Staatsbürger zu beschäftigen, da es zu diesem Zeitpunkt zulässig war, (politisch unzuverlässige) Einheimische zu verwenden. Und wenn er wirklich versucht haben sollte, Musiker vor dem Kriegsdienst für die Nazis zu bewahren, tat er nichts anderes als seine Kollegen Böhm und Krauss. Das war bei einem deutschen Dirigenten von Rang löblich, aber nicht ungewöhnlich.[183]

Die Beispiele dieser vier prominenten deutschen Musiker illustrieren, wie man sich während des Dritten Reichs aus Karrieregründen politisch in unterschiedlichem Maß kompromittieren konnte. Es läßt sich zeigen, daß viele andere Künstler in ähnlichen Situationen vergleichbare Kompromisse eingingen, obwohl persönliche Umstände und die exakte Art ihrer Willfährigkeit sich unterschieden haben mögen. Viele traten in der Tat der Partei bei, wie der hochbegabte junge Geiger Wolfgang Schneiderhan, der seine Parteigebühren 1940 als fünfundzwanzigjähriger Professor zu zahlen begann, oder der Sänger Rudolf Bockelmann, der drei Jahre früher Parteimitglied wurde. Bockelmann war auch Obmann der NS-Fachschaft Bühne an der Berliner Staatsoper. Als er zu Beginn des Dritten Reichs gefragt wurde, warum er beschlossen habe, mit den Nazis gemeinsame Sache zu machen, antwortete er angeblich, man müsse mit den Wölfen heulen![84] Bockelmann hatte nicht nur zu Göring ein gutes Verhältnis, sondern auch zu Goebbels, der sich gerne mit geistesverwandten Künstlern wie dem Pianisten Michael Raucheisen umgab, der für jeden Sänger der ideale Begleiter war. Wie Bockelmann wurde Raucheisen zu offiziellen Essen, die Hitler gab, eingeladen. Er kam in die Nazi-Hierarchie, als er Anfang 1942 Leiter der Solisten-Abteilung des Großdeutschen Rundfunks wurde, wo er auch bei der Programmgestaltung mitwirkte. In dieser Funktion hatte er wirklichen Einfluß wie an jenem Septembertag 1942, als eine Entscheidung fällig war, ob der Baßbariton Paul Bender im Rundfunk gespielt werden könne, obwohl er mit einer »Nichtarierin« verheiratet sei. Im Gegensatz zur großen Mehrheit seiner Kollegen hatte Raucheisen nicht nur völlige berufliche Freiheit, er wurde auch für seine Lehnstreue gegenüber der Sache der Nazis reichlich belohnt. 1941 bekam er 3500 Mark für lediglich drei Konzerte für die Wehrmacht in Halberstadt in sicherer Entfernung von den Schützengräben. Als Ende 1943 sein Berliner Haus ausgebombt wurde, erhielt Raucheisen die Genehmigung, mit seiner Familie und dem Dienstmädchen an den idyllischen, in sicherem Abstand im Südwesten von München gelegenen Ammersee zu übersiedeln. Hitler übermittelte dem Pianisten zu seinem fünfundfünfzigsten Geburtstag im Februar 1944 persönliche Grüße.[85]

Die besten dieser Künstler praktizierten Zusammenarbeit mit den NS-Institutionen, auch wenn es nur pro forma war. Andere wie Raucheisen bemühten sich darüber hinaus um spezielle Gunstbezeigungen. Der Cellist Paul Grümmer wollte unbedingt für Rosenbergs NS-Kulturgemeinde spielen, war mindestens einmal Gast bei Hitlers offiziellen Essen und wurde vom Propagandaministerium auf offizielle Kulturmission nach Portugal geschickt. 1941 nutzte er seine Stellung aus, um von der Enteignung des Besitzes von Roszi Marton zu profitieren, einer zwangsemigrierten österreichischen Jüdin. Grümmer wollte zu besonders günstigen Bedingungen ihre geräumte Alpenvilla kaufen.[86]

Walter Gieseking, als »einer der größten Pianisten der Welt« gerühmt, anerkannter Interpret von Debussy, Verfechter von Paul Hindemith und ein Musiker mit einem Gehör für Jazz, wirkte neben Rosbaud im Oktober 1939 am Reichssender Köln in einem Konzert für die Deutsche Arbeitsfront mit. Er scheint auch bereits 1933 Rosenbergs Kampfbund für deutsche Kultur unterstützt zu haben und musizierte noch 1940 für dessen Nachfolgeorganisation, die NS-Kulturgemeinde. 1933 hatte er wie seine Pianistenkollegen Wilhelm Backhaus, Edwin Fischer und Wilhelm Kempff den Wunsch geäußert, für den Führer zu spielen, und wollte unbedingt eine Audienz bei ihm haben. Giesekings Karriere erlebte eine besondere Blüte, und als Extrabelohnung wurde er im März 1944 mit dem Kriegsverdienstkreuz ausgezeichnet.[87]

138

Einige wenige Künstler auf dem musikalischen Sektor scheinen überhaupt nichts getan zu haben, um ihr berufliches Überleben sicherzustellen. Es erhebt sich die Frage, ob sie wirklich so überragend oder nur naiv waren. Einer von ihnen war der Baßbariton Hans Hotter. Dieser phänomenal begabte Sänger, der es bereits früh in seiner Karriere zu nationalem Ruhm brachte, war vierundzwanzig, als er im ersten Jahr von Hitlers Regime an das Deutsche Theater in Prag engagiert wurde, damals noch die Hauptstadt der souveränen Tschechoslowakei. Silvester 1933 wirkte er bei einem »Kostproben«-Abend in einem Sketch mit, in dem er Don Quichotte parodierte. In einem der Knittelverse imitierte er Hitlers Stimme und wiederholte immer wieder, daß er der Welt Frieden bringen wolle. In Prag wimmelte es zu jener Zeit von vor den Nazis geflohenen Deutschen, und das Publikum brüllte vor Lachen, doch die Deutsche Botschaft fand das weniger amüsant. Man drohte Hotter als deutschem Staatsbürger, seinen Paß zu beschlagnahmen und ihn beim Überschreiten der Grenze zu verhaften. Ein Freund, Wilhelm Nonnenbruch, Professor für Medizin an der Karls-Universität und als Nazi ein Mann mit Beziehungen, half ihm aus der Klemme, und die Botschaft ließ ihn ausreisen. Anschließend war er in Hamburg und später in München unter Krauss engagiert, und sein kometenhafter Aufstieg begann. Hitler, der häufig seine Vorstellungen besuchte, schätzte ihn besonders und nannte ihm einmal das genaue Datum, den Ort und die Rolle, da er ihn das letzte Mal erlebt hatte. Noch im Mai 1942 wurde Hotter vom Führer als »der kommende große Bariton« betrachtet. In den Akten findet sich nichts darüber, daß Hotter nach 1933 dem Regime besonderen Respekt zollte oder eine bevorzugte Behandlung erwartete. Dennoch wurde ihm in einem Gestapo-Bericht, möglicherweise auf einen Wink Hitlers hin, ein politischer »Persilschein« ausgestellt: »Bei Hotter handelt es sich um einen der bedeutendsten Vertreter des Heldenbaritonfaches in Deutschland. Auch in politischer Beziehung gehört H. zu den erfreulichsten Erscheinungen des Münchener Kunstlebens. Wenn er auch der NSDAP nicht angehört, so zeigt er doch stets eine sehr positive Einstellung zum NS-Staat und besonders auch zum Kriegsgeschehen. Diese Einstellung entspringt nicht etwa einer Konjunkturhaltung, sondern ist der natürliche Ausdruck eines durchaus geraden Charakters.«[88]

Damit kommen wir zu einer letzten Verhaltenskategorie, die am schwierigsten zu dokumentieren ist: einer Kombination aus beruflichem Opportunismus und politischem Glauben. Hier gibt es viele Fragen. Zum Beispiel, auch wenn die Kombination glaubwürdig ist, welche der beiden Ingredienzen stärker war, der Opportunismus oder die Überzeugung. Nur wenige Beispiele fallen einem ein, wobei die überzeugendsten für den Zweck dieser Untersuchung die von Bruno Stürmer und Anton Webern sind.

Stürmer wurde 1892 geboren, studierte Musik in Heidelberg und ließ sich nach verschiedenen Zwischenstationen in ganz Deutschland 1930 in Kassel nieder, wo er ein Kammerorchester und einen Madrigalchor leitete und freiberuflich als Pianist und Komponist arbeitete.

Er war gewissermaßen ein Spezialist für Chormusik und war gegen Ende der Weimarer Republik von Peter Erwin Lendvai beeinflußt, der sich als Lehrer in Hamburg bis zu seiner Emigration nach England 1933 auf Chorkomposition konzentrierte. Obwohl Stürmer mit dem Futurismus in der Musik wie in seiner unorthodoxen *Messe des Maschinenmenschen* (1930) experimentiert hatte, trat er in das Dritte Reich als überzeugter Befürworter herkömmlicher Tonalität ein.[89]

Während der gesamten Nazi-Ära wahrte Stürmer eine solide, wenn auch nicht glänzende Reputation als Musiker und Komponist, zumal durch sein Stürmer-Trio (in dem er den Klavierpart spielte), die Komposition von Kammermusik und sein aktives, oft pädagogisch geprägtes Engagement für Chöre, vor allem Männerchöre.[190] Doch Stürmer komponierte auch tendenziöse Musik und führte sie auf, und hier stellt sich die entscheidende Frage, ob seine nazifreundliche Einstellung mehr berechnend oder eher aufrichtig und tief empfunden war. Während das erstere um der Diskussion willen immer vorausgesetzt werden kann, könnte das letztere im Falle eines Mannes wahr sein, der als Soldat in den Schützengräben des Ersten Weltkriegs eine Armverletzung davongetragen hatte und daher etwas anfällig für Nationalismus war, eine politische Überzeugung, die im Falle eines Künstlers, der auch das Ideal des Männerchors hochhielt, leicht mit der extremistischen Weltanschauung der Nazis verschmelzen konnte. Ein zweiter Faktor war Stürmers echter pädagogischer Eros, und diesbezüglich war er aus demselben Holz geschnitzt wie die meisten anderen Komponisten und Musiker der Hitlerjugend (die in Kapitel 4 erörtert werden): subjektiv wohlmeinend, wurden sie von Hitlers heroischen Plänen verführt und machten danach einfach mit.[191]

In der musikalischen Werkstatt von Bruno Stürmer führte diese denkbare Kombination aus Opportunismus und getreuem Festhalten an Glaubensätzen bereits im Sommer 1933 zu einem A-capella-Werk für Männerchor, *Der Ruf des Volkes*, das eine Vorwegnahme des Volksentscheids im Saarland von 1935 war. Ein paar Monate danach führte ein Männerchor des Düsseldorfer Lehrergesangsvereins unter Stürmers Leitung Hermann Ungers *Nächte im Schützengraben* auf. Im Mai 1935 wurde Stürmers Kantate für Männerchor *Unsere Seele* beim regionalen Aachener Parteitag vorgestellt, bei dem auch Herbert von Karajan mitwirkte.[192]

Daher ergab sich die tendenziöse Färbung sowohl aus dem Inhalt oder Thema von Stürmers Werken wie aus dem organisatorischen Rahmen, in dem sie veröffentlicht und aufgeführt wurden. Kompositionen weitgehend für Männerchor mit Titeln wie *Deutsches Bekenntnis*, *Aus dem Krieg*, *Flieger-Kantate Freier Flug*, *Deutsches Konzert*, *Deutschlands Hochblüte*, *Die Stunde hat geschlagen* und *Heldenlied* sprachen im Hitler-Deutschland Bände, als sich der Nationalismus verstärkte, die diktatorischen Restriktionen stringenter wurden und nach dem September 1939 alle Ästhetik in eine kriegerische Aura getaucht wurde.[193] Unter institutionellem Aspekt hatte Stürmer seine Titel in die Gesangsbücher für die Hitlerjugend und in ein spezielles Handbuch aufnehmen lassen, das NS-Funktionäre bei der Begehung besonderer NS-Feiertage unterstützen sollte. Er gehörte HJ-Ausschüssen an, die die Lieder, Stimmen und Kompositionen junger Nazis beurteilten, und nahm aktiv an kulturellen Ereignissen teil, die vom Nationalsozialistischen Deutschen Studentenbund im benachbarten Marburg veranstaltet wurden. Seine »Flieger«-Kantate war eine Auftragsarbeit von Görings Reichsluftfahrtministerium zu Beginn des Krieges gewesen.[194] Und so war es nur angemessen, daß Stürmer 1943 einen politisch inspirierten Preis von 2100 Mark gewann, den die Stadt Solingen für eine zu NS-Feierlichkeiten passende Kantate für Männerchor ausgesetzt hatte – seine »Deutschland«-Kantate auf Worte von Hermann Claudius, der ein erfahrener Text-Lieferant für Nazifeiern war.[195]

Der Fall von Anton Webern ist wegen seines etablierten Platzes in der Musikwelt bizarrer und tragischer als der von Stürmer. Noch 1990 konnte ein Musikhistoriker schreiben, daß dieser hervorragende Schüler von Arnold Schönberg und Befürworter der seriellen Musik dem Nationalsozialismus gleichgültig gegenübergestanden sei. In Anbetracht

142

von Weberns Werdegang würde man das gerne glauben, doch es ist weit von der Wahrheit entfernt.[96] Der Österreicher Anton Webern, ursprünglich links eingestellt, war erst erschüttert, daß die Nazis die Entfernung seines geliebten Lehrers von der Preußischen Akademie der Künste und seinen Abschied von Berlin erzwungen hatten. Doch dann begann er allmählich mit einer Entwicklung zu sympathisieren, die er als interessantes nationalsozialistisches Experiment betrachtete. Laut seinen Hauptbiographen hielt der Komponist »jahrelang aufrecht, daß Hitler, nachdem er seine Anhänger mit einer anfänglichen Demonstration brutaler Machtausübung zufriedengestellt habe, seine Politik mäßigen würde«.[97] Webern assoziierte Hitler mit allem, was in Deutschland positiv war, denn er war, wie der amerikanische Geiger Louis Krasner sagte, »leidenschaftlich von der Überlegenheit der deutschen Kultur und ihrer vorbestimmten historischen Rolle überzeugt«.[98]

Schönberg blieb im Exil mit Webern in brieflichem Kontakt und teilte ihm im August 1933 aus Paris seinen Entschluß mit, zum jüdischen Glauben zurückzukehren. Am Neujahrstag 1934 schrieb ihm Schönberg aus Amerika, daß er sich um ihn und seinen Freund Alban Berg Sorgen mache, weil er von beiden in letzter Zeit keine Post erhalten habe: »Da wir Juden in diesen Tagen hundertmal erfahren mußten, daß das Unglaubliche eingetreten ist, daß Menschen, die gestern noch Freunde waren, plötzlich Nazis geworden sind, kann ich mir dein Schweigen ganz und gar nicht erklären … außer, daß auch du nicht mehr aus der Reihe tanzt.« Webern beschwichtigte umgehend die Sorgen seines Lehrers, und eine Zeitlang war Schönberg beruhigt.[99]

Später ging es Webern wirtschaftlich schlecht, da er musikalisch immer weniger Anerkennung fand. Wie Schönberg befürchtet hatte, nahm seine Empathie für den Natio-

nalsozialismus in einem Maße zu, daß er eines Tages aus-
rief, jemand müsse versuchen, »das Hitler-Regime von der
Richtigkeit des Zwölftonsystems zu überzeugen«. Ob es zu
diesem Zeitpunkt eine Verbindung zwischen diesen beiden
Faktoren gab – der Armut auf der einen Seite und seiner
Begeisterung für die Nazis auf der anderen –, muß bezweifelt werden, denn Webern lebte in Mödling bei Wien und
hatte keine Chance, im Deutschen Reich Beschäftigung
oder irgendeine Art Belohnung zu bekommen. Also müssen seine Gefühle echt und nicht opportunistisch gewesen
sein. Das wird durch eine Geschichte bestätigt, die sein
jüdischer Bekannter Louis Krasner erzählte. Im April 1936
fuhr Webern in Begleitung von Krasner zum Festival der
IGNM (Internationale Gesellschaft für Neue Musik) nach
Barcelona und machte, statt die direkte Route über die
Schweiz zu nehmen, mit Absicht einen Umweg über München. Dort lud er Krasner im Bahnhofsrestaurant auf ein
Bier ein. Zurück im Abteil fragte er ihn: »Hat Ihnen irgend
jemand was getan? Ist Ihnen etwas passiert?« Und fuhr
fort: »Das beweist, daß das, was wir über alle die Aus-
schreitungen in Deutschland gehört haben, nicht wahr ist.
Es ist alles Propaganda!« Im Juni 1937 wollte Schönberg
abermals wissen, ob an den Gerüchten etwas dran sei, daß
Webern »Anhänger oder Mitglied der Nazi-Partei« geworden sei, worauf Webern rasch protestierte: »Nein, Nein,
Nein!!«[200]
Der März 1938 brachte den Anschluß Österreichs, und
Webern wurde Bürger des Deutschen Reichs. Innerhalb
weniger Wochen war Weberns Tochter in der Hitlerjugend
und heiratete bald einen österreichischen SA-Mann. Webern war Trauzeuge bei der Zeremonie, bei der der Bräutigam seine braune Uniform trug. Weberns Sohn Peter und
ein anderer Schwiegersohn waren in der NS-Bewegung
ebenfalls aktiv. Bald wurde der Kampf der Nazis gegen

»entartete« Musik auf das kürzlich annektierte Österreich ausgedehnt, und so wurde Weberns Musik gebrandmarkt. Als die Nazis später in diesem Jahr ihre Ausstellung »Entartete Musik« in Düsseldorf organisierten, hing dort auch ein Bild von Webern, das ihn als noch radikaleren Zwölftonkomponisten als Schönberg auswies. Webern hielt seine Beziehung zu jüdischen Freunden aufrecht, obwohl es für ihn gefährlich war, wurde von ihnen aber dennoch der Sympathie für die Sache der Nazis verdächtigt.[201]

Doch obwohl die Nazis die Ursache dafür waren, daß Webern in noch tiefere Armut geriet, indem sie Aufführungen seiner Werke unmöglich machten und ihn um seine jüdischen Schüler brachten, entwickelte er ein fast psychotisches Gefühl von deutschem Patriotismus, das nach dem Ausbruch des Zweiten Weltkriegs noch seltsamer wurde. 1940 fand er die Lektüre von Hitlers *Mein Kampf* aufregend und begrüßte jeden deutschen Sieg an der Westfront mit großer Begeisterung. »Geht nicht alles mit Riesenschritten voran?« schrieb er im Mai an einen Freund. »Das ist das heutige Deutschland! Aber natürlich das *nationalsozialistische*! Das ist genau der *neue* Staat, für den die Saat bereits vor zwanzig Jahren gelegt wurde. Ja, *es ist ein neuer Staat*, einer, den es noch nie gegeben hat!! *Es ist etwas Neues!* Geschaffen von diesem einzigartigen Mann!!!« Das war in demselben Jahr, in dem ein NS-Musikkritiker schrieb, Weberns Musik sei »eine einzige Vergewaltigung natürlichen Empfindens«.[202]

Weberns finanzielle Lage verschlechterte sich weiter, was zu Anfällen von Depression führte, und schließlich scheint er den taktischen Entschluß gefaßt zu haben, seine dokumentierte Sympathie für das NS-Regime einzufordern.[203] Am 9. November 1940, dem Gedenktag an den Novemberputsch von 1923 und NS-Feiertag im ganzen Reich, schrieb er an einen Funktionär der Reichsmusikkammer, in der er ein eingeschriebenes Mitglied war, und klagte, daß er sich »in völliger Isolierung« befinde. Er wies auf seinen Erfolg als Komponist und Musiklehrer hin und bemerkte, wie sehr er unter dem austrofaschistischen Regime von Dollfuß und Schuschnigg gelitten und nach dem Anschluß auf Besserung gehofft habe. Dies jedoch sei nicht geschehen »trotz aller Bereitwilligkeit zur Mitarbeit«. Obwohl er es nicht geradeheraus formulierte, ging er die NS-Herrscher offensichtlich um ein Almosen an.[204] Umgehend wurde ihm ein Antragsformular für »Künstlerdank« zugeschickt, Goebbels' wohltätige Organisation für bedürftige Künstler. Außer den Angaben, daß er »Arier« und nicht Parteimitglied sei, schrieb Webern auch, daß er gegenwärtig nicht mehr als 225 Mark pro Monat verdiene und auch das nur unregelmäßig. Die NS-Verwaltungsbeamten vermerkten trocken, daß seine Kompositionsweise sich in ihrer ganzen Art auf Schönberg beziehe und deshalb die Ursache für seine derzeitigen Probleme sei. Da er jedoch politisch einwandfrei und sein Sohn ein (früher illegales) Mitglied der österreichischen NSDAP gewesen sei, wäre ein Geldgeschenk möglich. Deshalb wurde vorgeschlagen, Webern als einmaligen Beitrag eine Summe von 250 Mark zuzugestehen. Wie sich herausstellte, half das, Weberns Hungerdasein etwas mehr als vier Wochen zu lindern.[205] Schönbergs schlimmste Befürchtungen scheinen sich damit bewahrheitet zu haben.

3

Jüdische Musiker und Nazi-Gegner: Verfolgung und Exil

Die antisemitische NS-Politik auf dem Musiksektor

Am 7. April 1933 erließ die antisemitische NS-Regierung das »Gesetz zur Wiederherstellung des Berufsbeamtentums«. Es schrieb die Entlassung jüdischer Arbeitnehmer im öffentlichen Bereich vor, zunächst mit wenigen Ausnahmen wie Veteranen aus dem Ersten Weltkrieg. Bis zum Herbst 1935 wurden diese Ausnahmen im großen und ganzen rückgängig gemacht.[1] Viele private und halböffentliche Institutionen im Dritten Reich wie Krankenhäuser oder Krankenkassen nutzten diese Vorschriften, um unerwünschte jüdische Mitglieder los zu werden, in diesem Fall Krankenschwestern, Pfleger und Ärzte, auf die Nichtjuden nicht zuletzt wegen ihres Erfolges auf der Karriereleiter neidisch waren.[2] In den Künsten gab es seit dem Frühjahr 1933 ebenfalls Entlassungen von Juden, denn im gleichen Maß, in dem jüdische Ärzte im Gesundheitswesen der

Weimarer Republik dominiert hatten, waren Juden im Kulturleben der Nation und speziell auf musikalischem Gebiet einflußreich gewesen.[3] 1935 hatte die Bayerische Staatsoper in München alle jüdischen Künstler bis auf drei entfernt, und nach dem Anschluß Österreichs im März 1938 verlor die Wiener Staatsoper ihre zwölf »nichtarischen« Mitglieder praktisch über Nacht.[4]

Unter ideologischem Aspekt basierten die repressiven Schritte der NS-Behörden gegen jüdische Musiker auf einem angeblichen Gegensatz zwischen dem, was offiziell als eigenständige deutsche Musik betrachtet wurde, und der jüdischen Musik auf der anderen Seite. »Judentum und deutsche Musik, das sind Gegensätze, die ihrer Natur nach in schroffstem Widerspruch zueinander stehen«, erklärte Joseph Goebbels 1938.[5] Doch so sehr sie sich auch bemühten, konnten die Nazis weder die deutsche noch die jüdische Musik auf der Basis empirisch erkennbarer Anzeichen definieren.[6] Im Innersten wußten sie, daß ein prominenter jüdischer Musikerzieher mit seiner Äußerung zu Beginn des Dritten Reichs recht hatte: »Wir begegnen immer wieder der Erscheinung, daß jüdische Komponisten, wo sie auch gewirkt haben mögen, die typischen Kennzeichen ihrer Zeit und ihrer Umgebung aufweisen.«[7] Die Nazis versuchten, sich aus diesem Dilemma herauszuwinden, indem sie der einen und der anderen Kategorie gewisse willkürlich gewählte Eigenschaften zuschrieben und darauf den Grundsatz postulierten, daß die Musik der »nordischen Rasse« ihrem »jüdischen« Pendant weit überlegen sei und daß sie miteinander unvereinbar seien.[8] Dieses Diktum wurde von den Musikwissenschaftlern und Fachjournalisten im Reich unaufhörlich wiederholt, bis es für die Nazis eine unerschütterliche Binsenweisheit und eine ideologische Prämisse für die Verfolgung der verhaßten kulturellen Minderheit wurde.

148

Die musikalischen Unterschiede, schrieb Friedrich Blume 1939, seien in den unveränderlichen rassischen Unterschieden verankert, die von der deutschen Wissenschaft in ihrem ganzen Umfang erst noch ermittelt werden müßten.[9] Mangels der erwarteten »wissenschaftlichen« Offenbarungen fiel Musikwissenschaftlern aller Couleur das Los zu, die wahre Natur der »deutschen« Musik zu definieren und ihr verabscheutes Gegenteil überzeugend anzuprangern. Doch war, wie der Berliner Musikologe Albrecht Riethmüller bemerkt hat, diese Aufgabe von Anfang an zum Scheitern verurteilt.[10]

Stereotyp wurde deutsche Musik mit traditionellen Werten der vermeintlichen nationalen Kultur gleichgesetzt: Heroismus und Kampfeslust (wie in der Reformationszeit) in Chorälen des 16. Jahrhunderts und bei Händel oder Beethoven; Tiefsinnigkeit bei Brahms, wie sie sich auch bei Kant, Hegel oder Schopenhauer fand; nach großem Spannungsbogen eine Auflösung und der faustische Drang zum Schöpferischen, wie er sich bei Bach, Mozart und Schumann manifestierte; Verinnerlichung von der Art, wie es sie bei Reger gab (oder im späten Biedermeier); und Verwurzelung in »Blut und Boden«, wie in Schuberts Liedern, in den Werken von Bruckner und im einfachen, aber aufrichtigen Volkslied – all dies wurde als von Natur aus deutsch erachtet.[11] Typische Elemente der westlichen Musik waren der Dreiklang, die Tonalität und der spezifisch »arische« Rhythmus, gekennzeichnet durch eine Folge von betonten und unbetonten Taktteilen und die Synkopen von Bach und Brahms. Motivwiederholungen mußten in der deutschen Musik immer sequenzierend sein und sich von einer Stufe der Intensität zu einer höheren, dramatischeren entwickeln. Alle westliche Musik war eo ipso deutsch und hatte ihren Ursprung in nordeuropäischen germanischen Ländern, wo sie einst auf der mächtigen Lure gespielt worden war, jenem »höchst charakteristischen Blasinstrument, das aus der späten nordischen Bronzezeit stammte«.[12]

Nach großzügigen Verweisen auf Richard Wagner und Alfred Rosenberg und aus Ermangelung echter Kriterien wurde jüdische Musik praktischerweise als all das definiert, was die deutsche Musik nicht war.[13] Das Schlimmste, was über jüdische Musiker gesagt werden konnte, war, daß sie vor allem um des Geldes willen arbeiteten – wie es angeblich Wagners ehemaliger Gönner Giacomo Meyerbeer (eigentl. Jakob Liebmann Beer) getan hatte, eine Bezichtigung, die nun den Opern- und Operettensänger Richard Tauber traf. Oder daß sie billige Effekte erzeugten und etwa Sex in die Oper einbrachten, den sie als Liebe ausgaben, eine Kritik, die sich gegen Kurt Weills Werke in der Weimarer Zeit richtete.[14] Dem Konstrukt der Nazis lag die These zugrunde, daß jüdische Musiker und zumal Komponisten nichts Eigenständiges hervorbringen könnten, weil es ihnen an einer heimatlichen Kultur fehle. Laut Willy Strecker vom Mainzer Musikverlag Schott's Söhne hatten Juden als Rasse keine schöpferische Potenz; Bach, Beethoven, Händel und Mozart hätten niemals Juden sein können. In der Nachahmung allerdings galten Juden als Meister und verfügten häufig über eine überlegene Technik, um den Mangel an Substanz zu vertuschen. Doch diese äußere, durchaus reizvolle Brillanz führe zu einem manierierten Stil und einer allgemeinen Oberflächlichkeit und verrate die Trivialität der Musik, sobald sie aufgeführt würde. Daher wurde Mendelssohns Kompositionen ein sacharinsüßer Beigeschmack vorgeworfen, der in seinen Melodien notorisch sei. Werke wie seine Musik zum *Sommernachtstraum* galten wegen ihrer seichten, »fast aalglatten Musik« als fragwürdig.[15]

Es hieß, daß auch das Begehen von Plagiaten allgemeiner Usus sei, daß Mendelssohn und Mahler Schubert kopiert hätten, Schönberg bei Brahms Anleihen genommen habe und Wolfgang Erich Korngold ein Abklatsch von Puccini und Strauss sei. Es wurde gesagt, daß in der Musik eines jüdischen Komponisten das echte deutsche Gefühl zu banaler Sentimentalität degeneriere (wobei abermals Mendelssohn der Hauptschuldige war). Themenwiederholungen seien mechanisch und bis zum Überdruß monoton, weder von tiefer Emotion gesättigt, noch in den sinntragenden an- und absteigenden Bögen wie in der »arischen« deutschen Musik ausgeführt. Noch schlimmer: Die Sentimentalität habe eine winselnde weibliche Komponente, das pure Gegenteil etwa des heldischen Klangs von Beethovens *Eroica*. Insgesamt war die orientalische Herkunft dieser Musik – mit einem Schuß von »Negroidem« als Zugabe – angeblich deutlich zu hören und auf Orte zurückzuführen, die den historischen Heimstätten der Luren diametral entgegengesetzt waren.[16]

Drei jüdische Komponisten bereiteten den NS-Musikwissenschaftlern besondere Probleme, denn ihre Werke waren bereits international anerkannt und in der bewunderten deutschen Musiktradition des 19. und 20. Jahrhunderts fest verankert. Diese Komponisten waren Mendelssohn, Mahler und Schönberg. Das freundlichste Urteil wohlmeinender »Arier« über sie war, daß sich die Qualität ihrer Musik nicht von verdienstvollen nationalen Zeitgenossen unterscheide und daß ihre Werke anerkennenswerten Nichtjuden in jeder Hinsicht ebenbürtig seien. Solche Urteile ärgerten die Nazis, die deshalb detaillierte Scheinbegründungen für die Minderwertigkeit dieser drei Komponisten fanden. Es wurde behauptet, daß ihre Werke aus zwei Gründen eine deutsche Tünche angenommen hätten: erstens, weil alle drei in der Frühphase ihrer Karriere Deutsche und nicht Juden sein wollten; und zweitens, weil sie es als äußerst gerissene Juden in der Kunst, sich an eine fremde Kultur anzubiedern, fast bis zur Perfektion gebracht hätten. Fast, aber eben nicht völlig: Ein sehr geübtes Ohr könne den Unterschied zwischen ihnen und der Arbeit reinblütiger Germanen erkennen. Allerdings verfügten die Durchschnittsbürger im Reich nicht über ein so differenziertes Gehör. Deshalb war es die Aufgabe der NS-Musikologen, sich mit völkischer Aufklärung zu befassen.

Mendelssohn wurde als derjenige dargestellt, der mit dem Prozeß der künstlichen »Germanisierung« jüdischer Musiker durch völlige Assimilierung einschließlich der Zuwendung zum christlichen Glauben begonnen hatte. Was seinen speziellen Fall betraf, hatte er angeblich protestantische Kirchenmusik als sein Medium benutzt, bis er seine eigene, im Grunde rührselige Art von weltlicher Musik entwickelte, in der er sein Judentum völlig offenbart habe. Mendelsohns Interesse an der Vokalmusik wurde von Mahler geteilt, der sich liebevoll des deutschen Volkslieds annahm, das in seinen Händen nach der Auffassung der Nazis zu Kitsch ähnlich dem Mendelssohns verkam. Indem er ebenso beständig wie vergeblich versuchte, deutsch zu werden, habe Mahler eine »tiefe seelische Zerrissenheit« sowohl im privaten wie im musikalischen Bereich entwickelt, und zu gegebener Zeit habe sich das als Warenzeichen seiner Musik manifestiert. Mahlers Entwurzelung habe ihn zu einer »Sucht nach immer exzeptionellen Wirkungen« verführt, die schließlich »im negierenden Expressionismus und narkotischen Nirvana« endeten, wie in seinem *Lied von der Erde*. Schließlich war da noch Schönberg. Das Charakteristikum, das er mit Mahler gemeinsam hatte, war die Dekadenz. Angeblich vollendete Schönberg den Prozeß des musikalischen Niedergangs, der mit Mahler begonnen hatte. Als junger Mann hatte Schönberg nicht viel Mühe aufgewandt, seinen Stil der deutschen Wesensart anzupassen, aber immerhin hatte es Versuche gegeben. Die Modernität, die er später vertrat, war auf abstraktem Intellektualismus aufgebaut, einer Demontage der germanischen tonalen Strukturen zugunsten einer internationalen und damit antinationalen Aussage. Für die Nazis bedeutete Schönbergs Zwölftonsystem Zerstörung und Chaos. In der Tat wurde mit speziellem Verweis auf Schönbergs Schüler Hanns Eisler behauptet, einer der Gründe, warum die Nazis solche Angst vor der Zwölfton-Disharmonie gehabt hätten, habe darin bestanden, daß sie die Vorstellung von einer harmonischen, rassisch definierten Volksgemeinschaft aufhebe.[17]

Aber wie konnte man das dem durchschnittlichen deutschen Musikliebhaber beweisen? Einige dieser Argumente wurden von Deutschlands führenden Musikwissenschaftlern wie Karl Hasse, Ludwig Schiedermair, Friedrich Blume und Gotthold Frotscher in wissenschaftlichem Rahmen anläßlich der Ausstellung »Entartete Musik« im Mai 1938 in Düsseldorf zum Ausdruck gebracht.[18] Sie wurde von Hans Severus Ziegler organisiert, Karl von Schirachs Nachfolger am Deutschen Nationaltheater in Weimar, und war nach dem Schema der berüchtigten Ausstellung »Entartete Kunst« aufgebaut, die von Goebbels im Jahr zuvor im Münchner Haus der deutschen Kunst präsentiert worden war. Paul Sixt, der Weimarer Generalmusikdirektor, war Zieglers Mitarbeiter.[19] In seiner offiziellen Ansprache bekannte sich Ziegler mit einer Reihe führender musikalischer Fachleute und Kulturpolitiker zu der Anschauung, »daß die Atonalität als Ergebnis der Zerstörung der Tonalität Entartung und Kulturbolschewismus bedeute«. Da »die Atonalität obendrein ihre Grundlage in der Harmonielehre des Juden Arnold Schönberg habe, so erkläre er sie für das Produkt jüdischen Geistes«.[20] In speziellen Schallkabinen konnten sich Besucher Musterbeispiele der »entarteten Musik« anhören. Tatsächlich wurden einige dieser Kabinen von erwartungsvollen deutschen Zuhörern förmlich belagert, besonders die, in der Musik aus Weills *Dreigroschenoper* vorgeführt wurde, ein krasser Kommentar zur Effektivität der Propaganda der Musikologen.[21]

Die Organisatoren der Ausstellung nahmen den Faden da wieder auf, wo Richard Wagner, der archetypische antisemitische Vorkämpfer, ihn fallengelassen hatte, indem sie systematisch begannen, jüdische Musiker von Rang anzuklagen.[22] Neben Weill und Schönberg waren es deutschjüdische Musiker wie Ernst Toch, Franz Schreker und der Dirigent Otto Klemperer, der wie Schönberg nun in Los Angeles lebte. Spezialabteilungen waren für jüdische Operettenkomponisten wie Leo Fall und Oscar Straus reserviert sowie für »arische«, aber nichtsdestoweniger diffamierte Komponisten ernster Musik wie Krenek, Strawinsky und Hindemith. Es gab auch eine Abteilung für Jazz, den die Nazis traditionell mit einer negroid-jüdischen Subkultur verbanden.[23]

Nach Januar 1933 gab es – wie im Fall der Ärzte – »arische« Musiker, die das Tempo der antisemitischen Bestrebungen zu beschleunigen versuchten, indem sie jüdische Kollegen denunzierten, gewöhnlich die, deren Stelle sie selbst einnehmen wollten.[24] Doch zumindest am Anfang wollte das Regime eine kontrollierte antijüdische Gesetzgebung und keine überstürzten und emotional geprägten Pogrome. Die ausführenden Organe, meistens konservative Bürokraten, die verschiedene Weimarer Regierungen überlebt hatten, wollten ihrer Politik den Anstrich von Legitimität geben, weil sie wußten, daß die Welt sie beobachtete. Deshalb hielten die NS-Experten der »Jüdischen Frage« – trotz eines antijüdischen Pogroms Anfang März und des antisemitischen Gesetzes über das Berufsbeamtentum am 7. April 1933 – eine gemessene Gangart ein.[25] Es war für sie schwierig genug, mit der negativen Publicity fertig zu

werden, die die brutalen Entlassungen der jüdischen Dirigenten Bruno Walter und Otto Klemperer in Berlin und
Leipzig begleitete, so wie die von Fritz Busch in Dresden,
der kein Jude war, aber mit Juden befreundet und bekann-
termaßen ein Gegner der Diktatur. »Eine allgemeine Panik-
stimmung« habe eingesetzt, warnte ein NS-Autor, und
wenn das Regime allzu radikal auf diesem Weg fortfahre,
»dann würde unser Kunstleben sehr bald einer riesigen
Leichenhalle gleichen.« Der Berliner Kampfbundführer
Hans Hinkel, der von Göring als preußischer Staatskommissar für jüdische Anlegenheiten berufen worden war,
räumte im Frühjahr 1933 ein, daß verschiedene NS-Behörden im Hinblick auf die Gefahr, die Juden darstellten,
unangemessen heftig reagiert hätten, und versicherte allen,
die ernstlich besorgt waren, daß das Kind nicht mit dem
Bade ausgeschüttet würde. Trotz der Quote von fünfzigtau-
send arbeitslosen deutschen Musikern würden die Rechte
jüdischer Künstler respektiert, solange sie sich gegenüber
dem neuen deutschen Staat loyal verhielten. Wilhelm
Furtwängler, der befürchtete, daß ausländischen jüdischen
Musikern die deutschen Konzertsäle versperrt und im
Gegenzug deutsche Künstler im Ausland boykottiert
würden, sekundierte Hinkel, als er an den preußischen
Kultusminister Bernhard Rust schrieb, er persönlich halte
es für unerläßlich, »daß in Deutschland in Zukunft jeder
Künstler, gleichviel welcher Nation und Rasse, zu Gehör
kommen kann«.[26]
Solche Vorsicht wurde durch Proteste prominenter
Künstler aus dem Ausland gefördert. Angeführt von Arturo
Toscanini schickte eine Gruppe von Dirigenten in den Ver-
einigten Staaten, einige davon Juden, am 1. April 1933 ein
Telegramm an Hitler, in dem sie gegen die sattsam publik ge-
machten Entlassungen von Walter, Klemperer und anderen
protestierten. Darin hieß es unter anderem: »Die unter-

zeichneten Künstler, die in den Vereinigten Staaten von Amerika leben und arbeiten, halten es für ihre Pflicht, an Ihre Exzellenz zu appellieren, der Verfolgung ihrer Kollegen in Deutschland aus politischen oder religiösen Gründen ein Ende zu machen.« In einer eher symbolischen Geste wies Hitler den Reichsintendanten des Großdeutschen Rundfunks an, Aufführungen der Unterzeichner des Telegramms zu verbieten, was darauf hinauslief, daß ihre Platten nicht mehr gespielt wurden. Obwohl recht gemäßigt, reichte diese Gegenmaßnahme aus, daß Toscanini seine Mitwirkung bei den bevorstehenden Bayreuther Festspielen von 1933 absagte; nicht einmal ein persönlicher Brief des Führers, um den Winifred Wagner inständig gebeten hatte, konnte seine Meinung ändern.[27]

Ein zweiter Protest kam von dem jüdischen Geiger Bronislaw Huberman, der – obwohl polnischer Staatsangehöriger – in deutschen Konzertsälen viele Triumphe gefeiert hatte. Laut Erika und Klaus Mann, den musikverständigen Kindern des exilierten Thomas Mann, betrachtete er Deutschland als »seine geliebte ›zweite Heimat‹«. Huberman reagierte damit aus Wien auf Furtwänglers dringendes Ersuchen, die Zusagen von Hinkel und anderen für bare Münze zu nehmen und zu weiteren Konzerten nach Deutschland zurückzukehren. Nach einigem Nachdenken über Toscaninis kürzlich erfolgten Schritt erteilte Huberman Furtwängler in einem Brief vom 31. August 1933 eine Absage: »In Wahrheit geht es nicht um Violinkonzerte, auch nicht um Juden, es handelt sich um die elementarsten Voraussetzungen unserer europäischen Kultur: die Freiheit der Persönlichkeit und ihre vorbehaltlose, von Kasten- und Rassenfesseln befreite Selbstverantwortlichkeit!« Huberman verlieh darauf seinen Worten Nachdruck, indem er Konzerttourneen durch Europa unternahm, deren Einkünfte den von den Nazis Vertriebenen zugute kamen. Ein weiterer offener Brief Hubermans an die deutschen Intellektuellen im März 1936, der im *Manchester Guardian* veröffentlicht wurde, war wesentlich schärfer, aber inzwischen waren ja auch die antijüdischen Maßnahmen der Nazis deutlich eskaliert.[28]

Der ganze Prozeß, mit dem diese Maßnahmen gegen jüdische Musiker in die Tat umgesetzt wurden, war umständlich und langsam; ein scharfsinniger Historiker hat treffend von der »schleichenden Institutionalisierung dieser kulturellen Säuberung« gesprochen.[29] Die Gründe lagen sowohl in einem schwerfälligen Apparat wie in einer gewissen Vorsicht seitens der zuständigen Verwaltungsbeamten und der musikpolitisch Einflußreichen. Winifred Wagner etwa war ganz und gar nicht bereit, mit Goebbels, Göring und Hitler in dieser Angelegenheit zu kooperieren. In den ersten Monaten des Regimes beeindruckte sie den Führer mit ihrer Entschlossenheit, ihre jüdischen Opernsänger bei den bevorstehenden Festspielen zu behalten, und zunächst konnte sie sich durchsetzen.[30]

Die Basis der antisemitischen Gesetzgebung auf dem musikalischen Sektor war Artikel 10 der ersten Ausführungsverordnung vom 1. November 1933, die dem Gesetz zur Gründung der Reichskulturkammer (RKK) im September 1933 folgte. Dieser Artikel legte fest, daß Mitglieder der Unterabteilungen der RKK wie der Reichsmusikkammer (RMK) ausgeschlossen oder abgelehnt werden konnten, wenn sie nicht über die für die Ausübung ihrer Tätigkeit erforderliche »Zuverlässigkeit und Eignung« verfügten. Diese Klausel erwies sich indes nicht als strenges Gesetz, das umgehend in Anwendung kommen konnte, sondern führte zu einem überraschend großen Spielraum bei dem Versuch, die »Jüdische Frage« zu lösen, denn sie lieferte keine logische Grundlage und keinen Mechanismus, der die Juden in den Brennpunkt rückte. Ja, sie wurden nicht einmal definiert und damit auch nicht automatisch aus der RMK ausgeschlossen. Ganz im Gegenteil: Um überhaupt etwas mit dieser Verordnung zu erreichen, wurden Juden und »Arier« stillschweigend als Mitglieder dieser Kammer behandelt, bis ein Aussiebungsverfahren die unerwünschten Mitglieder ermittelt hatte, die dann individuell vom Präsidenten der RMK für untragbar erklärt wurden. Diese Durchleuchtung machte Fragebogen erforderlich, auf denen Mitglieder viele persönliche Fragen beantworten mußten, darunter auch die nach der rassischen Herkunft und der Religion. Diese Formulare wurden ab Ende 1933 verteilt, bis das ganze Verfahren 1938 aus Gründen der Undurchführbarkeit eingestellt wurde; es konnten Jahre vergehen, bis die endgültige Entscheidung über den Ausschluß eines Mitglieds getroffen wurde.[31]

Einige dieser Verzögerungen waren Richard Strauss zu verdanken, dem ersten Präsidenten der Reichsmusikkammer, der über die antijüdische Haltung des Regimes alles andere als begeistert war. Er weigerte sich konsequent, irgend etwas mit dem Entwurf einer antisemitischen Klausel in den Statuten der RMK zu tun zu haben, und vertrat den Standpunkt, daß der Paragraph 10 gegen »die guten Sitten« verstoße und unbedingt gestrichen werden müsse. Es ist wahrscheinlich, daß aufgrund seiner Hartnäckigkeit Juden in dem Paragraphen nicht ausdrücklich erwähnt wurden, als er schließlich in Berlin im November 1933 Bestandteil des Gesetzeswerkes wurde. Von nun an distanzierte er sich von den antijüdischen Implikationen des Textes und unterzeichnete während seiner gesamten Amtszeit als Präsident (bis Juli 1935) keinen einzigen der Briefe, in denen einzelne Mitglieder ausgeschlossen wurden. Das überließ er Heinz Ihlert, dem Geschäftsführer der RMK, der sich im Mai 1935 bei Hinkel bitter über Strauss' Aufsässigkeit beklagte.[32]

Nach einem langsamen Start wurde der komplizierte Prozeß der Ermittlung von Juden auch weiterhin behindert. Ein Teil der konkreten Durchführung der Aufgabe wurde örtlichen Vertretern der RMK überlassen, die wegen ihrer Nachlässigkeit von der zentralen Geschäftsstelle der RMK an ihre Pflichten erinnert werden mußten. Präsident Raabe, der ansonsten Verfügungen über Ausschlüsse durchaus bereitwillig unterzeichnete, gestand im Mai 1937 ein, die Gesamtzahl der RMK-Mitglieder im Reich sei so groß, daß eine gründliche Überprüfung der rassischen Abstammung jedes Musikers praktisch unmöglich sei. Deshalb gelang es vielen Juden und anderen unerwünschten Musikern wie jenen, die den verabscheuten Jazz spielten, nach wie vor weiterzuarbeiten. Darum mußte in den größten Städten eine spezielle RMK-Polizei eingesetzt werden, gewöhnlich ehemalige Musiker der einen oder anderen Richtung, die regelmäßig Nachtklubs, Orchestergräben und andere musikalische Veranstaltungsorte kontrollierten, um Zuwiderhandelnde aufzuspüren. Erst nach dem Inkrafttreten der Nürnberger Rassengesetze im September 1935 gab es eine verbindliche Definition der »Juden«, auf die man sich berufen konnte, und später fand Goebbels in seiner Funktion als Präsident der RKK, daß sogenannte Halbjuden, die je nach den Umständen in den Genuß der Rechte der »Arier« kamen oder auch nicht, für die RMK ein zusätzliches Problem darstellten.[33] In der Zwischenzeit zögerten ähnlich der RMK auch Funktionäre des Großdeutschen Rundfunks, bindende Vorschriften im Hinblick auf eine konsequente antijüdische Politik auszuarbeiten, was künftige Sendungen betraf.[34]

Natürlich forderte die Radikalisierung der antisemitischen Politik um 1937, die zu dem entsetzlichen Höhepunkt der vielfältigen Pogrome am 9. und 10. November 1938 führte, ihren Zoll unter den gebliebenen jüdischen Musikern – denen, die noch nicht emigriert, eingekerkert oder umgebracht worden waren. Als diabolisches Vorspiel zur sogenannten Kristallnacht wurden jüdische Musiker in Österreich nach dem Anschluß im März 1938 hinausgeworfen und bekamen keinen Pardon. Tatsächlich galt in der neugeschaffenen Ostmark in den Monaten nach dem Anschluß keine der Verzögerungen mehr, die jüdischen Künstlern im »Altreich« einen gewissen Schutz gewährt hatten, und als die November-Pogrome Berlin, Frankfurt und Hamburg trafen, wurde auch Wien in gewaltigem Ausmaß heimgesucht.[35] Dennoch gab es scheinbar unerklärliche Aufschübe und Widersprüche. Im Dezember 1939, ein Jahr, nachdem die Leiter der RMK stolz über die »Ausmerzung« der Juden aus dem »Kulturleben unseres Volkes« gesprochen hatten, klagte Goebbels: »Die Juden versuchen, wieder in das Kulturleben einzudringen« und bezog sich dabei insbesondere auf die »Mischlinge«.[36] Das war nachdem im Februar abermals eine Mahnung an die regionalen RMK-Funktionäre hinausgegangen war und eine weitere im Juli, mit der Überprüfung der familiären Hintergründe von Musikern voranzukommen. Bis zum Oktober 1939 hatte die regionale Geschäftsstelle der RMK, die für Berlin zuständig war, die Abstammungsunterlagen von lediglich 789 seiner 13 085 Mitglieder kontrolliert. Und noch 1943, auf dem Höhepunkt des Kriegs, als die Krematorien in Auschwitz auf Hochtouren liefen, hatte Goebbels Anlaß darüber zu klagen, »daß die Reichskulturkammer doch noch nicht so entjudet ist, wie ich das eigentlich gemeint hatte«.[37]

Abermals war Goebbels der Ansicht, daß daran die große Zahl von »Halbjuden« schuld war, die in der RMK verblieben waren – neben den »Vierteljuden« und nichtjüdischen Musikern, die jüdische Ehepartner hatten.[38] In der Tat herrschte in dem Jahrzehnt von 1933 bis 1943 in den Rassen-Registraturen der Nazis ziemliche Verwirrung, was

160

Deutsche mit weniger als drei jüdischen Großeltern betraf und die, die mit »Nichtariern« verheiratet waren. Alle außer den Volljuden blieben relativ unbelästigt, bis die Nürnberger Rassengesetze im September 1935 einige offizielle Richtlinien lieferten, obwohl jüdische Ehepartner in sogenannten privilegierten Ehen (die vor Januar 1933 geschlossen worden waren) und ihre »arischen« Ehegenossen oft bereits beruflich und privat gefährdet waren. Dieser Stand der Dinge spiegelte sich ständig in der Reichsmusikkammer wider. Im Herbst 1933 zum Beispiel war die jüdische Frau des Wiesbadener Generalmusikdirektors Carl Schuricht fest entschlossen, sich von ihrem Mann scheiden zu lassen, damit er nicht unter der Ungerechtigkeit des Regimes zu leiden habe. Doch damals wurde Schuricht, weil sie vor Januar 1933 geheiratet hatten, von den Behörden versichert, daß eine Scheidung nicht nötig sei. In einem Brief vom September 1933 wurde ihm außerdem mitgeteilt, daß etwa an der Berliner Staatsoper »nichtarische Künstler nach wie vor angestellt« seien.[39]

An diesem Punkt waren die ausgenommenen »nichtarischen« Künstler entweder sogenannte Hindenburg-Ausnahmen (die im Ersten Weltkrieg gekämpft hatten) oder Personen, die im Nazi-Jargon »Mischlinge« genannt wurden. Tatsache war, daß es im Dritten Reich viele Musiker mit einem jüdischen Großelternteil gab, denen es trotzdem relativ gutging; allerdings gelang es nur sehr wenigen von ihnen (wie dem Münchner Komponisten Carl Orff), die Parteifunktionäre über ihren Stammbaum auf Dauer zu täuschen.[40] Der Komponist Heinrich Kaminski – der wie sein ehemaliger Schüler Orff eine jüdische Großmutter hatte – konnte der rassischen Registrierung nicht entgehen, überlebte aber trotzdem, ohne Schaden zu nehmen. Obwohl ihn die Partei wegen seiner negativen Einstellung gegenüber dem Regime zwischen 1933 und 1935 angegriffen hatte, wurde mit Befriedigung festgestellt, daß 1940 Kaminskis vier Kinder in der Hitlerjugend waren und er selbst »in politischer Hinsicht zu Beanstandungen keinen Anlaß« gebe.[41] In der Tat schien es nach der Verkündung der Nürnberger Rassengesetze 1935 wenigstens eine Zeitlang ehern festzustehen, daß »Vierteljuden« in vieler Hinsicht wie »Arier« behandelt würden (mit der Einschränkung, daß sie bestimmte Ämter in der Partei oder der Regierung nicht bekleiden konnten), während »Halbjuden« einen solchen Schutz genießen, aber ebenso als Volljuden betrachtet werden konnten.[42] Goebbels entschied sehr bald, daß im Fall der Reichskulturkammer ein »Kompromiß« gefunden werden müsse: »Vierteljuden zu uns herüber. Halbjuden nur in Ausnahme.«[43] Doch trotzdem gab es für niemanden eine Garantie. Eine RMK-Liste von 1936 führte 2202 Mitglieder auf, die ausgeschlossen werden sollten: 1738 Volljuden, 413 Halbjuden und 48 Vierteljuden.[44]

In Hinblick auf die Mischehen schwankten die Nazis eine Zeitlang, bevor sie klar und deutlich sagten, daß Künstler mit jüdischen Ehepartnern ihre Stellung in Gefahr brächten. Bezeichnenderweise enthielt die Ausschluß-Liste von 1936 die Namen von lediglich drei »jüdisch Versippten«, wie es im offiziellen Jargon hieß. Im selben Jahr legte Göring beim traditionellen Berliner Presseball, dessen Gastgeber er war, Wert darauf, freundlich mit Mitgliedern der Staatsoper zu plaudern, die die Veranstaltung mit ihren »nichtarischen« Ehepartnern besuchten. Göring hatte allerdings schon früher gesagt: »Wer Jude ist, bestimme ich!« und sich unverzüglich dafür entschieden, seinen Generalmusikdirektor Leo Blech weiterzubeschäftigen, der vier jüdische Großeltern hatte.[45] Mindestens seit Anfang 1938 verfolgte die Reichsrundfunkkammer, Unterabteilung der RKK, die Politik, die Werke von Komponisten, die mit Jüdinnen verheiratet waren, nicht mehr zu senden. Es gab dabei einige Ausnahmen wie Franz Lehár und den kokainsüchtigen Eduard Künneke, dessen Frau Halbjüdin war, denn Hitler liebte ihre Werke.[46] Anfang 1939, nach der Kristallnacht, verfügte Goebbels, daß jeder Musiker mit einem jüdischen Ehepartner grundsätzlich »wie ein Halbjude behandelt« und umgehend aus der RMK ausgeschlossen werden müsse.[47]

Der Kriegsausbruch komplizierte einerseits die Bestrebungen der NS-Bürokraten, zu bestimmen, in welchem Grad jemand »arisch« oder jüdisch war, weil sie sich nun um dringlichere Probleme kümmern mußten. Doch andererseits rückte dieses Problem wieder in den Vordergrund, da die »Endlösung der Judenfrage« für ihre Durchführung präzisere Definitionen obligatorisch machte. Bei der berüchtigten Wannsee-Konferenz am 20. Januar 1942 im Auftrag Görings, bei der der Leiter des Reichssicherheitshauptamtes Reinhard Heydrich den Vorsitz führte, wurde das Problem frontal in Angriff genommen, doch einige Teilnehmer verließen die Konferenz dennoch mit der Erkenntnis, daß, wenn ein »Halbjude« beseitigt würde, ein »Halbarier« ebenso umkäme. Dieser gordische Knoten ließ sich nie durchhauen, und »Mischlinge« bekamen noch eine weitere Gnadenfrist.[48]

Nach diesem Ereignis war Goebbels dem Ziel, das Problem für die Zwecke seiner eigenen Kammern zu klären, noch keinen Schritt näher gekommen und fragte sich: »Was geschieht mit den Halbjuden, was geschieht mit den jüdisch Versippten, Verschwägerten, Verheirateten? Wir werden also hier noch einiges zu tun bekommen, und im Rahmen der Lösung dieses Problems werden sich gewiß auch noch eine ganze Menge von persönlichen Tragödien abspielen.«[49]

Seine unschlüssigen Tagebuch-Grübeleien Anfang März 1942 fanden ihre Entsprechung in noch mehr Lücken für potentielle Opfer der rassistischen Netze. 1942/43 erhielt Alfons Ganss, ein halbjüdischer Geiger und Leiter einer Unterhaltungs-Combo, die Spezialgenehmigung, unter dem Schutz der SS in einem Unterhaltungsprogramm für die Wehrmacht mitzuwirken – zweifellos, weil »arische« Musiker zum aktiven Kriegsdienst eingezogen und daher knapp wurden.[50] Juden, die mit »Ariern« verheiratet waren, entgingen 1943 ihrer Deportation in die östlichen Vernichtungslager um Haaresbreite, zu einem Zeitpunkt, als Goebbels ihre Situation unbedingt noch einmal für seine eigenen Zwecke neu überdenken wollte. Seit August dieses Jahres planten Goebbels und der Reichsminister für Rüstung und Kriegsproduktion Albert Speer die Einziehung von »Mischlingen« in Arbeitseinheiten, die nach den Luftangriffen aufräumen sollten, eine Aufgabe, die für sensible Musiker eine spezielle Gefahr bedeutete.[51]

Die sprunghafte Politik, die sich hier offenbarte, wurde zum Teil durch eine allgemeine Unfähigkeit der NS-Funktionäre verursacht, einzelne jüdische Künstler genau zu identifizieren. Symptomatisch für diese Unfähigkeit waren die Fälle von Frida Leider, Alfred Cortot und Theo Mackeben. Die preußische Kammersängerin Leider, ein Star in Covent Garden, der Mailänder Scala und in Bayreuth, war mit einem jüdischen Dirigenten verheiratet, doch selbst keine Jüdin. Im August 1935 – einen Monat vor den Nürnberger Rassengesetzen – berichtete die SS-Gazette *Das schwarze Korps*, daß »die Jüdin Frida Leider« einen Abend in Kissingen gegeben habe; eine Woche später mußte das Blatt zu seiner großen Verlegenheit bestätigen, daß Leider »Arierin« sei. Der französische Pianist Alfred Cortot wurde zur selben Zeit von Hinkel für einen »Nichtarier« gehalten und daran gehindert, ein Konzert in Hamburg zu geben. Erst als der französische Botschafter André François-Poncet sich dafür verbürgt hatte, daß er kein Jude sei, durfte

Cortot seiner Verpflichtung nachkommen. Der Komponist Theo Mackeben hatte mit Brecht und Weill in ihren späteren Weimarer Produktionen zusammengearbeitet. Im Dritten Reich wurde er allmählich zu einem der führenden Filmkomponisten. Er und seine Frau Loni Heuser, eine Kabarettistin mit scharfem politischem Witz, wurden noch im Februar 1938 vom Großdeutschen Rundfunk verdächtigt, Juden zu sein, weil sie beide ihre Abstammung noch nicht offengelegt hatten.[52]

Um diese Konfusion zu beheben, brachte der ehemalige Münchner Operettentenor Hans Brückner, ein fanatischer Nazi-Einfaltspinsel und persönlicher Freund des Nürnberger Judenhetzers Julius Streicher, zusammen mit der ebenso konfusen Christa Maria Rock, der Frau eines Düsseldorfer Zahnarztes, 1935 eine Liste jüdischer Musiker heraus, die den Anspruch auf Fehlerlosigkeit erhob. Sie führte vor allem Interpreten der leichten Musik auf, doch lag ein Schwerpunkt auch auf weithin bekannten Vertretern der ernsten Musik. Einige Monate nach dem Erscheinen dieses Handbuchs stellte Rosenbergs Parteiorgan *Die Musik* jedoch fest, daß es alles andere als zuverlässig sei. Zum Beispiel hatte es den deutschen Komponisten Max Bruch (1838–1920) als Juden bezeichnet und behauptet, daß der berühmte Dirigent Erich Kleiber – angeblich Erich »Klaiber« – ebenfalls jüdischer Abkunft sei. Als Ralph Benatzky, der Komponist populärer Operetten und musikalischer Lustspiele, lesen mußte, daß er Jude sei, protestierte er so energisch, daß sich sogar Goebbels aufregte.[53] Diese Fehler, zu denen auch viele Auslassungen gehörten, waren so peinlich, daß Brückner und seine Genossin gezwungen waren, 1936 eine revidierte Fassung herauszubringen, die ebenfalls voller Fehler steckte. Die Details über Bruch, Kleiber und Benatzky waren korrigiert worden, doch die Auslassungen waren geblieben (so fehlten der Komponist Alexander von

Zemlinsky und der Cellist Matyas Seiber).[54] Inzwischen tappten auch die Funktionäre von Goebbels' Großdeutschem Rundfunk im dunkeln, weil sie es versäumt hatten, eine Akte von jüdischen Künstlern anzulegen. Noch 1938 beziehungsweise 1939 herrschte totale Unkenntnis hinsichtlich der ethnischen Herkunft des amerikanischen Dirigenten Leopold Stokowski und des französischen Komponisten Camille Saint-Saëns, die beide keine Juden waren.[55]

Schließlich veröffentlichten ab 1940 Theo Stengel und Herbert Gerigk, zwei Marionetten Alfred Rosenbergs (der sich nach wie vor für diese Angelegenheiten verantwortlich fühlte), ein von der Partei sanktioniertes Handbuch über die Juden in der Musik, das viele Nachdrucke erlebte und breit gestreut wurde. Darin waren die meisten der früheren schweren Fehler und Auslassungen korrigiert. Zum Beispiel wurde der Komponist Anton Rubinstein (1829–1894), der – wie sich einer der beiden Autoren andernorts beschwerte – häufig als Nichtjude erwähnt wurde (obwohl Brückner ihn korrekt eingeordnet hatte), nun definitiv als russischer Jude aufgeführt.[56] Obwohl etwa Zemlinsky Volljude war, wurde er dieses Mal als halbjüdischer Schwager von Arnold Schönberg bezeichnet, und eine Besprechung in Rosenbergs Zeitschrift *Die Musik* behauptete, daß Zemlinsky Schönbergs Schwiegervater sei.[57]

Aufgrund dieser begrifflichen und verfahrenstechnischen Unsicherheiten verschwanden weder »der jüdische Gehalt« in der deutschen Musik noch die jüdischen Künstler über Nacht. Die Beobachtung des Musikverlegers Willy Strecker zu Beginn des Dritten Reichs, daß das Ziel der Nazis »die Unterdrückung aller jüdischen und bolschewistischen Elemente« sei, traf gewiß zu, doch seine etwas spätere Bemerkung, daß »die Gefahr nun vorüber ist und die von der neuen Musikkommission gesetzten Richtlinien sich als ziemlich vernünftig herausstellen werden«, war allzu

optimistisch. Im nachhinein lieferte Hans Heinz Stuckenschmidt eine wesentlich genauere Einschätzung, als er nach
dem Zweiten Weltkrieg feststellte, die NS-Richtlinien seien
»ganz schwammig, im Grunde unverständlich« gewesen,
und zwar in einem Ausmaß, daß in den ersten Jahren
des Hitler-Regimes die Werke jüdischer Komponisten nach
wie vor aufgeführt werden konnten und jüdische Musiker
weiterhin ihre Arbeitsmöglichkeiten hatten.[58]

Überdies variierte der Grad der Toleranz unter der
Führung der zwei aufeinanderfolgenden RMK-Präsidenten
Strauss und Raabe. Obwohl Strauss keineswegs von einer
bestimmten Art des Antisemitismus frei war, der typisch
für viele Angehörige des Großbürgertums war, war er
selektiv, was die Musik betraf, und suchte sich als seine
spezielle Zielscheibe die Operettenkomponisten aus, die er
vorbehaltlos verabscheute und die er in ihrer überwältigenden Mehrheit als Juden betrachtete. Doch »jüdischer
Gehalt« als solcher gehörte nicht zu Strauss' Glaubensbekenntnis. Seine Oper *Salome* (1905), die 1939 als »unver-
kennbare jüdische Ballade« angegriffen wurde, hielt er für
völlig geeignet für das deutsche Publikum, denn er wußte
aus zuverlässiger Quelle, daß der Führer in seiner Jugend
einmal nach Graz gewandert war, nur um dieses Werk zu
hören.[59] Raabe dagegen war wesentlich dogmatischer. Ein
Jahr, nachdem er zum RMK-Präsidenten ernannt worden
war, erklärte er, daß er für »die Reinigung und weitere Aus-
gestaltung des deutschen Musiklebens« kämpfe.[60]

Auf jeden Fall kamen zumindest in den ersten zwei
Jahren des Dritten Reichs weiterhin alle Arten völlig
»nichtarischer« Musik zur Aufführung. Natürlich waren
1933, bevor Hitler an die Macht gelangte, verschiedene Veranstaltungen geplant worden, die nicht abgesagt werden
konnten. So hielt am 12. Februar Arnold Schönberg im Auftrag von Hans Rosbaud zum hundertsten Geburtstag von

Brahms einen Rundfunk-Vortrag, der vom Reichssender Frankfurt ausgestrahlt wurde. Schönbergs *Pelleas und Melisande* wurde von Heinz Unger, einem Juden, am 2. März in Berlin dirigiert; der Komponist befand sich nach wie vor in der Reichshauptstadt. Sieben Tage später, wenige Stunden, bevor im Anschluß an Berlin eine kommissarische bayerische Staatsregierung gebildet wurde, präsentierte der jüdische Dirigent Max Reiter im Münchner Konzertsaal Odeon ein italienisches Programm. Zwei Wochen danach führte Hans Rosbaud am Reichssender Frankfurt einen Walzer von Josef Lanner in der Bearbeitung des jungen jüdischen Pianisten Erich Itor Kahn auf, dessen Bearbeitungen Anfang 1934 abermals herausgestellt wurden. Im Oktober 1933 wurde in Berlin dem eindeutig »arischen« Dresdener Pianisten Karl Weiss der Mendelssohn-Bartholdy-Preis verliehen. Das jüdische Kolisch-Quartett und der Pianist Artur Schnabel traten ebenfalls im Nazi-Deutschland auf, bevor sie das Land verließen, und außerdem wurde 1934 in Berlin Zemlinskys Oper *Der Kreidekreis* aufgeführt. »Die ›nichtarische‹ Autorschaft fiel noch nicht auf, dem Werk waren die zahlenmäßig üblichen Wiederholungen beschieden«, erinnerte sich Rudolf Hartmann, der an der Inszenierung beteiligt gewesen war. Mendelssohns *Sommernachtstraum*-Musik wurde in Krefeld in der Saison 1934/1935 regelmäßig gespielt, allerdings scheint das – mit Raabe im Anzug – das letzte Werk gewesen zu sein, das in deutschen Repertoiretheatern überlebt hatte.[61] Das stellte den jüdischen Einfluß nicht ab, wie Wolfgang Stumme, der Fachbereichsleiter in der Hitlerjugend, noch 1944 klagte.[62] In jenem Jahr entdeckte ein Musikkritiker aus Solingen zu seiner Befremdung, daß der Berliner Geiger Robert Schultz noch stets in den Kadenzen schwelgte, die sich der jüdische Virtuose Joseph Joachim für seine Interpretation des Violinkonzerts von Beethoven geschrieben hatte. Die NS-Zensoren waren zwar einer Meinung mit dem Kritiker, fanden aber, daß es unmöglich sei, dieses Verhalten zu disziplinieren, und sei es nur aus praktischen Gründen.[63]

In der Tat hatten die Nazis bei dem Versuch, den jüdischen Einfluß in der Musik zu unterdrücken, auf drei bestimmten Gebieten Probleme: erstens mit dem Inhalt von Texten, die historisch zu den Juden zurückverfolgt werden konnten; zweitens mit der jüdischen Musikwissenschaft, die auf sehr hohem Niveau stand; und drittens mit Schallplattenaufnahmen »jüdischer« Komponisten oder Interpreten.

Was die Musiktexte betraf, trat das Problem hauptsächlich in Opern und Oratorien auf. Um ein hervorstechendes Beispiel zu nennen, wurde das Libretto zu Mozarts *Le nozze di Figaro/Die Hochzeit des Figaro* als anstößig empfunden, weil es von dem Juden Lorenzo da Ponte verfaßt und von dem Dirigenten Hermann Levi übersetzt worden war. Korrupte Musikwissenschaftler unternahmen gewaltige Anstrengungen, um den mozartischen Charakter im Text zu bewahren und ihn gleichzeitig so zu »arisieren«, daß strenge NS-Zensoren zufrieden waren.[64] Das jedoch stand in krassem Kontrast zu einer Weisung des Promi aus dem Jahr 1936, nach der Liedertexte bestehen bleiben konnten, falls es sich um so bedeutende Komponisten wie etwa Schumann handelte, auch wenn der Dichter Jude war.[65] Die rationale Erklärung dafür war, daß viel deutsche Lyrik, besonders die von Heinrich Heine, so bekannt und die Urheberschaft im allgemeinen in Vergessenheit geraten war, daß damit kaum etwas riskiert wurde. Es scheint den Nazis entgangen zu sein, daß diese Weisung an sich die Stichhaltigkeit ihrer antijüdischen Argumente in Frage stellte. Händel war ebenfalls problematisch und nicht nur wegen seiner Vorliebe für England. Während der Olympischen Spiele von 1936 wurde sein Oratorium *Herakles* aufgeführt; später fand man heraus, daß die Geschichte auf »Stoffen aus der jüdischen Geschichte« basierte. Das sprach gegen Händel, ungeachtet der Größe seiner Musik. Allgemein mußte Musik mit einer jüdischen Handlung verschwinden, und deshalb war die Aufführung von Händels Oratorien eigentlich unerwünscht.[66] Es gab allerdings Ausnahmen. So wurde Händels *Judas Makkabäus* 1939 unter dem neuen Titel *Der Feldherr* mit sorgfältig umgearbeitetem Text wieder herausgebracht, weil das Werk so gut zum Kriegseinsatz paßte.[67]

Im Hinblick auf die Wissenschaft konnten die Nazis zwar jüdische Musikologen gemäß dem Gesetz vom April 1933 von ihren Aufgaben entheben, doch war es wesentlich schwieriger, bisher anerkannte Leistungen von jüdischen Wissenschaftlern und Musikern aus früheren Jahrzehnten zu negieren. Es mag hier genügen, Felix Mendelssohn als musikalischen Giganten in seiner vollen Größe zu erwähnen. Die Nazis hatten sich nicht nur mit seinem Ruf als Komponist abzumühen, sondern auch mit dem Musikhistoriker und Bearbeiter, der zur Bach-Renaissance beigetragen hatte.[68]

Schließlich waren Schallplatten jüdischer Musiker und Komponisten bis zum 1. April 1938 generell nicht verboten – ein Aufschub, der einzig und allein dem internationalen Charakter der Plattenindustrie zu danken war, von der die deutsche Kulturszene nach wie vor abhängig war.[69] Bis zu diesem Stichtag wurden viele ausländische jüdische Künstler, die in Deutschland nicht ohne weiteres als solche identifiziert werden konnten, sowie österreichisch-deutsche Juden, deren Herkunft sehr wohl bekannt war, von Firmen wie Electrola und Telefunken vermarktet. Das galt sowohl für Komponisten wie Mendelssohn wie für Instrumentalisten wie Bruno Walter, Fritz Kreisler, Artur Schnabel, Simon Goldberg und den aus Rußland gebürtigen Cellisten

Gregor Piatigorsky, der vor seiner Emigration in Berlin gelebt hatte. Doch die Stunde schlug für diese Künstler. Bezeichnenderweise scheint das Jahr der Rassengesetze 1935 die schrittweise Umkehrung initiiert zu haben. Schnabels Platten wurden noch »mit Riesenanpreisungen in allen deutschen Städten angeboten«, wie Werner Kulz anklagend in *Zeitschrift für Musik* schrieb; er fand, daß solche Verkäufe verboten werden müßten. Doch auch nachdem im Frühjahr 1938 der Verkaufs-Boykott verfügt worden war, waren einige beliebte Aufnahmen gerade von Mendelssohns Musik nach wie vor in Berlins besseren Plattengeschäften unter dem Ladentisch zu kriegen.[70]

Jüdische Musiker unter nationalsozialistischer Herrschaft

Kreisler, Schnabel und Goldberg gehörten zu jenen jüdischen Musikern, denen es gelang, sich ziemlich leicht und schnell aus Deutschland abzusetzen, sobald sie merkten, woher der Wind wehte. Dieser Weitblick fehlte der Mehrheit der jüdischen Musiker, die in Deutschland geboren waren, die deutsche Staatsbürgerschaft besaßen und sich selbst als gewöhnliche Deutsche betrachteten. Weil sie häufig an dem Eigentum hingen, das sie in besseren Zeiten zusammengetragen hatten, aber auch, weil sie ihr Land liebten, redeten sie sich ein, daß sich die Dinge bald zum Besseren wenden würden. In der Tat unterlagen die meisten Juden in den Jahren, in denen sie verhältnismäßig rasch hätten fliehen können, dieser Illusion und betrachteten den Nazismus lediglich als Alptraum, der bald vorbeigehen würde, wenn man nur Geduld hatte.[71]

Künstlern wie Kreisler und Schnabel half, daß sie nie die deutsche Staatsbürgerschaft erworben hatten, auch wenn sie vielleicht jahrelang im Reich gelebt hatten und allgemein als Deutsche betrachtet wurden. Meistens handelte es sich um selbständige, freiberufliche Berufsmusiker, die – wenn sie berühmt genug waren – in jedem Land, das auf Kultur Wert legte, Gagen in fast beliebiger Höhe fordern konnten und nicht von Gehältern und Pensionen eines körperschaftlichen deutschen Arbeitgebers wie den städtischen Orchestern abhängig waren. Kreisler zum Beispiel (der nur einen jüdischen Elternteil hatte) war 1875 in Wien geboren worden und hatte seine österreichische Staatsbürgerschaft nie aufgegeben, obwohl er viele Jahre in Deutschland gelebt hatte und bei der Machtübernahme der Nazis im Januar 1933 Villenbesitzer im vornehmen Berliner Grunewald war. Kreisler war Anfang 1933 auf Amerikatournee und kam erst im Sommer nach Berlin zurück; darauf fuhr er, nachdem auch er eine schriftliche Einladung Furtwänglers, mit ihm aufzutreten, abgelehnt hatte, auf Urlaub nach Italien und Frankreich, um nie mehr in Hitlers Reich zurückzukehren.[72] Der Baß Emanuel List, ebenfalls Österreicher, hatte seit 1923 in Berlin gelebt und häufig an den Opernhäusern der Hauptstadt und in Bayreuth gesungen; er gehörte zu jenen Sängern, die bei den Festspielen von 1933 unter dem Schutz Winifred Wagners standen, und emigrierte anschließend in die Vereinigten Staaten. Dieser Schritt war in seinem Fall einfacher als für andere, denn er hatte schon vor dem Ausbruch des Ersten Weltkriegs in Amerika gelebt und dort sogar einen Antrag auf Einbürgerung gestellt.[73] Der Beethoven-Experte Schnabel, ein Pole, hatte ebenfalls österreichische Papiere; er hatte seit 1900 in Berlin gelebt, und obwohl er an der dortigen Hochschule für Musik unterrichtete, stammten seine Haupteinkünfte aus internationalen Tourneen. Nach seinem letzten Berliner

Konzert am 28. April 1933 reiste er sofort nach Italien und emigrierte erst nach England und dann in die Vereinigten Staaten.[74] Simon Goldberg, ebenfalls Pole und seit 1929 Konzertmeister der Berliner Philharmoniker, kündigte seine Stelle im Orchester von sich aus, da er damit rechnen mußte, 1934 während seines Urlaubs gefeuert zu werden. Obwohl er im Prinzip Angestellter war, genoß er den Status eines unabhängigen Künstlers und blieb weiter in Europa, wo er als Solist in verschiedenen Ländern auftrat, bis er 1938 sein Debüt in New York gab.[75]

Kurt Weill, ein deutscher Jude aus Dessau, in finanziell unabhängigen, wenn auch bescheidenen Verhältnissen, hatte die politischen Zeichen an der Wand bereits in den letzten Jahren der Weimarer Republik gesehen, als die Aufführung seiner Opern *Aufstieg und Fall der Stadt Mahagonny* und *Die Bürgschaft* von SA-Trupps brachial behindert wurde. Sein letztes Werk *Der Silbersee* war am 18. Februar 1933 in Leipzig in der Regie von Detlef Sierck (der sich bald als Douglas Sirk einen Namen in Hollywood machte) uraufgeführt und von der Kritik positiv aufgenommen worden. Doch eine so wichtige Stadt wie Hamburg hatte es abgelehnt, den *Silbersee* herauszubringen, und schlimme Nazidrohungen lagen in der Luft, als das Werk in Erfurt und Magdeburg aufgeführt wurde – in der letzteren Stadt am 27. Februar, dem Tag des schicksalhaften Reichstagsbrands in Berlin. Weill, der die Scheidung von seiner »arischen« Frau Lotte Lenya eingereicht hatte, gab ein kürzlich gekauftes Haus in Berlin auf und verließ am 21. März in der Hoffnung auf bessere Chancen Deutschland in Richtung Paris.[76]

Für einige jüdische Musiker wurde die Katastrophe der Entlassung aus einer scheinbar sicheren Stellung, der oft ein erzwungenes Exil folgte, durch die – bereits beschriebenen – eingebauten Verzögerungsmechanismen in der antijüdischen Bürokratie abgeschwächt, was in manchen Fällen einem Irrtum in der Feststellung der Identität (oder genauer gesagt Herkunft) oder purem Glück zu danken war. Einige der glücklicheren Künstler waren »Günstlingsjuden« oder Juden, die sich durch Geburt oder Heirat in einer privilegierten Situation befanden. In vielen Fällen boten solche Verzögerungen lediglich ein paar Jahre Aufschub, die jedoch dazu benutzt werden konnten, um sich auf eine sicherere Zukunft im Ausland vorzubereiten und nicht innerhalb weniger Monate fliehen zu müssen.

Es gab zwei volljüdische Musiker, die aufgrund der Protektion von Nazis in Schlüsselstellungen unbeschädigt im Dritten Reich bleiben konnten, zumindest für etliche Jahre. Der Dirigent Leo Blech war die berühmte Ausnahme unter all den fähigen jüdischen Musikern, die sich nicht die leiseste Hoffnung auf einen Verbleib in Deutschland machen konnten, wie sie es vielleicht wünschten. Den angesehenen Blech unterschied nichts Besonderes etwa von Bruno Walter, Otto Klemperer oder Jascha Horenstein, die alle ins Exil verbannt wurden, außer dem reinen Zufall, daß Heinz Tietjen, der Generalintendant der Preußischen Staatstheater (der ein Opportunist und kein Nazi aus eigenem Antrieb war) beschlossen hatte, daß er einfach nicht ohne ihn auskommen könne. Als Hitler an die Macht kam, war Blech mit zweiundsechzig kurz vor dem Pensionsalter. Er hatte enorme Auslandserfahrung, einschließlich der Vereinigten Staaten und Schwedens, wo er es zur Stellung eines königlichen Hofkapellmeisters gebracht hatte. An der Berliner Staatsoper hatte sich der eigenwillige Maestro mit dem Engagement von deutschen und internationalen Gästen beliebt gemacht. Es scheint das zu jener Zeit noch gültige internationale Renommee des Hauses gewesen zu sein, das Tietjen davon überzeugte, er müsse allein darum Blech halten. Blech war auch ein Liebling des Berliner Publikums:

Nachdem er an einem Abend im Juni 1933 die *Götterdämmerung* dirigiert hatte, wurde ihm zur Bestürzung eines fanatischen NS-Beobachters eine stehende Ovation bereitet. Wie leicht Göring, der in jenen frühen Jahren um internationales Interesse buhlte, überzeugt werden konnte, ist unbekannt, doch hatte Tietjen immer einen unerklärlichen Einfluß auf ihn. In jedem Fall ließ sich der Pensionär Blech erst im Sommer 1938, bevor der Haß der Nazis auf die Juden sich wenige Monate später in den Pogromen entlud, dazu überreden, das Land zu verlassen. Er und seine Familie bekamen deutsches Geleit nach Riga, der Hauptstadt des unabhängigen (und quasi-faschistischen) Lettland, wo er an der Nationaloper bis zur Invasion der Roten Armee dirigierte und darauf nach Stockholm zurückkehrte.[77] Schon früh hatte Blech eingefleischte NS-Funktionäre, die sich an die gerade geltenden Vorschriften hielten, in die größte Verlegenheit gebracht, da es schwierig war, seine weitere Beschäftigung gegenüber anderen Opfern der Rassenpolitik der Nazis zu rechtfertigen.[78]

Der andere privilegierte jüdische Musiker war Otto Manasse, ein Münchner Komponist und Schüler von Max Reger. Als Paul Graener, damals noch nomineller Vorsitzender der Reichsfachschaft Komponisten in der RMK, seinen Freund Hinkel ersuchte, Manasses kleine Wohnung zu sichern, deren Mietvertrag gerade ablief, war der Komponist neunundsiebzig. Hinkel bat Münchens Oberbürgermeister Karl Fiehler, sich um die Sache zu kümmern. Was schließlich mit Manasse geschah, ist unbekannt: Der Komponist, ein wirtschaftlich unabhängiger und zum Christentum übergetretener Künstler, dessen protestantische Kirchenmusik in München häufig aufgeführt wurde, konnte weder von einem Posten entlassen werden, den er nicht innehatte, noch mit Gewalt aus seinem Vaterland vertrieben werden. Es ist wahrscheinlich, daß er den

Münchner Deportationsrazzien nach 1941 zum Opfer fiel, wenn er nicht das Glück hatte zu sterben, bevor sie stattfanden.[79]

Einige wenige deutsche Künstler, die mit Juden verheiratet waren, gerieten entweder nicht in die Netze des deutschen Antisemitismus oder verließen das Land. Zur ersten Kategorie gehörte die Starsängerin Frida Leider, die mit dem jüdischen Geiger und Kapellmeister Rudolf Deman verheiratet war. Frida Leider war zu prominent, als daß man ihr etwas anhaben konnte, obwohl in ähnlichen Fällen der Stichtag 30. Januar 1933 für Ehen (von dem Schuricht noch profitiert hatte) zunehmend ignoriert wurde, zumal nachdem die Nürnberger Gesetze in Kraft getreten waren. Nach dem Anschluß blieb die Primadonna weiter in Deutschland, während ihr österreichischer Ehemann versuchte, den Sturm in der Schweiz zu überstehen, obwohl er keine Arbeitsgenehmigung hatte. Schikaniert und politischem Druck ausgesetzt, fand es Frida Leider fast unmöglich, ihre Karriere in Deutschland aufrechtzuerhalten, doch sie hielt es nicht für notwendig, das Land zu verlassen.[80] Ein anderer deutscher Künstler mit einer jüdischen Ehepartnerin war der Geiger Karl Klingler, der Leiter des bekannten Klingler-Quartetts. Das Quartett wurde zwar aufgelöst, weil der Cellist Ernst Silberstein Jude war. Doch Klingler erhielt eine Sondererlaubnis weiterzuarbeiten, nachdem sich herausgestellt hatte, daß seine Frau nicht, wie ursprünglich angenommen, Volljüdin war. Da auf dem Höhepunkt des Krieges gute Musiker Mangelware waren, wurde Klingler – bereits über sechzig – bei der dringend benötigten Betreuung der Wehrmacht eingesetzt.[81]

Der Fall von Franz von Hoesslin lag komplizierter. Der bekannte Bayreuth-Dirigent heiratete 1935 seine zweite Frau, eine jüdische Sängerin, womit sein Vertrag als Generalmusikdirektor in Breslau hinfällig wurde. In einem persönlichen Gespräch sagte der Wagner-Anhänger Hitler ihm seine Protektion zu, unter der Bedingung, daß seine Frau Deutschland verlasse. Sobald sie nach Italien gegangen war, bewarb sich Hoesslin um neue Stellen, erreichte jedoch nichts (offenbar war Goebbels einer seiner Hauptgegner). Winifred Wagner, deren verstorbener Mann Siegfried mit Hoesslin befreundet gewesen war, stand ihm weiterhin zur Seite, und da Hitler keine weiteren Einwände hatte, konnte Hoesslin bis 1940 Tietjen in Bayreuth assistieren. Er dankte dem Führer im August 1939 in einem handgeschriebenen Brief: »Wie kann ich für dies alles Worte des Dankes finden?« Der Dirigent drückte den Wunsch aus, sich dafür mit allem Einsatz für die nationale und internationale Anerkennung der deutschen Kultur zu revanchieren und damit seinem Vaterland und dem Führer zu dienen. Aber ach, die Dinge nahmen eine andere Wendung. Nachdem er auf dem Höhepunkt des Krieges erst in die Schweiz und danach nach Italien gegangen war, um in der Nähe seiner Frau zu sein, beschloß Hoesslin schließlich doch noch, dem Vaterland die Stirn zu bieten. 1944 beantragte er die Aufhebung seiner deutschen Staatsbürgerschaft. Auf einen Wink der SS, die Hoesslin eine offenkundige »deutsch-feindliche Einstellung« bescheinigte, sorgte die Reichsmusikkammer dafür, daß Hoesslins Name für immer aus ihrer Registratur entfernt wurde.[82]

Die Sopranistin Hilde Güden wurde aus der Reichskulturkammer ausgeschlossen, doch zu ihrem Glück geschah das so spät, daß es keine Rolle mehr spielte. Ihr Fall war bizarr. 1941 war die attraktive Vierundzwanzigjährige Mitglied des berühmten Clemens-Krauss-Ensembles an der Bayerischen Staatsoper, als die Rassenschnüffler entschieden, daß sie statt eines jüdischen Großelternteils, wie von ihr angegeben, in Wirklichkeit drei habe. Nach den Nürnberger Rassengesetzen hätte ein jüdischer Großelternteil die Sängerin ohne Mühe im »arischen« Lager angesiedelt; doch drei setzten sie dem akuten Risiko aus, als Volljüdin eingestuft zu werden. Doch war ein Haken an dieser Geschichte, denn 1938 war die Österreicherin Güden durch die Ehe mit einem türkischen Diplomaten türkische Staatsangehörige geworden. Im August 1943 stellte ein anthropologisches Institut in Wien fest, daß »sie in ihrem rassischen Erscheinungsbild keine Merkmale aufweist, wie sie für Juden charakteristisch sind«; allerdings kam zur selben Zeit der Sicherheitsdienst der SS zu dem absurden Schluß, daß Hilde Güden eine Spionin sei. Zu diesem Zeitpunkt hatte sich die Sopranistin, die bereits wieder geschieden war, nach Rom abgesetzt. So weit reichte der Arm von Goebbels' Handlangern nicht. Hilde Güden wurde im September 1943 nicht aus der RMK, sondern aus der Reichstheaterkammer ausgeschlossen. Hätten sich diese Zweifel über ihre Abstammung ein paar Jahre früher erhoben und wäre sie in Deutschland geblieben, wäre sie möglicherweise umgebracht worden.[83]

Güdens Kollegin Sabine Kalter, Altistin und seit 1915 an der Hamburgischen Staatsoper, wußte, daß sie vier jüdische Großeltern hatte; das war ihr auf gehässige Weise bereits seit 1930 durch antisemitische Karikaturen in der örtlichen Presse unter die Nase gerieben worden. Aufgrund des Gesetzes über das Berufsbeamtentum vom 7. April 1933 hätte Kalter auf der Stelle entlassen werden müssen; doch sie war beim Hamburger Publikum beliebt und hatte Anfang April eine stehende Ovation erhalten, so daß die Behörden zögerten zu handeln. Der Intendant Albert Ruch stellte sie unter seinen persönlichen Schutz, sie konnte also zunächst noch bleiben und sich nach einem festen Engagement im Ausland umschauen. Im Januar 1935 wich sie vor weiteren Drohungen nach England aus, wo sie bald in Covent Garden Triumphe feierte.[84]

Trotz all der Lücken und verwaltungstechnischen Widersprüchlichkeiten waren jedoch die meisten Musiker den Bestimmungen vom April 1933 und den Nürnberger Rassengesetzen vom September 1935 unterworfen, und es wurde mit ihnen ohne Gnade kurzer Prozeß gemacht. Der Mannheimer Komponist Max Sinzheimer, der über diesen Stand der Dinge nachdachte und bereits im Mai 1933 das Schlimmste voraussah, schrieb an seinen Münchner Kollegen Carl Orff, der ihm nicht helfen konnte: »Meine Stimmung ist aber so weit gesunken, daß ich mich zum Schreiben nur schwer entschließe.« Sinzheimer fragte sich dennoch nach wie vor, wie es geschehen haben können, daß »jeder Stümper besserer Rasse mir ins Handwerk pfuschen darf«.[85]

Das war bereits in der frühen Phase des NS-Regimes die Empfindung von vielen Musikern in hohen und niedrigen Positionen, die trotz Hinkels apologetischen Phrasen im Frühjahr 1933 witterten, was seine Führer wirklich im Schilde führten. Die Hochplazierten hatten im allgemeinen mehr Handlungsspielraum, auch wenn sie schnell auf die erwartete oder tatsächliche Beendigung ihres Anstellungsvertrags reagieren mußten. Typische Beispiele dafür sind Schönberg, Klemperer und Walter.

Arnold Schönberg hatte der Widerhall des Antisemitismus in der zu Ende gehenden Weimarer Republik deutlich in den Ohren geklungen, und er machte sich keine Illusionen über die Bedeutung von Hitlers Ernennung zum Reichskanzler am 30. Januar 1933. Einige Wochen nach diesem Ereignis hegte der Komponist noch die Hoffnung auf eine erneute Reise nach Spanien, diesmal, um mit dem Cellisten Pablo Casals an einem neuen Werk, einem Cellokonzert, zu arbeiten. Doch der Plan zerschlug sich, und am 1. März, Wochen vor dem Gesetz vom 7. April, machte der Komponist Max von Schillings in seiner Funktion als Präsident der Preußischen Akademie der Künste bei einer Sitzung, an der Schönberg teilnahm, die demütigende Ankündigung, daß der jüdische Einfluß gebrochen werden müsse. Schönberg reagierte auf diesen Wink und legte seine Professur an der Akademie, an der er seit 1925 unterrichtet hatte, in einem Brief mit Datum vom 20. März nieder. Den ganzen April und im Mai machte er Pläne, mit seiner zweiten Frau Gertrud und dem Baby Nuria nach Paris zu gehen, vorgeblich in seinen geplanten Urlaub und aus Gesundheitsgründen. Als Alternative erwog er kurz auch Nizza. Am 17. Mai reisten die Schönbergs nach Paris. Eine Woche später schickte ihm Schillings eine offizielle Bestätigung seines Rücktritts. Praktisch war Arnold Schönberg, der in der österreichisch-ungarischen Monarchie geboren worden war, aus dem Deutschen Reich ausgewiesen worden.[86]

Der Dirigent Otto Klemperer machte eine etwas andere Erfahrung. Er weigerte sich anfangs, sein Vaterland zu verlassen. Klemperer hatte seine Position in der innovativen Berliner Krolloper bei deren Schließung 1931 verloren und arbeitete unter Tietjen an der Staatsoper, als Hitler an die Macht kam. Der außerordentlich von Stimmungen abhängige Klemperer war in dieser Stellung unglücklich. Dennoch stellte er am 12. Februar 1933 mit seiner kühnen neuen Version von *Tannhäuser* in Zusammenarbeit mit seinem alten Freund und Avantgarde-Regisseur Jürgen Fehling seine Originalität unter Beweis. Diese unorthodoxe Interpretation, die – nebenbei bemerkt – von teilweise schlechten Gesangsleistungen beeinträchtigt war, provozierte unter den Nazis im Publikum einen Sturm der Entrüstung. Goebbels sah sie als Karikatur an, denn »die Juden verstehen Wagner nicht«. Dennoch glaubte Klemperer, daß sein früherer Übertritt zum Katholizismus und seine unerschütterliche antibolschewistische Einstellung ihn retten würden, so wie Blech gerettet worden war. In der Tat schloß er einige weitere Engagements in Deutschland ab, reiste Anfang März zu einer Konzerttournee nach Ungarn und Italien und brachte gegenüber Ausländern eine »euphorische Sicht auf Deutschland unter den Nazis« zum Ausdruck. Als Klemperer Ende des Monats nach Berlin zurückkehrte, machte er in der Hoffnung, er könne seinen Posten behalten, Tietjen patriotische Avancen und behauptete hartnäckig, er sei »mit dem Gang der Ereignisse in Deutschland völlig einverstanden«. Als ihm Tietjen das Ende ihrer Arbeitsbeziehung zu erkennen gab, ersuchte Klemperer um eine Audienz bei Göring, die nicht zustande kam. Klemperer blieb weiterhin optimistisch und schrieb seiner »arischen« Frau Johanna, nicht sein Jüdischsein sei das Problem, sondern die falsche Vorstellung über seine linksgerichteten Neigungen. Manisch, wie er zu diesem Zeitpunkt war (er litt bereits unter einer ernsten mentalen Unausgeglichenheit), bestand er in Gesellschaft von Freunden darauf, daß die »Jüdische Frage« nicht ein rassisches, sondern ein religiöses Thema sei und daß man Hitler eine jüdische Prätorianergarde gewähren müsse. Nachdem er am 4. April von der plötzlichen Verhaftung eines Berliner jüdischen Arztes erfahren hatte, beeilte sich Klemperer, aus dem Land zu kommen, und versuchte, ein hübsches russisch-jüdisches Mädchen mitzunehmen, in das er sich vernarrt hatte. Schließlich stieg er an jenem Nachmittag allein in den Zug nach Zürich und ließ seine Frau zurück, die ihm weinend Lebewohl sagte. Um das Ganze noch schlimmer zu machen, deutete die deutsche Presse Monate später in einer hämischen Meldung an, daß der Dirigent wegen Steuerschulden in Höhe von Tausenden Mark geflohen sei.[87]

Und dann gab es noch Bruno Walter, der in das Zentrum eines nationalen Skandals manövriert wurde, in den auch

Richard Strauss involviert war. Es gibt verschiedene einander widersprechende Versionen, doch der Kern scheint folgender zu sein: Der gebürtige Berliner Walter, seit 1911 österreichischer Staatsangehöriger, war neben seinen Aufgaben in London und New York musikalischer Leiter des Leipziger Gewandhausorchesters und regelmäßiger Gastdirigent der Berliner Philharmoniker. Nach Hitlers Machtübernahme kehrte Walter im März 1933 in seine Berliner Wohnung zurück, wo er erfuhr, daß es in Leipzig, wo er ein paar Tage später dirigieren sollte, Probleme gebe. Obwohl die Geschäftsführung des Gewandhauses sein Konzert zu retten versuchte, war es klar, daß ihn politischer Druck zum Aufgeben zwingen würde. Das wurde in der Tat vom bereits gleichgeschalteten sächsischen Innenministerium erledigt. Walter kehrte darauf in Erwartung seines nächsten Konzerts mit den Berliner Philharmonikern am 20. März nach Berlin zurück. Diese Konzertreihe wurde vom soeben ins Leben gerufenen Reichspropagandaministerium im Auge behalten. Walters Konzertagentur wurde vom Vorschlag des Propagandaministers Goebbels unterrichtet, die Aufführung abzusagen, um unerfreuliche Auswirkungen zu vermeiden. Walter schätzte das richtig als Bedrohung seiner persönlichen Sicherheit ein und ließ – obwohl er wissen mußte, wie sehr Hitler ihn haßte – seine Agentur Goebbels' Staatssekretär Walther Funk anrufen. Dieser bestätigte, daß die Aufrechterhaltung der Ordnung nicht garantiert werden könne, wenn Walter darauf bestehe zu dirigieren. An diesem Punkt wurde Strauss gebeten, für Walter einzuspringen. (Von wem dieses Ersuchen kam, ist noch immer strittig.) Strauss lehnte erst ohne Angabe von Gründen ab, ließ sich aber dann von Walters prominenter Berliner Agentur (deren Eigentümer Juden waren) aus wirtschaftlichen Erwägungen dazu bewegen. Um dem Orchester, das sich in finanziellen Schwierigkeiten befand, unter die Arme zu greifen, stellte er sein Abendhonorar den Orchestermusikern zur Verfügung. Walter sagte ein weiteres bevorstehendes Konzert in Frankfurt ab und reiste auf der Stelle nach Österreich (seine frühere Heimat für viele Jahre), darauf über Italien nach Amerika und mied ab 1938 Europa bis nach dem Krieg.[88]

Auf der untersten Stufe, was soziales Prestige und berufliche Einkünfte betraf, standen jüdische oder halbjüdische Musiker, die in glücklicheren Zeiten eine Nische in der Unterhaltungsbranche gefunden hatten, doch vom plötzlichen Anbruch des NS-Regimes überrascht wurden. Von verschiedenen antisemitischen Erlassen getroffen, die sie kaum verstanden, wurden sie aus dem musikalischen Leben ausgeschlossen, konnten jedoch aufgrund ihrer Berufsausbildung ihren Lebensunterhalt nicht anders bestreiten. Das erzeugte einen Teufelskreis, in dem sie sich schicksalhaft verfingen. Nachdem sie von der RMK eine erste Warnung erhalten hatten, ihre musikalische Tätigkeit nicht mehr zum Broterwerb auszuüben, was in zwei von unseren dokumentierten Fällen 1935 geschah, spielten sie trotzdem weiterhin in der Öffentlichkeit, typischerweise in Eckkneipen, wo die Kontrolleure der RMK sie leicht aufspüren konnten, oder gaben Unterricht, um auf der Basis des Existenzminimums zu überleben. Zwangsläufig wurden sie zu Geldstrafen verurteilt, die – obwohl nicht exorbitant – hoch genug waren, um sie in die illegale Ausübung ihres Gewerbes zurückzutreiben, damit sie sie bezahlen konnten. Da sie immer wieder erwischt wurden, häuften sich die Geldbußen entsprechend und brachten die Missetäter in eine immer verzwicktere Lage. Ein Unglückseliger bekam Strafbescheide, die innerhalb von zweieinhalb Jahren von 25 auf 300 Mark stiegen. Nachdem ihre Pässe von den Behörden konfisziert wurden, um zu verhindern, daß sie emigrierten und ihren Zahlungsverpflichtungen nicht nachkamen, wurden diese unglücklichen Menschen schließlich als asoziale »Nichtarier« – eine doppelt verhängnisvolle Bezeichnung – in ein Konzentrationslager gesteckt.[89]

Zwischen diesen Musikanten am Rande der Kulturszene und den Berühmtheiten gab es viele fähige Musiker, Fachkräfte auf dem Gebiet der E-Musik, die ihre Erwerbstätigkeit nicht gerade so anonym wie Salonmusiker einbüßten, aber mit weit weniger Aufsehen als ein Schönberg, Klemperer oder Walter. Sie mußten sich nach etwas anderem umsehen, möglichst, nachdem sie emigriert waren. Einige, wie der Dirigent und Komponist Berthold Goldschmidt, waren von den Nazis lange vor der offiziellen Metamorphose schikaniert worden und bereits als Parias gebrandmarkt. Goldschmidt, 1903 in Hamburg geboren, war mit dem Mendelssohn-Bartholdy-Preis ausgezeichnet und 1931 an die Berliner Städtische Oper engagiert worden (die ab Januar 1934 unter Goebbels Deutsches Opernhaus hieß). Dort wurde er von »arischen« Kollegen wegen seiner Beteiligung an Produktionen von Offenbach-Operetten verspottet. Das als »Nacht der langen Messer« bezeichnete Blutbad am 30. Juni 1934, in dem Ernst Röhm und sein SA-Anhang liquidiert wurden, flößte ihm wie vielen anderen die Hoffnung ein, daß sich die Dinge zum Besseren wenden würden. Die progressiven Regisseure Jürgen Fehling und Gustaf Gründgens, beide Nichtjuden, die beschlossen hatten, in Deutschland zu bleiben, überredeten ihn weiterzumachen. Doch eine Änderung zeichnete sich nicht ab, und schließlich wurde Goldschmidt von der Gestapo verhört. Er floh 1935 nach England.[90]

Der Dirigent Joseph Rosenstock war achtunddreißig, als er plötzlich von seinem Posten als Generalmusikdirektor in Mannheim vertrieben wurde, ein paar Tage vor der Verabschiedung des Gesetzes vom 7. April 1933. Rosenstock schrieb Strauss in der Hoffnung auf Hilfe, doch Strauss war noch nicht Präsident der RMK, und es ist zweifelhaft, daß er etwas hätte unternehmen können. Einige Jahre arbeitete Rosenstock als Operndirigent im Jüdischen Kulturbund, einem fragwürdigen Zufluchtsort für die in Deutschland gebliebenen Juden (der später in diesem Kapitel erörtert wird), bis er 1936 nach Japan emigrierte.[91] Örtliche Nazis entfernten ebenso plötzlich die Sängerin Rose Pauly (1895 in Ungarn geboren, deren jüdische Abkunft noch 1940 nicht einmal von den Lexikon-Autoren Stengel und Gerigk definitiv festgestellt werden konnte) Anfang Mai 1933 aus einer Produktion von Strauss' *Frau ohne Schatten* und ruinierten damit beinahe die Vorstellung.[92] Etwa zur gleichen Zeit wurde der Frankfurter Opernintendant Josef Turnau aufgrund des April-Gesetzes seiner Aufgaben enthoben. Der Oberbürgermeister der Stadt streute Salz in Turnaus Wunden, als er ihm im Juli schrieb, seine Inszenierungen seien eine »dem deutschen Wesen fremde und das nationale Volksempfinden verletzende« Darstellung der Bühnenwerke gewesen. Binnen weniger Wochen hatte sich Turnau nach Wien abgesetzt. Sein Frankfurter Kollege, der Chefdirigent Hans Wilhelm Steinberg, wurde auf ähnliche Weise und mit praktisch derselben Begründung gefeuert, die der oft stereotypen Routine der Säuberungsaktionen in jener Zeit entsprach. In Steinbergs wie in Rosenstocks Fall wurde ihr Militärdienst im Ersten Weltkrieg nicht berücksichtigt, trotz der Freistellungen, auf denen Hindenburg ursprünglich bestanden hatte. Steinberg, ehemaliger Assistent von Otto Klemperer, arbeitete erst für den Kulturbund und ging dann nach Palästina, bevor er als William Steinberg in San Francisco, Pittsburgh und Boston außerordentlich erfolgreich wurde.[93] Generalmusikdirektor Jascha Horenstein wurde ebenfalls gleich zu Anfang seines Postens in Düsseldorf enthoben. Einmal mehr lautete das Argument, daß Juden unfähig seien, Wagner zu dirigieren, doch

wurde auch Horensteins Interpretation von Beethoven
gegen ihn verwendet. Horenstein ging übrigens wegen Ver-
tragsbruchs vor Gericht und bekam überraschenderweise
ein hübsches Sümmchen, bevor er sich nach Australien
einschiffte. Die antijüdische Gesetzgebung war so instabil,
daß in einem Fall ihre eigenen Freistellungsklauseln nicht
galten, während in anderen Fällen konservativ eingestellte
Gerichte, die sich an die bisher bestehenden Verwaltungs-
bestimmungen hielten, sich darüber hinwegsetzen konnten.[94]

Immer wieder gab es Eigentümlichkeiten, die durch
diese unpräzisen Gesetze verursacht wurden, wobei einzelne von ihrem Status profitieren konnten oder doppelt
darunter zu leiden hatten. Einige Beispiele sind haarsträu-
bend, denn sie verraten, daß die betroffenen Musiker Sym-
pathien für die Nazis hatten. Zwei Instrumentalisten, deren
Akten erhalten geblieben sind, waren Halbjuden, jedoch –
unentdeckt – vor Januar 1933 Parteimitglieder gewesen.
Einer von ihnen erfuhr von seiner »rassischen« Identität
offensichtlich erst, als er seine Papiere vorlegen mußte; der
dreißigjährige Klarinettist zerbrach daran, daß ihm in der
Folge 1935 die weitere Ausübung seines Berufs unmöglich
gemacht wurde. Der andere Mann, ein ehemaliger lokaler
NS-Führer, wurde einige Wochen vor Kriegsausbruch zu
Schwerarbeit eingezogen; er hoffte auf eine Sonderrege-
lung.[95] Ein weiterer »halbarischer« Musiker, der knapp da-
vorstand, seinen gewohnten Lebensunterhalt einzubüßen,
beklagte sich im Sommer 1935 bei seinem alten Freund
Hinkel und erinnerte ihn daran, daß er sich »schon vor
vielen Jahren der Nat. Soz. Bewegung unentgeltlich zur
Verfügung« gestellt habe.[96] Ein anderer Musiker, ein Nichtjude, fand nach genauerer Überprüfung 1938 heraus, daß
die Frau, die er drei Jahre vorher geheiratet hatte, eine
jüdische Mutter hatte. Das schadete nun seiner Stellung

beim Stuttgarter Rundfunkorchester. Der Geiger bekräftigte zwar: »Sie hat nichts von den verwerflichen jüdischen Eigenschaften und haßt und verabscheut, ebenso wie ich, die jüdische Rasse.« Doch die Behörden wollten anfangs seine Erklärung nicht akzeptieren, daß er von seinen Schwiegereltern übertölpelt worden sei. Erst 1939, als der Mangel an qualifizierten Berufsmusikern überall nur zu offensichtlich wurde, erhielt er eine Sondergenehmigung, seine Arbeit fortzusetzen.[97]

In der Tat fielen die Probleme mit den sogenannten Mischehen nun auf die NS-Behörden zurück und bereiteten ihnen einiges Kopfzerbrechen. Ein besonders grotesker Fall war der des bekannten Dirigenten Ernst Praetorius, eines Mannes, der sich nicht wie sein prominenterer Kollege Franz von Hoesslin der speziellen Bewunderung des Führers erfreuen und dann einfach dem Dritten Reich den Rücken kehren konnte. Praetorius war seit 1924 Generalmusikdirektor in Weimar, als ihm zu Beginn des Dritten Reichs mitgeteilt wurde, daß sein Vertrag nicht verlängert würde, weil Hitlers Vertraute wie Hans Severus Ziegler die Schlüsselpositionen in dieser kulturell wichtigen Stadt übernehmen sollten. Praetorius verfügte über die notwendigen Kontakte; als ehemaliges Mitglied von Rosenbergs KfdK kannte er die Berliner NS-Musiker Gustav Havemann, Paul Graener und Georg Vollerthun gut und betrachtete sich als Freund der Weimarerin Elisabeth Förster-Nietzsche, Friedrich Nietzsches jüngerer Schwester, einer entschiedenen Nationalsozialistin und verbissenen Antisemitin. Doch zu den Problemen mit der Hitler-Clique, die seinen Posten forderte, kam noch, daß Praetorius mit einer Jüdin verheiratet war. Anfang 1935 mußte er in Berlin als Fahrer arbeiten, ließ sich im Mai, um seine Chancen für eine angemessene Position zu verbessern, von seiner Frau scheiden und beugte sich damit den sattsam bekannten

Bedingungen des NS-Regimes. Darauf wurde er Mitglied
einer Gruppe, die unter Federführung von Paul Hindemith
unter der vollen Verantwortung der Naziregierung zusam-
mengestellt worden war und nach Ankara geschickt wurde,
um der türkischen Regierung beim Aufbau eines Musik-
ausbildungs-Systems nach deutschem Vorbild zu helfen. Ab
1936 war Praetorius in Ankara und beruflich außerordentlich erfolgreich. Er dirigierte und setzte eine ganze Reihe
von Reformen in Gang, die eine einheimische, wenn auch
deutsch inspirierte gehobene türkische Musikkultur hervorbringen sollten. Doch da gab es noch seine frühere Frau,
die in Berlin zurückgeblieben war und weder ihren Beruf
als Ärztin ausüben noch ihm nachreisen konnte, denn in
seiner offiziellen Position fiel er noch immer unter die
Zuständigkeit der deutschen diplomatischen Vertretung in
der Türkei und damit unter den verlängerten Arm des
Reichs. Praetorius verdiente nicht genug, um für die Erziehung seiner Kinder und außerdem für die finanzielle
Unterstützung seiner ersten Frau und der gemeinsamen
Tochter sowie für den Lebensunterhalt seiner zweiten Frau
Käte aufzukommen. Seine Habe war von Berlin geschickt
worden, war aber bis zur Ankunft seiner geschiedenen Frau
eingelagert, auf deren Namen der Transport erfolgt war.
Praetorius scheint sich der Absurdität seiner Position
bewußt gewesen zu sein, für die er sich einen Großteil der
Schuld selbst zuzuschreiben hatte. Gewissensbisse müssen
ihn zu Täuschungsmanövern getrieben haben, denn er
teilte seinen exilierten Freunden mit, daß er Deutschland
habe verlassen müssen, weil er sich *geweigert* habe, sich
von seiner jüdischen Frau scheiden zu lassen.[98]

Vor ihrer Emigration – oder Vernichtung – war es jüdischen Musikern wie anderen jüdischen Künstlern erlaubt,
ihre Kunst im Rahmen des Jüdischen Kulturbunds auszuüben. Nach Verhandlungen zwischen den Führern der jüdi-

schen Gemeinde und dem preußischen Staatskommissar Hinkel erteilte das Regime im Juni 1933 die Genehmigung, eine rein jüdische Organisation mit jüdischen Künstlern zu gründen, die von den Juden selbst zum ausschließlichen Nutzen des jüdischen Publikums finanziert wurde. Hinkel vertrat dabei den preußischen Ministerpräsidenten (Göring), den preußischen Kultusminister (Rust) und den Reichspropagandaminister (Goebbels). Die treibende Kraft auf jüdischer Seite war der Berliner Neurologe Dr. Kurt Singer, der auf musikalischem Gebiet sehr beschlagen war, selbst Dirigent war und in den letzten Tagen des Hohenzollernreichs den Chor der Berliner Ärzte gegründet hatte. Für das Ehrenpräsidium des Bundes waren bekannte jüdische Persönlichkeiten wie Leo Baeck und Martin Buber vorgesehen. Der Bund sollte von Monat zu Monat für eigens ausgewählte Mitglieder gegen einen Mitgliedsbeitrag von 2 Mark 50 (später 2 Mark 85) geführt werden. Die Organisatoren des Kulturbunds konnten aus Bewerbungen von rund zweitausend Künstlern und Hilfskräften auswählen (einschließlich ausländischer und konvertierter Juden), von denen sie nur zweihundert engagierten. Sie eröffneten am 1. Oktober die Spielzeit mit einer Inszenierung von Lessings *Nathan der Weise* im Berliner Theater, und zwei Wochen später gab das neue Kulturbund-Orchester unter Michael Taube ein Konzert.[99]

Dem Berliner Beispiel folgten sehr rasch regionale Kulturbünde im Rhein-Ruhr-Gebiet mit Sitz Köln und im Rhein-Main-Gebiet mit Sitz Frankfurt. Kleinere Institutionen wurden darauf in Hamburg, München, Breslau, Kassel und an anderen Orten gegründet, so daß es das NS-Regime im März 1935 für angebracht hielt, alle sechsundvierzig lokalen Verbände unter einer Berliner Dachorganisation zusammenzuschließen, dem sogenannten Reichsverband der jüdischen Kulturbünde, der bald zu »Jüdischer Kulturbund« verkürzt wurde. Die Angliederung an diesen Verband wurde den lokalen Bünden zur Pflicht gemacht. Unter ihnen blieb der in Berlin mit 20 000 aktiven und passiven Mitgliedern Anfang 1934 der größte; der kleinste mit lediglich vierundzwanzig Mitgliedern war der in Küstrin.[100]

Zeitgenössische Erklärungen von jüdischen Funktionären können einen glauben lassen, daß die Zuständigkeit für die Gründung dieser Organisationen zu gleichen Teilen bei den Nazis und bei den Juden lag. Es hieß, daß der Jüdische Kulturbund Juden die Gelegenheit biete, über ihre nationalen und kulturellen Ursprünge nachzudenken, über die Frage ihrer Assimilierung mit nichtjüdischen Deutschen zu reflektieren oder über den Unterschied oder die Ähnlichkeit mit dem osteuropäischen Judentum. Sie sprachen über große neue Aufgaben, die »Kraft, Energie, Ausdauer, Zeit verlangen«.[101] Doch das waren flinkzüngige Phrasen, um die NS-Herrscher zufriedenzustellen oder zumindest zu beschwichtigen, denn niemand war darüber im Zweifel, daß die Regimeführer die wahren Urheber dieses Projekts waren, ungeachtet der gutgemeinten Mitarbeit einzelner Juden.

Die Nazis waren von vielfältigen eigennützigen Motiven ausgegangen. Erstens konnte die Gefahr sozialer Unruhen als Resultat der harten und plötzlichen Verdrängung aus ihrem Einkommen durch eine neue Beschäftigung kanalisiert und eingedämmt werden, zumindest, was einige betraf, die als Beispiel für andere dienen konnten. Das erwies sich als richtig, auch wenn letzten Endes nicht »Arier«, sondern die passiven Mitglieder der Bünde gezwungen waren, für diese Künstler zu sorgen. Bezeichnenderweise war eine Grundvoraussetzung, um 1933 in Berlin als Kulturbund-Künstler engagiert zu werden, akute finanzielle Notlage gewesen; die wenn auch vergleichsweise niedrigen Gagen, die Solisten gezahlt wurden, reichten fürs Überleben aus.

In Frankfurt zum Beispiel erhielten Künstler 20 Mark pro Auftritt. Im Einklang mit dieser Politik stand im April 1938 ein Erlaß des Propagandaministeriums, daß nur diejenigen jüdischen Musiker eingestellt werden dürften, die Mitglieder des Kulturbunds waren und über kein anderes reguläres Einkommen verfügten. Obwohl SS-Trupps jederzeit eingreifen konnten, wollte Hitler vermeiden, daß wirtschaftliche Unzufriedenheit unter benachteiligten Juden in eine Revolte mündete.[102]

Zweitens war der propagandistische Wert des Kulturbunds außerhalb Deutschlands hoch. Wenn gezeigt werden konnte, daß die Juden über eine Art kultureller Autonomie verfügten, konnten die Nazis für sich in Anspruch nehmen, daß Großzügigkeit und nicht Unterdrückung die bestimmende Philosophie ihrer Judenpolitik sei, egal, wie scharf ausländische Attacken gegen den Antisemitismus waren. Das war der offizielle Tenor in Reden von Goebbels, Hinkel und ihren Lakaien.[103]

Drittens nahm die kulturelle Gettoisierung der Juden ihre physische Gettoisierung vorweg und erleichterte später die striktere Kontrolle.[104] Dies ergänzte die Säuberungsaktionen der Kulturkammern, die seit ihrer Gründung von Goebbels und Hinkel als Speerspitze gebraucht wurden und mit der Schaffung der jüdischen Kulturorganisationen zusammenfielen. Es war kein Zufall, daß Hinkel in beiden von den Nazis kreierten Unternehmungen eine Schlüsselrolle spielte. Noch war es ein Zufall, daß vielen jüdischen Musikern, nachdem sie aus der Reichsmusikkammer ausgeschlossen worden waren oder ihnen der Eintritt formaljuristisch verwehrt war, routinemäßig mitgeteilt wurde, sie sollten sich wegen einer möglichen Anstellung an den Jüdischen Kulturbund wenden.[105]

Wie vorauszusehen, ließen die Behörden jenen deutschen Juden, die sich in einer nationalen Kultur behaupten wollten, an die sie seit Jahrzehnten gewöhnt waren, eine launenhafte und unbarmherzige Behandlung angedeihen. In einem Bereich kultureller Bemühungen, die in bezug auf den »jüdischen« Gehalt durch die neuen Gesetze schmerzlich eingeschränkt waren, mußten die Organisatoren des Jüdischen Kulturbunds Selbstzensur ausüben, um den offiziellen Richtlinien nachzukommen, und für jedes Programm die Zustimmung Hinkels oder seiner Chargen einholen. Bei Übertretungen riskierten sie immer Strafen durch die SS oder die Gestapo.[106] Das Regime benutzte Juden als Geiseln, wann immer etwas schiefging. Als Wilhelm Gustloff, der NS-Repräsentant in der Schweiz, Anfang 1936 von einem Juden ermordet wurde, wurde als Vergeltungsakt der gesamte Kulturbund auf Befehl von Goebbels für einige Wochen völlig lahmgelegt. Im November desselben Jahres wurde eine Revue, die Leo Raphaeli für Hamburg geplant hatte, ohne ersichtlichen Grund plötzlich verboten. Nach der Kristallnacht vom 9. zum 10. November 1938 wurden alle Aktivitäten des Kulturbundes abermals eingestellt, bis Goebbels es für angebracht hielt, die Juden zur Arbeit an den Theatern zurückzubeordern – aus Angst, eine internationale Gegenreaktion zu provozieren.[107]

Zu diesem Zeitpunkt konnten nur wenige jüdische Künstler seine Entscheidungen befolgen, denn viele wurden in Konzentrationslagern festgehalten. Und natürlich war auch ihr Publikum geschrumpft. Zwar waren die Veranstaltungen des Kulturbunds niemals ein einträgliches Geschäft gewesen, doch wurde es für seine Produzenten in zunehmendem Maße noch schwieriger, die Kosten zu decken, da sich die Zahl der passiven Mitglieder von Jahr zu Jahr verringerte – die anderen waren emigriert, verhaftet, eines natürlichen Todes gestorben und manchmal ermordet worden. Periodische Mahnungen an die Musiker, ihre Mitgliedsbeiträge zu zahlen und sich aktiv an der Unterstützung des Kulturbunds zu beteiligen, fielen nicht auf fruchtbaren Boden. Die fünzigtausend Juden, die 1936/37 im gesamten Reich in Kulturbünden organisiert waren, machten lediglich zehn Prozent aller Juden aus, die noch immer in Deutschland lebten.[108]

Das Ende nahte, als die deutschen Juden während der halboffiziellen Pogrome im November 1938 zum Spielball der Nazis wurden. Danach zurückbeordert zu werden, um Kultur zu produzieren, war wesentlich härter, als sich – wenn auch unter Druck – 1933 aus freien Stücken in einer solchen Tätigkeit zu engagieren. Das Ziel der Nazis, die Juden wegen der besseren Kontrolle lokal zu konzentrieren, hatte noch immer Vorrang; deshalb waren die Kulturbünde, nachdem sie wieder arbeiten konnten, aus Mangel an Schauspielern und Musikern auf die Vorführung von Filmen angewiesen. In den größeren Zentren gab es bisweilen einen vereinzelten Soloabend oder das Debüt eines Streichquartetts, aber das war das Äußerste. Die Gestapo löste den Kulturbund auf nationaler Ebene am 11. September 1941 auf. Reinhard Heydrich, der Leiter des Sicherheitsdienstes der SS, hatte von Göring Weisungen für einen Gesamtplan zur »Endlösung der Judenfrage« erhalten. Russische Juden wurden bereits von SS-Sonderkommandos in der Nachhut der vorrückenden Wehrmacht erschossen. Vom 19. September an mußten alle Juden im Reich den Davidstern tragen, und am 1. Oktober wurde jede weitere Emigration untersagt. Als am 14. Oktober dieses Jahres die Deportationen von Juden in den Osten begannen, hatte sich das Konzept des Jüdischen Kulturbunds überlebt.[109]

Allen Widrigkeiten zum Trotz war die Musik der Schwerpunkt im Gesamtprogramm des Kulturbunds; zusammengenommen hatten Oper, Operette und Konzertmusik die meisten Aufführungen und beanspruchten – zumal im Fall der Oper – den Großteil des Budgets.[10] Manche Musiker, die für den Kulturbund arbeiteten, waren hervorragend: in Berlin die Dirigenten Joseph Rosenstock und (nachdem dieser weggegangen war) Hans Wilhelm Steinberg, unterstützt durch den Chor von Kurt Singer und Michael Taubes Kammerorchester, sowie Solisten wie der Pianist Leonid Kreutzer und die Sängerin Paula Lindberg.[11] Auch Hamburg und Frankfurt hatten vorzügliche Musiker wie die Pianisten und Komponisten Rosy Geiger-Kullmann und Bernhard Sekles (bis zu seinem Tod 1934), Hindemiths und Rosbauds ehemaliger Lehrer.[12] Stuttgart war die Heimstatt des bedeutenden Pädagogen und Chorleiters Karl Adler, und sogar in Mannheim fand Max Sinzheimer für ein paar Monate eine neue *raison d'être* als Koordinator musikalischer Veranstaltungen in der Region. »Der ›Betrieb‹ hält mich wenigstens aufrecht«, schrieb er Anfang 1934 an Orff, »und ich plane und führe aus und bilde mir ein, ich wäre ein jüdischer Generalmusikdirektor.«[13] Es gab auch eine Schallplattenfirma, die Lukraphon mit Sitz Berlin, die jüdische Folklore, sakrale Musik, einfache Swing-Tanzmusik und Werke von Beethoven, Mozart und Mendelssohn herausbrachte.[14]

All diese musikalischen Bemühungen wurden chronisch von zwei zusammenhängenden Schwierigkeiten behindert. Die eine bestand darin, daß es, je besser die ausführenden Künstler waren, um so wahrscheinlicher war, daß sie emigrierten; denn Musik ist an keine Sprache gebunden. Deshalb verlor der Kulturbund bereits ab 1933 immer mehr hochrangige unersetzliche Musiker: aus Berlin ging Kreutzer in die Vereinigten Staaten, und der ungarische Geiger Ödön Partos kehrte in sein Vaterland zurück; 1934 setzte sich Taube nach Palästina ab. Die Sängerin Beatrice Freudenthal emigrierte 1936 von Hamburg nach Amerika, und ein Jahr später suchte der Hamburger Generalmusikdirek-

tor Robert Müller-Hartmann Zuflucht in Großbritannien.
1938 waren nur wenige Profis übriggeblieben wie der
Opernsänger Wilhelm Guttmann, der Anfang 1941 während
eines Auftritts in Berlin starb. Ludwig Misch, Lehrer, Dirigent und Musikkritiker in Berlin, liebäugelte 1936 mit dem
Gedanken, eine Musikschule für die Ausbildung des Nach-
wuchses zu gründen, doch wegen der hohen Emigrations-
rate unter Musikern war diese Unternehmung von Anfang
an zum Scheitern verurteilt. Misch unterrichtete eine
Gruppe von Schülern in gettoisierten »jüdischen Schulen«
in der Reichshauptstadt, offensichtlich mit einigen ermuti-
genden Resultaten, denn der letzte Überlebende einer
Klasse (alle anderen waren umgekommen) dankte ihm
1965 und erinnerte sich: »In jener dunklen Zeit, in der wir
von Konzerten ausgeschlossen waren und jeder Kunst-
genuß von uns ferngehalten wurde, haben Sie uns junge
Menschen in die Musik eingeführt und bei mir eine große
Liebe für die Musik wachgerufen, die mich in den späteren
Kriegsjahren und auch nachher nicht wieder verlassen
hat.«[15]
Um das zweifache Problem von Auszehrung und Nach-
wuchsmangel abzuschwächen, waren Kulturbund-Leiter
darauf erpicht, jüdische Stars aus dem Ausland zu engagieren, was noch den zusätzlichen Effekt hatte, daß sie auf
einige der verwöhnteren Konzertbesucher wie ein Magnet
wirkten. Ein Publikumsliebling war der Baß Alexander
Kipnis mit einer ruhmreichen Vergangenheit an der Berliner Staatsoper und in Bayreuth. Er war 1933 rechtzeitig in
die Vereinigten Staaten emigriert, unterbrach aber 1934 eine
Europatournee für einen Aufenthalt in Berlin und trat danach jährlich in verschiedenen deutschen Städten auf, bis er
drei Wochen vor der Kristallnacht seinen vermutlich letzten
Abend bei Karl Adlers Stuttgarter Kulturbund gab.[16] Die
Altistin Sabine Kalter, die inzwischen in London lebte, trat

im Frühjahr 1937 in Berlin auf und im Winter desselben Jahres in Hamburg und sang Lieder von Mendelssohn, Mahler und Dvořak und Arien von Händel.[17] Der Geiger Carl Flesch kam ebenfalls aus London nach Berlin, der Stadt, in der er einst gelebt hatte. Ab dem Sommer 1936 wurden diese Besuche allerdings zu schwierig. So gerne er auch seinen »Rassegenossen« angenehme Stunden bescherte – die Gestapo mußte jeden Besuch genehmigen, und Fleschs Grundhonorar von 1200 Mark konnte vom stets mehr schrumpfenden deutsch-jüdischen Publikum nicht mehr aufgebracht werden. »Da Zeit Geld ist«, wie er sich ausdrückte, beschloß der Star, alle weiteren Einladungen abzulehnen.[18]

Mit der gelegentlichen Ausnahme Berlin in den frühen Jahren der NS-Herrschaft wäre das ein Betrag gewesen, der unmöglich von irgendeinem der Ableger-Kulturbünde aufgebracht werden konnte. Zusätzlich zu den mageren Gehältern, die sie ihren eigenen Künstlern zahlten, versuchten sie auch anderen Fällen unter die Arme zu greifen, und zu den bedürftigen Juden, die Almosen empfingen, zählten auch arbeitslose Ärzte und Künstler. In Berlin wurde ein eigenes Orchester für die seit kurzem Arbeitslosen geschaffen (wie Geschäftsleute, die einmal als Hobby ein Instrument erlernt hatten), und ein Studio war jüngeren jüdischen Komponisten gewidmet. Verschiedene Male erlitten die Kulturbünde unerwartete finanzielle Verluste, wenn etwa Aufführungen von der Gestapo willkürlich abgesetzt wurden.[19]

Um die Dinge weiter zu komplizieren, wurden die Kulturbünde von immer strengeren Verfügungen behindert, was den thematischen Inhalt ihrer Programme betraf. Die Idealvorstellung der deutschen Zensoren war rein jüdische Musik für ein rein jüdisches Publikum. Doch das war schwierig zu erreichen, denn wie die Nazis entdeckten auch die Juden, daß »jüdische Musik« für sich genommen kein künstlerisches Genre war. Deshalb wurden indirekte Definitionen gebraucht: Libretti, die von jüdischen Autoren verfaßt worden waren, Geschichten aus dem Alten Testament oder die Werke aller jüdischen oder konvertierten Komponisten, unter denen Mendelssohn nach wie vor herausragte. Bezeichnenderweise umfaßte das allererste Konzert des Berliner Kulturbunds im Oktober 1933 Werke von Händel, Mozart und Tschaikowsky, und von da an waren großzügige Mischungen jüdischer und nichtjüdischer Inhalte die Regel. Von den neununddreißig Orchesterwerken und Oratorien, die vom Berliner Kulturbund bis Februar 1938 aufgeführt wurden, stammten neunzehn von jüdischen Komponisten; ähnliche Verhältnisse galten für Frankfurt und Breslau und zweifellos auch für andere Veranstaltungsorte.[120]

Jüdische Musiker übten Selbstzensur, indem sie aus freien Stücken auf die Werke von Wagner, Richard Strauss und Weber verzichteten, die als deutsches Eigentum betrachtet wurden. 1936, nach der Einführung der Rassengesetze, wurde es Juden untersagt, Beethoven zu spielen. Im Mai 1937 rügte Hinkel Juden für die Aufführung von Beethoven und Mozart, worauf des letzteren Musik ab 1938 ebenfalls verbotenes Terrain war. Ausländer, auch Nichtjuden, blieben bis zum Ende genehmigt, doch in den letzten Monaten des Kulturbunds war die Aufführung von deutschen Komponisten absolut verboten.[121]

Ironischerweise war Arnold Schönberg, der Komponist, der dem Hitler-Regime als Inbegriff der jüdischen Kultur galt, beim deutsch-jüdischen Publikum ebenso unbeliebt wie bei den »Ariern«. Nur selten wurden irgendwo die Werke des großen Pioniers der modernen Musik aufgeführt – von Erich Itor Kahn schon früh in Frankfurt, in Hamburg 1935 und in Berlin 1934 (anläßlich Schönbergs sechzigstem Geburtstag) und 1937. Das blieben jedoch Einzelfälle, die meist seinem Frühwerk gewidmet waren, vor allem der *Verklärten Nacht* (1899). Ludwig Misch, der einflußreichste Kritiker in der Berliner Diaspora, gab den Ton an; er mochte Schönberg nicht und war der Auffassung, daß von Schönbergs Musik »für unsere lebendige Gegenwart sich nur wenig als lebenskräftig erwiesen hat«. Weniger bedeutende moderne Komponisten wie Karol Rathaus waren noch schlechter dran.[122]

Statt dessen wurden die Werke von zeitgenössischen, doch nach internationalem Maßstab nicht sehr beeindruckenden jüdischen Komponisten – oft lokalen Berühmtheiten – herausgestellt, von Leuten wie Max Kowalski, Rosy Geiger-Kullmann und Hindemiths Schwiegervater Ludwig Rottenberg in Frankfurt, einem weiteren Schönberg (mit dem Vornahmen Jakob) sowie Gerhard Goldschlag, Edvard Moritz und Heinrich Schalit in Berlin. Abgesehen vom unvermeidlichen Händel mit seinen Stoffen aus dem Alten Testament wurden jiddische und hebräische, manchmal kunstvoll ersonnene, Synagogen-Kompositionen aufgeführt, doch war die Aufnahme gemischt.[123] Mozarts *Hochzeit des Figaro*, trotz des Originallibrettos von da Ponte auch mit viel Phantasie kein jüdisches Werk, war Ende 1933 die erste Opernproduktion des Kulturbunds. Darauf folgte im April eine Oper mit einem in der Tat jüdischen Thema, nämlich Verdis *Nabucco*, und wenige Wochen vor den Novemberpogromen 1938 wurden *Die Pioniere*, ein zionistisch inspiriertes östliches jüdisch-palästinensisches Bühnenwerk eines gewissen Jakob Weinberg, als erste wirklich jüdische Oper bejubelt.[124]

Als ob die Dinge noch nicht kompliziert genug waren, verliefen selbst die jüdischen und anderen nichtdeutschen Produktionen nicht immer reibungslos. Einmal wurde Gustav Mahlers Zyklus *Lieder eines fahrenden Gesellen* von einem neuen Zensor in Hinkels zentraler Geschäftsstelle willkürlich für die Aufführung vor jüdischem Publikum verboten. Es stellte sich heraus, daß dieser schlecht informierte Mann Mahler so sehr liebte, daß er dachte, der Komponist könne unmöglich Jude sein, und ihn deshalb auf die Verbotsliste gesetzt hatte. Kaum war dieser Irrtum entdeckt worden, wurde er wieder korrigiert. An einem besonders unerfreulichen Vorfall war der mächtige Mainzer Musikverleger Willy Strecker beteiligt. Der Berliner Kulturbund hatte um die Genehmigung nachgefragt, Strawinskys *Die Geschichte vom Soldaten* aufzuführen, doch Strecker verweigerte seine Zustimmung, um Strawinsky, dessen »Ariertum« im Dritten Reich in manchen Kreisen bezweifelt wurde, nicht unter den Aktionen tausendprozentiger Nazis leiden zu lassen. Strecker schrieb an Strawinsky: »Wenn Sie dem Jüdischen Kulturbund die Genehmigung für die Aufführung erteilen, werden Ihre Feinde Sie und Ihre Musik hämisch ›jüdisch‹ nennen und alles zerstören, was wir aufgebaut haben.« Um die Aufführung zu verhindern – und dabei den wahren Grund nicht angeben zu müssen –, hatte Strecker vor, den Juden eine höhere Gebühr zu berechnen, als sie aufbringen konnten. Zum Glück für den Kulturbund korrigierte sich der Verleger später. Das war ein krasses Beispiel dafür, wie sich die Gestapo, das Propagandaministerium und private »arische« Interessen verschwören konnten, um die Juden leiden zu lassen, alles zum Nutzen des unersättlichen ideologischen Fanatismus, aber auch zum Profit ihrer Feinde.[125]

Im allgemeinen Niedergang des jüdischen Kulturbunds war die Schrumpfung seiner Musikabteilungen am deutlichsten sichtbar, weil sie im Verhältnis die größten und bedeutendsten gewesen waren. Natürlich hatte es trotz gelegentlicher musikalischer Höhepunkte immer Defizite gegeben, wie den chronischen Mangel an Bläsern und einen Überschuß an Streichern.[126] Deshalb bestanden die Orchester in Hamburg und München hauptsächlich aus Streicherchören, ein Problem, das das Hamburger Orchester zu lösen versuchte, indem es sich mit seinem Frankfurter Pendant zu regelmäßigem Austausch zusammentat.[127]

Der schleichende Verfall der Musikproduktionen des Kulturbunds war für wohlgesinnte Beobachter entmutigend, doch nicht für die zynischen Manipulatoren in Goebbels' und Hinkels Gefolge. Frankfurt mußte sein tüchtiges Orchester am Ende der Spielzeit 1935/36 auflösen, hauptsächlich aus Geldmangel. Im ganzen Reich nahmen in der Periode von September 1936 bis September 1937 musikalische Aufführungen um 26 Prozent ab – gegenüber einer totalen Abnahme künstlerischer Aktivitäten um 20 Prozent.[128] Im Juni 1939 wurde die jüdische Oper in Berlin aufgelöst, allerdings konnte eine Resttruppe, umbenannt in »Kammerchor«, weiterhin Mendelssohn, Monteverdi und ostjüdische und hebräische Gesänge und Hymnen aufführen. Wer von den Berliner Orchestern und Sängern noch übrig war, fand sich ein letztes Mal zu einer Verdi-Feier im Juli 1941 zusammen. Als das Ende kam, verteilten NS-Funktionäre die Instrumente des Kulturbunds an Einheiten der SS und der SA; Klaviere gingen an NS-Wohlfahrtsorganisationen und Sanatorien der Wehrmacht. Beschlagnahmte Grammophone und Schallplatten wurden wiederaufbereitet, die letzteren als Bakelit für die deutsche Plattenindustrie, die in zunehmendem Maß Märsche und ziemlich viel Beethoven vermarktete, um den Willen des deutschen Volkes zum Endsieg zu stärken.[129]

Obwohl die meisten jüdischen Musiker das Reich noch rechtzeitig vor den Deportationen verlassen konnten, blieb doch eine erhebliche Anzahl, der das nicht möglich war und die umkam. Für viele waren die Konzentrationslager, als der Antisemitismus sich institutionalisierte, eine schreck-

liche Zwischenstation, gleich, ob ihnen schließlich die
Flucht gelang oder nicht. Bei dem Versuch, die Via Dolo-
rosa dieser Musiker zu verfolgen, ist der Historiker durch
den Mangel an Dokumenten eingeengt. Der Musikerzieher
und Komponist Erich Katz aus Freiburg ist einer der wenigen, über die etwas bekannt ist, bevor er in die Vereinigten
Staaten kam. Bereits früh von NS-Musikologen verunglimpft, wurde Katz 1933 vom Freiburger Städtischen Konservatorium entlassen. Über seine Zukunft im ungewissen
schrieb er im Juli 1933 an Orff: »Was im übrigen aus mir
wird, weiß ich nicht. In Deutschland werde ich ja auf die
Dauer nicht bleiben können, nicht nur aus Existenzgrün-
den, sondern weil ich als Nicht-Volksgenosse (welcher lügt,
wenn er deutsch schreibt) in diesem Lande ja nichts mehr
zu suchen habe; und weil ich mich schließlich nicht mit 35
Jahren schon geistig und musikalisch sozusagen lebendig
begraben lassen kann. Aber wie aufnahmefreudig das Ausland, z. B. die Schweiz, die für mich wohl in erster Linie in
Frage käme, für Leute ohne Geld ist, wird Ihnen ja auch
bekannt sein. Kurz und gut, der Rest ist – Aufhängen.« Wie
sich nachher herausstellte, wurde Katz ein vorübergehen-
der Job in der Schweiz angeboten, doch er blieb bis zum
Novemberpogrom von 1938 in Deutschland und kam danach für einige Monate in ein Konzentrationslager. Er floh
1939 nach England und konnte 1943 nach New York emigrieren, doch erst 1959 war er soweit, daß er sich in Santa
Barbara gut situieren konnte.[50]
  Nicht weit von ihm lebte in Stuttgart der Chordirektor
Karl Adler. Wie ich ausgeführt habe, war das NS-System
zwar so unberechenbar, daß einige Juden ihren Nutzen aus
seinen Widersprüchlichkeiten ziehen konnten, doch konnte
sich das System ebenso gegen sie kehren. Adler wurde im
März 1933, als die antijüdischen Aktivitäten im allgemeinen
noch zurückhaltend waren, in »Schutzhaft« genommen.

Wie Katz wurde er im November 1938 abermals verhaftet, jedoch nach einer Woche entlassen. Er wanderte ebenfalls nach New York aus, wo er eine neue Karriere begann.[151] Andere Musiker wurden eine Zeitlang inhaftiert wie der Frankfurter Tenor Hermann Schramm, der Wiener Geiger Josef Geringer und die junge Berliner Pianistin Edith Kraus. Sie wurde mit ihrem Mann nach Theresienstadt gebracht, wo sie für ihre Mitinsassen auf einem alten Klavier spielte, das sie auf einem Dachboden gefunden hatte. Ihr Mann wurde nach Auschwitz ins Gas geschickt, doch sie konnte in ihre Vaterstadt Prag zurückkehren.[152]

Auch Musiker, die sich aus purer Verzweiflung das Leben nahmen, müssen zu den Opfern des Holocaust gezählt werden. Zu ihnen gehörte Gustav Brecher, der 1879 im damals unter österreichischer Herrschaft stehenden Böhmen geboren wurde. Seine symphonische Tondichtung *Rosmersholm*, die er noch als Knabe komponiert hatte, war von Richard Strauss uraufgeführt worden. Er erlangte nationale Berühmtheit, als er in Leipzig 1927 die Uraufführung von Kreneks *Jonny spielt auf* und 1930 die Uraufführung von Brecht/Weills *Aufstieg und Fall der Stadt Mahagonny* dirigierte. Bei seiner Entlassung 1933 war er Direktor der dortigen Oper. Er und seine Frau brachten sich 1940 in Belgien um, sobald sie erfuhren, daß die Wehrmacht im Anmarsch war.[153] Josef Lengsfeld, ein führendes Mitglied des Münchner Kulturbund-Orchesters, beging mit seiner Frau nach der Kristallnacht in München Selbstmord.[154]

Viele deutsch-jüdische Musiker starben in Theresienstadt oder in anderen Konzentrationslagern, darunter 1944 Kurt Singer, der Berliner Gründer des Jüdischen Kulturbunds, die Sängerin Therese Rothauer und Richard Breitenfeld, Mitglied des Frankfurter Opernensembles. Von den Komponisten starben Hans Walter David in Maidanek und Erich Schulhoff im bayrischen Lager Wülzburg. Über einige Musiker gibt es Belege, daß sie in irgendwelchen Lagern umkamen wie die Wiener Geiger Viktor Robitsek und Max Starkmann. Von anderen wissen wir lediglich, daß sie wie Richard Goldschmidt, der Pianist des Hamburger Kulturbunds, verschwanden, ohne eine Spur zu hinterlassen.[155]

Keiner symbolisierte auf edlere Weise den Stolz und das Leiden dieser jüdischen Musiker als der Komponist Viktor Ullmann, der – Sohn eines österreichischen Offiziers – in Prag lebte. Geboren und aufgewachsen in Wien, wo er Schüler von Schönberg gewesen war, verkörperte er die österreichisch-deutsche Musiktradition. Ullmann war gerade vierzig, als er in Theresienstadt 1944 seine Oper *Der Kaiser von Atlantis* komponierte, die erstmals 1977 in New York und darauf 1994 in Mainz aufgeführt und im selben Jahr auf CD veröffentlicht wurde. Die Oper ist eine kaum verhüllte Anklage gegen einen geistesgestörten Despoten, der sich schließlich widerwillig in seinen Tod ergibt, so daß der Tod zurückkehren und die Menschheit zu einer natürlichen Ordnung zurückführen kann. Ullmann komponierte außerdem ein Klavierkonzert, eine Symphonie, Klaviersonaten und ein Streichquartett. Bevor er nach Auschwitz kam und dort irgendwann im Herbst 1944 ermordet wurde, war er von seinen Freunden in Theresienstadt gedrängt worden, seine Werke für die Nachwelt zu hinterlassen.[156]

Auschwitz forderte auch das Leben des Baritons Erhard E. Wechselmann, der nach seiner Flucht aus Deutschland Kantor der jüdischen Gemeinde in Amsterdam war. Alfred Kropf, einem Kapellmeister aus Stettin, gelang es zwar anfangs, seine Identität mit einem gefälschten Ahnennachweis zu verbergen, doch schließlich wurde er entdeckt und ins Gas geschickt. Die Frankfurter Altistin Magda Spiegel kam ebenfalls erst nach Theresienstadt, fand jedoch wie Ullmann ihren Tod in Auschwitz. Der Komponist James

Simon, ein Schüler von Max Bruch, hatte in Berlin unterrichtet und war danach freiberuflich tätig gewesen. Er floh in die Niederlande, wurde gefaßt, kam nach Theresienstadt und wurde danach nach Auschwitz verlegt, wo er starb. Am bewegendsten ist das Schicksal von Alma Maria Rosé, der Nichte von Gustav Mahler und Tochter des berühmten Wiener Geigers Arnold Rosé, dessen Schülerin sie war. Die erstklassige Solistin floh 1938 nach Frankreich, mit dem Ergebnis, daß sie einige Jahre später im Konzentrationslager Drancy interniert wurde. Danach wurde sie nach Auschwitz deportiert, wo sie ein Frauenorchester aus jungen Musikerinnen leitete, dem auch ihre Hilfsdirigentin, die Sängerin Fania Fénelon, angehörte. Rosé war achtunddreißig, als sie 1944 an Meningitis und Typhus zugrunde ging.[57]

Flucht und Exil der Juden

Den meisten jüdischen Musikern gelang es, aus dem Nazireich zu fliehen, wenn sie die finanziellen Mittel dafür hatten und in der Lage waren, Bürgen und längerfristige Unterstützung in den Ländern ihrer Wahl zu finden. Wie auch für andere jüdische Berufe gab es drei Hauptzufluchtsziele, unter denen die Vereinigten Staaten an erster Stelle standen; praktisch jeder zweite Emigrant ging dorthin. England nahm einen von zehn schutzsuchenden Juden auf, Palästina etwas weniger.[58]

Es gab verschiedene Kategorien von Berufsmusikern, für die die Emigration in Frage kam, und ihr Erfolg hing in hohem Maß davon ab, auf welchem Gebiet sie sich betätigten. Weil Musik ihre Botschaft in einer internationalen Sprache übermittelt, hatten Dirigenten und Instrumentalisten die beste Chance. Sänger schnitten ebenfalls gut ab, denn die meisten von ihnen waren aufgrund ihres Repertoires mehrsprachig. Komponisten machten schwerere Zeiten durch, denn häufig waren sie, um schöpferisch sein zu können, auf ihre Wurzeln angewiesen. Orff zum Beispiel, der eine jüdische Großmutter hatte, spielte angeblich 1938 mit dem Gedanken zu emigrieren, kam aber schnell davon ab, weil er wußte, daß fern von seiner heimatlichen bayrischen Erde seine Musikalität verdorren würde. Am schwersten zu verpflanzen waren die, die in ihrem Beruf auf die Sprache angewiesen waren – Wissenschaftler, Musikologen, Kritiker, Lehrer. Die meisten konnten sich nur durchsetzen, wenn sie als zweites Fach ein Instrument hatten oder zu komponieren verstanden.[139]

England lag für die Flüchtlinge am nächsten, doch wegen der wirtschaftlichen Depression und der daraus resultierenden Arbeitslosigkeit mußten sie mit einem wachsenden Antisemitismus der Einheimischen fertig werden, sehr zur Freude von Goebbels, der sich darüber in seinen Kriegstagebüchern ausließ.[140] Es ist aber zu bezweifeln, daß Antisemitismus der Grund war, warum die Hamburger Altistin Sabine Kalter in Covent Garden nur rund zwanzig Vorstellungen sang, doch hatte sie als Konkurrentinnen Sängerinnen wie die Schwedinnen Kerstin Thorborg und Karin Branzell.[141] England nahm auch den Dirigenten Erwin Stein auf, einen Schönberg-Schüler, der in den Musikverlag von Boosey and Hawkes eintrat; den Geiger Nikolai Graudan, einst Konzertmeister der Berliner Philharmoniker; und Arnold Rosé, Graudans Pendant an der Wiener Staatsoper.[142] Von gewisser Bedeutung für das Musikleben in Großbritannien war die Ankunft von Egon Wellesz und Berthold Goldschmidt. Wie Stein hatte Wellesz Komposition unter Schönberg studiert und war zur Zeit des Anschlusses Vizepräsident des österreichischen Komponisten-

verbands und Professor in Wien. Dieser Komponist von
neun Symphonien, verschiedenen Streichquartetten und
Ballettmusik konnte in Oxford byzantinische Musikgeschichte unterrichten.

Goldschmidt, der auf einige Erfahrung als Leiter eines
Orchesters arbeitsloser Musiker im Berliner Kulturbund
zurückblicken konnte, machte dagegen in London schwere
Zeiten durch, weil er – typisch für Englands Einwanderungspolitik – als Musiker keine Arbeitserlaubnis bekam.
Deshalb gab er heimlich Unterricht, bis er 1944 von der BBC
für die antideutsche Propaganda angestellt wurde. Nach
jahrzehntelanger Unterbrechung kam Goldschmidt, der
im Holocaust zweiundzwanzig Verwandte verloren hatte, in
hohem Alter noch einmal als bedeutender Komponist zu
Ehren und war Anfang der neunziger Jahre ein Liebling
der internationalen Medien.[143]

Palästina, das unter britischem Mandat stand, war insoweit mit wirtschaftlichen Schwierigkeiten beladen, als es
auf dem Höhepunkt der jüdischen Einwanderung nach 1933
einen Überschuß an Immigranten mit Berufen hatte, in
denen man sich nicht die Hände schmutzig machen mußte;
wirklich benötigt aber wurde ein großer Zustrom von
Arbeitern. Die deutschen und österreichischen Musiker
fanden wie Ärzte, Anwälte und Wissenschaftler wenige
Posten, die ihrer Ausbildung entsprachen. Politisch gab es
wachsende Reibereien mit den arabischen Einwohnern,
von denen einige selbst Berufsmusiker waren, bisweilen
sogar westlich geschult. Die Briten betrieben außerdem
eine restriktive Einwanderungspolitik. Deshalb hatten jüdische Musiker, obwohl sie bereit waren, sich umschulen zu
lassen, nur geringe Chancen, ihren Platz in der Gesellschaft
Palästinas zu finden. Nach 1938 waren die britischen Vorschriften so streng, daß einer von drei Neuankömmlingen
ein Illegaler und ständig in Gefahr war.[144]

Viele dieser Schwierigkeiten hatten die frühen Einwanderer noch nicht, wie zum Beispiel Karl Salomon aus Heidelberg, der bereits im Sommer 1933 Arbeit als Musikerzieher fand, die offiziell von der Universität von Jerusalem gefördert wurde. Amüsiert schrieb er in seine deutsche Heimat über den Zusammenprall der Kulturen, über englische Lehrer, die in den Schulen des Mandatsgebiets versuchten, widerwillige arabische Studenten in drei- und vierstimmiger Harmonielehre zu unterweisen. Große Oper, schrieb er später, sei aus Mangel an Mitteln unmöglich. Ab 1936 war Salomon unverzagt auch im Zusammenstellen von Rundfunkprogrammen aktiv.[145]

Der aus München gebürtige Paul Frankenburger, der Klavier, Geige und Komposition studiert hatte, sollte in der israelischen Musikwelt mindestens so einflußreich werden wie Salomon; er wird als der Vater der modernen israelischen Musik betrachtet. Auch er emigrierte fünfunddreißigjährig 1933 nach sorgfältiger Vorbereitung und sehr gewissenhafter Beschäftigung mit hebräischem und zionistischem Kulturgut. Er benannte sich in Paul Ben-Haim um, begann am Konservatorium in Tel Aviv Komposition zu unterrichten und diente außerdem durch sein Auftreten als wichtiges Vorbild. 1936 gab es ein herzerwärmendes Wiedersehen mit seinem achtzigjährigen Vater, der Palästina besuchte und bald darauf starb, doch Jahre später hatte er den Tod seiner Schwester Rosa in Auschwitz zu betrauern.[146]

Neuankommende Musiker wie Salomon und Ben-Haim, aber auch Hanoch (Heinrich) Jacoby und Joseph Tal (Gruenthal), die beide 1934 emigrierten, erhielten enormen Auftrieb durch die Gründung des Palestine Symphony Orchestra, dem 1935 durch den gastierenden Geiger Bronislaw Huberman der letzte Schliff gegeben wurde und das 1936 und 1938 von Toscanini dirigiert wurde. Das

Orchester hatte von Anfang an ein sehr hohes Niveau, da es sich zum großen Teil aus kürzlich vertriebenen deutsch-jüdischen Instrumentalisten mit erstklassigen Referenzen zusammensetzte.[147]

Etwas untypisch für diese Gruppe war der Komponist Stefan Wolpe, nicht nur wegen seiner Vorliebe für die Zwölftonmusik (nachdem er aus Berlin geflohen war, hatte er kurz bei Anton Webern in Wien studiert), sondern ebenso wegen seiner kommunistischen Überzeugungen und seiner antibürgerlichen Einstellung. Das mag ihn auch dazu veranlaßt haben, eine antizionistische Haltung einzunehmen, was nach seiner Ankunft 1934 seine Integration in Palästina erschwerte. Seine Kompositionen in Reihentechnik fanden zwar wenig Echo unter seinen neugewonnenen Fachkollegen, doch wurde er von der sephardischen Folklore, der er in den Kibbuzim begegnete, positiv beeinflußt und übernahm einiges von diesem Material in jene Werke, die in Palästina entstanden. Das Experiment der Gemeinschaft in den Kibbuzim beruhigte sein marxistisches Gewissen. Dennoch meinte er zu ersticken, zumal an der Förmlichkeit im Konservatorium in Jerusalem. Es wäre für Wolpe logisch gewesen, in die Sowjetunion zu gehen, doch statt dessen suchte er 1938 seine Zuflucht in den Vereinigten Staaten. Dort arbeitete er schließlich an einigen New Yorker Musikschulen und gab bisweilen aufstrebenden Jazzmusikern wie dem Klarinettisten Tony Scott Unterricht.[148]

Vor seinem Aufenthalt in Österreich 1933 war Wolpe in der Tat in seine geistige Heimat Moskau gegangen und war versucht gewesen, dort zu bleiben, doch wie einer seiner Biographen suggeriert, war zu jener Zeit das Bedürfnis, sich in die feste Hand Weberns zu begeben, stärker gewesen.[149] Tatsächlich gingen nur wenige deutsche und österreichische Musiker nach Rußland und noch weniger blieben und lebten lange genug dort, um darüber zu berichten. Vielleicht der produktivste unter ihnen war der gebürtige Österreicher Fritz Stiedry, der unter anderem für seine Zusammenarbeit mit Kurt Weill in den letzten Jahren der Weimarer Republik bekannt war. Von 1933 bis 1938 dirigierte Stiedry Orchester in Leningrad und Moskau, setzte sich jedoch danach nach New York ab und führte als einen der Gründe die Fremdenfeindlichkeit der Sowjets an. Lotte Schlesinger, eine Komponistin aus Berlin, unterrichtete 1937 und 1938 an Konservatorien in Charkow, Kiew und Moskau, bevor sie sich in Massachusetts niederließ. Der gebürtige Pole Paul Kletzki arbeitete ebenfalls 1937/38 in Charkow, ging dann nach Lausanne und schließlich nach Liverpool. Es ist anzunehmen, daß bei den Motiven dieser Musiker linke Neigungen eine Rolle spielten – wie bei der (nichtjüdischen) Schauspielerin und Sängerin Carola Neher, die Weill nahegestanden und zeitweilig die Geliebte des sozialistischen Dirigenten Hermann Scherchen war. Doch darüber hinaus waren sie sich wohl bewußt, daß im Osten ein Markt bestand, der kommerziell erschlossen werden konnte. Einige der Musiker, die diese Chancen nutzten, mußten dafür mit ihrer Freiheit und sogar mit ihrem Leben bezahlen, als sie in Stalins Säuberungsprozesse gerieten, wie Neher und die unerschütterlichen Kommunisten Bruno Schmitzdorf und Salomon Katzenellenbogen.[50]

Nach einer Berechnung emigrierten in der Hitlerzeit 465 Musiker aus Deutschland und Österreich in die Vereinigten Staaten, die meisten davon Juden.[51] Obwohl Amerika der traditionelle Zufluchtsort für Verfolgte aus der ganzen Welt war, war es während der dreißiger und vierziger Jahre nicht das entgegenkommendste Land für Einwanderer. Unter dem Einfluß des Isolationismus im Gefolge des Ersten Weltkriegs wurde die Immigration aus Nordwesteuropa bevorzugt, nicht die aus Süd- und Osteuropa und gewiß nicht die von Juden. In den Worten des ungehobelten Kongreßabgeordneten J. M. Tincher aus Kansas bestand ein beträchtliches Vorurteil gegen »Spaghettifresser, Kanaken, Itzigs und Polacken«. Und obwohl die ankommenden Juden nach 1933 unter die ziemlich günstige Einwanderungsquote für deutsche Staatsangehörige fielen, waren die Auswirkungen der großen Depression dem freundlichen Empfang jüdischer Berufstätiger eher abhold, und diese Schwierigkeiten wurden oft durch die launenhafte Anti-Einwanderungs-Gesetzgebung einzelner Staaten verschärft. Erst ab 1937 lockerten sich die Einwanderungsgesetze etwas, was den Juden zugute kam. Doch zu diesem Zeitpunkt waren die Wartelisten schnell mit den Namen von deutschen und österreichischen Juden gefüllt, so daß manchen beschwerliche Jahre des Wartens bevorstanden. Nach der Kristallnacht durften mehr Juden in das Land, wie die Statistiken von 1939 und 1940 belegen. Doch als die Vereinigten Staaten in den Krieg eintraten, bekamen die Juden, die bereits im Land waren, den internen Antisemitismus zu spüren.[152]

Amerikas aufblühende Musikkultur hieß die jüdischen Musiker im Prinzip willkommen, doch ihre Befürworter waren oft so schlecht informiert oder naiv, daß es den kultivierteren deutschen Künstlern die Schuhe auszog. Der bissige Arnold Schönberg war in seiner Kritik besonders ätzend. Anläßlich seines sechzigsten Geburtstags Ende 1934, als er bereits in Kalifornien lebte, beklagte sich Schönberg über die Ignoranz amerikanischer Musiker und ihrer Agenten. Über den Dirigenten Serge Koussevitzky sagte er, er sei so ungebildet, daß er nicht einmal Partitur lesen könne. Und sein Urteil über Orchestermusiker an der Westküste war noch verheerender: »Alle diese Herren, vom Feldwebel abwärts (es gibt nur abwärts), nennen sich konservativ, was ich so erklärte: sie haben nichts anderes zu bewahren, zu konservieren, als ihre eigene Unfähigkeit, Unwissenheit und Feigheit: die bewahren sie, daß niemand sie erkennen kann.« Manchmal hatten die jüdischen Musiker Anlaß, an der Aufrichtigkeit ihrer amerikanischen Gastgeber zu zweifeln, die behaupteten, ihren Kampf gegen den allgemeinen Faschismus zu unterstützen. Die reiche Elizabeth Sprague Coolidge etwa, 1918 Gründungsmitglied des Kammermusik-Festivals in Berkshire, verhielt sich gegenüber exilierten Musikern wie Schönberg und Ernst Toch als großzügige Gönnerin. Doch setzte sie auch einen Preis für ein eigenständiges Kammermusikwerk eines deutschen Komponisten in Nazi-Deutschland aus (was sie während des Krieges für faschistische Komponisten in Italien wiederholte); die Ankündigung wurde von Goebbels' Reichsmusikkammer bekanntgegeben.[53]

In den Vereinigten Staaten errangen nur wenige jüdische Musiker bemerkenswerte Erfolge. Fritz Kreisler gelang das als Solist ziemlich gut (er starb 1962 in New York). Hanns Eisler, ein ehemaliger Schüler von Schönberg, hätte eine produktivere Karriere machen können, wenn er in Hollywood geblieben wäre, wo er zeitweilig erfolgreiche Filmmusiken schrieb. Doch er war mit Leib und Seele Kommunist und hatte einige Aufenthalte in der Sowjetunion und am Schauplatz des spanischen Bürgerkriegs riskiert, bevor er 1938 an die Ostküste kam. Nachdem ihm ein Einwanderungsvisum in die USA verweigert worden war, hielt er sich eine Zeitlang in Mexiko auf. Von 1940 bis 1942 lebte Eisler abermals in New York und unterrichtete an der New School for Social Research. Danach begann seine Erfolgsserie in Hollywood, bis er 1948 ein Opfer der amerikanischen Kommunistenjagd wurde. Über Wien ging Eisler schließlich in die neugegründete Deutsche Demokratische Republik.[54]

Artur Schnabel, der über Italien, England und Frankreich 1939 nach Michigan kam, konnte sich seinen früheren Ruf als einer der führenden Pianisten seiner Zeit nicht mehr zurückerobern. Er starb 1951 in der Schweiz. Ein wesentlich jüngerer Pianist, Erich Itor Kahn, ist typisch für jene vielversprechenden jungen Musiker, die zu Beginn ihrer Karriere entwurzelt wurden. Er und seine Frau erreichten nach einer Zeit voller Entbehrungen im Pariser Exil und ihrer Internierung in Lagern des Vichy-Regimes schließlich Amerika. In New York wurde er 1941 Gründungsmitglied des Albeneri-Trios, das gewisse nationale Anerkennung genoß und sogar Schallplatten machte. Itor Kahns Kompositionen waren bedeutend, doch sie sind heute so gut wie vergessen; bedauerlicherweise gibt es im maßgebenden *New Grove Dictionary of Music and Musicians* (1980) keinen Eintrag über ihn. Nach seiner Einwanderung hatte der Stuttgarter Karl Adler das Glück, an der Yeshiva University in New York einen Lehrstuhl für Musikpädagogik zu erhalten. Synagogen unterstützten Manfred Lewandowsky und Oskar Guttmann, die beide Kantoren und Chorleiter in Berliner Synagogen gewesen waren.[55]

Der bedeutendste jüdische Musiker im Exil war ohne Zweifel Schönberg, was seiner Plazierung an der Spitze der Schwarzen Liste der Nazis entsprach. Schönberg war in seiner neuen Heimat unglücklich, doch gab es eine Berechtigung für diese Bekümmernis, und die Umstände, durch die sie gefördert wurde, verdienen mitfühlendes Verständnis. Er hatte im Spätsommer 1933 einen Vertrag mit dem privaten Malkin Conservatory in Boston abgeschlossen, der ihm mit seiner jungen Familie den Wechsel aus Frankreich erleichterte. 1935 begann er, an der University of Southern California Komposition zu unterrichten, und wurde 1936 Professor für Musik an der University of California, Los Angeles (UCLA). Mehr als einmal, zumal zu Beginn seines

Aufenthalts, kam Schönberg nicht umhin zuzugeben, daß seine neue Heimat gut zu ihm gewesen sei und daß er das Glück habe, in einem so schönen Haus im Vorort Brentwood und im gemäßigten kalifornischen Klima zu leben.[156] Sein Lehramt war jedoch anstrengend und ließ ihm wenig Zeit zum Komponieren. Und wenn seine Werke aufgeführt wurden, dann waren es seine frühen, nicht in Reihentechnik geschriebenen Kompositionen, wie am 16. März 1934, als er selbst seine symphonische Dichtung *Pelleas und Melisande* mit dem Boston Symphony Orchestra dirigieren konnte. Doch sein epochales Zwölfton-Oeuvre wurde vernachlässigt.[157]

Schönbergs Unzufriedenheit war also, wie er richtig erkannte, auf zwei zusammenhängende Probleme zurückzuführen: den Mangel an lokaler und nationaler Anerkennung als einer der führenden Komponisten des 20. Jahrhunderts und die fehlende finanzielle Sicherheit. Es dauerte lange, bis Schönberg eine akzeptable akademische Stellung erhielt und ihm Tribut als herausragender Komponist gezollt wurde. Es verbitterte ihn zusehends, daß dem amerikanischen Musik-Establishment das Verständnis fehlte, seine anhaltende Bedeutung als Vater der modernen europäischen Musik anzuerkennen. Und er war auch zunehmend enttäuscht, daß seine Mitemigranten wenig Interesse an seinen bahnbrechenden Zwölftonkompositionen zeigten, die sie dem amerikanischen Konzertpublikum hätten vorstellen können – zumal Bruno Walter und Otto Klemperer. Diese Dirigenten, die sich für seine Kompositionen in Reihentechnik nie richtig erwärmen konnten, waren allenfalls bereit, seine früheren tonalen Werke wie *Verklärte Nacht* aufzuführen. Im November 1935 beklagte sich Schönberg aus Los Angeles, daß er »keine Anerkennung für das finde, was ich für den zukünftigen Stand der musikalischen Kultur in dieser Stadt tue«. Im Juni 1938 geriet er über die

Aussicht eines Schönberg-Festivals ins Schwärmen, das in New York abgehalten werden sollte, hoffte, daß es die Bekanntheit seiner Werke erhöhen würde, und war um so enttäuschter, als dieser Plan ins Wasser fiel. Gegenüber einem leitenden Angestellten der RCA Victor beharrte er wenige Monate später darauf, daß seine Musik auf Platten weite Verbreitung finden müsse, denn »ich bin der einzige lebende Komponist in meiner Größenordnung«. Ewig unbeeindruckt von den »zweit- und drittrangigen« Orchestern Amerikas und Dirigenten, die er »für bestenfalls drittklassig« hielt, machte er der einflußreichen American Society of Composers, Authors and Publishers mit gutem Grund Vorwürfe: »Gewiß geschieht es nicht aus Eitelkeit oder Sucht nach Publicity, wenn ich Ihnen mitteile: Ich frage mich, warum mein Name in Ihren Veröffentlichungen nie erwähnt wird.«[158]

Obwohl Schönberg bis zum Ende seines Lebens keine Armut litt, häufte er auch keine Reichtümer an und erhielt auch nicht die Auszeichnungen, die ihm gebührt hätten. Bevor er seinen Posten an der UCLA übernahm, stellte er fest, daß er an beiden Universitäten in Los Angeles unterrichten müßte, um annähernd auf die Einkünfte zu kommen, die er allein an der Berliner Akademie der Künste erhalten hatte. Doch das war unmöglich, und so wurde im Juli 1936 sein UCLA-Gehalt auf 4800 Dollar pro Jahr festgesetzt, was dem vieler ordentlicher Professoren entsprach, doch nicht hoch genug war, um seine in Europa erlittenen Verluste wieder hereinzubekommen oder etwas für den nahenden Ruhestand zurückzulegen. Mit Hilfe von Privatschülern, die pro Stunde zwischen 15 und 25 Dollar bezahlten, verfügte er dennoch über genug Mittel, um seinem Sohn Georg in Europa gelegentlich einen Scheck zu schicken; er fuhr ein anständiges Auto, und bei gesellschaftlichen Ereignissen in seinem Haus legte er besonderen

Wert darauf, opulente Mahlzeiten zu servieren. 1935 fragte
Metro-Goldwyn-Mayer bei ihm an, ob er die Musik für
den Film *Die gute Erde* komponieren wolle. Als er
50 000 Dollar verlangte, schreckten die Film-Moguln zurück. Gegenüber Alma Mahler-Werfel bekannte Schönberg
später, daß er einen so hohen Betrag gefordert habe, weil
er ihn in die Lage versetzt hätte, mit dem Unterrichten auf-
zuhören und die Zeit dem Komponieren zu widmen – ein
legitimer Wunsch, denn es mußten noch einige Haupt-
werke vollendet werden. Da er bei seiner Versetzung in
den Ruhestand im Jahr 1944 erst acht Jahre unterrichtet
hatte, betrug Schönbergs Pension von der UCLA weniger als
30 Dollar monatlich, eine erniedrigend dürftige Summe,
und bis zu seinem Tod 1951 fiel es ihm schwer, mit dem
Geld auszukommen, um so mehr, als sich ein besonders
begehrtes Guggenheim-Stipendium, das er ohne Zweifel
verdient hätte, nicht realisierte.

Im großen und ganzen war Schönbergs wirtschaftliche
Situation sehr traurig, denn sie blockierte seine Produktivität als Komponist, und neben Igor Strawinsky, der
über unendlich mehr Geld verfügte, erschien er wirklich
vernachlässigt und benachteiligt.[159] Zu allem Übel zerstritt
er sich gegen Ende seiner Anstellung an der UCLA mit der
Universitätsverwaltung und zog darauf ein früheres Versprechen zurück, seinen Nachlaß dort zu deponieren. Er
war zu dieser Zeit so desillusioniert, daß er erwog, nach
Neuseeland zu ziehen, wo er mit seinen Dollars weiterzukommen hoffte.[160]

In einer kritischen, aber verständnisvollen Bilanz hat
Dika Newlin, früher ein Wunderkind und später ameri-
kanische Musikologin und Komponistin, zur Genüge
Schönbergs Verbitterung dokumentiert, die sich häufig im
Unterricht an der UCLA offenbarte. Schönbergs Schärfe im
Umgang mit anderen war in der Tat so strapaziös, daß sie

legendär wurde. Selbst ein Musikwissenschaftler vom Rang eines Richard Taruskin hält es für angebracht, seine Persönlichkeit als ausgesprochen »absolutistisch und despotisch« zu beschreiben.[161] Dennoch hat Newlin auch über andere Facetten in Schönbergs Charakter geschrieben, wie seinen Humor, seinen kindlichen oder onkelhaften Charme und sein aufrichtiges Bedürfnis, jungen Menschen zunächst traditionelle, nicht atonale Musik nahezubringen.[162]

Schönberg zeigte diese gewinnenderen Eigenschaften gegenüber engen Freunden wie Franz und Alma Werfel und seinem Komponistenkollegen George Gershwin.[163] Er stand auch in freundlicher, wenn auch bisweilen reservierter Beziehung zu Thomas Mann, der in der Nähe in Pacific Palisades lebte und die Schönbergs bei verschiedenen gesellschaftlichen Anlässen traf, obwohl Frau Mann diesen »tyrannischen Mann« nicht mochte. »Zum Abendessen bei Schönbergs in Brentwood«, notierte Thomas Mann am 27. August 1943 in sein Tagebuch. »Gastliche Aufnahme. Ungezogene Kinder.« Ein scharfzüngiger Hinweis auf Schönbergs zwei kleine Söhne aus seiner zweiten Ehe.[164] Schönberg und Mann sprachen auch über die Probleme der gegenwärtigen Judenheit, über die Mann durchaus mitreden konnte, da seine Frau Katia Pringsheim aus einer prominenten jüdischen Familie in München stammte und er in seinem derzeitigen Exil viele jüdische Bekannte hatte. Mann gab Schönberg Ratschläge über die Aussichten der Publikation eines Artikels über die Juden, in dem der Komponist durchaus nicht zufällig seine lange gehegten rechten Auffassungen unter Beweis stellte. Aus diesen Passagen ließ sich für Mann in Schönbergs Weltanschauung »ein gewisser Wille zum Terrorismus« erkennen, »der in meinen Augen ein Kondeszendieren zur fascistischen [sic] Haltung bedeutet.« Höflich gab er Schönberg den Rat, den Essay zu überarbeiten.[165]

In diesem Brief bezog sich Mann auf Schönbergs Beschäftigung mit dem Judentum und der aktuellen Situation der Juden aufgrund der heftigen Angriffe des Nazismus, seit er im Mai 1933 aus Deutschland nach Paris gegangen war. Mit autoritärer Überzeugung, die im mitteleuropäischen Obrigkeitsdenken verankert war, entschied Schönberg, daß eine neue politische Partei gegründet werden müsse, um die Sache der Juden zu fördern – wenn nötig, auf militante Art. Da sie Asiaten und nicht Abendländer seien, sagte Schönberg, müßten sich die Juden auf ihr eigenes Volkstum und vor allem auf ihre religiösen Wurzeln besinnen. Er schöpfte seine Eingebung aus seiner Rückkehr zum Glauben der Väter und war wie viele tief religiöse Juden der Ansicht, daß die Juden von Gott dafür bestraft würden, daß sie sich von ihm abgewandt hätten. Als erste Konzequenz dieser Denkvorgänge glaubte Schönberg, daß die Emigration der Juden aus Deutschland, dem Land ihrer derzeitigen Zwangslage, erleichtert werden müsse. Obwohl zu jenem Zeitpunkt ohne Aussichten auf eine Stellung, wollte Schönberg all seine persönliche und berufliche Energie in den Dienst einer solchen Auswanderung stellen.[166]

Eine solche Überzeugung, die in Schönbergs Diktum gipfelte: »Der Jude muß wieder hassen lernen und seinen Feind verfolgen, bis aufs Blut«, deckte sich ungefähr mit seiner Oper *Moses und Aron*, geschrieben zwischen 1930 und 1932, doch damals nicht festiggestellt und in der Tat niemals vollendet, auf die er sich in jenem Kontext speziell bezog.[167] In den Vereinigten Staaten dachte Schönberg weiter über ein solches Projekt nach, das jedoch rein theoretischer Natur blieb und gelegentlich wie in Briefen an Freunde oder 1938/39 in der Korrespondenz mit Thomas Mann über den Entwurf des Artikels auftauchte.[168] Statt dessen übertrug Schönberg seinen intellektuellen Schwung in

Musik wie den Rohentwurf zu einer »Jüdischen Symphonie« in vier Sätzen Anfang 1937. Schönbergs »Vier-Punkte-Programm für die Judenheit«, geschrieben im Oktober 1938 und offensichtlich die Basis für seine Mitteilung an Mann, ging auf seinen Pariser Vorschlag zurück. Die musikalische Entsprechung war *Kol Nidre* (1938), ein Werk für Sprecher, Chor und Orchester, das seine Auffassung, daß die jüdische liturgische Musik modernisiert werden müsse, in die Tat umsetzte.[169] Als stärker politisch formulierten Ableger dieser Komposition könnte man Schönbergs spätere *Ode to Napoleon* (1942) betrachten, der Lord Byrons Hymne zugrunde lag und die politische Diktatur zu allen Zeiten symbolisierte. »Ich wußte, daß es eine moralische Pflicht der Intellektuellen war, gegen die Tyrannei Stellung zu beziehen«, sagte Schönberg später.[170]

Keiner der jüdischen Exilanten dürfte mehr unter Schönbergs schwieriger Persönlichkeit gelitten haben als der Dirigent Otto Klemperer, der 1933 zum ersten Mal nach Los Angeles gekommen war und schließlich die Leitung des Los Angeles Philharmonic Orchestra übernahm, das sich noch in seinen Anfängen befand. Klemperer war bereits ein Bewunderer Schönbergs, als der Komponist einige Monate später ankam. Doch Ende 1934 hatten Schönbergs Vorurteile zu einer Trübung der Beziehung zu dem Kollegen geführt. Er weigerte sich an einem Bankett zu Klemperers Ehren teilzunehmen, weil er dort jene einflußreichen Amerikaner hätte grüßen müssen, die seine, Schönbergs, Werke seit Jahrzehnten ignoriert hatten. Dennoch dirigierte Klemperer trotz gelegentlicher Streitereien, die gewöhnlich von Schönberg verursacht wurden, die Werke des Komponisten für einige Jahre weiter, allerdings nur die frühen tonalen, und hatte auch seine Hand dabei im Spiel, daß Schönberg eine befriedigendere Beschäftigung an der Musikfakultät der UCLA fand.[171]

Als der manisch-depressive Klemperer 1939 an einem gutartigen Gehirntumor operiert wurde, führte danach sein labiler Gesundheitszustand zu einer weiteren Verschlechterung der Beziehung zwischen den beiden Emigranten. Nunmehr war Schönberg davon überzeugt, daß Klemperer weder ihn noch seine Musik mochte, da er weiterhin lediglich Schönbergs frühe Kompositionen dirigierte. Schönberg nannte Klemperers Programmzusammenstellung »reaktionär« und ging dem Dirigenten bei vielen Anlässen aus dem Weg, konnte ihn jedoch nicht offen brüskieren. Da er sich über Klemperers Krankheit im klaren war, wollte er sein Problem nicht unnötig verschlimmern. »Trotzdem ich einen vollausgewachsenen Groll gegen Klemperer hege, wegen seiner Stellung zu meiner Musik«, schrieb er, »und trotzdem ich überzeugt bin, daß er meine Musik nicht verstehen kann, möchte ich Klemperer augenblicklich nicht kränken ... wer weiß, ob er je wieder ganz hergestellt wird.«

Im September 1940 erhärtete Klemperer Schönbergs Verdacht, daß ihm viel von seiner Musik fremd sei, und beide fragten sich, »wie die abgebrochene (künstlerische) Brücke je wieder funktionieren soll«. Als ob ihre begrifflichen Differenzen noch nicht ernst genug waren, stritten sich die beiden großen Musiker auch über persönliche Gefallen, die sie einander in der Vergangenheit erwiesen hatten, etwa über Geld, das Klemperer Schönberg geliehen und niemals zurückbekommen hatte. Schönberg glaubte in seiner alttestamentarischen Starrköpfigkeit weiterhin, daß Klemperer hinter den reaktionären Strömungen in Los Angeles stecke, die ihm aus seiner Sicht die Aufführung seiner Werke bei jeder Gelegenheit verweigerten. Die Schäbigkeit, zu der diese Beziehung verkam – woran sich fast bis zum Ende des Zweiten Weltkriegs nichts änderte –, ist eine traurige Anmerkung zur Egozentrik beider Künstler sowie zu dem Elend, das zwei schöpferischen Geistern durch das erzwungene Exil zugefügt worden war.[72]

Völlig unabhängig von den Problemen mit Schönberg ließ Klemperers labiler psychischer Zustand es als unsicher erscheinen, daß er eine musikalische Karriere in den Vereinigten Staaten auf höchster Ebene durchhalten könne. Obwohl er das Glück hatte, mit der Leitung des Los Angeles Philharmonic Orchestra betraut zu werden, war er bis zur Saison 1934/35 nur auf Probe engagiert. Und obwohl er das Orchester schätzte, hatte Klemperer Anlaß zur Klage über das, was sich ihm »als geistiges Niveau« seiner neuen Umwelt darstellte. Bei seiner ersten Reise nach Los Angeles 1933 mußte er seine Frau und zwei Kinder in Wien zurücklassen, wo auch er lieber geblieben wäre. Doch war er sich des bodenständigen österreichischen Antisemitismus bewußt und durch die Beschlagnahmung einer fällig gewordenen beträchtlichen Lebensversicherung durch die Nazis in seiner Handlungsfreiheit beschränkt. Zusätzlich zu einem Gefühl der Sinnlosigkeit quälte ihn Heimweh. »Ich denke viel an die Zukunft«, schrieb er seiner Frau im November 1933, »da ich gern nach Europa zurück möchte.« Und über Wien im Februar des folgenden Jahres: »Ich glaube nicht, daß wir in der schönen Stadt, in der ich gerne heimisch geworden wäre, bleiben können.« Nach seinen vergeblichen Versuchen, in Europa wieder Fuß zu fassen, kam seine Familie im Juni 1935 nach Los Angeles nach.[73]

Nachdem er sich in Amerika etabliert hatte, bekam Klemperer eine Reihe von Konzert-Engagements, meist an der Westküste, aber häufig auch in New York. Er reorganisierte das Pittsburgh Symphony Orchestra und machte sogar Europa-Tourneen. Von New York aus ergriff er im Konflikt Paul Hindemiths mit den Nazis, der sich über dessen Oper *Mathis der Maler* zusammenbraute, Partei für den Komponisten und bot ihm an, das Werk in New York

vorzustellen. In Los Angeles dirigierte er nicht nur Schönberg, sondern hob auch Werke des Mitexilanten Ernst Toch
aus der Taufe. Klemperer wurde bereitwillig im kultivierten
Kreis der deutschen Emigranten aufgenommen, dem in-
offiziell Thomas Mann präsidierte und den er wie Schönberg bei verschiedenen Anlässen privat traf. Als sein alter
Kollege Paul Hindemith im März 1939 in Los Angeles ankam, stellte ihn Klemperer in zwei Abonnementkonzerten
unter seiner Leitung als Solobratschisten heraus. Doch die
Krankheitsattacken später in diesem Jahr beendeten seine
reguläre Anstellung beim Los Angeles Philharmonic Orchestra, und er trat dort nur noch als Gastdirigent auf. Infolge
einer teilweisen Lähmung und einer ernsten Persönlich-
keitsstörung, die besonders für seine Familie eine Belastung darstellte, zerstritt er sich mit vielen seiner Freunde.
Im Februar 1941 kam er in eine Nervenklinik in New York;
als er sie nach zwei Tagen verließ, sorgte deren Direktor
dafür, daß die Polizei Warnungen herausgab, in denen
Klemperer als »gemeingefährlich und verrückt« geschildert
wurde. Sein volles berufliches Comeback schaffte Klemperer erst nach dem Krieg, hauptsächlich als Dirigent an der
Budapester Oper und des Philharmonic Orchestra in London. In den Worten seiner Tochter Lotte Klemperer kam
eine Rückkehr nach Deutschland »nicht in Frage«, und
schließlich ließ er sich in Zürich nieder.[74]

Ein weiterer emigrierter Musiker, Bruno Walter, genoß
in den Vereinigten Staaten wesentlich größeren Erfolg als
Schönberg oder Klemperer, und zwar aus beruflichen wie
aus persönlichen Gründen. Walter war seit langem mit den
amerikanischen Sitten und der amerikanischen Kultur vertraut und sprach gut Englisch. Wie sein Freund Toscanini
hatte er Respekt vor den Leistungen der Amerikaner und
war ihnen für ihre unerschütterliche Wertschätzung seiner
Kunst dankbar. Er stand finanziell etwas besser, als er 1939

von Europa nach Los Angeles ging, und litt nicht unter Klemperers Beschwerden oder der Menschenfeindlichkeit des übelnehmerischen Schönberg, der zwar behauptete, an Walters musikalischem Können Geschmack zu finden, ihn Ende 1934 jedoch übertreibend als »ein widerliches Schwein« bezeichnete.[75]

Walter hatte die Vereinigten Staaten 1923 als reifer Dirigent zum ersten Mal besucht. 1932, auf der Höhe seiner Karriere in Europa, wurde er vom New York Philharmonic Orchestra als beigeordneter Dirigent neben Toscanini verpflichtet, in eine Position, die er drei aufeinanderfolgende Spielzeiten innehatte. Dieses Engagement brachte ihm ungefähr 1000 Dollar pro Konzert mit einem Durchschnitt von vierzig Konzerten pro Saison. Nach seiner Entlassung in Leipzig und Berlin im März 1933 telegraphierte ihm das Philharmonic mitfühlend nach Amsterdam: »Nach allem, was Sie der Welt der Kunst gegeben haben, drücken wir Ihnen unsere Anteilnahme für die ungerechte Behandlung aus, die Ihnen zuteil wurde.« Der gebürtige Berliner Walter bedankte sich bei den Amerikanern in bewegenden Worten: »Alle Länder Europas außer einem stehen mir offen und überschütten mich mit Einladungen. Aber Sie werden verstehen, daß meine Erfahrungen mit diesem einen Land sehr traurig sind, denn es ist mein Vaterland, in dem und für das ich mein ganzes Leben gearbeitet habe.«[76]

Im selben Jahr übersiedelte Walter nach Salzburg, das sein Stützpunkt für zahlreiche Auftritte als Gastdirigent in ganz Europa einschließlich Wiens wurde, während er die amerikanischen Verbindungen so gut es ging aufrechterhielt. Eine Aufstellung seiner europäischen Saison von Januar bis Mai 1934 schließt nicht weniger als fünfzehn Großstädte ein, mit London als Anfangs- und Endstation. Dazu kamen noch die Salzburger Festspiele im August. Für seine Auftritte in New York konnte er drei andere prominente Flüchtlinge verpflichten: den Geiger Bronislaw Huberman, den Cellisten Emanuel Feuermann und den Pianisten Artur Schnabel.[77]

Doch gibt es auch in seinem Fall einen heiklen Punkt in der Fortsetzung seiner europäischen Karriere, nämlich sein naives Vertrauen in das autoritäre Regime des österreichischen Bundeskanzlers Kurt Schuschnigg, mit dem er befreundet war, und seine Bereitschaft, Konzerte in Italien zu geben, dessen faschistische Struktur und Mussolinis wachsende Freundschaft mit Hitler er ignorierte. Da er aufrichtig glaubte, daß Schuschnigg – vielleicht mit der Rückendeckung Mussolinis – Österreich vor Hitler retten könne, übersah Walter offenbar die Saat des Faschismus in seiner Wahlheimat. Was Italien betraf, erinnerte seine langjährige Bewunderung für dieses Land merkwürdig an Schönbergs offen bekundete Sympathie für die Diktatur als Möglichkeit, die Menschen unter Kontrolle zu halten.[78] Doch blieb das faschistische Italien trotz Mussolinis Tyrannis im Gegensatz zum Nazi-Deutschland für Musiker wie Walter und sogar Hermann Scherchen attraktiv, denn die Italiener liebten traditionelle und moderne Musik gleichermaßen, sponserten Festivals moderner Musik, und auch von offizieller Seite gab es bis 1938 keine Anzeichen von Antisemitismus.[79]

Es ist plausibel darauf hingewiesen worden, daß Walters Nähe zu Schuschnigg der Grund war, daß eine seiner beiden Töchter von den einmarschierenden Nazis verhaftet wurde, während er und seine Frau in den Tagen des Anschlusses in Amsterdam weilten.[80] Schließlich wurde sie freigelassen, und nach verschiedenen Aufenthalten im unbesetzten Europa und nachdem ihre andere Tochter von ihrem Ehemann aus Eifersucht umgebracht worden war, reisten die Walters im Oktober 1939 per Schiff von Genua nach New York. In Amerika wurde Bruno Walter regelmäßiger Gastdirigent des Los Angeles und des New York Philharmonic Orchestra und trat auch häufig in der Hollywood Bowl, an der New Yorker Metropolitan Opera und in einer Konzertreihe des NBC Symphony Orchestra auf. Sein alter Freund Thomas Mann notierte mit seinem unfehlbaren Sinn für Genauigkeit in seinen Tagebüchern gewissenhaft die vielen Aufführungen, in denen er den Dirigenten in Los Angeles und New York hörte; und Walters überlebende Tochter Lotte war häufiger Gast der Manns in Pacific Palisades. 1942 wurde dem sechsundsechzigjährigen Walter vom New York Philharmonic Orchestra die Position des Chefdirigenten angeboten, doch der Maestro, beschäftigt wie üblich, lehnte die Ehre wegen Erschöpfung ab. Diese wiederkehrende Schwäche führte zu Krankheiten, und im November 1943 war Walter gezwungen, einen jungen Anfänger aus Lawrence, Massachusetts, Schüler von Koussevitzky, zu bitten, für ihn einzuspringen. Der erst fünfundzwanzigjährige Leonard Bernstein lieferte eine mitreißende Wiedergabe von Strauss' Tondichtung *Don Quixote* mit dem New York Philharmonic Orchestra und beeindruckte den Konzertbesucher Mann außerordentlich. Bisher war Walters Aufenthalt in den Vereinigten Staaten erfolgreich gewesen, so sehr, daß ihn 1944 seine New Yorker Kollegen als »einen führenden Hüter eines kostbaren Erbes und als Bahnbrecher und Schirmherrn später Entwicklungen« betrachteten. Walter bekannte sich dazu, daß er dankbar sei, »eine neue Heimat und eine solche Chance, zum amerikanischen Musikleben beizutragen«, erhalten habe.[81]

Ein Fall völlig anderer Art, mit Schönberg, Klemperer und auch mit Walter nicht zu vergleichen, war Kurt Weill. Er paßte sich den Vereinigten Staaten mehr als jeder andere Emigrant an und wußte, wie er Hürden zu nehmen hatte. Weill, schon immer ein Fan des amerikanischen Jazz und speziell von Louis Armstrong, hatte bereits 1931 gehofft, daß Leopold Stokowski möglicherweise daran interessiert sei, seine Oper *Die Bürgschaft* in Philadelphia aufzuführen, ein etwas kühner Plan, der sich nicht realisierte. In Paris hoffte er im April 1933 abermals, daß er bald seinen Fuß auf amerikanischen Boden setzen könne.[82]

Als er schließlich im September 1935 in New York ankam, wurde Weill als Komponist von anspruchsvollen Broadway-Musicals und gelegentlichen Filmmusiken erfolgreich. Zwei seiner Hits – »September Song« aus *Knickerbocker Holiday* und »Speak Low« aus *One Touch of Venus* – wurden im Radio von Bing Crosby und Frank Sinatra populär gemacht.[83] 1943 gelang es Weill beinahe, seine alte Bekannte Marlene Dietrich für die Rolle der Venus am Broadway zu gewinnen, doch die exzentrische Schauspielerin bekam kalte Füße bei dem Gedanken, auf der Bühne auftreten zu müssen; außerdem rechnete sie sich aus, daß sie die Starrolle später in einer Filmversion in Hollywood spielen würde. Um so größer war Weills Triumph, als Mary Martin, die die Rolle übernahm, enthusiastische Kritiken erhielt.[84] Ein weiterer Höhepunkt in Weills amerikanischer Karriere war seine Zusammenarbeit mit dem Textdichter Ira Gershwin, der in Weill eine Art Ersatz für seinen 1937 an Krebs verstorbenen Bruder George sah.[85] 1939 zahlte die Paramount Weill 10000 Dollar für eine Filmmusik; der enorme Erfolg seines Broadway-Musicals *Lady in the Dark* brachte ihm allein aus dieser Quelle ein wöchentliches Einkommen von 900 Dollar, und die Filmrechte wurden von Paramount für über 42000 Dollar gekauft. Mit dem noch größeren Erfolg von *One Touch of Venus* verdiente Weill 1943 über 100000 Dollar. Ein Jahr zuvor hatte er sich augenzwinkernd beklagt, daß er mit einer »sehr hohen Einkommensteuer« rechnen müsse, fügte aber rasch hinzu, daß dies eine leichte Bürde sei, »wenn man das Glück hat, in diesem wundervollen Land leben zu dürfen«. Diese

Erklärung war symptomatisch für die Haltung des Komponisten gegenüber seiner neuen Wahlheimat: er war Hals über Kopf in sie verliebt. 1936 hatte er geschrieben: »Je länger ich hier bin und je mehr ich das Land kennenlerne, desto besser gefällt es mir«, und er sehnte sich nie zurück. Er behielt auch in widrigen Umständen seinen Humor. Als 1945 sein Musical *The Firebrand of Florence* mit Lotte Lenya in der Hauptrolle schlecht lief, tröstete er sich damit, daß er sich »längst an diese Auf-und-Ab-Kurve des Erfolgs gewöhnt« habe und daß Rückschläge unvermeidlich seien.[186]

Weills kommerzielle Erfolge in New York und Hollywood haben die legitime Frage aufgeworfen, ob sie vielleicht mit einem Mangel an künstlerischer Integrität des Komponisten zusammenhingen, dessen Karriere nach Meinung einiger Kritiker in Europa ursprünglich der ernsten Musik und nicht der leichten Unterhaltung gewidmet war. Indem sie auf dem qualitativen Unterschied zwischen »klassischer« und leichter Musik einschließlich des Jazz beharren, werfen diese Kritiker Weill noch immer vor, daß er sein hohes europäisches Niveau verraten und seine Seele an den amerikanischen Kommerz verkauft habe.[187] Wohlwollendere Wissenschaftler haben die Angriffe auf die Unterstellung reduziert, daß »der amerikanische Weill« beim Schaffen seiner Werke in den Vereinigten Staaten eine größere Freiheit ausnutzte, als sie ihm in Europa geboten worden war. »Die Musik fließt freier und freier«, sagen sie, und daß die Themenwahl – Psychiater, Cowboys, Modemagazine, das amerikanische Vaudeville – die Begeisterung des Neuankömmlings für die USA signalisiere.[188]

Wie Stephen Hinton bemerkt, sind solche Analysen bestenfalls gönnerhaft und schlimmstenfalls unzutreffend, denn sie basieren auf der üblichen Dichotomie »des Europäischen gegen das Amerikanische, des Kritischen gegen das Kommerzielle, des Hochgeistigen gegen die Kost für den Normalverbraucher«.[89] Weill selbst, der sich seines Talents, Musik für das Theater zu schreiben, überaus bewußt war, sah nicht die geringste Abweichung sowohl im Genre wie in der Qualität. In Amerika wollte er so weit kommen, »das fortzusetzen, was ich in Europa begonnen hatte«, wie er 1937 erklärte. Zu diesem Zeitpunkt konnte er zu seiner Freude entdecken, daß einige Amerikaner an seinen früheren konzertanten Kompositionen und Bühnenwerken interessiert waren.[90] 1941 betrachtete er sogar seine gelegentlichen Hollywood-Filmmusiken als »einen neuen Typus eines intelligenten Musikfilms, so wie *Lady in the Dark* ein neuer Typ Musical war«.[91] Offensichtlich setzte er die Qualität seiner Arbeiten für den Broadway (und für den Film) mit der seiner Weimarer sozialkritischen Opern gleich, die sich gewiß nicht auf der Qualitätssebene billiger Operetten befunden hatten.

Sein langjähriger Mitarbeiter im epischen Theater Bertolt Brecht sah das ohne Frage ähnlich, als er nach seiner Ankunft in Amerika im Sommer 1941 die berufliche Beziehung zu Weill wieder aufleben lassen wollte. Weill war versucht, die Partnerschaft zu erneuern, und zog eine Zeitlang eine afroamerikanische Version der *Dreigroschenoper* in Betracht, in der Paul Robeson mitwirken sollte. Doch zusätzlich zu den Problemen mit Robeson scheiterte der Plan an den Klippen schlechter Erfahrungen in der Vergangenheit und erneutem Mißtrauen, denn Weill verdächtigte den gerissenen Brecht, »wieder seine alten Tricks« zu versuchen.[92]

Weill war in seiner langfristigen musikalischen Entwicklung, die in Amerika nicht unterbrochen wurde, sondern sich vielmehr auf der Basis europäischer Erfahrung fortsetzte, bemerkenswert konsequent. Entsprechend verkehrte Weill privat und beruflich mit Künstlern des Schlags, mit dem er in Deutschland und Frankreich gearbeitet hatte, vor allem mit Lotte Lenya, seiner ehemaligen und künftigen Frau und Geliebten, die seinen Lebensrhythmus begriff. Nach der Scheidung in Berlin unterhielten sie ein Verhältnis mit Unterbrechungen, bis sie 1937 ein zweites Mal heirateten.[93]

Weills europäische Perspektive hielt ihn nicht davon ab, hinter Amerikas Kriegseinsatz zu stehen, den er kulturell unterstützen wollte.[94] Und außerdem investierte er – darin Schönberg vergleichbar – viel Energie in das Bewußtsein seines Judentums. Doch im Gegensatz zu dem Wiener Komponisten verkündete er seine Botschaft ausschließlich durch Musik. In seiner Jugend war Weill gegenüber seinen jüdischen Wurzeln gleichgültig gewesen, doch hatte er seinen mosaischen Glauben nicht wie Schönberg aufgegeben.[95] Deshalb fehlte seiner ernsten Beschäftigung mit seiner Religion im Frühjahr 1934 in Frankreich sowohl die Militanz wie das Engagement, die Schönbergs Rückkehr zum Glauben der Väter ein Jahr früher charakterisiert hatten. *The Eternal Road*, das in jener Zeit Gestalt annahm, war als auf dem Alten Testament basierendes szenisches Oratorium konzipiert; wesentliche Abschnitte waren »Ruth« und »David«, »Isaaks Opferung« und »Der Tanz um das goldene Kalb« sogar zentrale Themen. Franz Werfel hatte den Text geschrieben, und Max Reinhardt war für das Regiekonzept verantwortlich. Weill hatte ein, zwei Songs für Reinhardts Gefährtin Helene Thimig vorgesehen. Die Reinhardts und Werfel lebten nach wie vor in Österreich, das noch sicher war, und eine europäische Produktion schien ebenso realisierbar wie eine amerikanische. Am Ende erwies sich der Text dieses musikalischen Epos als lang und sperrig, die Produktion als kostspielig. Als das Werk schließlich 1937 in New York aufgeführt wurde, war es ein Mißerfolg mit gewaltigen finanziellen Verlusten.[96]

Doch das dämpfte Weills Engagement für die jüdische Sache nicht. Auf dem Höhepunkt des Holocaust 1943 arbeitete er abermals an einer Musik für eine Demonstration zum Gedenken von Hitlers jüdischen Opfern, in die viele liturgische Themen eingearbeitet waren. Das Ereignis, das den gewaltsamen Tod von zwei Millionen Juden betrauerte, fand in New York vor einer vierzigtausendköpfigen Menge statt. »Ein Riesenerfolg«, stellte Weill fest. Über ein Jahr nach Beendigung des Kriegs gegen Hitler wurde in der Park Avenue Synagogue Weills eigens für diesen Anlaß geschriebenes »Kiddush« aufgeführt. Zu diesem Zeitpunkt hatte der Komponist nur noch vier Jahre zu leben. [197]

Nach allem, was bekannt ist, war Kurt Weill ein wesentlich glücklicherer Mensch als Ernst Toch. Die amerikanische Phase dieses Komponisten schließt die vielen Tragödien einer musikalischen Existenz im Exil deutlicher ein als alle anderen dokumentierten Schicksale und weist nur wenige der privaten Freuden und beruflichen Höhepunkte auf, die erfolgreicheren Männern wie Weill vergönnt waren. Wenn einer als Paradigma für die absolute Sinnlosigkeit endlosen Leidens dienen kann, ist es Toch. Eines der anrührendsten und auch eines der traurigsten Bekenntnisse eines emigrierten Musikers in diesen schweren Zeiten ist gewiß das seine: »Man verliert seine Heimat und gewinnt keine neue, wenn man emigriert.« [198]

Toch, 1887 in Wien geboren, wurde nach dem Ersten Weltkrieg Lehrer am Konservatorium in Mannheim. 1921 machte er im benachbarten Heidelberg seinen Doktor und lebte von 1929 bis 1933 in Berlin, wo er Klavier und Komposition unterrichtete. Toch wurde als vielversprechender Komponist der neuen Schule betrachtet, als einer, der im Grunde an der traditionellen tonalen Methode festhielt, und seine Kompositionen – Streichquartette und andere Kammermusik, eine Oper und ein Klavierkonzert – wurden bei Festspielen neuer Musik in Prag und Frankfurt unter großem Beifall aufgeführt. Er war bereits einige Male in den Vereinigten Staaten gewesen, als er 1935 auf Einladung der New School for Social Research über Paris und London in New York ankam, um dort seine Lehrtätigkeit aufzunehmen.

In England hatte Toch die Musik zu dem Film *Katharina die Große* geschrieben, und 1937 folgte er George Gershwins Rat, nach Hollywood zu gehen, wo er für B-Filme zu komponieren begann. Dem Vernehmen nach tat er das sehr sachkundig, doch litt er mehr und mehr unter der intellektuellen Leere, die eine solche Arbeit mit sich brachte. Er wurde immer niedergeschlagener, da er der Ansicht war, daß er sich künstlerisch prostituiere. Sein Freundeskreis war klein, denn er zog das Leben eines Einsiedlers vor und versteckte sich mit seinem Hund oft in einer Hütte, die aus zwei riesigen Kisten bestand, in denen seine Habe aus Deutschland angekommen war, und die er am Strand von Malibu abgestellt hatte. Mann traf sich mit ihm und schätzte das Gespräch mit ihm, doch Tochs Beziehung zu Schönberg war schwierig. Ein Grund dafür war, daß Schönberg bei dem unabhängigen Geist Toch nichts erreicht hatte, als er ihn 1933 in Paris zur Mitarbeit bei der Gründung einer »Jüdischen Partei« gewinnen wollte. Ein anderer und bezeichnenderer Grund war, daß Schönberg auf Tochs Erfolg als Filmkomponist, Tochs Sargnagel, eifersüchtig war. Und zumindest bei einer Gelegenheit überraschte Schönberg seine Freunde, als er einem Konzert fernblieb, bei dem Werke von ihnen beiden aufgeführt wurden, vermutlich, weil Tochs Kompositionen »etwas mehr Aufmerksamkeit bekommen, als sie verdienen«. Schließlich gab Toch seine Hollywood-Karriere auf und wurde Lehrer für Komposition an der University of Southern California. Obwohl er weiterhin ein Auskommen für sich, seine Frau und seine Tochter fand, blieb er doch bis zum Ende seines Aufenthalts in den Vereinigten Staaten unglücklich, unter seinesgleichen nur von wenigen anerkannt und von den meisten links liegengelassen. Einige Jahre vor seinem Tod 1964 sagte Toch dem Musikwissenschaftler Nicolas Slonimsky: »Ich bin der meistvergessene Komponist des 20. Jahrhunderts.«[199]

Nichtjüdische Musiker in der Verbannung

Jüdische Musiker fühlten sich gezwungen zu emigrieren, denn sie fürchteten erst um ihre Stellungen und dann um ihr Leben. Nichtjüdische Musiker hingegen waren nicht annähernd so stark motiviert, Nazi-Deutschland zu verlassen. Deshalb war die Zahl »arischer« Flüchtlinge aus Hitlers Reich in musikalischen wie in anderen Berufen bedeutend kleiner.[200] Als Erika und Klaus Mann 1938 den Fall eines nichtjüdischen Arztes schilderten, der Frau und Kind verließ und nach Schanghai ging, weil er keine Alternative sah, führten sie einen atypischen Fall an. Und obwohl sie behaupteten, daß der Arzt aus politischen Gründen dazu getrieben worden sei, haben sie möglicherweise einige andere Faktoren übersehen, die eine zusätzliche, entscheidende Rolle gespielt haben könnten: Vielleicht hatte sich der Mann seiner Frau entfremdet oder war psychotisch.[201] Auch aus edelsten Überzeugungen heraus ist es für einen Mann nicht normal, seine Familie in Unsicherheit und Gefahr zurückzulassen. Normal wäre, seinen Lieben beizustehen und der Not gemeinsam zu begegnen.

Wenn die Motive dieses Arztes fragwürdig waren, so waren auch die der nur wenigen »arischen« Musiker, die emigrierten, nicht über jeden Zweifel erhaben. Die aus

Preußen gebürtige Opernsängerin Lotte Lehmann hatte
1933 eine Auseinandersetzung mit Hermann Göring, die
durch die internationale Presse ging, bevor sie an der New
Yorker Metropolitan Opera und schließlich an der südkali-
fornischen Küste landete, wo sie Mitglied des vielgerühm-
ten Kreises um Thomas Mann wurde. Sie mag wirklich
eine Nazi-Gegnerin gewesen sein, die sich weigerte, jemals
wieder im Reich aufzutreten, aber sie war überdies mit
einem jüdischen Geschäftsmann verheiratet, und als sie
von Berlin nach Wien floh, wo sie lebte, wurde sie angeblich von ihrem Liebhaber begleitet.[202] 1944 verließ Carl
Schuricht endlich das Dritte Reich und ging in die Schweiz,
vorgeblich, weil er die Nazi-Diktatur nicht mehr gutheißen
konnte. Doch er hatte den Nazis über ein Jahrzehnt gedient
und seine Ehe mit einer jüdischen Frau in Gefahr gebracht.
1944 war es nicht mehr nötig, »aus politischen Gründen«
Deutschland den Rücken zu kehren, eingedenk der Bomben, die auf alle Städte fielen, und der bevorstehenden
Invasion der Alliierten.[203] Mit Toscaninis Hilfe schaffte es
Hugo Burghauser, ein Fagottist an der Wiener Staatsoper,
nach dem Anschluß in die Vereinigten Staaten zu kommen,
doch Burghauser hatte mit dem autoritären österreichischen Regime unter Dollfuß und Schuschnigg kollabo-
riert.[204] Sogar Hans Heinz Stuckenschmidt, der führende
Kritiker auf dem Gebiet der modernen Musik, konnte sich
seine intellektuelle Unabhängigkeit nicht bis zum Ende
bewahren. Aufgrund seiner Integrität wurde er in den
ersten Jahren des Regimes kurzgeschlossen, 1934 als Jour-
nalist geknebelt. Er wurde von Fritz Stege, einem Erz-Nazi
und Konkurrenten, was die Macht der Feder betraf, heftig
attackiert und von der Reichskulturkammer als Paria
behandelt. 1937 fand er in Prag Arbeit als Musikkritiker,
doch 1940 hatten ihn die deutschen Besatzer wieder einge-
holt und versicherten sich seiner Dienste im von Deutsch-

land kontrollierten Rumänien. In dieser Funktion gestattete sich Stuckenschmidt, die Wahrheit zu beugen und – wenn auch nicht lautstark – ins Horn der NS-Propaganda zu stoßen. Schließlich wurde er in die Wehrmacht eingezogen und verbrachte das Ende des Dritten Reichs in einem amerikanischen Kriegsgefangenenlager.[205]

Einer der bekanntesten nichtjüdischen Musiker, der Deutschland am Anfang des Regimes verließ, war Fritz Busch, Generalmusikdirektor an den Sächsischen Staatstheatern in Dresden, der begeistert am Ersten Weltkrieg teilgenommen hatte und politisch rechts von der Mitte stand. Sowohl Busch wie seine Frau Grete zeichneten für die Nachwelt die dramatische Geschichte seiner grundsätzlichen Opposition gegen die Nazis noch in der Weimarer Republik auf und schilderten die Machenschaften der SA und der sächsischen Landesregierung, die am Abend des 7. März 1933 zu seiner Demission führten, als er im Begriff war, Verdis *Rigoletto* zu dirigieren. Sie berichten auch über sein anschließendes selbstauferlegtes Exil und die weitere Arbeit in Buenos Aires, Kopenhagen und Glyndebourne.[206]

Ohne Zweifel gab es aus der Perspektive der Nazis einige Punkte, die bereits vor Januar 1933 gegen Busch sprachen. Er war der ältere Bruder Adolf Buschs, der 1925 als der »größte deutsche Geiger« gefeiert wurde, mit einer Jüdin verheiratet war und 1926 seinen Wohnsitz in Basel nahm. Adolf Busch machte aus seiner Abneigung gegen die Nazis kein Geheimnis und empfing in seinem Haus den hochbegabten jungen jüdischen Pianisten Rudolf Serkin, der später sein Schwiegersohn wurde.[207] Seit den letzten Monaten der Republik hatte eine große Splittergruppe von Nationalsozialisten gegen Fritz Buschs Widerstand eine Kürzung des Kulturbudgets durchdrücken wollen, die auf das Opernhaus ernstere Auswirkungen gehabt hätte. Busch wurde darauf von den Nazis beschuldigt, daß er jüdische Freunde und Künstler bevorzuge, zu oft als Gastdirigent vor allem in Berlin auftrete und neben einer allzu großzügigen Urlaubsregelung auch ein übertrieben hohes Gehalt bekommen – zwei Privilegien, über die man sich nun erhitzte, die ihm jedoch in der Republik vertraglich zugesichert worden waren. Eine Reihe von persönlichen Intrigen in Dresden gegen Busch und seine Familie waren das Vorspiel zu seiner Entlassung Anfang März.[208] Diese nicht völlig unerwartete Wendung erbitterte nicht nur die Buschs, sondern auch Richard Strauss, der davon ausgegangen war, daß seine *Arabella* im Sommer des Jahres unter Busch in Dresden uraufgeführt würde, eine Oper, die er dem Dirigenten gewidmet hatte, die aber schließlich unter Clemens Krauss zur Uraufführung kam.[209]

Daß Busch im Interesse der krähwinkligen Politik der Partei etwas angehängt wurde, war sowohl seinem loyalen Opernanhang wie hochrangigen Nazis klar. Ensemblemitglieder wurden gedrängt, eine Erklärung des Personals, »Busch fehle die künstlerische Eignung für seine Stellung«, zu unterzeichnen. Obwohl die meisten Musiker und Sänger dem nachkamen oder wie die Koloratursopranistin Erna Berger ihre mündliche Zustimmung gaben, weil sie nicht in der Stadt waren, wußten sie alle – wie einer von ihnen an Strauss schrieb –, daß Busch persönlich »in der Kapelle stets beliebt gewesen« sei.[20] Der Briefschreiber räumte allerdings auch ein, daß es da einige Unkorrektheiten gegeben habe, die jedoch so geringfügig waren, daß sie mit einem Minimum von gutem Willen auf beiden Seiten hätten geregelt werden können.[211] Der nationalsozialistische Musikverleger Gustav Bosse bestätigte, daß Busch in seinem angeblich ständigen Bestreben, von der bloßen Opernarbeit wegzukommen und sich gerade in Berlin um mehr Konzertauftritte zu bemühen, aus der Reihe getanzt sei.

Nichtsdestoweniger bedauerte Bosse, daß man »einen deutschen Künstler vom Rang eines Fritz Busch in so diffamierender Weise von seinem Posten entheben« hatte können.[212]

Bosse durchschaute sicher nicht die Intrige, die diese Affäre produziert hatte. Hinter den Kulissen war ein Band zwischen Busch und Göring geschmiedet worden, der unter dem Einfluß seiner Geliebten Emmy Sonnemann und Tietjens daran interessiert war, den Dirigenten für Berlin zu gewinnen. Als sehr sympathische junge Schauspielerin war Emmy Sonnemann mit den Buschs während ihrer Jahre in Stuttgart befreundet gewesen. Als Busch 1922 nach Dresden und Sonnemann ins nahe Weimar gegangen waren, hatte das der Freundschaft keinen Abbruch getan, und Sonnemann nahm ihren »Kerl«, den verwegenen Piloten und Geschäftsmann Hermann Göring, zumindest einmal vor Hitlers Machtübernahme zu einem privaten Besuch bei den Buschs in Dresden mit. Vor der Katastrophe vom 7. März 1933 hatte sie Busch aus Berlin telefonisch mitgeteilt, daß Göring, zu diesem Zeitpunkt amtierender preußischer Innenminister und designierter Ministerpräsident, sehr daran interessiert sei, sich den Dirigenten für eine bedeutende Position in der Hauptstadt zu sichern. Hitler, der noch 1942 bekannte, nach Krauss und Furtwängler »wäre Busch der beste deutsche Dirigent geworden«, scheint dafür gewesen zu sein, insoweit seine Schirmherrschaft über Furtwängler dadurch nicht gestört wurde.[213]

In den Wochen nach dem Dresdener Debakel traf Busch Göring in Berlin wenigstens dreimal, wobei Göring offenbar hoffte, daß der Dirigent unter seiner Kontrolle als künftiger preußischer Ministerpräsident die musikalische Direktion der Berliner Staatsoper übernehmen könne. Nach den verfügbaren Quellen gibt es allen Grund zu der Annahme, daß Busch hocherfreut gewesen wäre, diesen

Posten anzunehmen, und Deutschland nie verlassen hätte. Doch Furtwängler (der Busch lieber in Hamburg oder als Bruno Walters Nachfolger in Leipzig gesehen hätte) stand im Weg und hatte Rückendeckung durch Hitler, gegen den Göring letzten Endes nicht handeln konnte. Der Führer selbst versuchte durch persönliche Intervention sein Bestes, um die Meinung seiner sächsischen Satrapen über Busch zu ändern, doch er erreichte nichts: ein zusätzlicher Beweis für die unzureichend funktionierende Befehlskette in den Strukturen der damaligen NS-Bürokratie, jedenfalls was die Kultur betraf. Eine alternative Lösung, Busch, dem Bayreuth-Dirigenten von 1924, die musikalische Leitung der Festspiele anstelle des vermaledeiten Toscanini zu übertragen, paßte nicht in Buschs aktuelle Pläne, und außerdem waren die Nazis bereits mit dem Wunsch an ihn herangetreten, für sie in Südamerika die Trommel zu rühren.[214]

In ihren unabhängig voneinander geschriebenen Memoiren behaupten die Buschs, daß das Telegramm, in dem Busch eingeladen wurde, eine deutsche Opernsaison am Teatro Colón in Buenos Aires zu veranstalten, als Geschenk des Himmels kam, und zwar in dem Moment, in dem er gezwungen worden war, sein Dresdener Amt niederzulegen.[215] Das ist eine ausgemachte Erfindung, denn obwohl Busch bereits in den zwanziger Jahren nach Argentinien eingeladen worden war, war diese spezielle Einladung mit Hilfe der Behörden des Reichs manipuliert worden, nachdem sich Busch wiederholt mit Hans Hinkel beraten hatte. Hinkel stand damals ebenfalls noch in Görings Dienst, und es gibt allen Anlaß zu glauben, daß der künftige Ministerpräsident die Gelegenheit benutzte, um in dieser Sache sein Gesicht zu wahren. Der Plan sah vor, daß Busch in Begleitung anderer deutscher Künstler einschließlich geächteter Juden in Buenos Aires verschiedene Vorstellungen geben solle, um dort für das NS-Regime Werbung zu machen. Denn ein so gegensätzliches Ensemble, zu dem auch bekannte Regimegegner gehörten, mußte den Argentiniern den Eindruck geben, daß die Toleranz der Nazis viel größer sei, als es in Wirklichkeit der Fall war. Ob er es wußte oder nicht – während der ganzen Tournee in Südamerika, die bis Ende 1933 dauerte, stand Busch unter ständiger Beobachtung eines speziell mit dieser Aufgabe betrauten Handlangers der Nazis.[26]

Aus dem Archivmaterial läßt sich schließen, daß Busch nach seiner Rückkehr aus der argentinischen Hauptstadt hoffte, mit dem begehrten Posten in Berlin belohnt zu werden.[27] Doch da nichts daraus wurde, mußte er sich mit europäischen Angeboten, wiederholten Reisen nach Südamerika und privaten Besuchen bei seinem Bruder Adolf in der Nähe von Basel zufriedengeben. 1934 erwies sich die Übernahme der musikalischen Leitung bei den Festspielen in Glyndebourne als prestigebringende, wenn auch nicht lukrative Unternehmung; Busch verdiente den größten Teil seines Einkommens an der Metropolitan Opera in New York, in Buenos Aires und an der Königlichen Oper in Kopenhagen. Als es ihm trotz der Hilfe von Thomas Mann, der eng mit seinem Bruder befreundet war, nicht gelang, die schweizerische Staatsbürgerschaft zu bekommen, erwarb er 1936 die argentinische. Bis zum Ausbruch des Krieges erhielt Busch zahlreiche Angebote, im Reich zu dirigieren, doch als politischer Exilant und gestärkt durch seinen inzwischen in den USA lebenden Bruder und dessen Familie schlug er sie aus. Busch arbeitete erst in Dänemark und dann in Schweden; im entscheidendsten Schritt seiner Karriere seit der NS-Machtübernahme ging er 1941 über Rußland und die Vereinigten Staaten schließlich nach Argentinien.[28]

Als Fritz Busch damals mit seiner Frau Grete nach Buenos Aires zurückkehrte, übernahm er die Direktion des

Teatro Colón von Erich Kleiber, mit dem er sich bereits einige Male abgewechselt hatte.[219] Busch und Kleiber, beide 1890 geboren, hatten um 1923 als Dirigenten gleichzeitig die höchste Sprosse der Karriereleiter erreicht – Busch in Dresden und Kleiber als Generalmusikdirektor an der Berliner Staatsoper. Dazu hatten sie beide eine besondere Vorliebe für neuere Komponisten wie Hindemith, wobei Busch der konservativere war. Sie teilten das Gefühl für demokratische Werte und waren gegen die Nazis, nicht zuletzt wegen deren antisemitischer Politik. Der dänische Tenor Helge Rosvaenge sagte später, daß Kleiber »das Totschweigen berühmter jüdischer Komponisten, wie Meyerbeer, Mendelssohn, Mahler und Offenbach, verurteilte«.[220]

Doch neben diesen auffallenden Ähnlichkeiten gab es auch bezeichnende Unterschiede. Busch war ein robuster blonder Westfale, der an Knappertsbusch erinnerte, wenn auch etwas stämmiger gebaut; Kleiber war ein kahlköpfiger kleiner Wiener, flexibler in zwischenmenschlichen Beziehungen und wohl intuitiver in seiner musikalischen Interpretation. Kleiber engagierte sich ernsthafter für die Neutöner und zwar in einem Maß, daß konservative Komponisten wie Hans Pfitzner erklärten, sie könnten nicht seine Freunde sein. Doch Kleiber interessierte das nicht im geringsten, denn sein entschiedener Favorit war ein Mit-Wiener, Schönbergs Meisterschüler Alban Berg. Das hatte ihn veranlaßt, Bergs *Wozzeck* 1932 abermals an der Berliner Staatsoper zu dirigieren (er hatte das Werk dort 1925 uraufgeführt), und das hatte ihm – neben der Vorstellung von *Christophe Colombe* des französischen Juden Darius Milhaud 1930 – den Zorn der Nazis eingebracht. Anfang 1933 wurde Kleiber, dessen Name beharrlich, aber irrtümlich für jüdisch gehalten wurde, von Theo König attackiert, einem Musiker der Staatsoper, der mit einigen Kollegen, alle Parteimitglieder, von ihm entlassen worden war. Diese

Entlassung war lediglich eine der Maßnahmen gewesen, wie sie überall in Deutschland aufgrund der wirtschaftlichen Depression vorgenommen wurden.[221]

Offensichtlich gab sich Kleiber – wie Fritz Busch – keine allzu große Mühe, den neuen Herrschern zu gefallen, doch im Gegensatz zu Busch trat er von seiner Position aus eigenem Antrieb zurück, nachdem er Werke präsentiert hatte, die den Nazis ein Greuel waren; er konnte weder mit Geld noch mit guten Worten in Deutschland gehalten werden. Der Anlaß war, wie vorauszusehen, die Uraufführung einer Komposition von Berg. Der Wiener Komponist war, obwohl kein Jude, mit den anderen Vertretern der sogenannten Zweiten Wiener Schule, Arnold Schönberg und Anton Webern, auf die Schwarze Liste der Nazis gesetzt worden. Das war ein schrecklicher Schlag für Berg, denn es ging ihm finanziell schlecht, und er war auf einträgliche Aufführungen seiner Musik angewiesen, zumal die autoritäre österreichische Kulturbürokratie (unterstützt durch Bruno Walter) seine avantgardistischen Werke verächtlich zurückwies. Und so beschwor Berg ständig sein »Ariertum« und flehte seinen Freund Kleiber immer wieder an, ihn zu fördern. Besonders lag ihm daran, daß Kleiber seine neue Oper *Lulu* auf die Bühne brachte, deren Libretto er nach zwei umstrittenen Stücken von Frank Wedekind selbst verfaßt hatte. Der gewagte Stoff mit einer Femme fatale, einem sexbesessenen Arzt, einer lesbischen Gräfin und Jack the Ripper war genau das, was die NS-Zensoren sofort als entartete Kunst zu brandmarken pflegten. Furtwänglers spontanes Urteil lief auf eine Entmutigung hinaus, doch Kleiber beschloß, die Unternehmung voranzutreiben. Er wußte, daß er bei vielen Nazis unbeliebt war, daß jedoch die führenden Politiker ihn, den Nichtjuden, zunehmend brauchten, weil er befähigt war, die Musikkultur des Reichs international aufrechtzuerhalten – zumindest in gleichem

Maß wie die geächteten Walter und Klemperer. In der Tat war Kleiber als möglicher Nachfolger von Busch in Dresden im Gespräch gewesen; Strauss, Tietjen und Göring hielten große Stücke auf ihn.[222]

Im Interesse seines eigenen Erfolgs war Berg etwas besorgt, weil Kleiber nicht Parteimitglied war, doch der Dirigent wußte über die Hindernisse Bescheid, die sich einer Oper wie der von Berg in den Weg legten, die überdies noch unvollendet war (und es bleiben sollte). Deshalb entschied sich Kleiber mit der Zustimmung von Göring für Orchesterauszüge aus der Partitur, die sogenannten *Fünf symphonischen Stücke aus Lulu für den Konzertgebrauch*, die am 30. November 1934 in der Berliner Staatsoper uraufgeführt wurden. Es stellte sich heraus, daß sie in Zwölftontechnik komponiert waren. Die Kritiker waren geteilter Meinung, doch selbst einige Nazis unter ihnen räumten Berg ein gewisses Können ein. Obwohl Alfred Burgartz fand, daß es dem Werk an Substanz mangele, und Bergs Melos als »nichts als eine Nervenbewegung« charakterisierte, mußte er doch »sein subtiles Gehör für harmonische Dinge, seine meisterhafte Handhabung von Satzkünsten, seine einem höchsten Kunstwerk gleichkommende Instrumentation« anerkennen. Dennoch blieben die alten Vorurteile, und der amerikanische Botschafter William Dodd hielt Kleiber abermals fälschlicherweise für einen »Hebräer« und Alban Berg ebenfalls für einen Juden.[223]

Nach dem Konzert schrie jemand in das höhnische Johlen und die Bravorufe »Heil Mozart!« hinein. Kleiber rief zurück: »Sie irren sich: Das Stück ist von Alban Berg!« Der Dirigent nahm den ganzen Vorfall als Zeichen, daß sich die Dinge verschlechtern würden. Vier Tage später trat er von seinem Posten an der Berliner Staatsoper zurück, allerdings hatte er aus Vertragsgründen seine letzten Konzerte in Berlin Anfang Januar 1935 zu dirigieren. Er teilte seinen

Berliner Vorgesetzten mit, daß er sich im NS-Regime unter Druck fühle und unfähig sei, seine Arbeit fortzusetzen. Sein Entschluß, sich aus Berlin zu verabschieden, fiel mit der Hindemith-Furtwängler-Affäre zusammen, die dazu führte, daß Furtwängler sich von seinem regulären Posten als Direktor der Staatsoper zurückzog und Hindemith als Komponist und Professor an der Berliner Hochschule für Musik langsam, aber sicher in Ungnade fiel.[224]

Sowohl Göring wie Tietjen machten Kleiber Angebote in der Hoffnung, daß er seine Meinung ändern würde, doch der Dirigent blieb fest und verließ Deutschland, um durch Europa und Südamerika zu vagabundieren. Noch immer Österreicher, Staatsbürger eines Landes, das ihn weder vor noch nach dem März 1938 haben wollte, ließ sich Kleiber 1939 in Buenos Aires nieder und nahm wie sein deutscher Kollege Fritz Busch die argentinische Staatsangehörigkeit an. Im Gegensatz zu Busch war Kleiber ab 1933 Antifaschist, eine Überzeugung, der er das letzte Mal auf europäischem Boden Nachdruck verlieh, als er sich weigerte, in der Saison 1938/39 an der Mailänder Scala *Fidelio* zu dirigieren, nachdem er erfahren hatte, daß aufgrund der von den Faschisten gesteuerten antisemitischen Angriffe italienischen Juden der Zutritt zum Theater verwehrt war.[225]

Der Österreicher Ernst Krenek, Komponist der sensationellen Oper *Jonny spielt auf* von 1927, war ein Fall für sich. Er hatte übrigens nie Kontakt mit den deutschen Nazis, da er nach Beschäftigungen in Kassel und Wiesbaden 1928 in seine Vaterstadt Wien zurückgekehrt war und das Reich nach dem Januar 1933 mied. Doch für die Nationalsozialisten allerorten blieb *Jonny* der Inbegriff der Weimarer Gossenkultur, die sie so sehr verachteten, und sie bezeichneten ihn nach wie vor als »diesen Juden« oder »Judenbastard Krenek«, obwohl er unbestreitbar »arischer« Abstammung war. Allerdings war seine erste Frau Anna, von der er sich

1929 hatte scheiden lassen, eine Tochter von Gustav Mahler.
Wie Schönberg, Hindemith und Weill war Krenek auch in
der Nazi-Ausstellung »Entartete Musik« im Frühjahr 1938 in
Düsseldorf vertreten. Hätte der Komponist sich zwischen
1933 und 1938 nicht aus Deutschland ferngehalten, wäre
er möglicherweise in Gefahr gewesen. Und wenn er nach
dem Anschluß in Österreich geblieben wäre, wäre er bestimmt verfolgt worden.[226]

Deshalb gehört auch sein Fall in dieses Buch. Krenek
geriet wie seine neutönerischen Landsleute Webern und
Berg in ernste wirtschaftliche Schwierigkeiten, denn alle
seine Werke standen in Nazi-Deutschland im Kreuzfeuer
(und wurden anderswo in Europa nur selten aufgeführt).
Außerdem wurde er von den österreichischen Nazis in
Wien schikaniert. Sein Plan, die Zwölfton-Oper *Karl V.* in
Zusammenarbeit mit Clemens Krauss dort auf die Bühne
zu bringen, wurde durch die Intrigen österreichischer Nazis
torpediert, die das Werk für entartet hielten. Doch im Gegensatz zu Krauss war Krenek kein Gegner des autoritären
Regimes unter Dollfuß und Schuschnigg, sondern paßte
sich zumindest unter Dollfuß an, weil er auf eine katholi-
sche Restauration hoffte, die die Basis für ein korporati-
vistisches System in Staat und Gesellschaft bilden sollte. In
seiner musikalischen Betätigung behindert, verlegte er sich
mehr und mehr aufs Schreiben und stellte 1934 seine
Bekanntheit in den Dienst der Vaterländischen Front von
Engelbert Dollfuß.[227]

Während Krenek wie Walter und andere eine gewisse
Vorliebe für das faschistische Italien entwickelte, wo er sich
»von der Art, wie die moderne Kunst vom italienischen
Staat behandelt wurde«, angezogen fühlte – ein deutlicher
Hinweis auf den dortigen Erfolg der Neutöner –, erkannte
er bald, daß sein progressives Künstlertum und die reaktionären politischen Ziele des österreichischen Regimes

miteinander unvereinbar waren. Wie einer seiner Biographen anmerkt, machte er sich über die österreichischen Zustände keine Illusionen: »Dieselben Künstler blieben zurückgedrängt, die auch im Dritten Reich verfemt waren.« Ab 1936 war ihm klar, daß sich Bundeskanzler Schuschnigg nicht mehr lange die aggressiven Annäherungsversuche Hitlers vom Leib halten können würde; das und die Einschätzung seiner finanziellen Lage führten zu seinem Entschluß zu emigrieren.[228]

Krenek reiste 1937 mit einer obskuren Truppe, die sich Salzburg Opera Guild nannte, zu einer Querfeldein-Tournee in die Vereinigten Staaten, vorgeblich für Aufführungen und Vorträge, doch in Wirklichkeit, um die Bedingungen im Hinblick auf einen Umzug zu eruieren. Amerika war eigentlich kein geeignetes Zuhause für ihn, denn *Jonny*, sein einziges Werk, das dort dem Namen nach bekannt war, war 1929 durchgefallen. Außerdem war Zwölftonmusik, wie bereits Schönbergs Beispiel zeigte, entweder unbekannt oder suspekt. Krenek hatte überdies eine Aversion gegen die englische Sprache und weigerte sich anfänglich, sie zu erlernen. Er verabscheute amerikanisches Essen und lebte hauptsächlich von Orangensaft, Zigaretten und Whiskey. Zusätzlich war er mit der Organisation der Tournee nicht zufrieden. Auf seiner Reise, die ihn von New York nach San Francisco führte, hielt er Vorträge über die Atonalität und spielte seine eigene neue Klavier-Suite und Schönbergs *Sechs Kleine Klavier-Stücke* (1911). Es gab einige Begeisterte, doch Erika und Klaus Mann hielten fest: »Der Rest des Auditoriums blieb höflich-kühl.« Krenek hatte jedoch Freunde in Amerika: Hans Heinsheimer, der früher die Wiener Universal Edition mit geleitet und sich nun in New York niedergelassen hatte; Roger Sessions, der in Princeton unterrichtete; und Schönberg in Los Angeles. Sie arrangierten künftige Soloauftritte für ihn, führten ihn im

Rundfunk ein und hielten nach einem Lehrauftrag Ausschau. Irgendwie begann Krenek, das Land und besonders
Kalifornien zu mögen.[229]

Krenek kehrte im Februar 1938 nach Europa zurück,
einem entscheidenden Zeitpunkt für seine österreichische
Heimat. Obwohl er seinen österreichischen Paß im Konsu-
lat in New York gerade erneuert hatte, wagte er nicht, nach
Wien zu fahren, und betrieb seine Emigration nach Amerika von Holland und England aus. Im September war er
wieder in den Vereinigten Staaten. Abermals bemühten
sich seine Freunde für ihn, und Ende des Jahres spielte
Krenek auf Betreiben von Heinsheimer und Koussevitzky
sein aggressiv atonales Klavierkonzert in Boston. Heinsheimer saß neben einer älteren Dame, die »in den höflichen
Applaus mit einstimmte, dann in das Programmheft schaute,
sich nach einer Weile zu ihrem Mann wandte und sagte:
›Die Zustände in Europa müssen grauenvoll sein!‹« 1939
gab Krenek Sommerkurse an der University of Michigan
und schrieb an Schönberg einen überraschend positiven
Bericht über seine unverdorbenen Studenten. Im Gegensatz zu dieser Erfahrung meinte er: »Sogenannte Fachleute
jagen einen nur ins Bockshorn.«[230] Nachdem er im September 1939 mit seinem Unterricht am Vassar College begonnen hatte, stieß er in der Tat zufällig auf einen Artikel eines
Kollegen, in dem behauptet wurde, daß die mitteleuropäischen Zwölftonkomponisten, die sich nun in Amerika auf-
hielten, lediglich vorgäben, vor dem Faschismus geflüchtet
zu sein; in Wirklichkeit habe sie Hitler herübergeschickt,
damit sie mit ihrem Unterricht die amerikanische Jugend
verdürben.[231]

Die Bedingungen besserten sich für Krenek, als ihn seine
mißtrauischen Kollegen am Vassar College 1942 feuerten
und er die Leitung des Musikprogramms an der Hamlin
University in St. Paul übernehmen konnte – keine be-

rühmte Institution, doch Krenek hatte die moralische Unterstützung des in Minneapolis ansässigen Dirigenten Dimitri Mitropoulos, der ihn bewunderte. 1947, mit siebenundvierzig Jahren und nach furchtbar anstrengender Arbeit als College-Lehrer, konnte Krenek schließlich zu seinen alten Freunden in Los Angeles stoßen, wo er sich als Gastdozent und Schriftsteller beschäftigte. Wie in Schönbergs Fall hatte seine Übersiedlung nach Amerika auch von ihm, was seine Kreativität als Komponist betraf, hohen Tribut gefordert.[232]

Anfang der zwanziger Jahre war der Neutöner Krenek von dem neun Jahre älteren Dirigenten Hermann Scherchen unterstützt worden. Scherchen brachte Kreneks Erste Symphonie im Dezember 1922 in Frankfurt zur Uraufführung, und ein Jahr später stellte er sein Klavierkonzert Nr. 1 in Winterthur vor, einer Provinzstadt in der Schweiz, in der Scherchen den Posten des musikalischen Leiters im jahrhundertealten Musikkollegium übernommen hatte.[233] In der Folge machte sich Scherchen in Deutschland als führender Förderer der neuen Musik einen Namen. Eine seiner beachtlichsten Leistungen war 1920 die Gründung der Avantgarde-Musikzeitschrift *Melos*, deren erster und den Trend bestimmender Herausgeber er war. Unter den Neutönern in der Musik, den hoffnungsvollen wie den etablierten, war Scherchen bald eine Größe, mit der gerechnet werden mußte. 1919 hatte der neunzehnjährige Kurt Weill Scherchens Rat erwogen, bei Arnold Schönberg in Wien vorbeizuschauen, und Weill war entzückt, als er erfuhr, daß Scherchen von einem Münchner Theater eingeladen worden war, seinen *Aufstieg und Fall der Stadt Mahagonny* aufzuführen; allerdings kam die Produktion nicht zustande.[234] Scherchen, der ebenso für seine objektive Auffassung beim Dirigieren wie für seine pädagogische Intensität bekannt war, genoß nicht nur unter den Kampfgefährten an

der Front der Modernen wie Schönberg, Hindemith und
Orff enormes Prestige, sondern auch bei etablierten Ikonen
wie Hans Pfitzner, der ihn bereits 1920 allen Ernstes
ersuchte, ihm die Kompositionen von Schönberg zu erklären – ein rührender Zug bei einem so eingefleischten
Konservativen.[235]

Den Dirigenten unterschied von anderen Verfechtern
der musikalischen Moderne, daß er unerschrocken politisch links stand und allgemein als großer Freund der
Sowjetunion galt, obwohl er nie der Deutschen Kommunistischen Partei beitrat. Scherchen hielt es nicht für einen
Widerspruch, daß er einem Berliner Publikum 1920 eines
der Kampflieder der russischen Revolution zu Gehör brachte
und andererseits in Frankfurt die deutsche Erstaufführung
von Strawinskys *Histoire du soldat* leitete, das gefeierte
Werk eines Flüchtlings vor dem Bolschewismus. Dieser
frühe Bewunderer von Dmitrij Schostakowitsch ließ es
sich angelegen sein, die Sowjetunion in der Weimarer Zeit
bei verschiedenen Konzerttourneen zu besuchen, obwohl
ihn später die zum harten Kern gehörenden Stalinisten
mieden.[236]

Aufgrund seiner Progressivität und seiner sozialistischen
Neigungen war Scherchen bereits früh ein natürlicher
Gegner all dessen, was auch nur im entferntesten mit dem
Nationalsozialismus assoziiert werden konnte, und wurde
von den Nazis auch als solcher erkannt. Sein Schweizer
Standbein kam ihm zustatten, als er sich aus Angst, verhaftet zu werden, nicht mehr in Deutschland blicken lassen
konnte. Einer seiner letzten Posten in Deutschland (seine
Dauerstellung in der Schweiz war von all dem unberührt
geblieben) war der des Generalmusikdirektors des Königs-
berger Rundfunkorchesters unter dem jüdischen Intendanten Hans Flesch, der durch seine Ehe mit Hindemith verwandt war. All diese frühen biographischen Daten wurden

1933 von den Nazis verwendet, um ihn als »Marxisten- und Judenliebling« zu brandmarken und »das Vergiftende« an seiner Kunstausübung anzuprangern.[237] Von seiner Basis in Winterthur aus reiste Scherchen – immer als Vorreiter der Entwicklung der modernen Musik – in mehrere andere Länder Europas zu Avantgarde-Festivals in Straßburg (August 1933), Florenz (April 1934), Prag (September 1935) und Barcelona (April 1936). Die meisten waren von der antifaschistischen Internationalen Gesellschaft für Neue Musik (IGNM) organisiert, die neue Kompositionen mit Preisen auszeichnete und in der Scherchen zuweilen als Jurymitglied fungierte. Eine seiner bemerkenswertesten Leistungen während der ersten Jahre des Hitler-Regimes war die Zusammenstellung eines Orchesters aus arbeitslosen Musikern in Wien, darunter viele Juden, die bis zum März 1938 von antisemitischen Kräften im Kreis um Schuschnigg diskriminiert wurden. Scherchen schliff sein Orchester zu einer solchen Perfektion, daß sich selbst der konservative Bruno Walter bewundernd äußerte. Bis zum Krieg führten verschiedene Gastauftritte den Dirigenten bis nach Moskau, Jerusalem und London.[238] Während des Kriegs allerdings saß Scherchen mehr oder weniger auf Dauer in der Schweiz fest.[239]

Ob Scherchen typisch oder atypisch für die nichtjüdischen Künstler war, die vor Hitler in die Emigration flüchteten, mag strittig sein, doch soweit diese Frage von den verfügbaren Quellen beleuchtet wird, sind zwei spezielle Beobachtungen zu machen. Erstens war er trotz seiner außerordentlichen Aktivitäten ständig in finanziellen Schwierigkeiten, obwohl er von Werner Reinhart, einem wohlhabenden Winterthurer Bürger, unterstützt wurde. Dafür gab es vor allem zwei Gründe: Er mußte einer Reihe von Frauen und ihren zahlreichen Kindern Alimente zahlen (der unbeständige Scherchen schloß nicht weniger als fünfmal die Ehe und überrundete damit Carl Orff, der es nur auf vier brachte), und er verlor Geld mit Ars Viva, einem Musikverlag, den er in Brüssel gegründet hatte. Zweitens war Scherchen, wie der Dichter Elias Canetti bissig bemerkte, so schwierig, daß er aus heiterem Himmel gegen seine Freunde ausfallend wurde, obgleich er auch äußerst einnehmend sein konnte.[240]

Die Spannung zwischen Scherchen auf der einen Seite und Hindemith und Orff auf der anderen ist, noch bevor Hitler an die Macht kam, gut belegt. Doch vor allem der junge Komponist Karl Amadeus Hartmann, dessen Werke Scherchen bewunderte und förderte, hatte unter ihm zu leiden.[241] Hartmann, vierzehn Jahre jünger als Scherchen, bekannte sich vor seinem frühen Tod 1963 dazu, daß der Dirigent ihm seinen musikalischen Weg gewiesen habe, sprach aber im selben Atemzug über die »Schwankungen« in Scherchens Charakter und Intellekt. Hartmanns Witwe Elisabeth ging noch weiter, als sie 1994 mir gegenüber bemerkte: »Es war schrecklich, wie bös Scherchen oft sein konnte.«[242]

Einiges davon wird durch die erhaltene Korrespondenz bestätigt. 1935 und 1936 hatte Scherchen dickes Lob für Hartmann übrig, der sich in seiner Vaterstadt München in völlige Isolation manövriert hatte, weil er seinem Naturell entsprechend keine der neuen NS-Vorschriften für berufliches Verhalten befolgen konnte. Scherchen scheint Hartmann bei den IGNM-Preiskomitees außerhalb Deutschlands gefördert und Interesse an der Uraufführung des neuesten Werks des Komponisten, der Kammeroper *Des Simplicius Simplicissimus Jugend*, gezeigt zu haben, auf deren Entwurf er großen Einfluß gehabt hatte. Hartman beriet sich mit Scherchen bei den IGNM-Festivals in Straßburg und Prag und besuchte den Dirigenten in Winterthur.[243] Doch Mitte 1937 hatte sich die Situation verändert: Scherchen beschuldigte Hartmann, daß er ihm gegenüber unaufrichtig sei, hielt ihn aber nach wie vor mit seinem Versprechen hin, den *Simplicius* uraufzuführen. Als Karl und Elisabeth Hartmann 1938 nach London reisten, um Scherchen bei der dortigen IGNM-Versammlung zu treffen, behandelte der Dirigent beide auf erniedrigende Weise. Die Begegnung in London führte beinahe dazu, daß sich die Wege der beiden Männer trennten, als Scherchen nun sein Desinteresse am *Simplicius* erklärte. Doch bei Ausbruch des Zweiten Weltkriegs machte Scherchen abermals eine Kehrtwendung und ließ seinem Jünger freundlichere Mitteilungen zukommen. 1944 schrieb der ungarische Komponist Sándor Jemnitz, ein gemeinsamer Freund der beiden, an Hartmann, daß Scherchens notorisch boshafte Attitüde sich grundlegend geändert habe.[244]

Während des ganzen Dritten Reichs neigte Jemnitz dazu, Scherchens furchteinflößendes Auftreten wachsendem Egoismus zuzuschreiben, während der Schweizer Komponist Heinrich Sutermeister bereits 1934 auf politische Motive tippte, weil sich Scherchen von allen seinen früheren deutschen Freunden zurückzuziehen schien.[245] In seiner ganzen Komplexität ist der Fall des Dirigenten faszinierend, denn es kann durchaus sein, daß Scherchen bei all seinem demonstrativen Sozialismus und Antifaschismus innerlich zerrissen und von Selbstzweifeln gequält war. Schließlich war er, der einst von der Welt anerkannte Pionier der neuen Musik, in einer kleinen Schweizer Provinzstadt begraben; es gab ernsthafte Schwierigkeiten in seinen Beziehungen zu Frauen; und er darbte, was die Finanzen betraf. War es, da Deutschland im Krieg große Fortschritte machte und die Schweiz offenkundig ein deutsches Angriffsziel war, nicht gescheiter, zurückzukehren? In der Tat gab es, wie kürzlich entdeckt wurde, um 1941 Kontakte zwischen Scherchen und Furtwängler, der als Goebbels' Bote dafür plädierte, die

Vergangenheit ruhen zu lassen, falls Scherchen auf einen geeigneten Posten ins Reich zurückkehre; dabei war das Gewandhaus in Leipzig im Gespräch. Es gibt Anzeichen, daß der Dirigent dieses Angebot ernsthaft in Erwägung zog, doch aus Gründen, die die zuständigen Archivaren in Winterthur nicht preisgeben wollen, wurde nichts daraus.[246]

Diese Episode illustriert die Tragödie des Exils, zeigt jedoch ebenso die Notwendigkeit auf, die Motivation mehrerer bekannter Flüchtlinge aus Nazi-Deutschland einer neuen Untersuchung zu unterziehen. Während *per definitionem* alle Juden Feinde des Dritten Reichs waren, kann das gleiche nicht im Falle der Nichtjuden gesagt werden, die sich aufgrund einer rechten Vergangenheit oder einer autoritären Persönlichkeitsstruktur andernfalls auf friedliche Weise mit dem Dritten Reich arrangieren hätten können, wenn eine zufällige Kombination von Umständen ihre Rückkehr begünstigt hätte.

4

Musik in den Institutionen

Familie, Schule und Hitlerjugend

Nach der Machtergreifung war das NS-Regime entschlossen, die Musikerziehung sowohl in herkömmlichen Institutionen wie Schulen und sogar in Kirchen sowie in der Familie, die nach wie vor als die kleinste Zelle auch im rassisch definierten Staatswesen betrachtet wurde, wiederzubeleben und zu koordinieren. Musik wurde als ein Mittel angesehen, um den Bund zwischen den Regierenden und ihrem Volk zu zementieren. Wie Joseph Goebbels schon lange vorher herausgefunden hatte, besaß Musik ein enormes propagandistisches Potential, durch das die kollektive Stimmung der Untertanen unter Kontrolle gehalten werden konnte; sie konnte auch wichtige zusätzliche Stimulantien für die Darstellung in der Öffentlichkeit geben und als Vehikel für verschiedene Botschaften und Parolen des Regimes dienen. Martialische Lieder, die in NS-Formationen, von der SS oder der Wehrmacht im Krieg gesungen werden konnten, waren ein schlagendes Beispiel; ein anderes war die weltliche Kantate von der Art, an der sich etwa Bruno Stürmer versuchte, speziell zu Ehren des Führers anläßlich seines Geburtstags komponiert und bei maßgeschneiderten nationalsozialistischen Zeremonien aufgeführt.

Beginnend auf der untersten Autoritätsebene der Gemeinschaft, dem grundlegenden sozialen Zusammenhalt der Familie, war Hausmusik das Mittel, um diese musikalische Bindung herbeizuführen. Natürlich waren weder der Begriff Hausmusik noch die Sache an sich eine Erfindung der Nazis, doch sie war nie zuvor in einem solchen Maß politisiert worden. Während des ganzen 18. und einem Großteil des 19. Jahrhunderts war Kammermusik zu Hause von einigermaßen gut ausgebildeten Amateuren betrieben worden. Das war zu einer Zeit, als die Schöpfungen von Komponisten wie Johann Nepomuk Hummel und Beethoven unter die Leute kamen, Musikinstrumente billiger, also erschwinglicher wurden und Notenmaterial von Musikverlegern geliefert und vom Publikum gekauft und zu Hause studiert werden konnte. Ein Klavier zu besitzen und zumindest ein fähiges Familienmitglied vorführen zu können – in der Regel eine heranwachsende Tochter, die Standardstücke spielte –, wurde zu einem Kennzeichen des Bürgertums, das sich auf Bildung etwas zugute hielt, da in der Tat immer mehr Deutsche davon überzeugt waren, daß wirklich sie die abendländische Musiktradition erfunden und nun in ihrem Besitz hatten. Eine solche Überheblichkeit wurde von Komponisten vom Rang eines Richard Wagner genährt, der einmal sagte: »Der Deutsche hat ein Recht, ausschließlich mit ›Musiker‹ bezeichnet zu werden.«[1]

Hausmusik wurde gegen Ende des 19. Jahrhunderts wegen einer wachsenden Sucht des Publikums nach der Virtuosität in den Konzertsälen rückläufig. Dieser Niedergang wurde durch das Aufkommen der deutschen Jugendbewegung um die Jahrhundertwende verschärft. Junge Menschen wollten nun eins mit der Natur sein und verachteten bourgeoisen Kulturplunder wie Klaviere, Celli und Flöten. Der Erste Weltkrieg und die Weimarer Republik förderten diese Entwicklungen: Kriegszeit war nicht die angemes-

sene Zeit für Hausmusik; und die starke Voreingenommen-
heit gegen das 19. Jahrhundert in den zwanziger Jahren,
in großem Maß von Jugendgruppen beeinflußt, wirkte sich
zuungunsten des einst so beliebten häuslichen Musizierens
mit seinen traditionellen Konnotationen einer Eliteklasse
aus.[2]

Von den wirtschaftlichen Engpässen der Nachkriegszeit
diktierte Sachzwänge förderten den Kauf billig hergestellter
tragbarer Instrumente wie Blockflöten und Gitarren statt
der Klaviere. Führer der Jugendbewegung der Weimarer
Zeit nutzten bald diese einfacheren Instrumente, übernahmen Elemente der Hausmusik für das Musizieren unter
freiem Himmel und beraubten sie dadurch noch mehr ihres
bürgerlichen Symbolgehalts. Im Verlauf der Entwicklung
organisierten diese Jugendführer 1932 den ersten »Tag der
deutschen Hausmusik«; der Nachdruck lag weiterhin auf
Gruppen- und Chorgesang wie auf erschwinglichen tragba-
ren Instrumenten, die geeignet waren, den Gemeinschafts-
gesang zu begleiten, möglichst in freier Natur.[3] Nach Januar
1933 führten NS-Musikfunktionäre diesen Gedanken geschickt weiter aus und hielten weiter jährliche Hausmusik-
Veranstaltungen ab, allerdings zumindest zum Teil wieder
in geschlossenen Räumen. Ab 1940 fanden diese Veranstaltungen unter einem zentralen Thema statt, das von einem
der großen deutschen Komponisten inspiriert wurde: Man
begann 1940 mit Schubert, 1941 folgte Mozart und 1942
Bach; Max Reger und Brahms dominierten die Veranstaltungen 1943 und 1944.[4]

Zusätzlich zur generellen Kopplung bestimmter Musik-
formen mit politischer Propaganda gab es für die Nazis
weitere Gründe, Hausmusik über die Jahre hin in wechselndem Kontext zu fördern. Der unmittelbarste war wirtschaftlicher Art und an eine frühe Wahlplattform der Partei
gebunden, die kleinen und mittleren Betrieben entgegen-

kam.[5] Wegen des Haupttrends der Jugendbewegung und verschiedener anderer Kräfte während der Weimarer Republik sowie wegen der sich verschlechternden wirtschaftlichen Bedingungen gegen Ende der Republik hatten die Instrumentenhersteller und in gewissem Maß auch die Musikverlage Einbußen erlitten und bedurften zum Zeitpunkt von Hitlers Machtübernahme der Wiederbelebung. Das galt in besonderem Maß für die Klavierfabriken (man wird dabei an Hitlers frühe Freundschaft mit der Familie Bechstein erinnert). Klaviere hatten an Beliebtheit verloren, ein Prozeß, der sich mit dem Aufkommen des Tonfilms verschärfte, denn er machte nun die musikalische Untermalung in den Filmtheatern unnötig, bei der Klaviere allgegenwärtig gewesen waren. Zu einem bestimmten Zeitpunkt wurden Hunderte ausrangierte Klaviere als Brennholz angeboten. Nur gebrauchte Instrumente wurden, wenn überhaupt, vom Verbraucher gekauft, und die Klavier-Hersteller und -Händler standen kurz vor dem Bankrott.[6] Bezeichnenderweise wirkten am Anfang des Regimes die Interessenverbände der Instrumentenbauer und Musikverleger bei der Veranstaltung von Hausmusik-Wettbewerben mit, und Hans Edler, ein Geigenbauer in München, stiftete eines seiner besseren Instrumente als offiziellen Preis.[7]

Ein weiterer Faktor war, daß viele private Musiklehrer seit Jahren arbeitslos gewesen waren, da es sich die Famlien nicht mehr leisten konnten, ihre Kinder unterrichten zu lassen, und die benötigten Instrumente unerschwinglich waren. Was es an musikalischer Ausbildung während der Republik gegeben hatte, war von der Jugendbewegung unentgeltlich besorgt worden, und in Preußen hatten Leo Kestenbergs Kulturreformen einen Großteil der Musikerziehung dem System der öffentlichen Schulen übertragen. Daher überrascht es nicht, daß sich auch private Musikerzieher hinter die neue Hausmusik-Initiative stellten. Maßgebend dafür waren die Erwartungen, daß Musiker in diesem Beruf – die meisten von ihnen solide Mittelklasse, die lange Zeit sowohl finanziell wie auch unter dem Verlust ihres Sozialprestiges gelitten hatten – nun gesellschaftlich aufgewertet würden.[8]

Der dritte Grund, daß die Nazis für die Hausmusik eintraten, hatte mit archaischen Motiven zu tun, die sich gewissen Aspekten wie dem technischen Fortschritt widersetzten, der von vielen mit der amerikanischen Kultur gleichgesetzt wurde – in diesem Fall im Bereich des Rundfunks und der Schallplattenindustrie. Es hieß, daß die Hausmusik durch mechanisch reproduzierte Musik auf Platten oder über den Äther bedroht würde, da deren verhältnismäßige Perfektion die bescheidenen persönlichen Bemühungen entmutige.[9] So sehr sich Goebbels auch für seine propagandistischen Zwecke über den Nutzen des Einsatzes der neuen Medien bewußt war (darin vergleichbar mit dem Interesse des Führers an schnellen Autos und Flugzeugen), gab es doch eine ansehnliche Minderheit von »Blut und Boden«-Puristen, die in der Partei verwurzelt waren und alles verdammten, was sie als Symptome eines trügerischen mechanischen Fortschritts betrachteten.[10] Es konnte nicht überraschen, daß Goebbels' alter Gegner Alfred Rosenberg dabei in vorderster Linie stand. Über die alten Kampfbund-Beziehungen setzten sich diese technikfeindlichen Vorstellungen im Reich der Musik durch, zumindest bis zum Ausbruch des Zweiten Weltkriegs.[11]

Dieses Thema Mensch gegen Mechanik – das zu dieser Zeit mit ähnlichen Trends auf anderen Gebieten menschlicher Errungenschaften wie der Medizin vergleichbar war – beschleunigte einen charakteristischen Faktor, der leicht für totalitäre Ziele auszubeuten war: Das heißt, Verfechter der Hausmusik idealisierten das laienhafte Element, das ihr innewohnte, und bestanden darauf, daß Hausmusiker an ihrem Instrument lediglich begrenzte Fertigkeiten entwickeln dürften, in merklichem Abstand zu professioneller Perfektion. Der tiefere Grund, diese Laien auf einem bescheidenen musikalischen Niveau zu halten, war, sie für die Manipulation von oben empfänglicher zu machen, nicht nur in musikalisch-technischer Hinsicht, sondern auch ideologisch, denn Hausmusik wurde zur quasipolitischen Aufgabe. Indem er seinen Amateurstatus akzeptierte, stimmte der Hausmusiker implizit zu, daß er geformt werden müsse; und da Hausmusik nun eine stark politische Färbung hatte, konnte eine solche Formung legitim über politische Kanäle stattfinden. In der Hausmusik tat sich nicht der einzelne hervor; es war die Gruppe, die zählte, und das war nur eine Spiegelung des größeren Konzepts der Gemeinschaft. In letzter Konsequenz konstituierte die Hausmusik einen Apparat der Entpersönlichung, der den allgemeinen Zielen der Volksgemeinschaft entgegenkam, zumal von den formbarsten Volksgenossen erwartet wurde, daß sie sich daran beteiligten: Jungen und Mädchen und Mütter von kleinen Kindern. Nicht jedem Mitglied der Volksgemeinschaft wurde das erforderliche Minimum an Talent zugetraut, doch fast alle wurden zur Teilnahme gedrängt.[12]

Es gab auch noch ein zusätzliches ästhetisches Motiv, daß nämlich dadurch unerwünschte Musik leichter unterdrückt und erwünschte Musik forciert werden konnte. Zur ersten Kategorie gehörten alle Arten »jüdischer« Kompositionen, ob es sich nun um einfache Stücke von Mendelssohn oder um den verabscheuten Jazz handelte. In die zweite fielen Werke neuerer deutscher Komponisten, die die Gunst des Regimes gewonnen hatten, wie Bruno Stürmer und Ernst Pepping, die beide für die bisweilen lukrativen Hausmusik-Veranstaltungen komponierten. Das war für die Regime-Führer – sobald ein Minimalkonsens über diese Frage gefunden worden war – eine Gelegenheit, dem Publikum zu demonstrieren, mit welcher Art von Musik sie es am liebsten beschäftigt sahen.[13]

Die Familie wurde als archetypisches Gefäß für die Hausmusik besonders gefeiert, denn aus der organisatorischen Sicht des Nationalsozialismus war sie eine Art Vorschule für das Leben als künftiger Nationalsozialist, bevor und während NS-Organisationen wie die Hitlerjugend und später Partei, SA, SS und Wehrmacht die Kontrolle übernahmen. Die Familie sollte dem Individuum die erste Möglichkeit bieten zu lernen, wie es sich dem größeren Ziel der Gemeinschaft zu unterwerfen habe. Keiner schloß sich diesem Gedanken mit größerer Überzeugung an als der RMK-Präsident Peter Raabe. 1936 sprach er über die Opfer, die der einzelne als Mitglied seiner Familie auf sich zu nehmen habe. 1941 verkündete er sogar: »Eine systematische Ausrottung der Familie muß notwendigerweise zum Verlust des völkischen Eigenlebens und weiter zu allgemeinem kulturellen Verfall führen.«[14]

Doch in Wirklichkeit erfüllte die Familie niemals die ihr von den Nationalsozialisten verordnete Rolle; sie funktionierte weiter auf althergebrachte Weise, die sie oft genug in Opposition zu den nun übergeordneten rivalisierenden NS-Organisationen wie der Hitlerjugend brachte.[15] Daher blieb die Aufforderung führender Nazis am Beginn des Regimes, im Familienkreis Hausmusik zu betreiben, weitgehend unbeachtet, wie auch private Nazi-Feiern eher die Ausnahme als die Regel waren.[16] 1938 schmälerte ein NS-Sprecher offen die Rolle der Familie als Träger der Hausmusik und rühmte dafür, was die Hitlerjugend bisher für dieses Genre getan hatte.[17]

Das traf in der Tat zu, denn während die Hausmusik-Bewegung aus organisatorischen Erwägungen als Unterabteilung der Reichsmusikkammer eingerichtet wurde, fanden wichtige Ereignisse fast immer im Zusammenhang mit der Hitlerjugend und in geringerem Ausmaß mit den Schulen statt.[18] Hausmusik wurde nach 1933 zu einem eigenen NS-Phänomen. Da sie in ihrem Wesen ideal dafür geeignet war, den Zielen der Hitlerjugend zur Formung des Charakters zu dienen, wollten ihre Führer sich schon früh das Monopol darauf sichern, zum Nachteil der Schulen, mit denen sie sich in ständiger Rivalität befanden.[19]

Mit Kriegsausbruch klang 1939 das öffentliche und offizielle Interesse an Hausmusik vorübergehend ab, und zwar hauptsächlich aus zwei Gründen. Erstens waren einige der ursprünglichen Ziele der Hausmusik erreicht worden, wie die Linderung der Not der Instrumentenhersteller und die propagandistische Ausschlachtung der familiären Werte, was immer das auch gebracht haben mochte. Zweitens lagen die Hauptvertreter der Bewegung – meistens junge Männer aus Schulen, der Hitlerjugend und den Konservatorien – nun in den Schützengräben.[20] Doch hatte sich Hausmusik in der jüngsten Vergangenheit tatsächlich als überaus wertvolles propagandistisches Werkzeug erwiesen. Deshalb dauerte es nur einige Monate, bis sie von den Regimeführern – wenn auch in etwas veränderter Form – wiederbelebt wurde. Obwohl die RMK und die Hitlerjugend ihre führenden Förderer blieben, beteiligten sich auch andere NS-Organisationen an den Veranstaltungen, indem sie Personal zur Verfügung stellten und Publikum für die zahlreichen Wettbewerbe herbeischafften, wobei etwa »Kraft durch Freude«, die NS-Frauenschaft, Vertreter der SS und verschiedene Gauleiter die Patenschaft übernahmen.[21] Der Auftrag der Hausmusik wurde sogar noch verfestigt, sie sollte mehr totalitären Einfluß auf die Teilnehmer ausüben, wobei der Krieg den höheren Zweck lieferte und Soldaten der Wehrmacht als angeblich begeisterte Zuhörer fungierten.[22] Mehr und mehr verlor die Hausmusik ihren vorgeb-

lichen Laienstatus, da Berufsmusiker die Ereignisse aus-
beuteten, um sich selbst ins Spiel zu bringen.[25] Darum
wurde sie in mancher Hinsicht nur eine weitere kommerzielle Plattform, allerdings eine, die vom Staat in hohem
Maß begünstigt wurde.

Die Zurückhaltung gegenüber der Hausmusik in deutschen Klassenzimmern war symptomatisch für den niedrigen
Stellenwert, den der Musikunterricht und die Ausübung
von Musik in den Volks- und höheren Schulen des Dritten
Reichs einnahmen. Obwohl Musik als grundlegendes
Mittel betrachtet wurde, die nationalsozialistische Jugend
zu formen, gab es zur Erreichung dieses Ziels im herkömmlichen Schulsystem einfach keine Basis. Verglichen
mit reinen Partei-Institutionen wie der Hitlerjugend und
dem Reichsarbeitsdienst waren die Schulen in fast jeder
Hinsicht im Rückstand, was die Erschaffung des nationalsozialistischen Menschen betraf. Ihre Verwaltung war nach
wie vor weitgehend konventionell, nicht revolutionär; typische NS-Reformen setzten erst verhältnismäßig spät ein
und wurden oft nur zaghaft durchgeführt.

Die Reformmaßnahmen in der Musikerziehung waren
ein typisches Beispiel; die erste kam erst 1938, fünf Jahre
nach der »Revolution« und gerade ein Jahr vor dem Krieg,
der wieder für Stillstand sorgte. Musikerziehung war traditionell zweitrangig, sie gehörte, wie Zeichnen, Kunst-
betrachtung und Nähen zu den »technischen« Fächern, für
die nicht viele Stunden eingeplant waren. Qualifizierte
Musiklehrer waren selbst in den höheren Schulen Mangelware; in den ersten Jahren des Regimes wurden vorwiegend Grundschullehrer eingesetzt, um in Gymnasien
zu unterrichten, bis eine neue Generation NS-geschulter
Musiklehrer für die Oberschulen zur Verfügung stand.
Diese neue Ausbildung zeitigte jedoch nur langsam Ergebnisse, und die Grundschullehrer waren keine Spezialisten,

denn in den Volksschulen mußten sie von Lesen, Schreiben und Rechnen bis zum Sport alles unterrichten. Obwohl ehrgeizige Programme für die Musikerziehung auf beiden Unterrichtsebenen geplant waren, blieb der tatsächliche Unterricht in der Praxis begrenzt und bestand hauptsächlich aus gemeinschaftlichem Singen auf Volkslied-Basis, Theorie, in der nur Grundkenntnisse vermittelt wurden, und rudimentärer Erklärung musikalischer Werke. Was den Instrumentalunterricht betraf, wurden nur minimale Fertigkeiten gelehrt wie Gitarrebegleitung zum Chorgesang; in einigen wenigen höheren Schulen Geige und das Spielen auf zumeist verstimmten Klavieren. Die Schulen, die dem Reichsministerium für Wissenschaft, Erziehung und Volksbildung und nicht der Reichsmusikkammer unterstanden, waren strikt für die Erziehung passiver Zuhörer und gegen die Ausbildung fähiger Instrumentalisten, wie der RMK-Präsident Raabe 1936 bemerkte. Als Gegenmodell hatte er wohl die Hitlerjugend vor Augen, die mit den Schulen in so vielen frischen, kecken nationalsozialistischen Initiativen konkurrierte und bereits früh die Führung in der Formung eines neuen Typs des Deutschen übernommen hatte, der in den vom Nazismus definierten Künsten, dem neuen Stil gemeinschaftlichen, physischen und politischen Benehmens und einigen Kriegskünsten beschlagen zu sein hatte.[24]

Bereits in den frühen Jahren des Regimes war die Ausbildung in der Hitlerjugend die bevorzugte Alternative zur Erziehung in den öffentlichen Schulen. Zusätzlich zu den klassischen Disziplinen des herkömmlichen Unterrichts wie Mathematik und Sprachen schloß diese Ausbildung auch dynamische, den Charakter formende Fächer mit ein wie Köperertüchtigung und die Künste, insbesondere die Musik. Angesichts des niederschmetternden Anblicks der uniformierten Hitlerjugend, die nach dem Anschluß im

260

März 1938 die Demütigung Wiens beaufsichtigte, als alte Juden gezwungen wurden, die Bürgersteige der Stadt mit Zahnbürsten zu säubern, fragt man sich, was Musik damit zu tun hatte. Doch es hieß natürlich, daß Musik eine rassische Angelegenheit sei, wobei man sich auf die positiven Eigenschaften einer überlegenen Rasse und die negativen einer minderwertigen Rasse bezog, als die die Juden angesehen wurden. Viele Nazis der höheren Ränge waren auch der Ansicht, daß künstlerische Bemühungen und politisches Bewußtsein einander nicht ausschlössen, sondern im nationalsozialistischen Modell vorzüglich miteinander zu vereinbaren seien. In der Tat paßte in dieses Bild auch der martialische Gedanke, denn: »Soldat und Künstler sind nicht Gegensätze, sondern sind zu einer Harmonie verschmolzen, der der Führer. Die seelische Tiefe und die äußere Kraft, diese beiden Eigenschaften machen Deutschland unüberwindlich.«[25] Daher nahm die Führung der Hitlerjugend die künstlerische Erziehung ihrer Schützlinge in Angriff, die ihrem Zweck entsprechend immer auch ideologisch war. Inbesondere wurde »eine systematische Musikerziehung« begonnen.[26]

Das Ziel der Hitlerjugend war ein zweifaches: innerhalb ihrer Reihen die Musik mit ihrem ideologischen und charakterformenden Potential zu nutzen, um bessere Führer großzuziehen, und das bestehende Musik-Establishment zu infiltrieren, ihre Vertreter dort einzuschleusen und die gegenwärtigen Standards im Sinn ihres eigenen revolutionären Bedarfs zu manipulieren. Im Juni 1939 sagte der Reichsjugendführer Baldur von Schirach, er wolle die volle Verantwortung für die Rekrutierung des Orchesternachwuchses übernehmen, indem er das Talent seiner jungen Anhänger prüfe und die Begabtesten aussiebe.[27] In reinen Zahlen ausgedrückt, hatte dieses Werk gute Aussicht zu gelingen: Im Dezember 1935 hatte die Hitlerjugend, obwohl der Eintritt noch nicht obligatorisch war, bereits fast die Hälfte der Jugendlichen im Reich angeworben. Im März 1939 wurde die Mitgliedschaft für Jugendliche zwischen zehn und achtzehn Jahren zur Pflicht gemacht, für Mädchen galt die obere Altersgrenze von zwanzig.[28]

Als erste Maßnahme gründete die Reichsjugendführung Musikschulen und Konservatorien speziell für die Hitlerjugend, nachdem Musikunterricht 1937 zum integralen Bestandteil des Dienstes in dieser Gliederung erklärt worden war.[29] Sie wurden durch musikalische Übungslager und Treffen verstärkt, die regelmäßig im ganzen Reich organisiert wurden.[30] Diese Institutionen waren dynamisch und unkonventionell und zogen nicht nur potentielle Führer, sondern auch junge Männer und Frauen an, die sich bereits mit der Jugenderziehung und der NS-Sozialarbeit befaßten wie Kindergärtnerinnen, Lehrkräfte an öffentlichen Schulen, private Musiklehrer und sogar künftige Berufsmusiker. Der Nachdruck in den Klassen lag auf Pädagogik und handwerklichem Können, sowohl instrumental wie vokal, und viel Aufmerksamkeit wurde der »Rhythmischen Erziehung« gewidmet. Die Schulen waren über das ganze Reich verteilt und von einer speziell geschaffenen Musikabteilung innerhalb der Reichsjugendführung verwaltet, die nach 1934 von dem ehemaligen Musikstudenten Wolfgang Stumme betreut wurde. 1939 gab es fünfunddreißig derartige Schulen und noch viel mehr auf dem Höhepunkt des Krieges. 1943 zum Beispiel wurde die Musikschule der Hitlerjugend in Kärnten gegründet; nach vierjähriger Ausbildung und einer Abschlußprüfung sollten ihre Absolventen ein spezielles HJ-Diplom erhalten, das sie als Berufsmusiker auswies.[31]

Als Schirach 1940 zum Gauleiter und Reichsstatthalter in Wien ernannt wurde, wurde Artur Axmann sein Nachfolger als Reichsjugendführer, der die Ideologie und die

Politik der Hitlerjugend im Grunde fortsetzte. Schirachs Ideal eines Monopols auf die Ausbildung von Orchestermusikern kam voran, als 1941 spezielle HJ-Orchesterschulen für Knaben zwischen vierzehn und achtzehn Jahren geschaffen wurden, die sich ausschließlich auf diesen Ausbildungszweig konzentrierten. Diese Schulen traten an die Stelle von staatlichen Fachschulen, die ursprünglich vom Reichsministerium für Wissenschaft, Erziehung und Volksbildung geplant worden waren, jedoch aus Mangel an Initiative des häufig alkoholisierten Ministers Bernhard Rust nie über das Planungsstadium hinausgekommen waren. Die Schüler dieser Institutionen mußten alle Mitglied der Hitlerjugend sein und wurden von HJ-Führern mit vollem Deputat beaufsichtigt. Sie trugen Uniformen, hatten Sport und paramilitärische Übungen zu betreiben und zusätzlich zur Erlernung ihres Handwerks wie ihre Lehrer bei regionalen Veranstaltungen der Hitlerjugend zu dienen. Das Wissenschaftsministerium half dabei, indem es Kandidaten für diese Institutionen auf allen Ebenen des öffentlichen Schulsystems rekrutierte. Potentiell bedeutete das, daß in zehn bis fünfzehn Jahren alle großen Kulturorchester des Reichs aus ehemaligen Mitgliedern der HJ bestehen würden, inzwischen aller Voraussicht nach Mitglieder der Partei, der SA oder der SS.[32]

Außer der Gründung ihrer eigenen Akademien unterhalb der Universitätsebene entwickelte die Hitlerjugend auch große Fertigkeit in der Infiltration bestehender Konservatorien und Universitäten und schuf sogar konkurrierende Institutionen. 1944 bestanden im Großdeutschen Reich einschließlich des Sudetenlands fünfzehn Konservatorien, die akademische Grade verliehen und alle zumindest teilweise unter dem Einfluß der HJ standen, wobei drei – in Berlin, Weimar und Graz – über Einrichtungen verfügten, die sich der Ausbildung der »Musikerzieher der

Hitlerjugend« widmeten.[33] Die Akademie für Kirchen- und
Schulmusik in Berlin (später in Hochschule für Musikerziehung umbenannt)[34] begann ihre regulären HJ-Studienkurse
1936. 1937 folgte die Weimarer Hochschule für Musik und
1939/40 die Grazer Hochschule für Musikerziehung. Ab
1942 erforderte die ganze Palette dieser Programme ein
dreijähriges Studium bis zum Abschluß; es konnte auch in
Kombination mit anderen, traditionellen Lehrplänen aufgenommen werden, die dort angeboten wurden. Diese
Konservatorien knüpften da an, wo die nichtakademischen
Orchesterschulen der HJ aufgehört hatten; um an ihnen
studieren zu können, mußten Männer das achtzehnte,
Frauen das siebzehnte Lebensjahr erreicht haben.[35]

In Berlin hatte Stumme selbst seit 1934 eine Assistenten-
stelle und spezialisierte sich auf Kurse wie »Musik in der
HJ« und später »Festkreis des Jahres«.[36] Weimar versicherte
sich der Dienste des jungen und enthusiastischen Wilhelm
Twittenhoff, der Anfang der dreißiger Jahre bei Carl Orff
gelernt und in dessen Münchner *Schulwerk*-Projekt gearbeitet hatte.[37] Was den Bedarf der Hitlerjugend betraf,
war das Mozarteum in Salzburg nicht so herausragend wie
die Institutionen in Berlin, Weimar und Graz, doch schließlich bekam es den bekannten Berliner Musikwissenschaftler Eberhard Preussner als Direktor und Clemens Krauss
als Präsidenten, und ab 1940 zählten der vielversprechende
NS-Komponist Cesar Bresgen und der frühere Musik-
pionier der Jugendbewegung Fritz Jöde zum Lehrkörper.
Helmut Bräutigam, einer der enthusiastischsten Komponisten der Hitlerjugend, wurde zu Konzerten eingeladen,
bis er an der Ostfront fiel.[38] In der HJ-Atmosphäre dieser
Konservatorien wurden alle traditionellen Musikfächer
unterrichtet, mit starker Betonung des Didaktischen, doch
bemerkenswert waren die weitgehend ideologischen Kurse:
»Deutsche Musikkunde« sollte all die kürzlich ersonnenen

pseudowissenschaftlichen Erkenntnisse über den Gegensatz zwischen deutscher und jüdischer Musik vermitteln; Stummes »Festkreis des Jahres« deckte hauptsächlich die politischen Feiertage der Nazis ab; der Kurs »Grenz- und Auslandfahrten« bezog sich auf die kolonialistischen Vorstöße in Gebiete, die energisch germanisiert werden sollten, wie das westliche Polen und das Elsaß. Den weiblichen Studenten wurde »Kulturarbeit im BDM« angeboten (der Bund Deutscher Mädel war der weibliche Flügel der HJ); und es gab Kurse wie »Weltanschauliche Schulung« und »Praktischer Einsatz in Führerschulen und Formationen«.[39]

Das Vorbild all dieser höheren Schulen für Musikerziehung in der Hitlerjugend war die Institution in Graz. 1939 als beigeordnete Schule des traditionsreichen Grazer Konservatoriums gegründet, war dieses musikalische Schulungszentrum der HJ im landschaftlich schön gelegenen Schloß Eggenberg 1940 voll funktionsfähig. Dieses Elitekonservatorium brüstete sich damit, daß es in ständiger Bereitschaft für den Dienst in anderen NS-Organisationen wie dem Nationalsozialistischen Deutschen Studentenbund, den Reichspropaganda-Ämtern und der Reichsmusikkammer stand.[40]

Graz hatte in seinem Lehrkörper Ludwig Kelbetz, der in der Ära Dollfuß/Schuschnigg Führer der illegalen österreichischen HJ und Komponist von Liedern für die Hitlerjugend gewesen war und wie Bräutigam 1943 für seine faschistischen Überzeugungen an der Front mit seinem Leben bezahlen mußte. Musiktheorie wurde von Kelbetz' engem Freund Karl Marx unterrichtet, geboren 1897 in München und ein Schüler von Orff, mit dem er während des ganzen Dritten Reichs in Verbindung blieb. Zum Zeitpunkt der Machtübernahme der Nazis 1933 hatten Marx und Orff gemeinsam den Münchner Bach-Verein geleitet, bis er vom Kampfbund für deutsche Kultur an sich gerissen wurde. Nach 1939 tat sich Marx wie viele seiner Kollegen, die dem Regime zu Gefallen sein wollten, mit der Komposition von Musik für die neuen NS-Zeremonien hervor wie einer Kantate, die von uniformierten Jungen und Mädchen anläßlich des Erntedankfests gesungen wurde – einer Feier, die im Dritten Reich ideologisch an den deutschen »Blut und Boden«-Kult gebunden war. Dieser Komponist, der sich ansonsten mit Werken für Orgel auszeichnete, lieferte regelmäßig Beiträge für die Liederbücher der HJ.[41]

Wer waren nun die Studenten dieser Musikschulen und Konservatorien, und was waren ihre Motive und Perspektiven? In normalen Zeiten wären sie wohl reguläre Musikstudenten gewesen, die eine Laufbahn als Lehrer an Grund- und höheren Schulen oder als Kirchenmusiker anstrebten. Nun konnten sie sich weiterhin auf diese traditionelleren Ziele konzentrieren, doch die vielfältigen Organisationen der Partei standen ihnen ebenfalls offen, vor allem die Hitlerjugend selbst. Andere nahmen ein Studium in nichtmusikalischer Richtung wie Jura auf und benutzten die musikalischen Verbindungen der HJ als praktische Gelegenheit, um ihre politischen Referenzen aufzuwerten. Allerdings mußten die Studenten – was auch immer ihr Ziel war – einen gewissen Grad an Erfahrung in der Partei oder der HJ aufweisen, um bei den Kursen der Hitlerjugend zugelassen zu werden, ob es sich nur um ein paar Semester oder um ein Vollstudium mit Abschluß handelte. Mit einem solchen Leumund und in Kombination mit erwiesener musikalischer Begabung konnte bereits ein Minimum an ordentlicher Schulung die Türen zu einem der NS-Zentren für musikalische Ausbildung öffnen. Die Herkunft aus bescheidenen Familienverhältnissen war kein Hinderungsgrund. Nicht zuletzt durch das Medium der Musik erwies sich also die Hitlerjugend häufig als Vehikel für sozialen Aufstieg im Dritten Reich.[42]

Angespornt durch speziell ausgebildete Musikerzieher ackerten Hitlers Jugendliche zumindest bis zu ihrem achtzehnten Lebensjahr und sangen und musizierten überall im Reich, wie es zu ihrem vorgeschriebenen Lehrplan gehörte. 1944 waren sie auf neunhundert eigenständige Gruppen angewachsen. Sie spielten bei jeder nur denkbaren Veranstaltung der Hitlerjugend, doch unternahmen sie ebenso Spezialmissionen ins Ausland wie ins faschistische Madrid und 1944 zu kollaborierenden Jugendorganisationen im besetzten Paris. Eine ihrer angenehmeren Aufgaben war es, Hitler in seinem Refugium auf dem Berchtesgadener Berghof zu erfreuen. Meistens führten sie speziell komponierte Werke ihrer Lehrer wie Karl Marx und Cesar Bresgen auf oder von hingebungsvollen Liedkomponisten der HJ wie Erich Lauer und Hans Baumann. Wahrscheinlich hätte ohne das Dritte Reich und die vielen Musikorganisationen der Hitlerjugend, die nach 1933 gebildet wurden, kaum jemand von den Kompositionen der meisten dieser älteren HJ-Gefolgsleute Notiz genommen. Auf diese Weise wurden ansonsten unpolitische musikalische Ereignisse von der ideologisch gefärbten Musik der HJ infiltriert wie das »Niederbergische Musikfest« im rheinischen Langenberg im Mai 1936, das »Lieder aus unserer Zeit« mit einem gemischten HJ-Chor herausstellte. Zusätzlich bereitete der BDM ein »Morgensingen« vor, und gerade zehnjährige Pimpfe sangen die Lieder, die sie für eine Abendfeier auswendig gelernt hatten. Bei einigen dieser musikalischen Veranstaltungen wurden die Aufführungen und Kompositionen der verschiedenen regionalen Gruppen bewertet. Das diente dem Zweck, die Begabtesten zu erkennen und auf eine weitere Laufbahn entweder in den Erziehungsinstitutionen der Hitlerjugend oder der nationalsozialistischen »Menschenführung« vorzubereiten, die in Stummes Worten das erhabenste Ziel der NS-Bewegung war.[45]

Die Komponisten und Lauer, typische Gestalten in der Kulturszene des Dritten Reichs, kamen Stummes Ideal bereits nahe. Hans Baumann war von den beiden der Begabtere und konnte Liedertexte verfassen und sie vertonen. Seine Arbeit war in den Worten seines Hauptbiographen durch ein natürliches Gefühl für »Harmonie, anmutigen Stil und eine Verbindung aus jugendlichem Enthusiasmus mit den monumentalen politischen Zielen« gekennzeichnet. Er war der »den Trend bestimmende Liederkomponist der Hitlerjugend«. Von achtundneunzig Liedern in einem einzigen Liederbuch der HJ stammten nicht weniger als zwanzig von Baumann. 1933, neunzehn Jahre alt, hatte dieser Katholik aus einer bayerischen Provinzstadt, noch bevor die Nazis an die Macht gekommen waren, sein berühmtestes Lied »Es zittern die morschen Knochen« vorgelegt. Als dieser Volksschullehrer 1934 eine Ganztags-Laufbahn bei der Hitlerjugend begann, begrub er seinen Katholizismus. Vom ideologischen Gesichtspunkt aus programmierten seine wohltönenden Lieder die deutsche Jugend gründlich für die folgende Zerstörung, an der er später selbst als Leutnant der Wehrmacht teilnahm.[44]

Erich Lauer aus Baden war drei Jahre älter, studierte in Heidelberg Musik und trat 1933 der Hitler-Bewegung bei. Nach 1936 fungierte er hauptamtlich als musikalischer Berater der SA. Seine Spezialität war weniger die Komposition von Liedern als die Schöpfung ganzer Kantaten und feierlicher Suiten für NS-Zeremonien, in denen die HJ herausgestellt wurde. Er trat bei Kriegsausbruch ebenfalls in die Wehrmacht ein und nahm an den Feldzügen gegen Polen, die westlichen Alliierten und auf dem Balkan teil. Er entwickelte sich zum Experten in der Zusammenstellung von Liederbüchern für Partei und SA, und seine eigenen Lieder gehörten zu den am stärksten politisch geladenen, die jemals im Dritten Reich geschrieben wurden.[45]

Bezeichnenderweise begann das gesamte Phänomen der Musikorganisationen der HJ im Rundfunk, wo Chor- und Instrumentalgruppen für die Aufwertung weitgehend politischer Sendungen und für Kulturprogramme der »Blut und Boden«-Sorte benötigt wurden. Der Rundfunk war natürlich das herausragende Werkzeug für Propaganda und ideologische Indoktrination. Vor dem Krieg brachte er alle zwei Monate die »Stunde der Jungen Nation« zur abendlichen Hauptsendezeit. Hier erhielten die Jugendführer Ratschläge zu den aktuellen Zielen und Methoden der Jugenderziehung; aber es gab auch spezielle Programme für Kinder, passenderweise am Nachmittag. Seit 1939 war die HJ für fast alle Volkslied-Programme im Rundfunk zuständig, die unter den Nazis stark mit Politik versetzt waren; das sekundäre Ziel war, den Geschmack der deutschen Jugend von populären Schlagern, seichter Operette und Jazz wegzuführen. Und der Rundfunk war überdies ein weiteres Vehikel für HJ-Komponisten wie Marx, Bresgen und Armin Knab, die alle reichlich von den Tantiemen und Dirigier-Aufträgen profitierten. Er konnte auch als Sprungbrett für ehrgeizige Musiker wie den achtzehnjährigen Wolfgang Sawallisch dienen, der 1941 als Leiter eines Chors von Pimpfen beim Reichssender München erste Bekanntheit erlangte. Dennoch waren innerhalb der tonangebenden künstlerischen Kreise die Rundfunkmusik-Gruppen der HJ suspekt. Als die »Rundfunkgruppe 5« der HJ beim Münchner Sender Anfang 1939 ein öffentliches Konzert plante, waren sich die Organisatoren bewußt, »daß es von uns aus sehr schwerfallen würde, die maßgeblichen Musik-Kreise der Hauptstadt der Bewegung zum Besuche eines solchen Konzertes zu gewinnen«, und baten um »freundliches Entgegenkommen«.[46]

Die wichtigste Aufgabe aller Musikgruppen in der Hitlerjugend war ohne Zweifel die Mitwirkung bei der Organisation neugermanischer Nazi-Feste, die von der Partei das ganze Jahr über veranstaltet wurden. Es gab zwei Haupt-Zyklen. Der erste sollte die traditionellen christlichen Feste wie Weihnachten und Ostern durch heidnische wie die Winter- und Sommer-Sonnwendfeiern ersetzen. Alte Weihnachtslieder wurden durch neue Nazi-Hymnen wie Baumanns clevere »Hohe Nacht der klaren Sterne« ersetzt. Anstelle von Kommunion und Konfirmation wurden spezielle NS-Jugendweihen veranstaltet, die politische *Rites de passage* markierten, in denen die Jugendlichen dem Führer einen persönlichen Treueeid schworen. Das christliche Erntedankfest wich heidnischen bäuerlichen Festen. Noch im April 1944 gab sich Goebbels sogar der Hoffnung hin, daß herkömmliche Begräbnisse wie das des Münchner Gauleiters Adolf Wagner durch neue Nazi-Rituale ersetzt werden könnten, die »Ehrentempeln« den Vorrang vor dem christlichen Kreuz geben sollten.[47] Das NS-Regime war deutlich darauf aus, die christlichen Kirchen und die traditionellen Werte, die sie verkörperten, zu beseitigen, auch wenn das eine lange und beschwerliche Aufgabe war; und die Hitlerjugend, die die Jugendlichen mit einem national-sozialistischen Wertesystem anstelle des christlichen vertraut machte, war die ideale Konversions-Agentur. Es ist bezeichnend, daß verschiedene Komponisten wie Marx, Twittenhoff, Armin Knab und der Münchner Fritz Büchtger, alle Experten barocker Kammermusik, aus welchen Gründen auch immer ihr Talent nun bereitwillig für die Komposition und Aufführung weltlicher anstelle religiöser Kantaten zur Verfügung stellten. Darüber hinaus erforderten diese Zeremonien den wachsenden Einsatz der Orgel.[48] Ein weiterer Auftrieb für diese Bemühungen war, daß die HJ – für diese und andere Zwecke – die traditionsreichen Elite-Knabenchöre usurpierte, die alle für ihre Aufführungen der traditionellen Sakralmusik weltberühmt waren.

Der Thomaner-Chor in Leipzig, der Dresdener Kreuzchor, die Wiener Sängerknaben und die Regensburger Domspatzen kamen auf einen Schlag unter das Kommando der Hitlerjugend, ohne überhaupt gefragt zu werden. Auf vergleichbare Art schuf die HJ aus ihren größten Talenten in Berlin einen Mozart-Chor.[49]

Der zweite Zyklus der Hitlerjugend umfaßte neue politische Rituale und den Führerkult. Fünf neue NS-Feiertage waren geschaffen worden, die in einer Weise begangen werden mußten, die sie für alle Schichten der Bevölkerung attraktiv machte. Hier waren die enthusiastischen Jugendlichen und ihre Musik von fundamentaler Bedeutung. Der erste dieser Feiertage war der Jahrestag der Machtergreifung am 30. Januar. Der zweite war Hitlers Geburtstag am 20. April. Der dritte war der 1. Mai, ein ehemaliger sozialistischer Feiertag, der umgestaltet worden war, um alle »schaffenden Deutschen der Stirn und der Faust« anzusprechen. Der vierte war der Tag des Reichsparteitags in Nürnberg, der gewöhnlich im September abgehalten wurde. Und der fünfte war der 9. November, nicht nur ein Gedenktag für die Gefallenen des Ersten Weltkriegs, sondern auch der Jahrestag von Hitlers Putsch 1923 (bei dem Nazis erschossen worden waren). Der 9. November war bereits der Tag geworden, an dem die älteren Jahrgänge der Hitlerjugend in die Partei aufgenommen wurden, und sowohl zu diesem Datum wie an Hitlers Geburtstag wurden regelmäßig Mitglieder der SS befördert. Häufig wurden bei diesen fünf Anlässen die HJ-Feiern von anderen Parteiorganisationen wie KdF und SA institutionell unterstützt. Auch hier erhielten zuverlässige Komponisten die karrierefördernde Gelegenheit, für die Feierlichkeiten spezielle Instrumental- und Vokalmusik zu schaffen. Das war, um nur zwei Beispiele anzuführen, keine Lappalie. Beim Reichsparteitag 1934 verkündete Hitler am 8. September vor sechzigtausend Mitgliedern der HJ: »Alles, was wir vom Deutschland der Zukunft fordern, das, Jungens und Mädchen, verlangen wir von euch!« Die Jungens und Mädchen brachen darauf in das Lied aus: »Unsere Fahne flattert uns voran«. Vier Jahre später wohnten fünfundachtzigtausend Jugendliche dem Parteitag bei, unter ihnen rund tausend Trompeter und Trommler und siebenhundert zusätzliche Musiker. Zwischen den Reden traten Virtuosen der HJ auf, ihre Chöre führten das gemeinsame Singen an, und zum besonderen Nachdruck gab es Fanfaren.[50]

Das höchste Ziel der NS-Erziehung in den Schulen und zumal in der Hitlerjugend war die Produktion von Helden für den Kampf in den Offensivkriegen Nazi-Deutschlands und von deren künftigen Gefährtinnen – gesunden, breithüftigen Frauen, die ständig bereit waren, weitere Helden zu gebären, und ansonsten sittsam ihren Platz am häuslichen Herd einnahmen.[51] Die Musik in der HJ war auf diese Ziele ausgerichtet. Der erzieherische Ansatz war kumulativ: HJ-Führer begannen damit, den Jungen das Spielen martialischer Fanfaren auf der Trompete beizubringen, und schickten sie schließlich in die Wehrmacht oder die Waffen-SS, um gegen den Feind zu kämpfen. Musikerzieher hatten beharrlich diese Ziele und die Methoden für ihre Verwirklichung im Auge: Genau dafür waren sie in den Akademien von Berlin, Weimar und Graz geschult worden.

Im ersten Stadium dieses Prozesses, lange vor dem Zweiten Weltkrieg, übernahmen die Musik-Kader der HJ militärische Organisationsformen von der Wehrmacht. Die bevorzugten Instrumente stammten ebenfalls von dort: Querpfeifen, Trompeten und Trommeln. Während des Krieges verwandte die HJ-Führung viel Energie darauf, geeignete Knaben für die Ausbildung zum Trompeter zu finden, die über »kräftige Lungen und gesunde, geeignete

Zähne« verfügten; die Trommler mußten »körperlich fähig sein, auch bei größeren Ausmärschen die Landsknechtstrommel zu tragen«.[52] In der zweiten Phase ging es um die Musik selbst. Die Lieder waren häufig Soldatenlieder, manche jahrhundertealt und von der Jugendbewegung in den zwanziger Jahren wiederbelebt worden, andere wurden von einem Hans Baumann, Heinrich Spitta oder Gotthold Frotscher neu komponiert und dienten dazu, das Marschieren zu untermalen. Ganz abgesehen von den militärischen Zwecken im Krieg, konditionierte der Marsch für die totalitäre Herrschaft. »Je einheitlicher und rhythmisch fließender der Gleichschritt ist, desto größer wird auch die innere Geschlossenheit der Truppe sein«, predigte Ludwig Kelbetz. »Für den Musiker ist diese körperlich-rhythmische Grundschulung von besonderer Bedeutung.«[53]

Von dort wechselte man, sobald der Krieg im Gang war, zur Truppenbetreuung hinter den Frontlinien. HJ-Kammerorchester spielten Werke von Vivaldi, Haydn und Mozart; die Chöre führten Lieder und Kantaten von Baumann und Spitta und deren Kollegen auf; und es gab gemeinsames Singen mit den Soldaten. Eine solche Tätigkeit machte die künftigen Krieger mit der Front vertraut, und in der Tat hatten HJ-Musiker, als sie in die Wehrmacht eingezogen wurden, großen Einfluß auf die martialische Musik, die bei der Luftwaffe, der Kriegsmarine und in den Armee-Einheiten erklang.

Es überrascht nicht, daß ehemalige HJ-Kader als die fanatischsten Nazis in der Wehrmacht galten und daß die Musiker unter ihnen nicht nur für die Wahl angemessener Lieder sorgten, sondern auch tapfer kämpften und einen beispielhaften Heldentod starben, wie die häufig angeführten Beispiele von Helmut Bräutigam und Ludwig Kelbetz zeigen.[54]

Die endgültige Kampferfahrung bekam die Hitlerjugend in der SS, deren Einheiten ebenfalls über Militärkapellen und Konzertorchester verfügten. Bereits im Januar 1934 gaben die SS-Musiker ein öffentliches Konzert im Berliner Sportpalast, dessen Programm ausschließlich Hitlers Vorbild Friedrich dem Großen gewidmet war. Nach ihrer Gründung 1941 wurde die Musikschule der Waffen-SS eine natürliche Heimat für die Alt-Kameraden der HJ, die sich später der Vorhut von Hitlers Elitetruppen im Kampf an den Fronten anschlossen.[55]

Inzwischen trugen die Mädchen des BDM in ihrer geschlechtsspezifischen Weise zu den Kriegsanstrengungen bei: Spezialisiert auf Blockflöte und Gesang, waren sie bei den Frontsoldaten unendlich beliebt, in erster Linie bei den Verwundeten, denen es, wie es heißt, gleichgültig war, wie schlecht die Mädchen sangen und spielten, solange sie nur auftraten. Als der Krieg sich hinzog, begannen die Soldaten unter dem Mangel an Geschlechtsleben zu leiden, was ihr manchmal schockierendes promiskuitives Verhalten auf Heimaturlaub und nicht weniger die entgegenkommende Freizügigkeit der jungen Mädchen zu Hause bewirkte. Die Mädchen standen auf den Bahnhöfen Schlange, um sie willkommen zu heißen und sich ihren Gefährten für die Nacht auszuwählen. So erwies sich der biopolitische Hintergedanke denn als zweischneidig, der den jungen Frauen der HJ von Anfang an eingetrichtert worden war, daß nämlich die Musik »der Liebe Nahrung« sei, einer Liebe allerdings, die zunehmend unerlaubt war und zur Jugendkriminalität beitrug.[56]

Die drei wichtigsten Männer in der Musikszene der Hitlerjugend waren Wolfgang Stumme, Cesar Bresgen und Fritz Jöde. Stumme, 1910 in Preußen geboren, wurde als Musiklehrer für die Grundschule ausgebildet und unterrichtete von 1932 bis 1933. Nachdem er im April 1933 in die

HJ eingetreten war, wurde er von Schirach im folgenden Jahr mit der Leitung ihrer musikalischen Einsätze betraut. Er heiratete im April 1936, und im November kam ein männlicher Erbe an – für die NS-Oberen immer ein Grund zur Freude. Seine Parteimitgliedschaft datiert vom Mai 1937. In seinem Rang als Oberbannführer, einem der höchsten in der HJ, organisierte er die Musikerziehung und die Veranstaltungen, assistiert von Karl Cerff, der auch Verbindungsmann zur SS und zu Goebbels' Promi war. Stumme selbst, der nie ein Studium an der Universität oder etwas Entsprechendes genossen, geschweige einen akademischen Rang hatte, begann im Herbst 1934 in einer zusätzlichen Funktion Kurse an der Berliner Akademie für Kirchen- und Schulmusik zu geben, einem anerkannten Konservatorium und später eine von drei akademischen Vorzeige-Institutionen für HJ-Musik. Er war damals auf das Gebiet »Musik in der Hitlerjugend« spezialisiert, weitete später jedoch seinen Themenkreis aus. Häufig nahm er Urlaub, um sich um seine Verpflichtungen in der HJ zu kümmern, von denen einige Propagandareisen innerhalb und – noch vor Kriegsbeginn – außerhalb des Reichs erforderten. Zusätzlich publizierte Stumme über Themen, die zu seinem Aufgabengebiet Bezug hatten; die meisten seiner Schriften sind entschieden propagandistisch. Im Dezember 1939 trat er in die Wehrmacht ein und kämpfte in Frankreich und später in Rußland, wo er verwundet wurde. Mit verschiedenen Auszeichnungen kehrte er im September 1942 als Leutnant (a.D.) nach Berlin zurück. Da Stumme das Verdienst zugeschrieben wurde, die Ausbildungszeit für Hitlers Jugendmusik-Erzieher an den Akademien 1942 von einem auf drei Jahre ausgedehnt zu haben, wurde er 1944 für eine ordentliche Professur vorgeschlagen.[57]

Cesar Bresgen diente der Sache der HJ-Musik in drei Eigenschaften: als Komponist, Organisator und Erzieher. Er wurde als Sohn eines Münchner Malers 1913 in Florenz geboren. Während seiner Kindheit in Salzburg, Prag und München, wo seine Eltern in Künstlerkreisen verkehrten, erfuhr er kosmopolitische Einflüsse. Von 1930 bis 1936 studierte er an der konservativen Münchner Akademie der Tonkunst unter Joseph Haas und Siegmund von Hausegger und spielte bis 1935 auch die Orgel in St. Rupert. In seinen prägenden Jahren lernte er progressive Komponisten wie Strawinsky, Orff (mit dem er während des ganzen Dritten Reichs befreundet war) und Hindemith kennen. 1934 bekam er Kontakt zur »neuen Jugend Adolf Hitlers«. Drei Jahre später begegnete er dem Führer persönlich auf dessen Berghof und war von »einem fast magischen Bild« beeindruckt, als Hitler Kinder vor der Kulisse der Salzburger Berge segnete. Nach seinem eigenen Eingeständnis wurde Bresgen ein glühender Nationalsozialist.[58]

Als talentierter junger Komponist schuf Bresgen über die Jahre eine stattliche Anzahl niveauvoller Werke, da er jedoch nach 1934 auch in den Strudel faschistischer Politik und Ideologie gezogen wurde, bekam sein Oeuvre in gleichem Maß eine tendenziöse Färbung, wie er materiell vom neuen Regime profitierte. Risikofrei vermied er das kühnere Idiom der Werke von Strawinsky und Hindemith, die ihn früher so beeindruckt hatten, und spezialisierte sich auf neobarocke Genres: Lieder, Kammermusik, Konzerte und später Kantaten. Eine seiner ersten Schöpfungen war *Lieder vom Mai* in dem von den Nazis so geschätzten unverzierten Stil, die er, sich selbst auf dem Klavier begleitend, als Mitglied von Haas' Meisterklasse an der Münchner Akademie der Tonkunst im Juni 1934 zur Aufführung brachte.[59]

Zwei Blechbläserchöre Bresgens wurden anläßlich der Olympischen Spiele im August 1936 in Berlin aufgeführt. Bei denselben Festspielen, die im Juni 1937 in Frankfurt die *Carmina Burana* seines Freundes Carl Orff herausbrachten,

wurde in Darmstadt seine *Symphonische Suite* vorgestellt,
die zuvor nur in Mannheim zu hören gewesen war. Später
in diesem Jahr wurde bei einer »Münchener Musikwoche«
seine Sonate für Bratsche und Klavier uraufgeführt; Rosenbergs *Völkischer Beobachter* rühmte den »organischen Ausdruck einer zeitnahen Lebensrichtung«. Ein anderer Nazi,
Richard Eichenauer, lobte auch Bresgens unbeschädigte
traditionelle Tonalität, die sich in »ausgesprochen poly-
phoner Haltung« ausdrücke. Mit Werner Egk und anderen
war Bresgen einer der Stars bei den Düsseldorfer Reichs-
Musiktagen von 1939, einer Weiterführung der Festspiele
im Vorjahr, an die die Ausstellung »Entartete Musik«
angehängt worden war. Die Einfachheit und der liedhafte
Charakter seiner Kompositionen stießen stets auf positives
Echo. Ein Höhepunkt seiner Karriere als seriöser Komponist war die Premiere seiner Märchenoper *Das Dornröschen* in Straßburg unter Hans Rosbaud 1942; vor
1945 vollendete Bresgen zwei weitere Opern.[60] Noch 1937
schien dem Musikverleger Strecker »die Sache noch etwas
jagdhundhaft zu sein«, und er bezweifelte, ob der junge
Komponist »bereits die Reife für größere Werke« habe.
Doch fünf Jahre später nahm Strecker *Das Dornröschen*
bereitwillig in sein Programm auf.[61]

Der prominente NS-Kritiker Herbert Gerigk stellte 1943
anerkennend fest, daß einiges von Bresgens Musik an die
Kantaten erinnere, die gegenwärtig von der Hitlerjugend
kultiviert würden.[62] Dieser Verweis auf Bresgens musikalische Hauptrichtung deutete auf seine andere Funktion als
zentraler Komponist der Hitlerjugend hin. Obwohl Bresgen
nach dem Zweiten Weltkrieg behauptete, er habe keine
Musik für politische Zwecke geschrieben, und keine seiner
Kompositionen sei in einem politischen Rahmen aufgeführt
worden, hatte er doch nach seinem Abschluß an der Akademie damit begonnen, wie geschmiert Musik für die HJ

zu produzieren.[65] Diese politisch ausgerichtete Produktion begann ernsthaft um 1938 mit seiner *Bläsermusik* für Trompeten, Posaunen, Tuba und Kesselpauken und spiegelte damit das neue Interesse der Nazis an martialischen Instrumenten wider. Das Werk wurde in München bei einem »Deutschen Tag des Liedes: Ein Volk, ein Reich, ein Führer« vorgestellt. Ein Jahr später enthielt ein von Erich Lauer herausgegebenes Liederbuch der HJ von Bresgen vertonte Texte, die für »Blut und Boden«-Erntezeremonien verfaßt waren und den deutschen Bauern verherrlichten. *Das Kindlfest*, eine Kantate, die eine Geburt auf einem Bauernhof feierte – ein ausgeprägt biopolitisches Ereignis –, kam 1940 in München zur Uraufführung und erlebte in den folgenden Jahren verschiedene Wiederholungen. 1941 kamen Bresgens Bewunderer in den Genuß der Veröffentlichung einer Kantate für Soldaten, eines Orchesterwerks zum Gedenken der für Deutschland Gefallenen und eines festlichen Instrumentalstücks in der Art des *Kindlfest*, das in seinem nicht allzu anspruchsvollen technischen Schwierigkeitsgrad speziell für die HJ-Orchester konzipiert war. Er arbeitete 1943 mit Baumann bei der Schöpfung des festlichen Oratoriums *Der Strom* zusammen und nahm im selben Jahr einen Auftrag der Salzburger HJ-Führung an, Spezialarrangements von Volksliedern vorzulegen, die für gemeinschaftliches Singen geeignet waren. Das folgende Jahr, schon unter dem Zeichen der Dämmerung Nazi-Deutschlands, begann für Bresgen verheißungsvoll. Sein neues Posaunen-Konzert wurde von den Berliner Philharmonikern unter der Leitung des antisemitischen Generalmusikdirektors Paul Sixt in einem Konzert gespielt, das der Hitlerjugend gewidmet war. Dann gab es noch eine neue Ernte-Kantate für Instrumente und Chor sowie eine *Fanfare* für sechs Blechbläser, die von der SS in Auftrag gegeben worden war. Dieses Stück erinnerte in der Struktur an

278

die *Bläsermusik* von 1938, mit fast identischer Instrumentierung »ganz im polyphonischen Stil der frühdeutschen Zeit gehalten«.[64]

Nochmals: Bresgens Versicherungen nach dem Krieg, er sei vom Regime unter Druck gesetzt worden, sein Talent in dessen Dienst zu stellen, und habe nichtsdestoweniger mit Politik »nie sehr viel zu tun gehabt«, sind faustdicke Lügen.[65] Das Beweismaterial zeigt, daß Bresgens erstes politisches Amt nach Abschluß seines Studiums das eines musikalischen Beraters für die Programmzusammenstellung der HJ beim Reichssender München war. Hier hatte er die entsprechende Möglichkeit, viele eigene Werke und die von anderen vom Regime geförderten Komponisten aufzuführen und zu dirigieren, gewöhnlich unter Mitwirkung von HJ-Musikern aller Grade. Diese Tätigkeit hielt bis weit in den Krieg an. Im Frühjahr 1938 leitete Bresgen auch die Feiern, die von der Hitlerjugend in Salzburg anläßlich des Anschlusses abgehalten wurden. Bresgens zweiter, um einiges wichtigerer Posten war der eines Musikerziehers in der HJ-Abteilung des Salzburger Mozarteums, die 1939 unter der Schirmherrschaft der Nazis eingerichtet wurde. In dieser Eigenschaft hatte er den ehrfurchtgebietenden Rang eines Obergefolgschaftsführers. Um seinen Freund Orff für die Salzburger Unternehmung zu gewinnen, lockte er ihn mit enthusiastischen Berichten: »Was unsere Jugendabteilung betrifft, so haben wir rein äußerlich einen fabelhaften Erfolg, indem alle Instrumental- und Singgruppen stark besucht sind und sogar schon draußen im Lande örtliche ›Zweigstellen‹ bilden. Die Schüler sind teilweise sehr begabt, und es läßt sich in der Tat eine prächtige Sing- und Spielarbeit aufbauen.« In seiner Funktion als Dozent (Professor wurde er 1944) sprach Bresgen über »Musikerziehung in der Hitlerjugend« bei Schwesterorganisationen wie der in Graz (1939), lieferte

Musik für NS-Buchausstellungen wie »Buch und Schwert« (1941) und führte seine uniformierten Buben und Mädchen zu NS-Musikfesten wie dem Tonkünstlerfest in München unter der Ägide des NS-Oberbürgermeisters Fiehler und der KdF (ebenfalls 1941). Seine Oper *Das Dornröschen* hatte unmittelbar nach der Straßburger Uraufführung unter Rosbaud während eines speziellen Kulturfestes der HJ unter dem Vorsitz von Schirach und anderer österreichischer Gauleiter im Mai 1942 in Salzburg Premiere. Im selben Jahr schickte ihn die Reichsjugendführung als Sonderbotschafter nach Italien, und er wurde als Mitglied in Kulturkommissionen berufen, die einen ausgesprochenen Nazi-Stempel trugen.[66]

Solche vielfältigen Verpflichtungen brachten ihren Lohn. Ein gründliches Studium der Musikzeitschriften der Periode vermittelt den Eindruck, daß Bresgen der fleißigste und populärste Komponist der Hitlerjugend war. Er konnte nichts Verkehrtes tun, weder bei den Kritikern noch bei seinen Kollegen wie Rosbaud, Orff oder Egk. Seine Einkünfte müssen beträchtlich gewesen sein, sowohl aus den Tantiemen wie aus den Erziehungs- und Führungsfunktionen, die er ausübte. Und dann gab es noch die Preisgelder, die ihm als einer der strahlendsten Hoffnungen des neuen deutschen Musik-Establishments gleichsam naturgemäß zuflossen. 1936 erhielt Bresgen von der Bayerischen Staatsregierung für verschiedene seiner frühen Kompositionen den Felix-Mottl-Preis. Zwei Jahre später gewann er einen Preis in der Höhe von 1000 Mark, den die Stadt München ausgeschrieben hatte. 1941 gab es einen weiteren Preis aus München; diesmal saßen sein Lehrer Joseph Haas und Richard Strauss in der Jury. Zusammen mit Orff war Bresgen unter den Empfängern eines einmalig von der RMK vergebenen Preises, der ihm von Egk und Heinz Drewes 1942 überreicht wurde. Und schließlich heimste Bresgen im

selben Jahr den neu ins Leben gerufenen Salzburger
»Kulturpreis« in Höhe von stattlichen 7000 Mark ein, und
zwar als »kulturpolitischer Vorkämpfer einer sich auf
die Ursprungsquellen besinnenden arteigenen deutschen
Musikpflege«.[67]

Von den drei Hauptfiguren der HJ-Musikszene war Fritz
Jöde die bei weitem komplexeste. Seit Historiker immer
mehr Kontinuitätsstränge zwischen der Weimarer Republik
und dem Dritten Reich entdecken, wird allmählich deutlich, daß die deutsche Jugendkultur bis zu einem gewissen
Grad einer davon war. Es gab Ähnlichkeiten zwischen den
Weimarer Jugendbewegungen und der Hitlerjugend vor
und nach 1933, die entweder auf logischen Entwicklungen
aufgrund der vorgegebenen Situationen nach dem Ersten
Weltkrieg beruhten oder auf ihrer absoluten Unveränder-
lichkeit und Dauerhaftigkeit über die Jahre hin. Die
nationalistischen Elemente in der Bündischen Jugend der
Weimarer Zeit und die der Hitlerjugend waren deckungs-
gleich, ebenso wie die ausgesprochene Vorliebe beider
Jugendbewegungen für die freie Natur und ein gesunder
Mangel an Respekt vor den Autoritäten.[68] Ein weiterer
gemeinsamer Faktor, besonders zwischen 1925 und 1939,
war die Musik, bevor sie von den Nazis weiter rassisch
definiert und militarisiert wurde. Mehr als irgend jemand
war Fritz Jöde für die musikalischen Gemeinsamkeiten verantwortlich, bis sein Einfluß vor dem Zweiten Weltkrieg
etwas abgeschwächt wurde.

Jöde wurde 1887 in Hamburg geboren. Er wurde zum
Volksschullehrer ausgebildet und unterrichtete vor dem
Ersten Weltkrieg. 1920/21 spezialisierte er sich an der Universität Leipzig als Musikwissenschaftler. 1923 holte ihn
Leo Kestenberg, der einflußreiche jüdische Musikreferent
im preußischen Kultusministerium, der die Musikpädagogik in Preußen reformieren wollte, nach Berlin, wo Jöde

Professor an der Akademie für Kirchen- und Schulmusik wurde. Als Direktor der deutschen Jugendmusikschule, die der Akademie angegliedert war, war es Jödes Anliegen, bestimmte Wandlungen in der Musik der deutschen Jugendbewegung, die bereits von Walter Hensel und Hans Breuer initiiert worden waren, weiter voranzutreiben. Einige Aspekte dieser Reform entsprachen ziemlich genau den neuen Trends in der Weimarer Republik, die von Kestenberg gefördert wurden. Einer war die Einhaltung von Nüchternheit und Objektivität (die auch das Weimarer und spätere Dessauer Bauhaus inspirierten) und die Anwendung eines Minimalismus im künstlerischen Ausdruck, wie er auch den späteren Gemälden von Paul Klee eigen war; ein weiterer war Jödes Versuch, von der Überladenheit der Kompositionen des 19. Jahrhunderts und besonders der Spätromantik abzurücken. Jöde wollte zu den schlichten Wurzeln der Kreativität zurückkehren, wie er sie in jedem seiner Schüler erkannte; er scheute Virtuosität und bestimmte Instrumente wie das Klavier, die damit assoziiert wurden. Sein Gegengift war die menschliche Stimme: Natürliches, ungekünsteltes gemeinsames Singen, weitab von dem stickigen bürgerlichen Heim, war sein Rezept für eine gesunde und bekömmliche Lebensweise. Er war es also, der sich sehr direkt gegen die privaten Musiklehrer und Klavierhersteller wandte und entscheidend zum vorübergehenden Verschwinden der Hausmusik beitrug. Jödes Maßstab für Vollendung war die Beherrschung des volkstümlichen humorvollen Zirkelkanons, wie er sowohl von Kindergruppen als auch von älteren Jugendlichen gesungen wurde. Seiner Natur nach erfordert der Kanon eine Gemeinschaft der Mitwirkenden, nicht das Ausstellen eines einzelnen hochbefähigten Solisten. Diese musikalischen Gemeinschaften sollten den Rationalismus und Liberalismus des 19. Jahrhunderts zu Fall bringen, die mit der Aufklärung begonnen hatten; statt dessen wollte Jöde auf irrationale Elemente, natürliche Impulse und das Organische vertrauen, sowie auf ein unkompliziertes Musizieren von Laien, denen im – im Idealfall kostenlosen, staatlich finanzierten – Unterricht nur die einfachsten Grundkenntnisse vermittelt worden waren.[69]

Obwohl Jöde von Kestenberg, dem Repräsentanten der unerschrockenen sozialdemokratischen Regierung Preußens, nach Berlin berufen worden war, war er selbst nicht Marxist und gehörte auch keiner der beiden etablierten linken Parteien – KPD oder SPD – an. In der Tat gab es in seiner pädagogischen Philosophie verschiedene Elemente, die ihn für die politische Rechte anfällig machten, obwohl er immer sehr darauf achtete, den vielfältigen ideologischen und kulturellen Gruppierungen in der gespaltenen Weimarer Gesellschaft Freundschaft und guten Willen zu demonstrieren. (So ist aktenkundig, daß er sich zur Sympathie für Kommunisten, der Freundschaft mit dem jüdischen Pädagogen Karl Adler in Stuttgart und der Bewunderung für den österreichischen jüdischen Dichter Franz Werfel bekannte, von dessen Gedichten er hoffte, daß sie in Musik gesetzt würden.) Jödes Antirationalismus verzahnte sich mit dem Antiintellektualismus der deutschen Rechten während der Republik, und verschiedene seiner gleichgesinnten Freunde in der Musikpädagogik wie Georg Götsch und Fritz Reusch, die Kestenberg beide innerhalb des öffentlichen Erziehungssystems gleichermaßen gefördert hatte, wurden später aktive Nazis. Die Ablehnung des stigmatisierten Liberalismus, wie er sich im Weimarer System ausdrückte, und die ergänzende Idee eines starken Staates, der die öffentliche Musikausbildung in seine Hände nehmen müsse – ein Gedanke, für den Jöde eintrat –, waren potentiell rechts, obwohl Jödes wohlwollende Kritiker heute argumentieren, daß er immer nur eine demokratische Form meinte – eine Annahme, die völlig unbewiesen ist. In jedem Fall wurde seine dezidierte Philosophie von einem starken Staat von Eberhard Preussner geteilt, dem einflußreichen Berliner Musikwissenschaftler, Kritiker und späteren Direktor des Salzburger Mozarteums, dem es nicht schwerfiel, sich dem NS-System für seine eigenen Ziele anzupassen.

Jödes Glaube an die Gemeinschaft – eine organische Gemeinschaft im Gegensatz zur rationalen Gesellschaft – war eine der Hauptstützen des rechten präfaschistischen Gedankenguts im Weimarer Deutschland (hochgehalten auch von Intellektuellen wie Othmar Spann, Carl Schmitt und Ernst Jünger), und darin wurde Jöde außerordentlich von Ernst Krieck unterstützt und war wiederum von ihm abhängig. Dieser Philosoph war ebenfalls ein ehemaliger Grundschullehrer, der am Ende der Weimarer Republik Professor wurde und das einflußreiche Buch *Musische Erziehung* (1933) verfaßt hatte, das viele Parallelen zu Jödes Ideen enthielt. Im Anfangsstadium des Dritten Reichs wurde Krieck zum idealtypischen NS-Hochschullehrer und war Rektor an der Frankfurter und danach an der Heidelberger Universität. Jöde und Krieck wurde von Georg Kallmeyer Beifall gezollt, einem wichtigen Verleger von Musik und Literatur der Jugendbewegung, der in der Republik rechts genug orientiert war, um nach 1933 der Hausverleger für Musik der Hitlerjugend zu werden. Als Jöde, in vieler Hinsicht ein Produkt und Exponent des republikanischen Erziehungssystems, in den letzten Weimarer Jahren zunehmend von eingefleischten Nazis besonders aus Rosenbergs Kampfbund-Fraktion angegriffen wurde, verteidigten ihn Kallmeyer und Krieck gegen den Verdacht, er sei Marxist und Judenfreund, während Jöde selbst in weiser Voraussicht wohlmeinenden Vertretern der NSDAP Avancen gemacht zu haben scheint. Es gab in der Tat andere Nazis, speziell unter den Volkschullehrern, die Jödes völlige und offene Konversion zu ihrem Wertesystem begrüßt hätten. »Was ist das alles für ein klägliches Schauspiel, diese ganze Jödehetze«, klagte ein Lehrer. »Sollte nicht gerade der nationalsozialistische Lehrer ohne zu zögern herausfinden, daß hier bei Jöde in der Jugendmusikbewegung völkische Kraft, Urkraft wirkt, und daß Nationalsozialismus und Jugendmusikbewegung die gleichen Quellen haben?« Kein Wunder, daß im Sommer 1932 das hartnäckige Gerücht umging, »Jöde sei eingeschriebenes Mitglied der NSDAP geworden«, ein Gerücht, das zu diesem Zeitpunkt noch unbegründet war.[70]

Da Jöde nach Januar 1933 spürte, woher der Wind wehte, und befürchtete, seinen Lehrstuhl an der Akademie in Berlin zu verlieren, gab er sich große Mühe, sich bei den Vertretern des neuen Regimes lieb Kind zu machen; doch er wußte auch, daß er sich auf die Unterstützung wirklicher Freunde wie Krieck und Kallmeyer verlassen konnte. Vor allem Kallmeyer war zu Jödes Gunsten tätig, schrieb unter anderem an den preußischen Kultusminister Rust, um zu verhindern, daß Jöde seine Berliner Stellung verlor, und erwähnte unter Jödes strammen NS-Unterstützern den antisemitischen Musikologen Richard Eichenauer; Hans Freyer, einen NS-Soziologen aus Leipzig; Herman Wirth, der bald Himmlers »Ahnenerbe«, eine Forschungsstiftung der SS, ins Leben rief; Johannes von Leers, einen Historiker und weiteren ausgemachten Antisemiten (der nach dem Zweiten Weltkrieg die ägyptische Regierung darin beriet, wie abermals ein antijüdischer Holocaust heraufbeschworen werden könne); und natürlich Krieck und Reusch. Jöde selbst legte plötzlich hypernationalistische Neigungen an den Tag: Er knüpfte nicht nur eine Reihe informeller Kontakte und versuchte, so viele Nazi-Fürsprecher wie nur möglich hinter sich zu versammeln, sondern gab auch Erklärungen ab, die von einem langjährigen aufrichtigen Nazi hätten stammen können. Öffentlich verkündete er, daß er »die neue völkische Bewegung« begrüße und ihr seine ganze Kraft zur Verfügung stelle; den Beweis trat er an, indem er zu Hitlers Geburtstag 1934 Geld für ein Führerporträt für die Akademie in Berlin beitrug. In der Tat war es eine von Jödes neuen offiziellen Verlautbarungen, daß die deutsche Jugendmusik vom allerersten Beginn an eine »völkische Bewegung« gewesen sei, die sich wahrlich zu »einem neuen Deutschland« aufgeschwungen habe, und daß nun das »Wiedererwachen unseres Volkes« stattfinde. Jödes neugefundene Überzeugung war, daß die Musik der Jugendbewegung, wie man sie gekannt hatte, in der von Hitler angeführten Revolution untergetaucht und darauf in neuer Form wiedererstanden sei, ohne daß ihr Geist im wesentlichen angetastet worden wäre.[71]

Im Ernstfall hätte Jöde das beweisen können, denn verschiedene seiner früheren Schüler, unter ihnen Stumme, waren 1933 auf sein Drängen hin in die Hitlerjugend eingetreten und unter Schirach als ausgewiesene Experten in der Musikpädagogik rasch zu bedeutenden Positionen aufgestiegen. Eine Konsequenz war Stummes Berufung an die Akademie in Berlin im Jahr 1934; eine weitere war die Herausgabe von Liederbüchern durch die HJ für die gesamte Organisation, alle nach Jödes Weimarer Modell, anfangs mit dem Nachdruck auf vokalem und erst später auf instrumentalem Musizieren. Zu den Gefolgsleuten zählten bald Kelbetz, Bräutigam, Twittenhoff, Marx und Herbert Napiersky, ein weiterer aggressiver Komponist der Hitlerjugend. Kallmeyer profitierte inzwischen als bevorzugter Verleger.[72]

Viele Alte Kämpfer der NS-Bewegung waren gegenüber Jödes Sinneswandel mißtrauisch und hatten damit nicht unrecht: Er hatte lediglich einige Verstrebungen seines ideologischen Podests so zurechtgebogen, daß die neuen Herrscher sich nicht daran stießen. Deshalb wurde er weiter von den Anhängern des ursprünglichen Gedankens der Hausmusik angegriffen – privaten Musiklehrern, konservativen Musikverlegern und Verfechtern des Virtuosentums in der Musik –, zumal von denen, die als Mitglieder von Rosenbergs Kampfbund für deutsche Kultur in den ersten Monaten des Regimes noch das Sagen hatten. Es fiel ihm schwer, das »marxistische« Etikett abzuschütteln, zumal er die »sozialistische« Komponente des Nationalsozialismus ernst nahm. Einige machten sich über Jödes Hochschätzung der Blockflöte lustig, dieses typischen Laien-Instruments der Weimarer Jugendbewegung – das allerdings zur selben Zeit durch die Maßnahmen wieder anderer für den BDM zum bevorzugten Instrument wurde. »Die Verwandlungsfähigkeit Fritz Jödes«, beanstandete Rosenbergs *Völkischer Beobachter*, »dessen künstlerische, politische, konfessionelle Überzeugung so spürbarem Wandel unterworfen ist, sollte immerhin zur Vorsicht ermahnen.«[75]

Im Februar 1935 wurde Jöde von der Berliner Akademie plötzlich in bezahlten Urlaub geschickt und im Oktober 1936 entlassen. Die Abfolge dieser Ereignisse wurde von vielen seiner Anhänger der Nachkriegszeit als Revanche von seiten langjähriger politischer Gegner interpretiert, doch das ist nur ein Teil der Wahrheit. Obwohl die Reichsmusikkammer später einräumte, daß bei der Entlassung auch »politische Gründe« mitgespielt hätten, enthüllte sie auch den wirklichen Grund. Man hatte herausgefunden, daß Jöde, seit 1913 unglücklich verheiratet, in den letzten Jahren bei wenigstens sechzehn Mädchen in seinem Kreis sexuelle Annäherungsversuche unternommen hatte, wobei es sich allerdings in allen Fällen um Begegnungen in gegenseitigem Einverständnis gehandelt und er nur mit einer bereits reiferen jungen Frau Geschlechtsverkehr gehabt

hatte. Aufgrund der erhalten gebliebenen Belege, in denen
Namen, Daten und Umstände genannt werden, kann kein
Zweifel darüber bestehen, daß die Beschuldigungen völlig
gerechtfertigt waren. Doch läßt sich ohne weiteres ver-
muten, daß Jöde nicht der einzige beliebte Führer der
Jugendbewegung war, der solchen fleischlichen Versuchun-
gen erlag. Warum, wenn das der Fall war, wurde er ent-
larvt, während die meisten anderen in der Hitlerjugend
ohne Komplikationen ihren Weg gingen? Eine starke
Gruppe in der NS-Bewegung war der Überzeugung, daß
Jöde als Proselyt aus der Weimarer Zeit nicht glaubhaft
sei, und vergab ihm niemals. Doch obwohl Jöde von der
Berliner Akademie entfernt wurde und die nächsten fünf
Jahre nur 75 Prozent der ihm zustehenden Pension erhielt,
wurde ein strafrechtliches Verfahren gegen ihn gnädig
ausgesetzt.[74]

In den Jahren nach seiner Entlassung tat sich Jöde, dessen Pension sich auf lediglich 3500 Mark pro Jahr belief,
mit seinem Auskommen schwer. Dabei hatte er doch den
Behörden dargelegt, daß ihm die Schulung einer ganzen
»Musikführergeneration« angerechnet werden müsse, die
erst jetzt »im neuen Reich« zur vollen Entfaltung gekommen sei. Als Ziel seiner Arbeit sehe er nach wie vor »die
kulturpolitischen Aufgaben des Dritten Reichs, nirgend
sonstwo«. Inzwischen, teilte er mit, lebe er von der Hand
in den Mund, denn seine früheren Veröffentlichungen ver-
kauften sich nicht mehr so gut. Das mag zugetroffen haben,
doch sein Name tauchte weiterhin in der nationalsozialisti-
stischen Literatur auf, und einiges aus seinem Werk wurde
für NS-Feierlichkeiten ausdrücklich empfohlen. Jöde nahm
Gelegenheitsarbeiten an, etwa beim Rundfunk in München, und beantragte 1938 die Parteimitgliedschaft, um
seine Chancen für wirtschaftliches und politisches Überleben zu verbessern. Die NS-Behörden ließen ihn in Ruhe,

vorausgesetzt, daß eine »Berührung mit schutzbedürftigen Jugendlichen soweit als möglich vermieden wird«.[75]

Doch Jödes alte Freunde aus der Hitlerjugend hatten ihn nicht vergessen. 1940 berief ihn der Direktor des Salzburger Mozarteums Eberhard Preussner, der in Berlin große Stücke auf Jöde gehalten und viele Ziele mit ihm gemeinsam hatte, an sein Konservatorium. Preussners Kollege Cesar Bresgen, ein neuer Bewunderer, unterstützte diese Berufung voll. Gerade rechtzeitig war im Januar dieses Jahres Jödes Antrag für den Eintritt in die Partei genehmigt worden. Jöde schloß sich sofort Bresgens HJ-Musikabteilung im Mozarteum an und führte fortan den pompösen Titel »Musikbeauftragter der Hitlerjugend für den Gau Salzburg«. Auf Tagesbasis war er nicht nur an der Erziehungsarbeit der HJ beteiligt, sondern auch an den Aufführungen von NS-Studenten. Zitate aus seiner veröffentlichten Produktion tauchten noch häufiger in der offiziellen Literatur auf. 1943 zog sich Jöde aus Gründen, die nicht ausdrücklich angegeben wurden, aber wahrscheinlich mit seinem übertriebenen Ego zu tun hatten, nach Braunschweig an ein weniger bedeutendes NS-Ausbildungsinstitut zurück. Als er dort 1944 im Rahmen der Maßnahmen des totalen Kriegs entlassen wurde, überstand er das Dritte Reich in Bad Reichenhall in unmittelbarer Nähe von Salzburg. Wie viele Nazis und Kollaborateure richtete er sich auf eine Wiederbeschäftigung in der Nachkriegszeit ein.[76]

Die Akademien und die Evangelische Kirche

Während die Hitlerjugend integraler Bestandteil der revolutionären NS-Bewegung war, fehlte den Hochschulen, die wie die Grund- und weiterführenden Schulen seit alters her Teil einer staatlichen Bürokratie waren, der Schwung der Bewegung, und deshalb waren sie in der Entwicklung eines spezifisch nationalsozialistischen Lehrplans immer im Rückstand. Noch 1944 äußerte Felix Oberborbeck, der Rektor der Hochschule für Musik in Graz, das traditionelle Hochschulsystem mit seinem Lehrapparat und seinen Lehrplänen stehe »noch neben dem nationalsozialistischen Erziehungsprinzip«, obwohl eine gewisse Verschmelzung angestrebt wurde. Ziel war es natürlich, einen neuen Typ Musikerzieher, ja sogar einen neuen Typ Musiker zu schaffen, sowie völlig neue Studiengebiete wie Musik für die Wehrmacht oder das Musizieren innerhalb der nationalsozialistischen Gemeinschaft.[77]

Um die Realisierung dieser Ziele herbeizuführen, mußten nicht nur jüdische Lehrer entfernt, sondern auch der kleine, aber zuverlässige Kern von NS-Musikerziehern etabliert und gestärkt werden. Diese Erzieher wurden ermutigt, eng mit den Vertretern der NS-Bewegung wie Wolfgang Stumme zusammenzuarbeiten, Einfluß auf ihre alles andere als NS-gesinnten Kollegen auszuüben, mit dem Ziel, sie umzudrehen. Und schließlich mußten sie daran arbeiten, eine neue NS-Studentenschaft zu formen.

Das erforderte den Ausschluß jüdischer Fakultätsangehöriger. Jüdische Professoren aller Fachgebiete waren unter den ersten Berufstätigen, die durch das Gesetz zum Berufsbeamtentum vom 7. April 1933 von ihren Arbeitsplätzen entfernt wurden, und Musikprofessoren bildeten da keine Ausnahme. Das Arbeitsverbot wurde über jedes Konservatorium und die Musikfakultäten aller Universitäten verhängt; da die Lehrer im Gegensatz zu einigen ausübenden Musikern Angestellte des Staates oder Beamte waren, konnte das Gesetz automatisch angewendet werden, und Ausnahmen wurden nicht gemacht. So wurde Hans Gál gezwungen, seinen Posten als Direktor des Konservatoriums in Mainz zu räumen; er kehrte in seine Vaterstadt Wien zurück und konnte von dort 1938 nach England emigrieren. Von der Bayerischen Akademie der Tonkunst wurden trotz der Einwände von Richard Strauss der Violinlehrer Jani Szanto, berühmt für seine Meisterklassen, und der Direktor Hermann Wolfgang von Waltershausen vertrieben. Und das Hochsche Konservatorium in Frankfurt feuerte sowohl den Cellisten und Jazzlehrer Matyas Seiber als auch den langjährigen Direktor Bernhard Sekles, Hindemiths und Rosbauds Lehrer.[78]

Die Säuberung, von Rosenbergs Kampfbund für deutsche Kultur kräftig unterstützt, war in Berlin am deutlichsten sichtbar, erstens wegen der Konzentration höherer Musikschulen in der Reichshauptstadt und zweitens, weil die meisten jüdischen Lehrer dort Künstler von internationalem Ruf waren. Das war der Fall bei dem bereits früher erwähnten Klavier-Pädagogen Leonid Kreutzer, der seit 1921 an der Hochschule für Musik unterrichtet hatte. Im Juni 1933 beharrte er darauf, daß trotz seiner baltischen Herkunft Deutsch seine Muttersprache und er deutscher Staatsangehöriger sei. Er erinnerte Görings Staatskommissar für jüdische Angelegenheiten Hans Hinkel an seine Leistungen, sowohl was die Ausbildung einer jüngeren Generation deutscher Pianisten betraf, wie seine exemplarische Interpretation deutscher Komponisten wie Max Reger in Deutschland und im Ausland. Doch das half ihm nichts. Er wurde mit seinen Kollegen wie dem Cellisten Emanuel Feuermann, dem Professor für Komposition Hugo Leichtentritt, Erwin Bodky, der Klavier, Cembalo und Musikwissenschaft unterrichtete, und anderen entlassen.

Überzeugte Nazis nahmen ihren Platz ein – wie der Liederkomponist Georg Vollerthun im Fall von Schönbergs ehe-
maligem Lehrer Alexander von Zemlinsky.[79]

Bevor er von der Preußischen Staatlichen Hochschule für
Musik 1936 wegen einer homosexuellen Affäre entlassen
wurde, tat sich Vollerthun als Lehrer sowohl in der Kunst
der Lied-Komposition wie der Lied-Interpretation hervor
und verwendete zur Demonstration seine eigenen Lieder
und die von Paul Graener sowie die von bekannteren Komponisten des 19. Jahrhunderts.[80] Vollerthuns Kampfgefährte
war der Kompositionslehrer Max Trapp, seit 1934 Schönbergs Nachfolger an der Preußischen Akademie der Künste.
Als Alter Kämpfer der NS-Bewegung seit den letzten Tagen
der Weimarer Republik unterrichtete er jene Art traditionellen Komponierens, für die die Nazis Schönberg – zu
Unrecht – als unfähig erachtet hatten. Dieser Faktor machte
ihn in Verbindung mit seiner unerschütterlichen politischen
Überzeugung im Dritten Reich für die Befürworter einer
harten Linie zu einem idealen Konservatoriumslehrer.
Doch wie Vollerthun stolperte Trapp 1935 beinahe über
eine Affäre mit einer Schülerin, der Frau eines örtlichen
Parteisekretärs, der darauf erpicht war, ihn aus der Partei
ausschließen zu lassen, und der seine berufliche Karriere
ruinieren wollte. Furtwängler, Goebbels und Hitler inter-
venierten beim Ministerium für Wissenschaft, Erziehung
und Volksbildung, und Trapps Entlassung wurde rückgängig gemacht. Bis 1945 blieb er ein überaus treuer Diener
des Regimes.[81]

Gotthold Frotscher, dessen Werk protestantische Kirchenmusik einschloß, unterrichtete nach 1935 an der Musikfakultät der Berliner Universität. Was weltliche Musik
betraf, war Frotscher von der Vorstellung besessen, daß die
gesamte deutsche Kultur von den Juden verseucht worden
sei. Er wollte die Volkslieder der romantischen Periode

wiederbeleben, wobei das Vehikel für ihre Wiederaufer-
stehung »die rassisch gebundene Lebensgemeinschaft des
Volkes« war. Während des Kriegs war er einer der fanatischsten Wortführer der Musikerziehung in der Hitlerjugend und vertrat die Auffassung, daß ein musikalischer
Soldat ein besserer Soldat sei. Deutsche Kultur, sagte Frotscher, sei in großen Zügen eine Waffe im Kampf für das
Überleben der europäischen Kultur. Nach dem erwarteten
»Endsieg« müsse die Wechselbeziehung zwischen Rasse
und Musik viel genauer erforscht werden.[82]

Lang vor dem Krieg war es dem NS-Regime gelungen,
einige einflußreiche Musikprofessoren in strategische
Positionen im Reich einzuschleusen. An der Universität
in Tübingen unterrichtete Karl Hasse Musik, ehemaliger
Thomaner und einer von den lediglich zwei Professoren,
die Monate vor der Machtübernahme offen versucht hatten, die Ideen von Rosenbergs Kampfbund in Hochschulen
einzupflanzen. Wie im Fall Frotschers galt der Kampf
dieses außerordentlichen Professors allem, was er in der
deutschen Musik als jüdisch ausmachte, besonders dem
Jazz und den Werken der Weimarer Neutöner. Hasse zog
seinen Vorteil aus dem Wandel der Politik nach Januar 1933
und ging Anfang 1935 als neuer Direktor und ordentlicher
Professor an das Konservatorium in Köln.[83]

München hatte zwei Exponenten des Nazismus: Karl
Blessinger und Richard Trunk, die beide an der Akademie
für Tonkunst unterrichteten. Blessinger, der seinen Posten
seit 1920 innehatte, trat 1932 in die Partei ein, verfaßte in
den dreißiger Jahren eine widerwärtige Abhandlung über
Mendelssohn, Meyerbeer und Mahler und veröffentlichte
noch 1944 eine boshafte Schmähschrift über die Juden in
der Musik.[84] Trunk, ein weiterer Epigone der Romantiker,
wurde 1934 vom Kölner Konservatorium an die Akademie
geholt. Wie es dazu kam, ist charakteristisch für die Beför-

derung von Nazis, denn wie der Intendant Wilhelm Rode am Deutschen Opernhaus in Berlin benutzte der Alte Kämpfer Trunk seine guten Beziehungen zum SA-Führer Ernst Röhm. Nachdem Trunk zur Sicherheit Lieder zu Ehren Hitlers und Horst Wessels, des frühen Märtyrers der SA, verfaßt hatte, wirkten SA-Leute auf den bayerischen Kultusminister Ernst Schemm ein, der daraufhin Trunk als neuen Präsidenten der Akademie berief. 1942 war Trunk, der bereits einige von Schirachs HJ-Texten in Musik gesetzt hatte, Bresgens Nachfolger als Empfänger des Musikpreises der Stadt München.[85]

Und so ging es weiter. An der Universtät in Königsberg wählte der ordentliche Professor Josef Müller-Blattau, der während der Weimarer Republik übrigens mit den Neutönern sympathisiert hatte, als Gegenstand seines Interesses ebenfalls den Nazi-Heros Horst Wessel, über den er 1934 einen pseudowissenschaftlichen Artikel schrieb. Darin wurde das »Horst-Wessel-Lied«, die nicht unterzukriegende Marsch-Hymne der SA auf Wessels eigenen Text, »zum unverlierbaren Besitz des Volkes, zum Volkslied« hochstilisiert. Diese kalkulierte Unternehmung bescherte ihm den Aufstieg nach Frankfurt (1935) und Freiburg (1937). Nachdem er in Zusammenarbeit mit der SS ein Buch über »germanische Musik« veröffentlicht hatte, bekam er 1942 einen Lehrstuhl an der neuen Reichsuniversität Straßburg.[86] Müller-Blattaus früherer Professor in Freiburg, Wilibald Gurlitt, hatte bereits 1933 die neuerdings willkommene rassistische Sicht im Bach-Studium begrüßt, obwohl er eine »nichtarische« Frau hatte. Zwei Jahre später mußte er seinen Posten verlassen. Doch spielte er weiterhin neben Friedrich Blume von der Universität Kiel eine Schlüsselrolle in der maßgebenden Deutschen Musik gesellschaft; Blume fungierte darüber hinaus in der Konferenz von Musikologen, die die antisemitische Düsseldorfer Ausstellung »Entartete Musik« von 1938 wissen-schaftlich umriß.[87]

Der Anteil von NS-Professoren in allen Musikfakultäten des Dritten Reichs ist schwer zu bestimmen, solange noch keine umfangreicheren Untersuchungen gemacht worden sind. Da die Universitäten und Konservatorien in ihrer überwiegenden Mehrzahl rein staatliche, zum Teil Jahrhunderte alte Institutionen waren, neigten sie dazu, sich an bewährte Schemata zu klammern und mußten energisch zum Mitmachen im NS-Reich überredet werden, bevor sie als »revolutionär« erachtet werden konnten; das brauchte beträchtliche Zeit.[88] In dieser Hinsicht unterschieden sie sich deutlich von originalen NS-Organisationen wie HJ, SA oder SS und ihren jeweiligen Ausbildungszentren. Jeder, der innerhalb dieser Gruppierungen arbeitete, muß als Nazi betrachtet werden. An den Universitäten jedoch gab es noch immer Inseln echter Wissenschaft und akademischer Freiheit, und auch akademische Berufungen konnten nach wie vor objektiven Maßstäben standhalten. Furtwängler zum Beispiel nahm Anfang 1941 eine Position an der Preußischen Hochschule für Musik an, von der er zu Meisterklassen eingeladen worden war.[89] Der große Dirigent arbeitete wohl in verschiedenen Bereichen mit Hitlers Regime zusammen, aber er war kein Nazi.

Während die gegensätzlichen Typen in den staatlichen Institutionen anhand der Extreme einfach definiert werden können – hier ein Furtwängler, dort ein Hasse –, gab es auch Hybriden, in denen sich Nazi- und nazifremde Ingredienzien in unterschiedlichem Verhältnis mischten. Georg Schünemann war das Beispiel eines Typus, in dem sich viele der alten Werte eines herkömmlichen deutschen Universitätsprofessors erhalten hatten, der jedoch wie Jöde Symptome von Kompromiß und selbst Konversion zeigte. Sein Spiegelbild Fritz Stein verkörperte dagegen den

Typus, der bereits vor Januar 1933 die revolutionären Grundsätze der Nazis zu seinen eigenen gemacht hatte, sich während des ganzen Dritten Reichs mit eindrucksvoller Konsequenz wie ein überzeugter Nationalsozialist benahm und doch mit Konventionen sympathisierte, die vor der politischen Metamorphose an der Ordnung gewesen waren.

Nach allem, was über ihn zu erfahren ist, war Schünemann ein gewinnender, sympathischer, geistreicher Mann, der in den zwanziger Jahren rundum beliebt war. In Berlin 1884 geboren, genoß er eine umfassende musikalische Erziehung und studierte Flöte und Klavier sowie Musiktheorie und Komposition, letzteres eine Zeitlang bei Pfitzner. Er promovierte 1907 und habilitierte sich 1919, 1920 wurde er Professor an der Berliner Hochschule für Musik. Ab 1923 war er deren geschäftsführender Direktor und Inhaber eines Lehrstuhls an der Berliner Universität. In dieser Eigenschaft fand er sich in Kestenbergs Lager wieder und sympathisierte wie Jöde mit der politischen Linken. Neben anderen Werken veröffentlichte er ein wichtiges Buch über die Geschichte des Dirigierens und förderte als hervorragender, progressiver Lehrer vielversprechende junge Komponisten der neuen Schule wie Ernst Krenek, der Anfang der zwanziger Jahre in Berlin studierte. Gegen Ende der Weimarer Republik hatte sich Schünemann einen Namen als Musiker, Theoretiker und besonders als Herausgeber und Historiker auf dem Gebiet der vorromantischen Musik gemacht.[90]

Als 1932 der Jude Franz Schreker entfernt wurde, übernahm Schünemann die Gesamtleitung an der Berliner Hochschule für Musik. Die Situation mußte für ihn unbehaglich sein, denn er wußte, daß dieselben hypernationalistischen Kräfte, die Schreker gestürzt hatten (und nebenbei bemerkt auch Kestenberg), bald stärker werden würden und auch ihn bedrohen könnten.[91] Schünemann versuchte deshalb, sich mit Nazi-Kollegen wie dem Violinprofessor Gustav Havemann gutzustellen, der seinerseits ein Überläufer neuesten Datums war und den er in die Fakultät berufen hatte. Indizien legen den Schluß nahe, daß Schünemann nach dem politischen Machtwechsel im Januar 1933 versuchte, in die Partei einzutreten, doch abgewiesen wurde, weil er zu leicht mit der Kestenberg-Ära identifiziert werden konnte und weil seiner Demonstration von Nationalismus mißtraut wurde. Es gelang ihm, sich dem Nationalsozialistischen Arbeitskreis der Beamten, einem belanglosen NS-Laden, anzuschließen. Er versuchte auch, den Lehrstuhl des entlassenen Juden Oskar Daniel dem überzeugten Nazi Hugo Rasch anzubieten, der als Komponist eine erheblich bescheidenere Rolle spielte und später Richard Strauss' Faktotum in der RMK wurde. Rasch, der sich seiner akademischen Defizite nicht weniger bewußt war als der politischen Stärkung, die ihm dieser Akt verschaffte, wies mit Hinkels Beihilfe Schünemanns Angebot mit gespielter Entrüstung zurück, wobei er Schünemanns Freundschaft mit Kestenberg anführte. Schünemann versuchte daraufhin, Hinkel zu beschwichtigen, indem er ihm bei der Unterbringung von KfdK-Studentenvertretern an der Hochschule half, ein Schritt, der aufgrund interner Kabalen andere Nazis gegen ihn aufbrachte. Einige der nationalsozialistischen Studenten verbürgten sich jedoch nach wie vor für ihn und beriefen sich auf »die Sauberkeit seiner Gesinnung, so sozial und so national, seine glühende Vaterlandsliebe«, wie eine junge Frau schwärmte. Doch im April wurde deutlich, daß dieser Wissenschaftler sich ins Aus manövriert hatte, und zwar so sehr, daß sein enger Freund Hindemith befürchtete, er habe sich »durch sein Lavieren alles verdorben«. Anfang Mai 1933 verlor Schünemann sein Amt an der Hochschule, behielt jedoch seine Professur an der Universität; als Musikhistoriker wurde er mit der Leitung der Musikabteilung der Preussischen Staatsbibliothek betraut – offenbar sehr zu seinem Mißvergnügen.[92]

In den folgenden Jahren versuchte Schünemann, so gut wie möglich über die Runden zu kommen. Er hegte jedoch zweifellos einen Groll gegen die Nazis und das, was sie ihm angetan hatten, und vermied auch jede Art politischer Loyalitätsbekundungen, mit denen Jöde versuchte, sich bei den Machthabern lieb Kind zu machen. Es scheint, daß er 1937 die Emigration erwog, möglicherweise in die Vereinigten Staaten, doch ironischerweise erwies sich seine Fachkompetenz für die Nazis als unentbehrlich, so daß sie sich bemühten, ihn zu beschwichtigen. Als Schünemann ein vergessenes Violinkonzert von Robert Schumann ausgrub, das vom Musik-Establishment aufgeführt wurde, erhielt der Professor dafür volle Anerkennung. Schünemann erklärte sich auch bereit, bei der Säuberung »jüdischer« Libretti mitzuarbeiten und sie durch akzeptable Texte zu ersetzen; das bedeutendste war Hermann Levis Übersetzung von Mozarts *Figaro*, der sich um 1940 als angemessenes Werk für die Aufführungen im verfallenden Jüdischen Kulturbund überlebt hatte. 1940 trat Schünemann auch als Experte bei der Schätzung musikalischer Artefakte auf, die aus dem besetzten Frankreich geraubt worden waren. Die ganze Zeit über arbeitete er als Herausgeber und Publizist von Werken wie Beethovens Konversationsheften weiter und erfüllte außerdem verschiedene Funktionen als Spezialist, die unter anderem den Büros des Kultusministers Bernhard Rust und dem Fachbereichsleiter Heinz Drewes für Musik im Promi zugute kamen. 1943 verlieh er Hans Franks irrtümlicher Annahme, daß Chopin teilweise deutscher Abstammung gewesen sei, akademische Glaubwürdigkeit und erklärte in Krakau öffentlich, daß »hinter allen

Ornamenten, hinter den dekorativen, kolorierenden und konstruktiven Elementen ein Kern deutscher Musik steckt, der im letzten Grunde auf Chopins deutsche Musikerziehung zurückgeht«. Als Schünemann im März 1944 sechzig wurde, erschien dieser Anlaß der NS-Presse wichtig genug, um erwähnt zu werden, doch bekam er nie seine alte Position an der Hochschule zurück und scheint auch nicht darum ersucht zu haben. Er hatte sich mit einer vergleichsweise harmlosen Form der Anpassung an das NS-Regime abgefunden, das seinerseits bereit war, ihn zu tolerieren. Niemandes Held und niemandes Schurke starb Schünemann unbesungen im Januar 1945 inmitten der Ruinen der ehemaligen Hauptstadt und seiner geliebten Heimat.[93]

Fritz Stein überlebte den Zusammenbruch Anfang Mai 1945, so daß Leute, die ihn während des Dritten Reichs gekannt hatten, den westlichen Alliierten in Berlin erzählen konnten, daß Stein »ein Feind der Jazzmusik« gewesen sei, eines Idioms, daß er als »eine Mischung aus Negergeilheit und Judenfrechheit« definiert hatte. Stein hatte dem Vernehmen nach auch den Soldaten der Wehrmacht erklärt: »Ein Volk, das einen Bach und einen Beethoven hat, wird den Krieg nicht verlieren.«[94]

Diese zwei Erklärungen sind ein schlagendes Beispiel für die Anschauungen des Wissenschaftlers, der nach April 1933 als Direktor der Berliner Hochschule für Musik Schünemanns Nachfolger wurde. Wie der gleichermaßen begabte Schünemann hatte Stein früh in seinem beruflichen Leben die Wahl gehabt, in welche Richtung er gehen wolle. 1879 in der Nähe von Heidelberg geboren, hatte er evangelische Theologie studiert und 1902 die Zulassungsprüfung als Pastor bestanden, kehrte darauf jedoch an die Universität zurück, nahm ein Vollstudium als Musiker auf und spezialisierte sich auf Kirchenmusik und Orgel. 1913 war der frischgebackene Dr. phil. außerordentlicher Profes-

sor für Musikwissenschaft in Jena. 1925 wurde er Generalmusikdirektor und bekam 1928 eine ordentliche Professur
an der Universität Kiel, wo seine Fachgebiete Bach, Reger
und Chormusik waren. Aus demselben Holz wie viele
seiner Kampfgefährten geschnitzt, war Steins glühendes
Nationalbewußtsein aus der doppelten Quelle der lutherischen Theologie und seiner Teilnahme als Freiwilliger am
Ersten Weltkrieg genährt worden. Dieser Hyperpatriotis-
mus mag ihn dazu veranlaßt haben, die Nazis seit 1925
heimlich zu unterstützen (die Staatsbeamten der Republik
riskierten ihre Entlassung, wenn sie sich offen einer
extremistischen Partei anschlossen) und sich 1932 mit
Rosenbergs Kampfbund zu verbinden. Im Gegensatz zu
Schünemann hieß Stein kein einziges Werk der Moderne
nach Reger gut, und seine spätere Freundschaft mit Hindemith basierte wahrscheinlich nicht gerade auf der Musik
dieses Komponisten.[95]

Bei einem Berliner Treffen während der Kampfbund-
Wochen nach Hitlers Ernennung zum Reichskanzler, dessen Vorsitz der örtliche Kampfbundführer Hans Hinkel
hatte, enthüllte Stein die Grundlagen eines musikalisch-
politischen Programms. Das deutsche Volk solle zu echter,
wohltönender Musik zurückgeführt werden, sagte er. Singen, vor allem Chorgesang, sei von fundamentaler Bedeutung. Musik in den Schulen, wie sie die Kestenberg-Ära
gefördert habe, müsse reformiert werden. Nachdem Stein
Schünemanns Nachfolger an der Hochschule für Musik
geworden war, setzte er seine Zusammenarbeit mit dem
Kampfbund fort und unterstützte Hinkels andauernde
Anstrengungen, Studentenvertreter dieser Organisation in
der Hochschule einzuschleusen. Später, nach dem Herbst
1933, war Stein wie Havemann und andere allerdings klug
genug, in eine leitende Stellung in Goebbels' neuer Reichsmusikkammer zu wechseln.[96]

Wie Schünemann und Jöde mußte sich Stein vorsichtig auf dem NS-Terrain bewegen, denn auch er hatte eine Leiche im Keller – seinen jüdischen Schwiegersohn, der in England lebte.[97] Es ist deshalb durchaus möglich, daß viele der Konzessionen, die Stein bereits gemacht hatte und noch machen sollte, um das Regime zufriedenzustellen, dem Selbstschutz dienten; wäre Stein unverwundbar gewesen, hätte er sich vielleicht weniger liebedienerisch verhalten. Nichtsdestoweniger läßt sich nicht bestreiten, daß Stein extrem ehrgeizig war und im Alter von vierundfünfzig Jahren glaubte, viele der kulturellen Führungsfunktionen im neuen Reich seien direkt auf ihn zugeschnitten. Interessanterweise war es Stein, der, bevor er sein Berliner Amt übernahm, darauf bestand, daß die jüdischen Fakultätsmitglieder Kreutzer und Feuermann durch »Arier« ersetzt würden. Darüber hinaus legte er Wert auf das nationalsozialistische »Führerprinzip« und die Mission der »deutschen Künstler«, die ihren Beruf als »heilige, volkhaft, seelisch und weltanschaulich fundierte Kulturaufgabe« aufzufassen hatten.[98]

Stein untermauerte seine Position an der Hochschule weiter, indem er sich in Aktivitäten außerhalb der Akademie engagierte, meistens in Zusammenhang mit der expandierenden RMK, und stets den Segen von Goebbels' unmittelbarem Vertreter Hinkel oder der zwei RMK-Präsidenten Strauss und Raabe suchte. Während er es im Fall des ersteren noch immer für notwendig fand, persönliche Besuche in Garmisch zu machen, konnte er es sich leisten, mit letzterem zwangloser umzugehen, denn Raabe, obwohl sieben Jahre älter, war 1916 in Jena sein Doktorand gewesen.[99] Eine der ersten größeren Anstrengungen Steins war die Gleichschaltung aller Chöre im Reich auf echt nazistische Weise, offiziell ein Auftrag der RMK, doch einer, bei dessen Zustandekommen er selbst die Hand im Spiel

gehabt hatte. Dieses Projekt war von ideologischer Trag-
weite, weil es die Auflösung der Arbeiterchöre bedeutete,
von denen viele früher kommunistisch gewesen waren –
von der Art, die Hermann Scherchen dirigiert hatte. Im
Sommer 1935 hatte Stein sein Versprechen der Schaffung
»einer neuen Chorkultur im Dritten Reich« praktisch ein-
gelöst.[100] Überdies bewarb Stein sich schließlich erfolgreich um die Mitgliedschaft in der Partei und schmähte,
um seine Überzeugung zu zeigen, öffentlich den berühmten republikanischen Musikkritiker Hans Heinz Stuckenschmidt, der sich zu dieser Zeit sehr in der Defensive
befand.[101]

Im Gegensatz zu seinen Kollegen Jöde und auch Schünemann war Stein während des ganzen Dritten Reichs erfolgreich. Er wurde während der Olympischen Spiele von 1936
mit wichtigen musikalischen Aufgaben betraut und dirigierte für Electrola Schallplatten-Aufnahmen mit Chor- und
Kammermusikwerken.[102] Sein Amt im Präsidialrat der
Reichsmusikkammer blieb unangefochten. Zu seinem sechzigsten Geburtstag im Dezember 1939 wurde er landesweit
geehrt, und die Goethe-Medaille wurde ihm von Hitler
persönlich verliehen. Während des Krieges machte sich der
Professor nützlich, indem er alle Arten von Parteivereini-
gungen unterstützte, einschließlich der SS, deren »Leibstandarte Adolf Hitler« er im Chorgesang unterwies.[103]

Als nationalsozialistischer Gelehrter ging Fritz Stein
weiter als die meisten seiner Sorte und lieferte mehr als
ausreichende Beweise für seine Loyalität gegenüber dem
diktatorischen Regime. Doch vielleicht bereitete ihm auch
sein jüdischer Schwiegersohn ein schlechtes Gewissen,
denn gelegentlich unterdrückte er zum Vorteil seiner politisch weniger geschützten Kollegen die Nazi-Seite in sich.
Der prominenteste unter diesen war Hindemith, der an
Steins eigener Fakultät an der Hochschule unterrichtete,

den er bewunderte und dessen trostlose Lage er zwischen 1934 und 1937 zu lindern suchte, wobei er die ganze Zeit über hoffte, Hindemiths berufliches Überleben in Deutschland sichern zu können. Eine weitere Hilfeleistung war um 1938 sein Angebot an Carl Orff, an seine Hochschule zu kommen, zu einem Zeitpunkt, an dem der Stern des Komponisten noch nicht voll aufgegangen war. Orff hatte seine eigenen besonderen Probleme, sich dem NS-System anzupassen, wovon Stein allerdings mit ziemlicher Sicherheit nichts wußte. Trotzdem faszinierte ihn an Orff der Individualismus eines Künstlers, der – obgleich kein Strawinsky oder Schönberg – kühn und einfallsreich zu sein schien und sich mit den feigen Kollaborateuren der Nazis nicht über einen Kamm scheren ließ.[104]

Ende 1933 tat sich Stein mit führenden Mitgliedern der Bekennenden Kirche zusammen, die sich um eine Renaissance der lutherischen Kirchenmusik bemühten. Diese Erweckungsbewegung innerhalb der Deutschen Evangelischen Kirche, der mehr als sechzig Prozent der Bevölkerung angehörten, richtete sich gegen Trends und Tendenzen in der offiziell unterstützten Organisation der sogenannten Deutschen Christen, die sich vom NS-Regime als Schachfiguren hatten vereinnahmen lassen. Von ihren Anfängen an, also bereits einige Jahre vor 1933, war die Ausgangsbasis der Deutschen Christen kaum von Alfred Rosenbergs Ideologie zu unterscheiden, obwohl der Parteiphilosoph nach Januar 1933 auf dem Standpunkt stand, daß keinerlei institutionalisiertes Christentum wie die beiden Hauptkirchen zugelassen werden dürfe, sondern bekämpft werden müsse. Dennoch deckte sich vieles in Rosenbergs Sicht auf Christus und das Christentum, wenn nicht auf die Kirchen selbst, mit den Auffassungen der Deutschen Christen.

Der Kern von Rosenbergs Kritik am christlichen Glauben war seine primitive neo-nietzscheanische Verachtung für das religiöse Erscheinungsbild Jesu Christi. Rosenberg lehnte die von Paulus inspirierte Sicht des Neuen Testaments ab, aus der Christus es als sanftmütiges Opferlamm auf sich nahm, die Menschheit von der Erbsünde zu befreien. Er ersetzte dieses Bild durch das eines starken, heroischen Christus, nicht Gottes Sohn, sondern eines findigen menschlichen Kriegers von nordischer Haltung und Disposition: blond, blauäugig, groß und unbesiegbar. Die religiösen Mythen von Kalvarienberg, Kreuz und Auferstehung waren für ihn Paulus' Erfindungen; vielmehr galt ihm Jesus als prototypischer germanischer Held, und natürlich konnte er niemals Jude gewesen sein. Auf diese Weise säkularisierte Rosenberg Jesus Christus nicht nur, sondern bezog ihn sogar in sein rassistisches Weltbild ein; ein solcher entchristlichter Christus sollte ihm bei der Instrumentalisierung seiner künftigen Kämpfe gegen die etablierten Kirchen helfen.[105]

Die Deutschen Christen verkörperten eine Form des lutherischen Christentums, das nach dem sogenannten Diktat von Versailles 1919 in hohem Grad nationalistisch, fremdenfeindlich und insbesondere antisemitisch eingestellt war. Ähnlich wie Rosenberg glaubten sie an einen blonden, »arischen« Christus, einen faustischen Mann der Tat und waren – besonders ab 1927 – darauf versessen, die Bibel von ihren semitischen Zügen zu säubern, wollten das Alte Testament ganz abschaffen und das Neue Testament in eine laizistische Form manipulieren. Das puristische Festhalten an der anerkannten Wahrheitstreue der Luther-Bibel ließ eine neuheidnische Auslegung zu, die politisch und sogar rassistisch geprägt war. Als Projektion auf de facto politische Strömungen wurde diese Sicht programmatisch als »artgemäßes, positives Christentum« bezeichnet. Nach Januar 1933 versuchte das neue Nazi-Regime – erklärtermaßen kein Freund der Hauptkirchen, der lutherischprotestantischen wie der römisch-katholischen, aber noch nicht so weit, ihre Aufhebung zu predigen –, jüngste Entwicklungen zu nutzen, indem es durch straff organisierte Synodalwahlen im September die Gründung einer staatlich kontrollierten Deutschen Evangelischen Kirche durchsetzte, in der die Deutschen Christen das rücksichtslose autokratische Element bildeten. Eine Mehrheit protestantischer Bischöfe und Pastoren stellte sich diesem Programm entgegen und konstituierte sich ihrerseits erst als Pfarrernotbund und dann, nach der Bekenntnissynode von Barmen im Mai 1934, als die Bekennende Kirche. Institutionell nach wie vor an die offiziell gestützten Deutschen Christen und ihren Reichsbischof Ludwig Müller (einen groben Militärgeistlichen a.D.) gebunden, unterschied sich die Bekennende Kirche von ihren häretischen NS-Brüdern darin, daß sie prinzipiell die Bemühungen der NS-Regierung ablehnte, sie unter Kontrolle zu bringen (was den politischen Behörden letztlich nicht einmal bei den anfänglich biegsamen Deutschen Christen gelang). Mit Martin Luther, dessen Auffassung es gewesen war, daß die Kirche den Staat respektieren müsse, für was auch immer er eintrete, doch daß der Staat sich seinerseits aus allen innerkirchlichen Angelegenheiten strikt heraushalten müsse, bestanden die Führer der Bekennenden Kirche wie Martin Niemöller und Friedrich von Bodelschwingh auf institutioneller und theologischer Unantastbarkeit.[106]

Die Trennung dieser beiden Sphären – der Kirche auf der einen und des Staates auf der anderen Seite – implizierte nach Auffassung der Bekennenden Kirche die Freiheit, den Kern der Sakramente zu bestimmen und die Liturgie festzulegen, ebenso wie den Widerstand gegen jeden unbefugten Eingriff von außen. Im Grunde setzte die Bekennende Kirche die pietistische Sicht auf Luthers Lehre fort, die bis Januar 1933 hochgehalten worden war, um die

Abweichungen der immer schon vorhandenen Minderheit der Positiven Christen, die nun wieder ihr Haupt erhoben hatte, unter Kontrolle zu halten. Das bedeutete eine puristische Interpretation der Heiligen Schrift einschließlich des Alten Testaments; den Wunsch, das religiös einzig gültige schriftgemäße Erscheinungsbild Christi als Sohn Gottes wiederherzustellen; und eine Entschließung, die ursprüngliche unverfälschte Liturgie einzuhalten – mit der Aussicht, die beklagten Verfälschungen ungeschehen zu machen. Zusätzlich zur Oberhoheit in Angelegenheiten, die ihr Glaubensbekenntnis betrafen, bestand die Bekennende Kirche auf ihrem Recht, dem Kaiser, was des Kaisers war, nach ihrer jeweiligen individuellen Einstellung zu geben, was für viele – die genauso nationalistisch wie die Deutschen Christen gesinnt waren – bedeutete, daß sie für die Partei stimmten und ihr beitraten. Die Bekennende Kirche schloß ebensowenig Antisemitismus aus, da viele ihrer Anhänger die Juden schon lange gehaßt hatten, wenn auch nur aus religiösen Gründen. Sie hatten jedoch etwas dagegen, daß ihnen Regierung oder Parteiinstanzen vorschrieben, wie sie die »Jüdische Frage« zu behandeln hätten, ob es sich nun um individuelle zwischenmenschliche oder institutionelle Beziehungen oder um Prinzipielles handelte. Als sich der Kirchenkampf nach 1934 zuspitzte – ein Kampf, in dem Rosenberg eine besonders üble Rolle spielte –, entfernte sich die Hauptrichtung der Bekennenden Kirche noch weiter von der offiziell sanktionierten, aber zunehmend an Bedeutung verlierenden Splittergruppe der Deutschen Christen. Inzwischen war es in der Bekennenden Kirche selbst immer stärker zu Abgrenzungen gekommen, mit verschiedenen Schattierungen von Nazismus und Anti-Nazismus nebeneinander. Deshalb hatte sich auf dem Höhepunkt des Zweiten Weltkriegs die Situation so polarisiert, daß dogmatische Vertreter der Bekennenden Kirche in Hitler und den Nazis nur noch die Verkörperung des Bösen sahen, die nazifreundlichen Vertreter aber – die zwar nach wie vor die Unabhängigkeit der religiösen Glaubenssätze als eine persönliche Angelegenheit des Gläubigen einforderten sich nichts dabei dachten, dem Regime in jeder gewünschten Form zu dienen. 1944 befanden sich an dem einen Ende des Spektrums Männer wie Dietrich Bonhoeffer, die Hitler buchstäblich bis auf den Tod bekämpften und von den Nazis ermordet wurden, und an dem anderen Männer wie Otmar Freiherr von Verschuer, ein Spezialist für Erbbiologie in Berlin, der seinen Assistenten Dr. Josef Mengele beauftragte, ihn mit heterochromen Augäpfeln jüdischer Häftlinge aus Auschwitz zu versorgen.[107]

Unter musikalischen Aspekten lief das alles darauf hinaus, daß die Kirchenmusikexperten im Lager der Bekennenden Kirche gegen die Art und Weise protestierten, in der die Deutschen Christen die Kirchenmusik behandelten, was ihnen als unerlaubte Änderung und Verfälschung erschien. Deshalb wollten die Vertreter der Bekennenden Kirche das ursprüngliche liturgische Klangbild der Sakralmusik – analog zur Theologie – wieder zu der Reinheit zurückbringen, wie sie in der nachreformatorischen Zeit eines Schütz, Telemann und Bach bestanden hatte. Um dieses Ziel zu verwirklichen, gewannen sie die Hilfe von Musikern und Komponisten, die ihrerseits ein berufliches – das heißt musikalisches oder musikwissenschaftliches – Interesse an dieser »Wiederherstellung« hatten, nominell mehr oder weniger Anhänger der Bekennenden Kirche waren, einflußreiche Positionen an kirchlichen oder weltlichen Konservatorien bekleideten und zu ihrer politischen Deckung in unterschiedlichem Maß ihre Zusammenarbeit mit den NS-Behörden aufrechterhielten. Fritz Stein, ordinierter Pastor, Experte für Kirchenmusik und begeisterter Nationalsozialist, war dafür ein perfektes Beispiel. Über solche professionelle Hilfe hinaus suchte die Bekennende Kirche auch die organisatorische Unterstützung der Reichsmusikkammer unter Steins früherem Schüler Peter Raabe. Als Beweis, über jeden Verdacht der mangelnden Loyalität gegenüber dem Staat erhaben zu sein, bemühte sie sich nach Kräften, sich nach den Verordnungen der antisemitischen Gesetzgebung zu richten, was getaufte Kirchenmusiker jüdischer Abstammung betraf. Präzise, wenn auch zynisch, hat eine kritische Kirchenmusikhistorikerin das Ergebnis dieser Machenschaften als eine Kampagne charakterisiert, in der die Bekennende Kirche sich »mit Hitler gegen die Deutschen Christen« verbündete.[08] Eine größere Demonstration, die den entschiedenen Fortschritt in diesen Anstrengungen und die relative Schwäche der verachteten Deutschen Christen zum Ausdruck brachte, ereignete sich anläßlich eines »Festes der deutschen Kirchenmusik« 1937 in Berlin. Was immer diese Feierlichkeiten für die Reinigung der liturgischen Musik und die Wiedergeburt der Polyphonie auch bedeuten mochten, so konnte ein scharfer Beobachter keinen Zweifel darüber haben, daß sie von seiten berechnender Komponisten wie Wolfgang Fortner, Ernst Pepping, Hugo Distler, Johann Nepomuk David und Armin Knab einen schäbigen Kompromiß mit den Regimeführern darstellten.

Und so hat es den Anschein, daß die Bekennende Kirche in ihrem reformatorischen Eifer begann, den Teufel mit Beelzebub auszutreiben. Ihr Anführer dabei war Oskar Söhngen, ein Theologe und Kirchenmusik-Wissenschaftler, Jahrgang 1900, der an der Berliner Akademie für Kirchen- und Schulmusik unterrichtete und ein ausgeprägtes Interesse an der Liturgie hatte. Im Mai 1933 setzten er und seine Brüder im Geiste, darunter die Professoren Frotscher und Gurlitt und der Komponist Distler, mit der Veröffentlichung einer Erklärung, in der sie die Grundsätze einer

Wiederbelebung der protestantischen Kirchenmusik auseinandersetzten, den Ton. Sie postulierten, daß diese Musik aus den Konzertsälen verschwinden und ihre ästhetische Komponente – angeblich wie zu Zeiten Luthers – wieder dem Primat der Liturgie untergeordnet werden müsse; das bedeutete, daß die Musik selbst wieder mehr Bestandteil des liturgischen Ablaufs in der Kirche werden mußte. Musikalisches Virtuosentum, ob es nun Organisten oder Chorleiter betraf, sollte um jeden Preis vermieden werden. Eine derartige Kirchenmusik sollte wieder eine Beziehung zu den Archetypen der Reformation haben, entweder durch den Rückgriff auf die Musik von Meistern wie Schütz, Buxtehude, Pachelbel und natürlich Bach oder durch Schöpfungen neopostreformatorischer Werke durch junge deutsche Komponisten wie Distler. Diese Musik hatte an die Gemeinde gebunden zu sein, die nun in Analogie zur völkischen Gemeinschaft der Nazis gesehen wurde. Die gesamte Bewegung richtete sich gegen das 19. Jahrhundert und seine Musik und gegen die »zersetzenden Kräfte des Liberalismus und Individualismus«, ein Wertesystem, das mit jenem Jahrhundert assoziiert wurde. »Kosmopolitische Kunst«, die nicht in deutschem Boden wurzelte, konnte nie und nimmer als protestantische Kirchenmusik dienen. Kirchenmusik und damit die Kirchenorgel waren als organisch zu betrachten, das heißt, als organische Vereinigung mit der Gemeinde, mit dem Volk.[109]

Görings Staatskommissar Hinkel machte sich an die Arbeit und betraute den hoch angesehenen Stein und dessen Tübinger Kollegen Karl Hasse mit der Aufgabe, Ordnung zu schaffen, denn eine Situation, in der die NS-Kirchenmusiker der Bekennenden Kirche im Krieg mit den NS-Kirchenmusikern der Deutschen Christen lagen, war bestenfalls peinlich. Das Problem war delikat, denn Hinkel war ursprünglich der Führer der Berliner Sektion des

Kampfbunds für deutsche Kultur gewesen, zu dessen nörd-
lichem und südlichem Flügel auch Stein und Hasse gehörten. Die Deutschen Christen, gegen die die Bekennende
Kirche wetterte, waren ebenfalls stark im Kampfbund
verankert. Im Juni 1933 hatte Hasse eine vorsichtige Einschätzung der Lage geliefert. Er leugnete nicht, daß er eine
persönliche Vorliebe für die Mission des Kampfbundes und
die Bewegung der Deutschen Christen hege, was die politischen Ziele und die in der Kirchenmusik betreffe. Doch er
war Experte genug, um zuzugeben, daß Abweichungen in
der Art, für die die Deutschen Christen anfällig waren –
etwa »ein Schubertsches Lied mit Orgelbegleitung, Cello-
soli und dergl.« –, in der Tat in der Kirche nicht mehr zu
rechtfertigen seien.

Im September hatte der gerissene Hinkel Stein so weit
gebracht, daß er mit seiner Berufung als Präsident des
Reichsbunds für Evangelische Kirchenmusik einverstanden
war, einer Vereinigung nach Art der durch Söhngens früher
gegründeten Kirchenmusikalischen Erneuerungsbewegung.
Nicht zuletzt wegen seiner eigenen Bande mit den Deutschen Christen und seiner Mitgliedschaft im Kampfbund
nahm Stein dieses Amt nur zögernd an. Außerdem hatte
Hinkel im Oktober seinen persönlichen Einfluß auf den
Reichsbischof Müller dazu benutzt, daß der diesen Reichsbund absegnete und damit für beide feindlichen Lager
verbindlich machte. Realistisch betrachtet, hatten Hinkel,
Hasse und Stein dezidiert politische Schritte unternommen, denn das markierte ebenso für den Kampfbund wie
für die Deutschen Christen den Beginn ihres Niedergangs.
Nach der Gründung der Reichsmusikkammer wurde der
Reichsbund für Evangelische Kirchenmusik darin integriert, und von nun an war die Mitgliedschaft in beiden
Institutionen für jeden protestantischen Kirchenmusiker
obligatorisch.[10]

Auf den thematischen Zankapfel zwischen den Kirchen-
musikern der Deutschen Christen und der Bekennenden
Kirche wurde bereits angespielt. Es bleibt jedoch, diese
Differenzen weiter herauszuarbeiten und – noch wichtiger –
zu zeigen, warum das musikalische Programm der Bekennenden Kirche im Grunde faschistisch war.

Wie bereits bemerkt, waren Söhngen und seine Freunde
dagegen, daß sich die Deutschen Christen und ihre Vorläufer nach dem Ersten Weltkrieg hauptsächlich mit Musik
der Romantik aus der nachnapoleonischen Periode des
19. Jahrhunderts beschäftigten, die ihrer ursprünglichen
kirchlichen Bindungen beraubt und für ein weltliches Konzertpublikum gedacht war und – häufig von Spitzenkünst-
lern – mit virtuosem Elan aufgeführt wurde. Viel davon
erschien den Reformern als Trivialisierung und, wenn die
Qualität mangelhaft war, als ausgemachter Kitsch, bei dem
in ihren Augen die Frömmigkeit der Sentimentalität und
ernsthaftes Künstlertum lärmendem Getöse und bom-
bastischem Posieren weichen mußten. Die konventionelle
Kirchenchor-Praxis erinnerte Söhngens Landsmann, den
Musikkritiker Fred Hamel, an die plumpe Liedertafel-
Kultur bierseliger Männergesangsvereine; nach seiner Auffassung fungierte in den meisten Kirchen »die Orgel als
Traktor einer ewig schleppenden Gemeinde«. Anhänger
der Bekennenden Kirche sahen in diesen eingewurzelten
Gewohnheiten eine gefährliche Abweichung von der
schlichten Frömmigkeit, wie sie vom ursprünglichen
Luthertum vorgeschrieben worden war, bei der nichts zwi-
schen den Gläubigen und seinen Gott tritt, am allerwenig-
sten eine gespreizte Kunst. Das schlimmste Beispiel dieser
Art von Kirchenmusik wurde Goebbels 1933 von einer
adeligen Dame aus der Gemeinde der Deutschen Christen
unterbreitet, die auf ihre eigenen Verse eine Kantate zu
Ehren Hitlers geschrieben hatte. In »Allmächtiger Gott« trat

kein Geringerer als der geliebte Führer auf, den Gott um des deutschen Volkes willen »erwecket« hatte und das Hitler seinerseits »aus allen Nöten befreien« wollte. Ein anderes harmloseres Beispiel war das populäre Weihnachtslied »Stille Nacht«, das wegen seiner Provenienz aus dem 19. Jahrhundert und weil es als affektiert betrachtet wurde, verboten gehöre. Für Söhngen, Hamel und nun Stein lief diese Art religiöser Beiträge auf anstößigen Paganismus hinaus.

Statt dessen wollten die Reformer den Weg zurück zur Verkündigung des Evangeliums finden, wie es in der Heiligen Schrift enthalten ist, und die Kirchenmusik hatte diese Überlieferung als integraler Bestandteil der Liturgie zu unterstützen. Dieses neue liturgische Bewußtsein in Opposition zum falschen Liberalismus der Romantik im 19. Jahrhundert sollte sich nach ihrer Auffassung mit den revolutionären Impulsen verbinden, die vom neuen nationalistischen Erwachen unter Hitlers Führung ausgingen. Es versprach organische, völkische Einheit statt der unaufrichtigen Spiritualität eines vergangenen Jahrhunderts. Die Nüchternheit der Choräle des 16. und 17. Jahrhunderts war antiromantisch, antiemotional und kam der Art spiritueller Militanz nahe, die Luther motiviert hatte; das Singen in der Gemeinde, in der Gemeinschaft, ja sogar in der korporativen und militärischen Kampfeinheit (wie später im Krieg) sollte ein schlagkräftiges Symbol für das neue Erwachen und die daraus resultierende neue organische Einheit sein.[III]

Diese Denkungsart wies offenkundige Parallelen zu der soziopolitischen Ästhetik von Ernst Krieck und Fritz Jöde auf (die sowohl bei den Deutschen Christen wie im Kampfbund persona non grata waren); in der Tat geben diese ästhetischen Gemeinsamkeiten ein scharfumrissenes Bild von der Anfälligkeit der Ideologie der Kirchenmusikreformer für die Weltanschauung der Nazis. Diese Weltanschauung, wie paradox das angesichts des ursprünglichen Mandats der Bekennenden Kirche auch erscheinen mag, wurde nicht als Gegensatz, sondern als Ergänzung der Ästhetik der Kirchenmusik der Bekennenden Kirche gesehen. Das autoritäre Nazi-Regime wurde von ihr als Helfer bei der Läuterung ihres Kultus begrüßt. Hamel drückte es so aus: »Damit sind angesichts des unbedingt nationalen und unbedingt fortschrittlichen Willens des nationalsozialistischen Programms alle Garantien für die künftige Entwicklung gegeben. Der Weg ist frei – die Arbeit kann beginnen!«[12]

Sowohl die neue Euphorie wie die Kontakte zu den Nazis wurden während des bereits erwähnten Festes der neuen Kirchenmusik offensichtlich, das von der Bekennenden Kirche im Oktober 1937 in Berlin organisiert wurde. Zur Aufführung kamen Werke der neuen Schule restaurativer Kirchenmusik – Distler, Pepping, Fortner, David, Müller, Chemin-Petit und Micheelsen; bezeichnenderweise hatten sie alle eine kompromittierende Beziehung zu den Nazis (oder sollten sie noch eingehen). Einige Musiker wie der Organist Fritz Heitmann waren überzeugte Nationalsozialisten der ersten Stunde. Das Ereignis wurde von der NS-Regierung mitfinanziert; einer der Orchesterdirigenten war Peter Raabe von der Reichsmusikkammer, ein weiterer der allgegenwärtige Fritz Stein. Unter den alten Kirchenliedern waren einige, die von ihrem »jüdischen« Inhalt gereinigt worden waren. In Presseveröffentlichungen und begleitenden Publikationen unterstrich Söhngen die Verwandtschaft zwischen der wiedererschaffenen Kirchenmusik und der Hitlerjugend und bemerkte, daß einige der herausgestellten Komponisten in dieser Organisation aktiv seien. Er machte viel Aufhebens von der Tatsache, daß alle bei dem Fest aufgeführten Werke *nach* dem 30. Januar 1933 entstanden seien, und unterstrich damit nochmals die Ähnlichkeit zwischen dem politischen Erwachen und dem Aufbruch der Kirchenmusik. Bei der Eröffnung der dreitägigen Veranstaltung in der Potsdamer Garnisonskirche verkündete Söhngen: »Die deutsche evangelische Kirchenmusik will sich auf der bevorstehenden Tagung dem Urteil der Öffentlichkeit stellen. Und sie ist der frohen Überzeugung, daß sie dem neuen Deutschland Adolf Hitlers einen wichtigen Dienst zu leisten schuldig und berufen ist.« Söhngen sandte darauf ein Ergebenheitstelegramm an Hitler, der sich unverzüglich dafür bedankte.[113]

Der Theologe hielt seinen Teil der unheiligen Vereinbarung ein. In den Jahren, die diesen Feierlichkeiten folgten, waren protestantische Kirchenmusiker, die getaufte Juden waren, unter Söhngen und seinem Stab ungeschützt und deshalb den Rassengesetzen der Nazis ausgeliefert, und Söhngens neue Sorte Kirchenmusik konnte von der angriffslustigen Wehrmacht als Inspirationsquelle gut gebraucht werden. Was die »rassisch« jüdischen Kirchenmusiker anging, brüstete sich Söhngen damit, daß es nur einige wenige Problemfälle gebe, da glücklicherweise bewiesen werden könne, »wie judenrein sich die Kirchenmusik von Anfang an gehalten hat«.[114]

Für Söhngen waren die wichtigsten Kirchenmusikkomponisten, die auf dem Fest 1937 vertreten waren, Johann Nepomuk David (1895–1977), Ernst Pepping (1901–1981) und Hugo Distler (1908–1942).[115] Sie mochten Kirchenmusiker sein und hätten in dieser Eigenschaft gegen das NS-Regime sein müssen – so wie es von der Bekennenden Kirche in allem, was sie tat, zu erwarten gewesen wäre. Doch sie standen dem Regime genügend nahe, um in Hochschulen, die offizielle Förderung genossen, Lehraufträge wahrnehmen zu können. Ihre Musik, die sakrale wie die profane, wurde außerdem im ganzen Reich aufgeführt und fand in den meisten Fällen Anerkennung. Das Regime erwies ihnen seinen Respekt, indem es sie 1942 über die Reichsmusikkammer für großzügig dotierte Preise vorschlug. Und überdies wurden David und Pepping gegen Kriegsende auf die »Gottbegnadeten-Liste« gesetzt, die ihnen bevorzugte Behandlung wie die Freistellung vom Militärdienst sicherte. Als Distler 1942 Selbstmord beging, nannte ihn die regimeverbundene *Zeitschrift für Musik* »eine starke Begabung« und beklagte seinen Verlust, und der HJ-Thomaner-Chor in Leipzig sang zu seinem Gedenken seine Kirchenlieder.[16]

Distler, der sowohl für sakrale wie für weltliche Anlässe schrieb, komponierte in einem neobarocken Stil nach dem Muster seines großen Vorbilds Heinrich Schütz und hatte eine Vorliebe für A-capella-Chöre. Er schrieb einen polyphonen Stil, in dem alle Stimmen autonom waren, und begab sich häufig auf kühnes harmonisches Terrain. Seine Musik war eindeutig dem üppigen Klang der Romantik des 19. Jahrhunderts entgegengesetzt, doch achtete er auch sorgfältig darauf, eine Linie zwischen seinem Oeuvre und dem der Neutöner zu ziehen. In der Tat wurde Modernität im Weimarer Stil von diesen Restauratoren der Kirchenmusik energisch abgelehnt. Distler betrachtete speziell die Atonalität als »naturwidrig«.[17]

Behauptungen nach dem Zweiten Weltkrieg, daß Distlers Musik von den Nazis diffamiert wurde, können durch das Beweismaterial leicht widerlegt werden; dennoch ist es durchaus möglich, daß er sich umbrachte, weil die politischen Pressionen zu sehr auf seinem Gewissen lasteten.[18] Er könnte zwischen den Forderungen des NS-Staats und der Treue zu seinem protestantischen Glauben zerrieben worden sein, denn er konnte nicht beiden dienen. Distlers Bindung an das nationalsozialistische Regime war subtil, obwohl anfangs ausgesprochen eng. Zwischen 1931 und 1937 war er Kantor und Organist an der Jacobikirche in Lübeck, danach am Konservatorium in Stuttgart und von 1940 bis 1942 an der Akademie für Kirchen- und Schulmusik in Berlin, wo er wohl regelmäßig Kontakt mit Musikstudenten der Hitlerjugend von der Art hatte, die Wolfgang Stumme kultivierte. Parteimitglied seit 1933, unterrichtete Distler noch in Lübeck Knaben und Mädchen, von denen sich zumindest eines zu einem Zeitpunkt, als das keineswegs obligatorisch war, für den Eintritt in den BDM entschied. Distler selbst sprach mit Überzeugung von dem »kühnen Sprung« im neuen politischen Erwachen und der »Größe der vaterländischen Ereignisse« nach 1933 und sah in Hitlers Staat den angemessenen Rahmen für die Schaffung einer zeitgenössischen gotischen Musik vor dem Prospekt politisch-pädagogischer Verpflichtungen. Obwohl er die meisten seiner Werke für die Kirche schrieb, komponierte er einige »für alle Möglichkeiten festlicher Gestaltung und geselliger Feier« – eine pauschale Einladung für die Planer der neuen politischen Feste-Zyklen. Es überrascht nicht, daß eine von Distlers Kompositionen später für die Feiern am 9. November zum Andenken an die Nazi-Opfer des Münchner Putsches bestimmt wurde; sein Lied »Erwache, deutsches Land« beschwor die Loyalität gegenüber dem Dritten Reich; und ein weiteres, »Das Männerlied« für Männerchor a capella, wurde für den 30. Januar als geeignet erachtet, den Jahrestag von Hitlers Machtergreifung.[19]

Ernst Pepping zählte mit Distler zu den neopolyphonen Pionieren erster Ordnung. Er wanderte ebenfalls auf dem schmalen Grat zwischen postromantischer Tonalität und Neutönertum. 1926 nahm er am Fest für moderne Musik in Donaueschingen teil, wo seine Serenade für Militärkapelle und eine Suite für Trompete, Saxophon und Posaune aufgeführt wurden. Doch in den dreißiger Jahren verzichtete er auf alles »Atonale«, obwohl er die Unzulänglichkeit der traditionellen funktionellen Harmonielehre zugab, bestimmt von Tonika und Dominante und auf den Leitton bezogen; auch für ihn lag die Rettung in den vermeintlich primitiven, gotisch strengen Strukturen der Barockmusik. Pepping nahm die Übereinstimmung zwischen dem neuen politischen und dem musikalischen Erwachen ernst; für ihn waren die Gemeinschaft, die dem neuen gesellschaftlichen Gefüge zugeschrieben wurde, und die Gemeinschaft in einer kirchlichen Gemeinde geistesverwandt und verdienten mehr als nur ein Lippenbekenntnis. Er schloß sich leidenschaftlich der neuen organischen Sicht an. »Beide, Kunst wie Politik der Gegenwart, sind vom gleichen Willen beseelt: Sammlung der zerstreuten Teile, Bildung einer neuen Gemeinschaft«, schrieb er 1934. »Das Steuer des Geistes ist herumgeworfen. Wohl kaum eine Zeit hat sich so schroff den Zielen der vorangehenden entgegengestellt wie die heutige.« Die »neue Kunst«, für die er und seine Kollegen sich einsetzten, bedeutete nicht weniger einen Neuanfang als die »neue politische Gesinnung«. Vor dem Hintergrund solcher Äußerungen erhob Pepping starke Einwände gegen die künstlerischen Gepflogenheiten des vergangenen Jahrhunderts mit seinem gestelzten Konzertbetrieb und seinen in verschiedene Richtungen zerstreuten und nutzlosen »Individualismen«.[120]

Außer seinen Kirchenmusik-Kompositionen, die sein Mentor Söhngen so schätzte, komponierte Pepping auch gewichtige weltliche Werke; beide Genres waren noch bis 1944 populär. 1928 hatte er eine *Deutsche Choralmesse* geschrieben. Der Gebrauch des Adjektivs »deutsch« war zu jener Zeit nicht suspekt, denn er stand in der Tradition von Komponisten wie Brahms, der sein *Deutsches Requiem* zwischen 1857 und 1868 komponiert hatte.[121] Doch als Pepping 1938 einer neukomponierten Messe den Titel *Deutsche Messe* gab, muß er wie alle deutschen Intellektuellen und

Künstler gewußt haben, daß sich unter Hitler der Begriff »deutsch« über seine ursprüngliche neutrale Funktion als regionale oder nationale Bezeichnung hinaus entwickelt hatte und mit schwerem ideologischen – das heißt national-sozialistischen – Gepäck befrachtet worden war. Deshalb konnte wie im Fall von Stürmer und anderen von vergleich-bar berechnender Art jede nach 1933 entstandene Komposi-tion, die explizit als »deutsch« bezeichnet wurde, nun als Verbeugung vor dem NS-Regime interpretiert werden – im Grunde war es »neudeutsch«.[122]

Und so war es kein Zufall, daß 1938, vier Jahre nach seiner Berufung an die protestantische Berliner Kirchen-musikakademie, Werke von Pepping als für die Feier von Hitlers Machtergreifung als geeignet erachtet wurden – offensichtlich mit derartigem Erfolg, daß ihn 1942 der Ober-bürgermeister von Essen mit der Komposition neuer Stücke für politische Zeremonien beauftragte. Um diese Zeit wurden zwei neue Symphonien von ihm unter Böhm in Dresden (1939) und unter Furtwängler in Berlin (1943) uraufgeführt. Pepping schrieb ein weltliches Werk, *Das Jahr*, das in seinem thematischen Naturalismus tendenziös dem künstlichen Feste-Zyklus des Regimes entsprach (und nicht Haydns berühmtem Opus), die organische Abfolge der Jahreszeiten und die »Blut und Boden«-Qualitäten des im Land verwurzelten deutschen Prototyps verherrlichte – ein Werk, das überdies 1941 von der braun gekleideten Hitlerjugend im berühmten Dresdener Kreuzchor aufge-führt wurde. Obwohl sich die Partei Peppings enger Ver-bindung mit der Bekennenden Kirche bewußt war, war der Komponist niemals verdächtig. Mit einem Gefühl der Befriedigung stellte die Partei fest, daß sich seine Musik von einem »mißtönend fortschrittlichen Stil zu einer ge-mäßigt modernen Haltung entwickelt« habe, und befand: »Als Pädagoge wird er allgemein recht positiv beurteilt.«[123]

Johann Nepomuk David war ursprünglich katholischer Volksschullehrer in Österreich, wurde jedoch 1934 Lehrer am Konservatorium in Leipzig und zählte zum Zeitpunkt des protestantischen Berliner Musikfestes mit Distler und Pepping zu den neuen Größen der Polyphonie. Sein Spezialgebiet war Musik für Orgel und Symphonieorchester, doch er komponierte auch Chormusik. In der Rückschau fällt es schwer, nicht von der offiziellen Rezeption seiner Werke in der kontrollierten Presse überwältigt zu werden. Alle Kritiken, eine positiver als die andere, erkannten ihn als einen der am meisten geachteten Komponisten im Kultur-Establishment der Nazis an, gleichgültig, in welchem Ausmaß es in diesen Werken um religiöse Themen gehen mochte. Deshalb zeugt Davids Klage gegenüber Carl Orff 1943, daß er sich vernachlässigt fühle, entweder davon, daß er sehr naiv war oder ein Künstler mit einem enormen Ego.[124]

Im übrigen läßt die Tatsache, daß David alle Eisen im Feuer hatte, den Schluß zu, daß er alles andere als naiv war. Der *Völkische Beobachter* widmete ihm anläßlich des Berliner Kirchenmusikfestes bereits 1937 eine positive Kritik. Und wie Distler und Pepping ließ er es zu, daß eine seiner Motetten ein paar Jahre nach der Machtübernahme für die Begehung des 9. November empfohlen wurde. Als Minister Rust im Sommer 1941 das Leipziger Konservatorium in eine Akademie mit Universitätsrang umwandelte, lief das auf eine Aufwertung hinaus, von der David nur profitieren konnte. Gebührend beteiligte er sich an den Zeremonien und feierte die Anwesenheit des Ministers mit Hilfe seiner neoklassischen Kunst. Es wurde bekräftigt, daß die Musikerziehung in Zukunft völlig den nationalsozialistischen Normen angepaßt werden würde. Bald danach wurde David Direktor der aufgewerteten Institution und ordentlicher Professor. Worauf er eine Motette für Chor und drei

Posaunen komponierte, die auf einem Ausspruch des Führers basierte, in der die »Treue« zum »Volk« beschworen wurde, und die in der Hochschule unter seiner Leitung ihre Erstaufführung erlebte. Er organisierte auch einen Chor-Gedächtnisgottesdienst zum Andenken an den gefallenen NS-Helden und Musikerkollegen Helmut Bräutigam. Das war um die Zeit, als er mit dem Nazi Max Trapp und seinem Berliner Kollegen Pepping von der RMK eine staatliche Zuwendung in der nicht geringen Höhe von 4000 Mark erhielt. Der Komponist revanchierte sich, indem er die Kriegsanstrengungen in der einzigen für ihn möglichen Weise unterstützte und *Symphonische Variationen über ein Thema von Heinrich Schütz* in vier Sätzen skizzierte, die unverblümt als »Kriegsmusik« angelegt waren. Darin gab es kriegerische Abschnitte mit den Bezeichnungen »Aufzug zum Streit«, »Angst und Andacht«, »Menetekel für den Feind« und »Kampf, Sieg und Dank«. Wie einige andere symbolisierte dieses Werk die Mischehe zwischen aggressivem Faschismus und chauvinistischer, bigotter Religion.[125]

Die stillschweigende Allianz zwischen dem Nationalsozialismus und dem protestantischen Christentum über das Medium der Kirchenmusik hatte signifikante Auswirkungen auf die Ausbildung auf Hochschulebene und sickerte von dort in die Schulen und – noch entscheidender – in die in hohem Grad beeinflußbare Hitlerjugend hinunter. In ihren eigenen Hochschulen bildeten David, Pepping und Distler künftige Lehrer und protestantische Kantoren aus, die in dem Nazismus angepaßten Kirchen, NS-Schulen und Organisationen der Hitlerjugend tätig werden sollten. Soweit heute bekannt ist, trugen die drei Männer nicht unmittelbar zu der Sammlung von hymnischer Musik bei, die dazu auserwählt war, von jedem HJ-Jungen und BDM-Mädchen im Lande täglich verinnerlicht zu werden. Diese erheblich weitergehende nationalsozialistische Funktion

war das Reservat einer weiteren Gruppe von Kirchenmusi-
kern, deren prominenteste und heimtückisch gefährliche
Vertreter Heinrich Spitta, Armin Knab und Wolfgang Fortner waren. Falls, wie bemerkt wurde, die künstlichen Moll-
Lieder, die bei der Hitlerjugend in Gebrauch waren, mehr
und mehr wie alte Kirchenlieder klangen, dann waren
dafür hauptsächlich diese Männer und ihre Schüler verantwortlich.[126]

Noch 1953 erinnerte sich Oskar Söhngen an Heinrich
Spitta (1902–1972) als einen Mann, der »vom Boden der
Kirche her, aus dem Zentrum des Glaubens« arbeitete.
Söhngen beschrieb Spittas Kompositionen als »wirkliche
Kirchenmusik, weil der Glaube selbst in [ihr] Schaffen ein-
gegangen ist«.[127]

Glaube woran? Heinrich Spitta, ein Neffe des berühmten
Kirchenmusik-Wissenschaftlers und Bach-Biographen Julius August Philipp Spitta und dessen Großvater und Vater
ebenfalls Kirchenmusiker und Theologen gewesen waren,
hatte als Interpret von Schütz begonnen und mit zweiundzwanzig Jahren in Göttingen promoviert. Sein früher und
extremer Nationalismus – zweifellos ein Faktor, der ihn zu
Hitler hinzog – war darauf zurückzuführen, daß er den
Dienst in der kaiserlichen Armee gerade verpaßt hatte (was
er mit Heinrich Himmler gemeinsam hatte) und Zeuge der
Wiederinbesitznahme seiner Vaterstadt Straßburg durch
die Franzosen gewesen war. Beeinflußt von Jöde und seiner Bewegung, wurde er offensichtlich bereits 1926 von den
Geheimnissen des deutschen Volkslieds gefangengenom-
men. Das Gebot der Schlichtheit, das ihn nötigte, den Beruf eines Volksschullehrers zu ergreifen, prägte auch seinen
Geschmack an Grundstrukturen in der Instrumentalmusik
und im Lied. Seine Beschäftigung mit musikalischen Formen der Nachreformationszeit stand also von vornherein
fest, ebenso wie seine Vorliebe für den Faschismus, der in

der gegen die Alliierten gerichteten nationalen Restauration Ruhe und Ordnung versprach. 1934 warb Karl Cerff den jungen Komponisten für die Hitlerjugend an; im Februar 1935 wurde Spitta Nachfolger seines Vorbilds Jöde an der Berliner Akademie für Kirchen- und Schulmusik, wo er von nun an mit einem verwandten Geist, dem HJ-Musikchef Wolfgang Stumme, zusammenarbeitete. Spitta erwies sich bald gleichermaßen als Kirchenmusiker wie als Lehrer in der Hitlerjugend befähigt: Anläßlich eines musikalischen Ausbildungslagers in Erfurt im November 1935 wurde seine *Erntedank-Kantate* aufgeführt, und es wurde gesagt, daß die tiefe Frömmigkeit dieses Werks all jene Lügen strafe, die »von der Gottlosigkeit der Hitlerjugend zu schwätzen belieben«.[128]

In sehr kurzer Zeit gelang es Spitta, einer der populärsten Komponisten der Hitlerjugend zu werden. In Jugendlagern, Musikschulen und Konservatorien wurden seine Lieder gesungen, die alle einen Anklang an den Chauvinismus eines Hans Baumann, Helmut Bräutigam und Erich Lauer hatten. Doch sie hatten zusätzlich einen pseudo-sakralen Charakter, der ihnen durch die Erinnerung an die Choräle aus Spittas Kindheit sowie die Kirchen und Schulen für Kirchenmusik aufgepfropft worden war, an denen Spitta studiert hatte und nun unterrichtete. Die Mixtur war ebenso faszinierend wie scheinheilig und wurde den Bedürfnissen der beeinflußbaren Jugendlichen gerecht, die ständig in ihrem Bund mit den erklärten politischen Führern bestätigt werden mußten, zumal mit Hitler selbst, aber gleichzeitig noch nicht so weit waren, das vertraute bürgerliche System christlicher Werte einer in ihren Fugen erschütterten und möglicherweise versunkenen Welt über Bord zu werfen. Eines der frühesten Lieder, die Spitta für die Hitlerjugend schuf, war »Der Führer hat gerufen«, dessen Text die Trommeln, das Banner und den monotonen

Rhythmus von marschierenden Knobelbechern und Pferde-
hufen beschwor. Doch es kamen darin auch Kinder und
Frauen vor, die von Gott dem Herrn beschirmt werden
mußten, weil die Männer im Fronteinsatz und deshalb
nicht dazu imstande waren. Die Dämonisierung eingebil-
deter Feinde, des »dreisten Lumpenpacks«, zielte direkt auf
die Juden, deren »lüstern Fell« man ihnen gehörig über die
Ohren ziehen müsse. Die primitiven Metaphern für die
Bereiche der Familie, der Religion und des Krieges, speziell
die Polarisierung von Gut und Böse – ein wirkungsvoller
Kunstgriff der Panikmache, der von den Kirchen seit un-
denklichen Zeiten angewandt wurde, um ihre Herde unter-
würfig zu halten –, wurden so von Spitta in diesem und
vielen ähnlichen Liedern optimal genutzt. Doch blieb er
genauso aktiv als Urheber »seriöser« Werke. Sein berühmtestes brachte sowohl das religöse wie das politische Element mit ein, indem es den Titel *Heilig Vaterland* bekam.[129]

Ein weiterer Musikerzieher der Hitlerjugend, den Söhngen bewunderte, war Armin Knab, Jahrgang 1881, der als
promovierter Jurist lange Jahre bei der bayrischen Justiz
verbracht hatte, bis er 1934 an die Berliner Akademie für
Kirchen- und Schulmusik berufen wurde. Knab widmete
sich ebenfalls der Wiederbelebung der alten Kirchentonarten, der »schlichten, wesentlichen Polyphonie«, und sein
Hauptinteresse konzentrierte sich auf die Schöpfung von
Oratorien und anderer Chormusik. Heute ist er allenfalls
als Komponist christlicher wie weltlicher Lieder in Erinnerung. Doch er schrieb auch Kammermusik, und beide
Genres wurden bis 1944 vielfach in öffentlichen Konzerten
im ganzen Reich aufgeführt. 1942 wurde eine Auswahl
von Knabs Werken, die neben denen von Bresgen, Egk
und Knabs Freund Orff als repräsentativ für den süddeut-
schen Bereich galten, in einer nationalen Rundfunk-Reihe
herausgestellt. Als Knab 1944 von seinen Aufgaben an der

Akademie entbunden wurde, wurde er für sein pädago-
gisches Wirken für seine vielen Studenten gelobt, denn
er gehöre zu den wenigen Komponisten, »deren Schaffen
weithin Anerkennung gefunden hat und die den Stil
begründet haben, den wir heute als den maßgeblichen Ausdruck unseres künstlerischen Wollens ansehen«.[150]

Diese Worte liefern den Schlüssel zu Knabs vielseitigem
Engagement für die Sache des Nationalsozialismus und der
Hitlerjugend, was immer er sonst für Söhngens Reform der
protestantischen Kirchenmusik vollbracht haben mochte.
Knabs eigene Beteuerungen und die seiner Freunde nach
dem Zweiten Weltkrieg, er habe sich von der NS-Bewegung ferngehalten und besonders den »Nötigungen« des
Regimes zum Eintritt in die Partei »mannhaft und ohne
Kompromißbereitschaft widerstanden«, sind typisch für
die strategisch gestreuten Unwahrheiten, die – wie wir
bereits erlebt haben – den Schuldigen entlasten sollten. Tatsache ist, daß Knab die Partei ignorieren konnte, weil
er bereits am 21. Dezember 1933, als er noch bei der
Generalstaatsanwaltschaft in Würzburg tätig war, Mitglied
des Nationalsozialistischen Deutschen Rechtswahrerbundes
geworden war. Das war gleichbedeutend mit einer Parteimitgliedschaft.[151]

Wie Spitta und Distler beteiligte sich Knab an den offiziellen Bemühungen, die Hausmusik in die neue NS-Kultur
zu integrieren. Seine Lieder wurden von seinem NS-Kolle-
gen Vollerthun an der Berliner Schwester-Akademie bald
bevorzugt im Unterricht verwendet, und er selbst trug zur
Ausbildung künftiger HJ-Führer wie Ludwig Kelbetz bei.
Er arbeitete mit den Nazi-Poeten Will Vesper, Erwin Kolbenheyer und Hermann Claudius zusammen, auf deren
Texte er komformistische Lieder komponierte; seine Werke
spielten bei neuheidnischen NS-Feiern aller Art und in Liederbüchern für die HJ eine prominente Rolle. Die Verse,

die er in Musik setzte, rochen nach NS-Weltanschauung, Kampf, neurotischer Angst und Tod, und als Kirchenkomponist kam er wie kaum einer dem Ziel nahe, die gültigen christlichen Bräuche durch Nazi-Symbolik zu ersetzen. »O Deutschland, Deutschland, Vaterland«, »Befreiungslied der Deutschen«, »Deutscher Morgen«, »Junges Deutschland«, »Du sollst an Deutschlands Zukunft glauben«, »Die toten Soldaten«, »Wer kann unsre Seele töten?«, »Deutscher Frühling«, »Nun schweige ein jeder von seinem Leid« – in ihrer offensichtlichen Suggestivkraft kamen diese Werke und viele andere der NS-Ideologie von »Blut und Boden« entgegen, der Unterwerfung des einzelnen unter die totalitäre Gemeinschaft, dem kriegerischen Gebaren und der Unbesiegbarkeit der überlegenen Deutschen durch ihre rassisch degenerierten Feinde, dem Ultra-Chauvinismus und Adolf Hitlers Größe. Sie wurden für Nazi-Feiern der Hitlerjugend, des Nationalsozialistischen Deutschen Studentenbundes, der SA, der Wehrmacht und der SS empfohlen und bei diesen Anlässen auch aufgeführt.[152]

Entsprechend seinen Bemühungen im Interesse der Diktatur wurde Knab wie die meisten seiner begabten Kollegen, die zum faschistischen Regime überliefen, großzügig belohnt. 1940 verlieh ihm der mainfränkische Gauleiter Otto Hellmuth mit Goebbels' ausdrücklicher Sanktionierung den Max-Reger-Preis. Mit den Münchnern Trunk und Orff erhielt Knab 1942 den Preis der RMK in Höhe von 2000 Mark. Und die Stadt Erfurt beauftragte ihn und Claudius einige Monate später, eine *Deutsche Jahreskantate* zu schreiben. Daß Knab nicht auf Goebbels' Gottbegnadetenliste auftauchte, hatte den simplen Grund, daß er bereits zu alt war, um eingezogen zu werden.[153]

Der letzte Komponist in dieser Gruppe von Kirchen- und HJ-Musikern, den Söhngen ebenfalls sehr zu schätzen wußte, war der Heidelberger Dirigent, Komponist und Professor Wolfgang Fortner. In der Tat waren Fortners Kompositionen für den Erfolg des Berliner Kirchenmusikfestes von 1937 entscheidend. Doch Fortner arbeitete auch in verschiedenen NS-Institutionen mit. Deshalb ist die Behauptung des Nachkriegs-Musikologen Ulrich Dibelius, daß Fortner die Kirche als »extraterritoriales Refugium« vor dem Nazismus gesucht habe, aus heutiger Sicht ebenso beschämend wie die Erklärung eines anderen Experten, daß die Zeit des Nationalsozialismus das geistliche Schaffen des Komponisten »hinter die Kirchenmauern« verdrängt habe. Vielmehr entwickelten sich Fortners Anstrengungen im Interesse des NS-Regimes wie die anderer im Gleichschritt mit jenen Diensten, zu denen er sich gegenüber der Kirche verpflichtet fühlen mochte. Das war exemplarisch lutherisch und, was die Bekennende Kirche betraf, ein von den Nazis sanktioniertes Credo.[54]

Fortner, 1907 in Leipzig geboren und in der eindrucksvollen Kirchenmusik-Tradition der Stadt groß geworden, machte 1931 sein Gymnasiallehrer-Examen und wurde im selben Jahr als Lehrer für Musiktheorie und Komposition an das protestantische Konservatorium in Heidelberg berufen. Seine Aktivitäten waren gewaltig und schlossen die Leitung des berühmten Collegium Musicum und später die Gründung des Heidelberger Kammerorchesters mit ein. Seine Vorliebe für Kirchentonarten und pentatonische und Ganztonleitern wurde bald offensichtlich; außerdem pflegte er den linearen Kontrapunkt, die Kanons und Fugen der Barockzeit – jener glücklichen Zeiten lutherisch inspirierter Kirchenmusik – und begab sich sogar auf das Gebiet der Periode vor Bach. Fortner bevorzugte sparsame Instrumentierung und lineare Stimmführung und erklärte diese Mittel zu trockenen, schlichten, objektiven Gegengiften gegen die Romantik (und, wie Jöde und Söhngen hinzugefügt hätten, gegen Liberalismus, Großspurigkeit und Vir-

tuosität). Wie im Fall vieler seiner Zeitgenossen war diese
Musik eine Form des Neoklassizimus, der sich nach dem
Ersten Weltkrieg in ganz Europa als Reaktion auf die
»immer mehr ausufernde Gestik und Formlosigkeit der
Spätromantik« entwickelt hatte. Ihr prominentester Vertreter war Strawinsky, doch in Deutschland gehörten Hindemith und andere zu seinen Anwälten. Hier artikulierte sich
der Neoklassizismus ausdrücklich und charakteristischerweise in der »Zurück zu Bach«-Bewegung, der vor und
nach Januar 1933 auch Fortner, Spitta, Pepping, Distler und
ihre Freunde uneingeschränkt anhingen.[55] Die puristische
Schlichtheit in der Religionsausübung (und ihrer liturgischen Musik), die von Söhngen und seinen Kohorten
angestrebt wurde, mußte mit der Einfachheit der neoklassizistischen Strukturen verschmolzen werden.

Im Dritten Reich entsprach die Strenge von Fortners
Musik – wie die seiner Freunde – auf natürliche Weise glei-
chermaßen der autoritären Einstellung seiner politischen
Führung wie der der Kirchenältesten der Evangelischen
Kirche. Die faschistischen Denkprozesse waren zu diesem
Zeitpunkt bereits voll in Gang gekommen; schon 1931 hatte
Fortner eine Schuloper mit dem Titel *Cress ertrinkt* verfaßt,
die die Opferbereitschaft des einzelnen für die größere
Gemeinschaft beschwor. 1932 arbeitete er mit der antisemitischen Cembalistin Li Stadelmann zusammen, einer weiteren Barock-Puristin; Rosenbergs Kampfbund für deutsche
Kultur gewährte wenige Monate nach Hitlers Machtübernahme der deutschen Erstaufführung seines neuen Konzerts für Streichorchester im nahen Mannheim finanzielle
Unterstützung. Darauf folgten Gastdirigate bei der Nationalsozialistischen Betriebszellenorganisation (NSBO) und
1937 die Aufführung speziell für eine spektakuläre NS-Feier
an der Universität in Göttingen komponierter Werke (dem
Jahr, in dem Fortner beim Berliner Kirchenmusik-Fest Auf-

sehen erregte). 1934 war außerdem *Eine deutsche Liedmesse* entstanden, die dem Zweck diente, die Gemeinden der Bekennenden Kirche bei der Stange zu halten. 1939 nannte ein NS-Musikwissenschaftler Fortner einen Meister der »streng-altpolyphonen Stilisierung«.[156]

Um diese Zeit war Fortner, der genauso geschickt im Komponieren von »Feier-Kantaten« zum Jahrestag von Hitlers Machtergreifung wie in der Schöpfung religiös inspirierter Musik war, einer der vielversprechendsten Musiker im Dritten Reich. Höchstwahrscheinlich nahm er seinen Balanceakt zwischen Kirche und Diktatur nicht einmal als den schäbigen Kompromiß wahr, der er in Wirklichkeit war. Von den Kirchenbehörden in Baden hofiert, die ihn nicht an Berlin verlieren wollten, und von den regionalen NS-Behörden wegen seines ständigen Einsatzes als Dirigent des örtlichen Orchesters der Hitlerjugend als politisch »zuverlässig und einwandfrei« gerühmt, konnte Fortner von sich sagen, daß er in beiden Welten das Beste erreicht hatte. Doch sein sorgfältig verborgener Makel war seine Homosexualität, die im Dritten Reich ein biopolitisches Verbrechen und KZ-würdig war. Könnte dieser Faktor seine Unterwürfigkeit gegenüber beiden potentiell bedrohlichen autoritären Institutionen erklären?[157]

Nach außen hin zufrieden, trat Fortner Anfang 1940 in die Partei ein. Er diente lange genug in der Wehrmacht, um vom Tod der Kameraden in den Schützengräben berührt zu sein, die er dann in Liedern zelebrieren konnte. Objektiv gesehen war das der Gipfel an Zynismus: Das Werk des Kirchenmusikers, das in erster Linie junge Menschen veranlaßt hatte, für Hitler zu kämpfen, so wie Stumme, Marx und Kelbetz es wollten, wurde flugs auf den Kopf gestellt, um die Opfer zu feiern, die möglicherweise genau dieselben jungen Männer waren. Bis zum Ende des nationalen Kampfes verhielt sich Fortner politisch korrekt, schmähte

Schönbergs Werk als »äußerstes Zeugnis einer Entwurzeltheit« (was aus dem Munde eines Mannes, der nach dem Krieg selbst Musik in Reihentechnik schrieb, befremdlich ist), lieferte seine Beiträge zu zahlreichen Liederbüchern der Hitlerjugend, heimste neben seinen Kollegen entsprechende Preise ein und machte sowohl in religiösem wie im weltlichem Ambiente Musik: kurz die Bilderbuchkarriere eines Musikers der Bekennenden Kirche, der nach außen hin im Einklang mit dem faschistischen Staat war.[58]

Die Kombination von polyphonem Reformismus, Hitler-Verehrung, dogmatischer und liturgischer Restauration und dem Kreuzzug gegen die Romantik erreichten ihren Höhepunkt in Verbindung mit der »Orgel-Bewegung«, die ursprünglich ebenfalls in Beziehung zur »Zurück zu Bach«-Kampagne stand. Sie wurde von den meisten der bereits erwähnten Eiferer getragen und von wahren Meistern dieser Königin der Instrumente wie Karl Straube, Gotthold Frotscher und Günther Ramin geleitet. Sie schloß sich eng an die Kirchenmusik-Hysterie der Bekennenden Kirche an, der sie einige Jahre vorausgegangen war – denn sie hatte wie die Nebenentwicklung des Neoklassizismus bereits in den frühen zwanziger Jahren ihren Anfang genommen. Zu dieser Zeit hatten Straube, Wilibald Gurlitt und der Doyen der deutschen Musikwissenschaftler Arnold Schering die Orgel wieder auf ihre barocken Grundlagen zurückführen wollen, die nach einem trockeneren, frischeren Klang verlangten als dem, zu dem ihn die Praktiker der romantischen Epoche angeblich verfälscht hatten. Im Grunde machte das die Renaissance der originalen einfachen Pfeifenorgel obligatorisch, eines Instrumentes, das auf seine technischen Grundstrukturen zurückgeführt war. In Anbetracht dessen – so wurde behauptet –, daß die originale Orgel mit einem Maximum an Transparenz gespielt werden könne und müsse, werde das moderne, technisch übertrieben ausgerüstete Instrument auf falsche Weise dazu benutzt, um den Klang riesiger Symphonieorchester zu simulieren, die Linienführung durcheinanderzubringen, die Präzision zu übertönen und rührseliges Melodram und tränenreiche Sentimentalität zu produzieren. Auf einer Freiburger Konferenz 1927, bei der die Reform Schwerpunktthema war, wurden diese Probleme besonders zur Sprache gebracht. Doch es wurde auch deutlich gemacht, daß ein frischer barocker Ton und nicht der opulente Klang des 19. Jahrhunderts der wahren »deutschen« Musik entspreche (so deutsch, wie Bach selbst gewesen sei), und außerdem, daß kommerzielle amerikanische Einflüsse wie die allgegenwärtige Wurlitzerorgel bekämpft werden müßten. Das verlieh der Bewegung einen nationalistischen, sogar xenophoben Charakter, der ihr später beim Zusammenschluß mit der Musikreform der Bekennenden Kirche und der Integration in das NS-System gut zustatten kam.[59]

In der Erklärung vom Mai 1933, die von Gurlitt, Distler und ihren Kollegen mitunterzeichnet wurde und eine Neubelebung der protestantischen Kichenmusik forderte, kam auch das Anliegen der Orgelbewegung auf die Tagesordnung. Von nun an wurde der Kampf der Orgelreformer immer enger mit dem der Kirchenmusiker der Bekennenden Kirche unter Söhngens Leitung identifiziert, und ebenso wurden die Deutschen Christen in passenderweise beschimpft. Man warf ihnen vor, der »romantischen« Orgel Vorschub zu leisten. Distler und David, beide selbst erstklassige Organisten, sorgten für die stärkste persönliche Verbindung zwischen beiden Bewegungen, und diese enge Beziehung manifestierte sich während des Berliner Kirchenmusik-Festes 1937, einer zweiten Freiburger Orgelkonferenz 1938 und bei den »Berliner Orgeltagen« 1942. Die Ziele waren folgerichtig eine Rückkehr zum archetypisch protestantischen und deutschen Orgelstil von

Schütz oder Bach, eine Versöhnung der Orgel mit der orthodoxen lutherischen Liturgie in den Kirchen und eine fruchtbare gegenseitige Beeinflussung der strengen neogotischen Orgelmusik und des Gemeindegesangs, um Einheit und Gemeinschaft zu veranschaulichen.[140]

Anläßlich der Berliner Orgeltage wurde jedoch auch erklärt, daß die Orgel nicht ein Sonderleben als Instrument einer Handvoll von Spezialisten führen dürfe, denn sie habe »heute unmittelbare Berührung mit dem allgemeinen musikalischen Geschehen«. Das war ein deutlicher Hinweis auf die politische Rolle, die die Orgel seit ungefähr 1935 mit der Billigung, ja stillschweigenden Duldung von Kirchenmännern wie Knab, David, Fortner und dem Organisten der Leiziger Thomaskirche Ramin zu spielen begonnen hatte.[141]

Zum Zeitpunkt des berüchtigten Parteitags im September 1935, bei dem die Rassengesetze eingeläutet wurden, beschloß Hitler, auf dem Nürnberger Parteitagsgelände Europas größte Orgel für die Feiern im nächsten Jahr bauen zu lassen. Es stellte sich heraus, daß es sich dabei um eine Walcker-Orgel mit 16 000 Pfeifen, 220 Registern und 5 Manualen handelte, verstärkt durch gigantische Lautsprecher – das genaue Gegenteil einer schlichten »Zurück zu Bach«-Orgel. Franz Adam, der Leiter des Nationalsozialistischen Symphonieorchesters, hatte bei der Gesamtplanung seine Hand im Spiel. Das ganze Konzept der Orgel als Königin der Instrumente und gerade einer monumentalen Orgel wurde nun mit Albert Speers Vision vom Parteitagsgelände und den dort stattfindenden Ereignissen als kolossalem Denkmal für das NS-Regime verbunden. Der majestätische Klang der Orgel sollte die teilnehmenden Nazi-Getreuen buchstäblich überwältigen und ihnen eine heilige Scheu vor Hitler einflößen. Ramin, Deutschlands bester Organist und einst ein Pionier der Orgelbewegung, wurde ausgewählt, um dem Führer das Instrument in einer Privatsitzung vorzuführen, und er bediente auch die Manuale, Pedale und Züge während des Parteitags von 1936.[142]

Der symbolische Wert dieser Aktion kann nicht überschätzt werden, denn dadurch war die Orgel über die eng begrenzten neoklassizistischen und liturgischen Ziele hinaus dräuend als herausragendes Instrument der NS-Zeremonien etabliert worden. Und außerdem war die Paarung der Orgel mit Hitlers Erscheinungsbild als Führer schlagend: Das machtvollste Musikinstrument der Menschheit wurde mit dem mächtigsten Politiker aller Zeiten verbunden. Wie Müller-Blattau sagte, war die Orgel »das totale Instrument des totalen Staates«; die Anspielung auf Hitler als »der omnipotente Organist« war hypnotisierend.[143] Das konnte Himmler nicht kaltlassen, der Anfang Juli 1937 dem Organisten der Potsdamer Garnisonskirche den Auftrag gab, bei einer besonderen Zeremonie in Quedlinburg im Harz die Orgel zu spielen. Hier wurden vor einer Versammlung hoher f-Führer die angeblich wiederaufgefundenen Gebeine des mittelalterlichen deutschen Königs Heinrich I., für dessen Reinkarnation Himmler sich hielt, endlich zur letzten Ruhe gebettet.[144]

Beim zweiten Freiburger Orgelfest 1938 wurde das Paradigma der Orgel als das »totale Instrument« wiederholt und sozusagen in Stein gemeißelt, als die Schaffung eines ständigen Orgelseminars für die Hitlerjugend beschlossen wurde. Das sollte vielen Musikstudenten zugute kommen, die an den Konservatorien und Akademien eine Ausbildung als künftige Kirchenorganisten oder Musiklehrer der Hitlerjugend absolviert hatten. Von nun an wurde bis in den Krieg die Orgel integraler Bestandteil der Musikszene der Hitlerjugend, insbesondere, was die Beteiligung junger Musiker bei Feiern mit NS-Charakter betraf. Ein hochgewachsener, blonder Jugendführer in schmuck geschnittener brauner Uniform, der imstande war, eine Bach-Toccata auf der Orgel fehlerlos herunterzurattern, verfügte damit über alle erwünschten sozialen und politischen Attribute: Er würde allgemein bewundert, wäre bei den Mädchen beliebt (was der Zeugung einer Herrenrasse förderlich wäre), ein zeitgemäßes Idol, der Prototyp eines neuen Führers.[145] So etwas könnte das Modell für den seine Maschinenpistole mit sich herumschleppenden jungen SS-Soldaten in Spielbergs *Schindlers Liste* gewesen sein, der seine vortrefflichen Fähigkeiten auf dem Klavier vorführt.

Nach der Freiburger Konferenz stimmten Kirchenmänner und Vertreter der Partei darin überein, daß die Orgel ein »im höchsten Sinn politisches Instrument« sei, geeignet für alle Arten von NS-Feiern. Auch die Verbindung mit den Impulsen der »Zurück zu Bach«-Bewegung wurde nicht vergessen. In den Worten des Kirchenrats Herbert Haag der Bekennenden Kirche waren »die meisten Orgelwerke Bachs« für die Feiergestaltung ohne weiteres verwendbar, vielleicht als Zwischenspiele zwischen den Ansprachen und dem Chorgesang am 30. Januar jeden Jahres.[146] Überdies bemerkte er mit Bezug auf die Kirchengemeinde: »Welches Instrument könnte also besser einer totalen Weltanschauung und dem in ihren Feiern zum Ausdruck kommenden Willen dienen als die Orgel, die gleichzeitig das symbolische Instrument der Gemeinschaft ist?«[147] Und Müller-Blattau machte geltend, das ursprüngliche Ziel der Orgelbewegung – die Orgel dem exklusiven Besitz der Kirche zu entziehen und ihr einen Platz in der deutschen Gemeinschaft zu geben – sei endlich erreicht worden.[148]

Als während des Krieges Spittas hymnische Weise »Der Führer hat gerufen« von einem Chor aufgeführt wurde, wurde er von Blechbläsern und Orgel begleitet. Ab Frühjahr 1942 verfügte die Hamburger Musikhalle über eine sehr große Pfeifenorgel, die, wie Generalmusikdirektor

Eugen Jochum bemerkte, besonders für »große Partei-Feierlichkeiten« geeignet war. Monate später wurde Richard Strauss, der Komponist von *Also sprach Zarathustra* mit seiner majestätischen Orgel-Einleitung, vom schlesischen Gauleiter ersucht, ein festliches Stück für eine andere Riesenorgel in Breslau zu komponieren, einem Ort »größter und bedeutungsvollster politischer und kultur-politischer Veranstaltungen des Reiches«.[149] Strauss antwortete nicht einmal. Die Empfehlung des Kirchenrats Haag von 1939 wurde am 30. Januar 1943 in die Praxis umgesetzt, als der Organist der Berliner Akademie für Kirchen- und Schulmusik Bachs *Präludium und Fuge in g-moll* spielte, worauf Nazi-Ansprachen folgten und danach der dritte Satz der Partita *Heilig Vaterland* von Spitta, der ebenfalls auf der Orgel gespielt wurde; eine »Führer-Ehrung« schloß das Ereignis ab. Zu diesem Zeitpunkt waren »Offene Orgelfeierstunden der Berliner Hitlerjugend« im Charlottenburger Schloß strategisch so geplant worden, daß sie den regulären Gottesdienst am Sonntagvormittag ersetzten. Ebenfalls 1943 wurden mehr regionale Orgel-Seminare und -Feste unter der Schirmherrschaft der Partei organisiert. Bei einer dieser Veranstaltungen in Heidelberg wurde das gegenwärtige Werk des Kirchenmusikers Wolfgang Fortner als leuchtendes Beispiel erwähnt. Cesar Bresgen und Gotthold Frotscher gaben neue »Orgelbücher« heraus. Und außerdem nahmen sowohl Frotscher wie auch Ramin an einem Orgel-Seminar in Wien teil, das dem Geist der NS-Feiern verpflichtet war; angemessen wurde es mit einer Hymne und einer Grußadresse an den Führer abgeschlossen.[150]

Das war nur einer von verschiedenen Anlässen, bei denen Frotscher und Ramin zum Segen der Verjüngung der Orgel- und Kirchenmusik-Praxis zusammenarbeiteten. Sie waren im Mai 1933 Mitunterzeichner der Erklärung ge-

334

wesen und leiteten 1940 für die Reichsmusikkammer ein Orgel-Seminar in Wien.[151] Und doch waren die beiden Musiker, obwohl Vertreter der miteinander zusammenhängenden Rückbesinnung in der Evangelischen Kirche und in der Orgelbewegung, sehr verschieden. Zwar waren sie beide Söhne von Pastoren und in der lutherischen Tradition aufgewachsen, doch galt Frotschers erste Loyalität dem Nationalsozialismus, der er seine Kirchenmusik-Interessen immer unterordnete. Ramin dagegen war vor allem ein Kirchenorganist, der fand, daß er aus der nationalsozialistischen Ära seinen Vorteil ziehen könne.

Frotscher trat 1933 im Alter von sechsunddreißig Jahren in die Partei ein, als er noch Musikwissenschaft am Konservatorium in Danzig unterrichtete. Wie Fritz Heitmann, ein weiterer Orgel-Experte und Freund von Söhngen, war er dem Kampfbund für deutsche Kultur nahegestanden. Doch nach seiner Berufung als Professor an die Berliner Universität 1936 stellte er sich der Reichsmusikkammer und – in beratender Funktion – Goebbels selbst zur Verfügung. Später machte er sich bei der Entwicklung einer Orgelbewegung in der Hitlerjugend außerordentlich nützlich, bei der er Stumme assistierte, und bei der damit in Bezug stehenden Kampagne, die Orgel bei verschiedenen Feierlichkeiten des NS-Regimes »ohne ihre konfessionelle Bindung« zu nutzen. Gegen Kriegsende war Frotscher weitbekannt für seine Spezialität, die Untersuchung des Zusammenhangs zwischen »Musik und Rasse«.[152]

Ramins Haltung unterschied sich davon erheblich. Ungewöhnlich begabt, unterrichtete dieser Lieblingsschüler des ehrwürdigen Leipziger Thomaskantors Karl Straube 1919 mit einundzwanzig Jahren an der Universität, ein Jahr, nachdem er Organist der Thomaskirche geworden war. Zwei Jahre darauf wurde er Professor.[153] Es ist unbestreitbar, daß Ramin zwischen 1933 und 1945 viele Beispiele seiner musikalischen Meisterschaft lieferte – sowohl als Organist und Cembalospieler wie nach seiner Berufung zum Thomaskantor Ende 1939, dem wichtigsten Posten auf dem Gebiet der Kirchenmusik in ganz Deutschland, als Leiter des Thomaner-Chors und von Barockorchestern. Eine seiner Bravourleistungen war es, Bachs *Goldberg-Variationen* in nur vier Tagen einzustudieren.[154] Und außerdem können wir wahrscheinlich der Versicherung seiner Witwe Glauben schenken, daß er eine »starke Abneigung« gegen den Nationalsozialismus hatte.[155] Um so merkwürdiger ist deshalb – zumindest oberflächlich gesehen – Ramins berechnende Entschlossenheit, den Herrschenden zur Förderung seiner Karriere politisch gefällig zu sein. Doch mag ihm, da ihm die Funktion der Orgel- und der protestantischen Musikbewegung – in denen er fest verankert war – für Kirche und Staat am Herzen lag, seine private Abneigung gegen den Nazismus als etwas erschienen sein, das der hehren Ästhetik dieser beiden sakrosankten Bewegungen ebenso unterzuordnen war wie seinen eigenen, sehr persönlichen Zielen.

Ramin kompromittierte sich erstmals rund um eine Konzerttournee in die Vereinigten Staaten. Er war dort bereits unmittelbar vor Hitlers Machtergreifung mit großem Erfolg aufgetreten, und die Amerikaner wollten ihn wiederhaben. Im Dezember 1933 biederte sich Ramin bei dem neuen Regime an, indem er »Programme mit rein deutscher Orgelmusik« (im Gegensatz zur französischen) ankündigte und in falscher Bescheidenheit anfragte, ob eine Konzerttournee »im Interesse der deutschen Kulturpropaganda erwünscht« sei. Er machte sich eindeutig die Tatsache zunutze, daß jüdische Emigranten Nazi-Deutschland im Ausland einen schlechten Namen verschafften und daß er das mit seiner Kunst ausgleichen könne, und ersuchte um spezielle offizielle Unterstützung. Das Propagandaministerium antwortete, daß Ramins geplante Mission »lebhaft begrüßt« würde und versprach logistische Hilfe. Goebbels intervenierte persönlich bei der Stadt Leipzig für eine vorübergehende Freistellung des Organisten. Wie vorauszusehen, waren Ramins Konzerte in Amerika ein überwältigender Erfolg. Ein deutscher Nazi, der in Kalifornien lebte und die Tournee verfolgte, berichtete dem Auswärtigen Amt, der Virtuose habe den Leuten in der Tat »deutsche Orgelmusik vorgespielt«, und zog das Resümee: »Das ist eine Propaganda für Deutschland, die nicht bekämpft werden kann.«[156]

In Kalifornien war Ramins artistisches Angebot auf kultureller Ebene mit einem auf technischem Gebiet durch die Anwesenheit von Elly Beinhorn ergänzt worden, einer charmanten jungen Flugzeugpilotin, die mit dem berühmten Autorennfahrer Bernd Rosemeyer verheiratet war. Beinhorn, die von Mexiko herübergeflogen war, war eine gute Bekannte des Reichsluftfahrtministers Göring, und das führte vermutlich dazu, daß Ramin eingeladen wurde, bei der Hochzeit Görings mit der Schauspielerin Emmy Sonnemann am 12. April 1935 zu spielen, bei der Hitler Trauzeuge war.[157] Als nächstes fungierte Ramin als Organist auf dem Reichsparteitag 1936; ein Jahr später spielte er bei Söhngens Kirchenmusikfest. Offenbar verstand er es, sowohl Gott wie dem Kaiser zu dienen.[158]

Besonders dem Kaiser. Um diese Zeit arbeitete er eng mit Rosenbergs NS-Kulturgemeinde in lokalen kulturellen Angelegenheiten in Leipzig zusammen. Nach Kriegsbeginn legte Straube dem Vernehmen nach sein Amt als Thomaskantor aus Protest gegen das Regime nieder. Als Ramin nur allzu bereitwillig den Posten übernahm, soll das wegen Ramins Charakterlosigkeit zu Spannungen zwischen den beiden Männern geführt haben. Die Nazis dachten – richtigerweise, wie sich später erwies –, daß Ramin besser dafür geeignet sei, einen Thomaner-Chor zu leiten, der nun ausschließlich aus Mitgliedern der Hitlerjugend bestand.[59]

Bis zum Kriegsende machte Ramin mit dem Rest seiner tüchtigen Kollegen im Bereich der Kirche und der Konzertsäle weiter. Er dirigierte ein »Heldenrequiem« und eine »Deutsche Messe« und nahm 1941 mit Johann Nepomuk David und dem Reichsminister Rust an der feierlichen Eröffnung des Leipziger Konservatoriums teil. Er trat mit dem Thomaner-Chor im NS-Protektorat der Rest-Tschechoslowakei und im faschistischen Italien auf und bekam bescheinigt, »daß dieses Stück Friedensarbeit mitten im gewaltigen Kriege einem Siegeszuge europäischer Kunst deutscher Prägung« gleiche. Das Dritte Reich ehrte ihn wie andere mit protzigen Preisverleihungen. Eine von Ramins bedeutsamsten Aufgaben im Namen des Regimes auf dem Höhepunkt des Krieges war das Dirigat seiner Thomaner in einem Bach-Konzert zum Wohl einer Kompanie von SS-Soldaten, die im Begriff waren, dem Ruf der Pflicht zu folgen. Das Ereignis fand 1942 in der Thomaskirche zu Leipzig statt; die SS-Leute waren genau die Einheiten – oder zumindest Kameraden dieser Einheiten –, die zum Dienst in den Vernichtungslagern im Osten abkommandiert wurden. Jeder, der Zeuge dieses Spektakels war, konnte sich eigentlich nicht der Erkenntnis entziehen, daß Bach, Hitler, Konzertmusiker und die Kirchen eine merkwürdige unheilige Allianz eingegangen waren.[60]

5

Disharmonie und Verweigerung

Die Auseinandersetzung der Nationalsozialisten
mit der Modernität

Als ich im November 1994 den österreichischen Komponisten Gottfried von Einem in seiner Wiener Wohnung
besuchte, fragte ich ihn, welche Art von Musik die Nazis im
Prinzip von deutschen Musikern erwarteten. Ohne zu
zögern, antwortete von Einem: »Es wurde erwartet das
Gegenteil von Schönberg. Erwartet wurde eine Musik in
C-Dur.«[1] Oberflächlich betrachtet trifft das natürlich zu.
Aber eine erschöpfende Antwort darauf muß doch etwas
komplizierter sein. Denn da die Nazis sich als politische,
gesellschaftliche und kulturelle Revolutionäre begriffen,
erwarteten sie Veränderungen, wenn nicht Revolutionen im
Bereich der Künste, die sich in Übereinstimmung mit allen
anderen bevorstehenden Veränderungen befinden sollten.[2]
Wie Goebbels 1936 in einer Rede in München ausdrücklich
sagte: »Die nationalsozialistische Weltanschauung ist das
Modernste, was es heute auf der Welt gibt, und der nationalsozialistische Staat ist der modernste Staat, den es auf
der Welt gibt. Motive für eine moderne Kunst im Sinne
dieser Weltanschauung gibt es in Hülle und Fülle.«[3]

Doch wie lange diese Veränderung brauchen würde, wie gründlich sie mit der jüngsten deutschen Vergangenheit zu brechen hätte, wer diese bewirken und überwachen müsse, wurde niemals programmatisch geplant, sondern der Initiative einzelner Künstler und Funktionäre überlassen, und entwickelte sich schließlich zur Streitfrage zwischen Regime-Führern wie zum Beispiel Goebbels (Promi) und Rosenberg (KfdK und später NS-Kulturgemeinde). Die Rolle Hitlers als oberste Instanz war ebensowenig deutlich definiert. Als Konsequenz entstanden Grauzonen, in denen sich die meisten Künstler und viele Politiker ohne absolute Gewißheit bewegten und damit für Angriffe aus verschiedenen Richtungen anfällig waren. Doch erlaubte der Mangel an präzisen Definitionen und offiziellen Richtlinien einigen Künstlern, einen nach orthodoxen NS-Maßstäben schwankenden Boden zu betreten, so wie er einzelnen Politikern und Beamten die Möglichkeit bot, Musikern Schutz zu bieten, die strenggenommen von einer intoleranten Diktatur eingeengt waren.

Weil sich die konkurrierenden ideologischen Grundprinzipien – ob sie nun von Rosenberg, Goebbels, Göring, Himmler oder Hitler selbst hochgehalten wurden – immer durch einen Tages-Pragmatismus modifizieren oder neutralisieren ließen, konnten Nischen künstlerischer Freiheit entstehen und sich halten, häufig verstohlen, doch ebensooft im Namen der einen oder anderen Priorität der Regierung. Dieses Schema eines kulturpolitischen Darwinismus[4] erklärt einen Groß-teil der Reibereien zwischen Rosenberg und Goebbels am Anfang des Dritten Reichs, die bereits in einigen Details geschildert wurden, doch es erklärt auch, warum Modernisten wie Carl Orff, Werner Egk, Rudolf Wagner-Régeny – und bis zu einem gewissen Grad Hindemith – in der Lage waren, während des Regimes weiterzumachen.

Vor diesem Hintergrund müssen drei Grundsätze der NS-Kulturverwaltung gesehen werden, die – wenn auch in ungleichem Maß – von Goebbels und Hitler geteilt wurden und sich bereits nach wenigen Monaten des Regimes als dauerhafter und effizienter erwiesen, als irgendwelche anderen politischen Direktiven aus anderen Quellen. Der erste war, daß die deutsche Kultur einschließlich der Musik eine direkte Spiegelung der deutschen Seele sei und als einzigartig beschützt und ermutigt werden müsse. Zweitens, daß die deutsche Kultur über ihre essentiellen Eigenschaften hinaus über ein Potential für praktische Anwendungen verfüge, zum Beispiel – wie Goebbels häufig wiederholte – als Sedativum, um die gesamte Bevölkerung zu beschwichtigen, oder als Tonikum, um die Kampfmoral der Wehrmacht zu stärken. Drittens, daß die Kultur weitgehend autonom bleiben müsse, was bedeutete, daß nicht Ideologen oder Politiker, sondern Künstler ihre Entwicklung lenken müßten – ungeachtet eines gewissen Grades von Zensur durch die Regierung. Innerhalb dieses allgemeinen Rahmens wurde von der Kultur – und in unserem speziellen Fall von der Musik – erwartet, daß sie sich aus älteren Formen zu etwas Zeitgemäßerem entwickle (die Nazis hatten immer mit dem Begriff »modern« Probleme, der nach dem ideologisch durchdrungenen Modernismus roch, den die verhaßte Weimarer Republik hervorgebracht hatte und mit dem sie assoziiert worden war). Zeitgemäße bildende Kunst gleich welcher Richtung hatte unter dem Nazismus eindeutig figurativ zu sein, wie in der Ausstellung Entarteter Kunst von 1937 veranschaulicht wurde. Ebenso durfte zeitgemäße Musik nicht atonal sein, zumal nicht in der durch Schönberg personifizierten Zwölfton-Variante, wie ein Jahr später bei der Ausstellung Entarteter Musik in Düsseldorf demonstriert wurde. Sowohl moderne abstrakte Kunst (wie bei vielen Expressionisten) wie auch moderne atonale Musik wurden im Grunde als jüdisch verdammt. Als herausragender Kulturaufseher im Dritten Reich wünschte Goebbels Qualität in einer legitim gegenständlichen Form, die ziemlich ungenau definiert war, und begünstigte Innovation. Da sie erkannten, daß Genies nicht vom Himmel fielen – nicht einmal auf Geheiß des Führers –, gaben sich Goebbels und seine Mannen damit zufrieden, darauf zu warten, daß große Künstler sich aufgrund vorzüglicher Schöpfungen an die Spitze des Rudels hocharbeiteten, obwohl das innerhalb des ins Auge gefaßten Tausendjährigen Reiches natürlich Jahre dauern konnte. Falls dieses wünschenswerte, doch höchst unrealistische Ziel verfehlt würde, konnte der Staat versuchen, junge angehende Künstler durch öffentliche Wettbewerbe und ähnliches zu ermutigen, bis sich einige wenige als so begabt erwiesen, daß sie anschließend nach den vorgegebenen Kriterien der Nazis bis zur Perfektion geschliffen werden konnten. Wie sich herausstellte, konnten die Nazis zwischen 1933 und 1945, nachdem sie alle Juden ausgeschaltet hatten, beide Ziele nicht erreichen.[5]

Am Anfang des Regimes war der wahrscheinlichste Kandidat, der als Vorbild für die Erneuerung der deutschen Musik dienen konnte, Paul Hindemith; einige Monate sahen einflußreiche Nationalsozialisten in ihm den kulturellen Standartenträger im Hinblick auf eine revolutionäre Veränderung ohne Bilderstürmerei. In einer Hinsicht war Hindemith für diese Stellung vorherbestimmt. Er war zwar einer der führenden Neutöner bei den künstlerischen Experimenten der Weimarer Republik gewesen, hatte jedoch bereits vor 1933 seinen frühen Stil gemäßigt, zumindest so weit, daß viele Nazis beschwichtigt wurden. Obwohl er zuweilen dachte, daß der Nationalsozialismus nur ein kurzlebiges Phänomen sei, das man durch umsichtiges Verhalten leicht ertragen und überleben könne, war er manchmal

342

versucht, mit Vertretern der Hitlerjugend, der Deutschen Arbeitsfront und zumal dem Kampfbund für deutsche Kultur in dessen früher Eigenschaft als Kunstmakler und Kunstpolizei zusammenzuarbeiten. Es war die Rede davon, daß der Komponist mit der Leitung der gesamten deutschen Musikszene und ihrer Reorganisation betraut werden solle, was sogar Alban Berg in Wien zu Ohren kam. »Ich bin zur Mitarbeit aufgefordert worden und habe nicht abgelehnt«, schrieb Hindemith im September 1933 an seinen Komponistenkollegen Ernst Toch, der sich bereits im Exil in London befand. Verschiedene neue Kompositionen von Hindemith wurden im ganzen Land aufgeführt, und wohlwollende Kritiker priesen ihn als »Führer der jüngeren, der zeitgenössischen Moderne« an. Nach der Gründung der Reichsmusikkammer wurde sein offizieller Status erhöht, als er im Februar 1934 in den »Führerrat« (später Präsidialrat) der RMK berufen wurde. Ein Vorgeschmack auf eine anscheinend verheißungsvolle Karriere war die Uraufführung der symphonischen Version von *Mathis der Maler*, denn als Wilhelm Furtwängler sie am 12. März 1934 in Berlin vorstellte, wurde das Ereignis im ganzen Land und sogar von NS-Kritikern akklamiert.[6]

Die Symphonie bestand aus Auszügen einer großangelegten Oper, an der Hindemith noch arbeitete und auf deren Aufführung zu einem späteren Zeitpunkt er hoffte. Im großen und ganzen war diese Musik gleichsam sinnbildlich für den veränderten Stil des Komponisten. Die erneute Hinwendung zu herkömmlicher Tonalität, reiche Dreiklang-Harmonien, polyphone Gesangspassagen, diatonische und alte Kirchentonarten von der Art, für die Distler, Pepping und David eintraten – all dies entsprach in einer neueren Bewertung durch Claudia Maurer Zenck »also sehr genau den offiziellen Vorstellungen von moderner deutscher Musik im Dritten Reich«. Damals schrieb der Kritiker Heinrich Strobel über »eine ganz neue Einfachheit und Plastik der Tonsprache«.[7] Das Libretto der Oper, das Hindemith selbst verfaßt hatte und in dem er auf die Reformationszeit – das historische Ideal der Nazis – zurückgriff, war alles andere als ein Greuel für den Zeitgeist, vor allem, da der Held Mathis Nithart war, bekannt unter dem Namen Matthias Grünewald. Nithart wurde als der Archetyp des gotischen Malers betrachtet und von NS-hörigen Kunsthistorikern wie Wilhelm Pinder ebenso heiß geliebt wie von expressionistischen Künstlern wie Emil Nolde, der anfangs mit den Nazis sympathisierte (obwohl sich wie im Fall von Gottfried Benn, dem expressionistischen Dichter und Freund von Paul Hindemith, keine dauerhafte positive Beziehung zum Regime entwickelte – eine köstliche Ironie, die dem Komponisten, der bald emigrieren sollte, gewiß nicht entging).[8] Wenn Nithart – oder Mathis, wie Hindemith ihn nannte – dem Komponisten jemals als autobiographisches Paradigma gedient haben sollte (und es gibt Befürworter dieser Interpretation), dann war er nicht ein Symbol der »Inneren Emigration«, die vor der Tyrannei zurückschreckte, worauf manche Hindemith-Bewunderer beharrt haben, denn am Ende einigte er sich mit seinem Alter ego, dem Kardinal Albrecht. Elemente der Handlung wie die Bauernkriege stimmten mit dem NS-Ideal vom »Kampf um das Reich« überein. Und Hindemiths Mathis weist typisch deutsche Eigenschaften auf, von denen seine Unterwerfung unter die herrschende Macht nicht die geringste ist. Denn indem ihm der Kardinal wiederholt seine Gunst und sein Verständnis zuteil werden läßt, bewegt er den in sich gekehrten Mathis, sich mit der irdischen Autorität abzufinden.[9]

Hindemiths Erfolg unter Furtwängler war jedoch nur eine Facette seines beruflichen Lebens. Eine andere war, daß er sich vor 1933 im NS-Lager Todfeinde geschaffen hatte, bezeichnenderweise nicht aus musikalischen, sondern aus ideologischen Gründen. Der Ursprung dieser Gegnerschaft lag bei Hitler selbst, der angeblich 1929 vom Anblick der Laura, die in Hindemiths Oper *Neues vom Tage* an der Kroll-Oper in einem fleischfarbenen Trikot in der Badewanne saß, angewidert war. (Es darf angenommen werden, daß die Musik nicht sehr hilfreich war.) Hindemiths Zusammenarbeit mit Bertolt Brecht Ende der zwanziger Jahre wurde ebenfalls gehässig in Erinnerung gebracht. Es ist nicht überraschend, daß Rosenberg und sein Kampfbund aus Prinzip gegen den Komponisten waren, denn seine Frau war teils jüdischer Abstammung (ihr Vater Ludwig Rottenberg hatte als Dirigent an der Frankfurter Oper in der Weimarer Kulturszene eine führende Rolle gespielt), und er galt als Protegé der Juden. Gertrud Hindemiths jüdischer Schwager Hans Flesch war leitender Angestellter beim Rundfunk, bis er 1933 für kurze Zeit in ein Konzentrationslager abtransportiert wurde. Hindemith selbst trat weiter mit den jüdischen Virtuosen Goldberg, Feuermann und Huberman sowohl im Inland wie im Ausland in verschiedenen Streicher-Formationen auf. Deshalb gab es während des ganzen Jahres 1933 Stimmen, die unter Berufung auf die Weltanschauung der Nazis darauf bestanden, daß Hindemith »als Führer zu der von uns ersehnten neuen deutschen Musik aus Hitlers Geist« nicht in Frage komme.[10] Rosenbergs Anhänger, die sich durch die Kulturszene rempelten und im Sommer 1934 ihren Kampfbund zur Kulturgemeinde umorganisierten, waren fanatisch motiviert, ihre Kampagne gegen Hindemith nach seinem Erfolg im März zu intensivieren; Hindemith selbst machte bei einem Aufenthalt in der Schweiz abschätzige Bemerkungen über Hitler, was ein Verbot seiner Werke beim Großdeutschen Rundfunk zur Folge hatte. Ernster war, daß Hitler die geplante Uraufführung der Oper *Mathis der Maler* verbot,

abermals nicht aus musikalischen, sondern aus persönlichen Gründen. Hauptsächlich, um die destruktiven Aktivitäten der NS-Kulturgemeinde abzustellen, deren Führer
von Hindemith besessen zu sein schien, hatte Furtwängler mit der Unterstützung von Hindemiths Professoren-Kol-
legen Gustav Havemann und Fritz Stein ursprünglich vor,
mit Hitler persönlich zu sprechen, veröffentlichte jedoch
statt dessen am 25. November 1934 überstürzt einen Artikel
in einer prominenten Berliner Zeitung, der die »Hinde-
mith-Affaire« auslöste, den ersten Kulturskandal im Dritten
Reich.[11] Darin versuchte der schlechtberatene Dirigent,
Hindemiths frühere, rigorosere Versuche auf dem Gebiet
der modernen Musik als Jugendtorheiten abzutun, verteidigte den Musiker als »ja auch blutsmäßig rein germanisch«
und im Grunde unpolitisch und als einen Mann, der vor
allem ein äußerst fruchtbarer Künstler sei.[12]

Abgesehen von Rosenberg und seiner NS-Kulturgemeinde war Hindemiths gewichtigster Gegner nach Hitler
nun der RKK-Präsident Goebbels, gewiß nicht, weil er seine
Musik verabscheute (Goebbels' Tagebücher schweigen sich
über dieses Thema aus), sondern vermutlich, weil ihn der
rachsüchtige Führer dazu angestiftet hatte und Goebbels
eine kulturpolitische Kritik nicht hinnehmen konnte, die
von einem Mann wie Furtwängler kam – seinem Untergebenen als Vizepräsident der RMK und Chefdirigent der
Berliner Philharmoniker. Rosenberg seinerseits baute eine
Rede Goebbels' im *Völkischen Beobachter* mit Polemiken
aus eigener Feder aus (ein seltenes Zeichen der Einmütig-
keit zwischen diesen chronischen Gegnern), und Göring,
Furtwänglers Chef an der Berliner Staatsoper, rief Hitler
persönlich an. Als er feststellen mußte, daß er schlechte
Karten hatte, nahm Hindemith an der Hochschule für
Musik vorübergehend Urlaub, und Max Trapp übernahm
seine Aufgaben. Das war der Anfang seines Abschieds.[13]

Es ist beteuert worden, daß Hindemith tapfer der Versuchung widerstand, den Nazis vom Augenblick ihrer Machtübernahme an irgendwelche Konzessionen zu machen.[14] Das ist nicht die ganze Wahrheit, denn er hatte die Position im Führerrat der RMK angenommen. Schöpferisch allerdings hatte es keine Konzessionen gegeben, denn die Veränderungen in seinem musikalischen Stil waren nicht kalkuliert, sondern hatten sich zufällig eingestellt. Doch befand er sich in einer schwierigen Lage. Während er einigen Regime-Vertretern aus künstlerischen Gründen willkommen war, rügten ihn andere aus politisch-ideologischer Sicht. Es ist möglich, daß Hindemith – wie einige Wissenschaftler angedeutet haben – seinen Frieden mit dem Regime gemacht hätte, wenn es sich um ihn bemüht und den Schaden großzügig wiedergutgemacht hätte.[15] Doch Hindemiths Sündenregister war in den Augen der Nazis dafür zu lang, und er selbst war nie genügend opportunistisch, um den Nazis auch nur auf halbem Wege entgegenzukommen. Die Jahre zwischen 1935 und 1940 erlebten einen allmählichen Niedergang seiner Musik, von der hinreichende Beispiele – wenn auch aus unzutreffenden Gründen – in der Ausstellung Entarteter Musik 1938 enthalten waren. In diese Jahre fiel sein regelmäßiger Aufenthalt in der Türkei und der Schweiz, sein Rücktritt von der Berliner Akademie und schließlich 1940, nachdem er in den Vereinigten Staaten verschiedene Tourneen gemacht hatte, sein Entschluß, sich dort für immer niederzulassen.[16] Doch bezeugt die Tatsache, daß bis weit in den Krieg hinein Deutsche in verschiedenen Positionen und von unterschiedlichem Einfluß immer wieder Interesse an seinem Oeuvre bekundeten, nicht nur seine Prominenz vor 1935, sondern auch den anhaltenden Bedarf der Nazis an guter zeitgenössischer Musik, da kein anderer in ihrer Mitte imstande schien, sie so einfallsreich und maßgebend zu liefern.[17]

Die pathologische Assoziation alles »Neutönerischen« mit dem »Jüdischen« statt mit irgendwelchen objektiv meßbaren musikalischen Qualitäten bestätigte sich einmal mehr – zumindest für einen gewissen Zeitraum – im Fall von Igor Strawinsky. Das war nicht ohne Ironie, denn er war zwar Ausländer, aber kein Jude, seine Musik war nie atonal, und als Exilant vor dem russischen Bolschewismus hätte er den Deutschen angenehm sein müssen wie viele andere russische Musiker aller Couleur, zum Beispiel Serge Matull, ein Jazz-Gitarrist in Berlin. Strawinsky war nicht dafür bekannt, ein Judenfreund zu sein, bewunderte Mussolini und stand dem Dritten Reich positiv gegenüber.[18]

Wegen des Fanatismus von Rosenbergs Kampfbund war Strawinsky jedoch seit Ende der zwanziger Jahre in rechtsgerichteten deutschen Kreisen Persona non grata gewesen. Die Feindseligkeit basierte auf seinem vermeintlichen Judentum und darauf, daß er mit der modernistischen Weimarer Kunst gleichgesetzt wurde – und damit fälschlicherweise mit Atonalität, artfremdem Rhythmus und einer Affinität zum Jazz. Rosenbergs Temperament beeinflußte das musikalische Klima in einer Periode, in der Goebbels' Reichsmusikkammer erst noch nicht existierte und sich dann in einem unsicheren Entwicklungsprozeß befand. Außerdem war, als die Suche nach einem herausragenden modernen deutschen Komponisten begann, die Einstellung gegenüber Hindemiths schöpferischer Kraft noch in zunehmendem Maße ambivalent. Deshalb hat die Musikwissenschaftlerin Joan Evans von einem inoffiziellen Boykott Strawinskys in den ersten drei Jahren des Regimes gesprochen, der nur gelegentlich von unerschrockenen Männern wie Hans Rosbaud am Reichssender Frankfurt und Erich Kleiber und Hans Heinz Stuckenschmidt in Berlin durchbrochen wurde.[19]

Die Situation änderte sich um 1936, als Strawinsky in ganz Deutschland in Konzertsälen und auf Schallplatten aus einer Reihe von Gründen mehr Anerkennung fand. Einer davon war, daß die Fremdenfeindlichkeit nachgelassen hatte, nachdem immer mehr vorübergehend unbeschäftigte Musiker wieder Arbeit fanden. Zu diesem Zeitpunkt hatten sich auch Strawinskys »Ariertum« und seine größtenteils profaschistischen Neigungen herumgesprochen. Vor den Olympischen Spielen in Berlin wich außerdem die ideologische Streitlust nach außen hin einer freundlichen Toleranz; deshalb war der frühere Russe, der nun in Paris lebte, nicht unwillkommen. Und schließlich war, während die Orthodoxie des Rosenberg-Kreises im Schwinden war, Goebbels' Einfluß immer stärker geworden, und die Situation Hindemiths war insofern noch in der Schwebe, als der Komponist sich Hoffnungen machen konnte, daß seine Oper *Mathis der Maler* doch noch aufgeführt würde. Einige Monate war das generelle Verbot seiner Musik aufgehoben worden; formaljuristisch war Hindemith von der Berliner Hochschule für Musik nur beurlaubt und verfolgte auf Geheiß der deutschen Behörden als Gastprofessor in der Türkei die kulturellen Ziele des Reichs. Unter dem Aspekt von Goebbels' und Hitlers Suche nach dem einzigartigen musikalischen Erneuerer bedeutete das, daß der Wettbewerb noch immer unentschieden war. Strawinsky, der nun als nicht mehr so atonal galt, obwohl Rosenbergs Gefolgsleute wie Herbert Gerigk ihm noch mißtrauten, konnte – obwohl eindeutig kein Kandidat für die Rolle eines reichseigenen Genies – doch willkommene Inspiration liefern. Deshalb richteten einige NS-Kenner und viele Connaisseurs, die keine Nazis waren, ihre Aufmerksamkeit auf Strawinsky, als er und sein Sohn Soulima sein Konzert für zwei Klaviere Anfang April 1936 beim Musikfest in Baden-Baden aufführten. Für einen nationalsozialistischen Liebhaber moderner Musik war es »interessant«, Strawinsky zu sehen und zu hören, im Gegensatz zu neuen

Werken von Egk, Fortner und Pepping, die »recht düster, gedrückt und langweilig« waren, und einem »resignierten« Hindemith. Von nun an wurde Strawinskys Musik bis zum Ausbruch des Zweiten Weltkriegs im Reich häufig gespielt, trotz des gelegentlichen und weitgehend inkonsequenten Gezänks reaktionärer NS-Kreuzfahrer und seines prominenten Platzes in Zieglers Ausstellung Entarteter Musik.[20] Würde Strawinskys Beispiel Schule machen?

Beginnend mit Rosenberg und seinem Kampfbund, startete das NS-Regime 1933 zur Förderung der Entwicklung lokaler musikalischer Talente eine Reihe lose miteinander verknüpfter Bemühungen. Anfang 1934 hatten sich Goebbels und seine neugegründete RMK in eine gute Position hinter dieser Kampagne manövriert, als der Minister speziell Rundfunkleute ermahnte, nach unbekannten, aber vielversprechenden zeitgenössischen deutschen Komponisten Ausschau zu halten. Das Stichwort war »zeitgemäß« und basierte auf der Annahme, daß eine Rekrutierung angehender Künstler einen »neuen« Stil schaffen würde, der für die Nazis annehmbar war: kühner als das romantische Genre der Vergangenheit, aber unter strikter Vermeidung »jüdischer« atonaler oder Zwölftonkonstruktionen. Außerdem wurde an wohlhabende Kommunen wie München appelliert, die sich gehorsam nach den Anweisungen richteten; berühmte Orchester wie die Berliner und die Münchner Philharmoniker beteiligten sich ebenfalls; spezielle Komponisten-Tagungen wurden organisiert. Das Ideal war ein Hindemith oder sogar ein Strawinsky, doch ohne das Stigma von Weltanschauuung oder Ausländertum, das ihren Namen anhaftete. Ein Reichsmusikfest im NS-Stil in der Nachfolge der traditionellen Treffen des Allgemeinen Deutschen Musikvereins wurde Ende Mai 1938 in Düsseldorf abgehalten. Programmatisch war es mit Zieglers eher marginaler Ausstellung verbunden, denn es sollte die Ergebnisse der letzten Jahre illustrieren und den Weg in die Zukunft weisen. Doch als Goebbels die Hauptansprache hielt, in der er die neuen musikalischen Talente lediglich rhetorisch beschwor, in Erscheinung zu treten, wurde deutlich, daß die bisherigen Anstrengungen im großen und ganzen nichts gebracht hatten.[21]

Bereits zu Anfang des Regimes hatte der Komponist Werner Egk das Problem genau lokalisiert: Da »zeitgemäß« nicht notwendigerweise »modern« oder »revolutionär« bedeutete, konnten ältere Komponisten, deren Musik es schon viele Jahre gab und die allgemein bekannt war, dem Ruf zu folgen versuchen und sich als Verfechter der neuen Ära ausgeben.[22] Er hatte sich nicht getäuscht: Erprobte Streiter wie Paul Graener, Georg Vollerthun, Max Trapp und Richard Trunk – alle von etabliertem Mittelmaß –, doch auch prominente Künstler wie Strauss und Pfitzner pflegten in Konzertprogramme oder Musikwettbewerbe einbezogen zu werden, einfach, weil sie noch aktiv waren, und damit wurden die Jüngeren hinausgedrängt. Deren Mehrheit war allerdings ebenfalls wenig bemerkenswert: Komponisten wie Kurt Stiebitz, Otto Besch, Albert Jung, Hermann Simon, Ulf Scharlau, Gottfried Rüdinger, Bruno Stürmer und Cesar Bresgen.[23]

Doch für unverbildete Kenner der modernen Musik zeitigte diese seltsame Dialektik gleichzeitig ein interessantes, wenn auch unerwartetes Ergebnis. Indem sie sich an die Rockzipfel der »Revolution« hängten und weil sie von Goebbels' Handlangern im Interesse ihrer umfassenderen Suche nicht völlig zurückgewiesen wurden, waren es die Organisatoren kleinerer Veranstaltungen wie des Baden-Badener Musikfestes von 1936, die Strawinsky, Hindemith, Egk und den innovativen, wenn auch weitgehend unbekannten Gerhard Frommel anlockten. In Frankfurt gewann der Generalintendant Hans Meissner für Oper und Konzert den zukunftsorientierten Dirigenten Bertil Wetzelsberger, den Schweizer Regisseur Oscar Waelterlin und den Bühnenbildner Caspar Neher, den alten Freund von Brecht und Weill. Bei der letzten Aufführung des ADMV 1937 brachte Meissners Mannschaft eines der modernsten Bühnenwerke heraus, die auf Jahre hinaus in Deutschland gehört werden konnten, Orffs *Carmina Burana*, die – von Strawinsky inspiriert – anfänglich auf genug negative Reaktionen stießen, zumal aus dem Rosenberg-Lager, um dem Komponisten angst zu machen. Rosbaud, ein Bewunderer von Strawinsky und Schönberg, versuchte zu dieser Zeit, im Reichssender Frankfurt so viele wirklich moderne Werke wie möglich unterzubringen. In Dresden führte Karl Böhm die Oper *Die Wirtin von Pinsk* des Jazz-Freundes Richard Mohaupt auf (der mit seiner russisch-jüdischen Frau, einer Geigerin, Ende des Jahres nach Amerika ging) und dirigierte Musik von Bartók, der als Bürger des NS-freundlichen Ungarn nach wie vor als akzeptabel erachtet wurde.[24]

Von diesem kleinen, vergleichsweise der modernen Zeit angepaßten Trend, der sich in die wesentlich breiteren reaktionären Tendenzen in der NS-Kunst einfügte und doch zu ihnen in Widerspruch stand, profitierten drei oder vier Musiker, einer bewußt und die anderen mehr oder weniger zufällig. Vielleicht aus Naivität komponierten Paul von Klenau und Winfried Zillig Musik, die atonal war und daher namentlich gegen die Anweisungen der Nazis verstieß, weder mit dem Dreiklang noch der Grundkadenz zu brechen.[25] Doch Experten waren der Ansicht, daß ihre Reihentechnik auf einem anderen Schema basiere als Schönbergs Zwölftonreihen. Noch immer irritierend, doch für konventionell geschulte Ohren weniger anstößig, konnten Zilligs Reihen »das Gefühl eines tonalen Zentrums erzeugen«. Klenau, gebürtiger Däne und ein Schüler von Schönberg, der sich von seiner jüdischen Frau bereits früher hatte scheiden lassen, erregte 1933 Aufsehen, als er öffentlich die Erfindung der Zwölftontheorie Josef Matthias Hauer zuschrieb, einem etwas jüngeren Zeitgenossen von Schönberg, der »Arier« war, hauptsächlich als Theoretiker arbeitete und sehr wenig komponierte (was dazu beitrug, daß er in Vergessenheit versank).[26]

Der Dresdener Komponist Gottfried Müller, geboren 1914, studierte in Edinburgh und bei Karl Straube in Leipzig und wurde von Fritz Busch entdeckt. Als Sohn eines Geistlichen stand er in engem Kontakt mit Söhngens Komponisten der Bekennenden Kirche; Werke von ihm standen auch beim Berliner Kirchenmusikfest an prominenter Stelle. Müller komponierte sowohl Kirchenmusik wie tendenziöse Musik für politische Zwecke in einem polyphonen Stil, der dem von Pepping und Distler verwandt war, und in dem Maß, in dem diese Polyphonen und Neoklassizisten als modern betrachtet wurden, war auch Müller modern. 1933 hatte Stuckenschmidt ironisch bemerkt: »Die Entwicklungen in der europäischen Musik der letzten zwanzig Jahre sind an ihm vorbeigegangen, ohne eine Spur zu hinterlassen. In seiner Variationstechnik ist er Reger verpflichtet, seine Harmonien sind von Brahms beeinflußt, seine Phrasierung ist im schlechtesten Sinne dieses Wortes akademisch.« Wegen all dieser Eigenschaften und vielleicht weil er noch so jung war, hatte er das Glück, bereits 1936 Gnade vor Goebbels und Hitler zu finden. »Vielleicht eine ganz große Begabung für die Zukunft. Der Führer ist sehr davon eingenommen«, notierte Goebbels in sein Tagebuch. Müller, nun von Hinkel für eine Professur vorgemerkt, wurde mit der Komposition eines Stückes für den Reichsparteitag 1938 beauftragt, das auf einem Ausspruch des Führers basieren sollte. Der Musiker ergriff enthusiastisch diese Gelegenheit, »die große nationalsozialistische Gemeinschaft künstlerisch zu erfassen«.[27]

Wenn der verhältnismäßig unreife Müller nicht der musikalische Deus ex machina werden konnte, den die Nazis ersehnten, dann vielleicht Egk. Wie viel seiner fruchtbaren Karriere während des Dritten Reichs dem Zufall oder seinen eigenen Absichten zugeschrieben werden muß, ist bis heute nicht klar, doch es kann kein Zweifel darüber bestehen, daß eine frühe positive Reaktion auf seine Werke ihn dazu motivierte, nach öffentlichem Ansehen zu streben. Der Schwabe Egk, geboren 1901 und ein ehemaliger Schüler von Orff, stand in der untergehenden Weimarer Republik in enger Verbindung mit Modernisten wie Hermann Scherchen; er war auch mit Hindemith, Kurt Weill und Heinrich Kaminski bekannt und von Strawinsky stark beeindruckt. Er arbeitete im Münchner Bereich und bekam Ende 1933 seine erste große Chance, als seine Rundfunkoper *Columbus* gesendet und darauf 1934 im Konzertsaal aufgeführt wurde. Wie Strawinsky, zu dessen Einfluß er sich immer bekannte, hatte Egk einen Hang zu Tonfarben und ausgeprägtem Rhythmus. Seine Musik klang vage dissonant und herb, für manche sogar grell, war jedoch unerschütterlich diatonisch. »Wird Werner Egk der Aufbruch eines neuen Stils gelingen? Oder sollte er sich lediglich in Experimenten erschöpfen?« fragte 1934 eine bayrische Tageszeitung. Seine Oper *Die Zaubergeige*, die von der progressiven Frankfurter Truppe im Mai 1935 uraufgeführt wurde, wies abermals den Einfluß von Strawinsky auf (Kritiker spürten auch Bezugnahmen auf Mozart und Strauss auf), hatte jedoch den unschätzbaren Vorteil, daß sie ein leichtes, populäres Werk war, das auf einem Märchenmotiv basierte. Das suggerierte Volksnähe; außerdem enthielt es den melodischen Kern, den Goebbels so liebte, und war eine Absage an die »aufgeblasenen Neutöner«, die der Minister haßte. Damit war eine unschlagbare und verheißungsvolle Mischung entstanden. Trotz einiger Gehässigkeiten aus dem Rosenberg-Lager, das natürlich gegen die Strawinsky-Note protestierte, wies Goebbels auf Egk als potentiellen Sieger bei einem internationalen Musikwettbewerb anläßlich der Olympischen Spiele im Juli 1936 hin, den Egk nicht überraschend in der Tat gewann. Abermals lobten die Kritiker seine »glückliche echte Volkstümlichkeit«. 1938 bekräftigte Fritz Stege, vermutlich der militanteste unter den NS-Kritikern, Egks Behauptung, daß jede Art deutscher Musik, die in dieser Zeit geschrieben würde, für eine Kraft-durch-Freude-Veranstaltung geeignet sein müsse.[28]

Ebenfalls 1936 – Jahre, bevor er Karajan entdeckte – berief Hans Tietjen, der Generalintendant der Preußischen Staatstheater, Egk als Kapellmeister an die Berliner Staatsoper. Egks neue Oper *Peer Gynt*, die auf Henrik Ibsens Drama basierte, wurde dort unter der Leitung des Komponisten am 24. November 1938 uraufgeführt. Sie hatte eine bittere, doch nach wie vor tonale Würze, die von den meisten Kritikern toleriert wurde. Im allgemeinen mochten sie jedoch Egks Handlungsführung nicht, denn sie stellte nicht eine heroische Hauptfigur heraus (wie in dem früheren Stück von Dietrich Eckart, Hitlers oft bezechtem Münchner Freund), sondern einen herumstreunenden Verlierer. Egks Peer Gynt trieb sich mit Huren in lateinamerikanischen Bars herum (es gab Andeutungen von Tango, die an den gefährlichen Jazz erinnerten) und mußte mit unerquicklichen Trollen aus der Unterwelt kämpfen: Er war alles andere als ein Nazi-Übermensch. Dennoch überstand Egk mit Hilfe seines neuen Schirmherrn Tietjen den Sturm der doktrinären NS-Kritik. Eine Vorstellung im Januar 1939 wurde von Goebbels und Hitler besucht und überraschenderweise vom Führer bewundert, obwohl auch er das Libretto später in Frage stellte. Das Werk wurde daraufhin vom Minister demonstrativ als eine der beiden Opern ausgewählt, die beim Düsseldorfer Reichsmusikfest im Mai offiziell gezeigt werden durften. Programmatisch wurde sie als eines der »Beispiele einer klaren reinen nordischen Kunstauffassung« bezeichnet. Nach dem Musikfest beehrte Goebbels Egk mit einem Kompositionsvertrag über die riesige Summe von 10 000 Mark. Um 1940 scheint Egk einer der führenden neuen deutschen Komponisten gewesen zu sein. Er begann, in den künstlerischen Medien mit kulturpolitischen Maximen um sich zu werfen, die in den Ohren der Nazis schmeichelhaft klangen. Seine nächste Oper *Columbus*, eine Adaption der früheren Rundfunkoper, weniger originell und spektakulär als *Peer Gynt* und deshalb auch weniger umstritten, kam in Frankfurt im Januar 1942 heraus.[29]

Hatten die Nazis ihren Goldjungen der zeitgenössischen Musik gefunden? Auf dem Höhepunkt des Zweiten Weltkriegs, nachdem Hindemiths Chancen zunichte gemacht worden waren, war Egk bestenfalls Zweiter. Und außerdem folgten ihm drei oder vier andere auf den Fersen, von denen ihn jeder überholen konnte. 1939 hatte Gertrud Hindemith sarkastisch bemerkt, daß einer von ihnen, Gottfried Müller, allgegenwärtig sei: wohin man auch gehe, höre man: »Gottfried Müller, der große Symphoniker«. In der Tat wurde Müller ein Inventarstück der deutschen Konzertszene und erntete gewöhnlich Lob; dennoch hatte keines seiner Werke den besonderen Effekt, der Egks beste Versuche wie seinen *Peer Gynt* auszeichnete, und er schrieb keine Opern, das Lieblings-Genre der Nazis. Im April berichtete Goebbels dem Führer, daß das neue Werk seines Schützlings für Chor und Orchester, abermals von Hitler inspiriert, nicht den Erwartungen entspreche, die man daran geknüpft habe: es sei »zu polyphon«. Der Minister verband damit eine allgemeine Schelte: »Unsere modernen Musiker übersteigern sich in den Mitteln und verlieren deshalb die melodische Linie.«[30] Müllers Ruhm überlebte im Gegensatz zu dem von Egk den Zusammenbruch nicht.

Dann gab es noch Carl Orff, Paul Höffer und Karl Höller. Sie alle teilten sich in die Ehre, daß sie am Anfang des Regimes von Rosenbergs Marionetten verfolgt worden waren, was sie ohne weitere Überprüfung als progressiv hätte qualifizieren können.[31] Orffs eindrucksvoller Erfolg mit *Carmina Burana* 1937 bestätigte sich 1940 in Dresden unter Karl Böhm, wiederholte sich jedoch nicht in seinen folgenden Werken, obwohl es ihm gelang, eine solide Karriere aufzubauen. Denn wenn er auch Opern komponierte und ebenfalls eine volkstümliche Seite hatte, war sein entschiedener Nachteil, daß er nicht wie Egk von Goebbels oder Hitler bereits in den ersten Jahren des Regimes anerkannt worden war und – da er kein »Vollarier« war – sich nicht in öffentlichen Ämtern exponieren konnte, wie es Egk bald gelang.[32]

Paul Höffer, 1895 geboren, ein ehemaliger Schüler von Franz Schreker und später von Hindemith beeinflußt, hatte ein Klavierkonzert, zwei Symphonien und verschiedene Werke für Kammermusik geschrieben, als er wie Egk beim Düsseldorfer Musikfest 1939 einen offiziellen Auftrag erhielt, der ihm allerdings nur die Hälfte der Summe von Egks Vorschuß einbrachte. Obwohl er politische Konzessionen mit Stücken für die Armee und die Luftwaffe machte und musikalisch das Loblied auf Hitlers Volksgemeinschaft wie nur irgendein Stürmer, Bresgen oder Spitta sang, mag sein Stil wohl zu offensichtlich an den der einschmeichelnden Giganten des 19. Jahrhunderts erinnert haben, um ihn nach Nazi-Maßstäben zu einem »modernen« und nicht bloß »zeitgenössischen« zu machen.[33]

Karl Höller war zwölf Jahre jünger als Höffer; in der reaktionären Atmosphäre Münchens hatte er eine wesentlich konservativere Schulung als Höffer oder Orff erfahren.

Beeinflußt von Bruckner und Reger, nahm er auch die Einflüsse von Hindemith und Strawinsky in sich auf, doch
schätzte er ebenso die französischen Impressionisten. Seiner Jugend entsprechend, wurde er erst am Anfang des
Zweiten Weltkriegs bekannt: Mit seinen Werken, die alles
andere als kantig oder dissonant, sondern eindeutig harmo-
nisch waren, befand er sich oft in Gesellschaft anderer
NS-»Avantgardisten« wie Müller und David und ebenso
Ottorino Respighis, des Lieblingskomponisten des faschistischen Italien. Was Höllers Aufstieg zu NS-Prominenz
möglicherweise abblockte, war die Tatsache, daß er Hitler –
ganz gewiß zu Unrecht – »durch atonale Kompositionen
unliebsam aufgefallen« war, auch wenn Goebbels im April
1944 versuchte, die Meinung des Führers zu ändern.[34] Wie
Werner Egk waren Müller, Orff, Höffer und Höller Kandidaten für großzügige Staatspreise, die 1942 von der RMK
verteilt wurden, und ihre Namen wurden noch im April
1944 für Rundfunk-Zwecke auf die Gottbegnadeten-Liste
gesetzt.[35]

Die Staatsaufträge für Egk und Höffer von 1939 standen
natürlich in der NS-Tradition, auf eigenem Boden gewach-
sene Talente durch verschiedene öffentliche Anreize zu
ermutigen. Obwohl nicht alle Werke dieser fünf Komponisten als Konsequenz eines solchen offenen Ansporns der
Regierung zustande gekommen waren, wurden die Subventionen fast bis zum Kriegsende und mit den gleichen,
im allgemeinen kläglichen Ergebnissen wie in der Vergangenheit fortgesetzt. Überdies wurden vielfältige Quoten-
systeme eingeführt, um mit aller Gewalt jüngst entstandene
Werke in die Konzertsäle und besonders auf die Opernbühnen zu bringen. Was immer sonst diese Prozeduren
bedeutet haben mögen, lassen sie doch darauf schließen,
daß die NS-Kulturaufseher mit Orff, Egk und ihresgleichen
nicht uneingeschränkt glücklich waren und noch weniger

mit Müller, Höffer und Höller oder irgendeinem der polyphonen Neoklassizisten aus der Söhngen-Schule. Gleichzeitig erkannten sie – was ihre Ziele betraf – die Grenzen älterer Zeitgenossen wie Strauss, Pfitzner und Graener, ganz zu schweigen von den Erzeugern relativer Belanglosigkeiten wie Vollerthun, Trapp und Wilhelm Furtwängler, der sich als Komponist gründlich selbst etwas vormachte.[56] Dieses Schema änderte sich nicht, als im Sommer 1941 Graener in seiner Funktion als Leiter der Fachschaft Komponisten in der RMK durch den ehrgeizigen Egk ersetzt wurde. Von Goebbels persönlich berufen, wiederholte Egk weiterhin sein Mantra, daß mehr zeitgenössische Komponisten aufgeführt werden müßten, um den Geist dieser revolutionären Zeiten besser auszudrücken, »nachdem uns von der Zeit des Expressionismus und der Atonalität ein wohltuender Abstand trennt«.[57] Ob Egk sich zu einem echten Nazi wandelte, opportunistisch versuchte, seine eigene Karriere zu fördern, oder nur tat, was ihm von den Nazis befohlen wurde, um seine Komponistenfreunde der Avantgarde (Orff, von Einem, Blacher und Wagner-Régeny) zu schützen, muß noch geklärt werden.[58] Natürlich strömte Goebbels nicht vor Glück über, als er im Juli 1944 – praktisch in letzter Stunde – von seinem Großdeutschen Rundfunk forderte, »Musik moderner Komponisten« zu spielen, und die Rundfunkleute bekennen mußten, daß eine solche Musik nicht verfügbar sei, weil in der jüngsten Vergangenheit kein solches Werk von den Schallplattenfirmen aufgenommen worden war. Selbst dem zynischen Goebbels muß dies den allgemeinen kulturellen Bankrott des Reichs signalisiert haben.[59]

Die Ambivalenz des Dissidententums: Orff, Wagner-Régeny und Furtwängler

Im Gegensatz zu früheren Interpretationen der Natur und Funktion einer totalitären Diktatur[40] hatten deutsche Musiker in der Nazi-Ära überraschend viel Spielraum bei der Schöpfung und Aufführung ihrer Werke. Dies war, wie wir gesehen haben, einer Reihe von Umständen zu verdanken. Einer davon waren die Schwierigkeiten, die führende Nazis mit der verbindlichen Ausarbeitung einer Definition »deutscher« Musik hatten, oder von Musik, die ohne Vorbehalt in den Konzertsälen, auf den Opernbühnen und in den Aufnahmestudios akzeptabel war. Wie die »jüdische« Musik war »deutsche« Musik, die der zeitgenössischen Generation, letzten Endes nicht zu definieren. Ein weiterer Faktor war, daß – obwohl subjektive Vorstellungen über politisch annehmbare Musik in den Köpfen von Nazis wie Rosenberg, Goebbels, Göring und Hitler selbst herumspukten – die Ansichten über das, was als annehmbar betrachtet wurde, nie deutlich und konsequent formuliert und noch weniger koordiniert wurden. Daher manifestierten sich ihre Maßstäbe nie in beigeordneten Kontrollsystemen von effizienten Zensurbehörden; und selbst zu einer Zeit, als es diese Zensurstellen zumindest am Anfang des Regimes gab, wurden sie von innerparteilichen Rivalitäten wie der Dauerfehde zwischen Goebbels und Rosenberg aufgerieben, statt in logischen Zusammenhang gebracht zu werden und sich wechselseitig zu ergänzen.

Wie bereits erwähnt, machte Rosenberg als erster offizielle Ansprüche auf die Genehmigung von Kunst geltend, doch seinem Kampfbund für deutsche Kultur mangelte es an Autorität, und ab 1934 war er praktisch neutralisiert. Seine Nachfolgeorganisation, die NS-Kulturgemeinde, gab »Richtlinien für die Musikarbeit« heraus, die im Schatten von Goebbels' bereits funktionierender f wie Fingerübungen für ein faschistisches Utopia anmuteten.[41] Doch der einzige bemerkenswerte Erfolg, den die NS-Kulturgemeinde jemals erzielte, war der gegen Paul Hindemith zwischen 1934 und 1936 und auch nur darum, weil die RMK des Propagandaministeriums zufällig auf derselben Seite kämpfte. Bis zum Sommer 1935 war die RMK selbst durch Strauss' Abneigung behindert, für eine dynamische nationalsozialistische Führung zu sorgen, und danach erwies sich Raabe häufig als ziemlich unfähig, in entschlossener, autoritärer Weise aufzutreten. Ab 1936 war er durch die Einsetzung von Heinz Drewes auf einer anderen Ebene in der Hierarchie des Promi behindert, so daß – zweifellos mit Goebbels' Zustimmung – eine umfassende Überwachung der Musikszene undurchführbar wurde. Es erwies sich, daß Drewes, der im Dezember 1937 Leiter eines speziellen Büros für die Musikzensur im Reich wurde, hauptsächlich an der Durchleuchtung ausländischer Werke und populärer Tanz- und Jazzmusik interessiert war, während »jüdische« Kompositionen weiterhin rein routinemäßig von parallelen Mechanismen aussortiert wurden. Die Tätigkeit von Drewes erlangte erst nach dem Ausbruch des Zweiten Weltkriegs wirkliche Bedeutung. In der täglichen Praxis forderte sein Zensurbüro nicht automatisch, daß eine Partitur oder ein Libretto vor der Erstaufführung zur Prüfung vorgelegt werden müßten, doch wenn begründeter Verdacht bestand, konnte es das verlangen. Andererseits wurde Komponisten nahegelegt, ihre Werke von sich aus einzureichen, zumal wenn es sich um Zweifelsfälle handelte. Drewes Büro scheint auf Komponisten und Dirigenten einen Effekt der Selbstzensur ausgeübt zu haben, denn 1944 wurde die Beobachtung gemacht, daß bemerkenswerterweise »noch nicht hundert Werke für unerwünscht« erklärt werden mußten und »von sogenannter ernster Musik überhaupt keines«.[42] War das Element der Furcht für Drewes' Chef Joseph Goebbels ein ausreichendes Instrument kultureller Kontrolle?

Wie Alan Steinweis scharfsinnig bemerkt hat, gab es abgesehen von dem Problem der Definition einfach zu viel musikalische Betätigung im Reich, die zu dezentralisiert war, um über einen längeren Zeitraum effektiv kontrolliert werden zu können.[43] Im allgemeinen gestattete Goebbels den untergeordneten Ämtern von Raabe und Drewes, die musikalischen Tagesaktivitäten zu beaufsichtigen, ohne sich dabei persönlich viel einzumischen. Er war sich natürlich voll bewußt, daß Drewes der Art von moderner Musik, nach der er selbst auf der Suche war, weniger positiv gegenüberstand als Raabe, der einstige Verfechter des ADMV. Wie sich herausstellte, war es zu Goebbels' Vorteil, diese Untergebenen gegeneinander auszuspielen. Der entscheidende Punkt jedoch war, daß sich Goebbels in jenen künstlerischen Angelegenheiten, die ihm am Herzen lagen, immer die letzte Entscheidung vorbehielt, gleichgültig welche definitiven Beschlüsse vorher gefaßt worden waren. Da er davon überzeugt war, daß von Temperament und Veranlagung her alle Künstler unpolitisch seien – eine Eigenschaft, die er mit seinem Führer bedauerte, aber mit einem Gefühl der Resignation akzeptierte –, hielt es Goebbels in der Tat für notwendig, nur gelegentlich in die künstlerischen Prozesse der Nation einzugreifen, um das politische Schiff auf Kurs zu halten. Da Musik jedoch vergleichsweise ihre Grenzen hatte, was ihre politische Anwendbarkeit betraf, und da dem Minister selbst die dafür notwendige musikalische Schulung fehlte, behielt er sein zensorisches Ermessen Kunstformen vor, über die zu urteilen er qualifizierter war und die er auch zu Propagandazwecken für geeigneter hielt als die Musik. Das waren die Gebiete des Films, des Rundfunks und des Journalismus und in geringerem Ausmaß Literatur und bildende Kunst.[44] Deshalb erwies sich die Musik – entsprechend ihrem vergleichsweise abstrakten und unbestimmbaren Charakter – im Dritten Reich als die am wenigsten zensierte, als die autonomste aller Künste.

Damit soll natürlich nicht unterstellt werden, daß jeder Komponist und Dirigent über diese Umstände voll unterrichtet war und sich entsprechend verhalten konnte. Die, welche aus ihrem eigenen schöpferischen Antrieb nach moderneren Formen des musikalischen Ausdrucks suchten und – unpolitisch in Goebbels' wohlwollender Sicht – nicht auf die komplizierten politischen Entwicklungen im Inneren des Reichs eingestellt waren, hatten manchmal allen Grund, sich unsicher und sogar ängstlich zu fühlen, was ihre künstlerische Betätigung anging. Ein typisches Beispiel ist Carl Orff, der wie sein einstiger Schüler Werner Egk ursprünglich von Strawinsky beeinflußt war und nach modernen Formen musikalischen Ausdrucks – wenn auch tonaler Art – suchte, fernab von der experimentellen Weimarer und Wiener Schule. Seine *Carmina Burana* waren anfangs genügend eigenwillig, um in den Kreisen von Rosenberg und sogar Goebbels verdächtig zu erscheinen, so daß Orff zumindest eine Zeitlang Grund hatte, sich vor dem Zugriff der Zensur auf alles, was er in Zukunft komponieren würde, zu fürchten. Obwohl es vielleicht nicht notwendig gewesen wäre, holte die Frankfurter Oper vor der Uraufführung der *Carmina Burana* bei der letzten jährlichen Veranstaltung des ADMV im Juni 1937 die formelle Zustimmung des RMK-Präsidenten Raabe ein. Ein Jahr später hatte Orff noch immer Anlaß, Rosenbergs Helfershelfern zu mißtrauen, und war über Drewes' neues Zensurbüro besorgt, da er nicht wußte, nach welcher Art von Opfern es Ausschau hielt. Obwohl Orff sich beruflich in einem bemerkenswerten Aufwind befand, warnte ihn sein

Verlag Schott's Söhne, daß Raabe und Drewes, von Rosenbergs Männern ganz zu schweigen, jeden Schritt mißtrauisch beäugten, der die Aufführung seines nächsten Werks *Der Mond* betraf (das musikalisch weniger kühn als *Carmina Burana* war). »Eine offizielle Ablehnung würde einen sehr schweren Rückschlag für Sie bedeuten«, machte ihn der Verlag aufmerksam. »Wir müssen den sichersten Weg gehen.« Obwohl sich das als Übertreibung erwies, glaubte Schott's Söhne, daß »diese Leute hundert Mittel« hätten, Orff »restlos zu erledigen, wenn sie wollen«. Deshalb wurde eine weitere Zusammenarbeit mit der modern orientierten Frankfurter Truppe von Hans Meissner für ziemlich riskant gehalten. Obwohl er es inzwischen zu nationalem Ruhm gebracht hatte, hielt es Orff noch 1943 für opportun, einen persönlichen Besuch im Promi zu machen, um sich die freundliche offizielle Aufnahme seines neuesten Werks, der szenischen Kantate *Catulli Carmina*, zu sichern, und berichtete nach seiner Rückkehr aus Berlin freudig über das allgemeine Wohlwollen, das ihm die Funktionäre dort entgegengebracht hätten. Im Juli 1944 erfuhr Orff zu seiner Genugtuung, daß der schlesische Gauleiter Karl Hanke, ein ehemaliger Staatssekretär des Promi, mit Goebbels über sein gesamtes künstlerisches Schaffen gesprochen habe, was auf die frohe Botschaft hinauslief: »So aber besteht keine Gefahr mehr.«[45]
Als er sich unmittelbar nach dem Zweiten Weltkrieg seine (realen oder eingebildeten) Anfangsschwierigkeiten mit den Nazi-Zensoren ins Gedächtnis rief und erkannte, daß er sich während des Regimes in sehr konkreten Punkten mehr als notwendig kompromittiert hatte, zog Orff offenbar die Möglichkeit in Betracht, sich vor der amerikanischen Militärregierung auf einen Schlag reinzuwaschen: Konnte er sich nicht als Opfer des Nazismus darstellen und damit den lästigen und möglicherweise nachteiligen Proze-

duren der Entnazifizierung entgehen? Da er eine Chance witterte, sich unter der Ägide der Alliierten am Wiederaufbau der demokratischen Strukturen auf dem kulturellen Sektor zu beteiligen, behauptete Orff, er sei von den NS-Behörden wegen des »undeutschen« Charakters seiner Kompositionen und seiner Sympathie für die Juden verfolgt worden. Und außerdem erzählte er 1946 einem Offizier der amerikanischen Besatzungsbehörden, der zufällig 1938/39 in München sein Schüler gewesen war, daß er Gründungsmitglied der Widerstandsgruppe »Weiße Rose« unter der geistigen Führung des Münchner Professors Kurt Huber gewesen sei, deren Mitglieder 1943 fast alle verhaftet, des Hochverrats angeklagt und hingerichtet worden waren. Wie mir der ehemalige Offizier, der New Yorker Kammermusik-Dirigent Newell Jenkins, im März 1993 mitteilte, behauptete Orff ihm gegenüber: »Er habe mit Huber zusammengearbeitet, der eine Art Jugendgruppe gegründet habe. Es sei gefährlich geworden, als einige Jugendliche oder vielleicht Huber selbst beim Verteilen von Flugblättern entdeckt worden seien. Huber wurde verhaftet und umgebracht. Orff sagte mir, soweit ich mich erinnern kann, daß er mit Hilfe von einigen Freunden in die Berge geflohen sei. Er sagte mir nicht, wohin. Und er blieb dort, bis es für ihn ungefährlich war zurückzukehren.« Gestützt auf diese Aussage und ohne weiteres Aufhebens stuften die Amerikaner Orff als einen »Mitläufer« der harmloseren Art ein und erlaubten die Uraufführung seines soeben beendeten bayrischen Stücks *Die Bernauerin* im Juni 1947 in Stuttgart mit seiner Tochter Godela in der Titelrolle.[46]

Orffs Geschichte war eine geschickte Erfindung, denn obwohl der Komponist und Huber befreundet gewesen waren und in musikalischen Angelegenheiten zusammengearbeitet hatten, war Orff niemals in die Verschwörung der »Weißen Rose« eingeweiht. Hubers Witwe Clara hat

darauf beharrt, Orff habe »die ›Weiße Rose‹ weder mitge-
gründet noch war er je Mitglied«, und Orffs Witwe Gertrud
bestätigt: »Orff war *nicht* dabei, nicht verwickelt.«[47] Weil
er wußte, daß die Wahrheit seiner Nachkriegskarriere
schaden könne, bewahrte Orff über die Details seines
Kontakts mit Jenkins und das, was er ihm erzählt hatte, bis
zu seinem Tod 1982 Stillschweigen, hatte jedoch 1947 versucht, den amerikanischen Nachrichtendienst-Offizier nach
dessen Rückkehr in die Vereinigten Staaten 1947 unglaub-
würdig zu machen.[48]

Doch, um fair zu sein, in welchem Maß wich Orff von
der offiziellen Parteilinie ab, und in welcher Weise schloß
er sich dem Regime an? Orff, geboren 1895, hatte als junger
Komponist in den frühen zwanziger Jahren starke Eindrücke von Strawinsky erhalten und Lieder auf Texte des
jüdischen Dichters Franz Werfel und des ab 1927 marxistischen Dramatikers Brecht komponiert. Politisch war er
eher indifferent, doch Brechts schon immer revolutionäre
Haltung beeindruckte ihn. Unter seinen Musiker-Freunden
waren einige Juden; am Ende der Republik hatte er mit
Kestenberg, Jöde und Scherchen zu tun. Spätestens nach
dem politischen Wechsel 1933 wurde er wie Hindemith von
der tonangebenden Rosenberg-Clique mit Mißtrauen
betrachtet, und auch Orff versuchte, sich mit der regionalen
Kampfbund-Sektion zu verständigen.

Als er 1934 damit scheiterte und da er außerhalb des
Rosenberg-Kreises politisch eine unbekannte Größe war,
komponierte er die *Carmina Burana* mit einiger Beklom-
menheit, zumal er wußte, daß allein der Text in mittelalter-
lichem Latein die Nazis ärgern könnte. Das war in der Tat
der Fall und galt auch der sexuell eindeutigen deutschen
Übersetzung im Programmheft und für die Mitglieder
des Chores wie der für manche befremdlich klingenden
Musik.[49]

Trotz des teilweisen Erfolgs des Werks 1937 und kurz danach hätte Orff, wenn er strikt demokratisch gesinnt gewesen wäre, Grund genug gehabt, sich in eine innere Emigration zu begeben – in der Tat hätte er das Land überhaupt verlassen können. Im Herbst 1938, zum Zeitpunkt der Sudetenkrise, bot ihm sein Schüler Jenkins, der in den Vereinigten Staaten wichtige Beziehungen hatte, dazu eine Gelegenheit. Doch Orff lehnte mit dem Argument ab, er sei zu tief im bayrischen Boden verwurzelt und spreche nicht Englisch.[50]

Die Wahrheit ist, daß Orff – der Notwendigkeit, seine teils jüdische Abstammung vor den Behörden zu verheimlichen, äußerst bewußt –, bereits beschlossen hatte, sich dem Regime, das er aus ganzem Herzen verabscheute, anzupassen. Seit 1934 hatte er ohne Erfolg versucht, Teile seines *Schulwerks*, das nach 1945 seinen internationalen Ruhm mehrte, für den Gebrauch in der Hitlerjugend zu verpfänden. 1938 komponierte er eine *Sommernachtstraum*-Musik im Rahmen einer offiziellen NS-Anordnung, Mendelssohns berühmtes Original zu ersetzen; sie wurde ein Jahr später in Frankfurt aufgeführt. Anfang 1942 ging er mit dem kulturell ehrgeizigen Wiener Gauleiter Baldur von Schirach, dem Sohn des Wiesbadener Intendanten, eine vertragliche Vereinbarung ein, die ihm monatlich 1000 Mark einbrachte. Und gegen Kriegsende wurde ihm einer der größeren Preise der RMK verliehen, er war ausdrücklich von jeder Art von Einberufung freigestellt und wurde von Goebbels' Großdeutschem Rundfunk und der Deutschen Wochenschau gebeten, musikalische Beiträge zu liefern. Während der ganzen Periode war Orff kein Held gewesen, erklärt seine Tochter in ihren Memoiren, doch belegt eine Reihe von Beweisen, daß er auch kein Nazi-Schurke war. Ein sensibler und eigenständiger Künstler in der Weimarer Republik, wurde Orff angesichts der Unsicherheit und der

Bedrohung, verfolgt zu werden, zumal früh im Regime ein Opportunist auf politischem und kulturellem Gebiet. Nachdem er das anfängliche Mißtrauen überwunden hatte, blieb seine Musik konsequent modern, jedoch tonal und in gewisser Weise archetypisch germanisch. Gerald Abraham formulierte dies vielleicht etwas überspitzt: »Die einzige Art von Modernismus, der im Dritten Reich akzeptabel war, war der rhythmisch hypnotische, völlig diatonische Neoprimitivismus von Orffs szenischen Kantaten.« Akzeptabel zumindest bis zu dem Grad, in dem auf dem Höhepunkt des Krieges viele führende Nazis – einschließlich Goebbels und Schirach – Orff zu den wenigen vielversprechenden Talenten zählen konnten, die sie für eine echte Kulturrevolution in ihrem Reich nötig hatten, auch wenn er niemals ihre erste Wahl gewesen zu sein scheint.[51]

Im Juni 1942 erwähnte ein verstimmter Hans Pfitzner den Komponisten Rudolf Wagner-Régeny zusammen mit Orff und Egk als einen der Modernen, die gegenwärtig bevorzugt würden.[52] In mancher Hinsicht lag er mit seinem Kommentar nicht allzusehr daneben. Zunächst einmal betrachteten Egk und Orff Wagner-Régeny als verwandte Seele. Doch ob er nun offiziell begünstigt wurde oder nicht, haben Wagner-Régeny selbst, einige Kollegen und nicht wenige Kritiker die Auffassung vertreten, daß seine Tätigkeit während des Dritten Reichs gesellschaftlicher und politischer Opposition gefährlich nahe kam.[53] Seine Biographie läßt darauf schließen, daß er für eine solche Entwicklung der Dinge durch seine frühe Karriere in der Weimarer Republik prädestiniert war. Rudolf Wagner wurde 1903 in der ethnisch deutschen Gemeinschaft im ungarischen Siebenbürgen geboren; seine Vaterstadt Sächsisch-Regen (Szaszrégen) lieferte später seinen Künstlernamen. Nachdem die Stadt 1920 an Rumänien gefallen war, studierte er in Leipzig Klavier und besuchte darauf von 1921 bis 1923 die

Berliner Hochschule für Musik. Während der zwanziger Jahre arbeitete er mal im Kabarett, mal auf dem Gebiet des Jazz und der leichten Musik im Weimarer Deutschland, sowohl in den Ländern als auch in Berlin, manchmal mit dem Tanzpädagogen Rudolf von Laban und immer enger mit dem Kreis um Weill und Brecht. Natürlich begegnete er Darius Milhaud, Hindemith und Hanns Eisler; nach 1929 war er ständiger Mitarbeiter und enger Freund des Bühnenbildners und Librettisten Caspar Neher, der ebenso eng mit Weill und Brecht arbeitete. 1923 wurde er deutscher Staatsbürger und heiratete die als Tochter eines französischen Hugenotten und einer Wiener Jüdin in Bukarest geborene Bildhauerin Leli Duperrex.[54]

Im Februar 1935 brachte Karl Böhm, der mit dem Komponisten befreundet war, dessen erste Oper von Bedeutung, *Der Günstling*, in Dresden zur Uraufführung. Das Libretto stammte von Neher und basierte auf Victor Hugos Drama *Mary Tudor*. Es enthielt gewisse Passagen, die man als gegen Hitlers dikatorisches Regime gerichtet interpretieren konnte: Anspielungen auf das Beil des Henkers, ein verwüstetes Land, den Sturz eines Tyrannen. Wagner-Régenys kompositorischer Stil war hier von klassischer Einfachheit, die an Händel erinnerte, sparsam orchestriert und innerhalb der Grenzen herkömmlicher Tonalität. Der experimentierfreudige Böhm schätzte das Werk so sehr, daß es innerhalb weniger Monate nicht weniger als elfmal auf dem Spielplan stand. Die Oper wurde von anderen Häusern innerhalb und außerhalb Deutschlands angenommen, und mit zweiunddreißig Jahren war Wagner-Régeny plötzlich ein berühmter Mann.[55]

Als der Gastdirigent Herbert von Karajan auf Tietjens Geheiß am 28. Januar 1939 an der Berliner Staatsoper Wagner-Régenys zweites wichtiges Werk *Die Bürger von Calais* herausbrachte (das fünf weitere Vorstellungen er-

lebte), wurde es von einigen Kritikern als »problematisch«
bezeichnet – wahrscheinlich nicht wegen Nehers Libretto,
sondern möglicherweise wegen seines grau in grau gehalte-
nen Bühnenbilds, das eine Vorahnung des bevorstehenden
Krieges zu sein schien, und auch wegen der Musik, die nun
einige unheimlich an Weills Weimarer Gassenhauer-Stil
erinnerte.[56]

Wagner-Régeny erlebte sein Waterloo Anfang April 1941
in Wien, wo unter Schirachs Schirmherrschaft mit der Hilfe
des progressiven Regisseurs Oskar Fritz Schuh und des
Dirigenten Leopold Ludwig seine nächste Oper *Johanna
Balk* uraufgeführt wurde. Es gab verschiedene Gründe für
den anschließenden Skandal, von denen der entscheidenste
die komplizierte Beziehung zwischen Goebbels und Schirach war. Schirach betonte in außerordentlich hohem
Maß seine kulturelle Autonomie, obwohl im Prinzip beide
Männer dafür waren, moderne Opern von der Art, wie sie
Egk, Orff und Wagner-Régeny schufen, auf die Bühne zu
bringen.[57] Kurz zuvor hatte Wagner-Régeny eine Auseinandersetzung mit Goebbels' eigenem Mann gehabt, dem
Generalintendanten Wilhelm Rode am Deutschen Opernhaus in Berlin, der früher sowohl ihm wie Neher gegenüber positiv eingestellt gewesen war. Auf jeden Fall hatte
Rode *Johanna Balk* abgelehnt, bevor die Oper vom Wiener
Kultur-Establishment angenommen wurde. Und außerdem
war Nehers Libretto diesmal politisch riskant, denn es ging
um einen ungarischen Fürsten des 17. Jahrhunderts, der die
Siebenbürger Sachsen in Wagner-Régenys Heimat unter-
jochte und ihre Frauen vergewaltigte. Das hätte als politischer Affront gegen das faschistische ungarische Regime
von Nikolaus Horthy aufgefaßt werden können, der auf der
Seite der Achsenmächte stand. Deshalb mußten über Nacht
die ungarischen Namen der Hauptrollen und der Schauplätze in deutsche verändert werden; aus dem ungarischen

Schurken Fürst Bathory wurde sicherheitshalber der deutsche Fürst Balthasar. Doch möglicherweise nicht so risikolos, wie sich Wagner-Régeny das vielleicht gewünscht hätte, denn als Deutscher wies der Tyrann nun eine offenkundige Ähnlichkeit mit Hitler auf. Goebbels war wütend, daß seine ausdrückliche Anordnung an Schirach, das Stück fallenzulassen, ignoriert worden war und daß der Gauleiter wahrhaftig eine Rede gehalten hatte, in der er seine ureigenste Vorstellung von kulturellem Pluralismus verteidigte. Außerdem wirkte es sich zu Wagner-Régenys Nachteil aus, daß sein Kompositionsstil – rhythmisch ausgeprägt und mit eckigen Harmonien – so sehr an Weill erinnerte. Bei der Premiere brüllten und buhten gegen Schirach eingestellte Agents provocateurs, die strategisch im Publikum verteilt worden waren, und demonstrierten damit der Außenwelt zu Goebbels' Befriedigung, daß *Johanna Balk* ein »Machwerk« sei. Obwohl der Minister über genügend Autorität verfügte, um das Werk im übrigen Deutschland zu verbieten (Freiburg, Darmstadt und Wuppertal mußten darauf verzichten), hielt sich die Oper in Wien zwei weitere Spielzeiten. Goebbels, der, was Hindemith betraf, eher gleichgültig und gegenüber Orff und Egk neutral bis positiv eingestellt war, legte nun gegenüber Wagner-Régeny eine ungewöhnliche Feindseligkeit an den Tag, die zu einem Gutteil auf seine persönlichen Fehde mit Schirach gründete. Der Komponist wurde ein fast beiläufiges Opfer – gestrichen von der Liste der RMK-Preise, die die Graeners, Orffs, Knabs und Distlers einheimsten, und auch nicht auf die Gottbegnadeten-Liste für den Einsatz beim Rundfunk gesetzt. Daß er vom Militärdienst nicht freigestellt wurde, war für einen Komponisten von seiner Sensibilität das schlimmste.[58]

Am 5. Februar 1943 wurde der Musiker zum Dienst an der Ostfront eingezogen. Er verbrachte acht Wochen in einem Ausbildungslager der Wehrmacht, wo er in einem Haufen rüpelhafter Kerle, die in schmutzigen Witzen schwelgten und von seiner Art von Kultur völlig unbeleckt waren, durch eine physische und psychologische Hölle ging. Er begann, an Schlaflosigkeit zu leiden, erlitt regelmäßig Weinkrämpfe und entwickelte eine Phobie gegen geladene Gewehre. Der Mann, der einmal gutgenährt und extravagant gutaussehend gewesen war, wurde abgezehrt. Doch wurde er nach acht Wochen nicht wie erwartet nach Charkow versetzt, sondern auf einen erheblich ruhigeren Posten im besetzten Paris – auf Initiative einer prominenten Regimegegnerin mit vorzüglichen Verbindungen zu wichtigen Nazis. Da sich sein Zustand nicht wesentlich besserte, fand sich Wagner-Régeny Ende 1943 als Schreibtischhengst, nach wie vor im Dienst der Armee, wieder in Berlin. Ein Eingeweihter schrieb im November jenes Jahres: »Ich weiß, daß im Propagandaministerium Strömungen gegen ihn vorhanden sind.« Ab nun drohte seiner Frau, der »halbjüdischen« Ausländerin, Gefahr, und um die Sache noch schlimmer zu machen, bekam sie Brustkrebs. Als Komponist war er ein Nichts geworden; seine Werke wurden ignoriert. Anfang 1945 in Mecklenburg stationiert, von chronischer Migräne gequält und an der Seite seiner sterbenden Frau, lernte er Russisch, um der Offensive der Roten Armee, die jeden Augenblick auf das kleine Dorf hereinzubrechen drohte, nicht völlig hilflos ausgesetzt zu sein.[59]

Wagner-Régenys damaliger enger Freund Gottfried von Einem, dessen Mutter, die Baronesse, ihn 1943 vom Einsatz an der Ostfront losgeeist hatte, sagte mir 1994: »Wagner-Régeny war ein Charakter sui generis, der durch nichts zu bestechen war. Er hat seine Musik geschrieben nach seinem Gewissen. Er war ein Mann, den Sie nicht kaufen konnten, und das ist doch sehr viel.«[60] In der Tat wäre das der Fall gewesen, wäre Wagner-Régenys Integrität so unverletzlich gewesen, wie sie von Einem schilderte. Doch es gab im Charakter dieses Mannes auch eine andere Seite, düster genug, um an seinem oft erklärten Engagement gegen die Nazis zu zweifeln. 1934 zum Beispiel trat Rosenbergs NS-Kulturgemeinde mit dem Ansinnen an ihn heran, Musik für *Ein Sommernachtstraum* zu schreiben, und Shakespeares Stück mit seiner Musik, die ihm hübsche 2000 Mark netto einbrachte, wurde 1935 öffentlich aufgeführt. Im Nachhinein entschuldigte er das als harmlose Fortsetzung von Orffs Bemühungen in dieser Richtung – doch Orff erlag der Versuchung erst vier Jahre später.[61] Wagner-Régenys Kompositionsstil stand in seiner Schlichtheit wie bei den Komponisten der Bekennenden Kirche in bewußtem Gegensatz zur Musik der Spätromantik und war genau das, was den Nazis recht war und bei einigen als innovativ galt. Die »untheatralische« Individualität seiner Musik, wie sie im *Günstling* und den *Bürgern von Calais* erklang, wurde aus dem nämlichen Grund begrüßt. Doch nach kluger Analyse schreibt Claudia Maurer Zenck heute Wagner-Régenys simplifizierendem Stil in der Nachfolge Weills in *Johanna Balk* eine irritierend unechte Qualität zu, das Endresultat der Umfunktionierung bestimmter Elemente des Weimarer Musikstils »für den Kollektivismus der Hitlerdiktatur«.[62] Und außerdem war Nehers Libretto für *Die Bürger von Calais* der NS-Ideologie in hohem Ausmaß angepaßt. Was hier gefeiert wurde, war die Bereitschaft selbstloser Individuen, ihr Leben um der Gemeinschaft willen zu opfern, ein heroisches Thema, zu dem Neher von Hitler selbst hätte inspiriert gewesen sein können.[63] Und Wagner-Régeny stand seit Anfang 1942 wie Orff auf der Lohnliste eines Naziführers, des Wiener Gauleiters von Schirach, erhielt allerdings nur die Hälfte des Betrags, über den sein berühmterer Kollege Orff verfügen konnte.[64]

Laut seinen eigenen Äußerungen in der Zeit des Dritten Reichs und den Aussagen nach dem Krieg versuchte Wilhelm Furtwängler bewußt, sich bereits Anfang 1933 – als er beschloß, in Deutschland zu bleiben – gegen die Nazi-Herrschaft zu wenden, ein weiteres Mal Anfang 1935, als er hätte emigrieren können, und abermals Ende 1936 und Weihnachten 1938. War er also wirklich dieser »heilige Musiker (mit kleinen menschlichen Schwächen), stolz, aber scheu, mit feinen verkrusteten altmitteleuropäischen Manieren«, wie ihn der Brite Ronald Harwood in seinem Stück *Taking Sides* angelegt hat?[65] Als Rechtfertigung dafür, daß er im Dritten Reich geblieben war, führte Furtwängler an, daß ein unpolitischer Künstler das durfte, vor allem wenn er versuchte, sich für die Juden einzusetzen.[66] In der Tat ist Furtwänglers Intervention zugunsten der jüdischen Mitglieder seiner Berliner Philharmoniker, zumal des Konzertmeisters Simon Goldberg, gut dokumentiert und inzwischen fast legendär. Aufgrund seines Einsatzes konnten verschiedene Musiker wesentlich länger in Deutschland bleiben und arbeiten, als das anderenfalls möglich gewesen wäre.[67] Furtwängler unterstützte Schönberg in dessen Exil in Paris, indem er den früheren Arbeitgeber des Kompositionslehrers, den preußischen Kultusminister Bernhard Rust, energisch drängte, »ihn nicht zu einem Märtyrer zu machen«.[68] Furtwängler sprach sich auch klar und deutlich für den nichtjüdischen Hindemith aus und beschwor persönlich Goebbels und im Sommer 1937 sogar den Führer, immer mit unglücklichem Ergebnis.[69] Einer von Furtwänglers glaubwürdigeren Biographen hat nachgezählt, daß sich der Dirigent für mindestens achtzig Menschen verwendet hat und vielleicht für noch viel mehr, denn Gespräche und Telefonanrufe wurden nicht dokumentiert.[70]

Eine so hohe Zahl ist jedoch an sich verdächtig. Bei näherer Untersuchung findet man auf dieser Liste nicht nur Juden und bekannte Gegner des NS-Regimes, sondern auch Antisemiten, Nazis und Musiker, die mit der Sache der Nazis sympathisierten. Pfitzner befindet sich darunter, dem Furtwängler bei einer sehr strittigen Pensionsregelung zu helfen versuchte, bei der die persönliche Sicherheit des Komponisten nicht auf dem Spiel stand.[71] Furtwängler intervenierte zugunsten der Gesangspädagogin Anna Bahr-Mildenburg, des Komponisten Georg Vollerthun und des Dirigenten Franz von Hoesslin, die alle zu dieser Zeit nationalsozialistisch gesinnt waren.[72] Besonders fragwürdig war seine Unterstützung des Nazis Max Trapp, als dessen Affäre mit einer verheirateten Schülerin herausgekommen war; Furtwängler erklärte lakonisch: »Trapp wird von einer Frau verfolgt« (in diesem speziellen Fall mag es sich um die Deckung eines notorischen Schürzenjägers durch einen anderen gehandelt haben).[73]

Furtwängler gebrauchte seinen Einfluß jedoch nicht nur, um Menschen zu helfen, sondern auch, um denen zu schaden, von denen er dachte, daß sie ihm im Weg stünden. Er tat sein möglichstes, um die Aufführung von Strauss-Opern in Berlin zu verhindern, bis er im Dezember 1934 seinen festen Posten an der Staatsoper verlor. In Goebbels' Anwesenheit intrigierte er häufig gegen seinen alten Rivalen Strauss, bis er zuletzt in einem plötzlichen Anfall von Mitgefühl versuchte, den achtzigjährigen Komponisten vor dem geballten Zorn des Propagandaministers und Hitlers zu beschirmen.[74] Furtwänglers konstante Machenschaften gegen Karajan wurden bereits erwähnt, ebenso wie der maliziöse Brief, den er 1936 gegen Clemens Krauss zu Papier brachte. Und es gibt, wenn wir Karl Böhms Mitarbeiter Oskar Fritz Schuh glauben können, Hinweise, daß Furtwängler versuchte, Böhms neue Position in Wien nach 1942 zu untergraben. Nach dem Krieg verweigerte Furtwängler Otto Klemperer, seinem einstigen Berliner Kol-

legen und nunmehrigen potentiellen Konkurrenten, die
erbetene Unterstützung, als der sie für ein europäisches
Comeback dringend nötig hatte.[75]

Diese häufige Einmischung entweder zu einem guten
oder einem schlechten Zweck läßt darauf schließen, daß
Furtwängler kein Altruist war, sondern ein Mann, der nach
persönlichen Verbindungen süchtig war und immer im
Mittelpunkt stehen mußte. Am Ende der Republik nannte
Pfitzner ihn einen »Primadonnerich«, für den es bezeichnend sei, »erst alles an sich zu reißen, und wenn er genannt
worden ist, es fortzuschmeißen«.[76] Gewiß scheint Furtwängler während des Dritten Reichs keine Kontrollposition
freiwillig aufgegeben zu haben, die er sich verschafft hatte –
Dutzende von Gremien, Kommissionen, Ämtern und Ver-
einsvorsitze (einschließlich der Ehrenpräsidentschaft in der
Hans-Pfitzner-Gesellschaft) –, um so viele Eisen wie möglich im Feuer zu haben. Er mußte immer eine Rolle spielen,
oder den Anschein erwecken, eine zu spielen; das gab ihm
ein Gefühl der Allmacht. Dieses Gefühl, das zu seinem
pathologischen Drang »zu helfen« führte, drückt sich in ein
paar Zeilen aus, die er 1944 gegen Ende des Reiches, als ein
großer Teil Deutschlands bereits in Trümmern lag, an seine
Mutter in Heidelberg schrieb: »Wenn ich auch oft weit weg
bin, kann ich Dir doch meistens gleich helfen.«[77]

Wie der britische Historiker Richard J. Evans in der
Einschätzung Furtwänglers während des Dritten Reichs
nahelegt, kann man nicht sorgfältig genug sein bei der
Taxierung seiner elitären Erziehung als Sohn eines berühmten Archäologen während der ausklingenden Wilhelminischen Ära und entsprechend bei seiner Bewertung als
erzkonservativer großbürgerlicher Berufsmusiker, der im
politischen Umfeld einer Republik, die er verachtete, Karriere machte.[78] Es war sein anhaltender Respekt vor der
Autorität, ein Erbe aus Wilhelminischen Zeiten, der Furt-

wängler zu einer hochmütigen und antidemokratischen Haltung konditionierte. Er begrüßte nicht nur die Rückkehr zu Ruhe und Ordnung unter Hitler (von dem er wie andere erwartete, daß er die Schmach von Versailles und andere Unbill ungeschehen machen würde), sondern war sogar für bestimmte Aspekte des nationalsozialistischen Antisemitismus aufgeschlossen. Natürlich sah er die »Jüdische Frage« nicht als rassisches, sondern als kulturelles Problem: Er kannte Juden mit einem Hang zur Größe (einmal sagte er, daß nur Juden die Violine zu spielen verstünden) und andere mit einer Vorliebe für das Minderwertige, Billige und Verfaulte. Früh im Dritten Reich stimmte er mit Goebbels überein, daß die destruktiven Elemente entfernt werden müßten. Als er 1933 Hindemiths Lehrer Sekles in Schutz nahm, bemerkte Furtwängler, dieser Wissenschaftler sei »einer der wenigen Juden, dessen Tätigkeit, seit ich ihn kenne (seit über 15 Jahren), *ausgesprochen aufbauend* war und der stets eine echte *innere Wahlverwandtschaft mit der deutschen Musik* bekundet hat«. Ein solches Argument erhellt die gefährlich selektiven, wenn nicht diskriminierenden Urteile, die zu den Stereotypen führten, mit denen NS-Musikwissenschaftler »jüdische« Komponisten wie Mendelssohn identifizierten.[79]

Ein Schlüsselwort in Furtwänglers periodischen Betrachtungen ist »deutsch«, eine Eigenschaft, auf die er sich auch in der öffentlichen Verteidigung von Hindemith berief. Irgendwo, so glaubte er, gebe es ein geheimes, echtes Deutschland, welches die vulgären Auswüchse von Hitlers Herrschaft, die schwer auf seiner Seele lastenden totalitären Übertreibungen nicht erreichen könnten, solange Menschen wie er, die dieses wirkliche Deutschland begriffen, zu ihm standen und nicht emigrierten. Letzten Endes war dieser Versuch des Dirigenten natürlich zum Scheitern verurteilt, der noch deutscher sein wollte als deutsch; man handelte wohl in dem Glauben, das wahre Deutsche gegen das falsche Deutsche der Tyrannis hochhalten zu sollen. Schiller, Goethe, Beethoven und Brahms waren die Säulenheiligen und Symbole des wahren Deutschland, und wenn er, Furtwängler, mit seiner umfassenden humanistischen Bildung sie nicht in Ehren hielt, dann würden die unangenehmen, plebejischen deutschen Braunhemden die Oberhand gewinnen (und noch mehr gute Juden würden umkommen). Furtwänglers Kardinalfehler in diesem Punkt war, daß er nicht erkannte, in welchem Ausmaß die Nazis – und nicht nur Hitler, Goebbels und Göring, die er im allgemeinen als höchste Vertreter irdischer Autorität respektierte – genau diese deutschen Kulturträger für sich in Anspruch nahmen, ja mit Beschlag belegten und für ihre eigenen Ziele benutzten. Er sah auch nicht, daß eine solche Aufteilung in ein gutes und ein böses Deutschland konzeptuell – das heißt, moralisch und historisch – völlig unmöglich war, was andere große Männer wie Thomas Mann bereits erkannt hatten. Doch eingedenk des wahren Deutschland, das gerettet werden mußte, konnte Furtwängler seiner naiven idealistischen Rolle als jedermanns Befreier in viel größerem Rahmen frönen, und so nutzte diese geistige Konstruktion sehr wohl seinem pathologischen Rollenverständnis. Er war davon überzeugt, daß die aufrechten Deutschen möglicherweise unangenehme Allianzen eingehen müßten, und zumindest am Anfang dachte Furtwängler, daß er solche Bündnisse eingehen könne, ohne seine persönliche und künstlerische Integrität zu verraten. »Es steht heute jeder Deutsche, der eine Stellung innehat, vor der Frage, ob er dieselbe behalten und durchführen will oder nicht«, teilte er seinem verblüfften Freund, dem Emigranten Ludwig Curtius, im September 1934 mit. »Im Bejahungs-Fall *muß* er mit der herrschenden Partei irgendwie praktisch paktieren.«[80]

378

Wie in verschiedenen Grundsätzen, die Ruhe und Ordnung betrafen (und einmal mehr die Nähe des Dirigenten
zur Diktatur zeigten, die er sich selbst nicht eingestehen
wollte), stimmte Furtwängler mit dem neuen autoritären
Regime hinsichtlich des Platzes der sogenannten entarteten
Musik in der deutschen Kultur überein; in seinem Lexikon
war auch sie nicht Teil des wahren Deutschland. In diese
Kategorie schloß Furtwängler, der selbst in einem weitschweifigen postromantischen Stil komponierte, vulgäre
Tanzmusik, Jazz (den er als »vollkommen unverdaulich«
und als »eine Lüge« bezeichnete) und atonale Musik mit
ein, besonders Schönbergs Reihentechnik. Er konnte auch
Hindemiths früheres, experimentelleres dissonantes Klangbild nicht leiden – zum Beispiel sein *Neues vom Tage* –, ein
Abscheu, den er zugegebenermaßen mit Hitler teilte. All
das war für ihn Ausdruck einer Modernität, die er für
»abwegig« hielt und sich damit praktisch nicht von der
Sicht der Nazis auf die verabscheute Kultur der Weimarer
Republik unterschied. Warum bot er dann Schönberg und
Hindemith seine Unterstützung an? Er hatte einige von
Schönbergs früheren Werken, die er bewunderte, und
sogar die in Reihentechnik geschriebenen *Variationen für
Orchester* von 1928 dirigiert. Schönberg war in Berlin ein
bedeutender Lehrer für Komposition gewesen und nun –
als Jude – ein Objekt seiner brüderlichen Fürsorge geworden. Außerdem war Furtwängler, obwohl autoritär,
kein Vorkauer; anders als selbst Strauss glaubte er, daß
dem Publikum Gelegenheit gegeben werden müsse, Qualität an sich zu erkennen (zweifellos dachte er, daß es sich
schließlich seiner Sicht anschließen würde), und verfiel –
da sich einiges davon in der Tat mit Hitlers und Goebbels'
vorsichtiger Konzeption künstlerischer Freiheit deckte –
dem verhängnisvollen Irrtum, daß der Führer im Ausdruck
und in der Rezeption von Kultur *totale* Freiheit gestatten

würde. »Wenn ich mich für Hindemith einsetzte«, meinte Furtwängler 1935, »so tat ich es im Grunde nicht, weil ich für seine Kunst Stellung nehmen wollte – die Frage nach deren endgültigem Wert ist durchaus ungeklärt und seine Art des Musizierens liegt der meinen sogar sehr fern –, sondern darum, daß die Allgemeinheit, die Nation die prinzipielle Möglichkeit hat, *selber* dazu Stellung zu nehmen.«[81]

Der Pakt des Maestro mit den Nationalsozialisten erwies sich für beide Seiten als vorteilhaft. In den höchsten Parteirängen wurde er als der anerkannt herausragende Dirigent der Weimarer Zeit hofiert. Goebbels trat mit ihm im Mai 1933 in Kontakt, als er Propagandaminister geworden war und bevor er die Reichskulturkammer gründete, über die Furtwängler als Chefdirigent der Berliner Philharmoniker zu Goebbels' Untergebenem werden sollte. Göring, Furtwänglers Vorgesetzter an der Berliner Staatsoper, ernannte ihn am 15. September zum Preußischen Staatsrat. Zusätzlich zu seinen Aufgaben als Dirigent machte sich Furtwängler unverzüglich auf andere Weise für die neuen Führer ans Werk: als musikalischer Berater und als Vizepräsident der Reichsmusikkammer, wo er in dieser Eigenschaft mehrfach den abwesenden Strauss vertrat.[82]

Was folgte, war ein Machtkampf, in dem Furtwängler, der sich für unentbehrlich hielt, während der Kontroverse um Hindemith das politische Fahrwasser testete: Sein herausfordernder Artikel erschien in einer Berliner Tageszeitung am Morgen des 25. November 1934, und nur wenige Stunden später dirigierte er eine Aufführung, die von den kulturbegeisterten Berlinern mit ostentativem Applaus aufgenommen wurde. Das ärgerte die Regimeführer, die nun beschlossen, ihn in seine Schranken zu verweisen. Das Ergebnis war seine Entfernung aus fast allen öffentlichen Posten (den Titel Staatsrat durfte er weiter

führen). Anfang 1935 hätte ihm diese Kette von Ereignissen
die zweite Chance zur Emigration geboten. Thomas Mann,
der die Ereignisse aus der Schweiz verfolgte, war von
seinem Verhalten beeindruckt.[83]

Statt dessen beschloß Furtwängler, seine Allianz mit den
Machthabern vorläufig zu verlängern, denn es gab für beide
Parteien noch immer etwas zu holen. Ohne den berühmten
Dirigenten büßten die Berliner Philharmoniker Geld und
Prestige ein, und das bedeutete einen enormen Verlust an
Publizität für eine Diktatur, die ihr Image im Ausland auf-
polieren wollte. Furtwängler wußte, daß er eine Chance für
eine Wiederannäherung hatte, denn weder die Philharmo-
niker noch die Staatsoper hatten ihn von ihren Gehalts-
listen gestrichen, zumindest bis zum Frühjahr 1935.[84] Und so
kam es am 28. Februar 1935 zu einem Treffen zwischen dem
Dirigenten und Goebbels, bei dem sie die Differenzen aus-
bügelten und zu einem neuen Modus vivendi gelangten.
Mit dem Versuch, seinem dem Namen nach unpolitischen
Bild gerecht zu werden, doch in dem Bewußtsein, daß er in
Wirklichkeit in eine politische Auseinandersetzung verwickelt war, schadete Furtwängler seiner anfangs starken
Position, indem er öffentlich und nicht der Wahrheit entsprechend behauptete, er habe seinen berühmten Artikel
zu Hindemiths Verteidigung nur aus musikalischer Sicht
geschrieben und bedaure allfällige politische Konsequen-
zen. Er sagte, es sei nie seine Absicht gewesen, sich in die
Richtlinien der Kulturpolitik einzumischen, die selbstverständlich das alleinige Vorrecht des Führers und seines
Ministers seien. Nachdem Furtwängler allen offiziellen
Machtansprüchen abgeschworen hatte, nahm ihn Goebbels
wieder in Gnaden auf und notierte: »Großer moralischer
Erfolg für uns.« Furtwängler sollte weiterhin regelmäßiger
Gastdirigent der Berliner Philharmoniker und schließlich
auch der Staatsoper bleiben. Um diese neue Übereinkunft

in einem symbolischen Akt zu bekräftigen, dirigierte der Maestro am 25. April die Berliner Philharmoniker abermals unter tosendem Beifall des Publikums.[85]

Nach dem Krieg nahm Furtwängler während seines Entnazifizierungsverfahrens nicht nur für sich in Anspruch, daß er seinen Dienst im Dritten Reich als »unpolitischer Künstler« fortgesetzt habe, sondern auch, daß er mit dem NS-Staat nie mehr in vertragliche Beziehung getreten sei. Außerdem sagte er, daß er den Versuchen der Nazis widerstanden habe, seine Talente für Propagandazwecke heranzuziehen.[86] Das heute verfügbare Beweismaterial zeigt, daß der Dirigent in allen diesen Punkten nicht die Wahrheit gesprochen hat. Zunächst einmal brauchte er angesichts seines enormen Prestiges keinen festen Posten, um seinen Lebensunterhalt zu bestreiten. Außerdem fanden viele seiner künftigen künstlerischen Auftritte in hochgradig propagandistischem Rahmen statt und drückten seiner Kunst in hohem Maß den Stempel des Politischen auf. Unter den ersten war ironischerweise sein Dirigat von Wagners *Die Meistersinger von Nürnberg* bei demselben Parteitag im September 1935, bei dem die Nürnberger Rassengesetze beschlossen wurden – eine Handlung von seiten Furtwänglers, die seinem weitherzigen Gelöbnis, die Juden zu retten, Hohn sprach. Dies um so mehr, als Hitler die *Meistersinger* – wie uns Wagners Urenkelin Nike Wagner unlängst ins Gedächtnis gerufen hat – »zur repräsentativen Festoper der Nürnberger Parteitage gemacht« hatte.[87] Genauso wie früher dirigierte Furtwängler weiter im Dienst von Hitler, Goebbels und Göring. Die Freude des Führers und seines Propagandaministers ist überschwenglich dokumentiert – trotz gelegentlicher unbedeutender Streitereien mit dem Dirigenten, die möglicherweise das noch immer offene Problem Hindemith oder die Situation der »Nichtarier« zum Inhalt hatten.[88]

Furtwängler hatte eine weitere Möglichkeit zu emigrieren, als ihm im Frühjahr 1936 das New York Philharmonic Orchestra auf Empfehlung Toscaninis den Posten des Chefdirigenten anbot. Eine Reihe von Faktoren kam jedoch dazwischen. Erstens übten das NS-Regime und vor allem Göring Druck auf ihn aus, im Reich zu bleiben, und drohten, daß ihm, wenn er weggehe, die Rückkehr versperrt sei. Zweitens war die künstlerische Öffentlichkeit in New York in der Frage gespalten, ob ein Mann wie Furtwängler, der sich bereits kompromittiert hatte, die herausragendste musikalische Position in den Vereinigten Staaten übernehmen könne. Schließlich hatte New York einen unübersehbaren jüdischen Bevölkerungsanteil, der die freien Künste kräftig unterstützte. »Ich bin ziemlich sicher, daß die jüdischen Abonnenten bei den Philharmonikern fünfzig Prozent der Gesamtzahl ausmachen«, warnte ein Mitglied des Orchestervorstands. Natürlich waren auch nichtjüdische Gönner besorgt. Ein erregter protestantischer Geistlicher drohte: »Wegen der Berufung Furtwänglers, dieses Apostels und Werkzeugs des Nazismus, muß ich es ablehnen, Konzerte Ihres Orchesters zu besuchen. Und außerdem habe ich die Absicht, meinen Einfluß auf die große Zahl meiner Bekannten, Freunde und Gemeindemitglieder dazu zu benutzen, daß sie ihre Abonnements nicht verlängern und in Zukunft Ihren Konzerten fernbleiben.« Furtwängler selbst war unentschlossen, obwohl er sich Ende Februar 1936 bereit erklärt hatte, eine zwölfwöchige Saison mit 42 Konzerten für 35000 Dollar zu dirigieren, die im November beginnen sollte. Schließlich konfrontierte ihn der ganze Vorschlag abermals mit der existentiellen Frage von Emigration, Exil und seinem Deutschtum, und das konnte das ursprüngliche Diktat seines Gewissens nicht zulassen. Auf jeden Fall kam es Mitte März praktisch zu einem Boykott in den Vereinigten Staaten, dem zu begegnen er nicht die Kraft hatte und der ihn veranlaßte, in Deutschland zu bleiben.[89]

Dafür wurde Furtwängler vom Regime großzügig belohnt. Obwohl er mit Winifred Wagner keineswegs auf freundschaftlichem Fuß stand, konnte er mit Rückendeckung von Hitler und Goebbels 1936 und 1937, und dann wieder 1943 und 1944 bei den Bayreuther Festspielen dirigieren. Im Februar 1938 leitete er ein Konzert für das Winterhilfswerk der Nazis. Er gab Ratschläge, was die Frage der Rekrutierung von Musikern betraf, und dirigierte im Februar 1938 ein Sonderkonzert der Berliner Philharmoniker für die Hitlerjugend. Die Philharmoniker hatten unter Furtwängler als Gastdirigent weiterhin eindrucksvolle Einnahmen. Der Maestro wurde von Hitler als Kandidat für einen neuen Nationalpreis in Betracht gezogen, der eine Konkurrenz für den internationalen Nobelpreis werden sollte, und obwohl er nicht unter den Empfängern war, konnte er nach wiederholten Verhandlungen mit Goebbels seine finanzielle Situation weiter verbessern. Die Einnahmen aus den Konzerten mit den Philharmonikern und anderen Einkommensquellen scheinen dem Dirigenten allein im Steuerjahr 1939 mindestens 206 000 Mark netto eingebracht zu haben. Kein Wunder, daß er es abermals ablehnte zu emigrieren, als ihn Richard Wagners Enkelin Friedelind bat, von einem Aufenthalt in Paris Weihnachten 1938 nicht in das Reich zurückzukehren.[90]

Als sich das Leichentuch des Krieges langsam über Europa senkte, wurde Furtwängler dem Dritten Reich in seiner Eigenschaft als Kulturbotschafter wichtig, eine Rolle, die er im großen und ganzen bereitwillig akzeptierte. Eine weitere Ironie dabei war die Gratwanderung des Dirigenten, der einem nichtdeutschen Publikum die musikalischen Porträts von Beethoven, Brahms und Bruckner vorführte, welche die Nazis als ihr eigenen rechtmäßigen Vertreter betrachteten, doch die er laut seinen Aussagen nach dem Krieg einem anderen Deutschland zuwies. »Er hat uns wieder im Ausland große Dienste getan«, notierte Goebbels im November 1939 in sein Tagebuch.[91] Furtwängler und seine zweite Frau Elisabeth rühmten sich beide nach dem Krieg, daß sich der Dirigent nie dazu erniedrigt habe, die NS-Propaganda durch Auftritte in besetzten Ländern zu fördern. Das war nicht nur insofern eine Lüge, als Furtwängler im Februar 1942 im besetzten Dänemark arbeitete, sondern ist auch unter dem Aspekt der breiteren Bedeutung der »Besetzung« falsch, die auch die Satellitenstaaten der Nazis einschließen müßte, denn Furtwängler dirigierte die Wiener Philharmoniker in Prag im Protektorat Böhmen und Mähren im November 1940 bei einem Einsatz, der von Goebbels ausdrücklich als Propaganda bezeichnet wurde, und ein weiteres Mal im März 1944. Er machte eine Woche, bevor Norwegen von der deutschen Wehrmacht angegriffen wurde, eine Tournee nach Oslo. Er sanktionierte 1940 auch eine Reise der Berliner Philharmoniker in die besetzten Länder Holland, Belgien und Frankreich, an der er allerdings nicht teilnahm. Furtwängler gab sowohl im den Achsenmächten verbundenen Ungarn wie in der Schweiz und Schweden Konzerte, zwei neutralen Ländern, in denen seine bloße Präsenz ins Horn der Nazis stieß.[92]

Standard-Biographien Furtwänglers haben den Versuch unternommen, den Dirigenten freizusprechen.[93] Das kann nicht nur für die Periode vor dem Krieg nicht glaubhaft gemacht werden. Vor kurzem aufgetauchte Beweise zeigen auch deutlich, daß Furtwänglers inneres Engagement für das NS-Regime immer stärker wurde, je länger sich der Angriffskrieg für Deutschland hinzog. Sie belegen auch, daß der Maestro dafür von Goebbels begeisterte persönliche Beurteilungen ausgestellt bekam, sowie die unermüdliche Bewunderung des Führers erntete: nicht nur für den Musiker, sondern auch für den loyalen Befürworter der Regierungspolitik. 1942, nach Furtwänglers Tournee nach Skandinavien, notierte Goebbels: »Er strotzt nur so von nationaler Begeisterung.« Zwei Jahre später stellte der Minister »mit großer Freude« fest, daß er »je schlechter es uns geht, sich um so enger an unser Regime anschließt«. Mehr noch: »Furtwängler zeigt sich dabei wieder von der besten Seite. Er ist ein aufrechter Patriot und warmherziger Anhänger und Verfechter unserer Politik und Kriegführung. Man braucht ihm heute nur einen Wunsch zur Kenntnis zu bringen, und er erfüllt ihn gleich.« Im Gegensatz zu Strauss stand Furtwängler nie unter dem Verdacht des Verrats oder der Opposition.[94]

Nach April 1940 genoß Furtwängler als »ständiger Dirigent« der Wiener Philharmoniker abermals eine festere Verbindung mit einem Orchester. Goebbels zog ihn zu diesem Zeitpunkt als Nachfolger Raabes als Präsident der Reichsmusikkammer in Betracht, ein Posten, auf den Furtwängler offenbar auch aus war. Als das nicht zustande kam, war Furtwängler genauso glücklich, die Berliner Philharmoniker anläßlich Hitlers Geburtstags im April 1942 zu dirigieren – wie so viele geringere Kollegen in dieser Zeit. Der auf ewig dankbare Hitler wollte ihm erst ein neues Haus an einem malerischen bayrischen See schenken, doch da er um die Sicherheit des Maestro fürchtete, ordnete er statt dessen an, daß für ihn ein spezieller Bunker gebaut würde, eine Ausgabe, die auszuschlagen Furtwängler noch den Takt besaß. In den letzten Kriegsmonaten scheinen Furtwänglers Aufnahmen von Beethoven und Hitlers geliebtem Bruckner den Führer und seinen Propagandaminister während jener dunklen Stunden aufgeheitert zu haben, die Goebbels in seinem Tagebuch so gerne verwünschte. Im Dezember 1944 hatte Furtwängler nach einem Besuch in der Schweiz eine Audienz bei Goebbels, dem er »haarsträubende Dinge von der politischen Auffassung führender Schweizer Bürger« berichtete. Doch Anfang 1945 verschwand er plötzlich selbst über die Schweizer Grenze, nachdem er seine Familie vorausgeschickt hatte. Die herkömmliche Interpretation dieses Ereignisses ist, daß Himmler ihn der Komplizenschaft an der Verschwörung vom 20. Juli gegen Hitler verdächtigte und daß der Dirigent von einem Berliner Arzt, der Himmlers Haushalt nahestand, vor seiner bevorstehenden Verhaftung gewarnt wurde. Höchstens könnte Furtwänglers Name ohne sein Wissen auf eine Liste der Verschwörer gesetzt worden sein, aber nicht einmal das ist bewiesen. Peter Hoffmann, der maßgebende Historiker, was die Verschwörung vom 20. Juli betrifft, teilte mir mit: »Furtwängler kommt in meinen Arbeiten nicht vor, weil ich keinen Beweis kenne, der das rechtfertigen würde.« In jedem Fall ist es viel wahrscheinlicher, daß Furtwängler es für zweckmäßig hielt, das sinkende Schiff zu verlassen, nachdem er vom Regime so viel materielle und psychologische Früchte wie menschenmöglich geerntet hatte, ohne sich ernsten Schaden zuzufügen. Das war dann also sein letzter Abgang. Furtwängler war nicht des Teufels Musikmeister, wie übertreibend behauptet wurde, aber er war auch kein Mann des Widerstands. Er dachte elitär, war der Autorität verpflichtet und hatte einen stark konservativen Einschlag. Er beschloß, einen gefährlichen politischen Sturm zu überstehen, und beschwichtigte sein Ego, indem er sich gelegentlich humanitär engagierte, was für ihn, den mächtigen Kultur-Makler, nur geringe Risiken mit sich brachte. Am Ende waren Wortführer für die freie Welt genötigt, ihn darauf hinzuweisen, daß er sich einer Tyrannei angepaßt habe, deren lang anhaltenden Erfolg er durch genau die Art kulturpolitischer Aufgaben, die nach Goebbels' Überzeugung von der Musik zu erfüllen waren, mit gewährleistet hatte.[95]

Balanceakte: Strauss und Pfitzner

Da sich Richard Strauss einem festen Zugriff entzieht, wurde er vor kurzem von einem der scharfsinnigeren Musikwissenschaftler als ein »perfekter Maskenträger« beschrieben, als Mensch mit vielen Rätseln.[96] Eine der Masken, die Strauss wählte, war die des unpolitischen Künstlers in der Art Wilhelm Furtwänglers. »Ich habe mich nie in politische Dinge eingemischt«, sagte er zu Anfang der Nazi-Ära von sich.[97] Dieses Credo wurde sowohl von seinen Verteidigern wie auch von seinen Widersachern unkritisch übernommen.[98] In Wirklichkeit war Strauss sogar noch bewußter und geschickter politisch als Furtwängler und die meisten seiner künstlerischen Kollegen, hatte die erforderliche Erfahrung – und einige gute Gründe für ein solches Verhalten. Daß seine Politik selbst in der frühen Phase des Dritten Reichs zum großen Teil fehlschlug, war die persönliche Tragödie dieses Komponisten, den sein berühmter Librettist Stefan Zweig vor seinem Selbstmord in Brasilien im Februar 1942 den »letzten aus dem großen Geschlecht der deutschen Vollblutmusiker« nannte.[99]

Was nun definierte Strauss' Rolle als *homo politicus*? Zunächst einmal war Straus politisch durch eine doppelte Funktion als loyaler Untertan und Diener der weltlichen Herrscher in zumindest drei verschiedenen Machtbereichen vor der Jahrhundertwende geprägt. Er wurde 1864 in München geboren, dem Sitz der Wittelsbacher Dynastie, der er wie sein Vater, der Hornist und Professor, künstlerisch in vom Staat getragenen Orchestern diente, nachdem er sich 1885 seine ersten Sporen als Dirigent des Hoforchesters des Herzogs von Sachsen-Meiningen verdient hatte. Von 1898 bis 1910 war er Dirigent der Berliner Hofoper im Dienst von Kaiser Wilhelm II, danach noch dort ständiger Gast. In seinen prägenden Jahren entwickelte Strauss deshalb nicht nur in ungewöhnlichem Maß seine künstlerische

Persönlichkeit, sondern auch ein starkes Gespür für politische Autorität und gesellschaftliche Hierarchie.[100]

Das Bewußtsein seines Platzes in dieser Hierarchie veranlaßte ihn ganz selbstverständlich, Verantwortung in der Entwicklung der Kulturpolitik am Anfang der Weimarer Republik für sich zu beanspruchen. Die Tatsache, daß er, der Großbürger, der in der festgefügten monarchistischen Tradition aufgewachsen war, die Republik verabscheute, spielte dabei keine Rolle; in der Tat motivierte ihn das sogar noch stärker, bei der Wiederherstellung und Sicherung der Ordnung im Land mitzuhelfen.[101] Als er sich 1924 nach dem Ende seiner Wiener Dirigentenlaufbahn privat in Wien und in Garmisch niederließ, diagnostizierte Strauss voller Ekel endemische Fehler in der deutschen Republik und begrüßte im Januar 1933 Hitlers Machtergreifung voller Hoffnung – nicht weil er eine Vorliebe für den Totalitarismus hatte, wie fälschlich unterstellt wurde[102], sondern weil er glaubte, daß eine Diktatur ihm helfen könne, endlich die Änderungen in der Musikkultur seines Landes durchzusetzen, für die er jahrzehntelang vergeblich gekämpft hatte. Ebenso bewunderte Strauss in Mussolini nicht den Faschisten mit einer neokolonialen, imperialistischen Ideologie, sondern den starken Mann der Politik, der mit seiner eigenen Auffassung von öffentlichen Aufführungen von Musik, insbesondere seiner eigenen Werke, übereinzustimmen schien.[103]

Wie wir im ersten Kapitel sahen, beinhalteten Strauss' beabsichtigte Reformen vor allem eine generelle Verbesserung der Musikkultur und besonders der Opernkultur durch angemessene Politik, Erziehung und Ausbildung, sowie den Tantiemen- und Urheberrechtsschutz für Komponisten. Zugunsten der letzteren war er seit 1898 aktiv gewesen; 1903 hatte er die Genossenschaft Deutscher Tonsetzer (GDT) gegründet, einen offiziell anerkannten Interessenverband, der den Komponisten das Urheberrecht auf den musikalischen Gehalt in ihrem Werk gegenüber ihren Verlegern sicherte.[104] 1933 war es Strauss' Ziel, die Urheberrechtsfrist und damit die Abführung von Tantiemen von bisher dreißig auf fünfzig oder sogar siebzig Jahre nach dem Tod eines Komponisten zu verlängern. Der Kontakt mit Goebbels in den ersten Monaten nach Hitlers Machtergreifung über gesetzgeberische Fragen, die diese Themen betrafen, führte in Verbindung mit Strauss' Prestige als führender deutscher Komponist (er war lange Präsident des ADMV gewesen) direkt zu Goebbels' Angebot am 10. November 1933, die Präsidentschaft der Reichsmusikkammer zu übernehmen. Da er dachte, daß sich der erste heftige Sturm der Revolution bald legen würde, und da er das volle exekutive Potential erkannte, das ein solches Amt nicht nur für die Urheberrechtsfrage, sondern auch für seine allgemeinen Pläne mit sich brachte, gab Strauss seine Zusage.[105]

Strauss war sich seiner einzigartigen Position an der Spitze der deutschen Komponisten im besonderen und aller Musiker im allgemeinen voll bewußt, engagierte sich häufig in persönlichen Audienzen bei Goebbels, Göring und Hitler, wo er die Befugnisse der korporativistischen Musikkammer ins Spiel brachte, und krempelte im Interesse der sehr deutlichen Ziele, die er sich gesetzt hatte, die Ärmel hoch. In der Frage der Rechte der Komponisten fand er einen Verbündeten in dem bayerischen Justizminister Hans Frank, der ein passionierter Musikfreund war und ihm half, die von Goebbels vorgebrachten Einwände aus dem Weg zu räumen. Er arbeitete auch eng mit Winifred Wagner zusammen, die das Monopol auf die Opern ihres Schwiegervaters erweitern wollte, mit dem Hauptziel der Repatriierung von *Parsifal* nach Bayreuth als exklusivem Aufführungsort, die Hitler ihr 1923 versprochen hatte. (Nach

dem alten Gesetz war die Urheberrechtsfrist für *Parsifal*
1913 abgelaufen und damit auch das Alleinrecht der Familie
Wagner, das Werk aufzuführen.) Der Wagner-Gefolgsmann
Strauss konnte dem nur beipflichten und versprach, sein
Bestes zu tun. Noch 1933 vollzog Goebbels eine Umstruktu-
rierung im deutschen System des Einzugs und der Verteilung der Tantiemen, wobei er sich einer neugegründeten
Organisation, der Stagma, bediente, die der RMK unterstellt
wurde. In diesem Schema wurde den E-Musikern, die
Strauss am nächsten standen, »ein unproportional hoher
Prozentsatz an Tantiemen« zuerkannt. Außerdem erwei-
terte 1935 ein neues Urheberrechtsgesetz die Schutzfrist für
musikalische Werke von dreißig auf fünfzig Jahre nach dem
Tod eines Komponisten zum Nutzen der Familie (eine Frist,
die in anderen Ländern längst eingehalten wurde).[106]
Bis 1935 war der Olympier in seiner Fürsorge für die
beruflichen und materiellen Interessen seiner geringeren
Komponistenkollegen offensichtlich erfolgreich. Und obwohl er häufig bezichtigt wurde, sie auf Kosten der anderen
Mitglieder der RMK wie etwa der Orchestermusiker zu
bevorzugen[107], muß daran erinnert werden, daß sich Strauss
als Interessenvertreter Jahrzehnte auf das Erfahrungsgebiet
der Komponisten beschränkt hatte. Eine andere damit
zusammenhängende Beschuldigung lautet, daß er bei der
Verfolgung der Interessen der Komponisten in erster Linie
seinen eigenen diente, da kein Komponist in Deutschland
(außer einigen wenigen auf dem Sektor der U-Musik)
mehr Geld als er verdiente. Im großen und ganzen ist diese
Beanstandung berechtigt. Dennoch wurde Strauss' Mate-
rialismus allzuoft übertrieben, wie sogar einer seiner härte-
sten Kritiker, George Marek, zugibt. Niemand hat es zum
Beispiel bis heute für angebracht gehalten, Furtwängler
wegen des Geldes, das er zumal im Dritten Reich kassierte,
schlechtzumachen, obwohl – wenn die Belege zuverlässig

sind – seine Einkünfte die von Strauss übertrafen. Als Strauss noch ein junger Dirigent war, verdiente er – wie er später beteuerte –, bis er mit seiner Arbeit für die GDT begann, gerade genug, um seiner Familie bescheidenen Wohlstand bieten zu können. Seine ersten Opern, besonders *Der Rosenkavalier*, hatten ihn bei Ausbruch des Ersten Weltkriegs reich gemacht, und er war in der Lage, sich in Garmisch am Fuß der bayrischen Alpen eine bezaubernde Villa zu bauen. Doch hatte er den Großteil seines beträchtlichen Vermögens bei britischen Banken deponiert; es wurde von Deutschlands Feinden konfisziert und nie zurückgegeben. Da er eine Frau und einen Sohn zu erhalten hatte, mußte er noch einmal von vorn beginnen, obwohl er gehofft hatte, sich vom Dirigieren zurückziehen zu können, um nur noch als Komponist zu arbeiten. Das gelang ihm – obwohl seine Gage als Dirigent seinem hohen Rang entsprach – erst 1924, nachdem er von seinem Amt in Wien zurückgetreten war. Hitlers Diktatur gewährleistete die fortgesetzte Aufführung vieler seiner Werke, bereitete ihm jedoch auch finanzielle Unannehmlichkeiten durch den Verlust potentieller Tantiemen, nachdem 1935 Wiederholungsvorstellungen seiner Oper *Die schweigsame Frau* verboten worden waren. Und natürlich schauderte der Komponist jedes Mal, wenn während der Luftangriffe ein größeres Opernhaus zerstört worden war, denn wo sollten seine Opern in Zukunft aufgeführt werden? Strauss verzweifelte bei dem Gedanken, daß nach einem verlorenen Krieg die deutsche Opernkultur, von der er ein Teil war und aus der er beträchtlichen und berechtigten Nutzen gezogen hatte, für immer in Trümmern liegen würde.[108]

Diese Opernkultur hatte er vor allem im Sinn, als er seine Beratungen mit den NS-Behörden aufnahm, noch vor seiner Berufung in die RMK im November 1933 und noch lange danach. Strauss' Wunschliste war stattlich. Er hatte

seit geraumer Zeit gegen die nachlässig zusammengestellen Potpourris aus Opernbruchstücken und den Zustrom bestimmter französischer oder italienischer Werke protestiert, die entweder billig auf die Bühne zu bringen waren oder keine Tantiemen irgendwelcher Art kosteten und die er als minderwertig betrachtete. Er schlug staatliche Subventionen für einige wenige große deutschen Opernhäuser vor und die Auflösung oder den Zusammenschluß der restlichen Häuser in der Provinz, und zwar sowohl aus wirtschaflichen wie aus ästhetischen Gründen; dafür sollten großartige Opernsänger finanzielle Prämien erhalten. Diese Pläne schlossen eine niedrigere Einstufung von Goebbels' eigenem Deutschen Opernhaus in Berlin zum Vorteil von Görings Berliner Staatsoper mit ein, eine Maßnahme, gegen die der Minister begreiflicherweise etwas hatte. Die musikalische Qualität im Rundfunk sollte seiner Meinung nach ebenfalls verbessert werden, damit eine immer größere Zuhörerschaft deutsche Opern in guter Qualität erleben konnte. Alle Arten von Operette jedoch, mit Ausnahme der Werke von Johann Strauß Sohn und vielleicht des Berliners Paul Lincke (der mit Strauss in Angelegenheiten der GDT zusammengearbeitet hatte), sollten ignoriert werden. Strauss hielt die Operette für geschmacklos und störte sich an ihrer Ausbeutung durch Salon- und Kurorchester an allen möglichen Veranstaltungsorten wie Seebädern oder Ferienorten im Gebirge und natürlich am unlauteren Wettbewerb mit der edleren Spezies der Oper, einschließlich seines eigenen gewaltigen Oeuvres.[109]
Um das, was Strauss als notwendige Verbesserungen in der breiteren Musikkultur betrachtete, in die Tat umzusetzen, hätte er in gewöhnlichen Zeiten seiner Überzeugungskraft den Vorzug gegeben, doch nach dem Scheitern seiner Pläne in der Weimarer Republik sagte der Zwang, der von einem diktatorischen Regime angewendet werden konnte,

seiner autokratischen Natur zu. Grundsätzlich war er der Ansicht, daß Erziehung der Schlüssel zu allen notwendigen Veränderungen sei und daß damit bei der Jugend der Nation begonnen werden müsse. Zum Beispiel protestierte er gegen das hirnlose Herausbrüllen von »Vaterlands-, Wanderliedern und Kampfliedern« in den Schulen und HJ-Formationen, abermals aus ästhetischen, aber auch aus gesundheitshygienischen Gründen; denn er befürchtete, daß dadurch die Stimmen der männlichen Jugend ruiniert würden. Um sie zum Verständnis der hohen Kunst der Oper und der klassischen konzertanten Musik zu bringen, wollte er, daß den Schülern Grundkenntnisse in Harmonielehre und Theorie, musikalische Urteilsfähigkeit und in den höheren Schulen die Beherrschung eines Instruments beigebracht würden. Anständig ausgebildete Musiklehrer sollten mit einem solchen Unterricht betraut werden und nicht Amateurmusiker, deren Hauptfächer Mathematik oder Erdkunde waren.[10]

Da die Reformen in Zusammenarbeit mit Goebbels' Ministerium stattfinden sollten, wurde Strauss – wie vorauszusehen – von Beginn an von Rosenberg und seinen Lakaien bekämpft. Rosenberg, der Kampfbund und danach die NS-Kulturgemeinde griffen die Tatsache auf, daß Strauss' einstiger Librettist Hugo von Hofmannsthal nach NS-Maßstäben Halbjude gewesen war und Stefan Zweig, sein derzeitiger Mitarbeiter seit 1932, Volljude. Sie waren auch gut darüber informiert, daß Otto Fürstner, der langjährige Verleger des Meisters, Jude war. Im August 1934 behauptete Rosenberg gegenüber Goebbels, daß Strauss einem »jüdischen Emigranten« verpflichtet sei, und verlangte das Verbot von Strauss' und Zweigs Oper *Die schweigsame Frau*, die Mitte 1935 uraufgeführt werden sollte. Goebbels konterte, indem er Rosenberg einer bewußten Vernebelung beschuldigte, und stellte seinerseits fest, daß Zweig kein

Emigrant, sondern österreichischer Staatsbürger und dem Reich durchaus nicht feindlich gesinnt sei. Dieser Schlagabtausch beschwor das Schreckgespenst des Antisemitismus in Strauss' Leben und Werk und trug dazu bei, die berüchtigte Brief-Affäre auszulösen, die im Sommer 1935 das politische und private Schicksal des bejahrten Strauss für den Rest des Nazi-Regimes grundlegend verändern sollte.[111]

Strauss' Arbeitsbeziehung mit Zweig war von einem gutsherrenmäßigen, weitgehend ökonomisch, religiös und kulturell motivierten Antisemitismus seitens des Komponisten begleitet, unter dem sie häufig litt – einem Antisemitismus, der seit der Zeit des Hohenzollernreichs in der deutschen Oberschicht en vogue war und von dem sich selbst der weltmännische Thomas Mann nie freihalten konnte.[112] Was Strauss betraf, hatte er zwar nach eigenem Eingeständnis aus dem Gönnertum und der Freundschaft von Juden großen Nutzen gezogen, doch war ihm von seinem älteren Jugendgefährten Alexander Ritter und von Cosima Wagner ein kultureller Antisemitismus eingeimpft worden, der in seiner Korrespondenz durchscheint.[113] Der Wagners nicht unähnlich, doch weit weniger virulent, war Strauss' Aversion gegen die Juden nicht persönlich, sondern wohl vielmehr gegen ein vermeintliches kulturelles Stereotyp gerichtet, wie sie von seiner unangenehmen Begegnung mit Otto Klemperer um 1932 illustriert wird. Laut Klemperer, dem Anwalt moderner Musik von der Art, wie Strauss sie haßte, machte Strauss abfällige Bemerkungen, als seine Frau Pauline Klemperer anbot, sich an sie beide zu wenden, falls die Nazis jemals an die Macht kämen.[114] Doch es hieße, dieses Problem zu verzerren, wenn man Strauss – wie geschehen – unterstellt, daß er, als er im März 1933 an Bruno Walters Stelle die Berliner Philharmoniker dirigierte, damit eine »antisemitische Handlung«

begangen habe: Obwohl die beiden Musiker einander niemals mochten und Strauss Walter in der Korrespondenz mit Dritten herabsetzte, übernahm er das Berliner Konzert ohne Gage, um dem Orchester, in dessen Kasse Ebbe herrschte, in einer Notlage zu helfen.[115]

Strauss' fruchtbare Partnerschaft mit Zweig wurde vom Beginn des Dritten Reichs bis zum Sommer 1935, als sich ihre Wege trennten, durch die herrische Haltung des Komponisten als der berühmteste Musiker seiner Zeit beeinträchtigt, für den die Arbeit mit einem Librettisten unter dem Niveau eines Hofmannsthal darauf hinausliefe, sich unter das gemeine Volk zu mischen, obwohl er anerkannte, daß Zweig die Erwartungen erfüllte. Zwischen den Zeilen versuchte Strauss Zweig mit seiner Funktion als »arischer« Präsident der Reichsmusikkammer zu beeindrucken, zugegebenermaßen einer Schöpfung der Nazis, die sich dennoch aufgrund der persönlichen Toleranz von Strauss und seiner Intervention bei einem ansonsten gefährlichen Minister dafür entscheiden würde, Zweig entgegenzukommen, wenn er bloß als Librettist weiter für den Meister arbeiten würde. In ihrer Korrespondenz bis Juni 1935 nahm Strauss einen immer herablassenderen Ton gegenüber Zweig an, den der Schriftsteller, dessen Bewunderung für Strauss unerschöpflich war, schließlich unerträglich erniedrigend fand. Was ihn besonders beleidigt haben muß, war folgendes: Es war ihm bekannt, daß Strauss, um die Machthaber nicht übermäßig wegen der »jüdischen« Ingredienz in der *Schweigsamen Frau* vor den Kopf zu stoßen, vorgeschlagen hatte, die Uraufführung der Oper auf unbestimmte Zeit zu verschieben, doch im Herbst 1934 von Hitler und Goebbels die Versicherung erhalten hatte, daß sie trotz Zweig der Aufführung nicht im Weg stehen würden.[116]

Der offizielle Grund für Strauss' Sturz von seinem Thron im Juli 1935 war, daß er in einem Brief an Zweig vom

17. Juni für sich in Anspruch genommen hatte, den Präsidenten der RMK nur zu mimen, um Schlimmeres zu verhüten.[17]

Angesichts der kulturellen und politischen Agenda, die Strauss seit 1933 deutlich vertreten hatte, ist die Beteuerung des Komponisten einfach nicht überzeugend. Tatsache ist, daß Strauss sein Amt im November 1933 mit hohen Erwartungen übernommen hatte, aber im Lauf der Zeit ernüchtert worden war, nicht zuletzt, weil er nie viel Zeit in Berlin verbrachte und in seiner Abwesenheit unzuverlässigen Leuten vertrauen mußte. An einem Tag war es sein Stellvertreter Furtwängler, der in seinen Augen nicht genügend spurte; am nächsten war er über die geplante Verschärfung der antijüdischen Maßnahmen besorgt. Im Oktober 1934 beklagte sich Strauss, daß Goebbels seine »ausgiebigen ernsthaften Reformvorschläge« zurückgewiesen habe. Den ganzen November und darüber hinaus trug er sich ernsthaft mit dem Gedanken zurückzutreten, kam aber dann wieder davon ab. Erstens sollte es nicht so aussehen, daß er mit dem ungeliebten Furtwängler solidarisch sei (dessen Schicksal es fügte, daß er am Jahresende von allen Posten enthoben wurde), und zweitens war zu erwarten, daß einige seiner Änderungsvorschläge für die Stagma durchgedrückt werden konnten, und diesen Prozeß wollte er auf keinen Fall behindern. Immerhin hatte er bereits über einen Nachfolger nachgedacht. Sogar noch im Mai 1935, kurz vor seinem Ausscheiden, beklagte er sich, daß der Geschäftsführer der RMK, Ihlert, wichtige Entscheidungen getroffen habe, »ohne mich vorher zu fragen« – was in den meisten Fällen natürlich die ganze Zeit die übliche Praxis gewesen war.[18] Es ist deshalb ziemlich wahrscheinlich, daß Strauss 1935 in jedem Fall zurückgetreten wäre, hätte nicht die Zweig-Affäre im Juni und Juli diese Entscheidung unnötig gemacht.

In jüngster Zeit haben Historiker behauptet, daß – nachdem Strauss' offizielle Funktionen im Dienst der Regierung beendet waren – der Komponist und das Regime eine neue und weniger belastende Form der Verständigung und des gegenseitigen Verständnisses gefunden hätten.[19] Wenn damit unterstellt werden soll, daß ab Sommer 1935 Strauss' NS-Karriere erst richtig abhob, dann könnte eine solche Auffassung nicht falscher sein. Nach einem unterwürfigen Brief an Hitler vom 13. Juli[120] – möglicherweise ein letzter verzweifelter Versuch, die Gunst des Führers wiederzugewinnen, eine Wiedereinstellung zu erreichen, was immer daraus auch werden mochte, und weitere Aufführungen der *Schweigsamen Frau* zu sichern – geriet Strauss' berufliches und privates Leben in eine Achterbahn-Bewegung, die von den Tiefen der Katastrophe zu höchsten Höhen und dann wieder zurück in den Abgrund führte. Auch nach umfassender Analyse dieser Ereignisse kann der Historiker darin nur wenig Logik entdecken.

Strauss hatte diese Behandlung mit Zuckerbrot und Peitsche für den Rest des Dritten Reiches zu ertragen, denn lange Zeit konnten ihm die Regimeführer weder seine Kompromißlosigkeit in der »Jüdischen Frage« vergeben, noch seine undurchschaubaren und von persönlichem Interesse geprägten Reformvorschläge und die unmißverständlichen Beleidigungen gegen die Nazis in dem Brief an Zweig, der von der Gestapo abgefangen und Hitler von der nämlichen sächsischen Landesregierung geschickt wurde, die zwei Jahre früher den Sturz des Dirigenten Fritz Busch verursacht hatte. Es war nicht ohne Ironie, daß Hitler und Goebbels einen Autokraten zurückwiesen, der sich weigerte, sich voll ihrer eigenen Autokratie anzupassen – aber vielleicht war Strauss eigentlich ein »Ästhetokrat«.[121] Die Kehrseite der Medaille war, daß Strauss nach wie vor für die offizielle Werbung außerhalb des Reichs nützlich war.

Und trotz aller Querelen schätzten Hitler und Goebbels seine Musik noch immer.[122] Das soll nicht heißen, daß Strauss in einem Stil komponierte, der dem Faschismus geistesverwandt war, oder gar faschistische Musik komponierte, wie manche Kritiker einschließlich Thomas Mann unterstellt haben; solange die Parameter der faschistischen Ästhetik nicht definiert sind, bleibt das lediglich eine subjektive Mutmaßung.[123]

Es war für Strauss erniedrigend, von Hitler auf seinen erbärmlichen Brief vom 13. Juli nie eine Antwort zu erhalten. Für den Rest des Jahres 1935 blieb Strauss Persona non grata, er wurde diffamiert und Aufführungen verschiedener seiner Opern wurden verboten.[124] Das Dunkel lichtete sich erst im Sommer 1936, als Strauss' *Olympische Hymne* bei den Spielen in Berlin aufgeführt wurde, ein Nebenwerk, das nicht von der deutschen Regierung, sondern vom Olympischen Komitee in Auftrag gegeben worden war. Goebbels war einmal mehr beeindruckt, und Strauss durfte beim Reichsmusikfest in Düsseldorf 1938 seine eigenen Werke dirigieren.[125] Nach der Kristallnacht im Herbst verschärfte sich die Situation. Monate zuvor hatte Heydrichs SD das Propagandaministerium an die Zweig-Affäre erinnert und dem alten Problem eine neue Dimension hinzugefügt, indem er hämisch Strauss' jüdische Schwiegertochter Alice, geborene von Grab, erwähnte. Sie stammte aus einer Prager Industriellenfamilie und war mit dem Musikpatent-Anwalt Franz Strauss verheiratet, dem einzigen Sohn des Komponisten und – abermals eine ironische Wendung – glühenden Nazi, der gerne die Abzeichen seines NS-Status zur Schau stellte.[126] Vielleicht um Strauss in Schach zu halten, hatten die Behörden vor, Alice beim Pogrom vom 9. und 10. November zu verhaften, aber sie war zu diesem Zeitpunkt abwesend. Statt dessen wurden ihre kleinen Söhne Richard und Christian physisch belästigt und zum

Marktplatz in Garmisch gebracht, wo sie unter Tränen dazu gezwungen wurden, die Juden anzuspucken, die dort bereits zusammengetrieben worden waren. Später litten sie unter ihren »arischen« Mitschülern. Alice Strauss stand eine Zeitlang in der Garmischer Villa unter Hausarrest, und ihre Personalpapiere wurden auf unbestimmte Zeit konfisziert.[127]

Obwohl Strauss' berufliche Ehre anläßlich seines fünfundsiebzigsten Geburtstags im Juni 1939, als er eine weitere Reihe öffentlicher Anerkennungen erhielt, wiederhergestellt schien[128], war die Schikanierung von Mitgliedern seiner engsten Familie, die er von ganzem Herzen liebte, ein Warnzeichen für seine riskante Situation im Reich, das Schlimmeres vorausahnen ließ. Es ist keine Frage, daß die Nazis seine jüdischen Verwandten in Ruhe hätten lassen können, wenn sie es gewollt hätten, zumal im Hinblick auf Franz Strauss' Position. Doch die Strategie war, den Komponisten zur selben Zeit zu benutzen und zu mißbrauchen, ihn für seine Sünden in der Vergangenheit bezahlen zu lassen und ein weiteres Aufmucken im Keim zu ersticken. Das eskalierte, als der Zweite Weltkieg ausbrach, denn nun drohte Strauss der Verlust seines Hauspersonals und seines Autos mit Chauffeur, das er für seine regelmäßigen Fahrten nach München, Wien und in seinen Kurort in der Schweiz brauchte.[129] Da Strauss nun ein direkter Draht zur Berliner Regierung fehlte, begann er Vermittler zu benutzen wie das Kaiserreich Japan, für das er seine *Festliche Musik* unter der Bedingung komponierte, daß die Japaner sich in Berlin für seine Familie einsetzten.[130]

Es ist zweifelhaft, ob eine solche Vermittlung in der Tat stattfand, denn Ende 1941 faßte Strauss den Entschluß, sich und seine Familie der Obhut von Baldur von Schirach anzuvertrauen, dem neuen mit Kultur prunkenden Gauleiter von Wien, wo die Familie Strauss ein zweites Domizil besaß. Schirach versuchte, den Komponisten und seine Familie nach Kräften zu beschützen; Strauss kannte Schirachs Vater, den Intendanten, noch aus dessen Weimarer Zeit.[151] Goebbels war sofort alarmiert, um so mehr, als er Grund zu der Befürchtung hatte, daß der selbstbewußte Schirach von Wien aus eine gegen ihn gerichtete Politik führe.[152] Zusätzlich zu den fortgesetzten Problemen mit seiner Garmischer Villa, der entweder die Haushaltshilfen entzogen zu werden drohten oder die als Unterkunft für evakuierte Bombenopfer aus der Zivilbevölkerung dienen sollte (während Furtwängler eine neue Villa an einem See angeboten wurde), stand Strauss immer größere Ängste um seine »nichtarischen« Familienmitglieder aus. Paula Neumann, die über achtzigjährige Großmutter seiner Schwiegertochter, hielt Ende 1941 im Prager Getto durch, wo sie bereits all ihrer Habe beraubt worden war und Gefahr lief, in ein Konzentrationslager deportiert zu werden. Ihre Tochter Marie von Grab, die Mutter von Alice, befand sich in Luzern in Sicherheit und gab sich die größte Mühe, die alte Dame bei sich aufzunehmen, doch die deutschen Behörden ließen sie nicht ausreisen, obwohl ihr bereits ein Schweizer Visum bewilligt worden war. Im Sommer 1942 wurden weitere Kinder von Paula Neumann aus Prag in das Konzentrationslager Theresienstadt geschickt. An diesem Punkt schrieb Strauss selbst an die SS in Prag und bat um Erbarmen, doch ohne Ergebnis; er fuhr mit seinem großen Auto sogar direkt vor das Eingangstor des Konzentrationslagers, wurde jedoch von den verdutzten SS-Wachen abgewiesen. Schirach, der sich um die Familie in Wien kümmerte und den Kompositionen des Meisters durch besondere Aufführungen Ehre angedeihen ließ, war in diesem Fall machtlos, und auch Hans Frank, Strauss' alter Bewunderer und nun unbarmherziger Generalgouverneur im besetzten Polen, konnte nicht helfen. Frau Neumann durfte bis Sommer 1943 in Prag bleiben, wurde dann jedoch nach Theresienstadt geschickt, wo sie umkam. Andere Verwandte von Alice Strauss wurden in das Getto in Lodz verschleppt und kamen von dort vermutlich in die Vernichtungslager. Insgesamt wurden bis 1945 sechsundzwanzig Mitglieder der Familie Neumann ermordet.[53]

Richard Strauss überlebte das Dritte Reich als verbitterter Mann, von Schirach unzureichend geschützt, von Hitler und Goebbels zynisch toleriert, während seine engste Familie durch zahlreiche Polizeirazzien schikaniert wurde und ständig von Verhaftung, dem Entzug der bürgerlichen Rechte, Deportation oder strafweiser Einziehung in die Betriebe der Rüstungsindustrie bedroht wurde. Sein achtzigster Geburtstag im Juni 1944 wurde aus Gründen des Dekorums national begangen, doch mit minimaler Publizität, und Goebbels konnte sich gerade noch dazu durchringen, seine Glückwünsche zu übermitteln. In Wien durfte Karl Böhm dennoch *Ariadne auf Naxos* dirigieren, und einige Wochen später leitete Clemens Krauss die Generalprobe von Strauss' bisher unaufgeführter vorletzter Oper *Die Liebe der Danae*, deren Uraufführung bei den Salzburger Festspielen stattfinden sollte; doch dann sagte Goebbels die Festspiele ab und ließ alle Theater schließen. Für den Rest des Jahres verbot Hitler Strauss strikt jeden Kontakt mit Mitgliedern der Regierung oder der Partei und hinderte in einem persönlichen Affront den kränkelnden Komponisten daran, zu einem Aufenthalt in sein Schweizer Sanatorium zu reisen, den er so dringend nötig hatte. Zu Anfang des Jahres 1945 waren Richard und Pauline Strauss krank und zitterten vor Angst, weil sie nicht wußten, wie ihnen die zukünftigen alliierten Sieger begegnen würden.[54]

Summa summarum läßt sich sagen, daß Strauss' Stellung zum NS-Regime, so beklagenswert sie war, wesentlich weniger engagiert und dauerhaft und in weit geringerem Maß von persönlichen egozentrischen Interessen motiviert war, als das bisher angenommen wurde. Abgesehen von Hindemith, den Strauss trotz seiner Abneigung gegen die Weimarer Avantgarde respektierte, versuchte er, auch anderen Opfern des Regimes zu helfen, allerdings nicht mit dem öffentlichen Getöse eines Furtwängler.[155] Es gibt heute weiteres umfangreiches Beweismaterial dafür, daß Strauss und seine Familie durch das Regime mit einer Bösartigkeit drangsaliert wurden, wie sie im Fall eines Kollaborateurs des Dritten Reichs nicht möglich gewesen wäre. Deshalb ist es fair, den Schluß zu ziehen, daß Strauss – während Furtwänglers Rolle im Dritten Reich jahrzehntelang viel zu schmeichelhaft gezeichnet wurde – von der Nachwelt viel weniger nachsichtig behandelt worden ist und daß deshalb dieses Ungleichgewicht zurechtgerückt werden muß.

Strauss und der fünf Jahre jüngere Hans Pfitzner starben beide 1949. Wenn das historische Urteil über Strauss geteilt ist, was ist dann die heutige Erkenntnis im Fall Pfitzner? War er ein »Partei-Ideologe«[156], einer »der rabiatesten Mitmacher des Dritten Reiches«[157], ein »überzeugter Nazi«[158] und ein Künstler, der »im Grunde das nationalsozialistische Glaubensbekenntnis unterschrieb«[159]? Nahm er eine »Haltung an, die auf Solidarität mit dem Regime schließen ließ«[140]? War er ein Mann, der seine Karriere »durch Wohlverhalten förderte«[141], einer, der »von den Machthabern als Gegenpapst« gegen den zunehmend in Ungnade fallenden Strauss »aufgebaut wurde«[142]? Oder nahm er eine »distanzierte« oder sogar »kritische Haltung gegenüber der braunen Ideologie« ein[143], so daß seine Werke »totgeschwiegen und verboten« wurden[144]? Diese einander häufig widersprechenden Auffassungen legen den Gedanken nahe, daß Pfitzners Leben und Persönlichkeit zumindest ebenso rätselhaft sind, wie das bei Richard Strauss der Fall ist.

Als Sohn deutscher Eltern in Moskau geboren und am Hochschen Konservatorium in Frankfurt ausgebildet, übte Pfitzner verschiedene schlechtbezahlte und unbefriedigende Tätigkeiten aus, bis er 1907 städtischer Musikdirektor und Konservatoriumsdirektor in Straßburg wurde, das damals zum Deutschen Reich gehörte. Sein erstes größeres Werk, die Oper *Der arme Heinrich*, entstand spät, griff auf Wagner und Weber zurück und wies bereits die allgemeinen Züge auf, für die Pfitzner zeit seines Lebens bekannt war, eine »Sehnsucht nach der Hochblüte der deutschen Romantik«. Die Uraufführung in Mainz 1895 war unzureichend, wurde jedoch von dem Heldentenor in der Titelrolle gerettet – Bruno Heydrich, dem Vater von Reinhard, der später in seinem SS-Quartier den Komponisten mit der Angelegenheit von Pfitzners jüdischem Freund Paul Nikolaus Cossmann konfrontieren sollte. Ohne in Parteipolitik aktiv zu werden, entfaltete Pfitzner einen in hohem Maß verinnerlichten, totalen Konservativismus und hielt im Ersten Weltkrieg die deutschen Werte und das völlige Recht des Kaiserreichs auf einen Sieg aufrecht. Am Ende dieser Auseinandersetzung mußte er die abermals französisch gewordene Stadt verlassen, was für ihn und seine Familie eine große materielle und emotionale Belastung bedeutete; er zog in die Umgebung von München, wo ihm großzügige Freunde ein Haus gekauft hatten.[145] Inzwischen hatte er auf dem Erfolg seiner Oper *Palestrina* aufbauen können, die 1917 in München von dem noch weitgehend unbekannten Bruno Walter uraufgeführt worden war und sich mit einem moralisch und ästhetisch schwergewichtigen Thema des 16. Jahrhunderts um das Konzil von Trient befaßte: Im Mittelpunkt steht ein einsamer Kirchenmusiker, der durch die Komposition einer Messe die mehrstimmige Figuralmusik vor dem Verbot durch den Papst bewahrt, der wieder zur Gregorianik zurückkehren wollte.

Der Held konnte durchaus als Stellvertreter für Pfitzner gesehen werden. Die Oper beeindruckte Thomas Mann und führte zu einer Freundschaft, die einige Jahre dauerte. Es war ein versponnenes und ziemlich herbes Werk, doch oft von sehnsüchtiger Schönheit. Obwohl es wieder der Hauptrichtung der deutschen Romantik verpflichtet war, wies der zweite Akt harmonische Kühnheiten auf, die sich mit einigen Schöpfungen der Modernisten vergleichen ließen. Doch war das weder für den Librettisten noch den Komponisten Pfitzner wegweisend, der für den Rest seiner Karriere ein Epigone der Romantik blieb, besonders während der Republik. In der Tat haßte er diese Republik wegen Erscheinungen, die er – Seite an Seite mit anderen konservativen Kritikern – als kulturbolschewistisch bezeichnete, wobei er sich nicht nur auf die Form der Demokratie und den Vertrag von Versailles bezog, den sie unterzeichnet hatte, sondern auch auf die modernistischen Strömungen in Kunst und Kultur, die er mit Internationalismus und Judentum gleichsetzte. Eine neue Oper mit dem Titel *Das Herz*, gefühlsselig und auf ein minderwertiges Libretto eines mittelmäßigen Schülers komponiert, war nach 1931 weder ein finanzieller noch ein künstlerischer Erfolg, bewies aber gleichzeitig, daß der achtundsechzigjährige Pfitzner noch immer über ein schöpferisches Potential verfügte.[146]

Es ist wichtig, Pfitzner als einen führenden konservativen Komponisten der Weimarer Republik zu begreifen, der neben dem allerdings viel universeller anerkannten Strauss der letzte ernstzunehmende Repräsentant des vergangenen Stils des 19. Jahrhunderts war. Dafür muß man diesen selbsternannten »deutschen Komponisten« näher betrachten und außerdem das, was er mit Neutöner- und Judentum identifizierte. »Pfitzner der Deutsche« war eine Reputation, die sich dank einem begrenzten, aber regional einflußreichen Kult ins Dritte Reich übertrug. 1940 nannte der NS-Musikwissenschaftler Josef Müller-Blattau, einer der vielen Bewunderer des Komponisten im Dritten Reich, Pfitzner »musikalisch deutsch«. Wie Pfitzner selbst tendierte auch seine Musik zu einer strengen Innerlichkeit, war von Heroentum und Selbstaufopferung durchdrungen und in religiöse und metaphysische Symbolik getaucht. Im Gegensatz zu Strauss' Oeuvre gab es in den meisten von Pfitzners Bühnenwerken weder Erotik, Mitteilsamkeit, Ironie noch Schabernak, keine reiche Koloristik und selbstredend kein positives Ende, nur Mühe, Strenge und Resignation. In dieser Hinsicht stand Pfitzners Musik Anfang der dreißiger Jahre Wagners *Parsifal* näher. Seine Musik wurde oft »zerrissen« genannt, ein plausibler Hinweis auf den dualistischen faustischen Bewußtseinszustand, den seine Landsleute, und zwar nicht nur die eingefleischten Nationalisten nach dem Ersten Weltkrieg, für den Inbegriff des Deutschseins hielten. Besonders die häufigen Anspielungen auf den Tod, seine Umarmung als Motiv, und die entsprechenden Verweise auf reine Romantik waren mit einer axiomatisch puristischen deutschen Befindlichkeit verbunden, deren sich Pfitzner in seinen verschiedenen beißenden Schriften während der Republik rühmte, zumal in seiner programmatischen größeren Abhandlung »Die neue Ästhetik der musikalischen Impotenz. Ein Verwesungssymptom«. Seine »romantische Kantate« *Von deutscher Seele*, auf Gedichte von Eichendorff (1921), stellte ein deutsches Bekenntnis dar; umgekehrt war sie als Anklage gegen all das gedacht, was er für fremd und abstoßend erachtete.

In typischer Übertreibung seines Falles sagte Pfitzner im Dritten Reich, daß sie in einer Zeit entstanden sei, »wo man das Wort ›deutsch‹ in Deutschland kaum ungestraft aussprechen durfte«.[147]

»Verwesung«, »Zersetzung« waren natürlich die Begriffe, die die Nationalsozialisten – mit denen Pfitzner während der Weimarer Republik nicht offen sympathisierte – insbesondere für alles Jüdische reserviert hatten. Was die spezielle Konnotation dieser »Zersetzung« betraf, gab es jedoch zwischen Pfitzner und den Nazis nie eine ernstliche Meinungsverschiedenheit. In verallgemeinernder Art und im Gegensatz zu Strauss und Furtwängler dachte Pfitzner, daß die Juden dem wahren Deutschtum in ihrer Gesamtheit ein Greuel seien; im Reich der Kultur begann er die Formel »national« mit »deutsch« und »international« mit »jüdisch« gleichzusetzen (oder in der Weiterführung »bolschewistisch«). Für ihn waren Juden als Individuen weniger entscheidend als das Judentum in seiner Gesamtheit; wie einige Nazis später räumte er ein, daß es gewisse Juden gab, die sich wie Deutsche benehmen konnten, und Deutsche, die gegen die Interessen Deutschlands und deshalb mehr wie Juden und Bolschewisten handelten. Dieses Denken in Kategorien hatte anfangs keine gefährlich rassistischen Implikationen. Pfitzner konnte jedoch nicht erkennen, wie leicht ein verallgemeinerndes, kulturell begründetes Klischee in diese Richtung verdreht werden konnte, noch sah er, daß seine eigenen verleumderischen Angriffe auf einzelne Juden, die er in den zwanziger Jahren mit großer Heftigkeit unternahm – wie gegen die Kritiker Paul Bekker und Alfred Einstein –, der Gehässigkeit nahekamen, die den Antisemitismus der Nazis damals und später charakterisierte. Pfitzners Apologeten sind immer wieder mit dem Argument gekommen, daß zwei oder drei der engsten Freunde des Komponisten Juden waren, namentlich Bruno Walter und der Publizist Paul Nikolaus Cossmann. Walter, wie wir gesehen haben, war praktizierender Jude mit konservativen Neigungen, der mit Pfitzner schließlich wegen der Politik des NS-Regimes brach. Als in hohem Maß assimilierter Jude war Cossmann – wie seine Zeitgenossen, der Schriftsteller Otto Weininger und der Politiker

Walther Rathenau – ein Antisemit, der die Gesinnung der Anhänger des rechten Flügels teilte, noch bevor er 1905 zum Katholizismus übertrat. Das verhinderte nicht seine Verhaftung durch die Gestapo 1933 und seinen Tod in Theresienstadt 1942; die Verhaftung konnte Pfitzner rückgängig machen, aber der Tod Weiningers verbitterte einen bereits verbitterten Mann noch mehr. Letztlich besteht kein Zweifel, daß Pfitzner niemals die Ermordung, Einkerkerung oder Vertreibung der Juden aus Deutschland befürwortete; doch er wollte, daß ihr Einfluß in Deutschland beschnitten würde, und deshalb diente er als intellektueller Vorläufer der wesentlich virulenteren Antisemiten, die noch kommen sollten. Das war eine weitere schreckliche Konsequenz der Billigung von Wagners archetypischem Antisemitismus, die seiner Charakterisierung der Juden naiv Glauben schenkte und so weit ging, daß behauptet wurde, vernünftige Juden hätten Wagner damals beigepflichtet.[148]

Nach Hitlers Machtergreifung im Januar 1933 dachten einige hochgestellte Nazis, daß sie Pfitzner in dem gleichen Maß benutzen könnten, wie er hoffte, seinen eigenen Stern nun endlich aufgehen zu sehen.[149] Es scheint, daß er nach dem Tod Max von Schillings' im Juli 1933 ein Kandidat für dessen Nachfolge als Intendant der Städtischen Oper in Berlin war. Höchstwahrscheinlich wurde Pfitzner bei seiner Bewerbung von Rosenberg und dessen Kampfbund favorisiert, und allein schon aus diesem Grund war Goebbels als Gauleiter von Berlin nicht damit einverstanden und unterstützte den Kammersänger Wilhelm Rode, dessen Kandidatur im Gegensatz zu der Pfitzners vom Führer selbst befürwortet wurde.[150] Auf jeden Fall entwickelte sich zwischen Pfitzner und dem Kampfbund eine Art Arbeitsbeziehung, wobei der Komponist die Feinheiten der innerparteilichen Scharmützel im Dritten Reich weder begriff, noch sich dafür interessierte. In den Anfangsjahren des

Regimes organisierte erst der Kampfbund und danach seine Nachfolgeorganisation, die NS-Kulturgemeinde, Konzerte mit Pfitzners Werken, von denen der Komponist einige selbst dirigierte und die bisweilen in der Form von Pfitzner-Festen stattfanden, vorwiegend in seiner Wahlheimat München, doch auch an anderen Orten wie Berlin, Kiel und Gera.[151] Dazu gab es nicht politisch motivierte Pfitzner-Programme, die von Kommunen, dem Rundfunk und Konzertorganisationen veranstaltet wurden; Pfitzners Oeuvre war auf den öffentlichen Aushängen nicht zu übersehen.[152] In der Tat schien die Musik des Komponisten einen solchen Auftrieb erhalten zu haben, daß im November 1934 ein Wiener Freund seine Genugtuung darüber ausdrückte, daß »überall in Deutschland jetzt (endlich!) Dein Name genannt wird«.[153]

Bis zum Ende des Regimes, auch in der Zeit, als die Produktivität des Komponisten nachließ, wurde Pfitzners Musik weiterhin regelmäßig in Konzert- und Opernprogrammen aufgeführt, und er bekam seinen redlichen Anteil an Preisen und öffentlichen Auszeichnungen, besonders anläßlich seines siebzigsten Geburtstags im Mai 1939.[154] Das wäre im Falle eines Mannes, dessen Musik bewährt traditionell und dessen nationales Prestige seit dem Ersten Weltkrieg unberührt geblieben war, an sich nichts Besonderes. Doch ist der Erwähnung wert, daß Pfitzners Musik außerdem nach wie vor von einer Reihe von Partei- und Regierungsorganisationen bevorzugt wurde, die so geschlossen wie selbstherrlich waren, daß sie über diese Angelegenheiten weder der RMK noch Goebbels, Göring oder Hitler Bericht erstatteten und damit einmal mehr zum Ausdruck brachten, wie dezentralisiert die kulturelle Landschaft im Dritten Reich war.

Wie zu erwarten, setzen sich die Einladungen durch die Kulturgemeinde und später die KdF-Organisationen fort, besonders, seit diese die Überwachung der neugegründeten »Pfitzner-Gesellschaft« übernahmen.[155] Und außerdem hielten es verschiedene Gauleiter und ihre Verwaltungen in zunehmendem Maß für angebracht, Pfitzner in ihre regionalen Machtzentren einzuladen und ihm persönlich und seiner »deutschen« Musik demonstrativ zu huldigen, wobei er meist selbst als Dirigent oder Klavierbegleiter fungierte. Das fand zum Beispiel im Rahmen offizieller NS-Feiern in Bremen (1938), Salzburg (1940), Straßburg (1940) und Posen (1942) statt.[156] Von besonderer Bedeutung waren die Pfitzner-Konzertzyklen, die Hans Frank, der Generalgouverneur von Polen, der seine Kompositionen nicht weniger als die von Strauss schätzte, in seinem Amtssitz Krakau veranstaltete. Doch während sich Strauss trotz wiederholter Einladungen des Generalgouverneurs erfolgreich weigerte, persönlich in Krakau zu erscheinen, begab sich Pfitzner 1942 und 1944 eilfertig dorthin und brachte sogar eine spezielle Komposition *Krakauer Begrüßung* mit. Frank wußte, wie er sich revanchieren konnte: Soweit möglich, ließ er Pfitzner in seinem eigenen Eisenbahnwaggon abholen und bereitete dem Komponisten jeweils zu Weihnachten mit seltenen Delikatessen eine Freude.[157]

Doch vom Beginn seines beruflichen Lebens an und über das Dritte Reich hinaus litt Pfitzner unter eigentümlichen Problemen; er machte sich immer Sorgen. Eines seiner Probleme hatte mit Geld zu tun. Da er, was seine Herkunft betraf, nicht so üppig wie Strauss oder gar Furtwängler bedacht war, hatte Pfitzner bis zu seiner Berufung nach Straßburg 1907 Schwierigkeiten, über die Runden zu kommen. Ein Jahrzehnt später, aus der Stadt vertrieben, war er wieder arm. Nachdem er 1919 eine Stellung an der Berliner Akademie der Künste bekommen hatte (wo er 1921 eine Außenprofessur annahm und irgendwie versuchte, seine Studenten von seinem bayrischen Heim aus zu unterrichten), verbesserte sich seine Lage, doch da seine Werke in der Republik relativ selten aufgeführt wurden und auch kein großes Publikum anzogen, war er hauptsächlich von anstrengenden Gastdirigaten und Klavierabenden abhängig. Im September 1929 nahm Pfitzner ein Ordinariat an der Bayerischen Akademie der Tonkunst für eine Meisterklasse in Komposition an und wurde außerdem als Gastdirigent für eine feste Anzahl von Vorstellungen an die Bayerische Staatsoper verpflichtet (die damals unter der Leitung von Franckenstein und Knappertsbusch stand), wobei er die Freiheit hatte, freiberuflich überall sonst zu dirigieren. Deshalb verdiente Pfitzner (trotz des finanziellen Mißerfolgs seiner Oper *Das Herz*) zu Beginn des Dritten Reichs im Januar 1933 ziemlich gut, wenn er auch im Schatten von Strauss und Furtwängler stand. Doch dieser bescheidene Überfluß bestärkte seinen Glauben, daß seine Zeit unter der nationalsozialistischen Herrschaft endlich gekommen sei und daß alles nur besser werden könne.[158]

Dieses positive Gefühl schlug abrupt in Ärger um, als Pfitzner Mitte 1934 anläßlich seines fünfundsechzigsten Geburtstags von der Münchner Akademie ausrangiert wurde und sich seine Privilegien als ständiger Gastdirigent in München ebenfalls reduzierten. Das geschah zu einem Zeitpunkt, als Franckenstein dem Komponisten klarmachte, daß – soweit es die Bayerische Staatsoper betraf – seine Bühnenwerke nicht viel Geld einspielten und deshalb nicht so oft aufgeführt werden könnten, wie es sich Pfitzner wünschte. Obwohl der Komponist später behauptete, er sei »bewußt belogen und betrogen« worden, war seine Entlassung strenggenommen rechtmäßig, denn er hatte das Pensionsalter von fünfundsechzig Jahren erreicht. Und obwohl es nicht ungewöhnlich war, daß Künstler von seinem Rang weiterbeschäftigt wurden, hatte sich Pfitzner weder in der Akademie noch an der Oper besondere Lor-

beeren erworben. An der Akademie hatte er lediglich ein
Seminar in Operndramaturgie gehalten und in den fünf
Jahren seines Wirkens nur zwei Studenten gehabt, während seine Kollegen, besonders Joseph Haas, viel mehr
ausgebildet hatten. Was seine Beschäftigung an der Oper
betraf, klagten Franckenstein und Knappertsbusch, daß
seine Bemühungen seit seinem Engagement im Jahr 1929
als eine »unerwünschte Last sowohl in finanzieller als aber
auch besonders in künstlerischer Hinsicht« empfunden
würden. Pfitzner hatte sich dort niemals eingewöhnt und
wurde vom Ensemble immer als Außenseiter betrachtet. Er
hatte sowohl bei Proben wie bei Aufführungen das technische Personal und den ganzen Apparat überstrapaziert und
Kosten verursacht, die in seinem Vertrag nicht vorgesehen
waren.[159] Um das Ganze noch schlimmer zu machen, teilte
ihm das Deutsche Opernhaus in Berlin, dessen Intendant
Pfitzner beinahe geworden wäre, gegen Ende des Jahres
mit, daß die Direktion beschlossen habe, statt seiner Weih-
nachtsoper *Das Christelflein* (1906–1917) doch die bewährte
Humperdinck-Oper *Hänsel und Gretel* aufzuführen.[160]
Die üble Geschichte von Pfitzners Münchner Entlassung
brachte ihn einige Jahre in ein finanzielles Dilemma, denn
es war weder klar, wie hoch die ihm zustehende Pension
ausfallen würde, noch wie sie auf sein Einkommen aus
freiberuflicher Tätigkeit und seine Tantiemen anzurechnen
wäre. Der Fall führte zu erniedrigenden Briefen und sogar
zu Vorsprachen des Komponisten in Staatsministerien und
Parteibüros in München und Berlin, bis Goebbels und
Hitler 1937 beschlossen, den häßlichen Streitereien ein
Ende zu machen, und Pfitzner aufgrund seines inoffiziellen
Status als »Pfitzner der Deutsche« eine »Ehrenpension«
gewährten – doch zweifellos auch, weil die Behörden seiner Vorhaltungen ganz einfach müde wurden. Schließlich
wurde Pfitzner eine Pension bewilligt, die hoch genug war,

daß er sein neues Haus in München und ein Auto mit Chauffeur behalten und außerdem zur Versorgung eines unheilbar kranken Sohns sowie zum Unterhalt zweier weiterer Kinder, die ebenfalls teilweise von ihm abhängig waren, beitragen konnte. Da Pfitzners Kompositionen mit ihm selbst als Dirigenten von offiziellen Organisationen in ganz Deutschland gefördert wurden, mußte er weiterhin sein anstrengendes Pensum als Interpret seiner eigenen Werke landauf, landab fortsetzen, eine Belastung, die Strauss 1924 aufgegeben hatte. Pfitzner muß gewußt haben, daß seine Kompositionen ohne eine solche offizielle Unterstützung im freien Wettbewerb auf dem Markt nur sehr dürftige Einkünfte erbracht hätten. Das spiegelt sich nicht zuletzt in den spärlichen Schallplatteneinspielungen seiner Werke in dieser Periode wieder.[161]

Daher müßte es im Gegensatz zu der Ansicht, die sogar einige heutige Musikwissenschaftler vertreten, hinreichend deutlich sein, daß Pfitzners Beziehung zum Dritten Reich gespalten war und daß er, der sich nie zum Eintritt in die Partei herabließ, alles andere als ein Modell-Nationalsozialist war. Nach der Vernachlässigung seiner Opern an deutschen Bühnen in den frühen dreißiger Jahren, der Pensions-Affäre und der Ablehnung, die er vom Deutschen Opernhaus in Berlin erfahren mußte, machte sich dieser chronisch frustrierte, kein Maß kennende Mann den Glaubenssatz zu eigen, daß er zwar nach vielen persönlichen und künstlerischen Opfern in der Weimarer Republik bereit gewesen sei, dem Dritten Reich auf einer angemessen hohen Ebene zu dienen, jedoch zurückgewiesen worden sei. Abgesehen vom Finanziellen bestand ein großer Teil der Probleme auch darin, daß Pfitzner, obwohl politisch und ästhetisch ein Reaktionär, die konservativen politischen Ziele des Regimes ebenso wenig verstand wie dessen wenige Zeichen von Modernität. Er nahm es übel, daß er zu einem Zeitpunkt, als die politischen Beziehungen des Regimes zu Österreich in einer kritischen Phase waren, daran gehindert wurde, in Salzburg zu dirigieren, und blieb gegenüber allen Erscheinungsformen des alltäglichen Anti-semitismus des NS-Regimes zutiefst mißtrauisch, zumal einige seiner Freunde darunter zu leiden hatten. Doch lehnte er auch diejenigen ab, die ihm wie Orff, Egk und Wagner-Régeny als die neuen Anwälte der Kunst erschie-nen. Der mystische christliche Gehalt in einigen seiner Werke, etwa in *Palestrina* und *Christelflein*, war von einer Art, die weder mit der offiziellen NS-Version der »ari-schen« Deutschen Christen verwandt war (obwohl Pfitzner auch keine Verbindung zu den Reformmusikern der Be-kennenden Kirche nach Art von Distler hatte), noch mit den Feiern im Stil der Hitlerjugend, die er in seinem von Ressentiments getragenen elitären Denken offen verach-tete. Nach vielem Brüten zog Pfitzner darum den Schluß, daß das Dritte Reich ihm gegenüber undankbar sei (ein Schluß, der durch das vorliegende Material bis 1945 nicht bestätigt wird), weil die Regierung unerklärlicherweise nicht das ersehnte Gegenelement gegen die Weimarer Per-versionen geschaffen, sondern statt dessen neue mit sich gebracht habe. Tragischerweise war Pfitzner ein Mann am Rande, ein zeitversetzter Romantiker, vielleicht ein Proto-faschist, asynchron an ein faschistisches Regime gebunden, das sich unveränderlich etabliert hatte. Er beurteilte das Dritte Reich Hitlers in dem gleichen Maß falsch, wie es ihn falsch zu beurteilen schien. »Ich verfluche dieses Deutsch-land aus dem tiefsten Grunde meines Herzens«, ereiferte er sich 1934 gegenüber seiner Kompositionsschülerin und gelegentlichen Geliebten Lilo Martin. Die traurige Ironie lag darin, daß er in praktisch jeder schöpferischen Phase seines Lebens eilfertig sein Vaterland anprangerte, weil er immer glaubte, das es ihm etwas schuldig bliebe.[162]

414

In mehreren Phasen seines beruflichen Lebens wurde Hans Pfitzner von drei Dämonen verfolgt, die er nicht abschütteln konnte, so sehr er sich auch bemühte. Ihre Namen waren Hermann Göring, Adolf Hitler und Richard Strauss. Nachdem er in der Angelegenheit seiner Pensionierung vergeblich versucht hatte, den bayerischen Ministerpräsidenten Rudolf Siebert und Goebbels zu bewegen, die Entscheidung vom Juli 1934 rückgängig zu machen, schrieb Pfitzner im Dezember an Göring und teilte ihm mit, daß er in Erwägung ziehe, die Bayerische Regierung zu verklagen, und welche Schande das für Deutschland bedeuten würde. Ob Göring ihn vielleicht für eine Stunde empfangen könne? Er sei im Januar in Berlin.[165] Göring antwortete Anfang des Jahres, daß er bereit gewesen sei, Pfitzner finanziell zu unterstützen, doch kürzlich erfahren habe, daß der Komponist viel besser gestellt sei, als er ihm bisher weisgemacht habe. Pfitzner schrieb zurück, daß nicht seine gegenwärtige finanzielle Lage zur Diskussion stehe, sondern daß seine Ehre verletzt worden sei, nicht zuletzt durch die Vernachlässigung seiner Opern an den preußischen Bühnen. Er verglich sich mit Mozart, der (schrieb Pfitzner) einmal von einem Salzburger Bischof einen Tritt bekommen habe, obwohl die Schuld nicht bei Mozart lag. Ein wütender Göring beorderte Pfitzner darauf, am 5. Januar 1935 in seinem Berliner Büro zu erscheinen. Bei dieser Begegnung, über die wir lediglich Pfitzners Notizen haben, scheint Göring dem Komponisten mit dem Konzentrationslager gedroht zu haben, doch nach viel Gebrüll, in dessen Verlauf Göring alle deutschen Künstler heruntermachte, räumte der Ministerpräsident ein, daß er Pfitzners Oper *Das Herz* schätze, doch vieles in *Palestrina* unerträglich finde. Darüber hinaus befand Göring: »Immer bei Pfitzner-Opern weist die Kasse ein Loch auf«.[164] Die Partie endete unentschieden mit einer förmlichen Entschuldigung Pfitzners gegenüber dem Chef der Preußischen Staatstheater, in der er wiederholte, daß er in der Machtergreifung »den ersehnten Aufbruch der deutschen Nation« erblickt habe, für den er so glühend gekämpft hatte, und lediglich enttäuscht sei, von diesem Staat »nicht an führende Stelle im kulturellen Aufbau berufen worden zu sein«.[165] Vorläufig gab sich Göring damit zufrieden und versprach, Pfitzners Oeuvre an seiner Staatsoper mehr Beachtung zu schenken. Doch obwohl er später dem Komponisten höflich die Anzeige seiner bevorstehenden Hochzeit mit Emmy Sonnemann schickte, hatte Pfitzner in Zukunft guten Grund, sich vor dem schlauen Politiker in acht zu nehmen, der in seinem verletzten Stolz immer durch eine trickreiche Kulturpolitik Revanche nehmen konnte, und zwar mit Hilfe seines Mephistopheles Heinz Tietjen, dessen Machenschaften Pfitzner wie so viele Musiker im Dritten Reich ständig zu fürchten hatte.[166]

Wenn alles in allem Göring für Pfitzner mehr ein Troll als ein Dämon war, so hatte Pfitzners meist verheimlichte Beziehung zu Hitler oft etwas wahrhaft Dämonisches an sich, was letztlich erklärt, warum der Komponist sich seines Platzes im Dritten Reich niemals sicher sein konnte.

Hitler wurde 1889 geboren, dem Jahr, in dem Pfitzner als Student am Frankfurter Konservatorium mit der Aufführung seines Scherzos für Orchester, das er zwei Jahre früher komponiert hatte, seinen ersten öffentlichen Erfolg erzielte. Kein anderer als Cossmann arrangierte im Februar 1923 eine persönliche Begegnung zwischen dem Führer der Nationalsozialistischen Partei und Pfitzner, der zu diesem Zeitpunkt in einem Münchner Krankenhaus lag. Der hypernationalistische Publizist wollte unbedingt, daß der konservative Komponist und der reaktionäre Revolutionär einander kennenlernten. Hitler erschien mit Gefolge, einschließlich seines Mentors, des zweifelhaften Poeten Dietrich Eckart. Die beiden Männer – Hitler stand in seinem schäbigen Trenchcoat am Fußende des Betts – sprachen über »die Zukunft Deutschlands«, über den Ersten Weltkrieg und Kriege im allgemeinen, und Hitler »machte für ihr Vorkommen in der Welt einzig und allein die Juden verantwortlich«. Otto Weininger wurde erwähnt, dem Hitler laut Pfitzners Erinnerung seine Anerkennung dafür aussprach, daß er sich als Jude durch Selbstmord »selber aus der Welt geschafft hätte«. Charakteristischerweise bestritt Hitler den Großteil des Gesprächs. Als die Besucher gingen, sagte Hitler im Treppenhaus zu Eckart, daß er nichts mit diesem alten Rabbiner zu tun haben wolle – offenbar hielt er den bärtigen Pfitzner für einen Juden.[167]

Pfitzner erfuhr von Hitlers verheerender Einschätzung erst 1934, als er von einem Dirigat während des Nürnberger Parteitags im September wieder ausgeladen wurde, weil – wie der Musiker gegenüber Lilo Martin jammerte – Hitler ihn für einen Halbjuden halte. Der Führer blieb wohl dieser Ansicht, denn noch im Juni 1943 notierte Goebbels in sein Tagebuch, daß Hitler nicht dagegen sei, den Komponisten zu ehren, doch nur in bescheidenem Rahmen: »Sonst ist der Führer ja sehr stark gegen Pfitzner eingestellt. Er hält ihn für einen Halbjuden, was er nach den Aktenunterlagen in der Tat nicht ist.«[168]

Nach Hitlers gescheitertem Putsch im November 1923 wollte Pfitzner ihm ins Landsberger Gefängnis ein Zeichen seiner Sympathie schicken; es war eine schmale Biographie Ulrich von Huttens, Held der deutschen Bauernkriege und Luthers Zeitgenosse. Pfitzner widmete sie mit Datum vom 1. April 1924 »Adolf Hitler, dem großen Deutschen«. Dieses Geschenk wurde niemals abgeschickt, ebensowenig wie Pfitzners Begleitbrief, in dem er den NS-Führer daran erinnerte, daß für aufrechte Nationalisten, zu denen er sich zähle, Deutsche die schlimmsten Verräter seien.[169]

Wann immer Pfitzner nach Januar 1933 Hitler persönlich aufsuchen wollte, versuchte der Führer, ihm auszuweichen. Nach einem Pfitzner-Konzert in Weimar etwa lud Hitler alle Mitwirkenden zum üblichen Geplauder zu später Stunde in sein Hotel ein. Pfitzner wurde absichtlich ausgelassen. Hitler ignorierte einen Besuch Pfitzners im Münchner Hauptquartier der Partei, bei dem der Komponist hoffte, mit ihm über die Verhaftung seines alten Freundes Cossmann durch die Gestapo sprechen zu können, des Mannes, der sie 1923 miteinander bekanntgemacht hatte. Der Hauptgrund, warum Pfitzner sich 1933 an das Verbot hielt, in Salzburg zu dirigieren (ein Verbot, das Strauss schlichtweg ignorierte), war seine Furcht, Hitler damit vor den Kopf zu stoßen. Wann immer er in Berlin war, lud Pfitzner Hitler ostentativ zu seinen Aufführungen ein – durchgehend ohne Erfolg. Und außerdem hatte er – als der Verdacht seiner jüdischen Abstammung 1934 offiziell erhoben worden war – die allergrößte Mühe, seine »arische« Abkunft zu beweisen. Zusätzlich ließ Pfitzner sein öffentliches Loblied auf den Führer erklingen: »Es gibt heute keinen neben ihm, der die Kraft des Armes, des Geistes und der Seele mitbrächte als der, in dem wir seit über zehn Jahren den deutschen Führer gefunden haben.« Und obwohl Hitler nicht umhin konnte, die strittige Frage von Pfitzners Pensionsregelung zu beeinflussen, sagten 1939 Berliner Eingeweihte offen, daß er weder Pfitzner persönlich noch seine Musik leiden könne. Kein Wunder, daß Pfitzner im Frühling jenes Jahres einen stichhaltigen Grund zu der Annahme zu haben glaubte, Hitler habe selbst eine Reihe festlicher Verstaltungen zu Ehren seines siebzigsten Geburtstags verboten, die in München geplant gewesen waren.[70]

Was immer sich daraus auch ergab, Pfitzner war in der Lage, sich Göring anzupassen, und zwang sich sogar dazu, mit der Tatsache zu leben, daß Hitler – der politische

Führer, den er vergötterte – seine Bedeutung als Künstler und Kulturprophet nicht zu erfassen vermochte. Doch was sein »ganzes Leben beschattet« hatte und ihn an seiner Existenzberechtigung zweifeln ließ, war die schwindelerregende Distanz zu Richard Strauss.[71] Während Strauss ein wesentlich politischer denkender Mann und ein Manipulator von Ideen, Systemen und Menschen für seine langfristigen Ziele war – die auch seiner geheiligten Ichbezogenheit dienten –, hatte Pfitzner nie über etwas anderes Kontrolle als über seine eigenen Kompositionen. Strauss beeinflußte zumindest eine Zeitlang die kulturellen Ereignisse im Dritten Reich, bis er dessen prominentestes Opfer wurde. Pfitzner dagegen überlebte immer nur gerade so.

Die Rivalität zwischen Pfitzner und Strauss datiert angeblich aus dem Jahr 1900, als bei einem Berliner Konzert, in dem Werke von beiden aufgeführt wurden, Strauss vom Publikum gefeiert wurde, während Pfitzners erster Akt der Oper *Die Rose vom Liebesgarten*, der zwischen *Tod und Verklärung* und *Ein Heldenleben* hineingepfercht wurde, eine wesentlich kühlere Aufnahme fand.[72] Das hätte Pfitzner nicht besonders beunruhigen müssen; schließlich war Strauss älter und besser etabliert. Doch war – obwohl die beiden Komponisten jahrelang auf freundschaftlichem Fuß standen – nicht zu übersehen, daß von etwa 1900 an Strauss stets mehr Anerkennung erntete. Der Unterschied in Physis und Temperament zwischen den beiden Männern allerdings war frappant: auf der einen Seite Strauss, hochgewachsen und weltmännisch, wohlhabend und grundsolide erzogen, mit einer Generalstochter aus adeliger Familie verheiratet; und daneben der schmächtige Kleinbürger Pfitzner, nach vorne gebeugt und mit dem traurigen Gesichtsausdruck einer Eule.[73] In ihren ästhetischen Auffassungen waren sie nie weit auseinander, obwohl Pfitzner den schulmäßigen Ansatz von Schumann und Brahms gegenüber dem bevorzugte, was er in Strauss' Musik als wagnerische Chromatik abtat. Pfitzner teilte auch nicht Strauss' hohe Wertschätzung Mozarts. Doch waren sie sich in ihrer Gegnerschaft gegen ausländische Einflüsse einig, zumal was die »seichte« italienische und französische Musik und die der Neutöner betraf, die Pfitzner in seine Kategorie des Kulturbolschewismus einordnete.[74]

Pfitzner muß Strauss' kulturpolitischen Aufstieg im Dritten Reich mit Neid verfolgt haben und fühlte sich auch als Mitglied des Präsidialrats der RMK erdrückt, denn er wollte nicht »zum Vasallen des *Arabella*-Komponisten« werden.[75] Pfitzner mußte das wahre Ausmaß von Strauss' Einfluß erfahren, als nach dem Hindemith-Debakel um die Jahreswende 1934/35 *Der arme Heinrich* und andere Werke, von Furtwängler zaghaft angesetzt, von Tietjen und Clemens Krauss zugunsten eines massiven Strauss-Programms aus dem Spielplan der Berliner Staatsoper entfernt wurden.[76] Für den Rest des Dritten Reichs blieb das das vorherrschende Thema. In Pfitzners Augen wurden seine Werke konsequent zum Vorteil von Strauss vernachlässigt.[77] Die Statistiken bestätigen das: Von Anfang 1933 bis Ende 1943 wurden allein an der Bayerischen Staatsoper 317 Strauss-Opern, aber nur 61 Werke von Pfitzner aufgeführt.[78]

Ein solcher Unterschied im künstlerischen Schicksal spiegelte sich natürlich auch in der internationalen Akzeptanz und in den Einnahmen der beiden Komponisten wieder. Pfitzner dirigierte zwar manchmal in anderen europäischen Hauptstädten, wurde jedoch nur einmal in New York aufgeführt, als Artur Bodansky im Oktober 1923 seine Kantate *Von deutscher Seele* in der Carnegie Hall vorstellte. Ein weiterer Versuch im Jahr 1929, Pfitzners Musik in Amerika bekannt zu machen, scheiterte. Das war der Preis, den »Pfitzner der Deutsche« zu zahlen hatte – die eher provinzielle deutsche Rezeption seiner Werke über die Jahre hin

und auch im Dritten Reich.[79] Dagegen stand Strauss'
unendlicher weltweiter Ruhm, ob in Rio de Janeiro, Buenos Aires oder New York, wo der Komponist selbst dirigierte. Strauss verdiente natürlich auch mehr – annähernd
das Doppelte –, obwohl beide Komponisten während des
Krieges zusammen mit dem weit weniger bedeutenden
Komponisten Paul Graener in der höchsten nationalen
Preiskategorie rangierten.[80]

Strauss behielt seine Gelassenheit trotz der Verunglimpfungen, die ihm durch Pfitzner und seinen kleinen, doch
fanatischen Anhang zuteil wurden, zumal durch Pfitzners
Berliner Gefolgsmann, den Musikkritiker Walter Abendroth, der in seiner zeitgenössischen Biographie Pfitzners
Strauss mit dem leibhaftigen Satan verglich.[81] Für Strauss
zählte Pfitzner zu den »tüchtigen Komponisten« wie von
Reznicek, Graener und Vollerthun »etc.«, wie er gratis und
franko im Mai 1935 notierte. Doch einige Wochen später
überkam ihn ein heiliger Zorn, und er wetterte: »Dieser
Mann benimmt sich andauernd so niederträchtig gegen
mich« – eine Feststellung, die zweifelsohne begründet war.[82]

Am Ende wurden sie durch schreckliches persönliches
Unglück fast vereint, sogar geographisch, denn der ver-
armte Pfitzner brachte gegen Ende seines Lebens einige
Monate in einem Pflegeheim in Garmisch zu. Seine Seh-
kraft hatte abgenommen, der Großteil seiner Familie und
viele Freunde waren gestorben, er selbst wäre beinahe bei
Luftangriffen ums Leben gekommen, und sein Münchner
Haus war 1943 durch Bomben zerstört worden. Spätestens
1945 war sein Vertrauen in Adolf Hitler, den Nationalsozialismus und das Dritte Reich erschüttert. Über die letzten
Jahre von Strauss geben die Chroniken erschöpfende Auskunft. Doch Kenner wissen zu berichten, daß die Musik,
die die beiden Männer in ihren allerletzten Jahren komponierten, eine gewisse Ähnlichkeit aufweist.[83]

Formen des Widerstands

Karlrobert Kreiten wurde am 26. Juni 1916 in Bonn als Sohn eines Klavierpädagogen und einer Sängerin geboren. Er wuchs in Düsseldorf auf, wo sein Vater am Städtischen Konservatorium Professor für Klavier und Komposition war. Karlrobert war ein hochbegabtes Kind, zeigte Talent für Sprachen, die bildenden Künste und vor allem für Geige und Klavier. Er beschloß, Pianist zu werden, nahm bei Schülern seines Vaters Unterricht und gab mit zehn Jahren sein erstes öffentliches Konzert. Von da an entwickelte sich seine Karriere außergewöhnlich. 1929, noch auf dem Gymnasium, bekam er vom Kölner Konservatorium ein Stipendium. Zwei Jahre später, mit fünfzehn, bewältigte er die schwierigen *Paganini-Variationen* von Brahms. Im Juni 1933 bekam er in Wien unter 250 ernsthaften Kandidaten bei einem internationalen Klavierwettbewerb unter der Schirmherrschaft von Clemens Krauss den ersten Preis; er war der jüngste Teilnehmer. Den Preis sicherte ihm sein Vortrag der *Dante-Sonate* von Franz Liszt, die technisch höchste Ansprüche stellt. Im Oktober dieses Jahres gewann Kreiten in Berlin auch den begehrten Mendelssohn-Preis. In den folgenden Jahren vervollkommnete er seine Kunst in Wien und als Meisterschüler von Claudio Arrau in Berlin. Ab 1938 und bis in die Kriegsjahre gab er in ganz Deutschland Konzerte, bei denen Liszt, Chopin, Beethoven und Mozart zu seinen Spezialitäten gehörten. 1941 verglichen ihn Kritiker mit Wilhelm Backhaus, 1943 mit Deutschlands Meisterpianisten Walter Gieseking.[134]

Am Abend des 3. Mai 1943 warteten Musikfreunde auf Karlrobert Kreitens Auftreten bei einem Klavierabend im Auditorium Maximum der Universität von Heidelberg. Er erschien nicht. Er war am Morgen in seinem Hotel von der Gestapo verhaftet worden. Er kam in das Gestapo-Gefängnis in Berlin, wo er sich die folgenden Wochen und Monate auf seinen Prozeß wegen Hochverrats und Defätismus vor Hitlers berüchtigtem Volksgerichtshof vorzubereiten hatte. Während dieser Zeit war er den häufigen Luftangriffen auf die Hauptstadt schutzlos ausgeliefert und soll Angst gehabt haben, bei einem Bombenangriff lebend zu verbrennen. Am 3. September verurteilte ihn der Gerichtshof zum Tode. Die regionale Parteizentrale in Düsseldorf vereitelte alle Versuche der Familie, auf höchster Ebene ein Gnadengesuch einzureichen. Kreiten wurde am 7. September in der Strafvollzugsanstalt Plötzensee gehängt.[85]

Was hatte er getan? Der Pianist hatte eines der schwersten politischen Verbrechen begangen, für die ein Angehöriger der Zivilbevölkerung während des Zweiten Weltkriegs zur Verantwortung gezogen werden konnte: Er hatte die gegen die Nazis gerichteten Nachrichten der BBC abgehört und sie mit seiner eigenen schonungslosen Analyse über den Stand von Hitlers Krieg und das gegenwärtige politische System an seine Vermieterin weitergegeben. Die aber war Parteimitglied und eine frühere Freundin seiner Mutter, eine Frau, der er vertrauen zu können glaubte. Sie hatte die Information darauf an andere Nazis weitergegeben, die dafür sorgten, daß Kreiten angeklagt wurde.[86]

In Zusammenhang mit dem Fall Kreiten erheben sich zwei grundsätzliche Fragen, die in der Tat als Maßstab für die Einschätzung anderer Fälle von Ungehorsam deutscher Musiker gegenüber der NS-Herrschaft dienen können. War erstens Kreitens Tat wirklich politisch motiviert? Und beeinflußte zweitens die Ästhetik seiner musikalischen Kunst seine gegen das Regime gerichtete Haltung so weit, daß sich seine Opposition aus seiner Berufung ergab, wie im Falle eines Arztes, der gegen den Krieg ist, weil zu seinen Aufgaben die Rettung von Menschenleben gehört?

Was den ersten Punkt betrifft, gibt es keinen Zweifel, daß Kreiten durch seine Erziehung politisch sensibilisiert war, denn er stammte aus einem Elternhaus, das kosmopolitisch aufgeschlossen und nicht engstirnig chauvinistisch war. Sein Vater Theo Kreiten war aus den Niederlanden gebürtig, und seine Großmutter mütterlicherseits, die er über alles liebte, war eine in Spanien geborene Französin. Von ihr lernte Karlrobert als Kind fließend Französisch, und er verbrachte viele Ferien in Westeuropa. 1933 widerstand er als Student des Kölner Konservatoriums erfolgreich den Versuchen des Nationalsozialistischen Deutschen Studentenbundes, ihn anzuwerben (NS-Quellen behaupten allerdings, daß er sich später um die Mitgliedschaft in der Partei beworben habe, offensichtlich ohne Erfolg). Er war wohl auch durch Hedwig Rosenthal-Kanner beeinflußt, eine jüdische Klavierpädagogin in seiner Wiener Zeit, die später in die Vereinigten Staaten emigrierte, ihn 1937 beschwor, ihr und ihrem Mann ins Exil nachzufolgen, und ihm eine Karriere versprach, die aller Wahrscheinlichkeit nach der des etwas älteren Rudolf Serkin nicht nachgestanden wäre. Er scheint echte Empörung über Hitlers gewissenlose Kriegsführung und die augenfällig repressive Politik innerhalb Deutschlands empfunden zu haben – eine Empörung, die nur in einem politisch bewußten Menschen aufkeimen konnte. Und obwohl er seiner Berliner Vermieterin offenbar vertraute, muß er gewußt haben, welche Risiken jedesmal damit verbunden waren, wenn ein Einwohner des Reichs die BBC-Meldungen an andere weitergab, zumal bekannt war, daß die Zahl der Todesurteile in diesen Fällen seit 1941 gestiegen war.[87]

Was den zweiten Punkt betrifft, kann die Antwort nicht eindeutig ausfallen. Obwohl Kreiten der Parteigenossin angeblich sagte, »der Führer habe keine Ahnung von der Kriegsführung, von der Musik und mische sich nur in alles

hinein«, ist das kein eindeutiger Beweis, daß ihn berufliches Ethos zu seiner politischen Einstellung gegen das
Regime motivierte.[188]

Dieser Gesichtspunkt ist wichtig, denn er führt zur folgenden Frage, ob unter Musikern berufliches Ethos jemals
so stark war, daß es im Dritten Reich eine solche Opposition bewirken konnte.

Deshalb können in dem berühmten Fall Kreiten zwei
bisher weitverbreitete Annahmen mit Sicherheit ad acta
gelegt werden: Die eine ist Furtwänglers voraussagbare
Charakterisierung des jungen Künstlers als »völlig unpolitische Persönlichkeit«, die zweite Theo Kreitens Meinung,
daß die Nazis seinem Sohn gegenüber keine Milde walten
ließen, weil sie sich mit voller Absicht »aus den Kreisen der
Künstler ein Opfer von hohem Rang« aussuchen wollten.[189]
Im Gegensatz zu Furtwänglers (und möglicherweise Goebbels') Mutmaßung schlossen sich – wie bereits aus einem
anderen Blickwinkel im Fall von Strauss festgestellt werden
konnte – künstlerische Qualifikation und politisches Bewußtsein nicht gegenseitig aus. Und wegen der relativen
Bedeutung, die das NS-Regime künstlerischer Produktivität auch während des Krieges zuschrieb, und weil
Künstler nicht als ausgemachte politische Rechtsbrecher
betrachtet wurden, gab es keinen besonderen Grund für die
Behörden, an einem fehlgeleiteten Musiker wie Kreiten ein
Exempel zu statuieren. Bei oberflächlicher Betrachtung der
bisherigen, bisweilen abgedroschenen Beweisführung kann
die Beziehung zwischen Politik und Kunst (deren Voraussetzung ein Grad an Freiheit im individuellen Ausdruck
war, den auch Goebbels nicht leugnete) auf eine verhältnismäßig einfache Grundformel gebracht werden: Wenn
jemand seine Kunst ausüben wollte, mußte er physische
Freiheit haben, und das erforderte, daß er sich politisch
absicherte oder sich zumindest aus der Politik heraushielt.

»Ich wollte spielen und nicht in ein KZ«, erklärte der berühmte Schauspieler Bernhard Minetti nach dem Krieg in aller Eindeutigkeit.[190] Wer das Gefühl hatte, daß dies unter den Zwängen einer totalitären Diktatur unmöglich sei, mußte entweder wie Max Butting, ein zweitrangiger Komponist, den Beruf wechseln oder wie Thomas Mann emigrieren. Keine dieser zwei Optionen war absolut oder einfach. Obwohl Butting sich dafür entschied, Geschäftsmann zu werden, komponierte er auch weiterhin gelegentlich, nur um festzustellen, daß er ein Versager war.[191] Und was Mann betrifft, sind nicht einmal die Umstände seiner »Emigration« bis heute völlig klar. Erika Mann erinnerte sich, daß sie in einem langen Telefongespräch aus München am 11. März 1933 ihren Vater, der sich in Arosa aufhielt, so lange beschwor, nicht nach Deutschland zurückzukehren, bis er schließlich zustimmte.[192] Was wäre geschehen, wenn er zurückgekommen wäre? Was wäre geschehen, wenn Hitler 1935 die Aufführung von Hindemiths Oper *Mathis der Maler* erlaubt oder Göring Fritz Busch 1933 einen Posten an der Berliner Staatsoper gegeben hätte?

Unter der Mehrheit der nichtjüdischen Musiker, die im Dritten Reich blieben, gab es viele Äußerungen von Unzufriedenheit, die für sich genommen keine konsequente politische Haltung erkennen ließen, welche zu langfristigen persönlichen Konsequenzen hätte führen können. Und sie waren gewöhnlich auch nicht durch Ästhetik motiviert. Der Baßbariton Hans Hotter, der 1933 in Prag seinen sardonischen Humor bewiesen hatte, saß einmal mit dem Dirigenten Hans Schmidt-Isserstedt in einer Kneipe, als ein Unbekannter hereinkam und alle mit einem forschen »Heil Hitler!« begrüßte, worauf Hotter ihm kühl erwiderte: »Sehr gut!«[193] Marta Fuchs, die Bayreuther Brünnhilde, gleichermaßen von Goebbels und Hitler bewundert, trat 1938 nach einer Vorstellung des *Ring* an den Führer heran und warnte ihn halb im Scherz, einen Krieg zu beginnen. Hitler versicherte ihr angeblich, daß er seit seiner letzten Erfahrung, als seine Augen im Ersten Weltkrieg durch Gasangriffe Schaden genommen hatten, von Kriegen genug habe. Im Jahr drauf begegneten die beiden einander wieder in Bayreuth, und Hitler fragte die Wagnerheroine, ob er denn nun Krieg geführt habe. In breitem Schwäbisch erwiderte Fuchs: »Herr Hitler, ich traue Ihnen nicht!« Das bloße Weglassen des Titels »Mein Führer« bei der Anrede hätte einen gewöhnlichen Menschen ins Konzentrationslager bringen können. Doch Fuchs wußte, daß sie sich auf ihr Prestige verlassen konnte – und war nebenbei bemerkt eine der ganz wenigen Künstlerinnen gewesen, die 1933 in Dresden den Hinauswurf des von Hitler geschätzten Fritz Busch nicht unterstützt hatte.[94] Weniger bekannten Persönlichkeiten, die sich querlegten, konnte es zumal im Krieg wesentlich schlechter ergehen, wie einem Hamburger Gesangslehrer, der im Feld zwei Söhne verloren hatte und Hitler wiederholt kritisierte. Er bekam eine geringe Haftstrafe von einem Jahr, weil zu seinen Gunsten sprach, daß er als Nationalsozialist einen tadellosen Leumund und alle seine Kinder im Glauben an die Nazis erzogen hatte.[95] Ein solches Delikt ließ sich mit dem Abhören der BBC im Krieg vergleichen, was verschiedene Musiker ebenso wie viele andere Deutsche taten. Sie wurden jedoch nicht geschnappt, weil sie klugerweise die Neuigkeiten nicht weitergaben.[96] Das Abhören der BBC war gewiß ein schlimmeres Verbrechen als die gelegentliche Verbrüderung mit Juden oder das heimliche Abspielen von Hindemith-Musik – letzteres aus strikt ästhetischen Gründen.[97]

Doch es gab Musiker, die sich weniger leichtfertig und durchaus systematischer als Karlrobert Kreiten exponierten und sich der möglichen Konsequenzen – ob als Berufskünstler oder als politisch reife Bürger – voll bewußt waren. Eberhard Rebling war ein junger Berliner Pianist, der sich zum linken Flügel der Exil-Politiker in Prag hingezogen fühlte. Er trat beinahe dem kommunistischen Untergrund bei, beschloß 1937, jedoch sich abzusetzen, und ging nach Holland, wo er eine jüdische Tänzerin kennenlernte und heiratete.[98] Der Wiener Komponist und Klarinettist Friedrich Wildgans schloß sich einer österreichischen Widerstandsgruppe um den katholischen Theologen Karl Roman Scholz an; 1940 wurde die Gruppe gefaßt, und Wildgans wurde von der Gestapo für mehr als zwei Jahre eingekerkert. Nach seiner Entlassung setzte er seine Arbeit im Widerstand fort und überlebte wie durch ein Wunder.[99]

In Berlin lag der Fall von Helmut Roloff ähnlich. 1912 in Gießen geboren, wo sein Vater Professor für Geschichte war, hatte Roloff in Leipzig und Berlin studiert. Im Gegensatz zu den meisten Musikern – ja zu den meisten Angehörigen des Großbürgertums – war Roloff in seiner Einstellung gegen den NS-Staat in einer Familie geprägt worden, die von Anfang an gegen Hitler war. Und so hielt er sich wie Kreiten als Student von NS-Organisationen fern. Als er um 1940 noch Privatunterricht nahm, begegnete er dem Zahnarzt Hans Helmuth Himpel und dessen »halbjüdischer« Freundin Marie Terwiel, die mit der kommunistischen Widerstandsgruppe Rote Kapelle zusammenarbeiteten. »Wir waren keine Kommunisten«, erklärte Roloff später, »wir waren einfach, na, wie soll ich das nennen, liberale Bürger, die einfach nicht das Dritte Reich hinnehmen wollten und deshalb alles versuchten.« Die Gruppe ließ sich in Aktivitäten gegen die Nazis ein, verteilte Handzettel und veranstaltete verschiedene konspirative Treffen. Da sie offensichtlich von der Gestapo beschattet wurden, wurde Roloff von Terwiel und Himpel gebeten, für sie einen Koffer zu verstecken, den der Pianist in seiner Berliner Wohnung unter dem Flügel deponierte, ohne zu wissen, was darin war. Am 19. September 1942 wurden Terwiel und Himpel verhaftet, und die Gestapo fand in Roloffs Wohnung den Koffer. Als sich herausstellte, daß darin ein Sender war, leugnete er, auch nur das geringste davon gewußt zu haben. Während der Verhöre im Gestapo-Hauptquartier beharrte Roloff darauf, daß er weder etwas von dem Sender noch von der Arbeit seiner Freunde im Widerstand gewußt habe; man habe sich lediglich getroffen, um Musik zu hören. Die Freunde ihrerseits verrieten ihn auch unter der Folter nicht. Im Januar 1943 wurde Roloff unversehrt entlassen, da keine stichhaltigen Beweise gegen ihn gefunden worden waren. Der Zahnarzt und seine Freundin wurden mit anderen Mitgliedern der Roten Kapelle zum Tod verurteilt und wenig später enthauptet. Für den Rest des Regimes konnte Roloff weiterhin eine bescheidene Anzahl von Konzerten geben, in denen er besonders modernere Komponisten wie Orff, Egk und Wagner-Régeny bevorzugte.[200]

Im Gegensatz zu Roloff wurde die Pianistin Margarethe Klinckerfuss nicht mit einer Todesdrohung konfrontiert; statt dessen wurde sie als Paria behandelt und aus dem Verkehr gezogen. Doch verfügte sie wie Roloff über ein reifes Verantwortungsgefühl. Diese Stuttgarter Musikerin war die Tochter eines wohlhabenden Klavierfabrikanten; ihre Mutter Johanna war ein Klavier-Wunderkind, Schülerin von Liszt und eine enge Freundin von Clara Schumann gewesen. Margarethe Klinckerfuss selbst war mit Komponisten wie Hugo Wolf und Ferruccio Busoni gut bekannt gewesen. Außerdem war sie die Tante von Rüdiger Schleicher, einem Experten im internationalen Luftfahrtsrecht, der nach 1933 ein hoher Beamter in Görings Reichsluftfahrtsministerium wurde. Schleicher, ein Schwager von Dietrich Bonhoeffer, war wie dieser mutige Theologe in die Verschwörung vom

20. Juli 1944 verwickelt und wurde von der SS im April 1945 ermordet.[201]

Tief verwurzelt im lutherisch-pietistischen Glauben, der für so viele Schwaben charakteristisch ist, war Klinckerfuss neben ihrem Beruf als Pianistin Mitglied des evangelischen Johanniter-Ordens. Während des Ersten Weltkriegs hatte sich die Dreißigerin bewogen gefühlt, verwundeten Soldaten hinter den Schützengräben beizustehen, und verabscheute von da an alles, was mit Waffen oder Krieg zu tun hatte. Das machte sie – zusätzlich zu ihrem Glauben an die Integrität von Musik und ihren unerschütterlichen religiösen Grundsätzen – zu einer frühen Gegnerin Hitlers und des Dritten Reichs. Im September 1937 stellte der Reichsjugendführer Baldur von Schirach (der, wie wir uns erinnern, Wolfgang Stumme berufen hatte und später Orff und Strauss seine Protektion gewährte) bei einer öffentlichen Ansprache in der Stuttgarter Stadthalle die Behauptung auf, es gebe nicht mehr Protestanten und Katholiken, sondern nur noch Anhänger der nationalsozialistischen Weltanschauuung. Alle Andersdenkenden würden automatisch als Verräter betrachtet. Zornig unterbrach ihn Klinckerfuss durch Zwischenrufe und wurde darauf von SA-Männern zusammengeschlagen. Als sie bei der Stuttgarter Gesundheitsbehörde Beschwerde einlegte, erklärte sie ein Arzt für geistig gestört, und Gestapo-Beamte lieferten sie in eine Irrenanstalt ein. Sechs Jahre lang war sie in verschiedenen Institutionen eingesperrt, darunter auch in Eglfing-Haar bei München, wo Anfang der vierziger Jahre viele der berüchtigten »Euthanasie«-Morde verübt wurden. Eine frühe Entlassung verhinderte der Umstand, daß sie beschuldigt wurde, auch noch nach dem bewußten Zwischenfall bei verschiedenen Gelegenheiten den Kampf der Nazis gegen die Kirchen, die Judenverfolgung und die »Euthanasie«-Morde angegriffen zu haben. Im Mai 1943 landete sie in der Anstalt Christophsbad in der Nähe von Stuttgart, wo ihr durch einen verständnisvollen Arzt erlaubt wurde, sich an Musiktherapie für die wirklich geistesgestörten Insassen zu versuchen. Zum Glück für Klinckerfuss bildete Christophsbad eine seltene Ausnahme, was die Beschirmung seiner Patienten vor der »Euthanasie« betraf.[202]

Zweifellos war ihr Durchhaltevermögen religiös und politisch und sogar ästhetisch motiviert. Im Fall des Komponisten Gottfried von Einem und seines Lehrers Boris Blacher, eines Freundes von Helmut Roloff, ist das Schema für den Widerstand gegen das NS-Regime und seine verschiedenen Bestandteile nicht annähernd so sicher.

Am 28. September 1938 frühstückte der zweiundzwanzigjährige Gottfried von Einem im Nobelhotel Adlon in Berlin, als drei Gestapo-Leute hereinstürmten und ihn verhafteten. Er wurde ins Gestapo-Hauptquartier in der Prinz-Albrecht-Straße gebracht und einige Stunden verhört, bevor er wieder entlassen wurde. Von Einem hatte keine Ahnung, warum er herausgegriffen worden war, doch er konnte einen flüchtigen Blick auf ein Papier auf dem Schreibtisch des Gestapo-Beamten werfen, das die Unterschrift von Heydrich, dem Leiter des SD, trug. Darauf stand: »In Schutzhaft genommen wegen des Verdachtes des Landes- und Hochverrats.« Die Gestapo holte von Einem noch verschiedene Male ab und hielt ihn manchmal mehrere Tage fest. Sein gesamter nicht unbeträchtlicher Besitz wurde beschlagnahmt, das meiste davon gemeinsames Eigentum mit seiner Mutter Baronin Gerta Louise von Einem, die mit ihm zusammen verhaftet worden war.[203]

Wenn auch der junge Baron von Einem auch nach wiederholten Verhören im Gestapo-Hauptquartier die formellen Gründe für die Beschuldigungen nicht kannte, wußte er doch, daß er der Mittäterschaft verdächtigt wurde, denn er hatte zu seiner Mutter eine besonders enge Beziehung. Von Einem hatte eine bewegte Familiengeschichte; im Vergleich mit anderen seiner Generation hatte er eine unkonventionelle Erziehung genossen, und seine Mutter war exzentrisch. Sein Vater, Baron William von Einem, ein General unter der Habsburger Monarchie, war an die österreichisch-ungarische Botschaft in Bern versetzt worden, wo Gottfried 1918 geboren wurde. Erst von den Gestapo-Beamten erfuhr er, daß sein wirklicher Vater nicht William, sondern der ungarische Graf Laszlo von Hunyady war, ein ehemaliger Oberst der k.u.k. Monarchie und ebenfalls in Bern stationiert. Gottfrieds schöne Mutter, die von hessischem Adel abstammte, pflegte mit ihm in Afrika auf Löwenjagd zu gehen und immer ein Pianino mitzuführen, denn der Graf schwärmte nicht weniger für Musik als für Gerta Louise und spielte vorzüglich Klavier. Bei einem dieser Ausflüge irgendwann in den zwanziger Jahren wurde der Graf an den Ufern des Nils in der Nähe von Khartum von einer angeschossenen Raubkatze zerrissen. Glücklicherweise war Gottfried um diese Zeit von dem langmütigen Baron William bereits adoptiert worden.[204]

Weil das freiherrliche Paar aus gesellschaftlichen und beruflichen Gründen internationale Reisen machte und sehr wohlhabend war, wuchs Gottfried auf dem Land in Holstein auf und besuchte dort die Schule. Auf dem großen Landgut der von Einems in der Nähe von Plön geriet der halbwüchsige Gottfried, der seine Eltern nur gelegentlich sah und sich wegen seines österreichischen Erbes im strengen norddeutschen Milieu schwertat, in eine gewisse Isolation und blieb im Lauf der Zeit immer mehr sich selbst überlassen. Er war immer ein Einzelgänger gewesen. Als nach der Machtübernahme der Nationalsozialisten Anfang 1933 sein Gymnasium in eine NS-Eliteschule umgewandelt wurde, durfte er als Ausländer weder die neue Uniform tragen, noch wurde er zum inneren Kern seiner nazibegeisterten Mitschüler zugelassen. In der Tat wurde Gottfried von seinen norddeutschen Schulkameraden, die meist blond und blauäugig waren, mit seinem dunklen, lockigen Haar und der prononcierten Nase für einen Juden gehalten. Als er an eine Schule im nahe gelegenen Ratzeburg wechselte, verbesserte sich die Situation. In Ratzeburg war der impressionistische Bildhauer und Graphiker Ernst Barlach begraben, und es gab dort Skulpturen von ihm zu sehen, die unter die Nazi-Rubrik »Entartete Kunst« fielen. Für Gottfried von Einem wurden sie eine Inspiration. Der junge, bislang introvertierte Baron, der in der Schule nicht besonders gut, doch offensichtlich musikalisch begabt war, begann, einen eklektischen Lebensstil zu entwickeln. Das mag von den kosmopolitischen Bekannten seiner weltläufigen Eltern beeinflußt worden sein, die gelegentlich zu Besuch kamen – Aristokraten aller Art, Unternehmer, Künstler und Finanziers und manchmal auch die »Tanten« Paula und Olga, die Schwestern von Hermann Göring, Jugendfreundinnen von Gerta Louise seit gemeinsamen Sommerfrischen in benachbarten Landsitzen in der Steiermark. In seiner neuen Schule fand Gottfried schließlich einen verständnisvollen Lehrer, der seine schöpferischen Talente förderte; zu Hause nahm er Klavierunterricht und begann Briefe an Männer wie Gerhart Hauptmann, Hermann Hesse und Richard Strauss zu schreiben. Manchmal wurde er mit einer Antwort belohnt. Die persönlichkeitsprägenden Höhepunkte in dieser Phase waren die Beschäftigung mit Wagners Opern und – in der Gesellschaft seiner erlauchten Verwandten – regelmäßige Besuche der Salzburger Festspiele, wo er in den feinsten Hotels wohnte und nicht nur weitere Aristokraten, sondern auch Bruno Walter, Arturo Toscanini und Lotte Lehmann kennenlernte. Außerdem gab es dort noch mehr Wagnermusik.[205]

Da war also ein äußerst sensibler Mann im Werden, mit einer großen künstlerischen Begabung, vor allem, was die Musik betraf. Ab 1936 komponierte er selbst ernsthaft. Nicht weniger war er vom Weltbürgertum seiner engsten Familie geprägt (um diese Zeit hatten seine Eltern Wohnsitze in Wien und in London, wo sie mit den Rothschilds und anderen hochgestellten Juden verkehrten), was seine Bindung an Musiker vom Rang eines Walter, Furtwängler und Tietjen verstärkte. Er begann, ein tiefes Mißtrauen gegen den diktatorischen Radikalismus der NS-Anhänger zu nähren, obwohl ihn Hitlers Persönlichkeit lange Zeit faszinierte. 1937 besuchte von Einem Kent; das Resultat waren eine ausgeprägte Vorliebe für maßgeschneiderte Anzüge und ein gutes Gespür für die englische Sprache. In London traf er sich mit deutschen Emigranten, und das schärfte sein Auge für die Intoleranz des NS-Regimes.[206]

Zu diesem Zeitpunkt stand außer Frage, daß von Einem Komponist werden wollte. Anfang Januar 1938 übersiedelte er mit seiner Mutter nach Berlin, wo sie sich auf englisch unterhielten, wenn sie vertrauliche Themen besprachen; während sie auf die Fertigstellung ihrer luxuriösen Wohnung warteten, bewohnten sie eine Suite im Hotel Adlon. Bezeichnend für den musikalischen Geschmack, den er bereits damals entwickelte, hatte er bei Hindemith an der Hochschule für Musik Unterricht nehmen wollen, doch der Komponist hatte die Hochschule bereits für immer verlassen, und Furtwängler und Kammersänger Max Lorenz gaben ihm den Rat, praktische Erfahrung an der Berliner Staatsoper bei Generalintendant Tietjen zu sammeln. Der allgewaltige Herr über die Musik nahm ihn auf, und so wurde von Einem Opern-Korrepetitor in Berlin und bald darauf in Tietjens zweitem Einflußbereich Bayreuth.[207]

Als von Einem und seine Mutter im September verhaftet wurden, hatten sie gerade nach Luxemburg fahren wollen,

434

um dort ihren jüdischen Freund Edward Albert Leonard, einen englischen Geschäftsmann, zu treffen. (Später stellte sich heraus, daß die Nazis die Baronin des Verrats und des Verstoßes gegen die Devisengesetze verdächtigten.) Von Einem hatte bereits seine zweite Bayreuther Saison hinter sich. Er war Hitler persönlich begegnet, der mit ihm über Kunst geplaudert hatte, und auch Friedelind Wagner, der älteren Tochter von Winifred und Kritikerin des Regimes. Daraus ergab sich eine Art Werbung, die von Winifred und der Baronin, die man im Spätherbst 1939 aus dem Gefängnis entlassen hatte, kräftig unterstützt wurde. Gerta Louise reiste mit ihrem Sohn und Friedelind nach Venedig und Luzern, wo sich die Bayreuther Erbin mit ihrem väterlichen Mentor Toscanini traf. Die Baronin konnte sich darauf wohl keinen Reim machen, doch Gottfrieds Antennen waren auf Empfang eingestellt: Friedelind und Toscanini, beide Hitlers Feinde! Doch trotz einigen weiteren Begegnungen und ein paar Briefen wurde aus der erhofften Verbindung nichts, und Friedelind verließ Deutschland bald für immer.[208]

Musikalisch mußte der junge Mann noch lernen. Obwohl die Atmosphäre an der Berliner Staatsoper unter Tietjen und besonders die musikalischen Eindrücke in Bayreuth aufregend gewesen waren und er in der Kunst der Opernregie und als Ballett-Korrepetitor sehr versiert geworden war, hatten ihn diese Erfahrungen seinem Ziel – der Komposition – nicht näher gebracht. Als sich 1938 sein Traum, bei Hindemith zu studieren, in Luft auflöste, erfuhr er mehr über den Avantgarde-Komponisten Boris Blacher, dessen gerade uraufgeführte Symphonie op. 12 ihn faszinierte. Doch wagte er es zu diesem Zeitpunkt nicht, sich zwecks weiterer Ausbildung an ihn zu wenden. Durch seine vielfältigen Verbindungen gelang es ihm schließlich, Blacher vorgestellt zu werden, der ihn von April 1941 bis

Sommer 1943 als fortgeschrittenen Schüler annahm. Blacher perfektionierte lediglich die Kompositionstechniken, die von Einem bereits beherrschte, doch die wirkliche Bereicherung war die Atmosphäre um diesen etwas exzentrischen Musiker. Heimlich studierten sie viel von dem, was nun auf der Schwarzen Liste stand – Strawinsky, Hindemith, Milhaud, Schönberg und den verteufelten Jazz – von Platten oder bei Sendungen ausländischer Rundfunkstationen. Blacher tilgte in von Einem völlig und endgültig jeden Funken der Bewunderung für Hitler.[209]

Hatten diese Übungen bereits etwas Verschwörerisches an sich, so wurden sie noch durch den Kreis befreundeter Musiker verstärkt, dem sich Lehrer und Schüler bald anschlossen. Das waren Männer, die ebenso einfallsreich waren, eine Neigung zum Modernismus hatten und in der Kultur von Weimar verwurzelt waren, obwohl sie sich – wenn überhaupt – politisch lediglich am Rande des Widerstands bewegten. Zu ihnen zählten Orff, Egk, Wagner-Régeny, der Wiener Oberspielleiter Oskar Fritz Schuh und der ehemalige Brecht- und Weill-Intimus Caspar Neher, der progressive Bühnenbildner und Librettist, der von den Zensur-Dämonen des Dritten Reichs kaum berührt schien.[210]

Nicht so Boris Blacher und sein Schüler und Freund Gottfried von Einem. Nach 1940 residierte die Baronin wieder in einer repräsentativen Wohnung in der Brückenallee in Berlin, die zur Insel für Regimekritiker aus künstlerischen, diplomatischen und hohen Militärkreisen wurde. Bei ihren Soireen gab es kulturelle und kulinarische Genüsse in Hülle und Fülle. Hier spielte die Baronin – wenn auch immer unter den Augen der Gestapo – einmal mehr ihr Spiel von Macht, Amouren, Geld und nützlichen Verbindungen. Ihr war es zu verdanken, daß Wagner-Régenys Los als Soldat schließlich erleichtert wurde. Ihr

Sohn lebte in einer wesentlich bescheideneren Miet-
wohnung und versuchte von da aus, Juden (sogenannten
U-Booten) zu helfen, die sich in der Hauptstadt verborgen
hielten und Papiere, Geld und Lebensmittelkarten brauchten, sowie aktiven Regimegegnern, häufig alteingeschwo-
renen kommunistischen Bühnenarbeitern. Einer dieser
Männer, dem er Beistand gewährt hatte, wurde schließlich
am hellichten Tag von der Gestapo erschossen. Über seine
Mutter kannte er den früheren Leipziger Oberbürgermeister Karl Goerdeler, der 1936 gegen die Entfernung der
Mendelssohn-Statue vor dem Gewandhaus protestiert hatte
und 1944 an der Verschwörung gegen Hitler beteiligt war.
Er lernte auch General Hans Oster aus der Abwehr von Ad-
miral Canaris kennen (es ging das Gerücht, daß Canaris ein
früherer Galan der Baronin war), sowie Fabian von Schlab-
rendorff, der 1943 versuchte, Hitler mit einer Bombe zu
töten, überlebte und in die von Einem-Familie einheiratete.[211]
Als junger Komponist sah sich Gottfried von Einem in
den zwei letzten Jahren des Dritten Reichs in einer ungewissen Situation. Drei seiner Kompositionen wurden
öffentlich aufgeführt, bevor Goebbels im Spätsommer 1944
allen Musikaufführungen ein Ende setzte. Die erste war
sein *Capriccio*, das die Berliner Philharmoniker 1943 unter
Leo Borchard spielten und das ihm erste Anerkennung
brachte. Die zweite war sein Ballett *Turandot*, das seine
Uraufführung am 5. Februar 1944 unter Karl Elmendorff in
Dresden erlebte. Diesmal gab es einen überwältigenden
Erfolg, doch einige orthodoxe Kritiker wie Hans Schnoor
hatten den Eindruck, daß es an die Grenzen der Tonalität
gehe, allerdings nicht ohne deutliche »tiefe Romantik der
Gefühlshaltung«. Der Grund dafür war folgender: Es war
von Einem, obwohl er nie die herkömmliche Tonalität
verließ, gelungen – zweifellos unter dem Einfluß von Blacher –, eine dissonanzenreiche Harmonik zu entwickeln,

die den Zuhörer jedoch immer wieder zur tonalen Grund-
struktur zurückführte.[22]

Mit seinem dritten Stück, einem Konzert, brachte sich
der junge Komponist in Schwierigkeiten. Es war von Herbert von Karajan in Auftrag gegeben worden, der es nach
dem enormen Erfolg von *Turandot* dazu benutzen wollte,
seiner eigenen durchhängenden Karriere neuen Schwung
zu verleihen und es für seine Fehde mit Furtwängler zu nutzen. In diesem Werk, das musikalisch den beiden vorherge-
henden sehr ähnlich war, zeigte von Einem deutlich den
Einfluß seines Lehrers Blacher, indem er im Schluß-Alle-
gro nicht nur – wie es seine Gepflogenheit war – Synkopie-
rungen verwendete, sondern auch Variationen des Themas,
die sehr stark an die Improvisation im Jazz erinnerten,
was natürlich tabu war. Im April 1944 dirigierte Karajan die
Berliner Philharmoniker mit seiner üblichen Verve. Magda
Goebbels, eine Bekannte der Familie von Einem und von
der Subkultur des Jazz nicht unbeleckt, saß im Publikum,
und auch Werner Naumann, Goebbels' Staatssekretär im
Promi. Laut von Einem fiel Naumanns Bericht an den
Minister nicht vorteilhaft aus. Von Einem wurde zu Heinz
Drewes ins Ministerium kommandiert und formell verhört: »Was haben Sie sich eigentlich gedacht bei diesem
Stück?« Der Komponist antwortete dreist: »Musik be-
darf keiner Worte.« Goebbels selbst jedoch, auf seiner
ständigen Suche nach einer »neuen« deutschen Musik und
möglicherweise von seiner Frau beeinflußt, scheint die
Sache wesentlich positiver betrachtet zu haben. Er be-
auftragte Karajan, zum Zweck eingehenderer Prüfung eine
Studioaufnahme des Werks zu machen (das Ergebnis war,
daß er von Einem erlaubte, von Berlin nach Elmendorffs
Dresden zu gehen), und wies auch ein weiteres Mal die
Reichssender an, mehr moderne Musik von der Art der
Kompositionen von Einems zu senden.[23]

In vieler Hinsicht führte der Baron im Dritten Reich ein unsicheres Leben, denn nach einigem Ringen hatte er seine weltanschauliche und politische Orientierung schon früh in seiner Jugend gefunden und bekannte sich zu ästhetischen Prinzipien, die ihn mit den herrschenden Gesetzen in Konflikt hätten bringen können. Gefahr lauerte nicht zuletzt wegen seiner engen Beziehung zu Blacher. Als von Einem (der sein Studium unter dem Komponisten gerade begonnen hatte) 1941 einmal von einem Mozart-Fest in Wien nach Berlin zurückfuhr, saß er in seinem Zugabteil ausgerechnet dem Vorbild aller nazistischen Musikkritiker, Herbert Gerigk, gegenüber, der sich seinen Ruf bereits in Kampfbund-Zeiten erworben hatte. Als Blachers Name fiel, sagte Gerigk: »Blacher ist ein genialer Mann. Schade, daß er Jude ist.« Gerigk behauptete steif und fest, er habe in Zürich Dokumente gesehen, die bewiesen, daß Blachers Vater Mitglied des Ältestenrats der jüdischen Gemeinde in Riga gewesen sei.[24]

Blacher war überrascht, als er von dieser Begegnung erfuhr, und spielte gegenüber von Einem seinen angeblich jüdischen Stammbaum herunter. Tatsache war, daß Blacher nicht in Deutschland geboren worden war und zu diesem Zeitpunkt in Berlin aufgrund eines Nansen-Passes lebte, der staatenlosen Personen üblicherweise vom Völkerbund ausgestellt wurde. Baronin von Einem gelang es – mit der ihr eigenen Geschicklichkeit –, Blacher mitten im Zweiten Weltkrieg deutsche Papiere zu beschaffen.[25]

Die Paß-Geschichte veranschaulicht, daß Blacher im Dritten Reich ständig an der Grenze zwischen Anerkennung und Ablehnung lebte. Seine Herkunft war fast so schillernd wie die von Einems. Sein teils jüdischer Stammbaum und seine avantgardistischen Tendenzen in der Musik machten auch die bescheidenste Integration in die Gesellschaft des Dritten Reichs problematisch. Wie von

Einem war er lange vor der Machtübernahme der Nazis nach Deutschland gekommen, weil er von dem Weimarer Modernismus, dessen Mittelpunkt Berlin war, angezogen wurde. Sein Vater war ein wohlhabender baltischer Geschäftsmann deutscher Herkunft, der für eine zaristische russische Bank in Nordchina arbeitete, wo Boris 1903 geboren wurde. Wie der junge Baron war er in einem kultivierten Elternhaus aufgewachsen, und Boris wurde von Gouvernanten in verschiedenen Sprachen unterrichtet. Er scheint auch wie von Einem unter dem Abstand zu seinem Vater gelitten und das ebenfalls mit einer ungewöhnlichen Nähe zu seiner Mutter kompensiert zu haben, die ihn 1922 auf seinem Weg nach Berlin über Paris begleitete.[26]

Mit Blachers Ankunft in Berlin begann seine musikalische Laufbahn. Sobald er offiziell sein Studium an der Hochschule für Musik begann, strich ihm sein Vater den monatlichen Scheck. Seine Mutter kehrte 1925 ins Baltikum zurück. Auf sich selbst gestellt, spielte Blacher Klavier und Harmonium in Kinos und begann, Arrangements für Tanzkapellen zu schreiben. Das führte ihn zur Jazzmusik, doch er entwickelte auch eine starke Vorliebe für Schönberg und Strawinsky. Er freundete sich mit Rudolf Wagner-Régeny an, dessen musikalische Interessen ähnlich gelagert waren. Unter diesem Aspekt war eines seiner ersten Werke bemerkenswert: *Jazz-Koloraturen für Sopran, Altsaxophon und Fagott in zwei Sätzen* mit der Bezeichnung »Slowfox« und »Charleston« (1929). Der schmächtig gebaute Blacher mußte indes auf sich achten; sein starkes Rauchen und eine Schwäche für Hochprozentiges drohten seine Gesundheit zu ruinieren, und er hatte »stumme« Tuberkulose, eine Krankheit, die die Nazis in ihrem eugenischen Fanatismus später als Kriterium für »negative Auswahl« benutzten.[27]

Da sie nicht sehr viel über ihn wußte, führte Rosenbergs NS-Kulturgemeinde Blachers *Capriccio* für Orchester 1935

440

in Berlin auf. Sofort überschüttete Fritz Stege den Komponisten und seine Komposition mit einer gewaltigen Polemik: »Dieses von Geräuscheffekten und rhythmischen Roheiten erfüllte Tonstück tritt das geistige Erbe eines Strawinsky, eines Kurt Weill und anderer überwundener Tonsetzer einer entschwundenen Zeit an.« Von nun an wurden Steges sarkastische Kommentare, zumal was Blachers typische Jazz-Modulationen betraf, ein ständiger Pfahl im Fleische des Komponisten. Im Dezember 1937 dirigierte durch einen Glücksfall Carl Schuricht Blachers *Konzertante Musik für Orchester* mit den Berliner Philharmonikern. Weil die Musiker Probleme hatten, die komplizierten jazzhaften Synkopen zu spielen, wiederholte Schuricht das elfminütige Stück, und deshalb gab es zwei Hervorrufe hintereinander. Dieser besondere Umstand spiegelte sich in der Presse wider; ironischerweise hatte das sofort einen positiven Effekt für den Komponisten, der nun erleben durfte, daß sein Werk viele Male in Deutschland und im Ausland aufgeführt und er plötzlich bekannt wurde.[28] Eine Folge davon war, daß Blacher sich unter den Komponisten im Programm des Düsseldorfer Reichsmusikfests im Mai 1938 befand. Doch Blachers *Musik für Violine in drei Sätzen* war wie vorauszusehen umstritten. Progressive Kritiker wie Theo Kreiten äußerten sich lobend, während schrille NS-Kritiker die »erfindungsarme und kalte Musik« anprangerten. Karl Böhm gelang es zwar später in diesem Jahr, seine Berufung als Professor für Komposition am Dresdener Konservatorium durchzusetzen, doch mußte Blacher die Stellung bereits nach wenigen Monaten wieder aufgeben, weil er in seinen Klassen neben politisch akzeptablen auch Werke von Hindemith und Milhaud benutzt hatte.[29]

Zu Beginn des Zweiten Weltkriegs war Blacher in ganz Deutschland ein geläufiger Name; seine *Konzertante Musik* etwa war für Städte wie Leipzig, Breslau, Duisburg und

Darmstadt angesetzt, und er wurde für Schüler vom Kaliber von Einems attraktiv.[220] Doch 1940 wurde Blacher wegen seiner Jazz-Anklänge abermals einer vehementen Attacke von Stege ausgesetzt. Um diese Zeit machte die Reichsmusikkammer in ihrer Registratur einen amtlichen Eintrag über Blachers Großmutter mütterlicherseits, Louise Feliciana Boerling, eine Tochter getaufter Juden. Obwohl Goebbels früher entschieden hatte, daß sogenannte Vierteljuden als »Arier« zu behandeln seien, konnte die Kombination eines auch nur partiellen jüdischen Erbes, einer dissonanten musikalischen Sprache und einer unkonventionellen Lebensweise oder Vergangenheit bei vielen Nazi-Eiferern xenophobes Mißtrauen, gefährliche Anspielungen und Winkelzüge auslösen, wie der Vorfall zwischen von Einem und Gerigk im Zugabteil demonstriert. Wenn man dazu noch den Faktor fragwürdigen gesellschaftlichen Verkehrs nimmt, hat man alle Ingredienzen für eine Zeitbombe, die bei jeder weiteren Radikalisierung der offiziellen NS-Politik zu explodieren drohte. Blacher freundete sich mit von Einem an, der mit seiner Familie zunehmend suspekt wurde. Außerdem war seine neue Freundin die junge Pianistin Gerty Herzog, die denselben Klavierlehrer wie der politische Dissident Helmut Roloff und außerdem jüdische Verwandte hatte. Und Blachers Werke wurden von der Pianistin Edith Picht-Axenfeld aufgeführt, die ebenfalls keine »Vollarierin« war.[221]

Bis zum Ende des Dritten Reichs wurden Blachers Kompositionen weiterhin aufgeführt, und er hatte eine treue Anhängerschaft von Bewunderern, von denen einige für Goebbels' hochgestochene Zeitung *Das Reich* schrieben.[222] Doch ebenso konnten gehässige Kommentare über seine Musik nie unterdrückt und damit in Verbindung mit Fragen über seine Herkunft und sein politisches Verhalten zu einem unberechenbaren Gefahrenelement werden. Gegen

Ende des Regimes war Blacher in die politischen Aktivitäten seines Freundes von Einem und seines Kreises eingeweiht und gewährte tatsächlich einem jüdischen »U-Boot« eine Zeitlang Unterschlupf. Schmeichelhafte offizielle Auszeichnungen wie die mit Geld dotierten Nationalpreise, deren sich Strauss, Orff, Pepping und Müller sowohl finanziell wie wegen des Renommees erfreuten, blieben ihm versagt, und er war immer sehr schlecht bei Kasse. Als Grund gab das Preis-Komitee an, daß er Vierteljude sei. Dennoch gab es wiederholt Versuche, ihn zur Wehrmacht einzuziehen, obwohl er einen weiteren Ausbruch von Tuberkulose erlitten hatte. Der Einberufungsbefehl erreichte ihn im April 1945, nachdem er deutscher Staatsangehöriger geworden war. Zu diesem Zeitpunkt schien es Blacher ungefährlich, ihn zu ignorieren; glücklicherweise ging er aus dem Dritten Reich unversehrt hervor.[223]

Karl Amadeus Hartmann entschloß sich zu einer Widerstandsform gegen das Dritte Reich, die sich kein anderer vielversprechender Musiker leisten konnte, indem er 1933 sich und seine Kunst dem Publikum innerhalb der Grenzen Deutschlands verweigerte. Für einen Künstler, dessen Erfolg von der öffentlichen Aufführung seines Oeuvres abhängig war, bedeutete das beruflichen Selbstmord. Später schrieb er: »In diesem Jahr erkannte ich, daß es notwendig sei, ein Bekenntnis abzulegen, nicht aus Verzweiflung und Angst vor jener Macht, sondern als Gegenaktion. Ich sagte mir, daß die Freiheit siegt, auch dann, wenn wir vernichtet werden.«[224] Da er die Nazis nicht mit der Waffe bekämpfen konnte, schien ihm das offenbar die effektivste Form politischen Widerstands; sie verlangte einen vergleichbaren Grad an Mut und war moralisch ebenso zu verteidigen.

Hartmann, 1905 in München geboren, wurde mit seinen drei Brüdern von strikt linksgerichteten Eltern von Kind auf im sozialistischen Geist erzogen. Als sein Vater Anfang der zwanziger Jahre starb, setzte seine Mutter – obwohl eine gute Katholikin – ihre Erziehungsarbeit in der sozial-demokratischen Tradition fort. Daher war Hartmann, lange bevor Hitler an die Macht kam, engagierter Antifaschist. Sein Bruder Richard, eingetragenes Mitglied der Kommunistischen Partei, verließ München Anfang 1933 bei Nacht und Nebel in Richtung Schweiz, nachdem er an einem letzten verzweifelten Versuch teilgenommen hatte, Flugblätter gegen Hitler zu verteilen. Stunden später kam die SA in das Haus seiner Mutter, doch Richard war bereits auf dem Weg nach St. Gallen, wo Karl Amadeus den jungen Schweizer Dirigenten Ernst Klug kannte.[225]

Hartmanns musikalische Ausbildung bis 1933 hatte direkt in der modernistischen Tradition gestanden, die auch Orff, Egk, Wagner-Régeny und Blacher beeinflußte und in der Strawinsky eine so dominierende Rolle spielte. Wie Orff entfremdete er sich früh seinen in der Tradition befangenen Kompositionslehrern an der Münchner Akademie der Tonkunst, deren Hauptvertreter in seinem Fall Joseph Haas war; er erwarb technische Fertigkeit als Pianist und vor allem als Posaunist. 1932 leitete Hartmann ein Programm mit Kinderspielen zur Musik von Hindemith und Egk in Zusammenarbeit mit Orffs Musikklassen für rhythmische Bewegung an der fortschrittlichen Güntherschule. Im selben Jahr wurden zwei neuere Stücke, seine *Sonate für Klavier* und die *Burleske Musik* (für Hörner, Klavier und Schlagzeug), in einem Konzert aufgeführt, das auch Werke von Bartók, Poulenc und Hindemith sowie Saties *Jack in the Box* (1899) brachte. Und wie für Krenek, Hindemith, Blacher und Weill wurde Jazz auch in Hartmanns Werk ein wichtiger Katalysator. »In München«, erinnerte er sich, »gab es im Publikum Zirkel – es waren wenige –, die für die neue und neueste Kunst aufgeschlossen waren. Futurismus, Dada, Jazz und anderes verschmolz ich unbekümmert

444

in einer Reihe von Kompositionen.« Eine davon war die *Jazztoccata und Fuge für Klavier* von 1928. Hartmann hatte auch Vokalwerke auf Texte von Karl Marx und dem deutschen kommunistischen Dichter Johannes R. Becher geschrieben.[226]

Ästhetisch und politisch war Hartmann deshalb ziemlich festgelegt, als er 1933 beschloß, weiteren Unterricht bei dem bekannten Antifaschisten Hermann Scherchen zu nehmen. Wie in Kapitel 3 bemerkt, war der Anfang seiner Zusammenarbeit mit Scherchen ein Wendepunkt in seinem privaten wie in seinem beruflichen Leben. Elisabeth Reussmann, eine alte Liebe aus der Oberschule, die Karl Amadeus 1934 heiratete, erinnert sich an die überwältigende Präsenz Scherchens in der künstlerischen Entwicklung ihres Mannes. Hartmann warf die Frage auf, die der Schauspieler Bernhard Minetti und so viele andere sich ebenfalls gestellt hatten, und beantwortete sie darauf auf andere Weise: Wie könne man seine Kunst ausüben, sich gegen die Diktatur wenden und nicht in Dachau landen? Hartmann entschied sich dafür, seine politischen Impulse nicht zu unterdrücken, doch statt dessen auf Öffentlichkeit zu verzichten. 1994 erklärte seine Witwe seine Beweggründe so: »Sie haben ihn dann doch in Ruh gelassen, weil er sich eben ruhig verhalten hat. Es hätte ja gar keinen Sinn gehabt, auf die Straße zu rennen, da hätten sie ihn zusammengeschlagen und nach Dachau gesteckt.« Und so schwieg Hartmann während der Schlüsselphase seiner Entwicklung in seinem Geburtsland musikalisch auf Kosten seiner Karriere. Natürlich hätte er sich das ohne die beständige Großzügigkeit seines Schwiegervaters, der die junge Familie jahrelang über Wasser hielt, nicht leisten können; dennoch kostete es einen deutschen Mann von Hartmanns Generation große Anstrengung, seinen persönlichen Stolz hinunterzuschlucken.[227]

Hartmanns Schweigen war jedoch nur äußerlich, denn er verinnerlichte seinen weltanschaulichen Widerstand. Auf einfallsreiche und phantasievolle Weise gebrauchte er seine schöpferische Begabung, um ein sehr persönliches Monument des Protestes gegen das Hitler-Regime zu errichten – indem er seine Gefühle in seinen Kompositionen, in Text und Musik ausdrückte und sich dann um ihre Aufführung im Ausland bemühte. 1934 begann er mit der Komposition seines Bühnenwerks *Des Simplicius Simplicissimus Jugend* nach dem Schelmenroman des Barockdichters Hans Jakob Christoph von Grimmelshausen, dessen Held, ein Bauernjunge, ähnlich wie sein Schöpfer, die Schrecken des Dreissigjährigen Krieges überlebt. Scherchen und Wolfgang Petzet halfen Hartmann beim Libretto, das sich gegen politische Unterdrückung und Schreckensherrschaft richtete. Simplicius war als Antiheld mit unendlicher Leidensfähigkeit angelegt – das genaue Gegenteil von Hitlers Ideal einer stählernen deutschen Jugend, die sich nicht unterkriegen läßt, und das von Stumme und Bresgen hochgehalten wurde. Als Zeichen der Empathie Hartmanns mit seinen vielen jüdischen Freunden gab es im zweiten Akt, wenn die Kriegstoten betrauert werden, Spuren jüdischer Melodik.[228]

Hartmanns nächstes Bekenntniswerk war die symphonische Dichtung *Miserae*, die unter Scherchens Stabführung beim IGNM-Festival in Prag im Sommer 1935 vorgestellt wurde. Diese Komposition war »Meinen Freunden, die hundertfach sterben mußten« gewidmet und trug das Datum »Dachau 1933/34«. Deutlicher konnte man kaum sein. Das Werk beeindruckte den italienischen Komponisten Luigi Dallapiccola, einst Anhänger Mussolinis, bis ihn seine Ehe mit einer Jüdin zum Nachdenken gebracht hatte, und der bei dem Festival ebenfalls vertreten war. Dallapiccola sprach von *Miserae* als einer »schmerzlichen, ernsten und zuweilen bedrückenden Komposition«. Im April 1936 berichtete die ungarische Zeitung *Népszava* über das Werk »mit seinen traurigen Tonfarben, die das Geschick der politisch Verfolgten schildern«.[229] Einen Monat später schrieb Hartmann an einen Freund in Budapest, daß er nun an einer Kantate für Alt und Orchester arbeite, auf einen Text von Walt Whitman, den er bearbeitet habe (1938 wurde die Komposition als *Symphonisches Fragment* bekannt und später in seine Erste Symphonie aufgenommen) und in der er »unser Leben schildere«: »Die Gedichte, die ich sehr geändert habe, bringen das gesamte schwere hoffnungslose Leben, und doch wird keine Idee vom Tode erstickt. Ich glaube in diesem Werk einen kleinen Fortschritt gemacht zu haben, in Musik, die alle Menschen angeht.«[230]

Es ist begreiflich, daß sich nach Kriegsbeginn Hartmanns Sorge wegen des NS-Regimes verstärkte. Das manifestierte sich in seinem *Concerto funèbre* für Solovioline und Streicher, komponiert unter dem Eindruck der frühen Kriegstage und in St. Gallen von Ernst Klug uraufgeführt. Zu diesem Anlaß fuhr Karl Amadeus in die Schweiz, wo er seinen Bruder Richard wiedersah. Es war wohl in Anerkennung für Richard und Scherchen, der sich damals im nahe gelegenen Winterthur aufhielt, daß Hartmann in dem Stück das russische Arbeiterlied »Unsterbliche Opfer« zitierte.[231] In den ersten neun Monaten von 1940 komponierte Hartmann eine *Sinfonia tragica*, die er seinem belgischen Freund, dem antifaschistischen Musikwissenschaftler und Dirigenten Paul Collaer, widmete und die nicht aufgeführt werden konnte; nach dem Krieg wurden ihr erster und zweiter Satz bei der Komposition von Hartmanns Dritter Symphonie integriert.[232] Bis 1944 entstand kein weiteres politisch inspiriertes Werk. Möglicherweise von lähmender Verzweiflung heimgesucht, vergrub der Komponist alle seine Partituren in einem luftdichten Zinkbehälter in zwei Meter Tiefe in den bayrischen Alpen.[233] Im Winter 1944/45 schuf er, als er von der Verhaftung des marxistischen Wissenschaftlers und Philosophen Robert Havemann erfuhr, zu Ehren dieses Gelehrten seine Symphonie *Klagegesang*. Nach dem Krieg schrieb er ihm, daß er in der Originalfassung, »unter dem furchtbaren Eindruck dieser gegebenen Verhältnisse geschrieben«, Schwierigkeiten mit dem Schluß gehabt habe, aber daß es nun, 1946, möglich gewesen sei, die Symphonie »in einem strahlenden Des-Dur« enden zu lassen.[254] Sein letztes weltanschaulich begründetes Werk wurde abermals mit Dachau auf dem Herzen geschrieben, nachdem er erlebt hatte, wie eine endlose Schlange von Tausenden Lagerinsassen auf ihrem Todesmarsch Ende April 1945 an seinem Haus vorbeischlurften, nur wenige Tage, bevor amerikanische Truppen das Lager befreiten. Danach entstand seine zweite Klaviersonate mit der Inschrift: »unendlich war der Strom – unendlich war das Elend – unendlich war das Leid.« Hier war eine Verbindung zu seinem früheren *Miserae* geknüpft worden.[255]

Da es nicht möglich war, seine »Bekenntnismusik« in Nazi-Deutschland vorzustellen, war Hartmann eifrig bemüht, sie im Ausland aufgeführt zu bekommen, eine politische Aussage zu machen und außerdem – wenn möglich – etwas Geld zu verdienen.[256] Doch aus einer Reihe von Gründen erwies es sich, daß solche Gelegenheiten voller Probleme steckten. Im großen und ganzen standen für die Verbreitung von Hartmanns Musik nur internationale Konzerte, ausländische Rundfunkproduktionen und Festivals zur Verfügung, vor allem die der IGNM bis zum Krieg, die jedoch bis dahin auch nur einmal pro Jahr stattfanden. Das, bemerkte Elisabeth Hartmann, war »einfach zu wenig«, um einen Komponisten international wirklich bekannt zu machen.[257] So waren bei Schweizer Musikwettbewerben Hartmanns Chancen von Anfang an begrenzt, da die Schweizer Kulturmakler eher ihre eigenen Musiker favorisierten; in der Tat schlug der Berner Komponist Heinrich Sutermeister Hartmann bei einem Wettbewerb Anfang 1937 in Zürich.[238] Der Dirigent Paul Sacher schrieb Hartmann im Juni 1938 aus Basel, er kenne den Stil seiner Musik »noch sehr wenig; er ist mir beim ersten Zusammentreffen eher fremd«. Einige Monate später informierte Sacher Hartmann, daß er bei Live-Aufführungen gezwungen sei, lokalen Talenten gegenüber ausländischen den Vorrang zu geben. Auch Radio Bern fand Hartmanns *Simplicius Simplicissimus* »für unsere schweizerischen Hörer vielleicht doch etwas stark modern« (man ist fast versucht, in diesem Urteil das eigenartige Markenzeichen eines bigotten Provinzialismus zu sehen, der – wie jüngst herausgearbeitet wurde – in dieser Periode den größten Teil des konservativen Schweizer Kultur-Establishments beherrschte).[239] Es muß jedoch auch eingeräumt werden, daß Hartmann schließlich nicht Strawinsky war, der auf Sachers Liste ausländischer Künstler an erster Stelle stand. Hartmanns Werke waren auch andernorts nicht sehr gefragt, zum Beispiel in Budapest, was sich aus einer Meinungsäußerung des prominentesten Musikverlegers der Stadt aus dem Jahr 1937 schließen läßt. Auch die Briten drängten sich im Februar 1939 nicht danach, Hartmanns Streichquartett *Carillon* zu veröffentlichen, obwohl es in London rund sechs Monate vorher vom Kutscher-Quartett erfolgreich aufgeführt worden war.[240] Es war von Hartmann deshalb etwas vermessen, kurz vor dem Zweiten Weltkrieg an die New York League of Composers zu schreiben und sie zu bitten, amerikanische Musiker ausfindig zu machen, die bereit wären, *Carillon* auf einer Tournee durch die Vereinigten Staaten zu spielen – auch wenn die League dafür bekannt war, daß sie sich für moderne Werke einsetzte.[241]

Hartmanns Isolation, abgesehen von seiner Reaktion auf die Nazis, hatte viel mit Hermann Scherchen zu tun. Wie bereits früher geschildert, behandelte dieser Avantgarde-Dirigent Hartmann als seinen persönlichen Komponisten, der nicht die Freiheit hatte, selbständig etwas zu unternehmen. Darüber hinaus ignorierte er Hartmann oder arbeitete sogar gegen ihn. Das war zum Teil Hartmanns eigene Schuld, denn er beklagte sich unnötigerweise bei Scherchen, wie isoliert er sich in Nazi-Deutschland fühle, womit er sich von seinem Mentor völlig abhängig machte.[242] Vor einem internationalen Wettbewerb in Zürich im Januar 1937 vertraute er Scherchen an, daß die Chancen auf einen Preis für seine eben vollendete Kantate *Anno '48/Friede* gering seien, weil in der Jury Ernst Krenek sitze, dessen eigene Kantate für Chor mit denselben Versen aus einem Gedicht von Andreas Gryphius beginne, die auch Hartmann verwendet hatte.[243] Es war deshalb nicht überraschend, daß der ungarische Musikverlag Hartmann mitteilte, Scherchen habe bei seinem kürzlichen Besuch den Namen des Komponisten beiläufig erwähnt, ohne sich für ihn stark zu machen.[244] Scherchen, der zum Teil für die Konzeption des *Simplicius Simplicissimus* verantwortlich war, nahm stillschweigend an, daß er das Monopol auf eine eventuelle Uraufführung habe, unternahm jedoch nichts, um sie zustande zu bringen, obwohl ihn Hartmann wiederholt daran erinnerte und sogar anderen Dirigenten die Möglichkeit vorenthielt, die Oper auf die Bühne zu bringen. »Leider haben Sie nur zweimal etwas von mir dirigiert«, beschwerte sich Hartmann im Dezember 1938.[245] Während des Kriegs benutzte Scherchen Hartmann abermals, um seinen eigenen Ruf als Modernist zu fördern, als er Radio Beromünster vorschlug, eine Komposition für Streicher des Münchner Komponisten aufzuführen, doch trotz Hartmanns anschließender Bemühungen kam nichts dabei heraus.[246]

Ein dritter erschwerender Faktor war die Komplexität und Länge von Hartmanns Werken. Hartmann war vor langer Zeit in seinem Stil über die spätromantische Schule hinausgegangen, allerdings gaben ihm mehrere Tage intensiven Studiums mit Anton Webern im November 1942 in Wien nicht den Anstoß, in Reihentechnik zu komponieren. Seine Werke mit ihrer starken Betonung rhapsodischer und rhythmischer Elemente und ihrem lebhaften Ausdruck erinnerten mehr an Strawinsky, Kodály und Bartók als an Schönberg, Berg oder Webern.[247] Bezüglich der Flageolettnoten in dem Streichquartett, das später den Namen *Carillon* bekam, »gibt es eine Menge solcher, die man weder greifen noch spielen (zum Klang bringen) kann«, schrieb der Geiger Felix Galimir im Dezember 1934 aus Wien. Deshalb beschloß das Galimir-Quartett auf einer Tournee nach Spanien, Hartmann aus seinem Programm zu streichen, und entschied sich für ein Stück von Wladimir Vogel. Diese Beanstandung wurde ein Jahr später vom Ungarischen Streichquartett wiederholt. Außerdem beschwerte sich der Cellist Vilmos Palotai, Hartmanns Partituren seien so nachlässig geschrieben, daß man sie kaum lesen könne.[248] Zu Scherchens zögerlichem Verhalten kam ein weiterer Grund, warum *Simplicius Simplicissimus* nicht während der Weltausstellung 1935 in Brüssel uraufgeführt werden konnte: Hartmann war schlicht und einfach nicht in der Lage, die komplizierte Partitur rechtzeitig zu vollenden.[249] Seine Kantate für Alt und Orchester (*Symphonisches Fragment*) wurde als Beitrag zum Internationalen Musikfestival der IGNM im Dezember 1936 in Paris abgelehnt, weil sie zu lang war.[250]

Dante Fiorillo, ein zweitrangiger New Yorker Komponist (und ein Plagiator, der sich jahrelang für Hartmanns Werke interessierte, vermutlich, um sie auszubeuten), teilte ihm typischerweise mit, daß die Kantate, obwohl ein »Meisterwerk«, keinen Anreiz für Instrumentalgruppen aller Art biete, »da sie sich daran stören, daß das Werk so umfangreich und für Stimme ist«.[251] Eine ernstere Sache für Hartmann war in Sachers Ablehnung des Oeuvres der Vorwurf, der die unnötigen »technischen Schwierigkeiten« betraf.[252]

Wenn man all dies in Betracht zieht, ist es erstaunlich, wieviel Erfolg Hartmann dennoch in der internationalen Musikszene außerhalb Deutschlands genießen konnte. Anfang 1936 bekam er von der Gesellschaft für Zeitgenössische Kammermusik »Carillon« in Genf den ersten Preis für sein Streichquartett, das deshalb den Namen *Carillon* erhielt – dasselbe Stück, das angeblich zu schwierig war, um aufgeführt zu werden, und das er Scherchen gewidmet hatte. Zur Jury gehörten der italienische Komponist Gian Francesco Malipiero und der Schweizer Dirigent Ernest Ansermet.[253] Im Mai 1937 erhielt *Anno '48/Friede* von der Wiener Emil-Hertzka-Gedächtnisstiftung ein ehrendes Prädikat hinter zwei prominenten Österreichern, die sich den Geldpreis teilten. Diesmal waren die Wiener Komponisten Franz Schmidt und Anton Webern Mitglieder der Jury.[254] Zu den jährlichen IGNM-Festivals in ganz Europa wurde Hartmann ziemlich regelmäßig eingeladen, wobei er in Prag (1935) und London (1938) besondere Anerkennung und Auszeichnungen erntete.[255] 1938 erlebte er eine Reihe persönlicher Erfolge mit Premieren und Rundfunkaufführungen in Belgien, die nur durch den Kriegsausbruch gedämpft wurden.[256]

Dennoch konnte Hartmann trotz seiner Probleme und Sorgen seinen Lebensunterhalt verdienen und für seine Familie sorgen – seine Frau und Sohn Richard, der 1935 geboren wurde. Wege seiner verhältnismäßig häufigen Reisen befand er sich, was seinen Status betraf, in einem Vakuum, denn er hielt es weder für nötig, sich um die formelle Mitgliedschaft in der RMK zu bemühen, noch hatte er einen offiziellen Rang in der IGNM, da Deutschland 1933 aus der Organisation ausgetreten war, um seine eigene faschi-

stisch kontrollierte unter Strauss und Emil Nikolaus von
Reznicek aufzurichten. RMK-Funktionäre, die Hartmann
wie ein Mitglied behandelten und offensichtlich bereit
waren, für immer und einen Tag auf seinen »Ariernach-
weis« zu warten, wußten, daß er vor 1939 ins Ausland zu
fahren pflegte; in der Tat hatten sie ihn gebeten, über das
Prager Treffen von 1935 Bericht zu erstatten. Hartmann
scheint sich bewußt gewesen zu sein, daß er für seine
Reisen nach diesem Zeitpunkt eine formelle Erlaubnis
brauchte, und tatsächlich lassen die Unterlagen darauf
schließen, daß er eine solche Erlaubnis beantragte und
auch erhielt. 1941 vermerkte die RMK, daß der Komponist
»von einer ganz bestimmten meist jüdischen Clique gefördert wurde« – ein möglicher Verweis auf Galimir (der
1938 in die Vereinigten Staaten flüchtete) und jüdische
Musiker in der Schweiz und Belgien (bis 1940), doch
aus unbekannten Gründen wurde die Untersuchung der
Reichsmusikkammer nicht weitergeführt.[257]
Daß Hartmann und seine kleine Familie ihre Existenz
über den Zusammenbruch des Dritten Reichs im Mai 1945
hinweg retten konnten, verdankten sie der Großzügigkeit
seines Schwiegervaters, eines wohlhabenden bayrischen
Kaufmanns, der sie mit allem Nötigen versorgte, denn
Hartmanns steuerpflichtiges Einkommen war lachhaft:
4 Pfennige von der Stagma 1935, nichts 1939, und 7 Mark 14
im Jahre 1940. Er und seine Frau waren isoliert; es gab
keinen Kontakt mit anderen etablierten Münchner Komponisten wie Orff, Pfitzner oder Egk. Doch das Ehepaar
gehörte einem lockeren Kreis gleichgestimmter Seelen an,
hauptsächlich Akademiker und einige Künstler, die zwang-
los zum Musikmachen, zum häufig politisch geprägten
Gedankenaustausch und dem gemeinsamen Abhören der
BBC zusammenkamen. Unter diesen Menschen war ein
hochrangiger Militärarzt, der verschiedene Male dafür

sorgte, daß Hartmann von der Einberufung in die Wehrmacht freigestellt wurde. Nach 1942 lebte die Familie fast
ständig in einem kleinen Haus der Großeltern in der Nähe
des Starnberger Sees, behielt aber weiter die Stadtwoh-
nung in der Wilhelmstraße, die ebenfalls von Hartmanns
Schwiegereltern bezahlt wurde. Hier in Kempfenhausen
ging der kleine Richard mit der Tochter des Reichsinnen-
ministers Wilhelm Frick zur Schule, der in der Nähe sein
Sommerrefugium hatte. Es ließe sich denken, daß diese
Verbindung der Familie einen gewissen Schutz gewährte;
doch sie bedeutete auch Gefahr, denn die Eltern mußten
sich in acht nehmen, daß Richard nicht etwas über ihre
regimefeindlichen Gespräche verriet, bei denen er häufig
anwesend war, oder die Sendungen der BBC, die dem Kind
ebenfalls nicht entgingen.[258]

Nach Deutschlands Kapitulation am 8. Mai 1945 wurde
Bayern von den Amerikanern besetzt, die in München ihr
Militär- und Verwaltungs-Hauptquartier einrichteten. Die
dringlichsten Probleme, abgesehen von den rein wirtschaftlichen, betrafen die Entnazifizierung des deutschen Volkes
und die Wiederherstellung demokratischer Strukturen. Bei
letzterem Prozeß wurde der Kultur eine besondere Rolle
zugewiesen. Da unbesudelte deutsche Demokraten sehr rar
waren, zumal solche, die über entsprechende Sachkenntnis
verfügten, war es nicht überraschend, Karl Amadeus
Hartmann in diesem winzigen Kreis engagierter lokaler
Patrioten zu finden, die in der Lage waren, mit ihrem
Insider-Wissen zu helfen. Offensichtlich wurde Hartmann
erst der Posten des Generalintendanten der Bayerischen
Staatsoper angeboten, doch dieser Verantwortung fühlte er
sich nicht gewachsen. Statt dessen entschied er sich für
die Position eines Dramaturgen der Staatsoper, die ihm
vorläufig ein Mandat gab, direkt in das musikalische Leben
der Stadt einzugreifen.[259]

Dieses Mandat nutzte er dafür, wieder ein internationales Musikrepertoire einzuführen, insbesondere die Pflege der modernen Musik über den engen Rahmen hinaus, den ihr die Nationalsozialisten gesteckt hatten. Die erste Aufgabe war der Versuch, das enorme Handicap zu beseitigen, das die Konsumenten von Hochkultur unter der Nazi-Herrschaft erlitten hatten; denn sie hatten praktisch nicht die geringste Ahnung von den Entwicklungen in der abendländischen Musik seit 1933. Hindemith, Schönberg und Strawinsky waren fast vergessen, und sogar französische Komponisten wie Debussy waren inzwischen eine lang zurückliegende Erinnerung. Unter den Deutschen, die die Nazi-Tyrannei vergessen wollten, zumal unter den jüngeren, gab es große Bereitschaft zu lernen und damit auch das Versäumte nachzuholen.[260] Hartmann begann erst in kleinen und primitiven Räumen und ab Oktober 1945 im Prinzregententheater, das zwischen all den Ruinen immer noch stand, mit der Veranstaltung von Aufführungen moderner Musik, die ein großer Erfolg wurden und unter dem Namen Musica Viva auch nach seinem Tod 1963 als reguläre Konzertreihe eine feste Institution blieben. Er brachte vor allem Kompositionen, die einmal als avantgardistisch betrachtet worden waren, doch förderte er zunehmend auch jüngere Meister – zum Beispiel Hans Werner Henze, einen Schüler von Wolfgang Fortner. In der frühen Phase dieser Konzertreihe arbeitete Hartmann mit Hans Rosbaud zusammen, einem erfahrenen Verfechter der modernen Musik, der gegenüber der Besatzungsmacht ohne Schwierigkeiten seine Unbedenklichkeit hatte beweisen können und bis 1948 als Generalmusikdirektor der Münchner Philharmoniker amtierte.[261] Hartmann brachte Werke von Strawinsky, Schönberg, Krenek, Bartók, Schostakowitsch und Hindemith wieder nach München, doch ein Versuch, die deutsche Erstaufführung von Hindemiths Oper *Mathis der Maler* zu präsentieren, scheiterte, obwohl der Komponist, der nun an der amerikanischen Yale-Universität wirkte, im März 1946 höfliches Interesse an dem Plan bekundet hatte.[262]

Hartmann sorgte sofort dafür, daß seine eigenen Werke, darunter einige neue, die mit älteren Themen angereichert waren, nicht zu kurz kamen. Doch von den späten vierziger bis in die sechziger Jahre wurde er ohnehin in Deutschland wesentlich bekannter, zumal er seine alte Zusammenarbeit mit Scherchen wiederaufgenommen hatte, wenn auch auf einer weniger emotional belasteten Ebene. Getreu seinem Engagement für das Wohl der Menschheit im allgemeinen war Hartmann in den ersten Nachkriegsjahren aufs äußerste über die globale atomare Bedrohung besorgt. Doch Deutschland blieb sein Sorgenkind Nummer eins, und hier bangte er weiterhin um die soziale und politische Gerechtigkeit. Er spürte ein Wiederaufleben des Antisemitismus im Lande und fürchtete, daß der Nationalsozialismus wieder sein Haupt erheben könne. Wie er sich in einem Brief an Krenek 1948 ausdrückte, hatte er Angst, daß über das zarte Pflänzchen der Demokratie, das zu hegen er sich die größte Mühe gegeben hatte, von den alten und neuen Befürwortern der Diktatur hinweggetrampelt werden würde.[263]

In den nächsten Jahrzehnten und nach Hartmanns allzu frühem Tod sollte das nicht der Fall sein. Obwohl Musiker im Dritten Reich keine vorbildliche Haltung bewiesen hatten, waren sie von den Tyrannen doch nicht in einem Ausmaß zum Verstummen gebracht oder korrumpiert worden, das sie gehindert hätte, ihren Platz in der allmählichen kulturellen Regeneration ihres Landes einzunehmen.

Abkürzungen

ADMV	Allgemeiner Deutscher Musikverein
AI	Arnold Schoenberg Institute, Los Angeles, Archiv
AM	Amtsgericht München, Registratur S, Schwurgerichtsakten
AMR	*Amtliche Mitteilungen der Reichsmusikkammer*
AMZ	*Allgemeine Musikzeitung*
APA	Privatarchiv des Autors
BA	Bundesarchiv, Koblenz
BBC	British Broadcasting Corporation
BDC	Berlin Document Center
BDM	Bund Deutscher Mädel
BH	Bayerisches Hauptstaatsarchiv, München
BMW	Bayerische Motorenwerke
BS	Bayerische Staatsbibliothek, München, Handschriftenabteilung
CM	Carl-Orff-Zentrum, München
DAF	Deutsche Arbeitsfront
DAZ	*Deutsche Allgemeine Zeitung*
DDP	*Das Deutsche Podium*
DKW	*Deutsche Kultur-Wacht*
DM	*Die Musik*
EB	Elly-Ney-Nachlaß, Staatsarchiv, Bonn
ETA	Ernst Toch Archive, Special Collections, Music Library, UCLA
GDT	Genossenschaft Deutscher Tonsetzer
Gestapo	Geheime Staatspolizei
GLM	*Das Große Lexikon der Musik in acht Bänden*, Hrsg. Marc Honegger und Günther Massenkeil, Freiburg 1978-82
HJ	Hitlerjugend
IBD	*International Biographical Dictionary of Central European Emigrés, 1933–1945*, Hrsg. Herbert A. Strauss und Werner Röder, München 1983
IfZ	Institut für Zeitgeschichte, München
IGNM	Internationale Gesellschaft für Neue Musik

457

JdM	*Jahrbuch der deutschen Musik* 1943/1944, Hrsg. Hellmuth von Hase, Leipzig und Berlin 1943/1944
KdF	Kraft durch Freude (Unterabteilung der DAF)
KfdK	Kampfbund für deutsche Kultur
KSM	Klinckerfuss-Nachlaß, Schiller-Nationalmuseum/Deutsches Literaturarchiv, Marbach am Neckar, Handschriftenabteilung
LBI	Leo Baeck Institute, New York
LI	*Lexikon der Interpreten klassischer Musik im 20. Jahrhundert*, Hrsg. Alain Paris, München und Kassel 1992
LP	Library of Washington State University, Pullman
MGG	*Die Musik in Geschichte und Gegenwart: Allgemeine Enzyklopädie der Musik unter Mitarbeit zahlreicher Musikforscher des In- und Auslandes*, 17 Bde., Hrsg. Friedrich Blume, Kassel 1949–1986
MGM	Metro-Goldwyn-Mayer
MJV	*Musik in Jugend und Volk*
MK	*Musik im Kriege*
MMP	Münchener Stadtbibliothek, Monacensia-Abteilung, Pfitzner-Briefe
NG	*The New Grove Dictionary of Music and Musicians*, 20 Bde., Hrsg. Stanley Sadie, London 1980
NSBO	Nationalsozialistische Betriebszellenorganisation
NSDAP	Nationalsozialistische Deutsche Arbeiterpartei
NSKG	NS-Kulturgemeinde
NSV	Nationalsozialistische Volkswohlfahrt
NWH	Österreichische National-Bibliothek, Wien, Handschriftenabteilung
NYA	New York Philharmonic Archives, Avery Fisher Hall, New York
OSW	Österreichisches Staatsarchiv, Wien, Archiv der Republik
OW	Österreichische National-Bibliothek; Wien, Musiksammlung F 68 Pfitzner
PA	Privatarchiv
PF	Paul-Hindemith-Institut, Frankfurt am Main
Promi	Reichsministerium für Volksaufklärung und Propaganda
REM	Reichsministerium für Wissenschaft, Erziehung und Volksbildung
RG	Richard-Strauss-Archiv, Garmisch
RKK	Reichskulturkammer
RMK	Reichsmusikkammer
RRG	Reichs-Rundfunk-Gesellschaft
RSK	Reichsschrifttumskammer
RTK	Reichstheaterkammer

Anmerkungen

Einleitung

1   Ich danke Kristen K. Stauffer von der University of Kentucky in Lexington und Stephan Lindeman von der Rutgers University für ihre Hilfe bei der Identifizierung der Musik.

2   Vgl. dazu Ian Kershaw, *The Nazi Dictatorship: Problems and Perspectives of Interpretations*, 2. Aufl. (London 1989), bes. S. 61–81.

3   Bez. Hitler und Göring vgl. dazu: Ian Kershaw, *Hitler* (London 1991); Hans Mommsen, »Reflections on the Position of Hitler and Göring in the Third Reich«, in: Thomas Childers und Jane Caplan (Hrsg.), *Reevaluating the Third Reich* (New York 1993), S. 86–97.

4   Mit folgender Enschränkung: Erhard Bahrs Ansicht, daß in der NS-Kulturpolitik einer Anfangsphase des Funktionalismus bis etwa 1937 eine Phase intentionalistischer Kontrolle folgte, wird weder durch die Beweismittel, die er in seiner Untersuchung vorlegt, noch irgendwo anders bestätigt, obwohl seine idealtypische Darstellung der beiden Phänomene sich ziemlich mit realen Vorbildern deckt. Das Problem seiner Sichtweise liegt darin, daß es im Gegensatz zu dem, was er beweisen will, eine ständige Verschmelzung und Trennung der beiden Verhaltensmuster gab; keines der beiden hielt sich lange genug in unabhängiger Form, um einen Trend zu schaffen, und so ist Bahrs Unterscheidung im Kontext der wirklichen historischen Ereignisse sinnlos. Vgl. dazu Erhard Bahr, »Nazi Cultural Politics: Intentionalisms vs. Functionalism«, in: Glenn R. Cuomo (Hrsg.), *National Socialist Cultural Policy* (New York 1995), S. 5–37.

5   Eine relevante Erörterung dieser Fragen findet sich in: Ian Kershaw (Hrsg.), *Why Did German Democracy Fail?* (New York 1990); und Harold James, »Innovation and Conservatism in Economic Recovery: The Alleged ›Nazi Recovery‹ of the 1930s«, in: Childers and Caplan, *Reevaluating the Third Reich*, S. 114–38.

6   Hans Mommsen, *Die verspielte Freiheit: Der Weg der Republik von Weimar in den Untergang, 1918 bis 1933* (Frankfurt/Main 1990), S. 10 (Zitat).

7   Peter Gay, *Weimar Culture: The Outsider as Insider* (New York 1970); George L. Mosse, *Nazi Culture: Intellectual, Cultural, and Social Life in the Third Reich* (New York 1968).

8   Gerald D. Feldman, »Right-Wing Politics and the Film Industry: Emil Georg Stauss, Alfred Hugenberg, and the UFA, 1917–1933«, in: Christian Jansen et al. (Hrsg.), *Von der Aufgabe der Freiheit: Politische Verantwortung und bürgerliche Gesellschaft im 19. und 20. Jahrhundert: Festschrift für Hans Mommsen zum 5. November 1995* (Berlin 1995), S. 219–30 (Zitat S. 220). Vgl. dazu auch Siegfried Kracauer, *Von Caligari bis Hitler: Eine psychologische Geschichte des deutschen Films* (Frankfurt 1984).

9   Pamela Potter, »The Nazi ›Seizure‹ of the Berlin Philharmonic, or the Decline of a Bourgeois Musical Institution« in: Cuomo, *National Socialist Cultural Policy*, S. 39f. Vgl. dazu die ähnliche Sicht bei Michael Walter, *Hitler in der Oper: Deutsches Musikleben 1919–1945* (Stuttgart 1995), S. VIII, 118. Mit gutem Grund tadelt mich Potter wegen meiner allzu großen Nähe zu Gays Interpretation in meiner Pilotstudie über die Musik in der Weimarer Republik, »The Revenge of the Fathers: The Demise of Modern Music at the End of the Weimar Republic«, *German Studies Review* 15 (1992), S. 295–315; vgl. dazu Potter, »Philharmonic«, S. 40, 58, Anm. 1.

10   Potter »Philharmonic«, S. 40. Mit der Erwähnung, daß »Einzeluntersuchungen diese [monolithischen] Auffassungen bereits etwas abbröckeln ließen«, schließt Potter neben anderen treffenden Beispielen korrekt auch den Jazz im Dritten Reich mit ein. In der Tat kamen zwei meiner eigenen Untersuchungen zu genau diesem Ergebnis, eine bereits 1989. Vgl. dazu meinen Aufsatz »Forbidden Fruit? Jazz in the Third Reich«, in: *American Historical Review* 94 (1989), S. 11–43; und mein Buch: *Gewagtes Spiel: Jazz im Nationalsozialismus (München 1998)*.

Kapitel 1

1   BDC Grimm.

2   BDC Kirchner, Walther, Klein und Rohr.

3   Christoph Sachsse und Florian Tennstedt, *Der Wohlfahrtsstaat im Nationalsozialismus* (Stuttgart 1992), S. 38f.; Richard J. Overy, *War and Economy in the Third Reich* (Oxford 1994), S. 42f., 216.

4   Michael H. Kater, »The Revenge of the Fathers: The Demise of Modern Music at the End of the Weimar Republic«, *German Studies Review* 15 (1992), S. 303f.; Albert Richard Mohr, *Die Frank-*

furter Oper, 1924–1944: Ein Beitrag zur Theatergeschichte mit zeit-genössischen Berichten und Bildern (Frankfurt/Main 1971), S. 178, 239f., 308; Peter Muck, *Einhundert Jahre Berliner Philharmonisches Orchester: Darstellung in Dokumenten*, 3 Bde. (Tutzing 1982), Bd. 2, S. 102; Alan E. Steinweis, *Art, Ideology, and Economics in Nazi Germany: The Reich Chambers of Music, Theater, and the Visual Arts* (Chapel Hill, N.C., 1993), S. 76.

5   Voigt an Reichsinnenministerium, 29. Juli 1933, BA, R55/1139; Münchener Musikbibliothek an Kulturamt, 6. Juni 1936, »Betrifft: Konzertbund München«, [1936], SMK 395.

6   Steinweis, *Art, Ideology, and Economics*, S. 96; Sachsse/ Tennstedt, *Der Wohlfahrtsstaat*, S. 38; Heinz Ihlert, *Die Reichsmusikkammer: Ziele, Leistungen und Organisation* (Berlin 1935), S. 23.

7   Fritz Stein, »Berufsfreudiger Orchesternachwuchs«, in: Alfred Morgenroth (Hrsg.), *Von deutscher Tonkunst: Festschrift zu Peter Raabes 70. Geburtstag* (Leipzig 1942), S. 213f.

8   Siehe dazu Brief vom Januar 1938 in: Cornelia Zimmermann-Kalyoncu, *Deutsche Musiker in der Türkei im 20. Jahrhundert* (Frankfurt/Main 1985), S. 218.

9   *TG* 3, S. 394; BDC Otto Schad; Steinweis, *Art, Ideology, and Economics*, S. 81f.

10   Meyerhofer an Schemm, 17. Mai 1933, SMK 177; BDC Otto Schad und Hans Ortleb.

11   Berliner Philharmoniker an Promi, 24. März 1936 und 10. Juni 1937; Furtwängler an Promi, 23. Dez. 1937, BA, R55/197; Michael H. Kater, *Doctors Under Hitler* (Chapel Hill, N.C. 1989), S. 31–34.

12   Von Keudell an Rüdiger, 9. Juli 1934, BDC Furtwängler; Stegmann an Goebbels, 24. Feb. und 26. Sept. 1938, BA, R55/951; Bescheinigung Göring, 21. Mai 1935, BH, MK/45196; Gehaltskonto-Auszug Furtwängler 1939, ZNF.

13   Radio Frankfurt an Rosbaud, 10. Nov. 1934, LP, 423/1/9.

14   BDC Walter Lutze; Rohr an Rasch, 8. Mai 1937 (BDC Hanns Rohr); Mayer an Konzertverein München, 10. April 1935, SMK 208.

15   Michael H. Kater, »Carl Orff im Dritten Reich«, *Vierteljahrshefte für Zeitgeschichte* 43 (1995), S. 30.

16   Meyer et. al., »Arbeitsblatt, Finanzamt Garmisch-Partenkirchen«, Aug.-Okt. 1946, AM, Strauss; »Meldebogen Pfitzner«, 24. April 1946, AM, Pfitzner.

17   Ihlert, *Die Reichsmusikkammer*, S. 15; siehe dazu Anm. 48, 111, 175.

18   Protokoll, vierte Sitzung RMK-Präsidialrat, 20. Jan. 1934, RG; Michael H. Kater, *Gewagtes Spiel: Jazz im Nationalsozialismus* (München 1998), S. 85.

19 Ihlert, *Die Reichsmusikkammer*, S. 18; Steinweis, *Art, Ideology, and Economics*, S. 76; Clement an Siebert, 7. Feb. 1935, BH, MA/107460.

20 Steinweis, *Art, Ideology, and Economics*, S. 99. Dazu *TG* 2, S. 709, 717; *TG* 3, S. 314, 318; *DDP*, 3. Dez. 1937, S. 2; *AMR*, 15. Dez. 1940, BA, RD33/2-2. Bezüglich repräsentativer Fälle potentieller Nutznießer (einschließlich der Kandidaten, die schließlich abgewiesen wurden), siehe BDC Paul de Nève, Spero Kochmann, Otto Klein, Karl Fiedler.

21 BDC Lore Schepers. Zu den Hintergründen für Goebbels' kulturellen Bedarf im Krieg vgl. Kater, *Gewagtes Spiel*, S. 215–83. Betr. Beispiele für hohe Einkommen vgl. BDC Hans Hotter, Eugen Jochum, Michael Raucheisen.

22 Eine repräsentative Stichprobe von 1152 Musikern wurde in der RMK-Abteilung des BDC aus RMK-Fragebogen gezogen. Die Resultate der Analyse sind mit 95%iger Wahrscheinlichkeit statistisch signifikant. Zu den Fragebogen vgl. Kater, *Gewagtes Spiel*, S. 74. Fred K. Priebergs Schätzung, daß zwei Drittel aller Musiker arbeitslos waren, ist nicht belegt und völlig unwahrscheinlich (*Musik und Macht*, Frankfurt/Main 1991, S. 209).

23 Laut den Zahlen in Steinweis, *Art, Ideology, and Economics*, S. 96; Ihlert an Strauss, 19. Mai 1934, RG.

24 Clemens Hellsberg, *Demokratie der Könige: Die Geschichte der Wiener Philharmoniker* (Zürich 1992), S. 464.

25 Hans Uldall, »Weltanschauliche Grundlagen einer neuen Musik«, *DM* 29 (1937), S. 674. Kritische Betrachtungen zu diesem Thema finden sich bei Albrecht Riethmüller, »Komposition im deutschen Reich um 1936«, *Archiv für Musikwissenschaft* 38 (1981), S. 241–78.

26 Wolfgang Stumme, »Musikaufgaben in der Nationalsozialistischen Deutschen Arbeiterpartei«, in: Stumme (Hrsg.), *Musik im Volk: Gegenwartsfragen der deutschen Musik* (Berlin-Lichterfelde 1944), S. 162f.

27 Pfitzner an Göring, 9. Jan. 1938, OW 211.

28 Laut Hermann Zilcher, »Zur deutschen Musikerziehung«, *ZM* 101 (1934), S. 925. Vgl. dazu Steinweis, *Art, Ideology and Economics*, S. 37.

29 Strauss an Stange, 19. Apr. 1935, RG.

30 Dazu Ian Kershaw, *The Nazi Dictatorship: Problems and Perspectives of Interpretation* (London 1985); Hans Mommsen, *From Weimar to Auschwitz* (Princeton, N.J., 1992).

31 Kärnbach an Strauss, 9. Jan. 1934, RG; RRG-Rundschreiben, Berlin, 6. März 1935, BA, R78/693; Memorandum an Generalintendanz Bayerische Staatstheater, 29. Juli 1936, BH, MK/40985; Aus-

sage Rosbaud, 4. Jan. 1947, LP, 423/8/127; Max Butting, *Musik-geschichte, die ich miterlebte* (Berlin 1955), S. 214.

32 BDC Stiebler.

33 BDC Holzinger.

34 BDC Lutze.

35 Baldur von Schirach, *Ich glaubte an Hitler* (Hamburg 1967), S. 18–28; *Wer ist's?*, 10. Aufl., Hrsg. Hermann A. L. Degener (Berlin 1935), S. 1388; *TGII* 4, S. 579.

36 Berthold Goldschmidt in Karoly Csipak, »Bertold Goldschmidt im Exil: Der Komponist im Gespräch über Musiker-Exil und Musik-leben« in: Habakuk Traber und Elmar Weingarten (Hrsg.), *Ver-drängte Musik: Berliner Komponisten im Exil* (Berlin 1987), S. 61; *DM* 26 (1934), S. 363 (Zitat).

37 Harald Focke und Monika Strocka, *Alltag der Gleichgeschalteten: Wie die Nazis Kirche, Kultur, Justiz und Presse braun färbten* (Rein-bek 1985), S. 54; *ZM* 109 (1942), S. 400f.

38 *ZM* 109 (1942), S. 401f.

39 BDC Hans Gansser; *DM* 16 (1934), S. 875; *Skizzen* (Juni-Juli 1935), S. 15; Nicolas Slonimsky, *Music since 1900*, 4. Aufl. (New York 1971), S. 667 (Zitat).

40 Beispiele, die alle drei betreffen, finden sich in *DDP*, 22. Jan. 1937, S. 1; *ZM* 109 (1942), S. 304; *MK* 2 (1944), S. 34.

41 Prieberg, *Musik und Macht*, S. 180; dazu die Sammlung in BS, Ana/306 und den charakteristischen Brief von Bormann an Kähler vom 4. Juli 1933 in dieser Sammlung.

42 *TG* 3, S. 491 (Zitat); Rasch an Promi, 24. Apr. 1935, BA, R55/1177.

43 BDC Kaehler.

44 BDC de Nève (zum Zitat siehe sein Curriculum vitae [Mai 1938]).

45 Kulturamt München an Wartisch, 14. Jan. 1937, SMK 213/2; BDC Müller-Rehrmann.

46 *TG* 2, S. 718; Hindemith zitiert in Geoffrey Skelton, *Paul Hinde-mith, the Man Behind the Music: A Biography* (London 1975), S. 111.

47 *DKW*, Nr. 11 (1933), S. 10f. (Zitat S. 10).

48 Kater, »The Revenge of the Fathers«, S. 304–7; ders., *Gewagtes Spiel*, S. 55 f..

49 *DKW*, Nr. 3 (1932), S. 19; Nr. 19 (1933), S. 15.

50 *DKW*, Nr. 1 (1933), S. 13; Nr. 8 (1933), S. 20 (Zitat); BDC Hans Rössert.

51 *DKW*, Nr. 9 (1933), S. 19; Nr. 10 (1933), S. 20; Nr. 11 (1933), S. 20.

52 *DKW*, Nr. 25 (1933), S. 13; Nr. 29 (1933), S. 14.

53 Strecker an Hindemith, 5. Apr. 1933, PF, Schott Korr.

54 *AMZ* 60 (1933), S. 607. In seinen Nachkriegs-Memoiren spielt

Meyer-Giesow erfolgreich (und typischerweise) seine engen Verbindungen mit den Nazis herunter (*Taste, Taktstock, Tinte: Ein Leben für die Musik* [Frankfurt/Main 1968]).

55 Kater, »Carl Orff im Dritten Reich«, S. 8.
56 Ulrike Gruner, *Musikleben in der Provinz 1933–45: Beispiel: Marburg. Eine Studie anhand der Musikberichterstattung in der Lokalpresse* (Marburg 1990), S. 67.
57 Pfitzner an Spiegel, 13. Mai 1933; Spiegel an Pfitzner, 26. Mai 1933, OW 64.
58 BDC Krämer.
59 Willi Hammer, »Die Grundlagen des künstlerischen Schaffens im neuen Staat«, Hamburg, 23. Mai 1933, BDC Hammer.
60 Hans Heinz Stuckenschmidt, *Zum Hören geboren: Ein Leben mit der Musik unserer Zeit* (München 1979), S. 134.
61 Donald W. Ellis, »Music in the Third Reich: National Socialist Aesthetic Theory as Governmental Policy« (Diss.phil., University of Kansas 1970), S. 111–16. Zu Gerigk siehe Kater, *Gewagtes Spiel*, S. 7.
62 *DM* 26 (1934), S. 933–36; *Angriff*, 24. Sept. 1934; Heim an Hess, 25. Sept. 1934, BDC Havemann.
63 Jeserich an Oberbürgermeister et al., 3. Juli 1937, SMK 846; Ellis, *Music in the Third Reich*, S. 118.
64 Maschat an Oberste Theaterbehörde, 6. Feb. 1941, BH, MK/40975; *MK* 1 (1943), S. 107; »Spielplan der Staatstheater vom 31. Januar mit 6. Februar 1944« [München], BH, Staatstheater/14395; Anton Dermota, *Tausendundein Abend – mein Sängerleben* (Wien 1978), S. 144.
65 Mertin Thrun, »Die Errichtung der Reichsmusikkammer«, in: Hanns-Werner Heister und Hans-Günther Klein (Hrsg.), *Musik und Musikpolitik im faschistischen Deutschland* (Frankfurt/Main 1984), S. 75f.
66 Dazu Konrad H. Jarausch, *The Unfree Professions: German Lawyers, Teachers, and Engineers, 1900–1950* (New York 1990); Kater, *Doctors Under Hitler*, S. 19–25.
67 Thrun, »Die Errichtung der Reichsmusikkammer«, S. 77.
68 *DKW*, Nr. 3 (1933), S. 12; Kater, *Gewagtes Spiel*
69 Thrun, »Die Errichtung der Reichsmusikkammer«, S. 77; Steinweis, *Art, Ideology and Economics*, S. 34.
70 Ellis, »Music in the Third Reich«, S. 99ff.; Kater, *Gewagtes Spiel*, S. 55f., 72f..
71 Willy Hoffmann und Wilhelm Ritter, *Das Recht der Musik: Eine erläuternde Darstellung der für das musikalische Urheberrecht geltenden Gesetze, Verordnungen und Anordnungen in alphabetischer*

Form (Leipzig 1936), S. 248–56; obligatorische Mitgliedschaft
wurde Rosbaud am 17. Dez. 1934 durch Ihlert bekanntgegeben, LP,
423/1/9.

72 Telegramm Goebbels an Strauss, 10. Nov. 1933, AM, Strauss; Ihlert
an Bouhler, 11. Apr. 1934, BDC Ihlert; *DM* 26 (1934), S. 361f;
Muck, *Einhundert Jahre Berliner Philharmonisches Orchester*, Bd. 2,
S. 106; Steinweis, *Art, Ideology and Economics*, S. 48.

73 Gerhard Splitt, *Richard Strauss, 1933–1935: Ästhetik und Musikpolitik zu Beginn der nationalsozialistischen Herrschaft* (Pfaffenweiler
1987). Um Strauss in Mißkredit zu bringen, geht Splitt sogar so
weit, seine Musik als ästhetisch faschistisch zu charakterisieren.
Eine vorzügliche, wenn auch nicht ganz erschöpfende Kritik von
Splitts tendenziösem Werk findet sich in Pamela M. Potter, »Strauss
and the National Socialists: The Debate and Its Relevance« in:
Bryan Gilliam (Hrsg.), *Richard Strauss: New Perspectives on the
Composer and His Work* (Durham, N.C., 1992), S. 93–113.

74 Vgl. dazu seine Briefe aus der Periode 1918–33 in: Franz Grasberger (Hrsg.), *Der Strom der Töne trug mich fort: Die Welt um Richard
Strauss in Briefen* (Tutzing 1967), S. 233–344.

75 Im großen und ganzen wurde diese Information durch Strauss'
früheren RMK-Angestellten Julius Kopsch bei Strauss' Entnazifi-
zierungsverfahren gestützt. Vgl. dazu Kopschs Zeugenaussage vom
1. März 1947, AM, Strauss.

76 Vgl. dazu Steinweis, *Art, Ideology and Economics*, S. 51.

77 Ein Beispiel für Strauss' seltene Anwesenheit in Berlin in Sachen
RMK (betreffend eine Tagung des Präsidialrats der RMK) ist
»Arbeitstagung der Reichsmusikkammer«, Berlin, 13.–17. Febr.
1934, OW 250. Charakteristischerweise scheint der Hauptgrund
für Strauss' Anwesenheit in Berlin sein Dirigat von *Arabella* am
17. Februar in der Berliner Staatsoper gewesen zu sein.

78 Vgl. dazu Ihlert an Kopsch, 14. März 1934; Stange an Strauss,
25. Mai 1935, RG; Ihlert an Bouhler, 11. Apr.1934; Anlage zum
Brief Hempel und Bullerian an Hess, 20. Juli 1934, BDC Havemann; Ihlert an Hinkel, 22. Mai 1935, BA, R56I/18; Hinkel an
Heydrich, 7. Jan. 1937, BA, R56I/136.

79 BDC Kurt Markwart; Greulich an Heß, 17. Juli 1934, SMK 197;
Willms an Orff, 31. Dez. 1934, CM, Schott Korr.; Kater, *Gewagtes
Spiel*, S. 73–77.

80 Protokoll, Achte Sitzung RMK-Präsidialrat, 26. März 1934, RG.

81 Strauss an Zweig, 17. Juni 1935, BDC Strauss; *TG* 2, S. 490, 492;
AMZ 62 (1935), S. 485 (Zitate).

82 Walter Deppisch, *Richard Strauss: Mit Selbstzeugnissen und Bilddokumenten* (Reinbek 1989), S. 140–45; George R. Marek, *Richard*

Strauss: The Life of a Non-Hero (London 1967), S. 277–84.

83 Zeugenaussage Kopsch (siehe Anm. 75).

84 Strauss an Rasch, 14. Dez. 1934, RG. Dazu Kapitel 5 von Anm. 6–17.

85 Die beste Abhandlung zu diesem Thema: Claudia Maurer Zenck, »Zwischen Boykott und Anpassung an den Charakter der Zeit: Über die Schwierigkeiten eines deutschen Komponisten mit dem Dritten Reich«, *Hindemith-Jahrbuch* 9 (1980), S. 65–129.

86 *DM* 27 (1935), S. 607f.; Raabe in Harry E. Weinschenk, *Künstler plaudern* (Berlin 1941), S. 250; Franz Rühlmann, »Peter Raabe: Bild seines Wesens und Wirkens«, *ZM* 109 (1942), S. 473–79; Robert C. Bachmann, *Karajan: Anmerkungen zu einer Karriere*, 2. Aufl. (Düsseldorf 1983), S. 117; Ernst Haeusserman, *Herbert von Karajan: Eine Biographie*, 2. Aufl. (Wien 1983), S. 50.

87 BDC Raabe; *DM* 26 (1933), S. 148f.; Peter Raabe, *Die Musik im Dritten Reich: Kulturpolitische Reden und Aufsätze* (Regensburg 1935); ders., *Kulturwille im deutschen Musikleben: Kulturpolitische Reden und Aufsätze* (Regensburg 1936).

88 *TG* 2, S. 627; *TG* 3, S. 301. Vgl. dazu Peter Raabe, *Franz Liszt*, 2 Bde. (Stuttgart 1931), Bd. 1, S. 169, 179, 181; Bd. 2, passim.

89 Joseph Wulf (Hrsg.), *Musik im Dritten Reich: Eine Dokumentation* (Reinbek 1966), S. 205.

90 Steinweis, *Art, Ideology and Economics*, S. 138f.; Kater, *Gewagtes Spiel*, S. 91f.

91 *TG* 2, S. 627, 752; Wulf, *Musik im Dritten Reich*, S. 205–8; Steinweis, *Art, Ideology, and Economics*, S. 53f.; Kater, »Carl Orff im Dritten Reich«, S. 9.

92 Petschull an Strecker, 11. Okt. 1936; Gertrud Hindemith an Strecker, 28. Okt. 1936; Hindemith an Strecker, 1. Nov. 1936, PF, Schott Korr.

93 *JdM 1944*, S. 106f.; BDC Drewes.

94 Für eine Erklärung dieses Führerprinzips siehe Reinhard Bollmus, *Das Amt Rosenberg und seine Gegner: Studien zum Machtkampf im nationalsozialistischen Herrschaftssystem* (Stuttgart 1970), S. 236–50; Kershaw, *The Nazi Dictatorship and Economy*, S. 61–81. Zitat stammt aus: Overy, *War and Economy in the Third Reich*, S. 255.

95 Verordnung vom 12. Juli 1937 in *AMR*, 15. Juli 1937, BA, RD33/2–1; Steinweis, *Art, Ideology and Economy*, S. 54.

96 *TG* 3, S. 243 (Zitat), 270, 273, 294f., 307, 310, 392, 408, 412, 423, 436, 451, 528; Schmidt-Leonhardt an Hinkel, 6. Nov. 1937; Raabe an Goebbels, 15. Jan. 1938; Raabe an [Hanke], 31. Jan. 1938, BDC Raabe.

97   *TG* 3, S. 273; *JdM 1943*, S. 22.
98   »Sonderbericht« Müller-Andress, Berlin, 29. Juli 1937, BA, R56I/141; Raabe, Krebs und Benecke, »Dienstanweisung für Kreis- und Städtische Musikbeauftragte«, Berlin, 1. Aug. 1938, SMK 393.
99   Kater, *Gewagtes Spiel.*
100 Kater, »Carl Orff im Dritten Reich« , S. 9ff., 20f.
101 *TG* 3, S. 273, 310.
102 Hinkel an Funk, 22. Juli 1935, BA, R56I/93; *Unterhaltungsmusik*, 4. Juli 1941, S. 618.
103 *TG* 2, S. 752 (Zitat); siehe auch Kap. 5.
104 *ZM* 107 (1940), S. 516, 660; 108 (1941), S. 200, 490, 620, 680; 109 (1942), S. 183.
105 *TG* 3, S. 419, 457f.; *TG* 4, S. 114f., 329, 378, 406, 408f., 419.
106 *Podium der Unterhaltungsmusik*, 15. Apr. 1943, S. 100 (Zitat); *TGII* 10, S. 412; Mayer an Raabe, 9. Sept. 1944, SMK 477.
107 NSDAP-Mitgliedskarte, BDC Havemann; Berthold Goldschmidt in: Karoly Csipak, »Berthold Goldschmidt im Exil: Der Komponist im Gespräch über Musiker-Exil und Musikleben« in: Traber und Weingarten, *Musik*, S. 49.
108 *Das deutsche Führerlexikon 1934–35* (Berlin o.J.), S. 175.
109 Walter Trienes, *Musik in Gefahr: Selbstzeugnisse aus der Vergangenheit* (Regensburg 1940), S. 53; *The Memoirs of Carl Flesch*, Hrsg. Hans Keller (Harlow 1973), S. 317; Stuckenschmidt, *Zum Hören geboren*, S. 115, 139; Luther Noss, *Paul Hindemith in the United States* (Urbana, Ill., 1989), S. 6.
110 Kraemer an NSDAP-Verbindungsstab, 21. Dez. 1933, BDC Havemann.
111 *DKW*, Nr. 2 (1932), S. 13; Nr. 4 (1932), S. 12; Nr. 1 (1933), S. 13; Nr. 3 (1933), S. 14f.
112 Willy an Ludwig Strecker, 4. Aug. 1933, PF, Schott Korr. Dazu A. Backhaus-Memorandum, 28. Aug. 1934, BDC Havemann.
113 »Eine Anklage gegen den Kampfbund für Deutsche Kultur. Fachgruppe Musik«, Berlin, 23. Feb. 1933, BA, R55/1138; BDC Havemann; Steinweis, *Art, Ideology, and Economics*, S. 39.
114 Siehe Anm. 109.
115 Havemann an Heß, 21. Dez. 1933, BDC Havemann.
116 Havemann an NSDAP-Reichsleitung, 24. Feb. 1934, BDC Havemann.
117 Hindemith an Strecker, 15. Nov. 1934, PF, Schott Korr.; *Frankfurter Zeitung*, 16. Nov. 1934 (Zitat); Stenger an Schulte-Strathaus, 24. Nov. 1934, BDC Havemann. Siehe Kap. 5.
118 Havemann an Hitler et al., 18. Juni 1935, BDC Havemann; *TG* 2, S. 490; Maurer Zenck, »Zwischen Boykott und Anpassung«, S. 93.

119 Gaugericht Kurmark an Oberstes Parteigericht, 3. Aug. 1937, BDC Havemann.

120 »Neue Abschlüsse ... seit 1. Oktober 1939«, BH, Staatstheater/ 14506; *ZM* 107 (1940), S. 432; *ZM* 108 (1941), S. 413f., 554, 615f.; *ZM* 109 (1942), S. 136.

121 Kochanowski an Hinkel, 22. Okt. 1941, BDC Havemann; *LI*, S. 235f., 317f., 480f., 654f., 698f.

122 Graener in Weinschenk, *Künstler plaudern*, S. 93–98 (Zitat auf S. 97).

123 *Musikblätter des Anbruch* 9 (1927), Foto gegenüber S. 198; Eugen Schmitz, »Zum 70. Geburtstag Paul Graeners«, *ZM* 109 (1942), S. 3; Kater, »The Revenge of the Fathers«, S. 296, 299.

124 Dazu Schmitz, »Zum 70. Geburtstag Paul Graeners«, S. 1–4; *GLM* 3, S. 350f.

125 BDC Graener; *Das deutsche Führerlexikon*, S. 152; Strauss an Rasch, 21. Juli und 12. Okt. 1935, BS, Ana/330, I, Rasch, Hugo.

126 *Melos* 12 (1933), S. 307; *Artist*, 19. Juni 1933; Muck, *Einhundert Jahre Berliner Philharmonisches Orchester*, Bd. 2, S. 108, 110; Rudolf Hartmann, *Das geliebte Haus: Mein Leben mit der Oper* (München 1975), S. 105f.

127 *Melos* 13 (1934), S. 208.

128 *Frankfurter* Zeitung, 27. Feb. 1934; *A Confidential Matter: The Letters of Richard Strauss and Stefan Zweig, 1931–1935* (Berkeley 1977), S. 94f.; *TG* 2, S. 556.

129 Zu Hitler siehe Graener in *Skizzen* (Jan. 1936), S. 11; zum Zitat siehe Graener in *DKW* Nr. 12 (1933), S. 1. Betr. Aufführungen siehe *Skizzen* (Feb. 1936), S. 18; »Abonnement-Konzerte 1935/36« [München], SMK 212; *DM* 29 (1936), S. 56; *DDP*, 5. März 1937, S. 2.

130 Walch an Hinkel, 28. Feb. 1936; Walch an Graener, 14. Mai 1936; Hinkel an Hanke, 17. Feb. 1938; Hinkel an Goebbels, 23. Feb. 1938, BA, R56I/135; Richartz an Radio Frankfurt (sowie an Radio Hannover, München etc.), 11. März 1936, BDC Graener.

131 Vgl. dazu Anonymus an Graener, 17. Jan. 1936, BDC Graener; Kater, *Gewagtes Spiel*, S. 65–214.

132 Graener an Hinkel, 18. Aug. 1936; Owens an Hinkel (mit Hinkels Anmerkungen), 30. Nov. 1936; Hinkel an Hanke, 23. Juni 1937, BA, R56I/135; *Unterhaltungsmusik*, 21. Jan. 1937, S. 70f.; *Unterhaltungsmusik*, 14. Apr. 1938, S. 454 (Zitat).

133 Hinkel an Goebbels, 8. März 1938; Hinkel an Walch, 19. März 1938; Hinkel an Christoffer, 27. Apr. 1938, BA, R56I/135; *TG* 4, S. 3.

134 Hinkel an Goebbels, 19. Feb. 1938, BA, R56I/135. Vgl. dazu auch

Frankfurter Zeitung, 23. Aug. 1938; »Städtische Bühnen Frankfurt am Main, ›Woche der Lebenden‹ vom 19. bis 26. März 1939«, CM, Allg. Korr.; *Generalanzeiger*, Frankfurt am Main, 25. Aug. 1939; »Neue Abschlüsse … seit 1. Oktober 1939«, BH, Staatstheater/ 14506; *ZM* 108 (1941), S. 123; *ZM* 109 (1942), S. 18, 113, 254; *JdM 1943*, S. 198f., Muck, *Hundert Jahre Berliner Philharmonisches Orchester*, Bd. 3, S. 302; Albrecht Dümling und Peter Girth (Hrsg.), *Entartete Musik: Zur Düsseldorfer Ausstellung von 1938: Eine kommentierte Rekonstruktion* (Düsseldorf [1988]), S. 107.

135 *ZM* 107 (1940), S. 303, 422, 717.

136 *MK* 1 (1944), S. 228; *Reichsrundfunk*, Nr. 10 (Jan. 1944), S. 203f.. Siehe dazu auch Aulich an Orff, 22. März 1943, CM, Allg. Korr.; *Reichskulturkammer*, Nr. 3/4 (1944), S. 61.

137 BDC Graener; *Reichsrundfunk*, Nr. 21/22 (Jan. 1942), S. 409; *Leipziger Neueste Nachrichten*, 11. Jan. 1942; RMK-Protokoll [Berlin, Mai-Juli 1942], BDC Werner Egk.

138 Kopsch an Strauss, 24. Jan. 1941, RG; *TG* 4, S. 521, 653; *ZM* 108 (1941), S. 484. Siehe auch Text bei Anm. 103.

139 Graener Korr. (1943–44), BA, R56I/135; Ritter an Egk, 25. Mai 1944, BDC Richard Strauss; *Reichskulturkammer*, Nr. 7 (1944), S. 114.

140 Friedrich Welter, *Musikgeschichte im Umriß: Vom Urbeginn bis zur Gegenwart* (Leipzig o.J.), S. 320f.; *ZM* 107 (1940), S. 460; *MK* 1 (1943), S. 65.

141 Kater, *The Revenge of the Fathers*, S. 304f.; *ZM* 107 (1940), S. 460; Eleonore van Hoogstraten (Hrsg.), *Elly Ney: Briefwechsel mit Wilhelm van Hoogstraten: Erster Band 1910–1926* (Tutzing 1970), S. 260; Muck, *Hundert Jahre Berliner Philharmonisches Orchester*, Bd. 2, S. 82.

142 BDC Trapp; *DKW*, Nr. 3 (1932), S. 19; Welter, *Musikgeschichte im Umriß*, S. 321 (Zitat).

143 *DKW*, Nr. 13 (1933), S. 9.

144 Muck, *Hundert Jahre Berliner Philharmonisches Orchester*, Bd. 2, S. 146, 151; Bd. 3, S. 289f., 292; Rimnitz an Strauss, 24. Juni 1935, RG; »Programmvorschlag«, München, 31. Juli 1936, SMK 214; *TG* 4, S. 230; *Unterhaltungsmusik*, 11. Juli 1940, S. 633.

145 *ZM* 107 (1940), S. 90; *ZM* 109 (1942), S. 354; *MK* 1 (1943), S. 48. Zu der Ausnahme siehe *ZM* 107 (1940), S. 698.

146 Welter, *Musikgeschichte im Umriß*, S. 322; *DKW*, Nr. 3 (1932), S. 19; Hans Heinz Stuckenschmidt, »German Season Under the Crisis«, *Modern Music* 10 (1932), S. 167 (Zitat).

147 Vollerthun in: Carl Niessen (Hrsg.), *Die deutsche Oper der Gegenwart* (Regensburg 1944), S. 270 (Zitat). Vgl. dazu Vollerthun in

DKW, Nr. 13 (1933), S. 2f.; Nr. 28 (1933), S. 6f.; Nr. 12 (1933), S. 16.

148 *DKW*, Nr. 12 (1933), S. 16.

149 *Artist*, 19. Mai 1933; *TG* 2, S. 432; Strauss an von Niessen, 16. Apr. 1933, RG.

150 *Deutsches Musiker-Lexikon*, Hrsg. Erich H. Müller (Dresden 1929), S. 1502; BDC Vollerthun; Korr. betr. Vollerthun (1936), BA, R55/223. Vgl. dazu auch *ZM* 101 (1934), S. 1155; *DM* 27 (1935), S. 759; *Artist*, 24. Sept. 1936, S. 1215; Muck, *Hundert Jahre Berliner Philharmonisches Orchester*, Bd. 3, S. 268.

151 *ZM* 107 (1940),S. 298f. (Zitat); 109 (1942), S. 277f.; 110 (1943), S. 134; *Artist*, 24. Sept. 1936, S. 1215; *MK* 2 (1944), S. 109.

152 BDC Rode; *Das Deutsche Führerlexikon*, S. 389; Goldschmidt in: Csipak, *Berthold Goldschmidt im Exil*, S. 61; Oliver Rathkolb, *Führertreu und gottbegnadet: Künstlereliten im Dritten Reich* (Wien 1991), S. 93.

153 BDC Rode; BDC Walter Lutze; *TG* 3, S. 1.

154 BDC Reichwein; *VB*, 30. Sept. 1932; *ZM* 103 (1936), S. 281ff.; Rathkolb, *Führertreu und gottbegnadet*, S. 47; *NG* 7, S. 311.

155 Michael Tanner in *New York Review of Books*, 26. Juni 1994, S. 23.

156 Strauss an Rasch, 14. Dez. 1934, RG; Junk an Pfitzner, 8. Nov. 1934, OW 958. Dazu auch BDC Reichwein; Reichwein an Boepple, 23. März 1935, BH, MK/36795; Korr. Reichwein (1936), SMK 213/2; *Echo* (Wien), 3. Aug. 1934.

157 Muck, *Hundert Jahre Berliner Philharmonisches Orchester*, Bd. 3, S. 278, 286, 290; *ZM* 109 (1942), S. 69, 122, 176, 307, 427, 546.

158 Korr. BDC Stadelmann; Stadelmann an Hinkel, 3. Aug. 1933, ebd. (Zitat).

159 BDC Stadelmann; Ehlert an Esser, 4. Apr. 1934, BH, MWi/2817 (Zitat); Korr. in SMK 275 und 97/5; *ZM* 108 (1941), S. 747; *ZM* 110 (1943), S. 120.

160 *JdM 1943*, S. 130f.; Ney in: Weinschenk, *Künstler plaudern*, S. 225ff.; *ZM* 109 (1942), S. 391f.

161. Ney an Ley, 15. Juli 1943, EB/26 (1. Zitat); Hoogstraten, *Elly Ney*, S. 240 (2. Zitat), S. 303f.; Matthes an Pfitzner, 23. Dez. 1932, OW 299; *Westdeutscher Beobachter* (Bonn), 20. Juni 1938; Max Strub in: *Elly Ney, Erinnerungen und Betrachtungen: Mein Leben aus der Musik*, 4. Aufl. (Aschaffenburg 1957), S. 165. Zu Seiss siehe *MGG* 12, S. 477.

162 Ney in: Weinschenk, *Künstler plaudern*, S. 229; Ney an van Hoogstraten, 23. März 1939, EB/26.

163 Vgl. dazu die verschiedenen Beiträge in: Eleonore van Hoogstraten (Hrsg.), *Worte des Dankes an Elly Ney* (Tutzing 1968), und Willem

van Hoogstraten in: Ney, *Erinnerungen und Betrachtungen*, S. 170.

164 Dazu Ney an van Hoogstraten [23. März 1933], EB/6; Telegramm Ney an Hinkel, 20. Apr. 1937; Ney an Hinkel, 29. Nov. 1943; Memorandum von Hansemann, Mai 1944, BDC Ney; *National-zeitung* (Essen), 16. März 1938.

165 Ney in *DM* 27 (1935), S. 346f.; Ney an Raabe, 2. Aug. 1935, EB/26; *Skizzen* (Jan. 1937), S. 11, 18; *ZM* 108 (1941), S. 340; Foto Ney in *JdM 1943* gegenüber S. 129. Zur Beethoven-Manie der Nazis und Ney vgl. Nanny Drechsler, *Die Funktion der Musik im deutschen Rundfunk, 1933-1945* (Pfaffenweiler 1988), S. 58-68; Elly Ney, »Bekenntnis zu Ludwig van Beethoven« in: Morgenroth, *Von deutscher Tonkunst*, S. 59-67.

166 Muck, *Hundert Jahre Berliner Philharmonisches Orchester*, Bd. 3, S. 268; *Skizzen* (Nov. 1937), S. 19; (Aug.-Sept. 1939), S. 18; *ZM* 108 (1941), S. 280; *ZM* 109 (1942), S. 42, 234, 467; *ZM* 110 (1943), S. 21; *MK* 1 (1943), S. 145; *ZM* 2 (1944), S. 64, 112; Wolf-Eberhard von Lewinsky, *Ludwig Hoelscher* (Tutzing 1967), S. 46.

167 Meinung des amerikanischen Dirigenten Newell Jenkins, der vor dem Zweiten Weltkrieg in Deutschland studierte (Tonbandinter-view, Hillsdale, N.Y., 20. März 1993, APA). Siehe dazu *Skizzen* (Dez. 1935), S. 18; *Skizzen* (Jan. 1939), S. 20; *ZM* 106 (1939), S. 1134; *ZM* 108 (1941), S. 482; Gert Kerschenbaumer, *Faszination Drittes Reich: Kunst und Alltag der Kulturmetropole Salzburg* (Salzburg [1988]), S. 162, 172.

168 Ney an van Hoogstraten, 2. Jan. 1944, EB/7 (1. Zitat); Ney an van Hoogstraten, 12. Nov. 1939, EB/6 (2. Zitat); Ney an van Hoogs-traten, [März] 1933, EB/6 (3. Zitat). Siehe auch Ney an van Hoogs-traten, 27. Juli 1936 und 13. Mai 1939, EB/6; Grete Busch, *Fritz Busch: Dirigent* (Frankfurt/Main 1970), S. 57.

169 Ney an van Hoogstraten, 14. Feb. 1933 (1. und 3. Zitat); Ney an van Hoogstraten, 8. Mai 1938 (2. Zitat), EB/6.

170 Ney an Franz [recte Framm], 30. Okt. 1935; Ney an Hinkel, 3. Dez. 1936, BDC Ney; *TG* 3, S. 516.

171 Ney an van Hoogstraten, [23. März 1933] und 16. Mai 1933, EB/6.

172 Ney an van Hoogstraten, [Juli 1936], EB/6. Siehe auch *DM* 27 (1935), S. 346; *ZM* 107 (1940), S. 444; *ZM* 109 (1942), S. 123; David B. Dennis, *Beethoven in German Politics, 1870-1989* (New Haven 1996), S. 155f.

173 BDC Ney; *ZM* 109 (1942), S. 392; Telegramm Ney an Hinkel, 20. Apr. 1937; Telegramm Ney an Hitler, 17. Dez. 1938, BDC Ney; Ney an van Hoogstraten, 18. Juli 1938 und 12. Nov. 1939 (Zitat), EB/6.

174 Dazu Korr. Ney in EB.

175 Von Walterhausen an Bayerisches Kultusministerium, 5. März 1928, BH, MK/36611 (Zitat); Max Neuhaus, »Das nationalsozialistische Reichs-Symphonie-Orchester«, *ZM* 100 (1933). S. 916–19; *Unterhaltungsmusik*, 17. Dez. 1936, S. 1608f.; *VB*, 9. Aug. 1938; *ZM* 109 (1942), S. 28f.

176 Huebner an Göring, 27. Jan. 1933, BDC Willy Huebner.

177 Erwin Bauer, »Westmarkreise des N.S. Reichssymphonie-Orchesters«, *ZM* 100 (1933), S. 919–22; *ZM* 106 (1939), S. 1136; *ZM* 107 (1940), S. 111; RRG an Hadamovsky, 31. Aug. 1933, BA, R78/909; *AMZ* 63 (1936), S. 402; *Musik-Woche*, 9. Okt. 1937, S. 6.

178 *ZM* 107 (1940), S. 308; *ZM* 108 (1941), S. 472; *ZM* 109 (1942), S. 139, 186f., 380; *ZM* 110 (1943), S. 42, 146; *Unterhaltungsmusik*, 13. Dez. 1941, S. 153; *Podium der Unterhaltungsmusik*, 8. Jan. 1942, S. 9; Mayer an Städtisches Kulturamt, 5. Sept. 1944, SMK 477.

179 Wolfgang Wagner, *Lebens-Akte: Autobiographie* (München 1994), S. 38.

180 Vgl. dazu Erich Ebermayer, *Magisches Bayreuth: Legende und Wirklichkeit* (Stuttgart o.J.), S. 61–225; Zdenko von Kraft, *Der Sohn: Siegfried Wagners Leben und Umwelt* (Graz 1969); Kraft, *Das Festspielhaus in Bayreuth: Zur Geschichte seiner Idee, seines Werdegangs und seiner Vollendung*, 4. Aufl. (Bayreuth 1969); Dietrich Mack, *Bayreuther Festspiele: Die Idee, der Bau, die Aufführungen* (Bayreuth 1974).

181 Wolfgang Wagner, *Lebens-Akte*, S. 12.

182 Vgl. dazu z.B. Frederic Spotts, *Bayreuth: A History of the Wagner Festival* (New Haven 1994), S. 76f., 104f., 112f.

183 Jacob Katz, *The Darker Side of Genius: Richard Wagner's Anti-Semitism* (Hanover, N.H., 1986); Alan David Aberbach, *The Ideas of Richard Wagner: An Examination and Analysis of His Major Aesthetic, Political, Economic, Social, and Religious Thoughts* (Lanham, Md., 1988); Dieter Borchmeyer, »Richard Wagner und der Antisemitismus« in: Ulrich Müller und Peter Wapnewski (Hrsg.), *Richard-Wagner-Handbuch* (Stuttgart 1986), S. 137–61; Hartmut Zelinsky zitiert in Klaus Umbach, »›Zu schönen Klängen eine brutale Ideologie‹: Spiegel-Gespräch mit Wagner-Forscher Hartmut Zelinsky über ›Parsifal‹ und dessen Auswirkungen auf Hitler und Holocaust«, in: Umbach (Hrsg.), *Richard Wagner: Ein deutsches Ärgernis* (Reinbek 1982), S. 38–41, bes. S. 38. Der prominenteste der konventionellen Wagner-Biographen, Martin Gregor-Dellin, *Richard Wagner: Sein Leben, sein Werk, sein Jahrhundert*, 4. Aufl. (München 1991), S. 310–14, 606f., 766–69, analysiert Wagners Antisemitismus typischerweise auf einer zu oberflächlichen Ebene.

184 August Kubizek, *The Young Hitler I Knew* (Westport, Conn., 1976), S. 187–92 (Zitat auf S. 191).

185 Adolf Hitler, *Mein Kampf*, 26. Aufl. (München 1933), S. 15; Henry Picker, *Hitlers Tischgespräche im Führerhauptquartier, 1941–1942*, Hrsg. Gerhard Ritter (Bonn 1951), S. 364, 382; Ernst Hanfstaengl, *Zwischen Weißem und Braunem Haus: Memoiren eines politischen Außenseiters* (München 1970), S. 56; Hans Severus Ziegler, *Adolf Hitler aus dem Erleben dargestellt*, 3. Aufl. (Göttingen 1965), S. 70; Michael Karbaum, *Studien zur Geschichte der Bayreuther Festspiele (1876–1976)*, 2 Bde. (Regensburg 1976), Bd. 1, S. 72.

186 Zelinsky in: Umbach, »Zu schönen Klängen«, S. 39; Karl Grunsky, *Der Kampf um die deutsche Musik* (Stuttgart 1933), S. 63.

187 Karbaum, *Studien zur Geschichte der Bayreuther Festspiele*, Bd. 1, S. 72, Bd. 2, S. 114; Picker, *Hitlers Tischgespräche*, S. 97, 349; Spotts, *Bayreuth*, S. 140–143.

188 Ebermayer, *Magisches Bayreuth*, S. 186; Hans Mayer, *Richard Wagner in Bayreuth, 1876–1976* (Stuttgart 1976), S. 104; Wolfgang Wagner, *Lebens-Akte*, S. 44f.; Behauptung über Wieland Wagner in *International Herald Tribune* (Paris), 29. Aug. 1994.

189 Winifred Wagner (1947) zitiert in Spotts, *Bayreuth*, S. 203; Wolfgang Wagner, *Lebens-Akte*, S. 47; Friedelind Wagner, *Nacht über Bayreuth: Die Geschichte der Enkelin Richard Wagners* (Bern [1946]), S. 160f. Dazu auch Karbaum, *Studien zur Geschichte der Bayreuther Festspiele*, Bd. II., S. 115; Kraft, *Der Sohn*, S. 307f.; und Spotts' unbekümmerte Wiederholung dieser Legende, *Bayreuth*, S. 165.

190 Alfred Rosenberg, *Der Mythus des 20. Jahrhunderts: Eine Wertung der seelisch-geistigen Gestaltenkämpfe unserer Zeit* (1930), 41./42. Aufl. (München 1934), S. 316, 388f., 401f., 427–34, 443f. (Zitat S. 428).

191 Kater, *Gewagtes Spiel*, S. 55ff.; *DKW*, Nr. 14 (1933), S. 16.

192 Gruner, *Musikleben in der Provinz*, S. 106, 126; *DKW*, Nr. 1 (1933), S. 9f.; Trienes, *Musik in Gefahr*, S. 10.

193 *TG* 2, S. 648f.; *TG* 3, S. 211, 214; *TGII* 12, S. 47; *DKW*, Nr. 18 (1933), S. 8; Walter Rischer, *Die nationalsozialistische Kulturpolitik in Düsseldorf, 1933–1945* (Düsseldorf 1972), S. 76; Karbaum, *Studien zur Geschichte der Bayreuther Festspiele*, Bd. 1, S. 72; William E. Dodd, Jr., und Martha Dodd (Hrsg.), *Ambassador Dodd's Diary, 1933–1938* (New York 1941), S. 164 f.; Goebbels zitiert in *DM* 28 (1936), S. 721.

194 *AMR*, 1. Juni 1938, BA, RD33/2–1. Dazu auch *TGII* 2, S. 573.

195 *Münchener Neueste Nachrichten*, 16./17. Apr. 1933.

196 *ZM* 107 (1940), S. 239; Korr. Hohenschwanstein (1933), SMK 239; *VB*, 22. Dez. 1933; Hartmut Zelinsky (Hrsg.), *Richard Wagner – ein*

deutsches Trauma: Eine Dokumentation zur Wirkungsgeschichte Richard Wagners, 1876-1976, 3. Aufl. (Berlin 1983), S. 195, 230; Karbaum, *Studien zur Geschichte der Bayreuther Festspiele*, Bd. 2, S. 78, 80; Berndt Wilhelm Wessling (Hrsg.), *Bayreuth im Dritten Reich: Richard Wagners politische Erben: Eine Dokumentation* (Weinheim 1983), S. 272ff.

197 Wolfgang Wagner, *Lebens-Akte*, S. 47. Winifred Wagners Beteuerung in Ziegler, *Adolf Hitler*, S. 159.

198 Werner Jochmann (Hrsg.), *Adolf Hitler: Monologe im Führerhauptquartier, 1941-1944: Die Aufzeichnungen Heinrich Heims* (Hamburg 1980), S. 235; Ebermayer, *Magisches Bayreuth*, S. 205ff.; Ziegler, *Adolf Hitler*, S. 179f.; Carl Vinzent Krogmann, *Es ging um Deutschlands Zukunft, 1932-1939: Erlebtes täglich diktiert von dem früheren Regierenden Bürgermeister von Hamburg*, 2. Aufl. (Leoni 1977), S. 314f.; Skizze der Sitzordnung, »Abendtafel am Dienstag, dem 25. März 1935«, PA Dr. Martin Haushofer, Herrsching. Zu Tietjen siehe Rudolf Augstein in *Spiegel*, 25. Juli 1994, S. 156.

199 Ziegler, *Adolf Hitler*, S. 173; Friedelind Wagner, *Nacht über Bayreuth*, S. 178-336; Picker, *Hitlers Tischgespräche*, S. 236, 369; *TGII* 7, S. 512.

200 Abendroth an Pfitzner, 12. März 1938, OW 288.

201 Winifred Wagner an Strauss, 9. Juni 1933, RG. Dazu auch Susanna Grossmann-Vendrey, *Bayreuth in der deutschen Presse: Beiträge zur Rezeptionsgeschichte Richard Wagners und seiner Festspiele* (Regensburg 1983), S. 256.

202 Ziegler, *Adolf Hitler*, S. 171; Wessling, *Bayreuth im Dritten Reich*, S. 176; Karbaum, *Studien zur Geschichte der Bayreuther Festspiele*, Bd. 2, S. 79f.; Mayer, *Richard Wagner in Bayreuth*, S. 137, 140, 149.

203 *Manchester Guardian* zitiert in Wessling, *Bayreuth im Dritten Reich*, S. 190; Meta Kropf, *Ein Beitrag zur Zeitgeschichte: Bayreuther Festspielsommer von damals*, 2. Aufl. (München 1978), S. 18.

204 Fred Hamel in *Reich*, 28. Juli 1940, S. 18; Wolfgang Golther in *ZM* 108 (1941), S. 584ff.; *MK* 1 (1943), S. 107; Heinz Boberach (Hrsg.), *Meldungen aus dem Reich: Die geheimen Lageberichte des Sicherheitsdienstes der SS, 1938-1945*, 17 Bde. (Herrsching 1984), Bd. 8, S. 2675f.; Zelinsky, *Richard Wagner – ein deutsches Trauma*, S. 243f.

205 Paul Bülow, »Adolf Hitler und der Bayreuther Geistesbezirk«, *ZM* 100 (1933), S. 677; *ZM* 108 (1941), S. 346; *Münchener Neueste Nachrichten*, 14. Aug. 1933; »Aufruf an alle Bühnen, an denen Opern gespielt werden!« [1938], SMK 396; Wessling, *Bayreuth im Dritten Reich*, S. 260; Drechsler, *Die Funktion der Musik im deutschen Rundfunk*, S. 68-78.

206 Verdi überrundete Wagner in der Spielzeit 1942/43. Vgl. dazu Hubert Kolland, »Wagner-Rezeption im deutschen Faschismus«, in: Christoph-Hellmut Mahling und Sigrid Weismann (Hrsg.), *Bericht über den Internationalen Musikwissenschaftlichen Kongreß Bayreuth 1981* (Kassel 1984), S. 501f.; sowie Franz-Heinz Köhler, *Die Struktur der Spielpläne deutschsprachiger Opernbühnen von 1896 bis 1966* (o.O., o.J.), S. 35f.; Petra Maria Valentin, »Die Bayerische Staatsoper im Dritten Reich« (Magisterarbeit, Universität München 1985), Tabelle der Opernproduktionen vom 1. Jan. 1933 bis 2. Okt. 1943.

207 *VB*, 22. Dez. 1933.

208 Karl Laux, »Bayreuth«, *Melos* 12 (1933), S. 302f.

Kapitel 2

1   Sittmann et al. an Epp, 3. Dez. 1934, BH, Reichsstatthalter/669/8; Memorandum Knappertsbusch für Bayerisches Kultusministerium, Nov. 1935, BH, MK/41010 (Zitat).

2   Sittmann et. al. an Epp (siehe Anm. 1).

3   *LI*, S. 380; Kurt Blaukopf, *Große Dirigenten* (Teufen o.J.), S. 108–12; Helge Rosvaenge, *Mach es besser, mein Sohn*, 2. Aufl. (Leipzig 1963), S. 66.

4   Paul Ehlers, »Die Musik und Adolf Hitler«, *ZM* 106 (1939), S. 359; Hans Rudolf Vaget, »Präludium in München: Bruno Walter und die Vertreibung Thomas Manns«, *Frankfurter Allgemeine Zeitung*, 14. Mai 1994; Vaget, »Musik in München«, *Thomas Mann Jahrbuch* 7 (1994), S. 55–58; Edith Stargardt-Wolff, *Wegbereiter großer Musiker* (Berlin 1954), S. 244.

5   Donald W. Ellis, »Music in the Third Reich: National Socialist Aesthetic Theory as Governmental Policy« (Diss.phil., University of Kansas 1970), S. 36–41.

6   Thomas Mann, »Tischrede auf Pfitzner« (1919), in: *Gesammelte Werke*, 13 Bde., 2. Aufl. (Frankfurt/Main 1974), Bd. 10, S. 417–22; ders., [»Für Bruno Walter«] (1936), ebd., Bd. 10, S. 479–83; ders., »Aufruf zur Gründung des Hans Pfitzner-Vereins für Deutsche Tonkunst« (1918), ebd., Bd. 11, S. 744f.; ders., [»Geist und Wesen der Deutschen Republik«] (1923), in: Mann, *Reden und Aufsätze*, 2 Bde. (Frankfurt/Main 1965), Bd. 2, S. 53–60; Gabriele Busch-Salmen und Günther Weiss (Hrsg.), *Hans Pfitzner: Münchener Dokumente/Bilder und Bildnisse* (Regensburg 1990), z.B. S. 63ff.; Mann an Pfitzner, 23, Juni 1925, OW 80; Pfitzner an Fürstner, 8. Sept. 1932, MMP; Vaget, »Musik in München«, S. 57f.; Hans Pfitzner,

Gesammelte Schriften, 3. Bde. (Augsburg 1926–29), Bd. 2, S. 244–49; Katia Mann, *Meine ungeschriebenen Memoiren*, Hrsg. Elisabeth Plessen und Michael Mann (Frankfurt/Main 1981), S. 49–53; Michael H. Kater, »The Revenge of the Fathers: The Demise of Modern Music at the End of the Weimar Republic«, *German Studies Review* 15 (1992), S. 298.

7   Siehe Pfitzner an Hartmann, 29. Apr. 1927; Knappertsbusch an Pfitzner, 9. Juni 1931, OW 297; Pfitzner an Knappertsbusch, 3. Juni 1931, OW 300.

8   Thomas Mann, »Über die Kunst Richard Wagners« (1911), in: *Reden und Aufsätze*, 2. Bd., S. 693ff.; ders., »Wie stehen wir heute zu Richard Wagner?« (1927), ebd., Bd. 2, S. 757ff.

9   Alfred Rosenberg, *Der Mythus des 20. Jahrhunderts: Eine Wertung der seelisch-geistigen Gestaltenkämpfe unserer Zeit*, 41./42. Aufl. (München 1934), S. 388, 421; Katia Mann, *Meine ungeschriebenen Memoiren*, S. 96ff.; Paul Egon Hübinger, *Thomas Mann, die Universität Bonn und die Zeitgeschichte: Drei Kapitel deutscher Vergangenheit aus dem Leben des Dichters, 1905–1955* (München 1974), S. 124f.

10   Anm. des Hrsg. in Thomas Mann, *Pro and Contra Wagner* (London 1985), S. 91.

11   Ebd.

12   Thomas Mann, »Leiden und Größe Richard Wagners«, in: Thomas Mann, *Wagner und unsere Zeit. Aufsätze, Betrachtungen, Briefe*, Hrsg. Erika Mann (Frankfurt/Main 1963), S. 63–121, bes. S. 70f., 77–80, 108, 113f., 121.

13   Thomas Mann, *Tagebücher, 1933–1934*, Hrsg. Peter de Mendelssohn (Frankfurt/Main 1977, S. 209, 307; ders., *Pro and Contra Wagner*, S. 165; Hübinger, *Thomas Mann, die Universität Bonn und die Zeitgeschichte*, S. 129f., Anm. 83.

14   Walter Panofsky, *Richard Strauss: Partitur eines Lebens* (München 1965), S. 276.

15   »Protest der Richard-Wagner-Stadt München«, 16. Apr. 1933, abgedruckt in: Hartmut Zelinsky (Hrsg.), *Richard Wagner – ein deutsches Thema: Eine Dokumentation zur Wirkungsgeschichte Richard Wagners, 1876–1976* (Berlin 1983), S. 195; Knappertsbusch an »Euer Hochwohlgeboren« [Hans Pfitzner], 3. Apr. 1933, OW 282. Zu Matthes siehe Muck an Matthes, 10. März 1929; Knappertsbusch an Matthes, Juli 1933, BDC Matthes. Vgl. auch Vaget, »Musik in München«, S. 47–50.

16   Pfitzner an Knappertsbusch, 13. Apr. 1933, OW 282; Pfitzner an Abendroth, 22. Jan. 1934, OW 289.

17   »Protest der Richard-Wagner-Stadt München« (siehe Anm. 15).

18 *LI*, S. 380; Erika und Klaus Mann, *Escape to Life: Deutsche Kultur im Exil*, 2. Aufl. (München 1991), S. 128; Karl Böhm, *Ich erinnere mich ganz genau: Autobiographie* (Zürich 1968), S. 47; Panofsky, *Richard Strauss: Partitur eines Lebens*, S. 304; Frederic Spotts, *Bayreuth: A History of the Wagner Festival* (New Haven 1994), S. 207; Hugo Burghauser, *Philharmonische Begegnungen: Erinnerungen eines Wiener Philharmonikers* (Zürich 1979), S. 195; Hubert Hackenberg und Walter Herrmann, *Die Wiener Staatsoper im Exil, 1945–1955* (Wien 1985), S. 23; »Gutachten«, 8. Jan. 1947, AM, Strauss; Knappertsbusch an [Leer], 28. Dez. 1947, AM, Pfitzner; Knappertsbusch an Bayerisches Staatsministerium, 15. Apr. 1952, BH, MK/45179.

19 Mezger an Bayerische Theaterverwaltung, 23. Sept. 1952, BH, MK/45179; Ellis, »Music in the Third Reich«, S. 197; Herta und Kurt Blaukopf, *Die Wiener Philharmoniker: Wesen, Werden, Wirken eines großen Orchesters* (Wien 1986), S. 188.

20 Rath-Rex an Hinkel, 7. Sept. 1933, BDC Friedrich Schery; Akte Neuschwanstein (1933–36), SMK 239, bes. Fiehler an Winifred Wagner, 8. Feb. 1933.

21 Zu den fortgesetzten Reibereien zwischen Pfitzner und Knappertsbusch siehe Knappertsbusch an Pfitzner, 15. Mai 1934, BH, MK/44737; Knappertsbusch an Walleck, 11. Sept. 1934, BH, Staatstheater/NA Pfitzner; Korr. Knappertsbusch/Pfitzner (Mai 1934), OW 282.

22 Sittmann et al. an Epp, 3. Dez. 1934, BH, Reichsstatthalter/669/8; Mezger, »Zur Frage der Leitung der Staatsoper«, 27. Feb. 1936, BH, MK/41010; *Melos* 13 (1934), S. 254; Ellis, »Music in the Third Reich«, S. 192f.

23 Mezger an Generalintendanz, 31. Dez.1933; Boepple an Bayerische Staatskanzlei, 13. Juli 1934, BH, MK/41010.

24 Schemm an Goebbels, 7. Feb. 1935, BH, MK/40991; Strecker an Hindemith, 16. Mai 1935, PF, Schott Korr.

25 Memorandum Knappertsbusch, Nov. 1935, BH, MK/41010 (Zitat); Walleck an Köglmaier, 15. Juni 1937; Mezger an Bayerische Theaterverwaltung (s. Anm. 19).

26 Memorandum Knappertsbusch, Nov. 1935, BH, MK/41010.

27 Mezger an Bayerische Theaterverwaltung (s. Anm. 19). Vgl. dazu auch *Reichsgesetzblatt I* (1933), S. 175ff. Zu den Apologeten s. Anm. 18.

28 Memorandum Mezger, 4. März 1936. BH, MK/41010; Boepple an Goebbels, 13. März 1936. BH, MK/40993; Memorandum Walleck, 4. Dez. 1937, BH, MK/45196; Leute an Geiger, 22. Nov. 1935, BDC Knappertsbusch.

478

29 *Wiener Freie Presse*, 20. Nov. 1934; *Neues Wiener Journal*, 25. Nov. 1934; Ruhne an Promi, 3. Jan. 1935, BA, R55/1184; Knappertsbusch zitiert in: Signe Scanzoni und Götz Klaus Kende, *Der Prinzipal: Clemens Krauss: Fakten, Vergleiche, Rückschlüsse* (Tutzing 1988), S. 173.

30 *TG 2*, S. 551f.

31 Traim an Referat 28, 22. Okt. 1952, BH, MK/45179 (1. Zitat); Ranczak in: Hermann Proebst und Karl Ude (Hrsg.), *Denk ich an München: Ein Buch der Erinnerungen*, 2. Aufl. (München 1967), S. 233 (2. Zitat); Henry Picker, *Hitlers Tischgespräche im Führerhauptquartier, 1941-42*, Hrsg. Gerhard Ritter (Bonn 1951), S. 396; Hans Severus Ziegler, *Adolf Hitler aus dem Erleben dargestellt*, 3. Aufl. (Göttingen 1965), S. 168f.

32 *ZM* 107 (1940), S. 33, 89; *ZM* 108 (1941), S. 520f.; W. T. Anderman [Walter Thomas], *Bis der Vorhang fiel: Berichtet nach Aufzeichnungen aus den Jahren 1940 bis 1945* (Dortmund 1947), S. 135; Otto Strasser, *Und dafür wird man noch bezahlt: Mein Leben mit den Wiener Philharmonikern* (Wien 1974), S. 146f., 153; Hackenberg und Herrmann, *Die Wiener Staatsoper im Exil*, S. 24, 29; Clemens Hellsberg, *Demokratie der Könige: Die Geschichte der Wiener Philharmoniker* (Zürich 1992), S. 462, 475.

33 Burghauser, *Philharmonische Begegnungen*, S. 123.

34 Peter Muck, *Einhundert Jahre Berliner Philharmonisches Orchester: Darstellung in Dokumenten*, 3 Bde. (Tutzing 1982), Bd. 2, S. 152, Bd. 3, S. 289, 300, 308; *Generalanzeiger* (Frankfurt), 28. Mai 1939; Rudolf Sonner, »Kriegsauftrag von ›Kraft durch Freude‹«, *DM* 33 (1940), S. 11; *ZM* 107 (1940), S. 118; *ZM* 108 (1941), S. 70, 126, 492, 690; *ZM* 109 (1942), S. 471.

35 Hellsberg, *Demokratie der Könige*, S. 477; *ZM* 108 (1941), S. 30; Werner Präg und Wolfgang Jacobmeyer (Hrsg.), *Das Diensttagebuch des deutschen Generalgouverneurs in Polen, 1939-1945* (Stuttgart 1975), S. 407.

36 Baldur von Schirachs Erinnerung an Braun im Spandauer Gefängnis, Mai 1948, zitiert in: Albert Speer, *Spandauer Tagebücher* (Frankfurt/Main 1975), S. 156; Muck, *Hundert Jahre Berliner Philharmonisches Orchester*, Bd. 3, S. 305, 309; Hinkel an Reichspropagandaamtsleiter Wien, 15. März 1943, BDC Knappertsbusch; von Borries an Tackmann, 1. Juli 1943, BDC Werner Egk; *TGII* 8, S.132; *TGII* 12, S. 155, 204; Hellsberg, *Demokratie der Könige*, S. 478.

37 Hustert an Gauleitung Wien, 5. Feb. 1945, OSW, Gauakt/ 139835.

38 Korr. Giesler/Knappertsbusch (1944), SMK 383.

39   Traim an Referat 28, 22. Okt. 1952, BH, MK/45179.
40   Dazu Alfred E. Frauenfeld, *Und trage keine Reu': Vom Wiener Gauleiter zum Generalkommissar der Krim: Erinnerungen und Aufzeichnungen* (Leoni 1978), S. 54f.
41   Burghauser, *Philharmonische Begegnungen*, S. 36f.; Blaukopf, *Große Dirigenten*, S. 113–17; Oskar von Pander, *Clemens Krauss in München* (München 1955), S. 25; Anderman [Thomas], *Bis der Vorhang fiel*, S. 118; Rudolf Hartmann, *Das geliebte Haus: Mein Leben mit der Oper* (München 1975), S. 178; Berndt Wilhelm Wessling, *Hans Hotter* (Bremen 1966), S. 62; Hans Heinz Stuckenschmidt, *Zum Hören geboren: Ein Leben mit der Musik unserer Zeit* (München 1979), S. 103f. (Zitat).
42   »Lebenslauf« [Krauss], o.J., BH, Staatstheater/14444; Krauss in: Harry E. Weinschenk, *Künstler plaudern* (Berlin 1941), S. 132–36; von Pander, *Clemens Krauss in München*, S. 9ff.
43   Memorandum UE, 1. Juni 1931, WC, Weill/Korr. UE; Blaukopf, *Große Dirigenten*, S. 113, 115; Heinrich von Kralik, *Die Wiener Philharmoniker: Monographie eines Orchesters* (Wien 1938), S. 91; John L. Stewart, *Ernst Krenek: The Man and His Music* (Berkeley 1991), S. 175f.; Egon Seefehlner, »Die Direktoren und ihre Ensembles«, in: Andrea Seebohm (Hrsg.), *Die Wiener Oper: 350 Jahre Glanz und Tradition* (Wien 1986), S. 107–12. Gerhard Botz beurteilt den Begriff des Austrofaschismus zuverlässig in *Krisenzonen einer Demokratie: Gewalt, Streik und Konfliktunterdrückung in Österreich seit 1918* (Frankfurt/Main 1987), S. 211–36.
44   *Neue Freie Presse* (Wien), 11. Dez. 1934; Rosenzweig an Anonymus, 16. April 1946, OSW, Unterrichtsministerium/12; von Kralik, *Die Wiener Philharmoniker*, S. 92f.; Stewart, *Ernst Krenek*, S. 175; von Pander, *Clemens Krauss in München*, S. 26; Erik Maschat, »Nachruf auf Clemens Krauss – ›politisch‹«, *Blätter der Bayerischen Staatsoper*, Nr. 9 (1987), S. 28f.
45   Gottfried von Einem, Tonband-Interview, Wien, 30. Nov. 1994, APA; Friedrich Saathen, *Einem Chronik: Dokumentation und Deutung* (Wien 1982), S. 40.
46   Tietjen an Strauss, 21. Feb. 1935, RG.
47   Vgl. dazu Hartmann, *Das geliebte Haus*, S. 104; Tietjen an Strauss, 8. Apr. 1935, RG.
48   Furtwängler an Strauss, 9. Mai 1936, BH, MK/45196.
49   *TG* 2, S. 492; Fred K. Prieberg, *Kraftprobe: Wilhelm Furtwängler im Dritten Reich* (Wiesbaden 1986), S. 195–289.
50   Dazu Text bei Anm. 39.
51   Unglaubhaft behauptet von Maschat, »Nachruf auf Clemens Krauss«, S. 28.

52 Oliver Rathkolb, *Führertreu und gottbegnadet: Künstlereliten im Dritten Reich* (Wien 1991), S. 108. Doch siehe dazu die einschränkenden Bemerkungen in Hartmann, *Das geliebte Haus*, S. 110, 117–20.

53 *TG* 2, S. 530; Memorandum Walleck, 24. Okt. 1935, BH, MK/45196. Das heimliche Einverständnis zwischen Hitler und Goebbels wird auch aus *TG* 2, S. 646, ersichtlich.

54 Einzelheiten in verschiedenen Dokumenten in BH, MK/45196; BH, MK/41010. Der Druck des Promi wird ersichtlich aus Walleck an Wagner, 6. Feb. 1936, BH, MK/45196.

55 *VB*, 7. Jan. 1937.

56 Dazu Walleck an Wagner, bereits am 28. Apr. 1936, BH, MK/45196. Sowie [Walleck] an Wagner, 31. Aug. 1936, ebd.

57 »Dienstvertrag« für Bayern und Krauss, München 1. Sept, 1936, BH, MK/45196.

58 Ebd.

59 Memorandum [Krauss], o.J., BH, MK/45196; Ranzak in: Proebst und Ude, *Denk ich an München*, S. 235; Joseph Gregor, *Clemens Krauss: Seine musikalische Sendung* (Bad Bocklet 1953), S. 125; von Pander, *Clemens Krauss in München*, S. 30, 74.

60 Hotter in: Josef Müller-Marein und Hannes Reinhardt (Hrsg.), *Das musikalische Selbstportrait von Komponisten, Dirigenten, Instrumentalisten, Sängerinnen und Sängern unserer Zeit* (Hamburg 1965), S. 280.

61 Ranczak in: Proebst und Ude, *Denk ich an München*, S. 234.

62 Memorandum Krauss, 22. Apr. 1938, BH, MK/41010. Zur Vertrags-Erneuerung vgl. Vertrag Krauss, 2. Juli 1938, BH, MK/45196.

63 *VB*, 30. Apr. 1938; Hartmann, *Das geliebte Haus*, S. 140; Scanzoni und Kende, *Der Prinzipal*, S. 217. Zu den Reibereien vgl. *TG* 3, S. 178; Walleck »Vormerkung«, 4. Dez. 1937, BH, MK/45196; Scanzoni und Kende, *Der Prinzipal*, S. 215f.

64 Gertrud an Paul Hindemith, 15. März [1939], PF, 3.144.22–37.

65 Walleck, »Vormerkung«, 4. Dez. 1937, BH, MK/45196. Dazu auch Hartmann, *Das geliebte Haus*, S. 128.

66 Ney an van Hoogstraten, 23. März 1939, EB, O.26. Dazu auch Abendroth an Pfitzner, 9. Jan. 1937, OW 211.

67 Krauss an Hitler, 25. Apr. 1938, BDC Krauss.

68 Adolf Hitler, *Mein Kampf*, 26. Aufl. (München 1933), S. 55 (Zitat); *TGII* 8, S. 538ff.; Scanzoni und Kende, *Der Prinzipal*, S. 247. Zu Hitlers fortgesetzter Bewunderung vgl. Picker, *Hitlers Tischgespräche*, S. 396; *TGII* 9, S. 584; Hartmann, *Das geliebte Haus*, S. 151.

69 *TGII* 3, S. 249; Anderman [Thomas], *Bis der Vorhang fiel*, S. 132f.

70 Von Pander, *Clemens Krauss in München*, S. 112; »Dienstvertrag« für Krauss, [Jan. 1941, rückwirkend zum 1. Apr. 1940], BH, MK/45196.
71 Einzelheiten in den entsprechenden Akten in BH, i.e. MK/41010 und 45196.
72 Mezger an Krauss, 20. Jan. 1942, BH, MK/45196; Ellis, »Music in the Third Reich«, S. 220.
73 Götz Klaus Kende und Willi Schuh (Hrsg.), *Richard Strauss Clemens Krauss: Briefwechsel* (München 1963), S. 228–31; Krauss an Hitler, 24. Sept. 1944, BH, Staatstheater/14739.
74 Parteikanzlei Bormann an Giesler, 1. Sept. 1943, BH, MK/45196; *TGII* 7, S. 310.
75 *Richard Strauss: Briefwechsel mit Willi Schuh* (Zürich 1969), S. 56; Giesler an Bormann, 3. Jan. 1943 [recte 1944], BH, MK/45196; Ellis, »Music in the Third Reich«, S. 225.
76 *TGII* 10, S. 112, 132, 137, 192, 194; Müller an Press, 9. Mai 1944, BDC Krauss; Telex Giesler an Bormann, Eingang 1. Sept. 1944, BH, MK/45196; *Strauss: Briefwechsel Schuh*, S. 68; Kende und Schuh, *Richard Strauss Clemens Krauss: Briefwechsel*, S. 269; Scanzoni und Kende, *Der Prinzipal*, S. 230.
77 Krauss an Hitler, 24. Sept. 1944, BH, Staatstheater/14739.
78 Strauss an Thomas, 16. Okt. 1944, RG; Telegramm Bormann an Giesler, 4. Nov. 1944, BH, Staatstheater/14846.
79 Zitiert in: Rathkolb, *Führertreu und gottbegnadet*, S. 110. Nachdem er Krauss im April 1935 in Berlin als Dirigent erlebt hatte, bezog sich der amerikanische Botschafter William Dodd auf ihn als den »österreichischen Nazi-Dirigenten« (William E. Dodd, Jr., und Martha Dodd [Hrsg.], *Ambassador Dodd's Diary, 1933–1938* [New York 1941], S. 232). Vgl. dazu auch Ernst Lothar, *Das Wunder des Überlebens: Erinnerungen und Ergebnisse* (Hamburg 1960), S. 356. In seinen Memoiren bestätigt Frauenfeld, daß er Krauss privat kannte, doch erwähnt nichts Politisches (*Reu'*, 54). Zu Ursuleac siehe Stephan Stompor, »Oper in Berlin von 1933 bis 1945«, *Beiträge zur Musikwissenschaft* 28 (1986), S. 30.
80 Elisabeth Wamlek-Junk (Hrsg.), *Hans Pfitzner und Wien: Sein Briefwechsel mit Victor Junk und andere Dokumente* (Tutzing 1986), S. 101.
81 Diese Information verdanke ich Gerhard Botz, Wien.
82 Gottfried von Einem, Tonband-Interview, Wien, 30. Nov. 1994, APA (Zitat); dazu auch von Einem an Orff, 23. Aug. 1943, CM, Allg. Korr.; Maschat, »Nachruf auf Clemens Krauss«, S. 29; Hotter an den Autor, München, 12. Dez. 1994, APA. Hotter schreibt auch, daß Krauss versuchte, zwei »nichtarische« Künstler zu schützen. Das wird in Scanzoni und Kende, *Der Prinzipal*, S. 169, bestätigt.

83   Beurteilungen der NSDAP vom 15. Feb., 3. März und 27. Juni 1941 in BDC Krauss; Beurteilung Rosenberg zitiert in Rathkolb, *Führertreu und gottbegnadet*, S. 112.

84   Hartmann, *Das geliebte Haus*, S. 129; Maschat, »Nachruf auf Clemens Krauss«, S. 31; Michael H. Kater, *Gewagtes Spiel: Jazz im Nationalsozialismus* (München 1998), S. 200; *TGII* 7, S. 297, 509.

85   Krauss an Reinhard, 13. Okt. 1937, SMK 97/7 (1. Zitat); von Pander, *Clemens Krauss in München* (2. u. 3. Zitat).

86   Vorschlag Egk [an Goebbels, Okt. 1941], BDC Egk. Schultze war nicht wirklich ein »E-Musik«-Komponist. Vgl. dazu die Liste in von Pander, *Clemens Krauss in München*, S. 12–20, auf der merkwürdigerweise Orffs *Der Mond* (Feb. 1939) fehlt.

87   Orff an Strecker, 4. Feb. 1938 und 25. Jan. 1939, CM, Schott Korr.; Preussner an Orff, 13. Nov. 1942, CM, Allg. Korr.; *JdM 1944*, S. 129 (Zitat); Michael H. Kater, »Carl Orff im Dritten Reich«, *Vierteljahrshefte für Zeitgeschichte* 43 (1995), S. 11, 20f.

88   Siehe Anm. 67.

89   Pfitzner an Schütz, 21. Aug. 1940, OW 958; Hans Pfitzner, *Sämtliche Schriften*, Hrsg. Bernhard Adamy (Tutzing 1987), S. 323.

90   Reimer an [Hanke], 21. Okt. 1943, BA, R55/198; Wagner an Schaub, 13. März 1942; Mezger »Aktenvormerkung«, 22. Juli 1943; Giesler an Mezger, 28. Aug. 1943; Giesler an Bormann, 3. Jan. 1943 [recte 1944]; Mezger »Vormerkung«, 21. Feb. 1944, BH, MK/45196; Krauss an Hitler, 24. Sept. 1944, BH, Staatstheater/14739; Bormann an Giesler, 1. Jan. 1945, BH, Staatstheater/18846; *TGII* 7, S. 78.

91   Es gibt eine Fülle von Beweisen in den entsprechenden Akten in BH (dazu Anm. 71).

92   *ZM* 109 (1942), S. 420; Hellsberg, *Demokratie der Könige*, S. 478.

93   *JdM 1943*, S. 78ff., *TG* 4, S. 210.

94   Hellsberg, *Demokratie der Könige*, S. 480; Präg und Jacobmeyer, *Diensttagebuch des deutschen Generalgouverneurs in Polen*, S. 618, 660, 776.

95   Krauss an Wagner, 9. März 1942, BH, MK/45196; *ZM* 109 (1942), S. 237; von Westerman an Promi, 21. Mai 1942, BA R55/198; Kende und Schuh, *Richard Strauss Clemens Krauss: Briefwechsel*, S. 231.

96   *ZM* 107 (1940), S. 368; Kurt Preis, *München unterm Hakenkreuz: Die Hauptstadt der Bewegung: Zwischen Pracht und Trümmern* (München 1980), S. 211f.

97   *LI*, S. 364; Ernst Haeusserman, *Herbert von Karajan: Eine Biographie*, 2. Aufl. (Wien 1983), S. 43–63; Hansjakob Kröber, *Herbert von Karajan: Der Magier mit dem Taktstock* (München 1986), S. 42–67,

89 (Zitate auf S. 43f.). Zur Charakteristik seines Stils siehe Blaukopf, *Große Dirigenten*, S. 85; Hans Hotter in: Wessling, *Hotter*, S. 71. Zu Karajans frühen Berliner Erfolgen siehe *DAZ*, 9. Apr. 1938; *DM* 31 (1939), S. 564.

98 *ZM* 107 (1940), S. 767.

99 Tietjen an Strauss, 9. März und 26. Okt. 1940, RG (1. Zitat); Strauss an von Prittwitz, 13. Aug. 1940, BS, Ana/330/I/ Prittwitz, E. von (2. Zitat).

100 Kater, »Carl Orff im Dritten Reich«, S. 21; *Reich*, 28. Dez. 1941; Orff an List, 11. Feb. 1941, und an Pitz, 10. Jan. 1942 (Zitat), CM, Allg. Korr.

101 Karajans Salzburger Parteinummer war 1607525; bei seinem zweiten Parteibeitritt in Ulm am 1. Mai 1933 erhielt er die Nummer 3430914. Vgl. dazu Mitgliedschaftsamt an Lehmann, 5. Jan. 1939; Karajans (provisorischer) Salzburger und (regulärer) Ulmer Parteiausweis, BDC von Karajan. Zu Karajans Leugnen und seinen Verdrehungen vgl. Paul Robinson, *Karajan* (Toronto 1975), S. 12; Roger Vaughan, *Herbert von Karajan: A Biographical Portrait* (New York 1986), S. 107f.; Peter Csobády (Hrsg.), *Karajan oder die kontrollierte Ekstase: Eine kritische Hommage von Zeitzeugen* (München 1990), S. 169f.; Rathkolb, *Führertreu und gottbegnadet*, S. 206, 211.

102 Erklärung Karajan, Wien, 18. März 1946; Pernter et al., »Begutachtungskommission für die politische Einstellung ... Bundesministerium für Unterricht«, Wien, 25. März 1946, OSW, Unterrichtsministerium/12.

103 Mitgliedschaftsamt an Lehmann, 7. Juli 1939, BDC von Karajan.

104 Luis Trenker, *Alles gut gegangen: Geschichten aus meinem Leben* (München 1975), S. 439ff.; Kröber, *Herbert von Karajan: Der Magier mit dem Taktstock*, S. 49; *Spiegel*, 24. Juli 1989, S. 144–49.

105 Dazu Werner Oehlmanns Loblied auf Karajan in diesen Tönen in: *Reich*, 27. Okt. 1940.

106 *Globe and Mail* (Toronto), 3. Aug. 1989.

107 Robert C. Bachmann, *Karajan: Anmerkungen zu einer Karriere*, 2. Aufl. (Düsseldorf 1983), S. 137; Rathkolb, *Führertreu und gottbegnadet*, S. 212; Vaughan, *Herbert von Karajan: A Biographical Portrait*, S. 127; BDC Rudolf Vedder.

108 Haeusserman, *Herbert von Karajan: Eine Biographie*, S. 40; Kröber: *Herbert von Karajan: Der Magier mit dem Taktstock*, S. 58f., 63; Bachmann, *Karajan: Anmerkungen zu einer Karriere*, S. 85, 88f., 94f.; Rathkolb, *Führertreu und gottbegnadet*, S. 206.

109 Bachmann, *Karajan: Anmerkungen zu einer Karriere*, S. 111; Rathkolb, *Führertreu und gottbegnadet*, S. 208f.

110 Rathkolb, *Führertreu und gottbegnadet*, S. 207; Gottfried von Einem, Tonband-Interview, Wien, 30. Nov. 1994, APA.

111 Berndt Wilhelm Wessling, *Furtwängler: eine kritische Biographie* (Stuttgart 1985), S. 327.

112 Karla Höcker (Hrsg.), *Wilhelm Furtwängler: Dokumente – Berichte und Bilder – Aufzeichnungen* (Berlin 1968), S. 94; Daniel Gillis, *Furtwängler and America* (New York 1970), S. 73–78; Wessling, *Furtwängler: Eine kritische Biographie*, S. 330, 334.

113 Hartmann, *Das geliebte Haus*, S. 156.

114 *TG* 4, S. 432, 441; Muck, *Hundert Jahre Berliner Philharmonisches Orchester*, Bd. 2, S. 172; Bachmann, *Karajan: Anmerkungen zu einer Karriere*, S. 137, 149; Kröber, *Herbert von Karajan: Der Magier mit dem Taktstock*, S. 89.

115 Marie Vassiltchikov, *Berlin Diaries, 1940–1945* (New York 1987), S. 36.

116 Egon Seefehlner, *Die Musik meines Lebens: Vom Rechtspraktikanten zum Opernchef in Berlin und Wien* (Wien 1983), S. 70 (Zitat); *TGII* 8, S. 386f.; *TGII* 12, S. 59f.

117 Abendroth an Pfitzner, 5. Aug. 1942, OW 288; Wessling, *Furtwängler: Eine kritische Biographie*, S. 338; Rathkolb, *Führertreu und gottbegnadet*, S. 216.

118 Als Beispiele siehe Bachmann, *Karajan: Anmerkungen zu einer Karriere*, S. 119, 122, 125f., 132, 134; Kröber, *Herbert von Karajan: Der Magier mit dem Taktstock*, S. 64, 84; Rathkolb, *Führertreu und gottbegnadet*, S. 210, 214; Muck, *Hundert Jahre Berliner Philharmonisches Orchester*, Bd. 3, S. 290.

119 Das wird durch viele Einträge in Goebbels' Tagebüchern bestätigt (*TG* und *TGII*).

120 Elmendorff an [Gerdy Troost], 13. Jan. 1942, BDC Karl Elmendorff; *TG* 4, S. 383f.; *TGII* 5, S. 207; Ziegler, *Adolf Hitler aus dem Erleben dargestellt*, S. 178; Bachmann, *Karajan: Anmerkungen zu einer Karriere*, S. 133; Kröber, *Herbert von Karajan: Der Magier mit dem Taktstock*, S. 92f., 95f.; Mitteilung Karajan an Csobádi, *Karajan oder die kontrollierte Ekstase*, S. 171; *LI*, S. 209; Werner Jochmann (Hrsg.), *Adolf Hitler: Monologe im Führerhauptquartier, 1941–1944: Die Aufzeichnungen Heinrich Heims* (Hamburg 1980), S. 198, 235, 318, 438, 444, 454.

121 BDC von Karajan; Bachmann, *Karajan: Anmerkungen zu einer Karriere*, S.144; Haeusserman, *Herbert von Karajan: Eine Biographie*, S. 67; Kröber, *Herbert von Karajan: Der Magier mit dem Taktstock*, S. 96; Rathkolb, *Führertreu und gottbegnadet*, S. 217ff. Zu den Gefahren und der Seltenheit der Aufgabe der Parteimitgliedschaft siehe Michael H. Kater, *The Nazi Party: A Social Profile of Members and Leaders, 1919–1945* (Cambridge, Mass., 1983), S. 159.

122 IfZ, Munzinger-Archiv/Int. Biograph. Archiv; Legge-Schwarzkopf an Autor, Zumikon, 9. Mai 1994, APA.

123 Vgl. die Versionen in den Erklärungen von Schwarzkopf, [1945–46], OSW, Unterrichtsministerium/12; Rathkolb, *Führertreu und gottbegnadet*, S. 97; Bachmann, *Karajan: Anmerkungen zu einer Karriere*, S. 366, Anm. 9a; Peter G. Davis in: *Opera News*, 9. Dez. 1995, S. 33 (Zitat).

124 Legge-Schwarzkopf an Autor, Zumikon, 9. Mai 1994; Ritter an Autor, Vaduz, 27. Mai 1994; Autor an Legge-Schwarzkopf, Toronto, 6. Jan. 1992 und 18. Mai 1994; Autor an Ritter, Toronto, 15. Juni 1994, alle APA.

125 Schwarzkopf zitiert in: David Patrick Stearns, »The Schwarzkopf«, *Opera News*, 9. Dez. 1995, S. 28; und *International Herald Tribune*, 18. März 1993; dazu auch Rathkolb, *Führertreu und gottbegnadet*, S. 96f.

126 Vollerthun an Rühlmann, 7. Sept. 1935, BDC Georg Vollerthun; Schwarzkopfs kurzes Curriculum vitae, o. J.; Schwarzkopf »Personal-Fragebogen«, 6. Mai 1938, BDC Schwarzkopf.

127 Schwarzkopf »Personal-Fragebogen«, 6. Mai 1938, BDC Schwarzkopf; Alan Jefferson, *Elisabeth Schwarzkopf* (London 1996), S. 24. Zur politischen Bedeutung ihres Amtes als »Fachschaftsführerin des ANSt« vgl. Jacques R. Pauwels, *Women, Nazis, and Universities: Female University Students in the Third Reich, 1933–1945* (Westport, Conn., 1984), S. 55–70, 74f.

128 Erklärung Schwarzkopf, 3. Mai 1938; Rode und Schwarzkopf »Dienstvertrag«, 3. und 9. Mai 1938, BDC Schwarzkopf.

129 Schwarzkopf »Personal-Fragebogen« [1940], BDC Schwarzkopf. Rodes Interesse an Schwarzkopf für seine Belange ist deutlich dokumentiert in seinem Brief an Keppler, 29. Okt. 1941, BDC Schwarzkopf.

130 Akte Schwarzkopf, BDC Schwarzkopf. Zitat aus Batteux, »Meldung«, 9. Juni 1939, ebd.

131 Laut Rathkolb, *Führertreu und gottbegnadet*, S. 97.

132 Ihre NSDAP-Nummer war 7548960. Sie hatte die Parteimitgliedschaft am 26. Jan. 1940 beantragt. Ihre Registrierungskarte befindet sich in BDC Schwarzkopf. Zu ihrer NSV-Mitgliedschaft siehe Memorandum Fischer, 6. Dez. 1940, ebd. Beispiele ihrer Briefe sind Schwarzkopf an Generalintendant [Rode], 30. Okt. 1939 und 24. Feb. 1940, ebd.

133 *TGII* 7, S. 65 (Zitat), *TGII* 8, S. 568.

134 Rathkolb, *Führertreu und gottbegnadet*, S. 97; Rode an Schlösser, 11. Juli 1942; Schwarzkopf »Urlaubs-Gesuch«, 17. Feb. und 15. Apr. 1941; Schwarzkopf an Hinkel, 22. Apr.1942, BDC Schwarzkopf. Vgl. auch Text unter Anm. 185.

135 Für die Spielzeit 1. Aug. 1942 bis 31. Juli 1943 wurde Schwarzkopf eine Jahresgage von 14 000 Mark angeboten. Dazu Entwurf »Dienstvertrag«, [1942], und diesbezügliche Dokumente in BDC Schwarzkopf; Rode an Schlösser, 11. Juli 1942; Rode an Schwarzkopf, 11. Juli 1942, ebd.

136 Korr. (1943–44) in BDC Schwarzkopf. Goebbels' Entscheidung ist dokumentiert in Memorandum Hinkel, 20. Mai 1944, ebd.

137 *LI*, S. 663; IfZ, Munzinger-Archiv/Int. Biograph. Archiv.

138 *Ostdeutscher Beobachter*, 7. Sept. 1942 (Zitat); *ZM* 109 (1942), S. 558; Winkler an Greiser, 17. Sept. 1942; Schwarzkopf an Pfitzner, 21. Sept. 1942, OW 61.

139 »Amt Truppenbetreuung ... Betr.: Einzeleinsatz der Sängerin Elisabeth Schwarzkopf«, 25. Jan. 1943, BDC Schwarzkopf.

140 *TGII* 2, S. 171; IfZ, Munzinger-Archiv/Int. Biogr. Archiv. Lothar gab die Information an den Komponisten Gottfried von Einem weiter (Gottfried von Einem, Tonband-Interview, Wien, 30. Nov., 1994, APA). Unmittelbar nach Kriegsende entzog sich Jury der möglichen Verurteilung durch Selbstmord (IfZ, Munzinger-Archiv/Int. Biograph. Archiv). Zu Lothars Funktion vgl. sein *Das Wunder des Überlebens*, S. 258–62.

141 Blaukopf, *Große Dirigenten*, S. 58f.; Anton Dermota, *Tausendundein Abend: Mein Sängerleben* (Wien 1978), S. 146.

142 Adolph an Strauss, 7. Feb. 1935, RG; Strauss an Drewes, 22. Aug. 1938, BS, Fasc. germ. (Drewes); *Strauss: Briefwechsel Schuh*, S. 57; Pfitzner an Nieland, 28. Dez. 1941, OW 261.

143 Böhm, *Ich erinnere mich ganz genau*, S. 73; *Skizzen* (Feb. 1938), S. 23; Kater, »Carl Orff im Dritten Reich«, S. 21.

144 *Skizzen* (Feb. 1938), S. 23; Rathkolb, *Führertreu und gottbegnadet*, S. 102f.; Kater, *Gewagtes Spiel*, S. 172–76; dazu auch Kap. 5 bei Anm. 24.

145 Schuh an Egk, [1942 ?], BS, Ana/410; Böhm, *Ich erinnere mich ganz genau*, S. 84; Hans Heinz Stuckenschmidt, *Boris Blacher* (Berlin 1963), S. 14. Zu Schuh vgl. *GLM* 7, S. 291; zu Carola Neher siehe Ronald Taylor, *Kurt Weill: Composer in a Divided World* (London 1991), passim. Siehe dazu auch Kapitel 5 bei Anm. 219.

146 Text bei Anm. 136; Memorandum Hinkel, 20. Mai 1944, BDC Schwarzkopf (Zitat); Rathkolb, *Führertreu und gottbegnadet*, S. 124; Protokolle der Rundfunk-Planungssitzung, 2. Aug. 1944, BA, R55/556; *TGII* 12, S. 228.

147 Böhm, *Ich erinnere mich ganz genau*, S. 86ff.; Böhm in: Müller-Marein und Reinhardt, *Das musikalische Selbstportrait*, S. 80.

148 Böhm, *Ich erinnere mich ganz genau*, S. 68 (1. Zitat); Böhms Brief an Willy [Rode] vom 25. Apr. 1934, zitiert in: Scanzoni und Kende,

Der Prinzipal, S. 200 (2. Zitat); Ahrends an Hinkel, 2. Sept. 1933, BDC Karl Muck; *Melos* 12 (1933), S. 351.

149 Rathkolb, *Führertreu und gottbegnadet,* S. 45, 99.

150 Böhm zitiert in: Albrecht Dümling und Peter Girth (Hrsg.), *Entartete Musik: Zur Düsseldorfer Ausstellung von 1938: Eine kommentierte Rekonstruktion* (Düsseldorf [1988]), S. 58; und Rathkolb, *Führertreu und gottbegnadet,* S. 104.

151 *Skizzen* (Okt. 1937), S. 22.

152 Böhm, *Ich erinnere mich ganz genau,* S. 83; *TG* 3, S. 84, 260; *TGII* 2, S. 344, 409, 415; *TGII* 7, S. 401; Pietsch an Orff, 23. Nov. 1941, CM, Allg. Korr.; Anderman [Thomas], *Bis der Vorhang fiel,* S. 131; Kende und Schuh, *Richard Strauss /Clemens Krauss: Briefwechsel,* S. 233.

153 *TGII* 3, S. 129, 508; *TGII* 5, S. 207; Hinkel an Reichspropagandaamtsleiter Wien, 15. März 1943, BDC Hans Knappertsbusch.

154 Hellsberg, *Demokratie der Könige,* S. 478.

155 »Biographie von Hans Rosbaud« [1945], LP, 423/1/2; Gertrud Hindemith an Rosbaud, 20. Juni [1929], 423/1/8; Hartmann an Paul Hindemith, 4. Feb. 1946, BS, Ana/407; *LI,* S. 615.

156 Vgl. dazu Joan Evans, *Hans Rosbaud: A Bio-Bibliography* (New York 1992), S. 19ff., 48ff.

157 Ebd., S. 29f.; Strawinskys Ausdruck der Dankbarkeit, Paris, Sept. 1936, LP, 423/1/3.

158 Evans, *Hans Rosbaud,* S. 28f.; Kater, »Carl Orff im Dritten Reich«, S. 20; »5. Musikvereinskonzert«, Münster, 10. Feb. 1939, LP, 423/8/134.

159 Rosbaud an Bartók, 18. Juli 1935, LP, 423/33/603.

160 Zitiert in Evans, *Hans Rosbaud,* S. 34.

161 Ebd., S. 31–34; Interview Böhm, *Die Zeit,* 15. Dez. 1978.

162 Seiber an Orff, 12. Okt. 1932, CM, Allg. Korr.

163 Vgl. dazu Rosbaud in: Müller-Marein und Reinhardt, *Das musikalische Selbstportrait,* S. 198 (Zitat); »Biographie von Hans Rosbaud« [1945], LP, 423/1/2.

164 Das erste Zitat stammt aus den privaten Aufzeichnungen des Jazzfans Dietrich Schulz-Köhn, »Vortrag vom Intendanten Herrn Otto Fricke Frankfurt/M am 9.12.35«, APA. Das zweite findet sich in *DM* 28 (1936), S. 292. Siehe dazu auch Kater, *Gewagtes Spiel,* S. 97.

165 Bemerkung des Schweizer Komponisten Heinrich Sutermeister, eines NS-Sympathisanten, in Brief an Orff, [Sommer 1936], CM, Allg. Korr.

166 Einzelheiten zu dem Fall (1936–37) in BDC Felix Josef Hess; Koch, »In Sachen Hess/Reichssender Frankfurt a.M.«, 3. Juli 1936, LP, 423/1/2.

167 Hessen an Schueller, 5. Apr. 1933, LP, 423/1/2. Ein Beispiel von unverhohlenem Antisemitismus ist Prinz von Hessen an Rosbaud, 8. März 1941, LP, 413/5/74.

168 Erklärung Rosbaud, [nach 1945], LP, 423/33/755; Rosbaud in: Müller-Marein und Reinhardt, *Das musikalische Selbstportrait*, S. 199.

169 Übereinkunft Hildebrand/Rosbaud, Münster, 16. Okt. 1937, LP, 423/1/2.

170 »15.-22. April Gau-Kulturwoche Westfalen-Nord 1939; Eröffnungsfeier« und andere relevante Dokumente in LP, 423/8/134; *ZM* 107 (1940), S. 274.

171 »Gau-Kulturwoche Westfalen-Nord 1940«, LP, 423/8/134.

172 Gerhard L. Weinberg, *A World at Arms: A Global History of World War II* (Cambridge 1994), S. 514.

173 *TGII* 9, S. 75; »Die Reichsuniversitäten Straßburg und Posen«, *Deutscher Wochendienst*, 174/43, Nr. 7488, 4. Sept. 1942, BA; Lothar Kettenacker, *Nationalsozialistische Volkstumspolitik im Elsaß* (Stuttgart 1973), S. 91.

174 *ZM* 109 (1942), S. 38.

175 Zeitungsausschnitt, 28. Feb. 1941, LP, 423/8/134 (Zitat); Kettenacker, *Nationalsozialistische Volkstumspolitik*, S. 91.

176 Rosbaud an Lange, 24. Juli 1943, LP, 423/1/10.

177 Die Formulierung stammt von Evans (*Hans Rosbaud*, S. 36).

178 Elisabeth Furtwängler, *Über Wilhelm Furtwängler* (Wiesbaden 1979), S. 128; Annemay Schlusnus zugunsten ihres Mannes, des Baritons Heinrich Schlusnus, in: Eckart von Naso, *Heinrich Schlusnus: Mensch und Sänger* (Hamburg 1957), S. 180f.

179 Erklärung Rosbaud, [nach 1945], LP, 423/33/755; Rosbaud in: Müller-Marein und Reinhardt, *Das musikalische Selbstportrait*, S. 199. Vgl. dazu auch Evans, *Hans Rosbaud*, S. 37.

180 Evans, ebd., S. 38f.; *ZM* 108 (1941), S. 690; *MK* 2 (1944), S. 78. Material über Friedrich den Großen in LP, 423/1/10. Ein typisches Beispiel ist die Glorifizierung des Königs in einem Artikel im *SS-Leitheft* 9, Nr. 1 (Januar 1943), S. 12ff., der »harte Erziehung« preist. Vgl. dazu auch *TGII* 4, S. 135; *TGII* 7, S. 292, S. 294f.; *TGII* 8, S. 281, 365, 425, 536. Zum Straßburger Orchester vgl. Peter Heyworth, *Otto Klemperer: His Life and Times*, 2. Bde. (Cambridge 1983, 1996), Bd. 2, S. 64.

181 Siehe Anm. 179. Dazu auch »Biographie von Hans Rosbaud«, [1945], LP, 423/1/2; Paul Rosbaud an Hans und Edel Rosbaud, 18. Nov. 1946, LP, 423/1/13; Ludwig an Maitre [Rosbaud], 17. Feb. 1946, LP, 423/3/46.

182 RMK-Kommentar zum Registratureintrag für Valentin Grimm, 20. Mai 1941, BDC Grimm.

183 Zur Wehrpflicht vgl. Kettenacker, *Nationalsozialistische Volkstums-politik*, S. 92.

184 BDC Schneiderhan; Rathkolb, *Führertreu und gottbegnadet*, S. 91; Friedelind Wagner, *Nacht über Bayreuth: Die Geschichte der Enkelin Richard Wagners* (Bern [1946]), S. 184.

185 Skizze der Sitzordnung »Abendtafel am Dienstag, dem 25. März 1935«, PA Martin Haushofer, Herrsching; *TG* 2, S. 556; *TG* 4, S. 298; *TGII* 5, S. 157, 194; *TGII* 8, S. 414; *TGII* 12, S. 78, 120; *AMR*, 15. März 1942, BA, RD33/2-2; Protokolle der Rundfunk-Planungssitzung, 24. Sept. 1942, BA, R55/696; BDC Raucheisen (1941–44); *LI*, S. 58, 590.

186 *LI*, S. 298; Skizze der Sitzordnung, siehe Anm. 185; Hinkel an Stang, 27. Aug. 1936; Grümmer an Hinkel, 23. Nov. 1936; Grümmer an Reichsminister [Goebbels], 15. Dez. 1941, BDC Grümmer.

187 *Skizzen* (Okt. 1937), S. 20 (Zitat); »Erster Abend im Gürzenich mit dem Reichssender Köln: ›Vom goldnen Überfluß‹«, 18. Okt. 1939, LP, 423/8/134; Gieseking an Hinkel, 3. Nov. 1933; Hinkel an Gieseking, 17. Nov. 1933 und 22. März 1944; Lammers an Hinkel, 15. Nov. 1933, BDC Gieseking; *ZM* 107 (1940), S. 298; Hans-Peter Range, *Die Konzertpianisten der Gegenwart: Ein Musikliebhaber berichtet über Konzertmilieu und 173 Klaviervirtuosen*, 2. Aufl. (Lahr 1966), S. 116; Karl Grunsky, *Der Kampf um deutsche Musik* (Stuttgart 1933), S. 34; Cornelia Zimmermann-Kalyoncu, *Deutsche Musiker in der Türkei im 20. Jahrhundert* (Frankfurt/Main 1985), S. 56. Zu Backhaus, Fischer und Kempff vgl. Konzertverein München e.V. an Siebert, 21. März 1936, BH, MA/107486; *TGII* 8, S. 443; *MK* 2 (1944), S. 33; BDC Edwin Fischer; Funk an Wiedemann, 9. Aug. 1935, BDC Johannes Strauss.

188 Hotter an Autor, München, 14. Dez. 1994, APA; Telefongespräch Autor mit Hotter, München, 14. Dez. 1994; Rössner an [Fischer], 21. Sept. 1943, BDC Hotter; Hitler paraphrasiert von Goebbels in *TGII* 4, S. 408. Nonnenbruch ist dokumentiert in *Wer ist's?*, 10. Aufl., Hrsg. Herrmann A.L. Degener (Berlin 1935), S. 1151.

189 *MGG* 12, S. 1638; *NG* 18, S. 310; Fred K. Prieberg, *Lexikon der Neuen Musik* (Freiburg 1958), S. 155f.; Karl H. Wörner, *Neue Musik in der Entscheidung* (Mainz 1954), S. 287f.; William W. Austin, *Music in the 20th Century from Debussy Through Stravinsky* (New York 1966), S. 492; Bruno Stürmer, »Die Neue Tonalität«, *DM* 24 (1931), S. 118ff.

190 *ZM* 107 (1940), S. 727; *ZM* 108 (1941), S. 171, 241, 265, 344; *ZM* 109 (1942), S. 71, 311; *MK* 1 (1943), S. 117; *MK* 1 (1944), S. 230; *JdM 1944*, S. 24, 28ff.; Nanny Drechsler, *Die Funktion der Musik im*

deutschen Rundfunk, 1933–1945 (Pfaffenweiler 1988), S. 91; Ulrike Gruner, *Musikleben in der Provinz, 1933–45: Beispiel Marburg: Eine Studie anhand der Musikberichterstattung in der Lokalpresse* (Marburg 1990), S. 75, 132.

191 Dazu *MGG* 12, S. 1638; Eberhard Preussner, »Das Singen in den gemischten Chören« in: Wolfgang Stumme (Hrsg.), *Musik im Volk: Grundfragen der Musikerziehung* (Berlin 1939), S. 170.

192 *Melos* 12 (1933), S. 307; *Melos* 13 (1934), S. 112; Bachmann, *Karajan: Anmerkungen zu einer Karriere*, S. 120.

193 Friedrich Welter, *Musikgeschichte im Umriß: Vom Urbeginn bis zur Gegenwart* (Leipzig o.J.), S. 315; Gerhart Winter, »Über den heutigen Stand der deutschen Blasmusik«, *ZM* 107 (1940), S. 13; *ZM* 109 (1942), S. 472; *JdM* 1943, S. 51.

194 Wilhelm Ehmann, *Musikalische Feiergestaltung: Ein Werkweiser guter Musik für die natürlichen und politischen Feste des Jahres* (Hamburg 1938); Winter, »Über den heutigen Stand der deutschen Blasmusik«, S. 13; *ZM* (108), S. 267f.; *Musik der Hitler-Jugend* (Wolfenbüttel 1941), S. 32; *MK* 1 (1944), S. 228; *MK* 2 (1944), S. 117; *Reichskulturkammer*, Nr. 3/4, 1944, S. 61 (BA, RD33/1); Schaal an Pfitzner, 29. Dez. 1943, OW 257; Gruner, *Musikleben in der Provinz 1933–45*, S. 72.

195 *ZM* 108 (1941), S. 707; *ZM* 109 (1942), S. 39f.; *MK* 1 (1943), S. 116; *Musik der Hitler-Jugend*, S. 26; Ehmann, *Musikalische Feiergestaltung*, S. 40, 45, 82f.

196 Ludwig F. Schiedermair, *Musiker-Schicksale: Aus dem Leben großer Komponisten* (Berlin 1990), S. 214.

197 Hans und Rosaleen Moldenhauer, *Anton von Webern: A Chronicle of His Life and Work* (New York 1979), S. 391, 395, 473 (Zitat).

198 Louis Krasner an Don C. Seibert überliefert: »Some Memories of Anton Webern, the Berg Concerto, and Vienna in the 1930s«, *Fanfare* 11 (1987), S. 335.

199 Schönberg zitiert in: Moldenhauer, *Anton von Webern*, S. 410. Siehe auch ebd. S. 411f.; Schönberg an Webern, 4. Aug. 1933, AI, allg. Korr.; Ernst Hilmar, »Arnold Schönberg an Anton Webern: Eine Auswahl unbekannter Briefe«, in: Hilmar (Hrsg.), *Arnold Schönberg: Gedenkausstellung 1974* (Wien 1974), S. 57.

200 Moldenhauer, *Anton von Webern*, S. 408, 414, 474 (1. Zitat von Webern); Schönberg und Webern zitiert in: Nuria Nono-Schönberg (Hrsg.), *Arnold Schönberg, 1874–1951: Lebensgeschichte in Begegnungen* (Klagenfurt 1992), S. 339; restliche Zitate sind von Krasner in: »Some Memories of Anton Webern«, S. 337. Siehe auch Peter Stadlen in: *Österreichische Musikzeitschrift* 43 (1988), S. 195.

201 Hans Severus Ziegler, *Entartete Musik: Eine Abrechnung* (Düssel-
     dorf, [1938]), S. 17; Moldenhauer, *Anton von Webern*, S. 491, 497f.,
     503, 516f., 531.
202 Webern zitiert in Moldenhauer, *Anton von Webern*, S. 527; Walter
     Trienes, *Musik in Gefahr: Selbstzeugnisse aus der Verfallszeit*
     (Regensburg 1940), S. 37 (3. Zitat).
203 Moldenhauer, *Anton von Webern*, S. 522, 543f.
204 Webern an Rasch, 9. Nov. 1940, BDC Webern.
205 Webern, »Fragebogen betr. Spende ›Künstlerdank‹«, 27. Nov. 1940;
     Nachschrift RMK, ebd., 21. Feb. 1941; Entscheidungseintrag Rasch
     vom 24. Feb. 1941, ebd., BDC Webern.

Kapitel 3

1   Paragraph 3, *Reichsgesetzblatt I* (1933), S. 175; Uwe Dietrich Adam,
    Judenpolitik im Dritten Reich (Düsseldorf 1979), S. 51–71.
2   Michael H. Kater, *Doctors Under Hitler* (Chapel Hill, N.C., 1989),
    S. 186–200.
3   *Das Schwarzbuch – Tatsachen und Dokumente: Die Lage der Juden
    in Deutschland 1933* (1934; Neudruck Frankfurt/Main 1983),
    S. 406; Walter L. Laqueur, *Weimar: Die Kultur der Republik*
    (Frankfurt/ Main 1974), S. 198–206; Fred K. Prieberg, *Kraftprobe:
    Wilhelm Furtwängler im Dritten Reich* (Wiesbaden 1986), S. 12.
4   Petra Maria Valentin, »Die Bayerische Staatsoper im Dritten
    Reich« (Magisterarbeit, Universität München, 1985), S. 106; Oliver
    Rathkolb, *Führertreu und gottbegnadet: Künstlereliten im Dritten
    Reich* (Wien 1991), S. 128; Clemens Hellsberg, *Demokratie der
    Könige: Die Geschichte der Wiener Philharmoniker* (Zürich 1992),
    S. 464.
5   Goebbels zitiert in *AMR*, 1. Juni 1938, BA, RD33/2–1.
6   Siehe Albrecht Riethmüller, *Die Walhalla und ihre Musiker* (Laaber
    1993).
7   Karl Adler an Rieger, 27. Feb. 1933, LBI, AR-7276/IV/2/15.
8   Richard Eichenauer, »Über die Grundsätze rassenkundlicher
    Musikbetrachtung«, in: Guido Waldmann (Hrsg.), *Musik und Rasse*
    (Berlin 1939), S. 22–48 (Zitat S. 23).
9   Friedrich Blume, *Das Rasseproblem in der Musik: Entwurf zu einer
    Methodologie musikwissenschaftlicher Rasseforschung* (Wolfenbüttel
    1939), bes. S. 3, 82f.
10 Albrecht Riethmüller, »German Music from the Perspective of Ger-
    man Musicology after 1933«, *Journal of Musicological Research* 11
    (1991), S. 178f.

11 Michael Alt, *Deutsche Art in der Musik* (Leipzig 1936); Siegfried
    Günther, *Musikerziehung als nationale Aufgabe* (Heidelberg 1933),
    S. 16, 51, 53, 55; Friedrich W. Herzog, »Was ist deutsche Musik?
    Erkenntnisse und Folgerungen«, *DM* 26 (1934), S. 801–6; Karl
    Hasse, *Von deutschen Meistern: Zur Neugestaltung unseres Musik-
    lebens im neuen Deutschland: Ausgewählte Aufsätze* (Regensburg
    1934), S. 115; Robert Pessenlehner, *Vom Wesen der Deutschen
    Musik* (Regensburg 1937), S. 176; Richard Eichenauer, *Polyphonie
    – Die ewige Sprache deutscher Seele* (Wolfenbüttel 1938), S. 70;
    Friedrich Welter, *Musikgeschichte im Umriß: Vom Urbeginn bis zur
    Gegenwart* (Leipzig o.J.), S. 279.
12 Pessenlehner, *Vom Wesen der Deutschen Musik*, S. 163., 169ff., 176,
    184f.; Karl Grunsky, *Der Kampf um deutsche Musik* (Stuttgart
    1933), S. 5; Fritz Metzler, »Rassische Grundkräfte im Volkslied«, in:
    Waldmann, *Musik und Rasse*, S. 70f.; Karl Blessinger, *Mendels-
    sohn, Meyerbeer, Mahler: Drei Kapitel Judentum in der Musik als
    Schlüssel zur Musikgeschichte des 19. Jahrhunderts* (Berlin 1939),
    S. 38; Hans Severus Ziegler, *Entartete Musik: Eine Abrechnung*
    (Düsseldorf [1938]), S. 28f.; zu einer kritischen Betrachtung vgl.
    Albrecht Riethmüller, »Die Erneuerung der Kirchenmusik im Drit-
    ten Reich – Eine Legende?«, *Kirchenmusiker* 40 (1989), S. 165f. Zur
    Lure siehe *GLM* 5, S. 169f.; *NG* 11, S. 338f. (Zitat).
13 Richard Litterscheid, »Mendelssohn, Mahler und wir«, *DM* 28
    (1936), S. 413–17; Herzog, »Was ist deutsche Musik?«, S. 802,
    805f.; Pessenlehner, *Vom Wesen der Deutschen Musik*, S. 160ff.,
    178; Blessinger, *Mendelssohn, Meyerbeer, Mahler*, S. 29; Günther,
    Musikerziehung als nationale Aufgabe, S. 55; Hasse, *Von deutschen
    Meistern*, S. 9.
14 Walther Abendroth, »Opernideale der Rassen und Völker«, *DM* 28
    (1936), S. 424; Pessenlehner, *Vom Wesen der Deutschen Musik*,
    S. 162, 166, 173; Eichenauer, »Über die Grundsätze rassenkund-
    licher Musikbetrachtung«, S. 32; Hans Brückner, »Judentum und
    ernste Musik«, *DDP*, 10. Juli 1936, S. 1.
15 Strecker an Nadia Boulanger, 15. März 1937, PF, Schott Korr.;
    Litterscheid, »Mendelssohn, Mahler und wir«, S. 414 (Zitat).
16 Brückner, »Judentum und ernste Musik«, S. 1–4; Pessenlehner,
    Vom Wesen der Deutschen Musik, S. 161f., 175f., 178f.; Herzog,
    »Was ist deutsche Musik?«, S. 801f.; Blessinger, *Mendelssohn,
    Meyerbeer, Mahler*, S. 9f., 19, 29, 38; Litterscheid, »Mendels-
    sohn, Mahler und wir«, S. 415; Welter, *Musikgeschichte im
    Umriß*, S. 276, 282; Abendroth, »Opernideale«, S. 424; Eichen-
    auer, »Über die Grundsätze rassenkundlicher Musikbetrachtung«,
    S. 32.

17 Pessenlehner, *Vom Wesen der Deutschen Musik*, S. 167–77; Bles-
    singer, *Mendelssohn, Meyerbeer, Mahler*, S. 11, 77 (1. Zitat), 94;
    Welter, *Musikgeschichte im Umriß*, S. 279f., 282 (2. Zitat);
    Eichenauer, »Über die Grundsätze rassenkundlicher Musikbetrach-
    tung«, S. 32; Litterscheid, »Mendelssohn, Mahler und wir«,
    S. 413–17; Wolfgang Stumme, »Musikpolitik als Führungsaufgabe«
    in: Stumme (Hrsg.), *Musik im Volk: Gegenwartsfragen der deut-
    schen Musik* (Berlin-Lichterfelde 1944), S. 13; Albrecht Dümling
    und Peter Girth (Hrsg.), *Entartete Musik: Zur Düsseldorfer Ausstel-
    lung von 1938: Eine kommentierte Rekonstruktion* (Düsseldorf
    [1988]), S. 15.
18 Pamela M. Potter, »The Deutsche Musikgesellschaft, 1918–1938«,
    Journal of Musicological Research 11 (1991), S. 168–71. Siehe dazu
    auch ihren Beitrag »Musicology under Hitler: New Sources in Con-
    text«, *Journal of the American Musicological Society* 49, (1996),
    S. 70–113.
19 Ziegler, *Entartete Musik; Führer durch die Ausstellung Entartete
    Kunst* [München 1937]. Dazu auch Fred K. Prieberg, *Musik und
    Macht* (Frankfurt/Main 1991), S. 175, 179.
20 *VB*, 27. Mai 1938.
21 Walter Rischer, *Die nationalsozialistische Kulturpolitik in Düssel-
    dorf, 1933–1945* (Düsseldorf 1972), S. 66ff.; Kim H. Kowalke,
    »Accounting for Success: Misunderstanding *Die Dreigroschenoper*«,
    Opera Quarterly 22, Nr. 3 (1989), S. 22.
22 Ziegler, *Entartete Musik*, S. 6, 12.
23 Ebd., passim; Michael H. Kater, *Gewagtes Spiel: Jazz im National-
    sozialismus* (München 1998).
24 Volkmann an Bayerisches Kultusministerium, 31. März 1933, BDC
    Fritz Volkmann; Müller an Hinkel, 24. Aug. 1933, BDC Hans
    Schwieger; Snaga an Hinkel, 8. Okt. 1933, BDC Franz Snaga;
    Hüneke an Preußischer Theaterausschuß, 21. Feb. 1934, BDC
    Gerhard Hüneke; Max Butting, *Musikgeschichte, die ich miterlebte*
    (Berlin 1955), S. 199.
25 Adam, *Judenpolitik im Dritten Reich*, bes. 82–90.
26 *DKW*, Nr. 8 (1933), S. 5f.; Paul Schwers in *AMZ* 60 (1933), S. 151
    (1. Zitat); »Einführung des neuen Direktors der Hochschule für
    Musik«, [Berlin, Frühjahr 1933], BDC Fritz Stein; Furtwängler an
    Rust, 4. Juni 1933, BDC Furtwängler (2. Zitat).
27 Toscanini et al. zitiert in: Nicolas Slonimsky, *Music Since 1900*,
    4. Aufl. (New York 1971), S. 564; Ferdinand Beussel, »Im Zeichen
    der Wende«, *DM* 25 (1933), S. 671; George R. Marek, *Toscanini*
    (New York 1975), S. 7f.; Harvey Sachs, *Toscanini* (Philadelphia
    1978), S. 222f.; Hartmut Zelinsky (Hrsg.), *Richard Wagner – ein*

deutsches Thema: Eine Dokumentation zur Wirkungsgeschichte Richard Wagners, 1876–1976, 3. Aufl. (Berlin 1983), S. 211; Frederic Spotts, *Bayreuth: A History of the Wagner Festival* (New Haven 1994), S. 170f.

28   Der Originalbrief findet sich in Berta Geissmar, *Musik im Schatten der Politik*, 4. Aufl., Hrsg. Fred K. Prieberg (Zürich 1985), S. 86–89 Siehe dazu auch Erika und Klaus Mann, *Escape to Life: Deutsche Kultur im Exil*, 2. Aufl. (München 1991), S. 239; Memorandum »Kunst und Judentum«, 10. Apr. 1934, BA, R55/1181; Zelinsky, *Richard Wagner – ein deutsches Thema*, S. 236; *IBD*, S. 544f.

29   Alan E. Steinweis, *Art, Ideology, and Economics in Nazi Germany: The Reich Chambers of Music, Theater, and the Visual Arts* (Chapel Hill, N.C., 1993), S. 107.

30   Friedelind Wagner, *Nacht über Bayreuth: Die Geschichte der Enkelin Richard Wagners* (Bern [1946]), S. 129f.; Spotts, *Bayreuth*, S. 168.

31   Ihlert an Strauss, 12. Dez. 1933, RG; Hans-Joachim Weinbrenner (Hrsg.), *Handbuch des Deutschen Rundfunks 1938* (Heidelberg 1938), S. 266–70 (1. Zitat auf S. 268); Karl-Friedrich Schrieber, *Die Reichskulturkammer: Organisation und Ziele der deutschen Kulturpolitik* (Berlin 1934), S. 28f.; Steinweis, *Art, Ideology, and Economics*, S. 107; Kater, *Gewagtes Spiel*, S. 74, 79–82; Bescheinigung Achterlitz für Barnet Licht, 26. Sept. 1934, in Fred K. Prieberg, »Musik unterm Davidsstern«, in: *Geschlossene Vorstellung: Der Jüdische Kulturbund in Deutschland, 1933–1941* (Berlin 1992), S. 113. Vgl. den Fall des jüdischen Opernsängers Adolf Schwersenz, der den Fragebogen am 12. Juli 1934 ausfüllte, aber erst am 3. Dez. 1936 aus der RMK ausgeschlossen wurde, und der Geigerin Betty Francken, Fragebogen mit Datum vom 19. Okt. 1934, Ausschluß am 12. März 1936 (BDC Schwersenz und Francken).

32   Strauss' Entwurf des RMK-Statuts, Garmisch, 28. Dez. 1933; Strauss an Rasch, 5. März 1935 (Zitat); Ihlert an Hinkel, 22. Mai 1935; Stueckgold an Strauss, 28. Jan. 1947, RG; Weinbrenner, *Handbuch des Deutschen Rundfunks*, S. 268; *AMR*, 25. Apr. 1934, in Dümling und Girth, *Entartete Musik*, S. 48; Rasch an Strauss, 18. Jan. 1935, NWH, 975/15; Steinweis, *Art, Ideology, and Economics*, S. 52.

33   *AMR*, 14. Aug. 1935 und 25. Mai 1937, BA, RD33/2–1; *TG* 3, S. 223, 294; Sonderbericht Andress, 29. Juli 1937, BA, R56I/141; Adam, *Judenpolitik im Dritten Reich*, S. 114–44; Kater, *Gewagtes Spiel*, S. 92f.

34   Richartz an Schönicke, 28. Nov. 1935, BA, R78/912.

35   Adam, *Judenpolitik im Dritten Reich*, S. 204–46; Gerhard Botz, *Wien vom »Anschluß« zum Krieg: Nationalsozialistische Macht-*

übernahme und politisch-soziale Umgestaltung am Beispiel der Stadt Wien 1938/39 (Wien 1978); Rathkolb, *Führertreu und gottbegnadet,* S. 56f.

36 Amt für Konzertwesen, Rundschreiben Nr. 3, Berlin, 1. Aug. 1938, SMK 393 (1. Zitat); *TG* 3, S. 669 (2. Zitat).

37 *AMR*, 15. Feb. und 1. Juli 1939, BA, RD33/2-2; Steinweis, *Art, Ideology, and Economics*, S. 116; *TGII* 8, S. 207 (Zitat).

38 *TGII* 8, S. 207.

39 Akte Schuricht (1933) in BA, R55/1181. Dazu Demann an Schuricht, 25. Sept. 1933, ebd.

40 Michael H. Kater, »Carl Orff im Dritten Reich«, *Vierteljahrshefte für Zeitgeschichte* 43 (1995), S. 30f.

41 BDC Kaminski; Beurteilung Bucherer, Bad Tölz, 18. Sept. 1940, ebd. (Zitat).

42 »Zum Recht der jüdischen Mischlinge nach dem Stande vom Mai 1938«, BA, R56I/114; Adam, *Judenpolitik im Dritten Reich,* S. 114–44.

43 *TG* 2, S. 540. Dazu Steinweis, *Art, Ideology, and Economics*, S. 117. Zur Illustration vgl. den Fall des Geigers Willy Seemann, BDC Seemann.

44 Steinweis, *Art, Ideology, and Economics*, S. 111.

45 Rudolf Hartmann, *Das geliebte Haus: Mein Leben mit der Oper* (München 1975), S. 111. Zu Blech siehe Text bei Anm. 78.

46 RRG an Reichsrundfunkkammer, 22. Feb. 1938, BA, R78/1162; *TG* 3, S. 470; *TG* 4, S. 113; Joseph Wulf (Hrsg.), *Musik im Dritten Reich: Eine Dokumentation* (Reinbek 1966), S. 437ff., 454; Fred K. Prieberg, *Musik im NS-Staat* (Frankfurt/Main 1982), S. 190.

47 *AMR*, 1. Feb. 1939, BA, RD33/2-2; Steinweis, *Art, Ideology, and Economics*, S. 117; Memorandum Kohler, 29. Sept. 1939; Stegmann an Promi, 13. Okt. 1939, BA, R55/197.

48 Adam, *Judenpolitik im Dritten Reich*, S. 303–54; Jeremy Noakes und Geoffrey Pridham (Hrsg.), *Nazism, 1919–1945*, 3 Bde. (Exeter 1983, 1984, 1988), Bd. 3, S. 1125–35.

49 *TGII* 3, S. 432.

50 BDC Ganns; vgl. dazu auch Kater, *Gewagtes Spiel*, S. 217ff.

51 Adam, *Judenpolitik im Dritten Reich*, S. 329f.; *TGII* 8, S. 126; *TGII* 9, S. 318.

52 *Das Schwarze Korps*, 28. Aug. 1935, S. 5; *Das Schwarze Korps*, 5. Sept. 1935, S. 5; *Bayreuther Festspielführer 1937*, S. 245; BDC Alfred Cortot; RRG an Reichsrundfunkkammer, 21. Feb. 1938, BA, R78/1162; Kater, *Gewagtes Spiel*, S. 180f.

53 Kater, *Gewagtes Spiel*, S. 85ff.; *DM* 28 (1936), S. 278f.; *TG* 3, S. 478, 481, 494; Staatliche Akademie der Tonkunst an Bayerisches

Kultusministerium, 2. Dez. 1935; NS-Rassenpolitisches Amt an Bayerisches Kultusministerium, 22. Feb. 1936, BH, MK/14818.

54 Christa Maria Rock und Hans Brückner (Hrsg.), *Judentum und Musik: Mit dem ABC jüdischer und nichtarischer Musikbeflissener,* 2. Aufl. (München 1936); Kater, *Gewagtes Spiel,* S. 88f.

55 Bericht für Reichssendeleiter, 20. Apr. 1934, BA, R78/909; Memorandum für Schönicke, 8. Aug. 1935, BA R78/912; RRG an RKK, 10. März 1938; [Naumann] an Schuck, 29. Juni 1939, BA, R78/1162.

56 Theo Stengel und Herbert Gerigk, *Lexikon der Juden in der Musik: Mit einem Titelverzeichnis jüdischer Werke* (Berlin 1941), S. 233; Rock und Brückner, *Judentum und Musik,* S. 194; Herbert Gerick, »Themen des Tages«, *MK* 1 (1943), S. 43.

57 Stengel und Gerigk, *Lexikon der Juden in der Musik,* S. 404; *DM* 34 (1942), S. 168; Moshe Lazar, »Arnold Schoenberg and His Doubles: A Psychodramatic Journey to His Roots«, *Journal of the Arnold Schoenberg Institute* 17 (1994), S. 37.

58 Robert Craft (Hrsg.), *Stravinsky: Selected Correspondence,* 3 Bde. (New York 1982–85), Bd. 3, S. 236f., Anm. 29 (1. Zitat); Interview in *Komponierende Frauen im Dritten Reich: Eine Veranstaltung im Rahmen der Reihe »1933 – Zerstörung der Demokratie, Machtübergabe und Widerstand«* (Berlin 1983), S. 79 (2. Zitat).

59 Strauss an von Niessen, 11. Mai 1935; Memorandum Papesch, 24. Mai 1939 (Zitat); Strauss an Moralt, 8. Juli 1939, RG.

60 Raabe zitiert in *DDP,* 27. März 1936, S. 1.

61 Peter Muck, *Einhundert Jahre Berliner Philharmonisches Orchester: Darstellung in Dokumenten,* 3 Bde. (Tutzing 1982), Bd. 3, S. 255; George W. F. Hallgarten, *Als die Schatten fielen: Erinnerungen vom Jahrhundertbeginn zur Jahrtausendwende* (Frankfurt/ Main 1969), S. 182; Claudia Maurer Zenck, »Erich Itor Kahn: Ein früh Unvollendeter«, in: Manfred Briegel und Wolfgang Frühwald (Hrsg.), *Die Erfahrung der Fremde: Kolloquium des Schwerpunktprogramms »Exilforschung« der Deutschen Forschungsgemeinschaft* (Weinheim 1988), S. 240, Anm. 5; Salon Bergin-Bronsgeest an Exzellenz, 17. Okt. 1933, BA, R55/1141; *DM* 25 (1933), S. 621; *Melos* 13 (1934), S. 28; Hartmann, *Das geliebte Haus,* S. 96 (Zitat); Hermann Stoffels, »Das Musiktheater in Krefeld von 1870-1945« in: Ernst Klusen et. al., *Das Musikleben der Stadt Krefeld: 1870-1945,* 2 Bde. (Köln 1980), Bd. 2, S. 216; Joan Evans, *Hans Rosbaud: A Bio-Bibliography* (New York 1992), S. 21.

62 Stumme, »Musikpolitik als Führungsaufgabe«, S. 11f.

63 *MK* 1 (1944), S. 229; Gerigk an Drewes, 24. Juni 1944, Faksimile in: Dümling und Girth, *Entartete Musik,* S. 61.

64   Hartmann, *Das geliebte Haus*, S. 156f.

65   Hinkel an Richartz, 30. Mai 1936, BA, R78/908.

66   Volker Dahm, »Kulturelles und geistiges Leben«, in: Wolfgang
     Benz (Hrsg.), *Die Juden in Deutschland, 1933–1945* (München
     1988), S. 115; Eichenauer, *Polyphonie – Die ewige Sprache deutscher
     Seele*, S. 67 (Zitat), 71; Erik Levi, *Music in the Third Reich* (New
     York 1994), S. 77–81.

67   Prieberg, *Musik im NS-Staat*, S. 351f.; Ulrike Gruner, *Musikleben in
     der Provinz, 1933–45: Beispiel Marburg: Eine Studie anhand der
     Musikberichterstattung in der Lokalpresse* (Marburg 1990), S. 102f.,
     127; Christopher Hogwood, *Handel* (London 1984), S. 271ff.

68   *NG* 12, S. 134–52; *Skizzen* (März 1935), S. 6; Fritz Müller, »Der Fall
     Mendelssohn«, *ZM* 106 (1939), S. 259ff.; Blessinger, *Mendelssohn,
     Meyerbeer, Mahler*, S. 23f.

69   Dietrich Schulz-Köhn, *Die Schallplatte auf dem Weltmarkt* (Berlin
     1940).

70   Siehe *Skizzen* (Apr. 1934), S. 13; (Okt. 1934), S. 14; (Nov. 1934),
     S. 15; (Feb. 1935), S. 15; (März 1935), S. 15f.; (Apr. 1935), S. 13f.,
     16; (Juni-Juli 1935), S. 13; (Aug.-Sept. 1935), S. 14, 17; (Dez. 1935),
     S. 18; (Dez. 1936), S. 15; (Aug.-Sept. 1937), S. 20; (Jan. 1938),
     S. 16; *DM* 25 (1933), S. 467; *ZM* 102 (1935), 478 (Zitat); Kater,
     Gewagtes Spiel, S. 98f.

71. Ich habe dieses Phänomen mit Bezug auf jüdische Ärzte in *Doctors
     Under Hitler*, S. 206f., erörtert.

72   Louis Lochner, *Fritz Kreisler* (New York 1950), S. 280–83; *IBD*,
     S. 662f.; *LI*, S. 395f.

73   *IBD*, S. 737; *LI*, S. 431; Spotts, *Bayreuth*, S. 155, 168, 171.

74   Hans-Peter Range, *Die Konzertpianisten der Gegenwart: Ein Musik-
     liebhaber berichtet über Konzertmilieu und 173 Klaviervirtuosen*,
     2. Aufl. (Lahr 1966), S. 207f.; Artur Schnabel, *My Life and Music:
     Reflections on Music* (Gerrards Cross 1970), S. 108; *LI*, S. 651f.

75   *LI*, S. 284f.; *The Memoirs of Carl Flesch*, Hrsg. Hans Keller (Harlow
     1973), S. 317; Muck, *Hundert Jahre Berliner Philharmonisches
     Orchester*, Bd. 2, S. 112; Prieberg, *Kraftprobe*, S. 177f.

76   Michael H. Kater, »The Revenge of the Fathers: The Demise of
     Modern Music at the End of the Weimar Republic«, *German Stu-
     dies Review* 15 (1992), S. 307; *VB*, 24. Feb. 1933; David Drew
     (Hrsg.), *Über Kurt Weill* (Frankfurt/Main 1975), S. 110f.; Albrecht
     Dümling, *Laßt euch nicht verführen; Brecht und die Musik* (Mün-
     chen 1985), S. 365f.; Weill an UE, 16. Jan. 1933, WC, Weill/UE
     corr.

77   Eggert an Parteigenosse, 17. Jan. 1933, BDC Paul Eggert; Blech in:
     Josef Müller-Marein und Hannes Reinhardt (Hrsg.), *Das musikali-*

sche Selbstportrait von Komponisten, Dirigenten, Instrumentalisten, Sängerinnen und Sängern unserer Zeit (Hamburg 1965), S. 121f.; Hans Heinz Stuckenschmidt, *Zum Hören geboren: Ein Leben mit der Musik unserer Zeit* (München 1979), S. 159; Hartmann, *Das geliebte Haus*, S. 100, 109; Rathkolb, *Führertreu und gottbegnadet*, S. 82; Tietjen an Strauss, 26. Okt. 1934, RG.

78   Vgl. dazu Holthoff an Roennecke, 23. Juni 1933, BDC Georg Meyer.

79   Graener an Hinkel, 27. Juli 1939; Telegramm Hinkel an Fiehler, 28. Juli 1939, BDC Graener. Ferner auch Stengel und Gerigk, *Lexikon der Juden in der Musik*, S. 172. Zu Deportationen aus München siehe Else R. Behrend-Rosenfeld, *Ich stand nicht allein: Erlebnisse einer Jüdin in Deutschland, 1933-1944*, 2. Aufl. (Frankfurt/Main 1963), S. 119-70.

80   Friedelind Wagner, *Nacht über Bayreuth*, S. 147, 292ff., 311; Frida Leider, *Das war mein Teil: Erinnerungen einer Opernsängerin* (Berlin 1959), S. 182, 184, 189f.

81   BDC Klingler; Edith Stargardt-Wolff, *Wegbereiter großer Musiker* (Berlin 1954), S. 281.

82   BDC Hoesslin; Hoesslin an Führer, 3. Aug. 1939, und Rössner an von Borries, 14. Aug. 1944, ebd. (Zitate). Dazu auch *TG* 3, S. 543; *TG* 4, S. 98; *LI*, S. 330; Spotts, *Bayreuth*, S. 148, 153, 178, 193.

83   BDC Güden; »Formblatt« Güden o. J., BH, Staatstheater/14444; Krauss an Güden, 13. Nov. 1941, BH, Staatstheater/14480; Flügel an Staatssekretär, 12. Aug. 1943; Hinkel an Flügel, 20. Aug. 1943 (Zitat), BA, R55/125; Hinkel an Naumann, 31. Jan. 1944, BA, R55/1254; *Die Reichskulturkammer*, Nr. 1 (1944), S. 13 (BA, RD33/1); Hartmann, *Das geliebte Haus*, S. 164; Steinweis, *Art, Ideology, and Economics*, S. 118ff.

84   Erich Lüth, *Hamburger Theater, 1933-1945: Ein theatergeschichtlicher Versuch* (Hamburg 1962), S. 65; *Zündende Lieder – Verbrannte Musik: Folgen des Nationalsozialismus für Hamburger Musiker und Musikerinnen: Katalog zur Ausstellung in Hamburg im November und Dezember 1988* (Hamburg 1988), S. 136; Stefan Wulf in: Heister et. al., *Musik im Exil: Folgen des Nazismus für die internationale Musikkultur* (Frankfurt/Main 1993), S. 149ff.

85   Sinzheimer an Orff, 28. Mai 1933, CM, Allg. Korr. (Zitat); Stengel und Gerigk, *Lexikon der Juden in der Musik*, S. 260.

86   Schönberg an Casals, 20. Feb. 1933; Schönberg an Maria Freund, 15. Mai 1933, AI, gen. corr.; Ernst Hilmar (Hrsg.), *Arnold Schönberg: Gedenkausstellung 1974* (Wien 1974), S. 326f.; Erwin Stein (Hrsg.), *Arnold Schoenberg: Letters* (New York, 1965), S. 116, 177; Hans Heinz Stuckenschmidt, *Arnold Schoenberg* (London

1964), S. 92–110; Michael Mäckelmann, *Arnold Schönberg und das Judentum: Der Komponist und sein religiöses, nationales und politisches Selbstverständnis nach 1921* (Hamburg 1984), S. 203f.

87 *IBD*, S. 631; *TG* 2, S. 374 (1. Zitat); Abendroth an Pfitzner, 16. Feb. 1933, OW 289; John Sargent Rockwell, »Prussian Ministry of Culture and the Berlin State Opera, 1918–1931« (Diss.phil., Berkeley 1972), S. 302f.; Heinrich Strobel, »Kunstleben 1933«, *Melos* 12 (1933), S. 67f.; Peter Heyworth, *Otto Klemperer: His Life and Times*, 2. Bde. (Cambridge 1983, 1996), Bd. 1, S. 391–417 (2. und 3. Zitat S. 413, 415); *Artist*, 2. Aug. 1934.

88 *IBD*, S. 1205f.; Bruno Walter, *Theme and Variations: An Autobiography* (New York 1966), S. 295–300; Stargardt-Wolff, *Wegbereiter großer Musiker*, S. 275–79; Walter zitiert in Beussel, »Im Zeichen der Wende«, S. 669; *Münchener Neueste Nachrichten*, 19. März 1933; *New York Times*, 21. März 1933; Zeugenaussage Kopsch, 1. März 1947, AM, Strauss. Zu Hitlers Haß siehe Henry Picker, *Hitlers Tischgespräche im Führerhauptquartier, 1941–42*, Hrsg. Gerhard Ritter (Bonn 1951), S. 395f. Wenn man Strauss glauben kann, wurde er zuerst vom Agenten Wolff und ein zweites Mal von Musikern (Julius Kopsch und Hugo Rasch aus der RMK) gebeten, nachdem Walter gegenüber Wolff seine Zustimmung zum Ausdruck gebracht hatte. Strauss an Karpath, 6. Apr. 1933, abgedruckt in: Beussel, »Im Zeichen der Wende«, S. 670.

89 Die Internierung in einem Konzentrationslager ist nicht dokumentiert, aber angesichts der Indizien kann man zu keinem anderen logischen Schluß kommen. Dazu BDC Erwin Gottschalk, Herbert Klüger und Willy Lange.

90 Karoly Csipak, »Berthold Goldschmidt im Exil: Der Komponist im Gespräch über Musiker-Exil und Musikleben«, in: Habakuk Traber und Elmar Weingarten (Hrsg.), *Verdrängte Musik: Berliner Komponisten im Exil* (Berlin 1987), S. 64ff.; Traber und Weingarten, ebd., S. 246; *Süddeutsche Zeitung*, München, 7. Akt. 1994.

91 *IBD*, S. 988; Rosenstock an Strauss, 12. Apr. 1933, RG.

92 *IBD*, S. 892f.; Adolph an Franz Strauss, 11. Mai 1933, RG; Stengel und Gerigk, *Lexikon der Juden in der Musik*, S. 211.

93 Albert Richard Mohr, *Die Frankfurter Oper, 1924–1944: Ein Beitrag zur Theatergeschichte mit zeitgenössischen Berichten und Bildern* (Frankfurt/Main 1971), S. 154f. (Zitat S. 154); *LI*, S. 698.

94 *LI*, S. 334f.; Rischer, *Die nationalsozialistische Kulturpolitik in Düsseldorf*, S. 58ff.

95 BDC Fritz Mach und Herbert Gillis-Neubert.

96 Nicolai an Hinkel, 27. Aug. 1935, BDC Nicolai.

97 Akte Otto Sedlmayr, BA, R55/226 (Zitat in Sedlmayr an Hitler, 3. März 1938).
98 BDC Praetorius; Cornelia Zimmermann-Kalyoncu, *Deutsche Musiker in der Türkei im 20. Jahrhundert* (Frankfurt/Main 1985), S. 64f.; Fritz Neumark, *Zuflucht am Bosporus: Deutsche Gelehrte, Politiker und Künstler in der Emigration, 1933–1953* (Frankfurt/Main 1980), S. 122.
99 Herbert Freeden, *Jüdisches Theater in Nazideutschland* (Tübingen 1964), S. 14ff., 19; *Zündende Lieder – Verbrannte Musik*, S. 31f.; Dahm, »Kulturelles und geistiges Leben«, S. 85f., 90.
100 »Aufruf«, [1935], LBI, AR-A726/2590; *Jüdische Rundschau*, 20. Aug. 1935; Freeden, *Jüdisches Theater in Nazideutschland*, S. 25, 59; Dahm, »Kulturelles und geistiges Leben«, S. 93, 105, 120; Kurt Düwell, »Der Jüdische Kulturbund Rhein-Ruhr, 1933–1938: Selbstbesinnung und Selbstbehauptung einer Geistesgemeinschaft«, in: Jutta Bohnke-Kollwitz et al. (Hrsg.), *Köln und das rheinische Judentum: Festschrift Germania Judaica, 1959–1984* (Köln 1984), S. 428; Steinweis, *Art, Ideology, and Economics*, S. 121.
101 *Israelitisches Familienblatt*, Berlin, 26. Okt. 1933; *Schild*, 12. Juni 1936; Singer in: *Jüdische Rundschau*, 21. Juli 1936 (Zitat).
102 Freeden, *Jüdisches Theater in Nazideutschland*, S. 22f., 94; Dahm, »Kulturelles und geistiges Leben«, S. 87, 89, 108; Joseph Walk (Hrsg.), *Das Sonderrecht für die Juden im NS-Staat: Eine Sammlung der gesetzlichen Maßnahmen und Richtlinien – Inhalt und Bedeutung* (Heidelberg 1981), S.221; Rosy Geiger-Kullmann, »Lebenserinnerungen«, Ms., Feb. 1961, S. 59 (LBI, ME/180).
103 Goebbels paraphrasiert von Freeden, *Jüdisches Theater in Nazideutschland*, S. 61; Hinkel in: *Israelitisches Familienblatt*, Berlin, 1. Aug. 1935; *Zündende Lieder – Verbrannte Musik*, S. 36.
104 Dazu Gestapo, »Richtlinien für die Tätigkeit des Reichsverbandes der Jüdischen Kulturbünde in Deutschland«, Berlin, 13. Aug. 1935, LBI, AR-A726/2590/63+64; Freeden, *Jüdisches Theater in Nazideutschland*, S. 52.
105 Hinkel in: *Frankfurter Zeitung*, 13. Mai 1937; BDC Wilhelm Guttmann, Erich Rosenow und Hugo Stern; Dahm, »Kulturelles und geistiges Leben«, S. 109; Steinweis, *Art, Ideology, and Economics*, S. 121.
106 Singer an Gestapo Berlin, 7. Sept. 1934; Gestapo an Kulturbund, 11. Sept. 1934, LBI, AR-C1210/3100; Dahm, »Kulturelles und geistiges Leben«, S. 114; Steinweis, *Art, Ideology, and Economics*, S. 122.
107 *Hamburger Fremdenblatt*, 6. Feb. 1936; Mitteilung Jüdischer Kulturbund Hamburg, 10. März 1936, LBI, AR-A727/2591; Programm

Jüdischer Kulturbund Hamburg für Donnerstag, 6. November 1936, LBI, AR-A728/2592; Steinweis, *Art, Ideology, and Economics*, S. 123.

108 *Hamburger Israelitisches Familienblatt*, 21. Mai 1936; Kulturbund Hamburg an »Sehr geehrtes Mitglied«, März 1937, LBI, AR-A728/2592; Freeden, *Jüdisches Theater in Nazideutschland*, S. 92f., 104; Dahm, »Kulturelles und geistiges Leben«, S. 120.

109 Freeden, *Jüdisches Theater in Nazideutschland*, S. 160, 163f.; Dahm, »Kulturelles und geistiges Leben«, S. 245f., 251, 257; *Zündende Lieder – Verbrannte Musik*, S. 40.

110 Dahm, »Kulturelles und geistiges Leben«, S. 121f.

111 *Israelitisches Familienblatt* (Berlin), 2. Nov. 1933; *Jüdisches Gemeindeblatt für Berlin*, 13. Feb. 1938; Christine Fischer-Defoy, *Kunst, Macht, Politik: Die Nazifizierung der Kunst- und Musikhochschulen in Berlin* (Berlin [1988]), S. 156.

112 »Abend Frankfurter Komponisten«, 27. Jan. 1934, LBI, AR-7049/13; Rosy Geiger-Kullmann, »Lebenserinnerungen«, Ms., Feb. 1961 (LBI, ME/180).

113 Sinzheimer an Orff, 20. Jan. 1934, CM, Allg. Korr.; Dahm. »Kulturelles und geistiges Leben«, S. 94.

114 *Jüdisches Gemeindeblatt für Berlin*, 21. Apr. und 16. Juni 1935, 2. Feb. 1936; Katalog »»Lukraphon‹ Schallplatten«, [1935/36], PA Eike Geisel, Berlin.

115 Traber und Weingarten, *Verdrängte Musik*, S. 291, 305, 308, 341, 344; »Jüdischer Kulturbund Hamburg: Abschieds-Abend«, 25. Nov. 1936, LBI, AR-A727/2591; *Jüdisches Nachrichtenblatt*, 2. Mai 1941; *Jüdisches Gemeindeblatt für Berlin*, 12. Apr. 1936; Weiss an Misch, 3. Jan. 1965, LBI, AR-C738/2073. Zu Misch siehe *NG* 12, S. 362.

116 *Israelitisches Familienblatt* (Berlin), 8. März und 19. Apr. 1934; *Jüdisches Gemeindeblatt für Berlin*, 17. Nov. 1935, 3. Mai 1936, 2. Mai 1937, 24. Okt. 1937, 16. Jan. 1938; »Gastspiel Alexander Kipnis«, Düsseldorf, 9. Feb. 1937, LBI, AR-A835/3047; »Alexander Kipnis«, Hamburg, 10. Feb. 1937, LBI, AR-A728/2592; »Stuttgarter Jüdische Kunstgemeinschaft«, 15. Okt. 1938, LBI, AR-7276/IV/2/15; *LI*, S. 373f.

117 *Jüdisches Gemeindeblatt für Berlin*, 4. Apr. 1937; Stefan Wulf in: Heister et al., *Musik im Exil*, S. 154.

118 *Schild*, 24. Apr. 1936; *Jüdisches Gemeindeblatt für Berlin*, 3. Mai 1936; Flesch an Herr Doktor, 5. Juli 1936, LBI, AR-7049/2 (Zitat). Seltsamerweise benutzte Flesch den Nazi-Ausdruck »Rassegenossen«.

119 *Israelitisches Familienblatt* (Berlin), 11. Jan. und 13. Sept. 1934; *Schild*, 30. Okt. 1936; *Jüdisches Gemeindeblatt für Berlin*, 12. Juli

1936; Künstlerhilfe Berlin an Kowalski, 14. Apr. 1935, LBI, AR-7049/4; Jüdischer Kulturbund Hamburg an Abonnenten, [Mai 1936], LBI, AR-A727/2591.

120 *Israelitisches Familienblatt* (Berlin), 26. Okt. 1933; »Konzert« bei Dr. Meyer, 10. Feb. 1935, LBI, AR-7049/13; »Stimmen im Tempel«, 30. Aug. 1938, LBI, AR-7040/13; Freeden, *Jüdisches Theater in Nazideutschland*, S. 74, 123, 126.

121 Hinkel zitiert in *Frankfurter Zeitung*, 13. Mai 1937; Freeden, *Jüdisches Theater in Nazideutschland*, S. 162; Dahm, »Kulturelles und geistiges Leben«, S. 115; Steinweis, *Art, Ideology, and Economics*, S. 122.

122 *Schild*, 12. Apr. 1935; *Jüdisches Gemeindeblatt für Berlin*, 22. Sept. 1934, 19. Mai 1935 und 16. Juni 1937; »Konzert«, 31. Jan. 1935, LBI, AR-A726/2529; »Klavierabend Bernhard Abramowitsch«, 20. Nov. 1935, LBI, AR-A726/2590; Programm Berliner Kulturbund, März 1934, LBI, AR-A834/3046; Maurer Zenck, »Erich Itor Kahn«, S. 241.

123 *Jüdisches Gemeindeblatt für Berlin*, 5. Jan. 1935 und 28. Apr. 1936; *Schild*, 28. Juni 1935; »Abend Frankfurter Komponisten«, 27. Jan. 1934, LBI, AR-7049/13; Programm »Jüdischer Kulturbund Hamburg«, Dez. 1935, LBI, AR-A726/2590; »Konzert Tempelchor«, Feb. 1938, LBI, AR-A729/2593; Prieberg, »Musik unterm Davidsstern«, S. 124.

124 *Schild*, 26. Nov. 1933 und 12. Apr. 1935; *Israelitisches Gemeindeblatt* (Berlin), 23. Nov. 1933; Dahm, »Kulturelles und geistiges Leben«, S. 191.

125 Craft, *Stravinsky: Selected Correspondence*, Bd. 3, S. 243, Anm. 42 (Zitat); dazu auch Dahm, »Kulturelles und geistiges Leben«, S. 114.

126 *Schild*, 27. Okt. 1933; *Israelitisches Familienblatt* (Berlin), 13. Sept. 1934; *Jüdisches Gemeindeblatt für Berlin*, 27. März 1938; Freeden, *Jüdisches Theater in Nazideutschland*, S. 75.

127 »Jüdischer Kulturbund Hamburg«, 12. Nov. 1935, LBI, AR-A726/2590; Freeden, *Jüdisches Theater in Nazideutschland*, S. 101; *Zündende Lieder – Verbrannte Musik*, S. 33, 37; Dahm, »Kulturelles und geistiges Leben«, S. 93.

128 Freeden, *Jüdisches Theater in Nazideutschland*, S. 102f. (Kalkulation aufgrund der Mitgliedszahlen, S. 114).

129 Dahm, »Kulturelles und geistiges Leben«, S. 242, 247, 255; Prieberg, »Musik unterm Davidsstern«, S. 126.

130 Katz an Orff, 22. Juli 1933 (Zitat), 2. und 11. Aug. 1933; Doflein an Orff, 9. Sept. 1933; Kohrs an Orff, [1938], CM, Allg. Korr.; *IBD*, S. 600; Grunsky, *Der Kampf um deutsche Musik*, S. 47; Traber und Weingarten, *Verdrängte Musik*, S. 277; *NG* 9, S. 828.

131 Polizeipräsidium Stuttgart an Adler, 14. März 1933; »Bescheini-
gung« Gestapo, 15. Nov. 1938, LBI, AR-7276/V/3/2; Adler, »Ergän-
zende Bemerkungen zum Fall Baach«, 9. Nov. 1966, ebd., V/3/3.
Zur Willkür im Frühjahr 1933 siehe Michael H. Kater, »Everyday
Anti-Semitism in Prewar Nazi Germany: The Popular Bases«, *Yad
Vashem Studies* 16 (1984), S. 138–46.

132 Stargardt-Wolff, *Wegbereiter großer Musiker*, S. 256; Mohr, *Die
Frankfurter Oper*, S. 157f.; Otto Strasser, *Und dafür wird man noch
bezahlt: Mein Leben mit den Wiener Philharmonikern* (Wien 1974),
S. 170; Hellsberg, *Demokratie der Könige*, S. 464.

133 Traber und Weingarten, *Verdrängte Musik*, S. 222; Stengel und
Gerigk, *Lexikon der Juden in der Musik*, S. 40.

134 Gabriele E. Meyer, »Münchener Philharmoniker«, o.J., S. 12 (SM,
Av.-Bibl./23933).

135 Freeden, *Jüdisches Theater in Nazideutschland*, S. 167; Stargardt-
Wolff, *Wegbereiter großer Musiker*, S. 170 f. 228; Slonimsky, *Music
Since 1900*, S. 759; Mohr, *Die Frankfurter Oper*, S. 156; Strasser,
Und dafür wird man noch bezahlt, S. 155; Stengel und Gerigk, *Lexi-
kon der Juden in der Musik*, S. 90; Eckard John in: Heister et al.,
Musik im Exil, S. 263, 268.

136 *Den Opfern der Gewalt: 2. Baden-Württembergische Musikhoch-
schultage, Stuttgart, 11.-18. Oktober 1989: Europäische Komponisten
– gestorben in den Weltkriegen und Konzentrationslagern* (o.O.,o.J.),
S. 61; Prieberg, *Musik und Macht*, S. 265ff.; *NG* 19, S. 326f.; Peter
Kien, Libretto »Der Kaiser von Atlantis oder Der Tod dankt ab:
Legende in vier Bildern«, Ms., LBI, AR-A1368/4403; *New Yorker*,
6. Juni 1977,S. 111f.; *Focus*, 26. Sept. 1994, S. 158, 160; Compact
disc *London* 440854-2 (1994).

137 Rainer Licht in Heister et. al., *Musik im Exil*, S. 238; Steinweis, *Art,
Ideology, and Economics*, S. 72, 110; Mohr, *Die Frankfurter Oper*,
S. 147; Traber und Weingarten, *Verdrängte Musik*, S. 330; *Die Vertreibung des Geistigen aus Österreich: Zur Kulturpolitik des Nationalsozialismus*, 2. Aufl. (Wien o.J.), S. 336; *LI*, S. 616. Ein unsym-
pathisches Porträt von Rosé in Auschwitz zeichnet Fania Fénelon, *Das
Mädchenorchester in Auschwitz*, 4. Aufl. (München 1984), S. 33–235.

138 Horst Möller, *Exodus der Kultur: Schriftsteller, Wissenschaftler und
Künstler in der Emigration nach 1933* (München 1984), S. 47.

139 Boris Schwarz, »The Music World in Migration«, in: Jarrell C. Jack-
man und Carla M. Borden (Hrsg.), *The Muses Flee Hitler: Cultural
Transfer and Adaptation, 1930-1945* (Washington, D.C., 1983),
S. 137; Kater, »Carl Orff im Dritten Reich«, S. 31f.

140 Bernard Wasserstein, *Britain and the Jews of Europe, 1939-1945*
(Oxford 1979); Marion Berghahn, *German-Jewish Refugees in Eng-*

land: *The Ambiguities of Assimilation* (London 1984); *TGII* 3, S. 423; *TGII* 8, S. 286; *TGII* 11, S. 31, 399, 554; *TGII* 12, S. 145.

141 Stefan Wulf in: Heister et al., *Musik im Exil*, S. 152ff.; *LI*, S. 91, 731f.

142 Akte Graudan, BA, R55/197; *Die Vertreibung des Geistigen aus Österreich*, S. 337, 343; *LI*, S. 616.

143 *Die Vertreibung des Geistigen aus Österreich*, S. 351; *IBD*, S.1233f.; *Israelitisches Familienblatt* (Berlin), 13. Sept. 1934; Goldschmidt in: Csipak, »Berthold Goldschmidt im Exil«, S. 67f.; *Spiegel*, 5. Sept. 1994, S. 204; *Süddeutsche Zeitung*, 7. Okt. 1994.

144 Herbert A. Strauss, »Jewish Emigration from Germany: Nazi Policies and Jewish Responses (II)«, *Leo Baeck Institute Yearbook* 26 (1981), S. 343–409; Kater, *Doctors Under Hitler*, S. 213ff.

145 Salomon an Orff, 4. Juni und 15. Juli 1933 und [1935], CM, Allg. Korr.; Peter Gradenwitz, »Der deutsch-jüdische Beitrag zur Entwicklung des Musiklebens in Israel«, in: Traber und Weingarten, *Verdrängte Musik*, S. 83f.

146 Gradenwitz, »Der deutsch-jüdische Beitrag«, S. 93f.; ders. in: Heister et al., *Musik im Exil*, S. 120–31.

147 Traber und Weingarten, *Verdrängte Musik*, S. 271; Prieberg, *Lexikon der neuen Musik* (Freiburg 1958), S. 173; *IBD*, S. 544; Slonimksy, *Music Since 1900*, S. 637; Marek, *Toscanini*, S. 184ff.; Gradenwitz, »Der deutsch-jüdische Beitrag«, S. 85f.

148 Reinhard Voigt in: *Zündende Lieder - Verbrannte Musik*, S. 45–54; Traber und Weingarten, *Verdrängte Musik*, S. 356f.; Gradenwitz, »Der deutsch-jüdische Beitrag«, S. 91f.; Austin Clarkson, »Stefan Wolpe's Berlin Years« in: Maria Rika Maniates und Edmond Strainchamps (Hrsg.), *Music and Civilization: Essays in Honor of Paul Henry Lang* (New York 1984), S. 371–93; *Spiegel*, 30. Okt. 1995, S. 219.

149 Clarkson, »Stefan Wolpe's Berlin Years«, S. 391ff.

150 *IBD*, S. 1131; Stiedry an Schönberg, 8. Dez. 1937, AI, gen. corr.; Traber und Weingarten, *Verdrängte Musik*, S. 278, 325f., 334; Eckard John in: Heister et al., *Musik im Exil*, S. 262, 268f.

151 Möller, *Exodus der Kultur*, S. 47.

152 Saul S. Friedman, *No Haven for the Oppressed: United States Policy Toward Jewish Refugees, 1938–1945* (Detroit 1973), S. 20–27 (Tincher zitiert auf S. 21); Strauss, *Jewish Emigration from Germany*, S. 358–62; David S. Wyman, *The Abandonment of the Jews: America and the Holocaust, 1941–1945* (New York 1985).

153 Rundschreiben Schönberg [an seine Freunde in Europa], Nov. 1934, LBI, AR-7049/10; Deutsche Botschaft, Washington, D.C., an Auswärtiges Amt, Berlin, 11. Juli 1935; Memorandum RMK,

505

11. Juli 1935, BA, R55/1177; Walter H. Rubsamen, »Schoenberg in America«, *Musical Quarterly* 37 (1951), S. 475; Hilmar, *Arnold Schönberg*, S. 63; Charlotte Erwin, »Ernst Toch in America«, in: Traber und Weingarten, *Verdrängte Musik*, S. 112–16; Harvey Sachs, *Music in Fascist Italy* (London 1987), S. 130; *NG* 4, S. 714.

154 *IBD*, S. 662f.; Albrecht Betz, *Hanns Eisler: Musik einer Zeit, die sich eben bildet* (München 1976), S. 142–59; Traber und Weingarten, *Verdrängte Musik*, S. 232f.; *Die Vertreibung des Geistigen aus Österreich*, S. 325.

155 *LI*, S. 651f.; Traber und Weingarten, *Verdrängte Musik*, S. 254, 297, 327; Juan Allende-Blin in: Heister et al., *Musik im Exil*, S. 115f.; Maurer Zenck, »Erich Itor Kahn«, S. 246–50; Itor Kahn an Rosbaud, 30. Juli 1947, LP, 123/1; Hahn an Margarete Adler, 3. Aug. 1973, LBI, AR-7276/V/3/17.

156 Schönberg an Görgi [Georg Schönberg], 28. Okt. 1934; Schönberg an Kolisch, 8. Dez. 1934, AI, gen. corr.; Rundschreiben Schönberg [an seine Freunde in Europa]. Nov. 1934, LBI, AR-7049/10; Rubsamen, »Schoenberg in America«, S.472; Stuckenschmidt, *Arnold Schoenberg*, S. 111–14.

157 Slonimsky, *Music Since 1900*, S. 583; Stein, *Arnold Schoenberg: Letters*, S. 202f.

158 Schönberg an Görgi [Georg Schönberg], 10. Juni 1934; Schönberg an Bartlett Fraenkel, 26. Nov. 1935 (1. Zitat); Schönberg an Hirschmann, 11. Juni 1938; Schönberg an RCA Victor, 8. Feb. 1939 (2. Zitat); Schönberg an Rankl, 9. Feb. 1939 (3. und 4. Zitat); Schönberg an Buck, 10. Apr. 1941 (5. Zitat), AI, gen. corr.

159 Meine Einsicht in diesen Vergleich verdanke ich Joan Evans in Toronto.

160 Schönberg an Mahler-Werfel, 23. Jan. 1936; Schönberg an Felt, 12. Sept. 1937; Schönberg an Görgi [Georg Schönberg], 22. Mai 1939; Schönberg an Richard [Hoffmann], 17. Okt. 1944; Schönberg an Powell, 4. Jan. 1945; Schönberg an Trudi, 3. Feb. 1945, AI, gen. corr.; Ploss an Gertrud Schönberg, 23. Juli 1951; University of California an Schönberg, 23. Apr. 1936, 6. Mai 1938, 28. März 1939, 14. Juli 1939, AI, Gertrud Schoenberg Collection; Rubsamen, »Schoenberg in America«, S. 471f., 479f.; Dika Newlin, *Schoenberg Remembered: Diaries and Recollections (1938–76)* (New York 1980), S. 250ff.; Nuria Nono-Schoenberg (Hrsg.), *Arnold Schönberg, 1874–1951: Lebensgeschichte in Begegnungen* (Klagenfurt 1992), S. 397.

161 Newlin, *Schoenberg Remembered*, S. 21, 33, 53, 94, 106, 322–33; Richard Taruskin, »The Dark Side of Modern Music«, *New Republic*, 5. Sept. 1988, S. 33.

162 Vgl. dazu z.B. Newlin, *Schoenberg Remembered*, S. 14, 249; ferner Schönberg an Krenek, 1. Dez. 1939, AI, gen. corr.

163 Dazu Rubsamen, »Schoenberg in America«, S. 474; Peter Stephan Jungk, *Franz Werfel: Eine Lebensgeschichte*, 2. Aufl. (Frankfurt/Main 1987), S. 302, 309.

164 Katia Mann, *Meine ungeschriebenen Memoiren*, Hrsg. Elisabeth Plessen und Michael Mann (Frankfurt/Main 1981), S. 133 (1. Zitat); Thomas Mann, *Tagebücher, 1940–1943*, Hrsg. Peter de Mendelssohn (Frankfurt/Main 1982), S. 617 (anderes Zitat).

165 Schönberg an Mann, 28. Dez. 1938 und 15. Jan. 1939; Mann an Schönberg, 9. Jan. 1939 (Zitat), AI, gen. corr.

166 Schönberg an Klatzkin, 13. Juni 1933, AI, Jew/8; Memorandum Schönberg, Arcachon, 12./13. Aug. 1933, AI, Jew/7.

167 Schönberg an Jalowetz, 19. Aug. 1933, und an Shubow, 23. Dez. 1933, AI, gen. corr.; Denis Arnold (Hrsg.), *The New Oxford Companion to Music*, 2 Bde. (Oxford 1990), Bd. 2, S. 1637.

168 Schönberg an Wise, 12. Mai 1934, AI, gen. corr.

169 Arnold Schönberg, »A Four-Point Program for Jewry« [1938], *Journal of the Arnold Schoenberg Institute* 3 (1979), S. 49–67; Mäckelmann, *Arnold Schönberg und das Judentum*, S. 276, 310; Rubsamen, »Schoenberg in America«, S. 476, 478.

170 Schönberg zitiert im Begleitheft Compact disc *Deutsche Grammophon* 437 036-2 (1986); Schönberg an Hermann [Greissle], 15. Okt. 1943, AI, gen. corr.; Slonimsky, *Music Since 1900*, S. 792; Arnold, *The New Oxford Companion*, Bd. 2, S. 1637. Vgl. dazu auch Stuckenschmidt, *Arnold Schoenberg*, S. 119–26.

171 Telegramm Klemperer an Schönberg, 6. Feb. 1934 und 17. Okt. 1936; Schönberg an Klemperer, 8. Nov. 1934 und 18. März 1936; Schönberg an Engel, 2. Apr. 1936; Schönberg an Charlotte Dieterle, 30. Juli 1936; Schönberg an Greissle, 3. Feb. 1937; Schönberg an Herz, 2. Mai 1938; Schönberg an Smallens, 25. Mai 1938; Schönberg an Jalowetz, 7. Juni 1938; Klemperer an Schönberg, 24. Nov. 1940; Schönberg an Johanna Klemperer, 13. Sept. 1941, AI, gen. corr.; Slonimsky, *Music Since 1900*, S. 606; Newlin, *Schoenberg Remembered*, S. 65; Nono-Schönberg, *Arnold Schönberg: Lebensgeschichte*, S. 325.

172 Schönberg an Stiedry, 2. Apr. 1940 (1. Zitat); Schönberg an Greissle, 22. Juli 1944; Schönberg an Klemperer, 25. Sept. und 28. Nov. 1940; Klemperer an Schönberg, 29. Sept. 1940 (2. Zitat); Schönberg an Usher, 4. Jan. 1945; Schönberg an Trudi, 3. Feb. 1945, AI, gen. corr.; Otto Klemperer, *Meine Erinnerungen an Gustav Mahler und andere autobiographische Skizzen* (Freiburg 1960), S. 26, 57; Newlin, *Schoenberg Remembered*, S. 243.

173 Otto an Johanna Klemperer, 6. Nov. 1933 (1. Zitat), 25. Nov. 1933
(2. Zitat), 15. Dez. 1933 und 13. Feb. 1934 (3. Zitat), alle PA Lotte
Klemperer, Zollikon; Lotte Klemperer an Autor, Zollikon, 2. Feb.
1991, APA; Lotte Klemperer, Interview, Zollikon, 5. Dez. 1990;
Prieberg, *Musik im NS-Staat*, S. 45; Heyworth, *Otto Klemperer: His
Life and Times*, Bd. 2, S. 48.

174 Strecker an Hindemith, 27. Apr. und 22. Okt. 1934, PF, Korr.
Schott; Zirato an Walter, 11. Juni 1934, NYA, Walter Collection;
Lotte Klemperer an Gertrud Schönberg, 15. Apr. 1941, AI, gen.
corr.; Slonimsky, *Music Since 1900*, S. 636; Hans und Rosaleen
Moldenhauer, *Anton von Webern: A Chronicle of His Life and Work*
(New York 1979), S. 470f.; Newlin, *Schoenberg Remembered*,
S. 119f., 276; Thomas Mann, *Tagebücher, 1937–1939*, Hrsg. Peter
de Mendelssohn (Frankfurt/Main 1980), S. 204, 212; Mann, *Tage-
bücher, 1940–1943*, S. 328, 579, 625; Luther Noss, *Paul Hindemith
in the United States* (Urbana, Ill., 1989), S. 51; *IBD*, S. 631; Klempe-
rer, *Meine Erinnerungen*, S. 46f.; Kurt Blaukopf, *Große Dirigenten*
(Teufen o.J.), S. 104 (1. Zitat); *NG* 10, S. 106; Interview mit Lotte
Klemperer, Zollikon, 5. Dez. 1990 (2. Zitat); *LI*, S. 377; Heyworth,
Otto Klemperer: His Life and Times, Bd. 2, S. 121.

175 Rundschreiben Schönberg [an seine Freunde in Europa], Nov.
1934, LBI, AR-7049/10.

176 *IBD*, S. 1205; Walter, *Theme and Variations*, S. 340; Notizen Judson über ein Gespräch mit Walter, 23. Feb. 1932; New York Philharmonic, »Contract Suggestions for Bruno Walter – Season
1933–1934«, 24. Jan. 1933; New York Philharmonic Telegramm an
Walter, 24. März 1933; Walter an Judson, 12. Apr. 1933, NYA,
Walter Collection.

177 Philharmonic-Symphony Society of New York, Pressenotiz, 15. Dez.
1933; Zirato an Walter, 23. Mai 1934, NYA, Walter Collection;
Lotte Walter Lindt (Hrsg.), *Bruno Walter: Briefe, 1894–1962*
(Frankfurt/Main 1969), S. 243. Zu Feuermann siehe *IBD*, S. 295f.;
LI, S.228.

178 Programm »Florentiner Musikfestspiele«, 27. Apr. bis 9. Juni 1937,
LP, 413/4/54; Walter an Toscanini, 20. Feb. 1938, in: Harvey
Sachs, »Salzburg, Hitler und Toscanini: Unbekanntes Briefmaterial
aus den dreißiger Jahren«, *Neue Zeitschrift für Musik* 148 (Juli-Aug.
1987), S. 22; Walter Lindt, *Bruno Walter: Briefe*, S. 159f.; Walter,
Theme and Variations, S. 303, 312–21, 328; Schönberg an Wise,
12. Mai 1934, AI, gen. corr.; Sachs, *Music in Fascist Italy*, S. 93f.,
175.

179 Sachs, *Music in Fascist Italy*; Fiamma Nicolodi, *Musica e musicisti
nel ventennio fascista* (Florenz 1984); Jürg Stenzl, *Von Giacomo*

*Puccini zu Luigi Nono: Italienische Musik, 1922–1952: Faschismus –
Resistenza – Republik* (Buren 1990).

180 Rathkolb, *Führertreu und gottbegnadet*, S. 115f.

181 *IBD*, S. 1205; Walter, *Theme and Variations*, S. 337–42; Newlin,
Schoenberg Remembered, S. 292f.; Mann, *Tagebücher, 1940–1943*,
S. 344, 358, 391, 395, 648f.; Walter Lindt, *Bruno Walter: Briefe*,
S. 264ff., 268f.; Slonimsky, *Music Since 1900*, S. 751, 775; Walter an
Judson, 11. Dez. 1942; Field an Walter, 15. März 1944 (1. Zitat);
Walter an Field, 15. März 1944 (2. Zitat), NYA, Walter Collection.

182 Weill an UE, 15. Juli 1931; Hertzka an Weill, 17. Juli 1931; Weill
an Heinsheimer, 3. Apr. 1933, WC, Weill/UE corr.; Ronald Taylor,
Kurt Weill: Composer in a Divided World (London 1991), S. 217.

183 Kapp an Weill, 4. Jan. 1944, WC, 48/28; Weill an Eltern, 18. Jan.
1944, WC, Weill/Parents corr.; Weill an Cheryl [Crawford],
30. Jan. 1944, WC, 48/26; Taylor, *Kurt Weill*, S. 216–83.

184 Korr. Weill-Dietrich (1942), WC, 47/3 und 48/29; Weill an seine
Eltern, 14. Aug. 1943, WC, Weill/Parents corr.; Taylor, *Kurt Weill*,
S. 277. Vgl. die Geschichte über Dietrichs Mätzchen mit der singen-
den Säge in: Donald Spoto, *Blue Angel: The Life of Marlene Dietrich*
(New York 1992), S. 176–80.

185 Weill an Dreyfus, 31. Dez. 1943, WC, 47/3; Taylor, *Kurt Weill*, S. 261.

186 Weill an Eltern, 24. Juni 1942, WC, Weill/Parents corr. (1. Zitat);
Weill an [Werfel], 3. Aug. 1936, WC, 47/15 (2. Zitat); Weill an
Eltern, 30. Apr. 1945, WC, Weill/Parents corr. (3. Zitat); Weill an
Lyons, 15. Sept. 1939, WC, 47/10; Taylor, *Kurt Weill*, S. 282.

187 Dazu, im Todesjahr Weills, Heinrich Strobel, »Erinnerung an Kurt
Weill«, *Melos* 17 (1950), S. 133–36; jüngeren Datums Jürgen Sche-
bera, *Kurt Weill: Leben und Werk* (Königstein 1984), S. 203; und
Taylor, *Kurt Weill*, z.B. S. 224.

188 Jerome Barry, »Kurt Weill: ›Von Berlin zum Broadway‹: Lecture-
Recital«, in: Otto Kolleritsch (Hrsg.), *Die Wiener Schule und das
Hakenkreuz: Das Schicksal der Moderne im gesellschaftspolitischen
Kontext des 20. Jahrhunderts* (Wien 1990), S. 161, 163 (Zitat).

189 Stephen Hinton, Rezension Taylor in *Kurt Weill Newsletter* 10, Nr. 2
(Herbst 1992), S. 17. Ähnlich Drew, *Über Kurt Weill*, S. 46.

190 Weill an Kalmus, 28. Juli 1937, WC, Weill/UE corr.

191 Weill an Lyons, 12. Feb. 1941, WC, 47/10.

192 Brecht an Weill, [März-Apr. 1942], WC, 48/22; Weill an Brecht,
20. Apr. 1942, WC, Brecht corr.; Weill an Maurice [Speiser],
22. Jan. 1944, WC, 47/14 (Zitat); Taylor, *Kurt Weill*, S. 270ff.

193 Taylor, *Kurt Weill*, S. 227f.; Lys Symonette und Kim H. Kowalke
(Hrsg.), *Speak Low (When You Speak Love): The Letters of Kurt
Weill and Lotte Lenya* (Berkeley 1996), passim.

194 Weill an Frank, 17. Juni 1940, WC, 47/4; Weill an Bob, 12. Dez.
1941, WC, 47/17; Weill an Wechsler, 9. Feb. 1943, WC, 47/15;
Taylor, *Kurt Weill*, S. 255ff., 274.

195 Ebd., S. 7f., 22f., 73.

196 Weill an Curjel, 19. Apr. 1934, WC, Curjel corr.; Weill an [Rein-
hardt], 6. Okt. 1934, WC, 47/13; Reinhardt an Weill, 27. Nov. 1935,
WC, 49/58; Weill an [Werfel], 3. Aug. 1936, WC, 47/15; Taylor,
Kurt Weill, S. 206, 225ff.; Drew, *Über Kurt Weill*, S. 61f.

197 Weill an Eltern, 5. Feb. und 17. Apr. 1943 (Zitat), WC, Weill/
Parents corr.; Putterman an Weill, 13. Mai 1946, WC, 49/55.

198 Toch zitiert in: *Auszug des Geistes: Bericht über eine Sendereihe*
(Bremen 1962), S. 185.

199 *IBD*, S. 1167; *Auszug des Geistes*, S. 176–85; Prieberg, *Lexikon der
Neuen Musik*, S. 427f.; Erwin, »Ernst Toch in America«, S. 109–16;
Mann, *Tagebücher, 1940–1943*, S. 613; Newlin, *Schoenberg Remembered*, S. 122, 139f. (1. Zitat); *Neue Zeitschrift für Musik* 128 (1967),
S. 499f. (Zitat Slonimsky auf S. 499); Albrecht Dümling in: Heister
et al., *Musik im Exil*, S. 316–19; Traber und Weingarten, *Verdrängte Musik*, S. 342f.

200 Konrad H. Jarausch, *The Unfree Professions: German Lawyers, Teachers, and Engineers, 1900–1950* (New York 1990); Kater, *Doctors
Under Hitler*.

201 Erika und Klaus Mann, *Escape to Life*, S. 242ff.

202 *LI*, S. 420; Stargardt-Wolff, *Wegbereiter großer Musiker*, S. 280f.;
Erna Berger, *Auf Flügeln des Gesanges: Erinnerungen einer Sängerin*, 2. Aufl. (Zürich 1989), S. 55; Friedelind Wagner, *Nacht über
Bayreuth*, S. 205f.; Berndt Wilhelm Wessling, *Furtwängler: Eine
kritische Biographie* (Stuttgart 1985), S. 258; Mann, *Tagebücher,
1940–1943*, S. 126, 281; Spotts, *Bayreuth*, S. 171. Alan Jefferson
datiert die Auseinandersetzung in den April 1933 (*Lotte Lehmann,
1888–1976* [London 1988], S. 146–49).

203 Carl Schuricht in: Müller-Marein und Reinhardt, *Das musikalische
Selbstportrait*, S. 427; *LI*, S. 662 (Zitat); *GLM* 7, S. 301; *NG* 16,
S. 873.

204 Strasser, *Und dafür wird man noch bezahlt*, S. 154; Claudia Maurer
Zenck, *Ernst Krenek – Ein Komponist im Exil* (Wien 1980), S. 89.

205 Stuckenschmidt, *Zum Hören geboren*, S. 142f.; *IBD*, S. 1144; Prieberg, *Musik im NS-Staat*, S. 225–33.

206 Memorandum Busch, 8. März 1933, BDC Fritz Busch; Fritz Busch,
Pages from a Musician's Life (Westport, Conn., 1971), S. 192–215;
Grete Busch, *Fritz Busch: Dirigent* (Frankfurt/Main 1970), S. 52–129.

207 Richard Engländer, »Fritz Busch«, *Musikblätter des Anbruch* 7
(1925),S. 457 (Zitat); Deutsche Botschaft in Den Haag an Auswärti-

ges Amt, 18. Okt. 1933, einschl. Memorandum vom 17. Okt. 1933, BA, R55/1181; Friedelind Wagner, *Nacht über Bayreuth*, S. 137.

208 Lüddecke et al., »Denkschrift«, 18. März 1933, BDC Fritz Busch; Busch, *Pages from a Musician's Life*, S. 192–206; Grete Busch, *Fritz Busch: Dirigent*, S. 52–62; *Münchener Neueste Nachrichten*, 19. Jan. 1933; *DKW*, Nr. 7 (1933), S. 13; Stargardt-Wolff, *Wegbereiter großer Musiker*, S. 283.

209 Strauss an Fürstner, 10. und 28. März 1933, BS, Ana/330/I/Fürstner; Adolph an Strauss, 14. März und 12. Apr. 1933; Strauss an Adolph, 17. März 1933, RG; Busch, *Pages from a Musician's Life*, S. 210.

210 Posse an Adolph, 15. März 1933, BDC Fritz Busch; Bauer an Strauss, 20. März 1933, RG (Zitate). In ihren Memoiren behauptet Berger fälschlicherweise, daß sie sich geweigert habe zu unterzeichnen (*Auf Flügeln des Gesanges*, S. 47). Dazu auch Busch, *Pages from a Musician's Life*, S. 210; Prieberg, *Kraftprobe*, S. 62.

211 Bauer an Strauss, 20. März 1933, RG.

212 Gustav Bosse, »›Führerverantwortlichkeit‹ oder ›Revolution der Straße‹?«, *ZM* 100 (1933), S. 484f.

213 Busch, *Pages of a Musician's Life*, 196ff. (1. Zitat auf S. 197); Grete Busch, *Fritz Busch: Dirigent*, S. 62f.; Picker, *Hitlers Tischgespräche*, S. 380 (2. Zitat).

214 Furtwängler an Rust, 4. Juni 1933, BDC Furtwängler; *Melos* 12 (1933), S. 257; Busch, *Pages of a Musician's Life*, S. 206–15; Rathkolb, *Führertreu und gottbegnadet*, S. 101; Prieberg, *Musik im NS-Staat*, S. 42; Prieberg, *Kraftprobe*, S. 109f.; Spotts, *Bayreuth*, S. 170f.

215 Busch, *Pages of a Musician's Life*, S. 211; Grete Busch, *Fritz Busch: Dirigent*, S. 66. Eine Geschichte von ebenso zweifelhaftem Wahrheitsgrad tischte Busch 1938 dem amerikanischen Geiger Louis Krasner in Stockholm auf: Er sei sowohl ein Freund von Hermann Göring wie ein nazifeindlicher Patriot und überstürzt von Deutschland in die Schweiz abgereist, ohne selbst seine Frau davon in Kenntnis zu setzten. Mitteilung Louis Krasner an Don C. Seibert, »Some Memoirs of Anton Webern, the Berg Concerto, and Vienna in the 1930s«, *Fanfare* 11 (1987), S. 342.

216 Hinkel an Demann [?], Okt. 1933, BDC Fritz Busch; Beussel, »Im Zeichen der Wende«, S. 670; Prieberg, *Kraftprobe*, S. 110–13; Signe Scanzoni und Götz Klaus Kende, *Der Prinzipal: Fakten, Vergleiche, Rückschlüsse* (Tutzing 1988), S. 198f.; Sam H. Shirakawa, *The Devil's Music Master: The Controversial Life and Career of Wilhelm Furtwängler* (New York 1992), S. 393.

217 Braun an Hinkel, 10. Apr. 1933; Busch an Hinkel, 26. Apr. 1933; Brandt an Hinkel, 22. Sept. 1933, BDC Fritz Busch.

218 *LI*, S. 104f.; *GLM* 1, S. 394f.; Memorandum über Busch, 12. März
     1934, BA, R55/1181; Thomas Mann, *Tagebücher, 1933–34*, Hrsg.
     Peter de Mendelssohn (Frankfurt/Main 1977), S. 84, 261, 269, 271,
     290, 375; Mann, *Tagebücher, 1940–1943*, S. 138; Otto Erhardt,
     »Fritz Busch«, in: Martin Müller und Wolfgang Mertz (Hrsg.), *Die-
     ner der Musik* (Tübingen 1965), S. 141; Grete Busch, *Fritz Busch:
     Dirigent*, S. 77–252; J. Hellmut Freund in Heister et al., *Musik im
     Exil*, S. 75.
219 J. Hellmut Freund in: Heister et al., *Musik im Exil*, S. 75.
220 *LI*, S. 104f., 376f.; Helge Rosvaenge, *Mach es besser, mein Sohn*,
     2. Aufl. (Leipzig 1963), S. 41 (Zitat).
221 Pfitzner an Brockhaus, 24. Nov. 1923, MMP; König an Minister
     [Goebbels], 27. Feb. 1933, BDC Theo König; Joel Sachs, »Some
     Aspects of Musical Politics in Pre-Nazi Germany«, *Perspectives
     of New Musik* 9 (Herbst-Winter 1970), S. 93; Stuckenschmidt,
     Zum Hören geboren, S. 117f.; Willi Reich, »Erich Kleiber und
     Alban Berg«, *Schweizerische Musikzeitung* 98 (1958), S. 375; Kater,
     »The Revenge of the Fathers«, S. 303f. Dazu auch Text bei
     Anm. 53.
222 Tietjen an Strauss, 1. Apr. und 19. Mai 1933, RG; Strauss an Fürst-
     ner, 8. Apr. 1933, BS, Ana/330/I/Fürstner; John Russell, *Erich
     Kleiber: A Memoir* (London 1957), S. 142f.; Douglas Jarman, *Alban
     Berg: Lulu* (Cambridge 1991), S. 1–38; Karen Monson, *Alban Berg:
     A Biography* (London 1980). S. 253–97, 311–14.
223 *NG* 2, S. 535f.; Burgartzs Kritik in *DM* 27 (1935), S. 262f.; Reich,
     »Erich Kleiber und Alban Berg«, S.376; Stuckenschmidt, *Zum
     Hören geboren*, S. 141; Russell, *Erich Kleiber: A Memoir*, S. 144–47;
     William E. Dodd, Jr., und Martha Dodd (Hrsg.), *Ambassador
     Dodd's Diary, 1933–1938* (New York 1941), S. 198, 217 (2. Zitat).
224 Telegramm Berlin an *De Telegraaf*, 6. Dez. 1934, BA, R55/1182;
     Berliner Philharmonisches Orchester an von Keudell, 30. Jan. 1935,
     BA, R55/1148; RMK-Registraturkarte zu Kleiber, o.J., BDC Klei-
     ber; Russell, *Erich Kleiber: A Memoir*, S. 147–58 (Zitat S. 147).
225 Russell ebd. S. 159–97; Erika und Klaus Mann, *Escape to Life*,
     S. 72; Prieberg, *Musik und Macht*, S. 185; Sachs, *Music in Fascist
     Italy*, S. 177–89.
226 Ernst Krenek in: Österreichische Musikzeitschrift 43 (1988), S. 183;
     Laqueur, *Weimar: Die Kultur der Republik*, S. 63, 205; Traber und
     Weingarten, *Verdrängte Musik*, S. 289; Kater, »The Revenge of the
     Fathers«, S. 296, 304f.; Ziegler, *Entartete Musik*, 7, 13, 16ff., 20;
     Wulf, *Musik im Dritten Reich*, S. 38, 223, 386, 392, 415, 486; Fran-
     çoise Giroud, *Alma Mahler or the Art of Being Loved* (Oxford 1991),
     S. 134.

227 Dazu Elisabeth Klamper, »Die böse Geistlosigkeit: Die Kulturpolitik
des Ständestaates«, in: *Kunst und Diktatur: Bildhauerei und Malerei
in Österreich* (Wien 1994), S. 124–33; Helmut Wohnout, »Im
Zeichen des Ständeideals: Bedingungen staatlicher Kulturpolitik
im autoritären Österreich, 1933–1938«, ebd., S. 134–41; Maurer
Zenck, *Ernst Krenek – Ein Komponist im Exil*, S. 88–93; John
L. Stewart, *Ernst Krenek: The Man and His Music* (Berkeley 1991),
S. 154–85.

228 Maurer Zenck, *Ernst Krenek – Ein Komponist im Exil*, S. 93–101
(Zitat S. 94).

229 Krenek in: Müller-Marein und Reinhardt, *Das musikalische Selbstportrait*, S. 187; Krenek in: *Österreichische Musikzeitschrift* 43
(1988), S. 183f.; Erika und Klaus Mann, *Escape to Life*, S. 258f.;
Stewart, *Ernst Krenek: The Man and His Music*, S. 185, 217; Maurer
Zenck, *Ernst Krenek – Ein Komponist im Exil*, S. 102–5.

230 Krenek an Schönberg, 5. Sept. 1939, AI, gen. corr.

231 Hans W. Heinsheimer, *Best Regards to Aida: The Defeats and
Victories of a Music Man on Two Continents* (New York 1968),
S. 265 (Zitat); Krenek in: Österreichische Musikzeitschrift 43
(1988), S. 184f.; Krenek in: Müller-Marein und Reinhardt, *Das
musikalische Selbstportrait*, S. 187f.; Maurer Zenck, *Ernst Krenek –
Ein Komponist im Exil*, S. 110–18; Stewart, *Ernst Krenek: The Man
and His Music*, S. 218–35.

232 *GLM* 5, S. 9; Prieberg, *Lexikon*, S. 237; Stewart, *Ernst Krenek: The
Man and His Music*, S. 240–71; Traber und Weingarten, *Verdrängte
Musik*, S. 289.

233 Lothar Kempter (Hrsg.), *Das Musikkollegium Winterthur* (Winterthur 1959), S. 286; Stewart, *Ernst Krenek: The Man and His
Music*, S. 45.

234 Weill an Hans [Weill], 20. Juni 1919, WC, Hans and Rita Weill
Collection; Weill an UE, 24. Aug. 1930, WC, Weill/UE corr.

235 Blaukopf, *Große Dirigenten*, S. 135–39; Rolf Liebermann in: Müller-Marein und Reinhardt, *Das musikalische Selbstportrait*, S. 270;
Kater, »Carl Orff im Dritten Reich«, S. 6; Hansjörg Pauli in: Heister
et al., *Musik im Exil*, S. 58; Pfitzner an Scherchen, 23. Nov. 1920,
BS, Autograph Pfitzner.

236 Hermann Scherchen, *Alles hörbar machen: Briefe eines Dirigenten*,
1920 bis 1939, Hrsg. Eberhardt Klemm (Berlin 1976), S. 371–74;
Harry Goldschmidt, *Um die Sache der Musik: Reden und Aufsätze*,
2. Aufl. (Leipzig 1976), S. 207; Alexander von Bormann, »Das nationalsozialistische Gemeinschaftslied«, in: Horst Denkler und Karl
Prümm (Hrsg.), *Die deutsche Literatur im Dritten Reich: Themen –
Traditionen – Wirkungen* (Stuttgart 1976), S. 266.

237 *DKW*, Nr. 18 (1933), S. 14 (Zitat); Grunsky, *Der Kampf um deutsche Musik*, S. 29.

238 »Strasbourg – Conservatoire de Musique«, 7. bis 16. Aug. 1933, BS,
Ana/410; Scherchen an Hartmann, 3. Jan. 1937; »Société Philhar-
monique de Paris«, [1938], BS, Ana/407; Scherchen, *Alles hörbar
machen*, S. 368, 374f.; Hermann Scherchen, *Aus meinem Leben:
Rußland in jenen Jahren: Erinnerungen*, Hrsg. Eberhardt Klemm
(Berlin 1984), S. 57f.; Rolf Liebermann in: Müller-Marein und
Reinhardt, *Das musikalische Selbstportrait*, S. 269; Moldenhauer,
Anton von Webern: A Chronicle of His Life and Work, S. 500f.;
Habakuk Traber, »Exil und ›Innere Emigration‹: Über Wladimir
Vogel und Karl Amadeus Hartmann«, in: Traber und Weingarten,
Verdrängte Musik, S. 168.

239 Außer Athen, das Scherchen Anfang der vierziger Jahre besuchte.
Vgl. dazu Speckner an Orff, 17. Okt. 1940, CM, Allg. Korr.; Scher-
chen, *Alles hörbar machen*, S. 373; Moldenhauer, *Anton von
Webern: A Chronicle of His Life and Work*, S. 551.

240 Scherchen, *Alles hörbar machen*, S. 264–67, 271; Hansjörg Pauli in:
Heister et al., *Musik im Exil*, S. 64f.; Elias Canetti, *The Play of the
Eyes* (New York 1986), S. 42–50.

241 Hindemith an Strecker, 8. Sept. 1931, PF, Korr. Schott; Korr.
Orff/David (1932), CM, Allg. Korr.

242 Hartmann zitiert in: Andrew D. McCredie, *Karl Amadeus Hartmann: Sein Leben und Werk* (Wilhelmshaven 1980), S. 31; Elisabeth Hartmann, Tonband-Interview, München, 13. Dez. 1994, APA.

243 Röntgen an Hartmann, 22. Sept. 1935; Scherchen an Hartmann,
4. Dez. 1935 und 3. Jan. 1937; Hartmann an Osterc, 15. Okt. 1936,
BS, Ana/407; Elisabeth Hartmann, Tonband-Interview, München,
13. Dez. 1994, APA.

244 Scherchen an Hartmann, 11. Mai 1937, 19. Juni 1937, 2. Feb. 1938,
19. Mai 1938, 14. Nov. 1938, 17. Jan. 1939, 17. Juli 1940; Hartmann
an Scherchen, 2. Dez. 1938; Jemnitz an Hartmann, 8. März 1944
(Zitat), BS, Ana/407.

245 Jemnitz an Hartmann, 24. Nov. 1938, 19. Sept. 1941, 19. März 1942,
BS, Ana/407; Sutermeister an Orff, 25. Dez. 1934, CM, Allg. Korr.

246 Hansjörg Pauli in: Heister et al., *Musik im Exil*, S. 61, 65–68; Goldschmidt, *Um die Sache der Musik*, S. 207.

Kapitel 4

1   Dazu August Reissmann, *Die Hausmusik* (Berlin 1884); *NG* 8,
    S. 313f.; *GLM* 4, S. 48; James J. Sheehan, *German History*,
    1770-1866 (Oxford 1989), S. 144-206, 324-88, 524-87, 793-852;
    Thomas Nipperdey, *Deutsche Geschichte, 1880-1866: Bürgerwelt
    und starker Staat*, 2.Aufl. (München 1984), S. 403-594; Hans-Ulrich
    Wehler, *Deutsche Gesellschaftsgeschichte* (München 1995), Bd. 3:
    S. 373-448, S. 1169-1249. Wagner zitiert in: Johann Peter Vogel,
    Hans Pfitzner: Mit Selbstzeugnissen und Bilddokumenten (Reinbek
    1986), S. 77.

2   Werner Kindt (Hrsg.), *Die deutsche Jugendbewegung, 1920 bis
    1933: Die bündische Zeit* (Düsseldorf 1974), S. 1624-71; Pamela M.
    Potter, »The Nazi ›Seizure‹ of the Berlin Philharmonic, or the Dec-
    line of a Bourgeois Musical Institution«, in: Glenn Cuomo (Hrsg.),
    National Socialist Cultural Policy (New York 1995), S. 56.

3   Kindt, *Die deutsche Jugendbewegung*, S. 1627; Pamela M. Potter,
    »German Musicology and Early Music Performance, 1918-1933«,
    in: Bryan Gilliam (Hrsg.), *Music and Performance During the Wei-
    mar Republic* (Cambridge 1994), S. 102.

4   *ZM* 108 (1941), S. 292; *ZM* 109 (1942), S. 123; *MK* 1 (1943-44),
    S. 187; *MK* 1 (1944), S. 234.

5   Henry A. Turner, Jr., *German Big Business and the Rise of Hitler*
    (New York 1985); Thomas Childers, *The Nazi Voter: The Social
    Foundations of Fascism in Germany, 1919-1933* (Chapel Hill, N.C.,
    1983).

6   Rudolf Maria Breithaupt, »Zum Tag der Hausmusik«, *DM* 26
    (1933), S. 81; Peter Raabe, *Kulturwille im deutschen Musikleben:
    Kulturpolitische Reden und Aufsätze* (Regensburg 1936), S. 47; Her-
    mann Blume, »Musikerschaft und Hausmusik«, *DDP*, 20. Nov.
    1936, S. 5f.; *ZM* 105 (1938), S. 1091; Raabe in *ZM* 109 (1942),
    S. 521; Johannes Hodek, *Musikalisch-pädagogische Bewegung zwi-
    schen Demokratie und Faschismus: Zur Konkretisierung der Faschis-
    mus-Kritik Th. W. Adornos* (Weinheim 1977), S. 163ff.; Albrecht
    Riethmüller, »Die Bestimmung der Orgel im Dritten Reich«, in:
    Hans Heinrich Eggebrecht (Hrsg.), *Orgel und Ideologie: Bericht über
    das fünfte Colloquium der Walcker-Stiftung für orgelwissenschaft-
    liche Forschung 5.-7. Mai 1983 in Göttweig* (Murrhardt 1984),
    S. 49f.; Michael H. Kater, »The Revenge of the Fathers: The
    Demise of Modern Music at the End of the Weimar Republic«, *Ger-
    man Studies Review* 15 (1992), S. 303.

7   »Arbeitsgemeinschaft für Hausmusik bei der Landesmusiker-
    schaft Bayern: Besprechung am 14.9.34«, SMK 321; *VB*, 11. Dez.
    1934.

8   *VB*, 11. Dez. 1934; Hans Brückner,»Was hat der Unterhaltungs-
    musiker mit der Hausmusik zu tun?«, *DDP*, 13. Nov. 1936, S. 1ff.;
    Blume,»Musikerschaft und Hausmusik«, S. 5ff.

9   Raabe, *Kulturwille im deutschen Musikleben*, S. 17, 44f.; Raabe in
    ZM 108 (1941), S. 290; Fritz Reusch, *Musik und Musikerziehung im
    Dienste der Volksgemeinschaft* (Osterwieck 1938), S. 17; Ulrike
    Gruner, *Musikleben in der Provinz, 1933-45: Beispiel Marburg:
    Eine Studie anhand der Musikberichterstattung in der Lokalpresse*
    (Marburg 1990), S. 155.

10 George L. Mosse, *The Crisis of German Ideology: Intellectual
    Origins of the Third Reich* (New York 1964); Michael H. Kater,
    Gewagtes Spiel: Jazz im Nationalsozialismus (München 1998); Peter
    Fritzsche, *A Nation of Flyers: German Aviation and the Popular
    Imagination* (Cambridge, Mass., 1992), S. 185-219.

11 *Mitteilungen des Kampfbundes für deutsche Kultur* 1 (1929) bis 5
    (1933); *DKW* (1932-33).

12 *AMZ* 62 (1935), S. 38; Blume,»Musikerschaft und Hausmusik«,
    S. 5; Wilhelm Ehmann, *Musikalische Feiergestaltung: Ein Werkwei-
    ser guter Musik für die natürlichen und politischen Feste des Jahres*
    (Hamburg 1938), S. 15; *AMR*, 15. Okt. 1941, BA, RD33/2-2; *ZM*
    107 (1940), S. 225; *ZM* 109 (1942), S. 555f.; Gruner, *Musikleben in
    der Provinz*, S. 156. Zu Parallelen in der Medizin vgl. Michael H.
    Kater,»Die Medizin im nationalsozialistischen Deutschland und
    Erwin Liek«, *Geschichte und Gesellschaft* 16 (1990), S. 440-63.

13 Karl Hasse, *Vom deutschen Musikleben: Zur Neugestaltung unseres
    Musiklebens im neuen Deutschland: Ausgewählte Aufsätze* (Regens-
    burg 1933), S. 114; Breithaupt,»Zum Tag der Hausmusik«, S. 82;
    AMZ 64 (1937), S. 514; *ZM* 104 (1937), S. 1416; *ZM* 108 (1942),
    S. 728.

14 Raabe, *Kulturwille im deutschen Musikleben*, S. 48; Raabe zitiert in
    AMR, 15. Nov. 1941, BA, RD33/2-2. Dazu auch die enthüllenden
    Memoiren von Margarete Hannsmann, *Der helle Tag bricht an: Ein
    Kind wird Nazi* (München 1984), und Jost Hermand, *Als Pimpf in
    Polen: Erweiterte Kinderlandverschickung, 1940-1945* (Frankfurt/
    Main 1993).

15 Michael H. Kater,»Die deutsche Elternschaft im nationalsozialisti-
    schen Erziehungssystem: Ein Beitrag zur Sozialgeschichte der Fami-
    lie«, *Vierteljahrschrift für Sozial- und Wirtschaftsgeschichte* 67
    (1980), S. 484-512.

16 *VB*, 11. Dez. 1934; Hasse, *Vom deutschen Musikleben*, S. 114;
    Raabe, *Kulturwille im deutschen Musikleben*, S. 16; Vorwort zu
    Erich Lauer, *Das völkische Lied: Erstes Buch: Lieder des neuen
    Volkes aus dem ersten Jahrfünft des Dritten Reiches*, 3. Aufl. (Mün-

chen 1939); Eberhard Preussner, »Hausmusik«, in: Alfred Morgenroth (Hrsg.), *Von deutscher Tonkunst: Festschrift zu Peter Raabes 70. Geburtstag* (Leipzig 1942), S. 37; Herbert Just, »Hausmusik als Führungsaufgabe«, in: Wolfgang Stumme (Hrsg.), *Musik im Volk: Gegenwartsfragen der deutschen Musik* (Berlin-Lichterfelde 1944), S. 95.

17 Kurt Lamerdin in *ZM* 105 (1938), S. 1091f.

18 Die RMK-Abteilung war (seit 1933) »Arbeitsgemeinschaft für Hausmusik« (vgl. dazu *ZM* 107 [1940], S. 369). Zur Hausmusik der Hitlerjugend vgl. *MJV* 1 (1937–38), S. 154f.; Eugen Mayer-Rosa, »Musikerziehung der Hitlerjugend und Hausmusik«, *MJV* 3 (1940), S. 266–69; *ZM* 109 (1942), S. 176; *MK* 1 (1943–44), S. 196.

19 Zu diesen Reibereien vgl. Michael H. Kater, »Hitlerjugend und Schule im Dritten Reich«, *Historische Zeitschrift* 228 (1979), S. 572–623; zur Hausmusik in Schulen siehe »Wie feiert München den Tag der Hausmusik?« [1933]; Gutknecht an Ehrenberg, 6. Okt. 1942, SMK 321; *VB*, 29. Sept. 1934 und 30. Okt. 1936; *AMR*, 1. Nov. 1939, BA, RD33/2–2; Michael Alt, »Die Musikerziehung in der deutschen Schule«, *Internationale Zeitschrift für Erziehung* (1939), S. 332; *ZM* 109 (1942), S. 556; Walter Rischer, *Die nationalsozialistische Kulturpolitik in Düsseldorf, 1933–1945* (Düsseldorf 1972), S. 188.

20 Heinz Boberach (Hrsg.), *Meldungen aus dem Reich: Die geheimen Lageberichte des Sicherheitsdienstes der SS, 1938–1945*, 17 Bde. (Herrsching 1984), Bd. 2, S. 114; Just, »Hausmusik als Führungsaufgabe«, S. 93.

21 *ZM* 108 (1941), S. 58, 130; *ZM* 109 (1942), S. 555; *AMR*, 31. Dez. 1943, BA, RD33/2–2.

22 *AMR*, 15. Juli 1941, 15. Jan. 1943 und 31. Dez. 1943, BA, RD33/2–2; *JdM 1943*, S. 39f.; *MK* 1 (1943–44), S. 186; *Podium der Unterhaltungsmusik*, 14. Juli 1944, S. 365; Just, »Hausmusik als Führungsaufgabe«, S. 94, 97.

23 »Programm: Hausmusikstunde am Sonntag, 22. November«, [München 1942], SMK 321; *ZM* 108 (1941), S. 23; *ZM* 110 (1942), S. 44; *MK* 1 (1943–44), S. 187, 193.

24 Ulrich Günther, »Musikerziehung im Dritten Reich – Ursachen und Folgen«, in: Hans-Christian Schmidt (Hrsg.), *Geschichte der Musikpädagogik* (Kassel 1986), S. 105–24; ders., »Musikerziehung im Dritten Reich: Ursachen, Folgen, Folgerungen«, *Musik und Bildung* 15 (1983), S. 13f.; Siegfried Günther, *Musikerziehung als nationale Aufgabe* (Heidelberg 1933); Raabe, *Kulturwille im deutschen Musikleben*, S. 22; Eckhard Nolte, *Lehrpläne und Richtlinien für den schulischen Musikunterricht in Deutschland vom Beginn des*

19. Jahrhunderts bis in die Gegenwart: Eine Dokumentation (Mainz 1975), S. 161f.; Reusch, *Musik und Musikerziehung im Dienste der Volksgemeinschaft*, S. 9f., 14f., 19f.; Alt, »Die Musikerziehung in der deutschen Schule«, S. 325–37; Sybille Neumann in: *Zündende Lieder – Verbrannte Musik: Folgen des Nationalsozialismus für Hamburger Musiker und Musikerinnen: Katalog zur Ausstellung in Hamburg im November und Dezember 1988* (Hamburg 1988), S. 76; Kater, »Hitlerjugend und Schule im Dritten Reich«, S. 572–623.

25 Wolfgang Stumme, »Musikpolitik als Führungsaufgabe« in: ders. *Musik im Volk*, S. 11; Just, »Hausmusik als Führungsaufgabe«, S. 99f. HJ- und SS-Führer Karl Cerff zitiert in *MJV* 1 (1937–38), S. 76.

26 Wolfgang Stumme, *Was der Führer der Einheit vom Singen wissen muß: Eine erste musikalische Hilfe für Jugendführer und Laiensingwarte*, 2. Aufl. (Wolfenbüttel 1942), S. 5; *Reich*, 5. Okt. 1941 (Zitat).

27 Schirach in: Dorothea Hemming (Hrsg.), *Dokumente zur Geschichte der Musikschule (1902–1976)* (Regensburg 1977), S. 131.

28 Michael H. Kater, »Bürgerliche Jugendbewegung und Hitlerjugend in Deutschland von 1926 bis 1939«, *Archiv für Sozialgeschichte* 17 (1977), S. 169ff.

29 Otto Zander in: Hemming, *Dokumente zur Geschichte der Musikschule*, S. 119.

30 Guido Waldmann, »Reichsmusiktage der Hitlerjugend, Stuttgart 1937«, *MJV* 1 (1937–38), S. 95–98; ders., »Bekenntnis zur deutschen Musik: Reichsmusiktage Düsseldorf – Beethovenfest der HJ in Wildbad«, *MJV* 1 (1937–38), S. 329–40; ders., »Das dritte Reichsmusik-Schulungslager der RJF in Braunschweig«, *Deutsche Musikkultur* 1 (1936–37), S. 303ff.; Richard Eichenauer, *Polyphonie – Die ewige Sprache deutscher Seele* (Wolfenbüttel 1938), S. 3; Wolfgang Stumme, »Musik in der Hitlerjugend«, in: Stumme, *Musik im Volk*, S. 29; Ulrich Günther, *Die Schulmusikerziehung von der Kestenberg-Reform bis zum Ende des Dritten Reiches: Ein Beitrag zur Dokumentation und Zeitgeschichte der Schulmusikerziehung mit Anregungen zu ihrer Neugestaltung* (Neuwied 1967), S. 64, 252.

31 *ZM* 104 (1937), S. 1416; *JdM 1943*, S. 59f.; *MK* 1 (1943), S. 116; Stumme, »Musik in der Hitlerjugend«, S. 24; Stumme, »Der Musikerzieher in der Hitlerjugend«, in: Stumme, *Musik im Volk*, S. 63 (Zitat); Günter, *Die Schulmusikerziehung*, S. 55; Hemming, *Dokumente zur Geschichte der Musikschule*, S. 131, 156–63.

32 *ZM* 108 (1941), S. 60, 749; »Anweisung für den HJ-Dienst in Orchesterschulen«, Anlage Brief Krieger an Ehrenberg, 4. Juni 1941, SMK 396; Memorandum Patutschnik, 5. Nov. 1943, SMK 865.

33 Felix Oberborbeck, »Gegenwartsaufgaben der deutschen Musikhochschulen«, in: Stumme, *Musik im Volk*, S. 134.

34 Um für die Zwecke dieses Buches die Unmenge der deutschen
Fachausdrücke auf einem Minimum zu halten, wird die ursprüngliche Bezeichnung durchgehend beibehalten.

35 Stumme, »Der Musikerzieher in der Hitler-Jugend«, S. 62; *ZM* 107
(1940), S. 176.

36 Bieder an Stumme, 29. Sept. 1936, BDC Stumme.

37 *ZM* 108 (1941), S. 429; Michael H. Kater, »Carl Orff im Dritten
Reich«, *Vierteljahrshefte für Zeitgeschichte* 43 (1995), S. 16f.; Wil-
helm Twittenhoff, *Orff-Schulwerk: Einführung in Grundlagen und
Aufbau* (Mainz 1935).

38 *ZM* 107 (1940), S. 175; Gert Kerschenbaumer, *Faszination Drittes
Reich: Kunst und Alltag der Kulturmetropole Salzburg* (Salzburg
[1988]), S. 179f.

39 Wolfgang Stumme, »Musik in der Hitlerjugend«, in: Stumme
(Hrsg.), *Musik im Volk: Grundfragen der Musikerziehung* (Berlin
1939), S. 19f.

40 Felix Oberborbeck, »Landschaftlicher Musikaufbau dargestellt am
Beispiel der Steiermark«, *ZM* 107 (1940), S. 680–90; ders., »Gegenwartsaufgaben der deutschen Musikhochschulen«, S. 142f.; Helmut
Brenner, *Musik als Waffe? Theorie und Praxis der politischen Musik-
verwendung, dargestellt am Beispiel der Steiermark, 1938–1945* (Graz
1992), S. 72–203.

41 Marx an Ehrenberg, 29. Apr. 1941, SMK 47; Marx an Orff, 1. Apr.
1944, CM, Allg. Korr.; *AMZ* 62 (1935), S. 314; *ZM* 107 (1940),
S. 362; *ZM* 108 (1941), S. 357; *MK* 2 (1944), S. 75; Ehmann,
Musikalische Feiergestaltung, S. 27, 85; Carl Hannemann, *Neues
Singebuch für Männerchor* (Hamburg 1940), S. 9f.; Georg Götsch,
Singende Mannschaft: Einfache Chorlieder für drei gleiche Stimmen
(Kassel [1940]), S. 35, S. 52f.; *Musik der Hitler-Jugend* (Wolfenbüttel
1941), S. 22, 31, 33f.; Kater, »Carl Orff im Dritten Reich«, S. 6, 8.
Man beachte die typisch apologetische Nachkriegs-Biographie von
Marx (Gudrun Straub et al., *Karl Marx* [Tutzing 1953], bes. S. 34ff.).

42 BDC Ruth Gottschalk, Eva Keck, Willi Träder, Urte Wabbel, Hans
Achim Weicker, Traute Zastrow, Ingeborg Zetsche und Liselotte
Zezulka.

43 »2. Niederbergisches Musikfest am 23./24. Mai 1935 in Langen-
berg-Rhld.«, OW 119; Grost an Reinhard, 12. Nov. 1938, SMK 396;
Amt für Konzertwesen, Rundschreiben Nr. 3, 1. Aug. 1938, SMK
393; Stumme, »Musik in der Hitler-Jugend« (1939), S. 26; Stumme,
»Musik in der Hitler-Jugend« (1944), S. 23; *ZM* 107 (1940), S. 438,
796; *Musik der Hitler-Jugend*, S. 15; Stumme, *Was der Führer der*

Einheit vom Singen wissen muß, S. 7; Dietz Degen, »Jugend komponiert«, *MK* 2 (1944), S. 122–25; *MK* 1 (1944), S. 198; Ernst Klusen, *Volkslied: Fund und Erfindung* (Köln 1969), S. 177–80; Gruner, *Musikleben in der Provinz*, S. 72.

44   Ludwig Kelbetz, »Hans Baumann als Komponist der Hitlerjugend«, *ZM* 105 (1938), S. 1100ff.; Jay W. Baird, *To Die for Germany: Heroes in the Nazi Pantheon* (Bloomington, Ind., 1990), S. 155–71 (Zitat S. 155).

45   Lauer, *Das völkische Lied*, (Biographie S. 233); »Süddeutsche Tonkünstlerwoche 7.-13. Juni 1941 München«, SMK 47; *ZM* 107 (1940), S. 616f.

46   Grost an Reinhard, 12. Nov. 1938, SMK 396; Ehrenberg an Schmitt, 30. März 1941; Schmitt an Ehrenberg, 25. Apr. 1941, SMK 47; Franz Köppe, »Die jugenderzieherischen Aufgaben der Hitlerjugend im Rundfunk« in: Hans-Joachim Weinbrenner (Hrsg.), *Handbuch des deutschen Rundfunks 1938*, S. 67ff.; Stumme, »Musik in der Hitler-Jugend« (Heidelberg 1939), S. 25; Stumme, »Volksliedsingen der Jugend«, in: Johannes Hoepp (Hrsg.), *Deutsche Liederkunde: Jahrbuch für Volkslied und Volkstanz* (Potsdam 1939), Bd. 1, S. 16; Stumme, »Musik in der Hitler-Jugend« (1944), S. 26f., *LI*, S. 643.

47   Reinhold Hartmann, »Musik unterm Hakenkreuz: Musikalische Beeinflussung im faschistischen Deutschland«, *Musiktherapeutische Umschau* 8 (1987), S. 31; *TGII* 12, S. 126; Hermand, *Als Pimpf in Polen*, S. 81ff.

48   Büchtger an Reinhard, 1. Juli 1937, SMK 319; Amt für Konzertwesen, Rundschreiben Nr. 3, 1. Aug. 1938, SMK 393; Ehmann, *Musikalische Feiergestaltung*, S. 10, 12, 16, 27; Stumme, »Volksliedsingen der Jugend«, S. 13f.; *Musik der Hitler-Jugend*, S. 18, 26, 32, 36, 44, 49; *ZM* 107 (1940), S. 422; *MK* 1 (1943), S. 102f., 134; *JdM 1944*, S. 33; Nanny Drechsler, *Die Funktion der Musik im deutschen Rundfunk, 1933–1945* (Pfaffenweiler 1988), S. 105; Gerd Kratzat in: *Zündende Lieder – Verbrannte Musik*, S. 97; *GLM* 1, S. 378.

49   *ZM* 110 (1943), S. 16f.; *MK* 1 (1944), S. 227.

50   Rudolf Kluge und Heinrich Krüger, *Verfassung und Verwaltung im Dritten Reich (Reichsbürgerkunde)* (Berlin 1937), S. 91 (1. Zitat); Hitler in: *Der Kongreß zu Nürnberg vom 5. bis 10. Sept. 1934* (München 1934), S. 167 (2. und 3. Zitat). Vgl. dazu auch Helmut Majewski, »Blasmusik auf dem Reichsparteitag 1938«, *MJV* 1 (1937–38), S. 547f.; Ehmann, *Musikalische Feiergestaltung*, S. 27, 35, 81; Majewski, »Neugestaltung deutscher Blasmusik«, in: Stumme, *Musik im Volk* (1939), S. 34; Reinhold Heyden, »Ursprung und Gestaltung des Offenen Volksliedsingens«, in: Stumme, *Musik im Volk* (1939), S. 186; *JdM 1944*, S. 33.

51 Hans-Jochen Gamm, *Führung und Verführung: Pädagogik des Nationalsozialismus* (München 1964); Werner Klose, *Generation im Gleichschritt: Ein Dokumentarbericht* (Oldenburg 1964).

52 Majewski, »Neugestaltung deutscher Blasmusik«, S. 31–45 (Zitat S. 35); *Musik der Hitler-Jugend*, S. 36.

53 Ludwig Kelbetz, *Zur Neugestaltung der deutschen Hochschulen für Musik* (Wolfenbüttel 1941), S. 12 (Zitat); Götsch, *Singende Mannschaft*, bes. 34f., 52f.; Oberborbeck, »Gegenwartsaufgaben der deutschen Musikhochschulen«, S. 144; Klusen, *Volkslied*, S. 182; Hermand, *Als Pimpf in Polen*, S. 61.

54 *MJV* 3 (1940), S. 26–31; *ZM* 107 (1940), S. 782f.; Hermann Wagner, »Ergebnisse einer Frankreichfahrt der Standortspielschar Nürnberg der HJ.«, *ZM* 108 (1941), S. 113ff.; *ZM* 108 (1941), S. 267f. *Musik der Hitler-Jugend*, S. 19; Stumme, »Musik in der Hitlerjugend« (1944), S. 29; Oberborbeck, »Gegenwartsaufgaben der deutschen Musikhochschulen«, S. 152.

55 »Historisches Konzert der SS«, 31. Jan. 1934, BA, R78/1142; Josef von Golitschek, »60 Jungen – zwei Orchester: Die Musikschule der Waffen-SS«, *ZM* 109 (1942), S. 398ff.; Stumme, *Was der Führer der Einheit vom Singen wissen muß*, S. 33; *MK* 1 (1943), S. 107.

56 *Musik der Hitler-Jugend*, S. 22–23; Boberach, *Meldungen aus dem Reich* 14 (1943), S. 5591f.; Erika Funk-Hennigs, »Über die instrumentale Praxis der Jugendmusikbewegung – Voraussetzungen und Auswirkungen«, in: Karl-Heinz Reinfandt (Hrsg.), *Die Jugendmusikbewegung: Impulse und Wirkungen* (Wolfenbüttel 1987), S. 231; Hartmann, »Musik unterm Hakenkreuz«, S. 30. Zu Soldaten, Mädchen und Promiskuität vgl. Boberach, *Meldungen aus dem Reich* 10 (1942), S. 3896f.; ebd. 16 (1944), S. 6484–88.

57 BDC Stumme; *Musik der Hitler-Jugend*, S. 60; Hodek, *Musikalisch-pädagogische Bewegung*, S. 115f.

58 Bresgen in: Carl Niessen (Hrsg.), *Die deutsche Oper der Gegenwart* (Regensburg 1944), S. 100 (1. Zitat); Cesar Bresgen, *Mittersill 1945 – Ein Weg zu Anton Webern* (Wien 1983), S. 48 (2. Zitat); Rudolf Lück, *Cesar Bresgen* (Wien 1974), S. 8, 11f.; Lauer, *Das völkische Lied*, S. 229; Erich Schütze, »Cesar Bresgen«, in: *Nationalsozialistische Monatshefte* 12 (1941), S. 605–9; *ZM* 105 (1938), S. 1106f.

59 »XIII. Vortragsabend: Kompositionen von Studierenden der Akademie«, München, 27. Juni 1934, SMK 475.

60 »Olympia-Sommer 1936«, 30. Aug. 1936, SMK 323/3; ADMV, »Mitteilungen«, Mai 1937, BDC Peter Raabe; *VB*, 18. Okt. 1937 (1. Zitat); Eichenauer, *Polyphonie – Die ewige Sprache deutscher Seele*, S. 74 (2. Zitat); »Reichs-Musiktage 1939: Düsseldorf

14.–21.Mai«, BS, Ana/410; *ZM* 107 (1940), S. 536f.; *ZM* 109 (1942), S. 227; *MK* 2 (1944), S. 76f.; Lück, *Cesar Bresgen*, S. 60–77.

61 Strecker an Orff, 15. Sept. 1937, CM, Schott Korr. (Zitat); Bresgen an Rosbaud, 6. Mai 1942, LP, 423/1/12.

62 *MK* 1 (1943), S. 60.

63 Bresgen in: Lück, *Cesar Bresgen*, S. 19f.

64 »Festsommer 1938 München«, SMK 97/6; Lauer, *Das völkische Lied*, S. 48f., 60f.; Bresgen an Ehrenberg, 19. Dez. 1940 und 21. Feb. 1941, SMK 47; *Musik der Hitler-Jugend*, S. 40, 47f.; *ZM* 108 (1941), S. 471; *ZM* 110 (1943), S. 95; *MK* 1 (1943), S. 135; *MK* 2 (1944), S. 75 (Zitat); *JdM 1944*, S. 31; Peter Muck, *Einhundert Jahre Berliner Philharmonisches Orchester: Darstellung in Dokumenten*, 3 Bde. (Tutzing 1982), Bd. 3, S. 309; Richard Eichenauer, *Von den Formen der Musik* (Wolfenbüttel 1943), S. 72; Kerschenbaumer, *Faszination Drittes Reich*, S. 152, 262f.

65 Bresgen, *Mittersill 1945*, S. 19, 71.

66 Büchtger an Reinhardt, 1. Juli 1937, SMK 142; Bresgen an Orff, 29. März 1939, CM, Allg. Korr.; Schmitt an Ehrenberg, 25. Apr. und 20. Mai 1941; »Süddeutsche Tonkünstlerwoche 1941«, SMK 47; *ZM* 108 (1941), S. 357; *ZM* 109 (1942), S. 89; Bresgen an Rosbaud, 10. Juni 1942, LP, 423/1/12; Kerschenbaumer, *Faszination Drittes Reich*, S. 153, 171, 260–63; Brenner, *Musik als Waffe?*, S. 249.

67 Protokoll der Tagung der *Musikbeiräte*, [München], 27. Sept. 1938, SMK 909; »Verwaltungsbericht des Kulturamtes für das Rechnungsjahr 1938«, SMK 828; Protokolle RMK [Berlin, Mai-Juli 1942], BDC Werner Egk; *ZM* 109 (1942), S. 281, 372, 561; Lück, *Cesar Bresgen*, S. 15, 22; Kerschenbaumer, *Faszination Drittes Reich*, S. 262 (Zitat).

68 Felix Raabe, *Die bündische Jugend: Ein Beitrag zur Geschichte der Weimarer Republik* (Stuttgart 1961); Kater, »Bürgerliche Jugendbewegung«, S. 127–74.

69 Dorothea Kolland, *Die Jugendmusikbewegung: »Gemeinschaftsmusik« – Theorie und Praxis* (Stuttgart 1979); *GLM* 4, S. 255; Fritz Jöde, »Die singende Jugend und die Musik«, in: Elisabeth Korn et al. (Hrsg.), *Die Jugendbewegung: Welt und Wirkung: Zur 50. Wiederkehr des freideutschen Jugendtages auf dem Hohen Meißner* (Düsseldorf 1963), S. 59–64; Günther, »Musikerziehung im Dritten Reich«, S. 138–44. Zu Kestenberg vgl. *IBD*, S. 617f.

70 Fricke an Kallmeyer, 18. Jan. 1933, BDC Jöde (1. Zitat); Jöde an Adler, 10. Sept. 1927, LBI, AR-7276/IV/2/7; Jöde an Orff, 26. Jan. 1932; Orff an Preussner, 28. Dez. 1932; Katz an Orff, 28. Aug. [1932] (2. Zitat), CM, Allg. Korr.; Kallmeyer an Stege, 14. Dez. 1932, BDC Jöde; Fritz Jöde, »Musik und Gesellschaft: Eine Ein-

leitung«, *Musik und Gesellschaft* 1 (Apr. 1930), S. 1ff.; *DKW*, Nr. 1 (1933), S. 13; Karl Grunsky, *Der Kampf um deutsche Musik* (Stuttgart 1933), S. 46; Ernst Krieck, *Musische Erziehung* (Leipzig 1933); Georg Götsch, »Musische Erziehung, eine deutsche Aufgabe«, *Völkische Musikerziehung* 2 (1936), S. 5–11; Reusch, *Musik und Musikerziehung*, bes. S. 12f., 30; Kurt Sontheimer, *Antidemokratisches Denken in der Weimarer Republik: Die politischen Ideen des deutschen Nationalismus zwischen 1918 und 1933*, 4. Aufl. (München 1962), bes. S. 35, 315; Herman Lebovics, *Social Conservatism and the Middle Classes in Germany, 1914–1933* (Princeton, N.J., 1969); Karl-Heinz Reinfandt, »Fritz Jödes Schaffen zwischen Idee und Wirklichkeit«, in: Reinfandt, *Jugendmusikbewegung*, S. 283; Hodek, *Musikalisch-pädagogische Bewegung*, S. 105–9; Günther, »Musikerziehung im Dritten Reich«, S. 144f.

71   Jöde in *ZM* 100 (1933), S. 581 (1. Zitat); Fritz Jöde, *Deutsche Jugendmusik: Eine Frage nach dem Wesen im Wandel der Zeit* (Berlin, [1934]), S. 46ff. (übrige Zitate); Kallmeyer an Rust, 9. Feb. und 10. März 1933; Kallmeyer, »An die Gegner Professor Jödes, wenn sie die Wahrheit hören wollen«, Apr. 1933; Kallmeyer, »An die Freunde der Arbeit Professor Fritz Jödes!«, Apr. 1933; »Erklärung«, Mai 1933; Jöde, »In eigener Sache (Bericht)«, Juni 1934; *ZM* 100 (1933), S. 571, 582–91; Günther, »Musikerziehung im Dritten Reich«, S. 147; Hodek, *Musikalisch-pädagogische Bewegung*, S. 110f.; Christine Fischer-Defoy, *Kunst, Macht, Politik: Die Nazifizierung der Kunst- und Musikhochschulen in Berlin* (Berlin [1988]), S. 99, 321; Wolfgang Stumme, »Die Musikschule im 20. Jahrhundert: Bericht eines Zeitzeugen«, in: Reinfandt, *Jugendmusikbewegung*, S. 255; Günther, »Jugendmusikbewegung und reformpädagogisches Bewegung«, in: Reinfandt, *Jugendmusikbewegung*, S. 176; Reinfandt, »Fritz Jödes Schaffen«, S. 285.

72   Stumme, »Die Musikschule im 20. Jahrhundert«, S. 255; Reinfandt, »Fritz Jödes Schaffen«, S. 285; Günther, *Schulmusikerziehung*, S. 48; Hodek, *Musikalisch-pädagogische Bewegung*, S. 112; Kerschenbaumer, *Faszination Drittes Reich*, S. 178; Napierskys Zeugnis in: Fred K. Prieberg, *Musik im NS-Staat* (Frankfurt/ Main 1982), S. 244.

73   *VB*, 28. Feb. 1933 (Zitat); Hasse und zur Nedden, »In Ihrem eigensten Interesse!« [1933]; Zimmermann an Krieck, [1933]; Hasse an Kallmeyer, 2. Apr. 1933, BDC Jöde; Kittel an Graener, 18. März 1933, BDC Bruno Kittel; Zimmermann an Frick, 8. März 1933, BDC Willy Zimmermann; Niechciol an Rust, 10. März 1933, BDC Traugott Niechciol; Hasse an Hinkel, 17. Juni 1933, BDC Karl Hasse; Grunsky, *Der Kampf um deutsche Musik*, S. 48f., 66; *ZM* 100

(1933), S. 572–81; Hodek, *Musikalisch-pädagogische Bewegung*, S. 103f.

74 Jöde RMK-Registrationskarte mit Informationen des SD mit Datum 26. Juli 1940; von Staa an [Bieder], 25. Feb. 1937; Kunisch an Jöde, 11. Feb. 1935; »Beschluß« Kunisch, 19. März 1935; Kunisch an Vorsitzenden, 19. März 1935, BDC Jöde; Bahrman et al., »Abschrift zu Va 153/39«, 8. Okt. 1936; Miederer an Bayerisches Kultusministerium, 8. Feb. 1939, BH, MK/36711. Dazu auch Reinfandt, »Fritz Jödes Schaffen«, S. 277; Heinrich M. Sambeth in: Reinhold Stapelberg (Hrsg.), *Fritz Jöde: Leben und Werk: Eine Freundesgabe zum 70. Geburtstag* (Trossingen 1957), S. 93.

75 Heinrich Lades in: Stapelberg, *Fritz Jöde*, S. 10; Jörn Thiel, ebd., S. 133; Jöde an Staatliche Hochschule, 18. Juni 1937 (alle Zitate bis auf das letzte); Baudissin an [Bieder], 6. Aug. 1937; Poller an Best, 1. Aug. 1938, BDC Jöde; Kunisch an Bayerisches Kultusministerium, 19. Dez. 1938 (letztes Zitat) und 11. Mai 1939, BH, MK/36711; Eichenauer, *Polyphonie – Die ewige Sprache deutscher Seele*, S. 69; Ehmann, *Musikalische Feiergestaltung*, S. 8, 11, 82; Reinhold Heyden, »Ursprung und Gestaltung des Offenen Volksliedsingens«, in: Stumme, *Musik im Volk* (1939), S. 183, 185.

76 Die apologetische Behauptung, nach 1945 von seinen Schülern veröffentlicht, daß Jöde Salzburg wegen politischer Schwierigkeiten verlassen habe und auch aus der Partei ausgetreten sei, ist eine Erfindung. Wie im Fall von Karajan (vgl. dazu Kapitel 2 bei Anm. 121) wäre ein Parteiaustritt in Jödes Personalpapieren, die erhalten geblieben sind, vermerkt worden. Dazu Reinfandt, »Fritz Jödes Schaffen«, S. 287f.; Heinrich Lades in: Stapelberg, *Fritz Jöde*, S. 10f. Ferner Bresgen, ebd., S. 145; Bresgen, *Mittersill 1945*, S. 132; BDC Jöde; Günter, »Jugendmusikbewegung«, S. 176; Götsch, *Singende Mannschaft*, S. 2; Carl Hannemann, »Der Gemeinschaftsabend«, *MJV* 3 (1940), S. 214; Stumme, *Was der Führer der Einheit vom Singen wissen muß*, S. 43; *MK* 1 (1943), S. 104, 106; *MK* 1 (1943–44), S. 183.

77 Oberborbeck, »Gegenwartsaufgaben der deutschen Musikhochschulen«, S. 140 (Zitat). Dazu auch Fritz Stein, »Aus der Arbeit der Staatl. akademischen Hochschule für Musik in Berlin«, *ZM* 107 (1940), S. 388–95; *ZM* 108 (1941), S. 450.

78 *IBD*, S. 1070; Michael Fend in: Hanns-Werner Heister et al. (Hrsg.), *Musik im Exil: Folgen des Nazismus für die internationale Musikkultur* (Frankfurt/Main 1993), S. 171ff.; Donald W. Ellis, »Music in the Third Reich: National Socialist Aesthetic Theory as Governmental Policy« (Diss.phil., University of Kansas 1970), S. 73–76; Joseph Wulf (Hrsg.), *Musik im Dritten Reich: Eine Dokumentation* (Reinbek 1966), S. 29.

79 Kreutzer an Hinkel, 15. Juni 1933, BDC Kreutzer; [Stein] an [Rust], 23. Okt. 1933, BDC Vollerthun; [Stein] an [Rust], 9. März 1939, BDC Wilhelm Lamping; KfdK, »Wünsche der Fachgruppe Musik«, [Ende 1932], BDC Fritz Stein; Ferdinand Neussel, »Im Zeichen der Wende«, *DM* 25 (1933), S. 672; Habakuk Traber und Elmar Weingarten (Hrsg.), *Verdrängte Musik: Berliner Komponisten im Exil* (Berlin 1987), S. 219, 295; Fischer-Defoy, *Kunst, Macht, Politik*, S. 72, 126.

80 BDC Vollerthun.

81 BDC Trapp; *ZM* 107 (1940), S. 460; *ZM* 109 (1942), S. 470; Michael Mäckelmann, *Arnold Schönberg und das Judentum: Der Komponist und sein religiöses, nationales und politisches Selbstverständnis nach 1921* (Hamburg 1984), S. 205; *GLM* 8, S. 161.

82 Gotthold Frotscher, »Der Begriff ›Volksmusik‹«, in: Stumme, *Musik im Volk* (1939), S. 234 (Zitat); ders., »Die Musikarbeit im Kriegsjahr 1942«, in: Hemming, *Dokumente zur Geschichte der Musikschule*, S. 164-67; ders., »Die Aufgabe der Musikwissenschaft«, in: Stumme, *Musik im Volk* (1944), S. 356-68; *GLM* 3, S. 183f.

83 KfdK, »An die deutschen Universitäten und Hochschulen«, [30. Apr. 1932]; Hasse an Hinkel, 14. Juli 1933, BDC Hasse; Adler an Hasse, 18 Mai 1933, LBI, AR-7276/IV/2/12; Hasse an Stege, 27. Juli 1942, OW 40; Karl Hasse, *Von deutschen Meistern: Zur Neugestaltung unseres Musiklebens im neuen Deutschland: Ausgewählte Aufsätze* (Regensburg 1934); Siegmund Helms, *Musikpädagogik zwischen den Weltkriegen: Edmund Joseph Müller* (Wolfenbüttel 1988), S. 101; *GLM* 4, S. 43.

84 Karl Blessinger, *Mendelssohn, Meyerbeer, Mahler: Drei Kapitel Judentum in der Musik als Schlüssel zur Musikgeschichte des 19. Jahrhunderts* (Berlin 1939); ders., *Judentum und Musik: Ein Beitrag zur Kultur- und Rassenpolitik* (Berlin 1944); Wulf, *Musik im Dritten Reich*, S. 283, 475f.

85 *GLM* 8, S. 186; BDC Trunk; Memorandum Fiehler, 15. Okt. 1942, SMK 734; *VB*, 9. Juli 1934; *Münchener Neueste Nachrichten*, 9. Juli 1934; *Das deutsche Führerlexikon 1934/35* (Berlin o.J.), S. 497f.; Nicolas Slonimsky, *Music Since 1900*, 4. Aufl. (New York 1971), S. 575. Zu Wessel vgl. Baird, *To Die for Germany*, S. 73-107.

86 Josef Müller-Blattau, »Das Horst Wessel-Lied«, *DM* 26 (1934), S. 322-28 (Zitat S. 328); ders., *Germanisches Erbe in deutscher Tonkunst* (Berlin 1938); *ZM* 109 (1942), S. 185; *GLM* 5, S. 385; Prieberg, *Musik im NS-Staat*, S. 285.

87 *Musik im Zeitbewußtsein*, Nr. 4 (4. Nov. 1933), S. 1f.; Friedrich Blume, »Musik und Rasse«, *DM* 30 (1938), S. 736-48; *Podium der Unterhaltungsmusik*, 15. Juni 1944, S. 344; Prieberg, *Musik im NS-*

Staat, S. 110f.; Kurt Gudewill, »Zur Geschichte des Faches Musikwissenschaft an der Christian-Albrechts-Universität in Kiel«, in: Carl Dahlhaus und Walter Wiora (Hrsg.), *Musikerziehung in Schleswig-Holstein: Dokumente der Vergangenheit, Aspekte der Gegenwart* (Kassel 1965), S. 19f.; Pamela M. Potter, »The Deutsche Musikgesellschaft, 1918–1938«, *Journal of Musicological Research* 11 (1991), S. 160ff.; dazu Anm. 18 in Kap. 3.

88   Jeremy Noakes, »The Ivory Tower Under Siege: German Universities in the Third Reich«, *Journal of European Studies* 23 (1993), S. 371–407.

89   *ZM* 106 (1941), S. 62.

90   Schünemann »Fragebogen«, 13. Aug. 1933, BDC Schünemann; *Wer ist's?*, 10. Aufl., Hrsg. Hermann A. L. Degener (Berlin 1935), S. 1450; *GLM* 7, S. 301; *The Memoirs of Carl Flesch*, Hrsg. Hans Keller (Harlow 1973), S. 316; John L. Stewart, *Ernst Krenek: The Man and His Music* (Berkeley 1991), S. 27–32, 35ff.

91   *Wer ist's?*, S. 1450; *GLM* 7, S. 281, 301.

92   Schünemann, »Fragebogen«, 13. Aug. 1933, BDC Schünemann; *GLM* 7, S. 301; *Wer ist's?*, S. 1450; Niechciol an Rust, 10. März 1933, BDC Niechciol; Kittel an Graener, 18. März 1933, BDC Kittel; Schwartz an Hinkel, 26. März 1933, BDC Schwartz; Rasch an Schünemann, 29. März 1933, BDC Rasch; Schünemann an Hinkel, 8. Apr. 1933, BDC Fritz Stein; Kralle an [Hinkel], 21. Juni 1933, BDC Schünemann (1. Zitat); Hindemith an Strecker, 15. Apr. 1933 (2. Zitat); Willy an Ludwig Strecker, 4. Aug. 1933, PF, Schott Korr.; Trinius an Hinkel, 20. Mai 1933, BDC Hans Trinius; Havemann an Hess, 21. Dez. 1933, BDC Havemann; Wulf, *Musik im Dritten Reich*, S. 20; Prieberg, *Musik im NS-Staat*, S. 44.

93   Gertrud an Paul Hindemith, 14. Apr. [1937], PF, 3.144.12–21; *TG* 3, S. 348; Bruno von Niessen, »Bestätigung«, 13. Aug. 1946, AM, Strauss; *AMZ* 64 (1937), S. 730; *ZM* 107 (1940), S. 232; *ZM* 108 (1941), S. 446, 471; Victor Junk, »Die Mozartwoche des Deutschen Reiches in Wien«, *ZM* 109 (1942), S. 11; *MK* 1 (1943), S. 28; Georg Schünemann, *Die Singakademie zu Berlin, 1791–1941* (Regensburg 1941), S. 186–89; *JdM 1944*, S. 27; *Podium der Unterhaltungsmusik*, 15. Feb. 1944, S. 263; Rudolf Hartmann, *Das geliebte Haus: Mein Leben mit der Oper* (München 1975), S. 157; Fred K. Prieberg, *Musik und Macht* (Frankfurt/Main 1991), S. 261; Schünemann zitiert in: Prieberg, *Musik im NS-Staat*, S. 408; Pamela M. Potter, »Musicology unter Hitler: New Sources in Context«, *Journal of the American Musicological Society* 49 (1996), S. 85f.

94   Walter Rumpel zitiert in »Vermerk«, 12. Dez. 1946, BDC Stein.

95 *Deutsches Musiker-Lexikon*, Hrsg. Erich H. Müller (Dresden 1929), S. 1388f.; *Das deutsche Führerlexikon*, S. 471f.; Stein an Herren, 30. Juli 1933, BDC Stein; Gudewill, »Zur Geschichte des Faches Musikwissenschaft«, S. 18.

96 Lehmann an RSK, 30. Sept. 1941, BDC Stein; BDC Walter Teschendorff; *Artist*, 14. Apr. 1933; *DKW*, Nr. 11 (1933), S. 20. Auf Steins endgültigen Bruch mit dem Kampfbund (1934) verweist sein Brief an Hinkel, 16. Juni 1933, BDC Stein.

97 Rumpel, »Vermerk«, 12. Dez. 1946, BDC Stein; Claudia Maurer Zenck, »Zwischen Boykott und Anpassung an den Charakter der Zeit: Über die Schwierigkeiten eines deutschen Komponisten mit dem Dritten Reich«, *Hindemith-Jahrbuch* 9 (1980), S. 87, Anm. 90.

98 Stein, »Ansprache«, 2. Mai 1933, BDC Stein; Wulf, *Musik im Dritten Reich*, S. 100.

99 Stein an [Franz Strauss], 6. Apr. 1934, RG; Alfred Morgenroth, »Peter Raabe und sein Weg«, in: Morgenroth, *Von deutscher Tonkunst*, S. 21.

100 BDC Stein; Stein an Hinkel, 22. Juli 1935, PF, Musikhochschule Berlin; *Melos* 12 (1933), S. 351; *Melos* 13 (1934), S. 72; Fritz Stein, »Chorwesen und Volksmusik im neuen Deutschland«, *ZM* 101 (1934), S. 281–88 (Zitat S. 284).

101 BDC Stein (zu Stuckenschmidt siehe Stein an Hinkel, 25. Nov. 1933).

102 *Skizzen* (Aug.-Sept. 1937), S. 15; *Skizzen* (Okt. 1937), S. 17; *Skizzen* (März 1938), S. 18; *DDP*, 26. Juni 1936, S. 1f.

103 H. J. Therstappen, »Fritz Stein«, *ZM* 106 (1939), S. 1141–46; Carl Adolf Martienssen, »Fritz Stein als Musikerzieher und als Lehrer«, *ZM* 106 (1939), S. 1146–50, 1150f.; Fritz Stein, »Aus der Arbeit der Staatlichen Akademischen Hochschule für Musik in Berlin«, *ZM* 107 (1940), S. 388–95; *ZM* 108 (1941), S. 33, 586f.; *AMR*, 15. Jan. 1940 und 15. Jan. 1943, BA, RD33/2-2.

104 Petschull an Strecker, 11. Okt. 1936, PF, Schott Korr.; Stein an Gossrau, 22. Dez. 1936, und an Furtwängler, 22. März 1937, PF, Musikhochschule Berlin; Maurer Zenck, »Zwischen Boykott und Anpassung«, S. 96, 105f.; Andres Briner, *Paul Hindemith* (Zürich 1971), S. 113; Orff an Strecker, 18. Feb. 1938, CM, Schott Korr.

105 Alfred Rosenberg, *Der Mythus des 20. Jahrhunderts: Eine Wertung der seelisch-geistigen Gestaltenkämpfe unserer Zeit*, 41./42. Aufl. (München 1934), bes. 616f.; ders., *An die Dunkelmänner unserer Zeit: Eine Antwort auf die Angriffe gegen den Mythus des 20. Jahrhunderts* (München o.J.).

106 Zum religiös-politischen Hintergrund vgl. Victoria Barnett, *For the Soul of the People: Protestant Protest Against Hitler* (New York

1992); John S. Conway, *The Nazi Persecution of the Churches* (Toronto 1968).

107 Zum Hintergrund siehe die beiden in Anm. 106 zitierten Werke.

108 Britta Martini, »Der Weg der Kirchenmusik in der nationalsozialistischen Zeit im Spiegel der Zeitschrift ›Musik und Kirche‹«, *Kirchenmusiker* 40 (1989), S. 89.

109 Zu Söhngen vgl. *GLM* 7, S. 377. Zitate aus »Erklärung«, Berlin, 17.-18. Mai 1933, *ZM* 100 (1933), S. 599f.

110 Hasse, *Vom deutschen Musikleben*, S. 8; Hasse an Hinkel, 16. Juni 1933 (Zitat) und 17. Juni 1933, BDC Hasse; Karl Hasse, »Deutsche Christen, Kirchenmusik und Orgelbewegung«, *ZM* 100 (1933), S. 712-17; Stein an Hinkel, 1. Juli und 6. Okt. 1933, BDC Stein; *ZM* 108 (1941), S. 275; Wulf, *Musik im Dritten Reich*, S. 71; Jörg Fischer, »Evangelische Kirchenmusik im Dritten Reich: ›Musikalische Erneuerung‹ und ästhetische Modalität des Faschismus«, *Archiv für Musikwissenschaft* 46 (1989), S. 186–225.

111 Fred Hamel, »Zur Erneuerung der Kirchenmusik«, *Melos* 12 (1933), S. 276–81 (1. Zitat S. 276); übrige Zitate Anlagen Brief Emilie von Freyhold an Goebbels, 6. Sept. 1933, BA, R55/1140. Dazu auch Martini, »Der Weg der Kirchenmusik«; Albrecht Riethmüller, »Die Erneuerung der Kirchenmusik im Dritten Reich – Eine Legende?«, *Kirchenmusiker* 40 (1989), S. 161–74; Fischer, »Evangelische Kirchenmusik im Dritten Reich«, S. 200–209.

112 Hamel, »Zur Erneuerung der Kirchenmusik«, S. 281.

113 Zitat nach Hans Prolingheuer, »1937 – Das Jubeljahr des Oskar Söhngen: Zum ›Fest der deutschen Kirchenmusik‹ vor 50 Jahren«, *Neue Stimme* 14 (1987), S. 28. Dazu auch *Fest der deutschen Kirchenmusik: Werke unserer Zeit* (Berlin-Steglitz [1937]); Oskar Söhngen, *Die neue Kirchenmusik: Wandlungen und Entscheidungen* (Berlin-Steglitz 1937), S. 23f., 41 (Anm. 9); Martini, »Der Weg der Kichenmusik«, S. 91ff.; Söhngen, *Kämpfende Kirchenmusik: Die Bewährungsprobe der evangelischen Kirchenmusik im Dritten Reich* (Kassel o.J.), S. 42ff.; Fischer, »Evangelische Kirchenmusik im Dritten Reich«, S. 228; Prieberg, *Musik im NS-Staat*, S. 37.

114 Hans Prolingheuer, *Ausgetan aus dem Land der Lebendigen: Leidensgeschichten unter Kreuz und Hakenkreuz* (Neunkirchen-Vluyn 1983), S. 102–41; ders., *Wir sind in die Irre gegangen: Die Schuld der Kirche unterm Hakenkreuz nach dem Bekenntnis des »Darmstädter Wortes« von 1947* (Köln 1987) (Söhngen-Zitat in Faksimile, ebd., S. 156); ders., »Die ›Entjudung‹ der deutschen evangelischen Kirchenmusik zwischen 1933 und 1945: Vortrag in der Ev. Akademie Arnoldshain am 28. 1. 1989«, *Kirchenmusiker* 40 (1989), S. 121–37; *AMZ* 62 (1935), S. 542; *Das Schwarze Korps*, 5. Sept. 1935, S. 5;

Wolfgang Gerlach, *Als die Zeugen schwiegen: Bekennende Kirche und die Juden* (Berlin 1987), S. 194–200; Fischer, »Evangelische Kirchenmusik im Dritten Reich«, S. 209, 225–28, 232; Martini, »Der Weg der Kirchenmusik«, S. 94f.

115 Oskar Söhngen, *Die Wiedergeburt der Kirchenmusik: Wandlungen und Entscheidungen* (Kassel 1953), S. 43, 58.

116 Protokoll RMK-Sitzung [Berlin, Mai-Juli 1942], BDC Werner Egk; Oliver Rathkolb, *Führertreu und gottbegnadet: Künstlereliten im Dritten Reich* (Wien 1991), S. 176; *ZM* 109 (1942), S. 562 (Zitat); Slonimsky, *Music Since 1900*, S. 760; Fred K. Prieberg, *Lexikon der Neuen Musik* (Freiburg 1958), S. 99.

117 *Melos* 12 (1933), S. 421, 431; *Melos* 13 (1934), S. 207; *AMZ* 66 (1939), S. 114; *ZM* 107 (1940), S. 299; Karl Laux, *Musik und Musiker der Gegenwart* (Essen 1949), Bd. 1, S. 65–72; Karl H. Wörner, *Neue Musik in der Entscheidung* (Mainz 1954), S. 294; Prieberg, *Lexikon der Neuen Musik*, S. 98f.; Fischer, »Evangelische Kirchenmusik im Dritten Reich«, S. 212, 215–18 (Zitat Distler S. 231).

118 Laux, *Musik und Musiker der Gegenwart*, S. 65; *GLM* 2, S. 325.

119 BDC Distler; BDC Heilwig Thieme; *Deutsche Musikkultur* 1 (1936–37), S. 238 (1. Zitat); Ehmann, *Musikalische Feiergestaltung*, S. 40f., 85; Fischer, »Evangelische Kirchenmusik im Dritten Reich«, S. 204 (2. Zitat Distler), 211, 219 (3. Zitat Distler); Erik Levi, *Music in the Third Reich* (New York 1994), S. 153.

120 Ernst Pepping, *Stilwende der Musik* (Mainz 1934) (Zitate S. 79–81); Adam Adrio, »Ernst Pepping«, *Melos* 13 (1934), S. 142–47; Laux, *Musik und Musiker der Gegenwart*, S. 193–201; Wörner, *Neue Musik in der Entscheidung*, S. 294; Fischer, »Evangelische Kirchenmusik im Dritten Reich«, S. 230f.

121 *NG* 11, S. 795f.

122 Victor Klemperer, »*LTI*«: *Die unbewältigte Sprache: Aus dem Notizbuch eines Philologen* (München 1969).

123 Zitate Gau-Dozentenbundsführer an Drissen, 19. Okt. 1938, BDC Pepping. Dazu auch Friedrich Blume, »Ernst Pepping« (1937), in: Heinrich Poos (Hrsg.), *Festschrift Ernst Pepping zu seinem 70. Geburtstag am 12. September 1971* (Berlin 1971), S. 51; Ehmann, *Musikalische Feiergestaltung*, S. 39; *VB*, 1. Aug. 1939; *Reich*, 23. März 1941; *ZM* 107 (1940), S. 171, 463; *ZM* 108 (1941), S. 603; Adam Adrio, »Ernst Pepping«, *ZM* 109 (1942), S. 49–53; *ZM* 109 (1942), S. 112, 234, 403f.; *MK* 2 (1944), S. 77; Muck, *Einhundert Jahre Berliner Philharmonisches Orchester*, Bd. 2, S. 173.

124 David an Orff, [1943], CM, Allg. Korr.; Münchner Philharmoniker, »Städtische Philharmonische Konzerte 1942–43«, SMK 177; Friedrich Welter, *Musikgeschichte im Umriß: Vom Urbeginn bis zur*

Gegenwart (Leipzig o.J.), S. 317; *JdM 1943*, S. 134–44, 196f. *JdM 1944*, S. 82; *ZM* 107 (1940), S. 273, 563f., 574, 611, 744, 797; *ZM* 108 (1941), S. 55, 101, 447, 474, 796f.; *ZM* 109 (1942), S. 91, 114, 160, 184, 377, 493; *ZM* 110 (1943), S. 117f.; *MK* 1 (1943), S. 34; *MK* 2 (1944), S. 65, 68; Bernhard Kohl, »Ein Kunstwerk aus der Hand der Götter‹: Johann Nepomuk David in Leipzig«, in: Johannes Forner (Hrsg.), *Festschrift 150 Jahre Musikhochschule 1843–1993: Hochschule für Musik und Theater »Felix Mendelssohn Bartholdy«* (Leipzig 1993), S. 156–73.

125 *VB*, 12. Okt. 1937; RMK-Protokolle, [Berlin, Mai-Juli 1942], BDC Werner Egk; Ehmann, *Musikalische Feiergestaltung*, S. 83; *ZM* 108 (1941), S. 450; *ZM* 110 (1943), S. 45, 71, 118; *MK* 1 (1943), S. 115f. Kohls Versuch, Davids Rolle in der Erschaffung und Aufführung der Führer-Motette herunterzuspielen, läuft auf eine Apologie hinaus, von der Art, wie sie in Deutschland weiterhin grassiert (»Ein Kunstwerk aus der Hand der Götter«, S. 160f.). Dazu auch Prieberg, *Musik im NS-Staat*, S. 10.

126 Günter Hartung, »Analyse eines faschistischen Liedes«, *Wissenschaftliche Zeitschrift der Martin-Luther-Universität Halle-Wittenberg* 23, Nr. 6 (1974), S. 53; Hartmann, »Musik unterm Hakenkreuz«, S. 29.

127 Söhngen, *Die Wiedergeburt der Kirchenmusik*, S. 42.

128 *GLM* 7, S. 406f.; Bieder an Spitta et al., 13. Feb. 1935, BDC Fritz Jöde; Guido Waldmann, »Musikschulungslager und Musiktage der Hitlerjugend: Erfurt 1935«, *Deutsche Musikkultur* 1 (1936–37), S. 58 (Zitat); Spitta in: Lauer, *Das völkische Lied*, S. 238; Welter, *Musikgeschichte im Umriß*, S. 308.

129 Zitate aus »Der Führer hat Gerufen« in: Prolingheuer, *Wir sind in die Irre gegangen*, S. 107. Vgl. dazu auch ADMV, *Mitteilungen*, Nr. 113 (Mai 1937), BDC Peter Raabe; Ehmann, *Musikalische Feiergestaltung*, S. 26, 39, 41, 46, 82, 85; Spittas fanatischer Nazi-Brief von der Front in *MJV* 3 (1940), S. 29ff.; *Musik der Hitler-Jugend*, S. 12–17, 22, 27, 30, 32f., 42, 45f., 49; *ZM* 108 (1941), S. 722; *ZM* 109 (1942), S. 184, 188, 372, 423; *ZM* 110 (1943), S. 23, 123; *MK* 2 (1944), S. 34.

130 Franz Krautwurst in: Krautwurst et al., *Armin Knab* (Tutzing 1991), S. 37–40; Friedrich Zipp, ebd., S. 93–120; Bieder an Knab, 17. Jan. 1944 (2. Zitat), BDC Knab; übrige Korr. ebd.; Söhngen, *Kämpfende Kirchenmusik*, S. 48; Lauer, *Das völkische Lied*, S. 232; *DAZ*, 19. Feb. 1941 (1. Zitat); *Melos* 12 (1933), S. 422, 431; Welter, *Musikgeschichte im Umriß*, S. 314f.; *ZM* 108 (1941), S. 60, 477, 681; *ZM* 109 (1942), S. 90f.; *JdM 1944*, S. 32; *MK* 2 (1944), S. 104; Oskar Lang, *Armin Knab: Ein Meister deutscher Liedkunst* (1937; Neudruck Würzburg 1981), S. 32–75.

131 Krautwurst in: *Armin Knab*, S. 36, 41 (Zitate); Hans Schmidt-Mannheim, ebd., S. 55; »Fragebogen« Knab, 28. Juni 1934, BDC Knab; Michael H. Kater, *The Nazi Party: A Social Profile of Members and Leaders, 1919–1945* (Cambridge, Mass., 1983), S. 67, 108, 112, 134; Konrad H. Jarausch, *The Unfree Professions: German Lawyers, Teachers, and Engineers, 1900–1950* (New York 1990), S. 141.

132 Vollerthun an Rühlmann, 7. Sept. 1935 und 16. Apr. 1936, BDC Vollerthun; Knab an [Bieder], 12. Apr. 1938, BDC Knab; *DAZ*, 19. Feb. 1941; *ZM* 101 (1934), S. 1274f.; *ZM* 109 (1942), S. 424; *ZM* 110 (1943), S. 116; Ehmann, *Musikalische Feiergestaltung*, S. 26, 38–42, 45f., 82, 85f.; Lauer, *Das völkische Lied*, S. 29ff., 122f.; Welter, *Musikgeschichte im Umriß*, S. 308; Hannemann, *Neues Singebuch für Männerchor*, S. 33ff., 126ff.; Carl Hannemann, »Der Gemeinschaftsabend: Alte und neue Geselligkeit«, *MJV* 3 (1940), S. 215; Götsch, *Singende Mannschaft*, S. 67; *Musik der Hitler-Jugend*, S. 15, 22, 26f., 29f., 32f.; Fischer-Defoy, *Kunst, Macht, Politik*, S. 101f., 221.

133 Protokoll RMK-Sitzung [Berlin, Mai-Juli 1942], BDC Werner Egk; *VB*, 22. Juli 1940; *ZM* 108 (1941), S. 74; *MK* 1 (1943), S. 115.

134 Söhngen, *Kämpfende Kirchenmusik*, S. 42f.; ders., *Die Wiedergeburt der* Kirchenmusik, S. 42; Ulrich Dibelius, *Moderne Musik: Voraussetzungen, Verlauf, Material* (München 1966), S. 36 (1. Zitat); Heinrich Lindlar (Hrsg.), *Wolfgang Fortner: Eine Monographie: Werkanalysen, Aufsätze, Reden, Offene Briefe, 1950–1959* (Rodenkirchen o.J.), S. 47 (2. Zitat).

135 *NG* 13, S. 104f. (Zitat S. 104); Robert Hill, »Overcoming Romanticism‹: On the Modernization of Twentieth-Century Performance Practice«, in: Gilliam, *Music and Performance During the Weimar Republic*, S. 37–58; Richard Taruskin, *Text and Act: Essays on Music and Performance* (New York 1995), S. 256.

136 *GLM* 3, S. 137f.; Dibelius, *Moderne Musik*, S. 35; Lindlar, *Wolfgang Fortner*, S. 14–17; Laux, *Musik und Musiker der Gegenwart*, S. 97–104; *Melos* 13 (1934), S. 71, 111, 157; *AMZ* 63 (1936), S. 174; Helmut Heiber, *Die Kapitulation der Hohen Schulen: Das Jahr 1933 und seine Themen*, 2 Bde. (München 1992, 1994), Bd. 2, S. 501ff.; Welter, *Musikgeschichte im Umriß*, S. 309 (Zitat).

137 Ehmann, *Musikalische Feiergestaltung*, S. 47; Gau-Dozentenbundführer an Drissen, 18. Dez. 1937 (Zitate); Besseler an Stein, 12. Feb. 1938, BDC Fortner.

138 Protokoll RMK-Sitzung [Berlin, Mai-Juli 1942], BDC Werner Egk; BDC Fortner; Fortner zitiert in: Fischer, »Evangelische Kirchenmusik im Dritten Reich«, S. 230; *Musik der Hitler-Jugend*, S. 17, 22, 30, 34; *ZM* 107 (1940), S. 574, 744, 798; *ZM* 108 (1941), S. 74, 560; *ZM*

109 (1942), S. 85, 114, 159; *MK* 1 (1943), S. 37; *MK* 1 (1943–44), S. 187; *MK* 2 (1944), S. 113.

139 Peter Williams, »The Idea of *Bewegung* in the German Organ Reform Movement of the 1920s«, in: Gilliam, *Music and Performance During the Weimar Republic*, S. 135–53.

140 Josef Müller-Blattau in: Müller-Blattau (Hrsg.), *Bericht über die zweite Freiburger Tagung für die deutsche Orgelkunst vom 27. bis 30. Juni 1938* (Kassel 1939), S. 5f.; »Erklärung«, Berlin, 17.-18. Mai 1933, *ZM* 100 (1933), S. 599f.; Auler an Goebbels, 20. Mai 1933, BA, R55/1138; Karl Hasse, »Deutsche Christen, Kirchenmusik und Orgelbewegung«, *ZM* 100 (1933), S. 712–17; Werner David, »Zukunftshoffnungen heutiger Orgelkunst«, *ZM* 110 (1943), S. 9–12; Oskar Söhngen, *Wandel und Beharrung: Vorträge und Abhandlungen über Kirchenmusik und Liturgie* (Berlin 1965), S. 60, 128; Söhngen, *Kämpfende Kirchenmusik*, S. 137; Riethmüller, »Die Bestimmung der Orgel im Dritten Reich«, S. 38.

141 David, »Zukunftshoffnungen heutiger Orgelkunst«, S. 11.

142 Manfred Mezger, »Inquisition: Der ›Nationalsozialist‹ Günther Ramin«, *Musik und Kirche* 59 (1989), S. 291f.; Wolfgang Dallmann, »Kirchenmusikalische Erneuerung in schwerer Zeit«, *Musik und Kirche* 59 (1989), S. 109f.; *DM* 29 (1936), S. 34 (Foto von Ramin gegenüber S. 16); Riethmüller, »Bestimmung der Orgel im Dritten Reich«, S. 40f.

143 Müller-Blattau paraphrasiert von Riethmüller, ebd., S. 35 (1. Zitat); 2. Zitat ist Riethmüllers Formulierung, ebd.

144 Prieberg, *Musik im NS-Staat*, S. 359; Michael H. Kater, *Das »Ahnenerbe« der SS, 1935–1945: Ein Beitrag zur Kulturpolitik des Dritten Reiches* (München 1997), S. 18, 80f.

145 Stumme in: *Die Orgel in der Gegenwart* (Wolfenbüttel 1939), S. 2ff.; ders., »Musik in der Hitlerjugend«, in: Stumme, *Musik im Volk* (1939), S. 30; ders., »Musikaufgaben in der Nationalsozialistischen Deutschen Arbeiterpartei«, in: Stumme, *Musik im Volk* (1944), S. 172; ders., »Musik in der Hitlerjugend«, in: Stumme, *Musik im Volk* (1944), S. 30f.; BDC Helmut Majewski, Kurt Tantau und Karl Friedrich Waack; Prolingheuer, »Die ›Entjudung‹ der deutschen evangelischen Kirchenmusik«, S. 134; Dallmann, »Kirchenmusikalische Erneuerung in schwerer Zeit«, S. 111.

146 Herbert Haag in: *Die Orgel in der Gegenwart*, S. 14ff.

147 Ebd., S. 85.

148 Josef Müller-Blattau, »Orgel und Gegenwart«, in: Müller-Blattau, *Bericht*, S. 147.

149 *MJV* 3 (1940), S. 28f.; Jochum an Orff, 2. Apr. 1942, CM, Allg. Korr. (1. Zitat); Schulz an Strauss, 8. Jan. 1944, RG (2. Zitat).

150 Fischer-Defoy, *Kunst, Macht, Politik*, S. 219; Söhngen, *Kämpfende Kirchenmusik*, S. 99; *ZM* 107 (1940), S. 556f.; *MK* 1 (1943–44), S. 197); *MK* 2 (1944), S. 33; *JdM 1944*, S. 29; Prolingheuer, »1937–Das Jubeljahr des Oskar Söhngen«, S. 28.

151 »Erklärung«, Berlin, 17.-18 Mai 1933, *ZM* 100 (1933), S. 599f.; *ZM* 107 (1940), S. 501.

152 Gotthold Frotscher, *Geschichte des Orgelspiels und der Orgelkomposition*, 2. Bde. (Berlin-Schönbeberg, 1935–36), Bd. 2, S. 1260; ders. in: *Die Orgel in der Gegenwart*, S. 7; ders., »Amerikanismus in der Musik«, *MJV* 6 (1943), S. 94–97; *Deutsches Musiker-Lexikon*, S. 373f.; *GLM* 3, S. 183f.; BDC Frotscher; *DM* 31 (1939), S. 502 (Zitat); *Musik der Hitler-Jugend*, S. 14f., 59; *ZM* 110 (1943), S. 44; Prolingheuer, »Die ›Entjudung‹ der deutschen evangelischen Kirchenmusik«, S. 133; Riethmüller, »Die Bestimmung der Orgel im Dritten Reich«, S. 36.

153 Adolf Aber, »Günther Ramin«, *DM* 20 (1928), S. 333–38; Charlotte Ramin, *Günther Ramin: Ein Lebensbericht* (Freiburg 1958), S. 15–41, 60; *LI*,S. 587.

154 *VB*, 21. Okt. 1993; Charlotte Ramin, *Günther Ramin*, S. 67, 99 und passim; *ZM* 107 (1940), S. 463; *ZM* 108 (1941), S. 48, 316, 588; *ZM* 109 (1942), S. 255, 541; Muck, *Einhundert Jahre Berliner Philharmonisches Orchester*, Bd. 3, S. 308.

155 Charlotte Ramin, *Günther Ramin*, S. 79.

156 Ebd., S. 73–79; Korr. BA, R55/1177 und R55/1184. Verschiedene dieser Briefe tragen Goebbels' Initialen.

157 Ullo von Bülow an Vicco von Bülow, 8. Nov. 1934, BA, R55/1177; Charlotte Ramin, *Günther Ramin*, S. 79f.; Erich Stockhorst, *Fünftausend Köpfe: Wer war was im Dritten Reich* (Velbert 1967), S. 50, 158; Fritzsche, *A Nation of Flyers*, S. 146, 179.

158 Söhngen, *Kämpfende Kirchenmusik*, S. 44.

159 Prieberg, *Musik im NS-Staat*, S. 139, 141. Die Spannung ist dokumentiert in Charlotte Ramin, *Günther Ramin*, S. 88f., 98f.; und *LI*, S. 588. Vgl. dazu auch *ZM* 107 (1940), S. 148f.; *ZM* 110 (1943), S. 17.

160 *ZM* 107 (1940), S. 273, 463; *ZM* 108 (1941), S. 48 (Zitat), 450, 795; *ZM* 109 (1942), S. 208; *ZM* 110 (1943), S. 144; F. A. Hauptmann, »Johann Sebastian Bach und wir: Ansprache vor Junkern der Waffen-SS«, *ZM* 110 (1943), S. 101-4.

Kapitel 5

1 Gottfried von Einem, Tonband-Interview, Wien, 30. Nov. 1994, APA.

2 Zu den Modernisierungs-Bestrebungen der Nazis siehe Jens Alber, »Nationalsozialismus und Modernisierung«, *Kölner Zeitschrift für Soziologie und Sozialpsychologie* 41 (1989), S. 346–65; Michael Prinz und Rainer Zitelmann (Hrsg.), *Nationalsozialismus und Modernisierung* (Darmstadt 1991). Einer der eklatanten Mängel dieser Werke ist ihre Vernachlässigung der Kultur.

3 Zitiert in *Münchener Neueste Nachrichten*, 1. Juli 1936.

4 Ich übernehme diesen Begriff von Reinhard Bollmus, *Das Amt Rosenberg und seine Gegner: Zum Machtkampf im nationalsozialistischen Herrschaftssystem* (Stuttgart 1970), bes. S. 236–50.

5 Zu den bildenen Künsten siehe *Führer durch die Ausstellung Entartete Kunst* [München 1937]; Joseph Wulf (Hrsg.), *Die bildenden Künste im Dritten Reich: Eine Dokumentation* (Gütersloh 1963); Stephanie Barron et al., *»Degenerate Art«: The Fate of the Avant-Garde in Nazi Germany* (Los Angeles 1991). Allgemein und mit Schwerpunkt auf der Musik siehe *DM* 25 (1933), S. 917; Amt für Konzertwesen, Rundschreiben Nr. 3, 1. Aug. 1938, SMK 393; Goebbels zitiert in: Albrecht Dümling und Peter Girth (Hrsg.), *Entartete Musik: Zur Düsseldorfer Ausstellung von 1938: Eine kommentierte Rekonstruktion* (Düsseldorf [1988]), S. 57; *TG* 2, S. 627; *TGII* 7, S. 115; *TGII* 8, S. 245, 267, 320f., 346, 548; Goebbels in: *Münchener Neueste Nachrichten*, 1. Juli 1936; W. T. Anderman [Walter Thomas], *Bis der Vorhang fiel: Berichtet nach Aufzeichnungen aus den Jahren 1940 bis 1945* (Dortmund 1947), S. 236f.

6 Hindemith an Strecker, 15. Apr. 1933; Willy an Ludwig Strecker, 4. Aug. 1933; Hindemith an Strecker, 5. Feb. 1934; Strecker an Hindemith, 8. Feb. 1934, PF, Schott Korr.; Hindemith an Toch, 23. Sept. 1933, ETA 36 (1. Zitat); Havemann an Hess, 21. Dez. 1933, BDC Havemann; Fritz Stege in *Westen* (Berlin), 18. Nov. 1934; *Mitteldeutsche National-Zeitung* (Halle), 6. Nov. 1934; *Melos* 13 (1934), S. 112; *Skizzen* (Nov. 1934), S. 18; Claus Neumann, »Moderne Musik – Ein ›Ja‹ oder ›Nein‹?«, *ZM* 100 (1933), S. 546 (2. Zitat); Hans Heinz Stuckenschmidt, *Zum Hören geboren: Ein Leben mit der Musik unserer Zeit* (München 1979), S. 130; Alban Berg, *Briefe an seine Frau*, Hrsg. Helene Berg (München 1965), S. 627; Andres Briner et. al., *Paul Hindemith: Leben und Werk in Bild und Text* (Mainz 1988), S. 132, 143, 146; Geoffrey Skelton, *Paul Hindemith, the Man Behind the Music: A Biography* (London 1975), S. 108, S. 115ff.; Giselher Schubert, *Paul Hindemith: Mit Selbstzeugnissen und Bilddokumenten* (Reinbek 1990), S. 79; Peter

534

Muck, *Einhundert Jahre Berliner Philharmonisches Orchester: Darstellung in Dokumenten*, 3 Bde. (Tutzing 1982), Bd. 3, S. 259; Claudia Maurer Zenck, »Zwischen Boykott und Anpassung an den Charakter der Zeit: Über die Schwierigkeiten eines deutschen Komponisten mit dem Dritten Reich«, *Hindemith-Jahrbuch* 9 (1980), S. 72, 118.

7   James E. Paulding, »Mathis der Maler – The Politics of Music«, *Hindemith-Jahrbuch* 5 (1976), S. 112; Maurer Zenck, »Zwischen Boykott und Anpassung«, S. 119 (1. Zitat); Hermann Danuser, *Die Musik des 20. Jahrhunderts* (Regensburg 1984), S. 227f., 241f.; Heinrich Strobel in *Melos* 13 (1934), S. 96 (2. Zitat); Strobel, »Hindemiths neue Symphonie«, *Melos* 13 (1934), S. 127–31.

8   Wilhelm Pinder, *Die deutsche Kunst der Dürerzeit: Text* (1943; Neudruck Köln 1953), S. 253–75; *Führer durch die Ausstellung Entartete Kunst*, S. 9; Barron et al., »*Degenerate Art*«, S. 315–24; Peter Selz, *German Expressionist Painting* (Berkeley 1974); Michael H. Kater, »Anti-Fascist Intellectuals in the Third Reich«, *Canadian Journal of History* 16 (1981), S. 275f.

9   Maurer Zencks Kritik an früheren Nachkriegs-Versionen von Hindemiths »innerer Emigration« ist überzeugend. Siehe dazu ihr »Zwischen Boykott und Anpassung«, S. 69f., 117, 120, 125, 127; und Heinrich Strobel, »Mathis der Maler«, *Melos* 14 (1947), S. 65–68; Andres Briner, *Paul Hindemith* (Zürich 1971), S. 108.

10   Karl Grunsky, *Der Kampf um deutsche Musik* (Stuttgart 1933), S. 25, 30; *DM* 26 (1933), S. 150 (Zitat); Briner et. al., *Paul Hindemith*, S. 132; Skelton, *Paul Hindemith: The Man Behind the Music*, S. 108, 113f., 120; Schubert, *Paul Hindemith*, S. 80. Zu Hitler vgl. Michael Walter, *Hitler in der Oper: Deutsches Musikleben, 1919–1945* (Stuttgart 1995), S. 193.

11   Hindemith an Strecker, 15. und 18. Nov. 1934, PF, Schott Korr.; *Westen* (Berlin), 18. Nov. 1934; Skelton, *Paul Hindemith: The Man Behind the Music*, S. 117; Briner et. al., *Paul Hindemith*, S. 143; Fred K. Prieberg, *Musik und Macht* (Frankfurt/Main 1991), S. 137.

12   Furtwängler, »Der Fall Hindemith«, in *DAZ* (Berlin), 25. Nov. 1934.

13   *VB*, 2. Dez. 1934; Hindemith an [Stein], 5. Dez. 1934, PF, Musikhochschule Berlin; *DM* 27 (1935), S. 246f.; Skelton, *Paul Hindemith: The Man Behind the Music*, S. 122; Prieberg, *Musik und Macht*, S. 174; Maurer Zenck, »Zwischen Boykott und Anpassung«, S. 83; Oliver Rathkolb, *Führertreu und gottbegnadet: Künstlereliten im Dritten Reich* (Wien 1991), S. 87f.

14   Briner, *Paul Hindemith*, S. 101.

15 Das ist der Tenor von Maurer Zenck, »Zwischen Boykott und Anpassung«.

16 Hans Severus Ziegler, *Entartete Musik: Eine Abrechnung* (Düsseldorf [1938]), S. 31f.; Briner et al., *Paul Hindemith*, S. 148–70; Schubert, *Paul Hindemith*, S. 86–105.

17 Strecker an Hindemith, 20. Apr. 1936; »Vortrag Dr. Fritz von Borries anläßlich eines Hindemith-Konzerts im März 1941«; Rösch an Herren, 29. Jan. 1943; Kinzel an Hindemith, 19. Aug. 1943; Brandt an Schott's Söhne, 31. Juli 1944, PF, Schott Korr.; Kabasta an Reinhard, 19. Feb. 1940, SMK 177; *Melos* 14 (1947), S. 187; Skelton, *Paul Hindemith: The Man Behind the Music*, S. 133; Maurer Zenck, »Zwischen Boykott und Anpassung«, S. 108ff.; Rudolf Stephan, »Zur Musik der Dreißigerjahre«, in: Christoph-Hellmut Mahling und Sigrid Wiesmann (Hrsg.), *Bericht über den Internationalen Musikwissenschaftlichen Kongreß Bayreuth 1981* (Kassel 1984), S. 144; Cesar Bresgen, *Mittersill 1945 – Ein Weg zu Anton Webern* (Wien 1983), S. 76.

18 Igor Strawinsky, *An Autobiography* (New York 1962), S. 171; Thomas Mann, *Tagebücher, 1940–1943*, Hrsg. Peter de Mendelssohn (Frankfurt/Main 1982), S. 497; Richard Taruskin, »The Dark Side of Modern Music«, *New Republic*, 5. Sept. 1988, S. 32; Taruskin in: *New York Review of Books*, 15. Juni 1989, S. 57; Michael H. Kater, *Gewagtes Spiel: Jazz im Nationalsozialismus* (München 1998), S. 128; Harvey Sachs, *Music in Fascist Italy* (London 1987), S. 167ff.

19 *DKW*, Nr. 15 (1993), S. 7f.; Strecker an Hindemith, 5. Apr. 1933, PF, Schott Korr.; Stuckenschmidt in *BZ am Mittag* (Berlin), 15. Nov. 1934; Stege in *Westen* (Berlin), 18. Nov. 1934; Fred K. Prieberg, *Musik im NS-Staat* (Frankfurt/Main 1982), S. 41; Joan Evans, »Die Rezeption der Musik Igor Strawinskys in Hitlerdeutschland«, *Archiv für Musikwissenschaft* 55 (1998), S. 91-109.

20 Evans »Die Rezeption«; Bergese an Orff, 8. Apr. 1936, CM, Allg. Korr. (Zitate); Abendroth an Pfitzner, 5. Apr. 1938, OW 288; *VB*, 5. Juli 1937; *DAZ* (Berlin), 25. Mai 1938; *Skizzen* (Nov. 1938), S. 17; »Statistik«, [Berliner Philharmonie], 1938–39, BA, R55/197; *AMR*, 15. Feb. 1940, BA, RD33/2-2; Ziegler, *Entartete Musik*, S. 22; Muck, *Einhundert Jahre Berliner Philharmonisches Orchester*, Bd. 3, S. 278, 284; Hermann Stoffels, »Das Musiktheater in Krefeld von 1870–1945«, in: Ernst Klusen et al., *Das Musikleben der Stadt Krefeld: 1870–1945*, 2 Bde. (Köln 1980), Bd. 2, S. 178; Gerigks Warnung in *Nationalsozialistische Monatshefte* 10 (Jan. 1939), S. 86. Sam H. Shirakawas unrichtige Behauptung, daß Aufführungen von Strawinsky im Nazideutschland von 1938 »beinahe ein Kapitalverbrechen waren«, spiegelt die mindere Qualität seines Buchs im

ganzen wider (*The Devil's Music Master: The Controversial Life and Career of Wilhelm Furtwängler* [New York 1992], S. 451).

21 *DKW*, Nr. 13 (1933), S. 10; Justitiar an Dressler-Andress, 8. März 1934, BDC Gustav Havemann; *AMR*, 5. Dez. 1934, SMK 393; Stegmann an Promi, 1. Feb. 1935, BA, R55/1148; Memorandum Strauss/Laubinger, 11. Feb. 1935, NWH, 975/16–4; RRG an Promi, 29. Mai 1935, BDC Wilhelm Buschkötter; Memorandum [Ehrenberg ?], 28. Aug. 1935, SMK 214; Fischer an Generalintendanz, 16. Sept. 1935, BH, MK/40991; *ZM* 102 (1935), S. 1258; Goebbels zitiert in *Münchener Neueste Nachrichten*, 1. Juli 1936; Memorandum Mayer, 29. Nov. 1937; Joseph Wulf (Hrsg.), *Musik im Dritten Reich: Eine Dokumentation* (Reinbek 1966), S. 460–71; Guido Waldmann, »Bekenntnis zur deutschen Musik: Reichsmusiktage Düsseldorf – Beethovenfest der HJ. in Wildbad«, *MJV* 1 (1937–38), S. 330–33; Muck, *Einhundert Jahre Berliner Philharmonisches Orchester*, Bd. 2, S. 105.

22 Egk in *Melos* 13 (1934), S. 233.

23 Rimnitz an Strauss, 24. Juni 1935, RG; Krieger an Hinkel, 13. März 1936, BDC Theodor Seeger; Memorandum Mayerhofer, 9. Sept. 1936, SMK 468; Sander an Hinkel, 4. Jan. 1937, BDC Max Trapp; *VB*, 18. Okt. 1937; *AMZ* 65 (1938), S. 379; *Unterhaltungsmusik*, 21. Apr. 1938, S. 491; Walter Rischer, *Die nationalsozialistische Kulturpolitik in Düsseldorf, 1933–1945* (Düsseldorf 1972), S. 63f.; Nanny Drechsler, *Die Funktion der Musik im deutschen Rundfunk, 1933–1945* (Pfaffenweiler 1988), S. 87–91.

24 Strecker an die Hindemiths, 9. Apr. 1936, PF, Schott Korr.; Büchtger an Reinhard, [1937], SMK 142; Rosbaud, »Der Rundfunk als Erziehungsmittel für das Publikum«, [1937], LP, 423/4/54; *VB*, 2. Juni 1937; Albert Richard Mohr, *Die Frankfurter Oper, 1924–1944: Ein Beitrag zur Theatergeschichte mit zeitgenössischen Berichten und Bildern* (Frankfurt/Main 1971), S. 165; Joan Evans, *Hans Rosbaud: A Bio-Bibliography* (New York 1992), S. 27–33; Prieberg, *Musik im NS-Staat*, S. 286f.; Kater, *Gewagtes Spiel*; Kater, »Carl Orff im Dritten Reich«, *Vierteljahrshefte für Zeitgeschichte* 43 (1995), S. 8–11.

25 Dazu Ernst Pepping, *Stilwende der Musik* (Mainz 1934), S. 84–88; Walter Trienes, *Musik in Gefahr: Selbstzeugnisse aus der Verfallszeit* (Regensburg 1940), S. 25.

26 Hans-Günter Klein, »Atonalität in den Opern von Paul von Klenau und Winfried Zillig – zur Duldung einer im Nationalsozialismus verfemten Kompositionstechnik«, in: Mahling und Wiesmann, *Bericht über den Internationalen Musikwissenschaftlichen Kongreß Bayreuth 1981*, S. 490–94; Albrecht Dümling, »Zwölftonmusik als

antifaschistisches Potential: Eislers Ideen zu einer neuen Verwendung der Dodekaphonie«, in: Otto Kolleritsch (Hrsg.), *Die Wiener Schule und das Hakenkreuz: Das Schicksal der Moderne im gesellschaftspolitischen Kontext des 20. Jahrhunderts* (Wien 1990), S. 97f.; Claudia Maurer Zenck, »›Aufbruch des deutschen Geistes‹ oder Innere Emigration: Zu einigen Opern der 30er und 40er Jahre«, Referat, Internationales Kolloquium, »Zur Situation der Musik in Deutschland in den dreißiger und vierziger Jahren«, im Carl-Orff-Zentrum, München, Nov. 1994; *NG* 20, S. 682 (Zitat); *GLM* 4, S. 45f.

27 *TG* 2, S. 729, 744; Hans Heinz Stuckenschmidt, »German Season under the Crisis«, *Modern Music* 10 (1933), S. 165 (1. Zitat); *TG* 3, S. 116 (2. Zitat), S. 131; Müller an Wiedemann, 23. März 1938, BDC Gottfried Müller (3. Zitat); *DM* 25 (1933), S. 917; Georg Schünemann, *Die Singakademie zu Berlin, 1791–1941* (Regensburg 1941), S. 188; Friedrich Welter, *Musikgeschichte im Umriß: Vom Urbeginn bis zur Gegenwart* (Leipzig o.J.), S. 317; Oskar Söhngen, *Kämpfende Kirchenmusik: Die Bewährungsprobe der evangelischen Kirchenmusik im Dritten Reich* (Kassel o.J.), S. 42f.; Fred K. Prieberg, *Kraftprobe: Wilhelm Furtwängler im Dritten Reich* (Wiesbaden 1986), S. 294; Rischer, *Die nationalsozialistische Kulturpolitik in Düsseldorf*, S. 63.

28 »Vereinigung für zeitgen. Musik«, [1931], SMK 143; *Melos* 12 (1933), S. 350; *Bayerischer Kurier*, 10. Apr. 1934 (1. Zitat); *Neueste Zeitung* (Frankfurt), 23. Mai 1935; *VB*, 25. März 1936; *TG* 2, S. 534 (2. Zitat), 624; *AMZ* 63 (1936), S. 347; *Skizzen* (Nov. 1936), S. 9 (3. Zitat); Welter, *Musikgeschichte im Umriß*, S. 304; Stege in *Unterhaltungsmusik*, 10. Feb. 1938, S. 157. Zu Goebbels und »Melodie« vgl. *AMR*, 1. Juni 1938, in: Dümling und Girth, *Entartete Musik*, S. 123.

29 *TG* 3, S. 567; *TG* 4, S. 51; Petschull an Strecker, 17. Apr. 1939, PF, Schott Korr.; *Augsburger National-Zeitung*, 11. Mai 1939 (Zitat); »Reichs-Musiktage 1939 Düsseldorf 14.-21. Mai«, BS, Ana/410; *Düsseldorfer Tageblatt*, 7. Mai 1939; *DAZ*, 20. Mai 1939; *VB*, 22. Mai 1939; Bericht Ehrenberg, 27. Mai 1939, SMK 396; *Frankfurter Zeitung*, 4. und 5. Juli 1940; *ZM* 107 (1940), S. 364; Julius Kapp, *Geschichte der Staatsoper Berlin* (Berlin o.J.), S. 235; Mohr, *Die Frankfurter Oper*, S. 695; Werner Egk, *Musik – Wort – Bild: Texte und Anmerkungen – Betrachtungen und Gedanken* (München 1960), S. 205–9; Egk, *Die Zeit wartet nicht* (Percha 1973), S. 241–53, 311–14; Ernst Krause, *Werner Egk: Oper und Ballett* (Wilhelmshaven 1971), S. 193f.

30 *ZM* 107 (1940), S. 149, 171, 180ff., 231, 273, 276, 421, 431, 580, 662, 793; *ZM* 108 (1941), S. 55, 102, 460, 780; *ZM* 109 (1942), S. 41; *ZM*

110 (1943), S. 19; *MK* 1 (1943), S. 35; *JdM 1944*, S. 31; Gertrud an Paul Hindemith, 15. März [1939], PF, 3.144.22–37 (1. Zitat); *TGII* 12, S. 204 (2. Zitat), 234.

31 *DM* 25 (1933), S. 917; Kater, »Carl Orff im Dritten Reich«, S. 8ff.

32 Kater, »Carl Orff im Dritten Reich«, S. 1–35.

33 *VB*, 22. Mai 1939; Dietrich Stoverock, »Paul Höffer«, *ZM* 110 (1943), S. 56–59; *GLM* 4, S. 102f.

34 Münchner Philharmoniker, »Städtische Philharmonische Konzerte 1942–43«, 2. Juni 1942, SMK 177; Victor Junk, »Die ›Woche zeitgenössischer Musik in Wien‹«, *ZM* 109 (1942), S. 243; »Mitteilungen der Fachschaft Komponisten in der Reichsmusikkammer« (Nov. 1940), 4 (OW 40); Sachs, *Music in Fascist Italy*, S. 132; *TGII* 4, S. 211f.; *GLM* 4, S. 111.

35 Protokoll RMK-Sitzung, [Berlin, Mai-Juli 1942], BDC Werner Egk; Scharping an [Goebbels], 25. Apr. 1944, BA, R55/559. Müllers Name fehlt merkwürdigerweise auf dieser Liste.

36 *Unterhaltungsmusik*, 9. März 1939, S. 322, und 23. März 1939, S. 414f.; Protokoll der Tagung der *Musikbeiräte*, [München], 27. Sept. 1938, SMK 909; »Denkschrift über die Programmgestaltung des Konzertvereins«, 26. Mai 1939, SMK 177; Büchtger an Reinhard, [Juli 1940]; Reinhard, »Süddeutsche Tonkünstlerwoche München 1941«, 12. Nov. 1940, SMK 142; *Saarbrücker Zeitung*, 4. Juni 1941; *VB*, 25. Mai 1939; *JdM 1944*, S. 54f.; Manfred Wagner, *Kultur und Politik: Politik und Kunst* (Wien 1991), S. 289f.

37 Egk an [Goebbels], [1941], und sich darauf beziehende Dokumente in BDC Egk; *TG* 4, S. 653; *AMR*, 15. Juli 1941, BA, RD33/2-2; *Deutsche Zeitung Norwegen*, 19. Juli 1941; Werner Egk, »Musik als Ausdruck ihrer Zeit«, in: Alfred Morgenroth (Hrsg.), *Von deutscher Tonkunst: Festschrift zu Peter Raabes 70. Geburtstag* (Leipzig 1942), S. 25 (Zitat); Egk in *VB*, 14. Feb. 1943; Memorandum Ehrenberg, 14. Nov. 1943; Fiehler an Kabasta, 18. Feb. 1944, SMK 97/7; *JdM 1943*, S. 90f., 169; *JdM 1944*, S. 82.

38 Dazu mein demnächst erscheinendes Buch *Composers of the Nazi Era: Eight Portraits* (Oxford University Press, New York 1999).

39 Protokoll der Programmkonferenz, 26. Juli 1944, BA, R55/556.

40 Vgl. dazu z.B. Karl Dietrich Bracher, *The German Dictatorship: The Origins, Structure, and Effects of National Socialism* (New York 1972).

41 »Richtlinien für die Musikarbeit der NS-Kulturgemeinde«, *DM* 26 (1934), S. 933–36.

42 *JdM 1944*, S. 50–55 (Zitat S. 52); Prieberg, *Musik im NS-Staat*, S. 276ff., 355f.; Alan E. Steinweis, *Art, Ideology, and Economics in Nazi Germany: The Reich Chambers of Music, Theater, and the Visual Arts* (Chapel Hill, N.C., 1993), S. 138–42.

43 Steinweis, *Art, Ideology and Economics*, S. 138.
44 *TG* 2, S. 483; *TG* 4, S. 274, 294f.; *TG* 8, S. 261f.; *TG* 9, S. 288; *TG* 10, S. 200; *TG* 11, S. 583; *TG* 15, S. 408, 638; Michael H. Kater, »Inside Nazis: The Goebbels Diaries, 1924–1941«, *Canadian Journal of History*, 25 (1990), S. 233–43; Albert Speer, *Spandauer Tagebücher* (Frankfurt/Main 1975), S. 401f.
45 Strecker an Orff, 6. März 1937, 9. Juni (1. Zitat), 13. Juli 1938 (2. Zitat) und 18. Nov. 1943; Orff an Strecker, 24. März 1938 und 26. Mai 1943, CM, Schott Korr.; Petschull an Orff, 6. Apr. 1938; Theater am Nollendorfplatz an Orff, 17. Juli 1944 (3. Zitat), CM, Allg. Korr. (3. Zitat); *TGII* 13, S. 466; Kater, »Carl Orff im Dritten Reich«, S. 1–35.
46 Newell Jenkins, Tonband-Interview, Hillsdale, N.Y., 20. März 1993, APA. Zu Jenkins' Karriere vgl. Nicolas Slonimsky (Hrsg.), *Baker's Biographical Dictionary of Musicians*, 8. Aufl. (New York 1992), S. 849f.; *NG* 9, S. 598. Dazu auch Kater, »Carl Orff im Dritten Reich«, S. 3f., 23–26.
47 Clara Huber an Autor, München, 30. Sept. 1993; Gertrud Orff an Autor, München, 12. Nov. 1993, APA.
48 Kater, »Carl Orff im Dritten Reich«, S. 29.
49 Ebd., S. 4–11.
50 Ebd., S. 20f.; Newell Jenkins, Tonband-Interview, Hillsdale, N.Y., 20. März 1993, APA.
51 Godela Orff, *Mein Vater und ich: Erinnerungen an Carl Orff* (München 1992), S. 41; Gerald Abraham, *The Concise Oxford History of Music* (Oxford 1986), S. 840; Kater, »Carl Orff im Dritten Reich«, S. 14–35.
52 Pfitzner an Abendroth, 3. Juni 1942, OW 288.
53 Gottfried von Einem, Tonband-Interview, Wien, 30. Nov. 1994, APA; Rudolf Wagner-Régeny, *Begegnungen: Biographische Aufzeichnungen, Tagebücher, und sein Briefwechsel mit Caspar Neher* (Berlin 1968), S. 82f.; Dieter Härtwig, *Rudolf Wagner-Régeny: Der Opernkomponist* (Berlin 1965), S. 36; Dominik Hartmann, *Gottfried von Einem* (Wien 1967), S. 11; Carl Dahlhaus, »Politische Implikationen der Operndramaturgie: Zu einigen deutschen Opern der Dreißiger Jahre«, in: Mahling und Wiesmann, *Bericht über den Internationalen Musikwissenschaftlichen Kongreß Bayreuth 1981*, S. 152.
54 *GLM* 8, S. 325f.; Fred K. Prieberg, *Lexikon der Neuen Musik* (Freiburg 1958), S. 442; Härtwig, *Rudolf Wagner-Régeny*, S. 19–35; Rudolf Wagner-Régeny, *An den Ufern der Zeit: Schriften, Briefe, Tagebücher*, Hrsg. Max Becker (Leipzig 1989), S. 107.

55 Max Becker in: Wagner-Régeny, *An den Ufern der Zeit*, S. 20f.; Karl Böhm, *Ich erinnere mich ganz genau: Autobiographie* (Zürich 1968), S. 73; Memorandum Adolph [?], 26. Nov. 1935, BDC Karl Böhm.

56 Härtwig, *Rudolf Wagner-Régeny*, S. 43; Wagner-Régeny, *Begegnungen*, S. 82; Kapp, *Geschichte der Staatsoper Berlin*, S. 237; Welter, *Musikgeschichte im Umriß*, S. 335.

57 Rathkolb, *Führertreu und gottbegnadet*, S. 68–78.

58 Wagner-Régeny, *Begegnungen*, S. 83; Becker in: Wagner-Régeny, *An den Ufern der Zeit*, S. 21–25; *TGII* 3, S. 469 (Zitat); von der Nüll an Orff, 18. Sept. 1937; Ruppel an Orff, 9. Juli 1941; Jarosch an Orff, 9. Apr. 1941, CM, Allg. Korr.; Junk an Hans [Pfitzner], 18. März 1942, SMM 9; BDC Werner Egk; Scharping an [Goebbels], 25. Apr. 1944, BA, R55/559; *ZM* 108 (1941), S. 420; Baldur von Schirach, *Ich glaubte an Hitler* (Hamburg 1967), S. 286f.; Anderman [Thomas], *Bis der Vorhang fiel*, S. 119f.; Härtwig, *Rudolf Wagner-Régeny*, S. 46; Dahlhaus, »Politische Implikationen der Operndramaturgie«, S. 152f.; Andrea Seebohm, »Unbewältigte musikalische Vergangenheit: Ein Kapitel österreichischer Musikgeschichte, das bis heute ungeschrieben ist«, in: Liesbeth Waechter-Böhm (Hrsg.), *Wien 1945: Davor/danach* (Wien 1985), S. 144.

59 Fotos Nr. 15 und 16 in Wagner-Régeny, *An den Ufern der Zeit*; Becker, ebd., S. 25f.; Gorvin an Orff, 8. Nov. 1943; Neher an Orff, 5. Juni 1944, CM, Allg. Korr.; Wagner-Régeny, *Begegnungen*, S. 110–221; Härtwig, *Rudolf Wagner-Régeny*, S. 50.

60 Gottfried von Einem, Tonband-Interview, Wien, 30. Nov. 1994, APA.

61 Alfred Burgartz, *Rudolf Wagner-Régeny: Bildnis eines Schaffenden* (Berlin-Schöneberg [1935], S. 16; Herbert Gerigk, »Zehn Jahre nationalsozialistisches Musikleben«, *DM* 35 (1943), S. 106; Wagner-Régeny, *Begegnungen*, S. 80; Härtwig, *Rudolf Wagner-Régeny*, S. 41; Prieberg, *Musik im NS-Staat*, S. 151; Nicolas Slonimsky, *Music Since 1900*, 4. Aufl. (New York 1971), S. 594; Dümling und Girth, *Entartete Musik*, S. IX.

62 Karl Laux, *Musik und Musiker der Gegenwart* (Essen 1949), Bd. 1, S. 230; Eugen Schmitz, »Oper im Aufbau«, *ZM* 106 (1939), S. 382 (1. Zitat); Claudia Maurer Zenck, »Aufbruch des deutschen Geistes« (Autor zitiert Theodor W. Adornos Formulierung).

63 Robert C. Bachmann, *Karajan: Anmerkungen zu einer Karriere*, 2. Aufl. (Düsseldorf 1983), S. 128f.

64 »Verträge mit den Komponisten Carl Orff und Rudolf Wagner-Régeny zur Förderung ihres künstlerischen Schaffens«, Wien, 27. März 1942, OSW. Meine Kenntnis dieses Dokuments verdanke ich Hans Jörg Jans, Orff-Zentrum, München, der mich stets unter-

stützte. Siehe dazu auch Anderman [Thomas], *Bis der Vorhang fiel*, S. 151, und die absichtsvoll heruntergespielte Version in Wagner-Régeny, *Begegnungen*, S. 84.

65 Zitiert in *Financial Times* (London), 5. Juli 1995.

66 Niemand hat sich in neuerer Zeit mehr bemüht, diesen Standpunkt zu erhärten, als der deutsche Musikologe Fred K. Prieberg. Dazu sein Buch *Kraftprobe*, bes. S. 100f., und die scharfe Kritik an seiner Wissenschaftlichkeit durch Richard J. Evans, »Playing for the Devil: How Much Did Furtwängler Really Resist the Nazis?«, *Times Literary Supplement* (London), 13. Nov. 1992, S. 3f. Ferner Wilhelm Furtwängler, *Notebooks, 1924–1954*, Hrsg. Michael Tanner (London 1989), S. 160; Bachmann, *Karajan: Anmerkungen zu einer Karriere*, S. 139.

67 Prieberg, *Kraftprobe*; Berta Geissmar, *Musik im Schatten der Politik*, 4. Aufl. Hrsg. Fred K. Prieberg (Zürich 1985); Berndt Wilhelm Wessling, *Furtwängler: Eine kritische Biographie* (Stuttgart 1985), S. 266f.

68 Furtwängler an Rust, 4. Juni 1933, BA, R56/140; Korr. Furtwängler/Schönberg (1933) in AI, gen. corr.

69 *TG 2*, S. 701; Furtwängler an Stein, 18. Aug. 1937, PF, Furtwängler Korr.

70 Prieberg, *Kraftprobe*, S. 443f., Anm. 37.

71 Ebd., Geissmar an Pfitzner, 6. Juli 1934, OW 123; Furtwängler an Pfitzner, 23. Feb. 1937, OW 211.

72 Prieberg, Kraftprobe, S. 147, 443f., Anm. 37.

73 Trapp an Hess, 10. Okt. 1935; [Furtwängler] an Görlitzer, 7. Feb. 1936 (Zitat), BDC Max Trapp.

74 Tietjen an Strauss, 29. Dez. 1934; Winifred Wagner an Strauss, 9. Juni 1935, RG; *TG 2*, S. 646; *TGII 12*, S. 238; Ernst Krause, *Richard Strauss: The Man and His Work* (Boston 1969), S. 57.

75 Vgl. dazu Kap. 2 bei Anm. 48, 116; Schuh an Egk, [1943], BS, Ana/410; Peter Heyworth, *Otto Klemperer: His Life and Times*, 2 Bde. (Cambridge 1983, 1996), Bd. 2, S. 241f.

76 Pfitzner an Paul [Cossmann], 1. Sept. 1932 (1. Zitat; der typisch Pfitznersche Neologismus *Primadonnerich* findet sich in keinem Wörterbuch); Pfitzner an Brockhaus, 24. Apr. 1930 (2. Zitat), MMP.

77 *Melos 12* (1933), S. 236; Furtwängler an Matthes, 20. Apr. 1937, ZNF; Wilhelm an Adelheid Furtwängler, [Feb. 1944], in: Frank Thiess (Hrsg.), *Wilhelm Furtwängler: Briefe*, 3. Aufl. (Wiesbaden 1965), S. 108 (Zitat); Prieberg, *Kraftprobe*, S. 81, 218f.

78 Evans, »Playing for the Devil«, S. 3f.

79 Memorandum Furtwängler, [1933], BDC Wilhelm Furtwängler (Zitat). Vgl. dazu auch Furtwängler, *Notebooks*, z.B. S. 157;

Wessling, *Furtwängler*, S. 260; Prieberg, *Kraftprobe*, S. 107, 220f., 354.

80 Albrecht Riethmüller, »Musik, die ›deutscheste‹ Kunst«, Referat beim Kolloquium »Verfemte Musik«, Dresden, Jan. 1993 (1. Zitat); Furtwängler an Curtius, 10. Sept. 1934, in: Thiess, *Wilhelm Furtwängler: Briefe*, S. 77 (2. Zitat) und 80; Anzeige »Furtwängler und Beethoven«, *Skizzen* (Jan. 1938), S. 15; Berg, *Briefe an seine Frau*, S. 628; Wessling, *Furtwängler*, S. 268; Furtwängler, *Notebooks*, S. 161; Prieberg, *Kraftprobe*, S. 199, 361; Rathkolb, *Führertreu und gottbegnadet*, S. 194–99.

81 Furtwängler zitiert von Stege in *Artist*, 23. Juli 1936, S. 843; Furtwängler, *Notebooks*, S. 58, 122 (2. Zitat); Furtwängler, »Denkschrift«, Jan.-Mai 1935, ZNF (3. Zitat); Schönberg an Furtwängler, 16. Aug. 1928 und 4. Juni 1929, AI, gen. corr.; Thiess, *Wilhelm Furtwängler: Briefe*, S. 89; Prieberg, *Kraftprobe*, S. 53ff.; Shirakawa, *The Devil's Music Master*, S. 59f. Dazu Schönbergs charakteristische Anmerkung (o.J., AI, Text Manuskript Furtwängler): »Furtwänglers [behauptete] ›biologische Minderwertigkeit‹ der Zwölfton-Musik ist ein Unsinn in jeder denkbaren Hinsicht. Vor allem sprachlich.« Zu Furtwängler als frustriertem Komponisten siehe *TG* 2, S. 604; Abendroth an Pfitzner, 3. Nov. 1937 und [Frühjahr 1940], OW 288; *VB*, 20. März und 28. Okt. 1937; Karla Höcker (Hrsg.), *Wilhelm Furtwängler: Dokumente – Berichte und Bilder – Aufzeichnungen* (Berlin 1968), S. 85ff.; Thiess, *Wilhelm Furtwängler: Briefe*, S. 76f., 101, 104ff., 113; Elisabeth Furtwängler, *Über Wilhelm Furtwängler* (Wiesbaden 1979), S. 16f.; Wessling, *Furtwängler*, S. 320f.

82 *TG* 2, S. 317, 425; BDC Kurt und Senta Hösel; Protokoll, achte Sitzung des RMK-Präsidialrats, 27. März 1934; Ihlert an Strauss, 13. Apr. 1934, RG; Wessling, *Furtwängler*, S. 274.

83 Prieberg, *Kraftprobe*, S. 186–94; Geissmar, *Musik im Schatten der Politik*, S. 125–36; Thomas Mann, *Tagebücher, 1933–1934*, Hrsg. Peter de Mendelssohn (Frankfurt/Main 1977), S. 581.

84 Furtwängler an Funk, 3. Jan. 1935; Kohler an Furtwängler, 24. Jan. 1934, BDC Furtwängler; Furtwängler an Göring, 23. Dez. 1937, in: Theodor Richard Emessen (Hrsg.), *Aus Görings Schreibtisch: Ein Dokumentenfund* (Berlin 1947), S. 40f.; Prieberg, *Kraftprobe*, S. 194, 201.

85 »Furtwängler bedauert«, *DM* 27 (1935), S. 437; *TG* 2, S. 483 (Zitat); Skelton, *Paul Hindemith: The Man Behind the Music*, S. 126; Maurer Zenck, »Zwischen Boykott und Anpassung«, S. 86; Wessling, *Furtwängler*, S. 293f.

86 Furtwängler zitiert in: Rathkolb, *Führertreu und gottbegnadet*, S. 196.

87 *TGII* 2, S. 513; Nike Wagner, »» ... Uns bliebe gleich die abend-
ländische Kunst‹: Entsorgungsanlage Neubayreuth«, *Gehört gelesen:
Die besten Sendungen des Bayerischen Rundfunks* 37 (Sept. 1990),
S. 12 (Zitat).

88 Zum Ausdruck der Begeisterung von Parteiführern vgl. *TG* 2,
S. 513, 534, 567, 649, 737, 753, 760; *TG* 3, S. 40f., 211, 214, 216f.,
260, 307, 489.

89 True an Triller, 9. März 1936 (1. Zitat); Abramson an Whitney,
7. März 1936 (2. Zitat); »Cables Interchanged Between Mr. Triller
& Dr. Furtwaengler«, 2. März 1936, NYA, Furtwängler Collection;
Thiess, *Wilhelm Furtwängler: Briefe*, S. 87; Wessling, *Furtwängler*,
S. 308f.; Prieberg, *Kraftprobe*, S. 254–59; Frederic Spotts, *Bayreuth:
A History of the Wagner Festival* (New Haven 1994), S. 193.

90 *TG* 2, S. 648f.; *TG* 3, S. 40f., 211, 214, 216f., 252, 299, 358; *VB*,
5. Feb. 1938; Berliner Philharmoniker an Goebbels, 26. Sept. 1938,
BA, R55/951; »Bericht des kaufmännischen Leiters über das Haus-
haltsjahr 1938/39«, BA, R55/197; Steuererklärung Furtwängler,
1939, ZNF; Friedelind Wagner, *Nacht über Bayreuth: Die
Geschichte der Enkelin Richard Wagners* (Bern [1946]), S. 321;
Dorothea Hemming (Hrsg.), *Dokumente zur Geschichte der Musikschule (1902-1976)* (Regensburg 1977), S. 120.

91 *TG* 3, S. 650.

92 *TG* 4, S. 7f., 94, 352, 391; Höcker, *Wilhelm Furtwängler*, S. 95;
Elisabeth Furtwängler, *Über Wilhelm Furtwängler*, S. 128; Wess-
ling, *Furtwängler*, S. 349, 355ff.; Bachmann, *Karajan: Anmer-
kungen zu einer Karriere*, S. 140; Muck, *Einhundert Jahre Berliner
Philharmonisches Orchester*, Bd. 3, S. 311; Prieberg, *Kraftprobe*,
S. 370.

93 Geissmar, *Musik im Schatten der Politik*; Prieberg, *Kraftprobe*; Shirakawa, *The Devil's Music Master*, S. 129–337. Michael Meyer, *The
Politics of Music in the Third Reich* (New York 1991), S. 331–72,
fügt Priebergs Versionen keine neuen Nuancen hinzu.

94 *TG* 4, S. 55, 82, 114, 210; *TGII* 2, S. 383; *TGII* 3, S. 387 (1. Zitat);
TGII 10, S. 228f.; *TGII* 11, S. 82 (2. Zitat), 169, 407, 472, 541
(3. Zitat); *TGII* 12, S. 204; Henry Picker, *Hitlers Tischgespräche im
Führerhauptquartier, 1941–42*, Hrsg. Gerhard Ritter (Bonn 1951),
S. 396.

95 Vgl. dazu Shirakawa, *The Devil's Music Master*; *TG* 4, S. 114f., 378;
TGII 4, S. 135; *TGII* 8, S. 448f., 536; *TGII* 12, S. 160; *TGII* 14,
S. 400 (1. Zitat); *TGII* 15, S. 180; Akte Furtwängler, BA, R3/1578;
Bachmann, *Karajan: Anmerkungen zu einer Karriere*, S. 141; Wess-
ling, *Furtwängler*, S. 363; *Spiegelbild einer Verschwörung* (Stuttgart
1961), S. 446; Muck, *Einhundert Jahre Berliner Philharmonisches*

Orchester, Bd. 3, S. 302; Clemens Hellsberg, *Demokratie der Könige: Die Geschichte der Wiener Philharmoniker* (Zürich 1992), S. 472; Peter Hoffmann, McGill University, Montreal, an Autor, 7. Sept. 1995, APA (2. Zitat).

96 Leon Botstein, »The Enigmas of Richard Strauss: A Revisionist View«, in: Bryan Gilliam (Hrsg.), *Richard Strauss and His World* (Princeton, N.J., 1992), S. 3–32 (Zitat S. 6).

97 Strauss an Fürstner, 10. März 1933, BS, Ana/330/I/Fürstner.

98 Roesen an Öffentlicher Kläger, 17. Jan. 1948, AM, Strauss; George R. Marek, *Richard Strauss: The Life of a Non-Hero* (London 1967), S. 270; Stephan Kohler, »Ich als ›Verfemter des Geistes‹ …: Richard Strauss und das Dritte Reich«, *Neue Zeitschrift für Musik* 144, Nr. 1 (1983), S. 4; Walter Deppisch, *Richard Strauss: Mit Selbstzeugnissen und Bilddokumenten* (Reinbek 1989), S. 139; Pamela M. Potter, »Strauss and the National Socialists: The Debate and Its Relevance«, in: Bryan Gilliam (Hrsg.), *Richard Strauss: New Perspectives on the Composer and His Work* (Durham, N.C., 1992), S. 97.

99 Stefan Zweig, *Die Welt von Gestern: Erinnerungen eines Europäers* (Berlin 1965), S. 335. Dazu Zweigs Vita in *IBD*, S. 1288f.

100 Deppisch, *Richard Strauss*, S. 7–127.

101 Vgl. dazu Strauss' Erklärung, wiedergegeben von Gerhart Splitt, *Richard Strauss, 1933–1945: Ästhetik und Musikpolitik zu Beginn der nationalsozialistischen Herrschaft* (Pfaffenweiler 1987), S. 86; und Franz Grasberger (Hrsg.), *Der Strom der Töne trug mich fort: Die Welt um Richard Strauss in Briefen* (Tutzing 1967), S. 232, 236–40, 250, 262, 296f., 301ff.; Günter Brosche (Hrsg.), *Richard Strauss – Franz Schalk: Ein Briefwechsel* (Tutzing 1983), S. 53; Walter, *Hitler in der Oper*, S. 144.

102 Splitt, *Richard Strauss, 1933–1945*, S. 97.

103 Strauss zitiert ebd., S. 80; Strauss an Fürstner, 28. Dez. 1932 und 30. Nov. 1936, BS, Ana/330/I/Fürstner.

104 Strauss' Rede in *ZM* 101 (1934), S. 288ff.; Aussage Kopsch, 1. März 1947, AM, Strauss; Deppisch, *Richard Strauss*, S. 77f.; Barbara A. Peterson, »Die Händler und die Kunst: Richard Strauss as Composers' Advocate«, in: Gilliam, *Richard Strauss: New Perspectives*, S. 118f.

105 Strauss an Kippenberg, 29. März 1933; Strauss an Goebbels, 6. und 27. Aug. 1933, RG; Strauss an Rasch, BS, Ana/330/I/Rasch; Strauss an Ritter, 12. Sept. 1933, NWH, 975/16–1; *TG* 2, S. 450; Telegramm Ruediger an Strauss, 10. Nov. 1933, AM, Strauss. Strauss' schriftliche Zusage ist bis jetzt in den Akten nicht gefunden worden.

106 Funk, »Verordnung zur Durchführung«, 15. Feb. 1934; Strauss an Kopsch, 15. März 1934; Winifred Wagner an Strauss, 28. Dez. 1934,

RG; Grasberger, *Der Strom der Töne trug mich fort*, S. 353; Michael
Karbaum, *Studien zur Geschichte der Bayreuther Festspiele
(1876-1976)*, 2 Bde. (Regensburg 1976), Bd. 2, S. 97; Krause, *Richard Strauss: The Man and His Work*, S. 49; Frederic Spotts, *Bayreuth: A History of the Wagner Festival* (New Haven 1994), S. 101,
120, 133f., 140, 170; Steinweis, *Art, Ideology, and Economics*, S. 51
(Zitat).

107 Siehe z.B. Prieberg, *Musik und Macht*, S. 222.

108 Strauss an Ritter, 25. Dez. 1940, RG; Roesen an Öffentlicher Kläger,
17. Jan. 1948, AM, Strauss; Grasberger, *Der Strom der Töne trug
mich fort*, S. 398; Walter Thomas, *Richard Strauss und seine Zeitgenossen* (München 1964), S. 365; Marek, *Richard Strauss: The Life of
a Non-Hero*, S. 325; Rudolf Hartmann, *Das geliebte Haus: Mein
Leben mit der Oper* (München 1975), S. 213; Deppisch, *Richard
Strauss*, S. 118, 130.

109 Strauss an Göring, 9. Jan. 1934; Strauss an Goebbels, 4. Juli und
1. Nov. 1934; Goebbels an Strauss, 25. Aug. 1934; Strauss an Lau-
binger, 12. Dez. 1934, RG; *Melos* 13 (1934), S. 255; Grasberger, *Der
Strom der Töne trug mich fort*, S. 352; *A Confidential Matter: The
Letters of Richard Strauss and Stefan Zweig, 1931-1935* (Berkeley
1977), S. 102.

110 Strauss an Stein, 28. Feb. 1934 (Zitat); Strauss an Goebbels, 5. Juni
1934, RG.

111 *DKW*, Nr. 28 (1933), S. 7f.; Strauss an Richter, 14. Dez. 1934,
NHW, 975/16-3; Rosenberg an Goebbels, 20. Aug. 1934 (Zitat);
Goebbels an Rosenberg, 25. Aug. 1934, IfZ, MA 596/737-44;
Richard Strauss Jahrbuch (1959/60), S. 125; Donald W. Ellis,
»Music in the Third Reich: National Socialist Aesthetic Theory
as Governmental Policy« (Diss.phil., University of Kansas 1970),
S. 201.

112 Zu Mann vgl. Mann, *Tagebücher, 1940-1943*, S. 526; Ronald Hay-
man, *Thomas Mann: A Biography* (New York 1995), S. 193, 213f.,
232, 238f., 413; Johannes Saltzwedel in: *Spiegel*, 17. Apr. 1995,
S. 211; Gordon A. Craig, »The Man Nobody Knew«, *New York
Review of Books*, 29. Feb. 1996, S. 36.

113 Siehe hierzu Brosche, *Richard Strauss - Franz Schalk: Ein Briefwechsel*, S. 28f., 84, 93, 172, 203, 222, 224, 318f., 360; Krause,
Richard Strauss: The Man and His Work, S. 29.

114 Otto Klemperer, *Meine Erinnerungen an Gustav Mahler und andere
autobiographische Skizzen* (Freiburg 1960), S. 39f.

115 Splitt, *Richard Strauss, 1933-1945*, S. 58 (Zitat); dazu auch Walter
Panofsky, *Richard Strauss: Partitur eines Lebens* (München 1965),
S. 273; Thomas, *Richard Strauss und seine Zeitgenossen*, S. 201;

Potter, »Strauss and the National Socialists«, S. 103. In seinem Brief an Zweig, 17. Juni 1935 (BDC Strauss), nannte Strauss Walter einen »schmierigen Lauselumpen«. Näheres in Kapitel 3 bei Anm. 88.

116 Strauss an Rasch, [1933]; Goebbels an Strauss, 1. Sept. 1934; Strauss an Goebbels, 20. Sept. 1934; Strauss an Richter, 14. Dez. 1934, RG; Goebbels an Rosenberg, 25. Aug. 1934, IfZ, MA 596/737–39; Strauss an Zweig, 17. Juni 1935, BDC Strauss; *A Confidential Matter*, S. XIII, 45, 59, 69, 101; Zweig, *Die Welt von Gestern*, S. 335–41.

117 Strauss an Zweig, 17. Juni 1935, BDC Strauss; *TG* 2, S. 490. Dazu auch Kap. 1 bei Anm. 81.

118 Grasberger, *Der Strom der Töne trug mich fort*, S. 349f.; Strauss an [Kopsch], 4. Okt. 1934 (1. Zitat); Strauss an Tietjen, 13. Nov. 1934; Strauss an Funk, 10. Dez. 1934; Strauss an Ihlert, 27. Mai 1935 (2. Zitat), RG.

119 Splitt, *Richard Strauss, 1933–1945*, S. 225; Splitts Text fast wörtlich abgeschrieben von Peter Reichel, *Der schöne Schein des Dritten Reiches: Faszination und Gewalt des Faschismus*, 2. Aufl. (München 1992), S. 348.

120 Vollständig abgedruckt in Marek, *Richard Strauss: The Life of a Non-Hero*, S. 282f.

121 Panofsky, *Richard Strauss: Partitur eines Lebens*, S. 292; *TG* 2, S. 493.

122 Ernst Hanfstaengl, *Zwischen Weißem und Braunem Haus: Memoiren eines politischen Außenseiters* (München 1970), S. 56; *TG* 2, S. 450, 630; *TG* 3, S. 454; *TG* 4, S. 60, 523; *TGII* 2, S. 436; *TGII* 8, S. 132; *TGII* 12, S. 527.

123 Mann, *Tagebücher, 1940–1943*, S. 218; Splitt, *Richard Strauss, 1933–1945*, S. 13. Zur »faschistischen Musik« siehe den Kommentar von Jens Malte Fischer in *Süddeutsche Zeitung*, 14. März 1995.

124 Memorandum Zeitschel, 24. Sept. 1935; Fabricius an Körner, 18. Okt. 1935, BDC Strauss; Walleck an Strauss, 5. Dez. 1935, AM, Strauss.

125 *TG* 2, S. 630; Strauss an Fürstner, 16. Apr. 1938, BS, Ana/330/I/Fürstner; *TG* 3, S. 419; Dümling und Girth, *Entartete Musik*, S. 109.

126 Six an Pruchtnow, 22. Juli 1938, RG; Kaltenbrunner an Himmler, 6. Sept. 1944, BDC Strauss.

127 [Alice Strauss], »Tatsachenbericht über die Vorgänge im November 1938«, o.J.; Tietjen an Strauss, 6. Jan. 1939, RG; persönliche Mitteilung von Richard und Dr. Christian Strauss, Garmisch, 5. Juni 1993.

128 *Unterhaltungsmusik*, 15. Juni 1939, S. 821.

129 Götz Klaus Kende, *Richard Strauss und Clemens Krauss: Eine Künstlerfreundschaft und ihre Zusammenarbeit an »Capriccio«* (München 1960), S. 41.

130 *Richard Strauss: Briefwechsel mit Willi Schuh* (Zürich 1969), S. 29; Panofsky, *Richard Strauss: Partitur eines Lebens*, S. 297; *TG* 4, S. 198.

131 Henriette von Schirach, *The Price of Glory* (London 1960), S. 162.

132 *TGII* 3, S. 474.

133 Paula Neumann an Schweizer Generalkonsulat, 24. Okt. 1941; Jüdische Kultusgemeinde, »Einbekenntnis zur Kultussteuer«, 2. Jan. 1942; Paula Neumann an Zentralstelle für jüd. Auswanderung, 2. Feb. 1942; Strauss an Günther, 11. Aug. 1942; Bescheinigung Marie von Grab, 21. Jan. 1947; Strauss an Thomas, 19. und 24. Mai und 1. Juli 1942, 13. und 29. Sept. und 6. Nov. 1943; Schiede an Strauss, 30. Okt. 1943, RG; Frank an Strauss, 19. Nov. 1942, AM, Strauss; Maschat an Holthoff, 9. Juli 1942, BH, Staatstheater/NA Ursuleac; Anderman [Thomas], *Bis der Vorhang fiel*, S. 233ff.; Franz Trenner, »Alice Strauss: 3. Juni 1904–23. Dezember 1991«, *Richard Strauss-Blätter*, Nr. 27 (Juni 1992), S. 6; persönliche Mitteilung von Richard und Dr. Christian Strauss, Garmisch, 5. Juni 1993.

134 *TGII* 11, S. 82, 102, 169, 407, 473; *TGII* 12, S. 527; Bormann, »Bekanntgabe 16/44«, 24. Jan. 1944; Brandt an Kraus, 25. Apr. 1944; Hinkel an Schrade et al., 28. Juni 1944; Kaltenbrunner an Himmler, 6. Sept. 1944, BDC Strauss; Strauss an [Drewes], 3. Feb. 1944; Strauss an Funk, 25. Apr. 1944; Goebbels an Strauss, 11. Juni 1944; Strauss an Böhm, 11. Jan. 1945; Erklärung Alice Strauss, 22. und 26. Feb. 1946, RG; Klaus an Strauss, 6. Sept. 1944; Erklärung Reiser, 9. Juli 1947, AM, Strauss; *Strauss: Briefwechsel Schuh*, S. 77; Panofsky, *Richard Strauss: Partitur eines Lebens*, S. 327 f. Deppisch, *Richard Strauss*, S. 150–153.

135 Mit Einzelheiten über diesen und andere Aspekte von Strauss' Karriere im Dritten Reich befasse ich mich in meinem in Kürze erscheinenden Buch *Composers of the Nazi Era: Eight Portraits*.

136 Allan Kozinn in *New York Times*, 25. Aug. 1992.

137 Wessling, *Furtwängler*, S. 255.

138 Marek, *Richard Strauss: The Life of a Non-Hero*, S. 284.

139 Robert Wistrich, *Who's Who in Nazi Germany* (New York 1982), S. 233.

140 John Williamson, *The Music of Hans Pfitzner* (Oxford 1992), S. 301.

141 Dazu Reichel, *Der schöne Schein des Dritten Reiches*, S. 348.

142 Norman Del Mar, *Richard Strauss: A Critical Commentary on His Life and Works*, 3 Bde. (Philadelphia 1972), Bd. 3, S. 397.

143 Verteidigungs-Plädoyer Leer, 12. Jan. 1948, AM, Pfitzner (1. Zitat); Gabriele Busch-Salmen und Günther Weiss (Hrsg.), *Hans Pfitzner: Münchner Dokumente/ Bilder und Bildnisse* (Regensburg 1990), S. 86 (2. Zitat).

144 Verteidigungs-Plädoyer Leer, 12. Jan. 1948, AM, Pfitzner.

145 Paul Griffiths in: Denis Arnold (Hrsg.), *The New Oxford Companion to Music*, 2 Bde. (Oxford 1990), Bd. 2, S. 1418 (Zitat); Williamson, *The Music of Hans Pfitzner*, S. 18; Johann Peter Vogel, *Hans Pfitzner: Mit Selbstzeugnissen und Bilddokumenten* (Reinbek 1986), S. 8–88.

146 Pfitzner an Klein, 30. Apr. 1932, OW 299; Berndt Wilhelm Wessling, *»Verachtet mir die Meister nicht!« Ein Buch der Erinnerung an Rudolf Bockelmann* (Celle 1963), S. 52ff.; Bernhard Adamy, *Hans Pfitzner: Literatur, Philosophie und Zeitgeschehen in seinem Weltbild und Werk* (Tutzing 1980), S. 296; Winfried Zillig, *Von Wagner bis Strauss: Wegbereiter der Neuen Musik* (München 1966), S. 155. Zu einer unkritischen Sicht vgl. Josef Müller-Blattau, *Hans Pfitzner* (Potsdam 1940), S. 78–98.

147 Erich Valentin, »Hans Pfitzner, der Deutsche«, *ZM* 101 (1934), S. 481ff.; Walter Abendroth, »Hans Pfitzner, der Deutsche«, *DM* 26 (1934), S. 561–65 (beide 1. Zitat); Müller-Blattau, *Hans Pfitzner*, S. 79–83 (2. Zitat S. 65); *DKW*, Nr. 36 (1933), S. 7f.; *Skizzen* (Mai 1938), S. 14; Vogel, *Hans Pfitzner*, S. 52f., 71, 77–80; Pfitzner an Oberbürgermeister, 6. Okt. 1935, OW 120 (3. Zitat).

148 Pfitzner an »Geehrter Herr«, Mai 1930, OW 300; Pfitzner an Abendroth, 8. März 1933, OW 289; Hans Pfitzner, *Gesammelte Schriften*, 3 Bde. (Augsburg 1926–29), Bd. 2, S. 107–11, 244–48; Müller-Blattau, *Hans Pfitzner*, S. 78, 80, 98; Vogel, *Hans Pfitzner*, S. 77–81; Adamy, *Hans Pfitzner*, S. 304–11; Williamson, *The Music of Hans Pfitzner*, S. 15, 20f., 330. Zu Rathenau, Weininger und jüdischem »Selbsthaß« siehe Peter Loewenberg, »Antisemitismus und jüdischer Selbsthaß: Eine sich wechselseitig verstärkende sozialpsychologische Doppelbeziehung«, *Geschichte und Gesellschaft* 5 (1979), S. 455–75.

149 Dazu Erich Valentin, *Hans Pfitzner: Werk und Gestalt eines Deutschen* (Regensburg 1939), S. 651.

150 Anonymus an Fiehler, [?] Aug. 1933; Pfitzner an Fiehler, 3. Aug. 1933, OW 218; Korr. über diesen Fall in MMP: *Berliner Tageblatt*, 28. Juli 1933; Elisabeth Wamlek-Junk (Hrsg.), *Hans Pfitzner und Wien: Sein Briefwechsel mit Victor Junk und andere Dokumente* (Tutzing 1986), S. 102f. Dazu auch Kap. 1 bei Anm. 152.

151 KfdK, »1. Orchester-Konzert«, 2. Okt. [1933], OW 64; Schrott an Pfitzner, 16. Okt. 1934, OW 298; Herzog an Pfitzner, 3. Okt. 1934;

»Pfitznerwoche der NS-Kulturgemeinde München«, 3.-8. Mai 1935, OW 283; NSKG, »Tagung der Kleist-Gesellschaft«, 1.-3. Nov. 1935, OW 120; NSKG-Gauobmann an Kultusministerium, 8. Feb. 1936, BH, MK/40975; *VB*, 10. Mai 1935 und 6. Mai 1936.

152 Franckenstein an Pfitzner, 11. Aug. 1933, BH, Staatstheater/NA Pfitzner; [Tonhalle München], »4. Jubiläums-Konzert«, 27. Feb. 1934, SMK 473; Stein an Musikverlag Fürstner, 7. Juli 1934, MMP; Schmitz an Pfitzner, 5. Okt. 1934, OW 122; Boepple an Goebbels, 13. Nov. 1934, BH, MK/40993; *DKW*, Nr. 22 (1933), S. 15; *AMZ* 62 (1935), S. 769; *DM* 27 (1935), S. 957; Muck, *Einhundert Jahre Berliner Philharmonisches Orchester*, Bd. 3, S. 265; Wamlek-Junk, *Hans Pfitzner und Wien*, S. 109; Mohr, *Die Frankfurter Oper*, S. 158.

153 Junk an Pfitzner, 1. Nov. 1934, OW 958.

154 Meissner an Pfitzner, 15. Juni 1938, OW 74; Ohlendorf an Pfitzner, 20. Jan. 1943, OW 65; Münchner Programm für »Hans Pfitzner-Ehrung«, 8. März 1939, BH, MA/107486; *VB*, 28. Aug. 1937; *Unterhaltungsmusik*, 25. Mai 1939, S. 743; *ZM* 106 (1939), S. 1196; *ZM* 107 (1940), S. 572; *ZM* 110 (1943), S. 20; *MK* 1 (1943), S. 111; *MK* 1 (1943-44), S. 187; *MK* 2 (1944), S. 68, 77, 107, 112; *Reichskulturkammer*, Nr. 1 (1944), S. 11; Mohr, *Die Frankfurter Oper*, S. 334.

155 Schrott an Braun, 5. Mai 1937, SMK 506; Abendroth an Pfitzner, 23. Dez. 1937, OW 288; Böck an Pfitzner, 27. Nov. 1939, OW 259; Gebhardt an Pfitzner, 10. Dez. 1941, OW 126; Geissler an Pfitzner, 30. Apr. 1943, OW 65; *ZM* 109 (1942), S. 137; Muck, *Einhundert Jahre Berliner Philharmonisches Orchester*, Bd. 2, S. 142.

156 *Unterhaltungsmusik*, 8. Dez. 1938, S. 1601; Korr. betr. Salzburg (1940), OW 259; *ZM* 107 (1940), S. 363; Reichspropagandaamt Baden an Pfitzner, 3. Okt. 1940, OW 245; *Frankfurter Zeitung*, 17. Nov. 1940; *Ostdeutscher Beobachter*, 7. Sept. 1942; Scheffler an Pfitzner, 1. Okt. 1942, OW 61; [Greiser] an [Graf von Krosigk], 3. Dez. 1942, BDC Hans Pfitzner.

157 Korr. Pfitzner/Frank/Eisenlohr/Stampe (1941-45), OW 68, 220 und 417; Werner Präg und Wolfgang Jacobmeyer (Hrsg.), *Das Diensttagebuch des deutschen Generalgouverneurs in Polen, 1939-1945* (Stuttgart 1975), S. 572, 840, 885, 887; Williamson, *The Music of Hans Pfitzner*, S. 320.

158 Pfitzner an Fürstner, 20. Nov. 1931, MMP; Franckenstein, »Anweisung«, 14. Juni 1933, BH, Staatstheater/NA Pfitzner; Müller-Blattau, *Hans Pfitzner*, S. 87; Vogel, *Hans Pfitzner*, S. 88-99; Busch-Salmen und Weiss, *Hans Pfitzner: Münchner Dokumente*, S. 36.

159 Franckenstein an Pfitzner, 7. Feb. 1934, BH, Staatstheater/NA Pfitzner; Franckenstein an Pfitzner, 5. März 1934, OW 297; Pfitzner an

Junk, 7. Nov. 1934, in: Wamlek-Junk, *Hans Pfitzner in Wien*, S. 117 (1. Zitat); Knappertsbusch an Kultusministerium, 12. Juni 1934, BH, Staatstheater/NA Pfitzner (2. Zitat); Boepple an Goebbels, 21. Juli 1934, BH, MK/44737.

160 Eckardt an Musikverlag Fürstner, 1. Okt. 1934, MMP.

161 Walleck an Diemer, 8. Nov. 1934; Schrott an Wagner, 21. Aug. 1936, BH, Staatstheater/NA Pfitzner; Pfitzner an Fiehler, [Okt. 1935], OW 120; Pfitzner an Reichssender Wien, 17. Feb. 1940, OW 259; *ZM* 102 (1935), S. 785f.; Busch-Salmen und Weiss, *Hans Pfitzner: Münchner Dokumente*, S. 41–56; Vogel, *Hans Pfitzner*, S. 91, 113.

162 Vgl. dazu Pfitzner an Abendroth, 27. Mai 1933, OW 289; Pfitzner an Paproth, 2. Apr. 1934, OW 218; Pfitzner an Krebs, 3. Nov. 1934, OW 297; Pfitzner, »Deutsche Opernkunst in Berlin ausge-Rode-t«, Anlage zu Brief Pfitzner an Rosenberg, 23. Nov. 1938, OW 179; Pfitzner an Witt, 20. März 1942, OW 958; Pfitzner an Abendroth, 20. Juni 1936 und 31. März 1943, OW 288; Pfitzner an [Junk], 5. Dez. 1933, SMM, 9/99; Pfitzner an [Martin], 19. Juni 1934, SMM 20 (Zitat); Pfitzner an Hinkel, 6. Sept. 1933 und 6. Feb. 1934, BDC Pfitzner; Pfitzner an Walter, 1. Sept. 1936, AM, Pfitzner; *Berliner Illustrierte Nacht-Ausgabe*, 14. Juli 1933; Adamy, *Hans Pfitzner*, S. 319f.; Williamson, *The Music of Hans Pfitzner*, S. 329.

163 Pfitzner an Geissmar, 5. Juli 1934, OW 123; Pfitzner an [Göring], 17. Dez. 1934, OW 211; Pfitzner an Siebert, 13. Juni 1934, BH, MK/44737.

164 Göring an Pfitzner, 8. Jan. 1935; Pfitzner an Göring, 30. Jan. 1935; Telegramm Göring an Pfitzner, 2. Feb. 1935; Protokoll Pfitzner, 9. Feb. 1935 (Zitat), OW 211.

165 Pfitzner an Göring, 8. Feb. 1935, OW 211.

166 Göring an Pfitzner, 12. Feb. 1935; Görings Hochzeitsanzeige für 12. April 1935; Pfitzner an Göring, 26. Apr. 1935; Furtwängler an Pfitzner, 10. Juni 1937; Pfitzner an Göring, 9. Jan. 1938, OW 211.

167 Pfitzner an Abendroth, 11. Apr. 1934, OW 289/326; Pfitzners handgeschriebene Skizzen, [nach 1945], OW 331 (Zitate); Herzog an Grohe, 16. Juli 1947, AM, Pfitzner; Walter Abendroth, *Hans Pfitzner* (München 1935), S. 252; Zillig, *Von Wagner bis Strauss*, S. 153; Vogel, *Hans Pfitzner*, S. 145.

168 Pfitzner an [Martin], 23. Aug. 1934, SMM 20; *TGII* 8, S. 448 (Zitat).

169 Original in BS, 8 L. impr. cn. mss. 229; vgl. dazu Conrad Ferdinand Meyer, *Huttens Letzte Tage: Eine Dichtung* (Leipzig 1922); Pfitzner an Hitler, [1. Apr. 1924] (dieser Brief wurde nicht abgeschickt), BS, Autograph Pfitzner.

170 Pfitzner an Lulu [Cossmann], 9. Juli 1933, OW 160; Pfitzner an Abendroth, 1. Feb. 1934, OW 289; ebd. 9. Okt. 1937; Abendroth an Pfitzner, 16. Juni 1939, OW 288; Pfitzner an Riebe, 20. Juni 1939, OW 300; Pfitzner an Fürstner, 26. Juli 1933, MMP; Pfitzner an [Junk], 5. Dez. 1933, SMM, 9/99; Erklärung Wetzelsberger, 11. Dez. 1947, AM, Pfitzner; Pfitzner zitiert in *Tag* (Berlin), 15. Aug. 1934; Adamy, *Hans Pfitzner*, S. 330; Williamson, *The Music of Hans Pfitzner*, S. 327.

171 Die Formulierung stammt von Walter Abendroth; siehe dazu Brief an Pfitzner vom 9. Jan. 1936, OW 288.

172 Thomas, *Richard Strauss und seine Zeitgenossen*, S. 204; Vogel, *Hans Pfitzner*, S. 47.

173 Dazu Pfitzner an Brockhaus, 12. Feb. 1919; Pfitzner an Oertel, 12. Sept. 1927, MMP; Hans Pfitzner, *Briefe*, 2 Bde., Hrsg. Bernhard Adamy (Tutzing 1991), Bd. 1, S. 77, 93, 135, 141, 176ff., 186f., 192–96, 229f., 236ff.; Vogel, *Hans Pfitzner*, S. 48f.; Williamson, *The Music of Hans Pfitzner*, S. 10f.; Thomas, *Richard Strauss und seine Zeitgenossen*, S. 207–15.

174 Dazu Pfitzner, *Schriften* 2, Bd. 2; und Adamy, *Hans Pfitzner*, S. 280f.; Thomas, *Richard Strauss und seine Zeitgenossen*, S. 207, 217f.

175 Pfitzner an Abendroth, 27. Feb. 1934, OW 289 (Zitat); Pfitzner an Franckenstein, 13. März 1934, OW 297.

176 Tietjen an Strauss, 29. Dez. 1934, RG; Pfitzner an Schlösser, OW 123; Pfitzner an Schrott, 9. Apr. 1935, OW 283; Pfitzner an [Martin], 10. Apr. 1935, SMM 20.

177 Pfitzner an Hampe, 14. Okt. 1941; Pfitzner an Schlösser, 15. Nov. 1941; Pfitzner an Morgenroth, 21. Nov. 1941, OW 261; Pfitzner an Abendroth, 3. Juni 1942, OW 288; Pfitzner an Anonymus, 13. Juni 1944, OW 300/82; Pfitzner an Deschler, 19. Juni und 19. Juli 1943, BS, Cod. germ. 8251; Pfitzner an Kraus, 10. Sept. 1939, SMM 24.

178 Zahlen berechnet aus Tabelle in Petra Maria Valentin, »Die Bayerische Staatsoper im Dritten Reich« (Magisterarbeit, Universität München 1985).

179 Friedberg an Fürstner, 13. Sept. 1929, MMP; Abendroth, *Hans Pfitzner*, S. 253; Thomas, *Richard Strauss und seine Zeitgenossen*, S. 216; Adamy, *Hans Pfitzner*, S. 331; Vogel, *Hans Pfitzner*, S. 93.

180 Dazu Kapitel 1 bei Anm. 16; Ritter, »Verwendung des Staatszuschusses zur Verteilung an Komponisten ernster Musik 1941–42«, BDC Richard Strauss.

181 Abendroth, *Hans Pfitzner*, passim; Thomas, *Richard Strauss und seine Zeitgenossen*, S. 206f.

182 Strauss an von Niessen, 11. Mai 1935 (1. Zitat); Strauss an Hada-
    movsky, 1. Juli 1935 (2. Zitat), RG.
183 Pfitzners handgeschriebene Skizzen, [nach 1945], OW 331; Vogel,
    Hans Pfitzner, S. 112–22.
184 Vita in Theo Kreiten, »Wen die Götter lieben ... Erinnerungen an
    Karlrobert Kreiten«, in: Friedrich Lambart (Hrsg.), *Tod eines Pia-
    nisten: Karlrobert Kreiten und der Fall Werner Höfer* (Berlin 1988),
    S. 28–75; *ZM* 107 (1940), S. 147, 209; *ZM* 108 (1941), S. 244; *ZM*
    109 (1942), S. 38, 468; *ZM* 110 (1943), S. 115; DAF, »Fünfter Abend
    im Gürzenich mit dem Reichssender Köln«, 21. Feb. 1940, LP,
    423/8/134; Memorandum Reinhard, 6. März 1941, SMK 396;
    Muck, *Einhundert Jahre Berliner Philharmonisches Orchester*, Bd. 3,
    S. 290, 298.
185 Kreiten, »Wen die Götter lieben«, S. 74–96; Lambart, *Tod eines
    Pianisten*, S. 103–16.
186 Kreiten, »Wen die Götter lieben«, S. 80f.; Lambart, *Tod eines Pia-
    nisten*, S. 103–8; Kater, *Gewagtes Spiel*, S. 260f.
187 Kreiten, »Wen die Götter lieben«, S. 28, 35, 38, 42, 48–52; Lambart,
    Tod eines Pianisten, S. 103ff., 111.
188 Zitat aus der amtlichen Anklageschrift vom 1. Sept. 1943; Faksimile
    in Lambart, *Tod eines Pianisten*, S. 106.
189 Furtwängler zitiert in Kreiten, »Wen die Götter lieben«, S. 99; ebd.,
    S. 94 (2. Zitat). Prieberg, *Musik im NS-Staat*, S. 342, hat Theo Krei-
    tens Version, daß »ein Exempel statuiert« wurde, unkritisch über-
    nommen.
190 Bernhard Minetti, *Erinnerungen eines Schauspielers*, Hrsg. Günther
    Rühle (Stuttgart 1985), S. 140.
191 Max Butting, *Musikgeschichte, die ich miterlebte* (Berlin 1955),
    S. 218–23.
192 Erika und Klaus Mann, *Escape to Life: Deutsche Kultur im Exil*,
    2. Aufl. (München 1991), S. 106. Vgl. dazu Katia Mann, *Meine
    ungeschriebenen Memoiren*, Hrsg. Elisabeth Plessen und Michael
    Mann (Frankfurt/Main 1981), S. 100–104; Thomas Mann, *Tage-
    bücher, 1933–1934*, S. 3–110.
193 Berichtet von Paul Hans Schmidt-Isserstedt in: Berndt Wilhelm
    Wessling, *Hans Hotter* (Bremen 1966), S. 51.
194 Direkter Zeuge der Bayreuther Episoden war Fuchs' und Friedelind
    Wagners Freund, der junge Komponist Gottfried von Einem (Gott-
    fried von Einem, Tonband-Interview, Wien, 30. Nov. 1994, APA).
    Dazu auch *TG* 2, S. 646; *TG* 3, S. 211, 216; Posse an Adolph, 15.
    März 1933, BDC Fritz Busch; Wessling, *Furtwängler*, S. 312; *LI*,
    S. 252.
195 BDC Albrecht Thausing.

196 Annemay Schlusnus in: Eckart von Naso, *Heinrich Schlusnus: Mensch und Sänger* (Hamburg 1957), S. 205; Frida Leider, *Das war mein Teil: Erinnerungen einer Opernsängerin* (Berlin 1959), S. 197; Steinweis, *Art, Ideology, and Economics*, S. 172.

197 BDC Elsa Teschner; Heinrich Strobel, »Mathis der Maler«, *Melos* 14 (1947), S. 66, 187.

198 Lin Jaldati und Eberhard Rebling, *Sag nie, du gehst den letzten Weg: Erinnerungen* (Berlin 1986), bes. 97, 114f.

199 *Die Vertreibung des Geistigen aus Österreich: Zur Kulturpolitik des Nationalsozialismus*, 2. Aufl. (Wien o.J.), S. 352; Rathkolb, *Führertreu und gottbegnadet*, S. 162.

200 Roloff erzählte mir die Geschichte 1960 in Berlin. Vgl. dazu auch Roloffs Aussage in: Christine Fischer-Defoy, *Kunst, Macht, Politik: Die Nazifizierung der Kunst- und Musikhochschulen in Berlin* (Berlin [1988]), S. 190–96 (Zitat S. 192); *ZM* 108 (1941), S. 539, 609; *MK* 1 (1943), S. 65; *MK* 2 (1944), S. 105, 113, 118; Gail an Orff, [1943], CM, Allg. Korr.; Hans-Peter Range, *Die Konzertpianisten der Gegenwart: Ein Musikliebhaber berichtet über Konzertmilieu und 173 Klaviervirtuosen*, 2. Aufl. (Lahr 1966), S. 199; *GLM* 7, S. 112; Leopold Trepper, *Die Wahrheit: Autobiographie* (München 1978), S. 151, 350, 375, 377.

201 Margarete [*sic*] Klinckerfuss, *Aufklänge aus versunkener Zeit* (Urach 1948), S. 117f., 133–37; Schleicher an Klinckerfuss, 16. Okt. 1942; Morgenroth an [Raabe], 17. Okt. 1942, BDC Klinckerfuss; Wessling, *Furtwängler*, S. 150; Nachruf Klinckerfuss in *Esslinger Zeitung*, 5. Feb. 1959; Annedore Leber (Hrsg.), *Das Gewissen steht auf: 64 Lebensbilder aus dem deutschen Widerstand, 1933–1945* (Berlin 1960), S. 134ff.

202 Nachruf Klinckerfuss in *Esslinger Zeitung*, 5. Feb. 1959; Klinckerfuss an Geiser, 3. Juni 1956, KSM; Klinkerfuss, *Aufklänge aus versunkener Zeit*, S. 118f.; Michael Burleigh, *Death and Deliverance: »Euthanasia« in Germany, 1900–1945* (Cambridge 1995), S. 139.

203 Gottfried von Einem, Tonband-Interview, Wien, 30. Nov. 1994, APA (Zitat); Friedrich Saathen, *Einem-Chronik: Dokumentation und Deutung* (Wien 1982), S. 85f., 90, 92.

204 Saathen, *Einem-Chronik*, S. 22–40.

205 Ebd., S. 40–61.

206 Ebd., S. 61–71.

207 Ebd., S. 75–79; Gottfried von Einem in: Josef Müller-Marein und Hannes Reinhardt (Hrsg.), *Das musikalische Selbstportrait von Komponisten, Dirigenten, Instrumentalisten, Sängerinnen und Sängern unserer Zeit* (Hamburg 1965), S. 84; Gottfried von Einem, Tonband-Interview, Wien, 30. Nov. 1994, APA.

208 Saathen, *Einem-Chronik*, S. 67, 75, 79f., 82ff., 86, 89, 91, 95, 97; Friedelind Wagner, *Nacht über Bayreuth*, S. 313f.

209 Saathen, *Einem-Chronik*, S. 92, 100ff.; Hartmann, *Gottfried von Einem*, S. 6, 10; Einem in: Müller-Marein und Reinhardt, *Das musikalische Selbstportrait*, S. 85; Gottfried von Einem, Tonband-Interview, Wien, 30. Nov. 1994, APA.

210 Gottfried von Einem, Tonband-Interview, Wien, 30. Nov. 1994, APA; Taschenkalender Werner Egk 1942–44, BS, Ana/410; Einem an Orff, 17. Sept. und 7. Okt. 1942; Orff an Einem, 3. Okt. 1942; Blacher an Orff, [Apr. 1942], CM, Allg. Korr.; Wagner-Régeny, *Begegnungen*, S. 105, 196; Hartmann, *Gottfried von Einem*, S. 17–19; Saathen, *Einem-Chronik*, S. 76, 90, 103, 105.

211 Saathen, *Einem-Chronik*, S. 87, 98f., 112ff.; Hartmann, *Gottfried von Einem*, S. 18; Leber, *Das Gewissen steht auf*, S. 146ff., 155ff.

212 Hans Schnoor in *MK* 1 (1944), S. 225 (Zitat); Laux, *Musik und Musiker der Gegenwart*, S. 91–94; Saathen, *Einem-Chronik*, S. 109f.

213 Zitate nach Gottfried von Einem, Tonband-Interview, Wien, 30. Nov. 1994, APA; Protokoll des Rundfunk-Planungskomitees, 26. Juli 1944, BA, R55/556; *TGII* 13, S. 466; Einem in: Müller-Marein und Reinhardt, *Das musikalische Selbstportrait*, S. 86; Prieberg, *Lexikon der Neuen Musik*, S. 109; Saathen, *Einem-Chronik*, S. 110f.

214 Gottfried von Einem, Tonband-Interview, Wien, 30. Nov. 1994, APA; Kater, *Gewagtes Spiel*, S. 175, 199, 390 (Anm. 43).

215 Gottfried von Einem, Tonband-Interview, Wien, 30. Nov. 1994, APA.

216 Friedrich Saathen, *Von Kündern, Käuzen und Ketzern: Biographische Studien zur Musik des 20. Jahrhunderts* (Wien 1986), S. 288–92.

217 Ebd., S. 293ff.; Blacher in: Müller-Marein und Reinhardt, *Das musikalische Selbstportrait*, S. 409ff.; Ulrich Dibelius, *Moderne Musik, 1945–1965: Voraussetzungen, Verlauf, Material* (München 1966), S.53; Hans Heinz Stuckenschmidt, *Boris Blacher* (Berlin 1963), S. 11, 15f.; Michael H. Kater, »Die ›Gesundheitsführung‹ des Deutschen Volkes«, *Medizinhistorisches Journal* 18 (1983), S. 363–66.

218 Stege zitiert in Prieberg, *Musik im NS-Staat*, S. 127; Blacher in: Müller-Marein und Reinhardt, *Das musikalische Selbstportrait*, S. 411f.; *Skizzen* (Mai 1939), S. 10.

219 Dümling und Girth, *Entartete Musik*, S. 106; Kreiten zitiert von Werner Schwerter, ebd., S. 114; Stuckenschmidt, *Boris Blacher*, S. 13f.; Heinz Maassen zitiert in: Prieberg, *Musik im NS-Staat*, S. 275f.; Guido Waldmann, »Bekenntnis zur deutschen Musik:

Reichsmusiktage Düsseldorf – Beethovenfest der HJ. in Wildbad«, *MJV* 1, (1937–38), S. 332 (sowohl Maassen wie auch Waldmann benutzen das Adjektiv »kalt«).

220 »Neue Abschlüsse bevorstehender Aufführungen unserer Orchesterwerke – seit 1. Oktober 1939«, BH, Staatstheater/14506; *ZM* 107 (1940), S. 29, 178, 308, 492; Stoffels, »Das Musiktheater in Krefeld«, S. 180.

221 Stege in *ZM* 107 (1940), S. 535, 766; BDC Blacher; Stuckenschmidt, *Boris Blacher*, S. 19; *LI*, S. 557; Saathen, *Von Kündern, Käuzen und Ketzern*, S. 299; Newell Jenkins, Tonband-Interview, Hillsdale, N.Y., 20. März 1993, APA; Prieberg, *Musik im NS-Staat*, S. 286.

222 Dazu Werner Oehlmann in *Reich*, 3. Nov. 1940; Peter Funk, ebd., 27. Juli 1941; H. Oehlerking (Wuppertal) in *ZM* 108 (1941), S. 199, 683; Oswald Schrenk in *JdM 1943*, S. 186.

223 Protokolle RMK-Sitzung [Berlin, Mai-Juli 1942], BDC Egk; Reinhold Zimmermann in *ZM* 107 (1940), S. 792; Saathen, *Von Kündern, Käuzen und Ketzern*, S. 300–304.

224 Karl Amadeus Hartmann, *Kleine Schriften*, Hrsg. Ernst Thomas (Mainz 1965), S. 12.

225 Elisabeth Hartmann, Tonband-Interview, München, 13. Dez. 1994, APA.

226 Hartmann, *Kleine Schriften*, S. 12 (Zitat); *Melos* 11 (1932), S. 29; Andrew D. McCredie, »Die Jahre der schöpferischen Reifung (1927–1935) und die postum veröffentlichten Kompositionen der Kriegszeit (1939–1945)«, in: *Karl Amadeus Hartmann und die Musica Viva: Essays. Bisher unveröffentlichte Briefe. Katalog* (München 1980), S. 46–57, 362; Habakuk Traber, »Exil und ›Innere Emigration‹: Über Wladimir Vogel und Karl Amadeus Hartmann«, in: Traber und Elmar Weingarten (Hrsg.), *Verdrängte Musik: Berliner Komponisten im Exil* (Berlin 1987), S. 167.

227 Elisabeth Hartmann, Tonband-Interview, München, 13. Dez. 1994, APA.

228 Ebd.; Andrew D. McCredie, *Karl Amadeus Hartmann: Sein Leben und Werk* (Wilhelmshaven 1980), S. 35ff.; Andreas Jaschinsky, *Karl Amadeus Hartmann – Symphonische Tradition und ihre Auflösung* (München 1982), S. 12.

229 McCredie, *Hartmann: Sein Leben und Werk*, S. 37, 40f. (1. und 2. Zitat); Luigi Dallapiccola, »Meine Erinnerungen an Karl Amadeus Hartmann«, *Melos* 37 (1970), S. 333 (3. Zitat); maschinegeschriebener Auszug aus *Népszava*, gez. Alexander Jemnitz, in BS, Ana/407 (4. Zitat). Dazu auch Sachs, *Music in Fascist Italy*, S. 142, 146.

230 Hartmann an Jemnitz, 7. Mai 1936, BS, Ana/407 (Zitat); McCredie, *Hartmann: Sein Leben und Werk*, S. 45.

231 McCredie, *Hartmann: Sein Leben und Werk*, S. 54f.; *Karl Amadeus Hartmann und die Musica Viva*, S. 240; Jaschinsky, *Karl Amadeus Hartmann – Symphonische Tradition und ihre Auflösung*, S. 12.

232 McCredie, *Hartmann: Sein Leben und Werk*, S. 56; *Karl Amadeus Hartmann und die Musica Viva*, S. 358.

233 McCredie, *Hartmann: Sein Leben und Werk*, S. 61. Verzweiflung und Angst springen einem entgegen aus Hartmanns Brief an Schlee, 22. Dez. 1942, BS, Ana/407.

234 McCredie, *Hartmann: Sein Leben und Werk*, S. 63; Hartmann an Havemann, 4. Feb. 1946, BS, Ana/407 (Zitate).

235 McCredie, *Hartmann: Sein Leben und Werk*, S. 63; *Karl Amadeus Hartmann und die Musica Viva*, S. 242. Zur Befreiung von Dachau vgl. Nerin E. Gun, *The Day of the Americans* (New York 1966).

236 McCredie, »Die Jahre der schöpferischen Reifung«, S. 59 (Zitat). Der wirtschaftliche Aspekt wird erwähnt in Hartmann an Scherchen, 9. Feb. 1937 und 2. Dez. 1938, BS, Ana/407.

237 Elisabeth Hartmann, Tonband-Interview, München, 13. Dez. 1994, APA. Die IGNM wurde in von den Nazis kontrollierten Ländern ab 1938 und in Italien 1939 verboten (*NG* 9, S. 275).

238 Hartmann an Scherchen, 9. Feb. 1937, BS, Ana/407.

239 Sacher an Hartmann, 30. Juni 1938 (1. Zitat), 31. Mai und 5. Juni 1939; Studio Radio Bern an Hartmann, 14. Apr. 1939, BS, Ana/407 (2. Zitat). Zur Schweizer Kultur vgl. Theo Mäusli, *Jazz und geistige Landesverteidigung* (Zürich 1995), S. 21–35.

240 Rôzsavölgyi & Co. an Hartmann, 20. Nov. 1937; Gibson an Hartmann, 1. Feb. 1939, BS, Ana/407.

241. Hartmann an League of Composers, Inc., 25. Juli 1939, BS, Ana/407.

242 Vgl. dazu Hartmann an Jemnitz, 20. Juni 1936, BS, Ana/407.

243 Hartmann an Scherchen, 5. Jan. 1937, BS, Ana/407.

244 Rôzsavölgyi & Co. an Hartmann, 20. Nov. 1937, BS, Ana/407.

245 Hartmann an Scherchen, 22. Mai 1937, 17. Jan. 1938 und 2. Dez. 1938 (Zitat), BS, Ana/407.

246 Scherchen an Karl [Hartmann], 30. Nov. 1940; Haug an Hartmann, 27. Juli 1942; Hartmann an Haug, 1. Okt. 1942, BS, Ana/407.

247 Karl H. Wörner, *Neue Musik in der Entscheidung* (Mainz 1954), S. 125f.; *Karl Amadeus Hartmann und die Musica Viva*, S. 82–86.

248 Galimir an Hartmann, 30. Dez. 1934; Palotai an Hartmann, 13. März 1936, BS, Ana/407.

249 McCredie, *Hartmann: Sein Leben und Werk*, S. 38.

250 Hartmann an Scherchen, 27. Dez. 1936, BS, Ana/407; Dragotin Cvetko, »Aus H. Scherchens und K. A. Hartmanns Korrespondenz an S. Osterc«, in: Heinrich Hüschen (Hrsg.), *Musicae Scientiae*

Collectanea: Festschrift Karl Gustav Fellerer am 7. Juli 1972 (Köln 1973), S. 73ff.; *Karl Amadeus Hartmann und die Musica Viva*, S. 272.

251 Fiorillo an Hartmann, 27. Apr. 1937 (1. Zitat); und 27. Mai 1938 (2. Zitat), BS, Ana/407. Zu Fiorillo siehe *The New Grove Dictionary of American Music*, 4 Bde., Hrsg. H. Wiley Hitchcock und Stanley Sadie (London 1986), Bd. 2, S. 129.

252 Sacher an Hartmann, 5. Juni 1939, BS, Ana/407.

253 McCredie, *Hartmann: Sein Leben und Werk*, S. 45f.; *Karl Amadeus Hartmann und die Musica Viva*, S. 238.

254 Memorandum »Emil Hertzka-Gedächtnis-Stiftung Wien«, [1937]; Scheu an Hartmann, 21. Mai 1937, BS, Ana/407; McCredie, *Hartmann: Sein Leben und Werk*, S. 47; *Karl Amadeus Hartmann und die Musica Viva*, S. 298f.

255 McCredie, *Hartmann: Sein Leben und Werk*, S. 50; ders., »Die Jahre der schöpferischen Reifung«, S. 58; *Karl Amadeus Hartmann und die Musica Viva*, S. 235–38; Dallapiccola, »Meine Erinnerungen an Karl Amadeus Hartmann«, S. 333; Windham an Hartmann, 1. Jan. 1938; Kutscher an Hartmann, 2. Aug. 1938, BS, Ana/407.

256 Skulsky an Hartmann, 3. Nov. 1938; Hartmann an Onnou, 24. Mai 1939; Belgisch Nationaal Instituut voor Radio-Omroep an Hartmann, 14. März 1940; Collaer an Hartmann, 9. Jan. 1941; Hartmann an Collaer, 6. Okt. 1941, BS, Ana/407; McCredie, *Hartmann: Sein Leben und Werk*, S. 51f., 56.

257 Karteikarte, 11. Juli 1941, BDC Hartmann (Zitat); RMK an Hartmann, 21. Sept., 9. Okt., 4. Dez. 1935 und 22. Jan. 1936; Hartmann an Scherchen, 1. Jan. 1936; Devisenstelle, Oberfinanzpräsident München an Hartmann, 17. Juni 1939; Hartmann an Haug, 15. Aug. 1942, BS, Ana/407; Dallapiccola, »Meine Erinnerungen an Karl Amadeus Hartmann«, S. 334; Prieberg, *Musik im NS-Staat*, S. 208f.; *LI*, S. 258f.

258 Stagma an Hartmann, 6. Apr. 1940 und 2. Jan. 1941; Hartmann an USFRT Paris, 20. Apr. 1946, BS, Ana/407; Elisabeth Hartmann, Tonband-Interview, München, 13. Dez. 1994, APA; *Karl Amadeus Hartmann und die Musica Viva*, S. 234; McCredie, *Hartmann: Sein Leben und Werk*, S. 40; Andreas Jaschinksi, »Anmerkungen zu Karl Amadeus Hartmann: Musik als Widerstand«, *Fono Forum* (Nov. 1981), S. 29; Jaschinski, *Karl Amadeus Hartmann – Symphonische Tradition und ihre Auflösung*, S. 11; Traber, »Exil und ›Innere Emigration‹«, S. 169.

259 Hans-Erich Volkmann (Hrsg.), *Ende des Dritten Reiches – Ende des Zweiten Weltkriegs: Eine perspektivische Rückschau* (München 1995); Hajo Holborn, *American Military Government: Its Organ-*

ization and Policies (Washington, D.C., 1947), S. 53–73; Lutz Niet-
hammer, *Entnazifizierung in Bayern: Säuberung und Rehabilitie-
rung unter amerikanischer Besatzung* (Frankfurt/Main 1972); Jost
Hermand, *Kultur im Wiederaufbau: Die Bundesrepublik Deutschland, 1945–1965* (München 1986), S. 89–218, 277–88, 447–61; Elisabeth Hartmann, Tonband-Interview, München, 13. Dez. 1994,
APA; Traber, »Exil und ›Innere Emigration‹«, S. 179.

260 Hartmann an Sacher, 23. Dez. 1945; Hartmann an Scherchen,
28. Jan. 1947, BS, Ana/407; Elisabeth Hartmann, Tonband-Interview, München, 13. Dez. 1994, APA; Ulrich Dibelius, »Karl Amadeus Hartmann ist tot«, *Melos* 31 (1964), S. 14.

261 Hartmann an Schlee, 15. Jan. 1946; Hartmann an Riisager, 30. Dez.
1946, BS, Ana/407; Elisabeth Hartmann, Tonband-Interview, München, 13. Dez. 1994, APA; Edmund Nick, »München im Winter-
schlaf«, *Melos* 14 (1947), S. 180ff.; Karl Heinz Ruppel, »Komponist,
Vorkämpfer und Organisator: Karl Amadeus Hartmann«, *Melos* 22
(1955), S. 251f.; Dibelius, *Moderne Musik, 1945–1965*, S. 70; *Karl
Amadeus Hartmann und die Musica Viva*, S. 306; *LI*, S. 615.

262 Elisabeth Hartmann, Tonband-Interview, München, 13. Dez. 1994,
APA; Hartmann an Hindemith, 4. Feb. 1946; Hindemith an Hartmann, 5. März 1946, BS, Ana/407; *Melos* 14 (1947), S. 90, 125, 266,
308, 352; *Karl Amadeus Hartmann und die Musica Viva*, S. 316,
318, 322. Die deutsche Erstaufführung von *Mathis* fand 1947 an der
Frankfurter Oper statt.

263 Hartmann an Scherchen, 28. Jan. 1947 und 15. Apr. 1948; Hartmann an Krenek, 20. Mai 1948, BS, Ana/407; Elisabeth Hartmann,
Tonband-Interview, München, 13. Dez. 1994, APA; *Melos* 14
(1947), S. 90, 261, 341, 425; *Melos* 15 (1948), S. 184; Ruppel, »Komponist, Vorkämpfer und Organisator«, S. 249ff.; Jaschinski,
»Anmerkungen zu Karl Amadeus Hartmann«, S. 29.

Register

560

16, 34 ff., 52, 54 ff., 59, 76, 84
f., 90, 138, 155, 265, 284, 290 f.,
300, 310 ff., 327, 343, 345
Kampfbund-Symphonie-Orchester
59
Kant, Immanuel 149
Karajan, Herbert von 10 f., 45, 59,
112 ff., 126, 141, 355, 369, 374,
438 f.
Karls-Universität, Prag 139
Katz, Erich 201 f., 209
Katzenellenbogen, Salomon 209
Kelbetz, Ludwig 265, 273, 286,
324, 328
Kempff, Wilhelm 138
Kestenberg, Leo 254, 281 f., 296
f., 300, 366
Kiel, Universität 294, 300
Kipnis, Alexander 195
Kirchner, Georg 22
Klee, Paul 282
Kleiber, Erich 165, 238 ff., 348
Klein, Otto 22
Klemperer, Lotte 13, 220
Klemperer, Otto 154 f., 174, 178,
180 ff., 212, 218 ff., 240, 374,
394
Klemperer, Pauline 394
Klenau, Paul von 352
Klinckerfuss, Johanna 430
Klinckerfuss, Margarethe 429 ff.
Klingler, Karl 176
Klingler-Quartett 176
Kloss, Erhard 70
Klug, Ernst 44, 447
Knab, Armin 269 f., 308, 321,
323 f., 330, 370
Deutsche Jahreskantate 324
Knappertsbusch, Hans 83 ff., 106,
110 f., 118, 126, 238, 411 f.
Kodály, Zoltán 451
Kolbenheyer, Erwin 324
Kolisch-Quartett 168

Köln, Konservatorium 64, 292 f.,
422
König, Theo 238
Königliche Oper Kopenhagen 237
Königsberg, Radio 246
Königsberg, Universität 294
Kopsch, Julius 42
Korngold, Wolfgang Erich 151
Koussevitzky, Serge 210, 224, 244
Kowalski, Max 198
»Kraft durch Freude«. *Siehe auch*
Ley, Robert 16, 38, 68, 110,
258
Krämer, Karl 37
Krasner, Louis 143 f.
Kraus, Edith 202
Krauss, Clemens 25, 94 ff., 118,
126 ff., 136, 138, 176, 234 f.,
242, 264, 375, 402, 420, 422
Kreisler, Fritz 170 ff., 211
Kreiten, Karlrobert 422 f.
Kreiten, Theo 424
Krenek, Anna, geb. Mahler 241
Krenek, Ernst 54, 60, 96, 107, 154,
202, 240 f., 296, 415, 450, 456 f.
Jonny spielt auf 54, 202, 240 f.
Karl V. 107, 242
Erstes Klavierkonzert 244 f.
Kreutzer, Leonid 194, 291, 301
Krieck, Ernst 284 f., 312
Kroll-Oper, Berlin 345
Kropf, Alfred 203
Kubizek, August 74
Kulz, Werner 16, 171
Künneke, Eduard 163
Kutscher-Quartett 450

Laban, Rudolf von 369
Lanner, Josef 168
Lauer, Erich 267 f., 278, 322
Leers, Johannes von 285
Legge, Walter 121
Lehár, Franz 41, 163

573